近代中國的成立

姚 大 中 著

學歷：中央大學畢業
　　　日本大東文化大學研究
現職：東吳大學教授

三 民 書 局 印 行

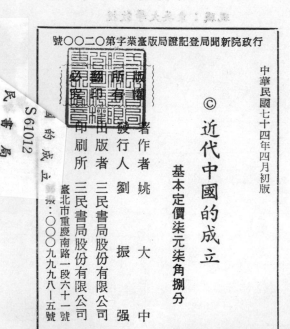

行政院新聞局登記證局版臺業字第〇二〇〇號

中華民國七十四年四月初版

© 近代中國的成立

基本定價柒元柒角捌分

著作者　姚大中
發行人　劉振強
出版者　三民書局股份有限公司
印刷所　三民書局股份有限公司
臺北市重慶南路一段六十一號

近代中國的成立　目次

中華民族大舞臺全成員登場

中華民族大舞臺

全成員登場

亞洲內陸世界霸權推移

北亞細亞突厥巨潮

漢族中國歷史，十世紀唐末——五代——宋的嬗代，乃是社會形態自中世轉入近代的關鍵時代。站於今日「中國」的立場，自隋朝統一屆至上述時代，也是歷史擔當者中華民族諸分子漢、滿、蒙、回、藏，漢族以外所有成員或其同系統民族均已登場，各別立定到今日所見活動位置的最早布列時代：

滿──➤靺鞨（渤海）‧女眞（金）

蒙──➤契丹（遼）

回──➤突厥‧回紇

藏──➤吐谷渾‧吐蕃‧唐古特（西夏）

以後，十三世紀蒙系蒙古人（元）雄飛，而「蒙古利亞」名詞代表了舊大陸黃膚色人種的總稱；十七世紀滿系後金或滿洲人（清）又總結前期中華民族諸成員間的抗爭歷史與最早統一其活動天地，鑄定今日「中國」與「中國人」的原型。

而清朝以前，滿、蒙、回、藏諸族與漢族間波濤廣闊，此起彼落，壯觀又時間持續長久的競爭，其性質仍是二千年前，以漢族與最早遊牧

民族各各成形時，所成立歐亞大陸東方遊牧‧農耕兩個世界對衝形勢的延續。演出舞臺面，卻自歷史的北、西中國，正益益向整體「中國」延伸。

對應漢族中國中世史，代表北方歐亞大陸遊牧巨潮的，是前期中華民族諸分子間的回族系統。「回」族名詞由來源於宗教信仰而非血統，也自近代中國才追加，中世中國須還原到血統基準，便是漢朝記錄中「丁零」（丁靈、丁令），南北朝由「高車‧丁零」之名過渡到「狄歷」或「敕勒」，六世紀南北朝之末漢字同音異寫成「鐵勒」，又以其中一脈飛躍發展而自「鐵勒」類似之音分化爲「突厥」，隋──唐時代再以突厥系的歐亞大陸內陸世界大統一，而「突厥」（Turk）的名詞統一替代「鐵勒」，以及概括所有前期突厥諸種族成立爲今日人類學上人種系圖用詞，其歷史已係今日世界所有突厥系民族，包括小亞細亞土耳其（Turkey）共和國住民的共同先史。

「敕勒」改寫「鐵勒」的時代，含義已廣域包含了南西伯利亞、蒙古地方、準噶爾的北亞細亞方面所有同一血緣關係諸種族，成份非僅漢朝時代尙居貝加爾湖南方的丁零，也已包含當初往往與丁零並列，葉尼塞河上流域的「堅昆」，簡言之，已係前期突厥諸種族初步總括。「突厥」名詞再轉化，代表的便是諸種族政治上大統合機運來臨的歷史意義。五世紀北亞細亞主權者柔然支配下分散的鐵勒部落中，以阿爾泰山脈西南，天山山脈北麓準噶爾盆地爲本據，得阿爾泰山中各種金屬資源，特別又是鐵礦生產之處，而以優秀鍛鐵技術從事鐵製武器，並以此等製品向柔然納貢，成立與柔然間的服屬關係的阿史那部，六世紀前半，高車──鐵勒諸部背叛柔然的浪潮形成時，雖似忠誠無反抗跡象，勢力卻也已明顯抬頭。阿史那部的淵源，史學界以其名與歷史上曾在當地大發展的早期突厥系種族烏孫語源相同，懷疑是否便是烏孫直裔子孫

❶。此固僅係臆測，而六世紀中所見，天山北麓東面的阿史那部，已於族長土門（Tuman）領導下開始大發達，精良武器的製造爲武力後盾，西與中亞細亞方面粟特商人携手，東在漢族中國北邊長城地帶與漢族維繫通商關係，經濟基礎獲得加固，而準噶爾鐵勒族五萬餘落均被征服。阿史那部完成天山以北的統一統制。「突厥」之名，開始以此一系統的阿史那部領導勢力成立，紀元五四五年（西魏大統十一年）以粟特商人中介，最早接觸北魏分裂後的西魏，翌年正式派出使節，而爲漢族中國所記錄，卻不明瞭便是「鐵勒」同一字，「突厥」乃於中國史書中與其「鐵勒」血族形成一音兩譯。也惟其「突厥」興起才爲漢族詳知其事，所以「周書」列突厥專傳而未及鐵勒，正史中最早增補鐵勒傳係「隋書」（且後分突厥、西突厥、鐵勒三傳記），雖然兩書均唐初著作。

　　土門指導而阿史那部已係領導部族的突厥勢力勃興後，土門向原所服屬的柔然可汗求婚其女，被可汗鄙視爲「鍛奴」拒絕。激怒土門於紀元五五一年轉向漢族中國西魏通婚成功。翌年的紀元五五二年，一舉攻破柔然，柔然可汗自殺，土門登位號伊利可汗（Illig-Kagan），突厥遊牧國家與第一代可汗正式登場。突厥第二世與第三代可汗伊利之子木杆（Mokkan）治世，逼迫西魏盡殺已降西魏的柔然最後可汗一族，柔然名實均告滅亡（紀元五五五年）。突厥也便於英邁富有父風，其歷史上最偉大指導者木杆可汗的二十年在位期，登上發達巓峯，四方大征服成功，突厥諸種族的空前大統合展開。今日土耳其共和國歷史教科書的一幅突厥帝國地圖所標示，西以裏海北方伏爾加河爲界，東迄於海的大版圖，六世紀中已全域立於統一主權之下❷，本據地也自準噶爾盆地移向外蒙

古鄂爾澤 (Orkhon) 河上游附近的都斤（鬱督軍，突厥碑文漢字烏德鞬
Otu-Kan）山，北亞細亞成立突厥的完全支配。西面進出中亞細亞，一
掃當地原來的強大嚈噠支配勢力而加接收（紀元五六三至五六七年），
以阿姆河與薩珊波斯接界❸。東面席捲東蒙古方面契丹諸種族之地，見
於「周書」異域傳下突厥條的說明是：「西破嚈噠，東走契丹，北并契
骨（堅毘），威服塞外諸國。其地東自遼海以西，西至西海（裏海）萬
里，南自沙漠以北，北至北海（貝加爾湖）五、六千里，皆屬焉」。木
杆次代其弟佗鉢（Tabar）可汗「控弦數十萬，中國憚之，周、齊爭結姻
好，傾府藏以事之。佗鉢益驕，每謂其下曰：我在南兩兒常孝順，何患
貧也」（「隋書」北狄傳突厥條，「周書」異域傳下突厥條之語則「但
使我在南兩箇兒孝順，何憂無物邪」），盛氣凌人之慨可見，其背景，乃
是北周武帝娶木杆之女(阿史那皇后)，佗鉢又娶周室趙王招之女千金公
主爲可敦（可賀敦 Katun）。但便自再下一代，轉入第三世的第五代可
汗，第二代乙息記可汗之子繼其兩叔登位的沙鉢略（Dizaboulous）可汗
之世，全突厥史的黃金時代開始減色，突厥遊牧大帝國東、西分裂，而
沙鉢略即位的紀元五八一年，漢族中國歷史卻正呈相反意義，結束南北
朝對立局面撥雲見日，也以同一年的隋文帝篡周爲劃期標誌。

　　大領土遊牧國家的建設，其所形成「封建」式，潛在便是容易分裂
的危機，匈奴如此，突厥也如此。突厥勃興期，阿史那部領導階層分別
擔當各地征伐的指揮者，事業成功便是當地的統治者，大可汗伊利之弟
室點密（Istami）葉護，早自立國之初已受兄派遣經略中亞細亞，破滅
嚈噠後，已係西面可汗，征服契丹系諸族的木杆之弟庫頭則東面可汗
（地頭可汗），木杆另一弟褥但可汗於東面、西面間立於中間地帶，呈現
大可汗之下三可汗分立狀態，此係木杆時代。佗鉢時代持續爲東面＝爾

---

❸　同上資料地圖。

伏可汗攝圖（繼位的沙鉢略可汗）、西面＝室點密之子達頭可汗；褥但
可汗之子步離可汗的領地也在西方。攝圖繼佗鉢可汗爲大可汗已與隋朝
成立同時，治世之初，西面的達頭可汗之外，北方乃阿波可汗（木杆之
子），獨洛水（外蒙古土拉 Tola 河）流域菴羅（佗鉢之子）號第二可
汗，以及另外的紇支可汗、貪汗可汗，「叔姪兄弟，各統強立，俱號可
汗，分居四面，內懷猜忌，外示和同」（「隋書」長孫晟傳）的弱點，
被代表了漢族中國新銳力量的隋朝看透，中國歷史上第一流優秀外交家
與隋朝傑出的突厥事務專家長孫晟的果斷獻策，分化離間政略運用至最
高境界，而突厥統一國家發生大變局。

　　長孫晟便是其後唐朝太宗長孫皇后之父，北朝世家，自青年時期充
北周護送千金公主副使入突厥以來，憑其累次出使突厥的豐富經驗與敏
銳觀察力、正確判斷力，乃是十足的突厥通。長孫晟且於北周時代第一
次出使期間，已以個人關係預在突厥佈下離間種子，「隋書」傳記說明，
他曾在當時突厥最具強大勢力的東面可汗攝圖的一次出獵中，彎弓馳
馬，向空中飛而相搏的二鵰一箭雙貫，（今日「一箭雙鵰」成語由來卽
此），因而聞名，攝圖「每共遊獵，留之竟歲」，而其同時，攝圖「弟處
羅侯號突利設（攝圖繼位沙鉢略可汗時的葉護），尤得衆心，而爲攝圖
所忌，密託心腹與晟盟。晟與之遊獵，因察山川形勢，部衆強弱，皆盡
知之」。待開皇元年（紀元五八一年）隋文帝受禪，沙鉢略登位爲突厥大
可汗，長孫晟乃有「難以力征，易可離間」的「遠交而近攻，離強而合
弱」特別是「玷厥（達頭）之於攝圖也，兵強而位下，外名相屬，內隙
已彰，鼓動其情，必將自戰」的洋洋上書提出並被採納，而同年立卽展
開其第一步：「因遣太僕元暉出伊吾道，詣玷厥，賜以狼頭纛，謬爲欽
敬，禮數甚優。玷厥使來，引居攝圖使上，反間旣行，果相猜貳」，以及
長孫晟親自「立處羅侯處，深布心腹，誘令內附」。突厥方面，新登位的

沙鉢略續妻千金公主，於爲千金公主「自傷宗祀絕滅，日夜言之於沙鉢略」的藉口下，開皇二年，四十萬騎大舉自甘肅方面入侵。突厥進攻與隋朝反攻之間，長孫晟爲決策中核的隋朝活潑外交再向高層推展。

戰幕初掀，突厥數道並出，俱獲勝利推進的形勢中，阿波一支獨敗，長孫晟趁機使人挑撥引誘阿波的「隋書」長孫晟傳精采報導謂：「攝圖（沙鉢略）之與阿波，兵勢本敵，今攝圖日勝，爲衆所崇，阿波不利，爲國生辱，攝圖必當因以罪歸於阿波，成其夙計，滅北牙矣。願自量度，能禦之乎」。「阿波使至，晟又謂之曰：今達頭與隋連和，而攝圖不能制。可汗何不依附天子，連結達頭，相合爲強，此萬全之計。阿波納之，因留塞上，使人隨晟入朝」。同一時間，隋朝大發兵出塞的反擊行動展開，沙鉢略潰退沙漠，戰場優勢轉移到隋朝方面時，渡沙漠而返的沙鉢略已發覺阿波懷貳，「力掩北牙，盡獲其衆」。「隋書」的接續報導：「阿波還無所歸，西奔玷厥（達頭可汗），乞師十餘萬東擊沙鉢略，復得故地，收散卒數萬。又有貪汗可汗，素睦於阿波，沙鉢略奪其衆而廢之，貪汗亡奔達頭。沙鉢略從弟地勒察別統部落，與沙鉢略有隙，復以衆叛歸阿波。連兵不已，各遣使詣闕請和求援，上皆不許」（長孫晟、突厥傳）。隋朝分化離間策略完全成功，有意的坐山觀虎鬥，又在多角國運大賭博中成爲單獨的贏家。突厥內訌裂痕，便以阿波與達頭領導的陣線對沙鉢略兩立之勢永久形成而無可彌補。突厥確定依東、西方位一分而二。此一東、西突厥分裂的開始年代，一般也便設定於混亂翌年的紀元五八三年，隋朝成立第三年的開皇三年。

強大突厥分裂，隋朝製造西突厥從意識上切離東突厥到獨立事實成立，原係其突厥事業基本線以及絕大成功，對分裂後整體而言勢力已被削弱的突厥，制衡分裂勢力仍有必要，因之西突厥也續被懷柔。西突厥方面，自立主權下獨得隋朝貿易優惠，厚博東連中國又西結西方世界的

中介利潤，毋寧反爲得志。相對突厥本體的東突厥（或稱北突厥），分裂卻是大打擊），勢力嚴重受損，被迫於東──西突厥分裂翌年(紀元五八四年)，仍藉「千金公主上書請爲一子之例」轉圖，隋應其請，賜國姓「楊」，改封大義公主，而同年乃有沙鉢略以「皇帝是婦父，卽是翁；此是女夫，卽是兒例，兩境雖殊，情義則一。今重疊親舊，子子孫孫，乃至萬世不斷，上天爲證，終不違負。此國所有羊馬，都是皇帝畜生；彼有繒綵，都是此物，彼此有何異也」爲內容的致隋文帝書上達，以及隋文帝答書：「得書知大有好心向此也，旣是沙鉢略婦翁，今日看沙鉢略共兒子不異」（「隋書」北狄傳突厥條），東突厥最早承認與隋朝間存立舅──婿關係。但兩國地位仍係對等，視上引往返國書具銜「從天生大突厥天下賢聖天子伊利俱盧設莫何始波羅可汗致書大隋皇帝」、「大隋天子貽書大突厥伊利俱盧設莫何沙鉢略可汗」可知。關係再轉變，係追隨其時而突厥形勢惡化，被支配諸部族頻起反抗，得隋朝援軍鎮壓成功的結果。所以紀元五八五年（開皇五年）上表，已改稱「大突厥伊利俱盧設始波羅莫何可汗臣攝圖」，其言：「伏奉詔書，兼宣慈旨。仰惟恩信之著，逾久愈明，徒知負荷，不能答謝。伏惟大隋皇帝之有四海，上契天心，下順民望（中略）。意以華夏今有大聖興焉（自此突厥慣以「聖人」尊稱隋文帝），況今被露德義，仁化所及，禮讓之風，自朝滿野。竊以天無二日，土無二王，伏惟大隋皇帝，眞皇帝也，豈敢阻兵恃險，偸竊名號。今便感慕淳風，歸心有道，屈膝稽顙，永爲藩附。雖復南瞻魏闕(指朝廷)，山川悠遠，北面之禮，不敢廢失。當令侍子入朝，神馬歲貢，朝夕恭承，唯命是視。至於削衽解辮，革音從律，習俗已久，未能改變。闔國同心，無不銜荷，不任下情欣慕之至，謹遣第七兒臣窟含眞等奉表以聞」（「隋書」同前），而如隋文帝答詔所示：「往雖與和，猶是二國；今作君臣，便成一體」，突厥正式向隋朝稱藩，成立君──

臣關係。

紀元五八七年（開皇七年）沙鉢略卒，突厥對隋朝的從屬關係愈形加固，敵對時期預由長孫晟佈置的親隋份子沙鉢略之弟處羅侯被推繼位，便由長孫晟奉派冊立爲突厥第六代莫何（Baha）可汗，隋朝第一次立於宗主權而冊封突厥可汗。宗主國權威，也由是年莫何滅其從兄弟阿波，「隋書」北狄傳突厥條記係「以隋所賜旗鼓西征阿波」，擒阿波後，又「上書請阿波生死之命」的恭順態度，得以想見。

第二年（紀元五八八年）莫何卒，雍虞閭（沙鉢略子）葉護代立爲都藍（Tourxanthos）可汗在位期，隋朝對突厥政策再修正，簡言之，加以再分化，決意捨都藍另行扶植領地在北方而號突利（Tuli）可汗的莫何之子染干。獻策者仍是顚覆專家長孫晟，其於職貢無缺的都藍上表請婚時的意見，載入「隋書」本傳是：「臣觀雍虞閭（都藍），反覆無信，今若得尙公主，承藉威靈，玷厥（西突厥達頭）、染干（突利）必又受其激發，強而更反，後恐難圖。且染干者，處羅侯（莫何可汗）之子也，素有誠款，於今兩代，臣前與相見，亦乞通婚，不如許之。」建議被採納，乃有開皇十七年（紀元五九七年）以宗女封安義公主，大事舖張的降嫁突利之舉，都藍爲此「怒曰：我大可汗也，反不如染干！於是朝貢遂絕，數爲邊患」（「隋書」突厥傳）。

突利已係其從兄都藍遷怒的目標，東、西突厥原相攻伐不已，都藍至是反而「復共達頭同盟，合力掩護染干（突利）」（「隋書」長孫晟傳）紀元五九九年（開皇十九年）的這次東、西突厥聯手大攻擊，突利潰奔長安，由隋朝冊立爲啓民可汗，先後以其敗殘部衆安置到山西北部與綏遠的漢族中國領土內緣地帶，安義公主死，續以宗女封義安公主妻啓民。翌年紀元六〇〇年與開皇二十年，「都藍在變亂中爲其部下所殺，達頭自立爲步伽可汗」（「隋書」長孫晟、北狄傳突厥條），隋朝大軍趁機北

伐，自西突厥可汗正位突厥（東突厥）大可汗的達頭（步迦）大潰，西逃吐谷渾。都藍、達頭遺衆、北方鐵勒諸部，東方奚、霫、室韋等種族盡行服從啓民支配，隋朝卵翼下的啓民昂然統制蒙古全域而係突厥大可汗，本據自隋朝直接轉移往內蒙古，長孫晟親自護送啓民至沙漠邊緣而返，時爲仁壽三年（紀元六〇三年），隋朝的突厥事業推向了極峯。

煬帝繼位後的紀元六〇七年（大業三年），於是有天子北巡楡林，啓民偕義成公主迎朝行在與煬帝幸啓民帳，大享服屬突厥部落酋長三千五百人的歷史盛事演出。其時啓民上表：「臣今憶想聖人（文帝）及至尊（煬帝）養活事，具奏不可盡，並至尊聖心裏在臣。今非是舊日邊地突厥可汗，臣卽是至尊臣民。至尊憐臣時，乞依大國服飾法用，一同華夏。臣今率部落，敢以上聞，伏願天慈，不違所請」，而煬帝答以「各尚所宜，因而利之，何必化諸削袵，麾以長纓？」「但使好心孝順，何必改變衣服也」（「隋書」突厥傳），乃堪注目的記錄。與前引沙鉢略表文對照，可指示伯、姪兩世二十餘年間，突厥對隋朝的從屬關係，已如何深一層牢固，以及如何自政治利害加注了濃烈感情，抑且，啓民的冊立，直接便已使用了漢語「啓民」爲可汗之號。惟其如此，啓民時代的突厥與隋朝關係，固近似呼韓邪單于時代的匈奴之於漢朝，緊密程度爲猶過之可以推想。

同一時期的西突厥也同一處境。西突厥與隋朝間友好關係，以達頭介入東突厥內閧而被破壞，煬帝初，繼長孫晟去世的外交決策人另一著名人物西域事務專家裴矩，第一步是策動其時在位的處羅可汗，恢復與隋朝間朝貢關係（西突厥世系，「隋書」西突厥傳記所敍述頗見混亂，係以阿波可汗「與沙鉢略有隙，國分爲二」開始，紀元五八七年阿波被東突厥莫何可汗所擒，「其國立鞅素特勤子爲泥利可汗」。泥利卒而續由其子處羅可汗繼位，與突厥（東突厥）傳記達頭至其時始敗奔吐谷渾的記

事相違，緤素特勤祖孫與達頭係何關係也頗含糊）；第二步便蹈襲東突厥路線，製造其內部分化後進行顛覆。大業七年（紀元六一一年），「隋書」西突厥傳記已明言身份係達頭之孫的射匱受隋朝策反並援助，襲破處羅，西突厥射匱可汗的隋朝附庸政權成立。處羅也率敗衆亡入隋朝，在長安被賜號曷薩那可汗，尚信義公主而不歸。

北方巨人突厥，從統一而分裂，又從分裂而至是均皆臣伏於隋朝。再興波瀾係隋末羣盜蠭起之勢已成之際，繼去世之父啓民可汗登位的始畢可汗，大業十一年（紀元六一五年）所謂「絕朝貢」的脫離臣從關係所帶動，三年後的紀元六一八年，隋──唐朝代已完成交替。

蒼狼的子孫──文字的後期遊牧國家

突厥的人文，「周書」異域傳下突厥條與「隋書」北狄傳突厥條所收錄資料──均六～七世紀突厥，以與漢族中國間頻繁交涉展開而被瞭解的事情，明晰泛現了突厥強大遊牧國家形成期面貌。兩書文字大體相似，其所認識與被介紹的綜合──

「其俗畜牧爲事，隨逐水草，不恒厥處。穹廬氈帳，被髮左袵，食肉飲酪，身衣裘褐。賤老貴壯。

「雖移徙無常，而各有地分，可汗恒處於都斤山，牙帳東開，蓋敬日之所出也。

「官有葉護（yabghu），次設（shad）、特勤（tegin），次俟利發（ilteber），次俟斤（irkin）、吐屯（tudun），下至小官，凡二十八等，皆世爲之（「唐書」突厥傳上的補充：「可汗者，猶古之單于，妻號可賀敦，猶古之閼氏也。其子弟謂之特勤，別部領兵者皆謂之設」）。

「兵器有弓矢、鳴鏑、甲矟、刀劍，善騎射，性殘忍。旗纛之上施金狼頭，侍衞之士，謂之附離，夏享亦狼也，蓋本狼生，志不忘舊。

「其書字類胡，而不知年曆，唯以青草爲記。

「其徵發兵馬，科稅雜畜，輒刻木爲數，幷一金鏃箭，蠟封印之，以爲信契。

「其刑法，反叛、殺人及姦人之婦、盜馬絆者，皆死；姦人女者，重責財物，卽以其女妻之；鬥傷人者，隨輕重輸物；盜馬及雜物者，各十餘倍徵之。

「男有悅愛於女者，歸卽遣人聘問，其父母多不違也。父伯叔死者，子、弟及姪等妻其後母、世叔母及嫂，唯尊者不得下淫。

「死者停屍帳中，家人、親屬多殺牛、馬而祭之，繞帳號呼，以刀劃面，血淚交下，七度而止。於是擇日置屍馬上而焚之，取灰而葬。表木爲塋，立屋其中，圖畫死者形儀及其生前所經戰陣之狀。嘗殺一人，則立一石，有至千百者。

「五月中，多殺羊、馬以祭天。男子好樗蒲，女子踏鞠，飲馬酪取醉，歌呼相對。

「敬鬼神，信巫覡，重兵死而輕病終。大抵與匈奴同俗」。

亞洲遊牧民族自發生以來，嫂婚制（以及氏族外婚制）、薩滿信仰（敬日月、山川、鬼神）等習俗，對應草原‧沙漠的風土地理，一千年間無甚變化，匈奴時代如此，突厥時代也如此，所以謂之「同俗」。而因之「周書」猜測突厥乃「匈奴之別種」（「隋書」指「突厥之先，平涼雜胡也」，較爲含糊），而匈奴卻非如突厥的存在強烈「狼始祖」種族意識。「隋書」北狄傳突厥條轉錄此一傳說謂：「其先，國於西海之上，爲鄰國所滅，男女無少長皆殺之。至一兒不忍殺，刖足斷臂，棄於大澤中，有一牝狼，每銜肉至其所，此兒因食之，得以不死。其後，遂

與狼交，狼有孕焉。彼鄰國者，復令人殺此兒，而狼在其側，使者將殺之，其狼若爲神所憑，欻然至於海東，止於山上，其山在高昌西北，下有洞穴，狼入其中。其後狼生十子，其一姓阿史那氏，最賢，遂爲君長，故牙門建狼頭纛，示不忘本也。」「周書」異域傳下突厥條相同的記事之外，又補充：「或云：突厥之先，出於索國，在匈奴之北。其部落大人曰阿謗步，兄弟十七人，其一曰伊質泥師都，狼所生也。謗步等性竝愚癡，國遂被滅。泥師都既別感異氣，能徵召風雨，娶二妻，云是夏神、冬神之女也。一孕而生四男，其一變爲白鴻，其一國於阿輔水、劍水之間，號爲契骨，其一國於折水，其一居踐斯處折施山，即其大兒也。山上仍有阿謗步種類，竝多寒露，大兒爲出火溫養之，咸得全濟，遂共奉大兒爲主，號爲突厥，即訥都六設也。訥都六有十妻，所生子皆以母族爲姓——阿史那(Ashina)是其小妻之子也。訥都六死，十母子內欲擇立一人，乃相率於大樹下，共爲約曰：向樹跳躍，能最高者，即推立之，阿史那子年幼而跳最高者，諸子遂奉以爲主，號阿賢設。此說雖殊，然終狼種也」。

狼祖先傳說於古代突厥系種族間爲通有，高車先已流傳狼與匈奴單于之女婚配，所生子孫繁衍而成種族之說（見「魏書」、「北史」高車傳）。抑且，以後蒙古人也具有同一信仰要素，蒙文「元朝秘史」卷首便記「孛兒帖赤那」（蒼狼）與「豁埃馬闌勒」（慘白牝鹿）相配而生其鼻祖事迹。特有興味的，多桑（O. d'Ohsson）「蒙古史」轉錄十四世紀 Raschid 波斯文「史集」記蒙古人口傳祖先源流謂：「成吉思汗誕生之二千年前，蒙古人爲韃靼地域之其他民族所破滅，僅餘男女各二人，避走一地，四面皆山……後人繁盛，分爲部落。因地限山中，懸崖屹立，不足以容，乃謀出山。先是其民常採鐵礦於其中之一山，至是遂積多木，籌火礦穴，以七十韝煽火，鐵礦既熔，因闢一道。成吉思汗後裔之爲蒙

古君主者，記念此事，每於除夕召鐵工至內廷捶鐵，隆禮以謝天恩，蒙古民族之起源如此」❶。則突厥人傳記曾否影響蒙古與其間傳承關係，蒙古族最早形成時的血統成份與系譜，則堪玩味。另一方面，阿史那部祖先與堅昆（契骨）間的血緣關係，也自「周書」記事而反映，「劍水」的今日學界意見，便是葉尼塞河上流 Kem 河音譯❷。「契骨」名詞出現於「隋書」時是「紇骨」，「唐書」係「結骨」，續稱「黠戛斯」，以後「元史」中轉「乞兒吉思」，都是今日名詞吉爾吉斯（Qyrqyz）對音。

　　遊牧民族的發達編年史上，突厥的時代，已非匈奴所代表早期遊牧朝代的範疇，便以突厥為轉捩，而性格上移換為後期遊牧朝代，轉換表徵，乃是自身文字的發明與使用。古突厥文字的陸續發見，學術界獲得莫大鼓舞，非祇是內陸亞細亞民族用自己文字書寫的最初記錄，也是遺留今日最古的突厥（土耳其）語資料，無論於語言學、歷史學研究上，都具有重要意味。認識遊牧民族國家的習俗、文化，從來惟有依憑漢族中國方面的記錄（以及西方有關記錄），如今加具了更可珍貴的、直接的根本史料，對於突厥甚且匈奴以前的社會動態，都已能明確把握。

　　突厥文字係模倣閃語系（Semitc group）西支，阿剌姆人（Aramens）活躍埃及至伊朗間廣大 Orient 全域的商業通用語阿剌姆字母而製作，突厥人六世紀西方大發展的結果為可推測。此類文字的被發見情況，均與墳墓有關，一類是突厥人分佈地域內發見甚多的石彫像，大者高達三公尺，手法古拙，且僅彫刻腰部以上而下部供埋入土中，石像軀體便存在記有文字之例❸。但突厥文字發見主體，則是墓碑。

---

❶　錄自多桑「蒙古史」，馮承鈞譯本（上）三五頁。
❷　平凡社版「世界歷史大系」④東洋中世史第一篇，第四八九頁。
❸　參閱香山陽坪「沙漠と草原の遺寶」第一〇四至一〇五頁「草原の民・高原の民」章「バルバル」（突厥語彫像之意）節。

突厥文字碑文，中亞細亞怛羅斯 (Talas) 河谷❹ 以至北亞細亞域內均已發見。南西伯利亞葉尼塞河上流域，中國外蒙古西北部地區唐努烏梁海而僞「蒙古人民共和國」登場後劃入蘇聯領土，成立爲蘇俄領下土文自治州 (Tuvinskaya AO) 的境域，共五一個古代突厥碑文，考定全體均當地的吉爾吉斯（堅昆、契骨、結骨、黠戛斯）族長墓誌銘，總名之爲葉尼塞碑文，乃突厥研究一大考古收穫。但特爲聞名的，迄今仍是最早於十九世紀末在外蒙古所發見，鄂爾渾河畔的毗伽(Bilga) 可汗（紀元七一六至七三四年在位，中國唐朝玄宗治世）與其時最活躍人物，毗伽補優之弟闕特勤 (Kul-tigin) 的兩碑文，均唐朝玄宗所頒漢文弔文又加突厥文字所書記功、頌德的墓誌銘。此兩墓碑樹立以後未久，突厥便已確定滅亡，歷史地位被回紇所壓倒，所以史料價值特高。另一協助毗伽之父骨咄祿 (Qutlug, 碑文中的 Iltaris 可汗) 可汗復興突厥功臣，歷毗伽之叔默啜 (Qapagan) 可汗，於毗伽治世仍以重臣而任政治顧問暾欲谷 (Tonyukuku,「唐書」敍其家世乃阿史德氏。可汗阿史那氏的世代姻族），其墓前刻記功德的碑文與前二者乃同類史料，雖然發見地係土拉河上流，研究方面便宜上一括總稱此三者爲鄂爾渾碑文。

八世紀之半的鄂爾渾碑文，乃現存最古突厥語資料，向被引用爲突厥興亡史的實體原稿。葉尼塞碑文的解讀興趣今日也頗濃厚，日本學者護雅夫依據中國史書參證此兩類碑文，對解明突厥國家與社會的構造，爲特著貢獻的一人。祇是，碑文的時代，已係突厥歷史進入後期的八世紀，前期仍乏其自國文字的憑證，而主要資料惟恃中國記錄。也惟其如此，護雅夫的分析突厥國家形態係以後期突厥爲對象，爲須辨明。換言之，非祇已是東、西突厥分裂，而且突厥主體的東突厥，小可汗分立現象消失，大可汗權威集中化，可汗之下遊牧封建上位架構設定在取代了

---

❹ 同上書，第一〇七頁タラス河谷突厥墓碑文字附圖。

小可汗地位的「設」的時期。雖然封建本質不變，領內被支配諸族的族長領導也仍維持原來的部族構造。「設」（shad，察、殺、煞均其漢字異譯）的名詞由來，考定從伊朗語 shah（「王」的意味）移用❺，如同小可汗的須與可汗同出阿史那氏族，但屆此突厥統一國家名副其實，可汗統一權力相當於「天子」時期的「設」，已不具備小可汗時代足與可汗對立之勢，則係大轉變。「唐書」、「新唐書」有關資料（阿史那社爾、突厥等傳記）中，七世紀啓民可汗子孫的系譜與可汗大位傳承便是：

```
啓民→（子）始畢可汗
            ↓
      （孫）泥步設（領東牙，頡利可汗嗣位以爲突利可汗＜記錄中東突
            厥最後的小可汗之一＞，牙直幽州之北，在東偏管奚、霤等
            數十部，主契丹、靺鞨），降唐。
      （子）俟利發設（繼始畢爲處羅可汗）
            ↓
      （孫）拓設（阿史那社爾，與欲谷設分統鐵勒回紇、僕骨、同羅等
            諸部，奪西突厥地自立都布可汗），降唐。
      （孫）都射設
      （子）莫賀咄設（牙直五原之北，繼處羅爲頡利可汗）
            ↓
      （孫）欲谷設
      （子）步利設
   （弟）沙羅鉢設（阿史那蘇尼失，督部落五萬家，牙直靈州之西北，突利降唐，
         頡利立之爲小可汗），降唐。
```

鄂爾渾碑文與葉尼塞碑文所反映，均係此時期以後之事。護雅夫的說明，此時代的突厥國家，乃以可汗所出的阿史那氏與可敦所出的阿史德氏兩個民族爲中核，結合具有同種族關係的部族，部族聯合，再加柔然、契丹、奚、靺鞨等異族被支配部族羣，而組成阿史那政權的部族聯合國家。其支配方式係區分三層相異的統制機構，組織維繫國家秩序：

---

❺　江上波夫「北アジア史」第五三頁。

第一，本據距國家中心比較遠方的諸異族，有由可汗直接派遣的「吐屯」加以監督（骨咄祿可汗於阿史那支配民族中，其先世地位便非可汗子弟的「設」，而係親緣關係較疏的「吐屯」），通過當地固有的族長而予徵稅。第二，所有部族，便又各各配屬於「設」，爲封建諸侯式采邑意味的支配，對其固有族長徵稅、徵兵。第三，部族、部族聯合首長、君長，准許「獨立」，而以向阿史那政權效忠、納貢爲義務。封建架構諸層次構成體的可汗→國家＝帝國，設→采邑，族長→部族，自碑文所了解，因之一律以 il 爲名詞❻。

突厥社會，則維持其階級性，立於同一社會地位而通稱「族長」(bag)的部族之長與部族構成本位諸氏族之長，乃支配階級，大家畜所有爲此階級的基礎（碑文所示，族長於馬的飼養已發展至可以擁有「四千頭」、「六千頭」❼）。以及使役奴隸爲家內奴隸（碑文的 qul 指男奴隸，kung 指女奴隸❽）；另一方面便是氏族員與部族員的一般「民衆」(budun)，也容許獨立自由的保有武裝權與私經濟，留儲自己的財產。

突厥社會的族長、民衆、奴隸三階級區分，護雅夫並引年代推定屬於六～八世紀的阿爾泰地域突厥墳墓發掘調查結果❾，加以解釋。其中埋葬方式的第一羣，十處發掘例，均極大的石塚，其一且至十二公尺，而圍以石籬。有殉死者埋入封土中，墓壙存在馬的陪葬。塚旁另有小規模墳墓（陪塚）屬遺物庫（寶藏庫或武器庫）意味，庫中、墓中、棺中副葬品豐富，中國製的黃金杯與皿、銘有突厥文字的銀製壺、金銀製帶

---

❻ 護雅夫之說，參閱其「突厥の國家」（學生社版「古代史講座」④古代國家の構造，第一〇七頁）；「古代チュルク社會に關する覺書」（學生社版「古代史講座」⑥古代社會の構造（上），第一四九至一五〇頁）。

❼ 同上，古代社會の構造（上），第一六六頁。

❽ 同上，第一六四頁。

❾ 同上，第一七九頁引蘇聯 S. V. Kiselev 一九五一年報告書。

金具、黃金耳環、鐵製刀劍、鐵鏃、鳴鏑、白樺皮胡籙（矢筒）、各種
馬具類、中國產的飾綾絹布、中亞細亞產的毛織物等。第二羣，約二十
處，地上的大石塚之下，有方形墓壙，內中武裝或非武裝的屍體，多數
作仰臥伸展葬，且與馬同埋。副葬品爲靑銅、銀製帶金具、硝子玉垂
飾、骨製珠、貝殼製頸飾、陶器、鐵製短劍、鎗尖、鐵鏃、鳴鏑、白樺
皮胡籙、弓、各種馬具類等，以及中國鏡斷片，武器與馬具方面與第一
群的內容無大差異。第三群與前兩者性質，石塚小至直徑約三公尺，高
〇・二五公尺，抑或附屬於第一羣墳墓，甚且便是第一羣墳墓封土中的
葬入者，縛手足而與馬同葬，可領悟係爲殉死。副葬品極端貧乏，僅靑
銅或鐵的帶金具、小環、鐵製短劍、骨鏃等。護雅夫便以此三種類的墓
葬與三階級配當，各各示爲族長、民衆、奴隸的葬法❿。

　　石塚周圍列立圓形或方形之石呈籬狀，是否卽「隋書」謂依生前殺
敵數列石的意味，護雅夫無說明。但學界也另有舉證，指認淸朝同治三
年（紀元一八六四年）塔城界約劃入帝俄或今日蘇聯吉爾吉斯共和國境
的新疆外側領土伊斯色克庫爾(Issyk-kul)西岸突厥墳墓，自墳丘南向一
列細長石條排立，石列前端又立石彫像，便是「隋書」記事的印證⓫。
祇未能明確判定石彫像所代表意味，係死者自身之像抑生前殺滅敵將之
像，再或者，死者側近侍從或侍衞之意？此其一。其二，研究者又注意
到，阿爾泰山地域突厥墳墓所示埋葬法，須是烏孫時代以來土葬傳統的
踏襲，全無中國史書所述火葬習俗的痕跡。符合中國史料記載的突厥時
代墳墓分佈地域，乃在自蒙古高原以至葉尼塞河上流域一帶。葉尼塞河
上流域的突厥或吉爾吉斯族墳墓，周圍同樣加石材柱列成石籬，而內部

---

❿　參閱上書第一七九至一八一頁。

⓫　香山陽坪「沙漠と草原の遺寶」，第一〇六頁。

納入的便是已焚化之骨⑫。「隋書」的「圖畫死者形像」記事，也自外蒙古所出土人物畫象石實物，以及闕特勤碑文有祠堂、彫刻、紀念碑，均猿歲七月二十七日祓建的明言，而足資信憑⑬。蒙古──南西伯利亞方面突厥上層社會墓制與葬儀，包括祠堂、墓誌銘、墓室內敷設畫象石與繪飾壁畫，已深刻蒙受漢族中國影響，也從而得以認識⑭。而闕特勤碑猿年某月某日文字，與收錄入「隋書」突厥傳記中紀元五八四年（開皇四年）沙鉢略可汗致隋文帝書文首「辰年九月十日」，意義相同，均自事實上補正了史料介紹突厥社會「不知年曆」的誤失，僅其紀年方式與漢族中國相異而已。

葉尼塞碑文中，「耕地」、「畑」、「種子」、「灌漑溝」等農業用詞累有所見，與南西伯利亞考古發見農業用具的事實，正相呼應⑮。葉尼塞河上流域一位居民發掘所得石臼下部的斷片，厚約七公分，直徑約四〇公分，明奴辛斯克盆地同類出土物且有達五〇至七〇公分的。此類中國史料所記用以舂米之物以外，葉尼塞河上流域一帶又發見多量漢族中國產品的鐵製犂頭，由其漢字銘確知係唐朝以前的五世紀時代所遺留，以及此地域特有形式的現地製鐵質農具（犂頭、鎌等）。關於灌漑溝，蘇聯考古界的調查成果，且已發見較簡單所謂「溝」規模爲大的構造。綜合印象，對碑文時代的當地，可解說之爲突厥社會生活中，農耕的地位堪與畜牧相等，換言之，與一千年前匈奴時代如出一轍。

惟其如此，內陸亞洲的遊牧國家與社會，有無自身文字固可區別其係早期抑後期，本質則相一貫，衣、食、住的日常生活方面爲尤易表現。

⑫　江上波夫「騎馬遊牧民族國家」，第一一一頁。
⑬　同上，第一一一至一一二頁並墓石附圖。
⑭　同上，第一一二頁。
⑮　農業問題解說，取材自護雅夫「古代チュルク社會に關する覺書」（學生社版「古代史講座」⑥古代社會の構造（上），第一六九至一七〇頁）。

住居用穹廬（房車）、「氈帳」（天幕）乃社會上下共同習俗，辮髮亦然，衣服卻已民衆與貴人迥異，一般民衆通常穿着粗質革衣或裘褐，貴人愛服漢族中國產的錦綾之袍，繫佩金銀帶金具的革帶，懸黃金、玉石製耳飾與垂飾品。飲食中最具代表性的馬乳酒，以革袋容盛馬乳，用棍棒擊打革袋，加以攪拌，使馬乳受震盪產生酸味而製成酒，所謂「飲馬酪取醉，歌呼相對」，係內陸歐亞大陸遊牧民族共通愛好，得以博最大愉快、安慰的飲料。

關於武器，弓矢與長槍爲主要，遠則騎射，近敵便在馬上以長槍奮戰，葉尼塞河上流域描繪騎馬狩獵貴人全副武裝，身後置弓矢，腰繫長劍，手持長槍等，衆多岩壁畫，可表現其狀。此等岩壁畫考定係高車時代所遺留❶⑥，同樣可適用於突厥時代。弓乃角弓，短的彎弓爲主，扁平鐵鏃的矢箭，以木樺木皮製造的長矢筒（所謂「胡籙」）容置。貴人們頭戴鐵兜，全身披鐵質扎甲，胸間安裝銅、鐵製或木製的圓板甲，而身佩長形鐵劍（如上述岩壁畫所示）。一般騎士則無甲冑，僅披革製短甲⑰。旗幟類中的狼頭纛，代表的便是可汗親軍，「狼」於突厥，乃是勇猛的象徵。

突厥以凌屬雄大的軍事力而強盛，也憑藉此後盾，以對周圍農耕地帶的通商貿易，強制貢納與侵寇掠奪爲手段，積儲財富。所以突厥社會非如想像中的貧乏，相反還是富裕，又與匈奴的情況相同，也由葉尼塞碑文「黃金」、「毛氈」、「財寶」等字樣所明示，雖然碑文主體限於支配階級。

然而，突厥可汗大位繼承的出諸匈奴單于繼位同一法則，第一，以國家所屬氏、部族與部族聯合體諸首長的推戴、承認爲必要，第二，依

⑯　江上波夫「北アジア史」，第四三頁附圖並說明。
⑰　武器、武具解說，取材自江上波夫「騎馬遊牧民族國家」第一〇九頁。

血統而爲君主位繼承，特定中核支配氏族（突厥便是阿史那氏族）獨占其權利，兩者原則上相矛盾而事實上又併存的制度，注定容易發生破綻，也是所有內陸歐亞大陸遊牧民族國家的共同宿命，初非祇匈奴或突厥爲然，成吉斯汗蒙古的時代以後仍不能改變。一方面，中核氏族與其他支配氏族間的內訌由此而起，另一方面，又鑄定爲國家快速分裂、衰亡的誘因。

突厥時代最後榮光

「隋書」北狄傳突厥條的結尾：「隋末亂離，中國人歸之者無數。（突厥，但對象也已專指東、西突厥分裂後的東突厥或北突厥）遂大強盛，勢凌中夏，迎（煬帝）蕭皇后置於定襄，薛舉、竇建德、王世充、劉武周、梁師都、李軌、高開道之徒，雖僭尊號，皆北面稱臣，受其可汗之號，使者往來，相望於道也」。七世紀初突厥勢力高漲到恢復壓倒漢族中國態勢可見，此一時期，突厥正是啓民可汗三子大可汗之位相續，始畢——處羅——頡利三可汗的時代。有關突厥事情的記錄，此際也已由「隋書」過渡到「唐書」，「唐書」突厥傳原係「隋書」之續的意味，所以文首謂：「突厥之始，啓民之前，『隋書』載之備矣，祇以入國之事而述之」。而其上篇（東突厥）本文開端的始畢可汗條便巍然大書：「（始畢）隋大業中嗣位，值天下大亂，中國人奔之者衆，其族強盛。東自契丹、室韋，西盡吐谷渾、高昌，諸國皆臣屬焉，控弦百餘萬。北狄之盛，未之有也」。

突厥從衰微到急激再強盛的過程中，堪注意是——

第一，國家構造方面已強烈變化。始波羅可汗以前，突厥國家固然

統一，大可汗卻非一人獨佔統治權力，領內各地小可汗分立而均具壓迫
大可汗，以及與大可汗對立的勢力，此毋寧是突厥國家組織原型，卻因
之預伏了鬥爭，抑且分離的危機。始波羅可汗以來，內爭由是激化，阿
史那可汗族頻頻互攻，惡化的不利因素被外力（隋朝）利用，終於製造
了東、西突厥分裂的嚴重後果。然而，也便以此爲契機，待混亂局面再
澄清，已分裂的東突厥（或稱北突厥）內部回復統一到隋朝支持的啓民
可汗之手時，領內原佔有半獨立地位，於實質上實行國家分割統治的小
可汗姿態，隨同已形消失，權力所繫惟大可汗一人。待次代始畢治世，
中央集權傾向愈益強化，大可汗確立其統一國家惟一的、最高的支配地
位，突厥國家機構較之啓民可汗以前的時代，性格全行相異。再經處羅
可汗至頡利可汗治世，突利可汗（頡利之姪）與替代突利的頡利之叔阿
史那蘇尼失已是廻光反照式最後僅有出現的小可汗。

　　第二、東突厥的集權化、強大化，可知受漢族中國莫大影響（制度
的，也是政治的）。但屆中國隋朝離亂，突厥回復強大已如皮球漲滿了
氣而壓制力解除時的騰空昇高，政治上對中國發生了巨大反影響，一方
面是吸引避戰禍的漢族人民大量流入突厥，蠭起的隋末羣雄而割據地點
在北邊或中原的，也無不向東突厥稱臣以求得援助，突厥於其間左右逢
源，予取予求；另一方面，隋朝義成公主降嫁啓民可汗後，又迭配相續
繼位的始畢、處羅、頡利三可汗，隋朝淵源被突厥所重視，而隋亡後後
裔獲其庇護，「唐書」突厥傳所謂：「隋煬帝蕭后及齊王暕之子政道陷
於竇建德，（武德）三年二月，處羅迎之，至於牙所，立政道爲隋王。
隋末中國人在虜庭者，悉隷於政道，行隋正朔，置百官，居於定襄」，
儼然對隋朝逆方向附庸關係的成立。而如此的突厥與漢族中國間一切關
係，再起變化，都須待唐朝的漢族中國統治穩定之際。

　　分離的西突厥，非如東突厥對漢族中國局勢的直接相關，其於隋朝

約束下解放與快速隆盛則一。「唐書」突厥傳下（西突厥篇）載：「射
匱可汗既立，始開土宇，東至金山（阿爾泰山），西至海（裏海），自
玉門已西諸國皆役屬之，遂與北突厥（東突厥）爲敵，乃建庭於龜玆北
三彌山，尋卒。弟統葉護可汗代立，北併鐵勒，西拒波斯，南接罽賓，
悉歸之。控弦數十萬，霸有西域，據舊烏孫之地，又移庭於石國（中亞
細亞 Tashkand），北之千泉（怛羅斯河畔）。其西域諸國王悉授頡利發
（俟利發、又或俟斤），而遣吐屯一人監統之，督其征賦，西戎之盛，未
之有也」。同傳序言除重覆「鐵勒、龜玆及西域諸胡國皆歸附之」外，
續記「其人雜有都陸及弩矢畢、歌邏祿、處月、處密、伊吾等諸種」，
說明統治種族的成份複雜（包括突厥系統自身），係其特徵，也惟其如
此而支配方式，非同時期東突厥同一步調——。

東突厥自啓民——始畢兩代可汗以來，統一國家名實整備，小可汗
向「設」嬗變而喪失與可汗對抗的權勢，「葉護」稱謂也頗少見，已由
大體同性格的「特勤」替代，特勤（或葉護）乃身份而設別官職，文獻
中此兩名詞因之又往往重疊於同一人。關於西突厥，卻是小可汗固仍然
分立，葉護尊號也繼續存在，而且特被重視（可能與最早室點密係伊利
可汗時代葉護的傳統有關）。所以，如謂東突厥集權化已係未分裂前大
突厥時代制度的變貌（或相反意義的進步），則西突厥蹈襲了傳統，或者
說，是保守的，原因便在適應複雜統治對象的現實。唐初「遠交近攻」
突厥政策的順利運用，一方面固係唐朝外交的高瞻遠矚，另一方面，也
便以西突厥國家組織形態的方便於被把握。

突厥國家以全鐵勒種族的糾合爲基礎，隋朝突厥事業的決定性勝
利，分化上層突厥統制之後，又在製造此基底的解體，如「隋書」長孫
晟所記：「晟又敎染干（啓民可汗）分遣使者往北方鐵勒等部，招撫取
之。（仁壽）三年，有鐵勒思結、伏利具、渾、斛薩、阿拔、僕骨等十

餘部盡背達頭，請來降附（啓民），達頭衆大潰，西奔吐谷渾」。隋——唐之交，東、西突厥雖分裂而各別強盛，鐵勒的分佈形勢是：「種類最多，自西海之東，依據山谷，往往不絕。獨洛河北有僕骨（僕固）、同羅、韋紇（回紇）、拔也古、覆羅，並號俟斤，蒙陳、吐如紇、斯結、渾、斛薛等諸姓，勝兵可二萬；伊吾以西，焉耆之北，傍白山，則有契弊（契苾）、薄落職、乙哇、蘇婆、那曷、烏護、紇骨（結骨、堅昆）、也咥、於尼護等，勝兵可二萬；金山西南，有薛延陁（薛延陀）、咥勒兒、十槃、達契等，一萬餘兵；康國北，傍阿得水，則有訶咥、曷截、撥忽、比千、具海、曷比悉、何嵯、蘇拔、也未、曷達等，有三萬餘兵；得嶷海東西，有蘇路羯、三索、咽蔑、促隆忽等諸姓，八千餘；拂菻東則有恩屈、阿蘭、北褥、九離、伏、嗢昏等，近三萬人；北海南則都波等。雖姓氏各別，總謂爲鐵勒，並無君長，分屬東、西兩突厥」（「隋書」北狄傳鐵勒條）。突厥再一循環的盛衰起伏，鐵勒諸種族便又在其間重演了舉足輕重的角色。

唐朝初興，正值東突厥始畢可汗之末以迄頡利可汗在位，西突厥已由射匱可汗移爲統葉護可汗治世。

帶動東方遊牧——農耕兩類型社會抗爭再掀高潮，係新興唐朝收拾隋末羣雄割據局面，漢族中國回復統一之際。而此過程中，唐朝與突厥間關係已兩度轉變：

最早，唐朝初起時性格，便是各別割據的地方政權之一，於同時期北邊羣雄均向突厥稱臣以求援助的共同潮流中，並不例外。此於唐朝國勢向高峯發展階段固已諱言，但「新唐書」突厥傳（上）：「帝（太宗）謂羣臣曰：往國家初定，太上皇（高祖）以百姓故，奉突厥詭而臣之」的追記，仍保留了痕跡，「貞觀政要」論證覽第三「太上皇爲百姓故，稱臣於頡利」之語尤其明白，「大唐創業起居注」（卷上），記義寧元

年（紀元六一七年）高祖以舉兵上書始畢可汗，也是「立自手疏」、「署云某啓」，用對長上的「啓」字敬語，與稱臣事相應。因是而得突厥之助創業，「唐書」的突厥傳記又有明載：「高祖起義太原，遣大將軍府司馬劉文靜聘於始畢，引以爲援。始畢遣其特勤康稍利等獻馬千匹，會於絳郡，又遣二千騎助軍，從平京城」。也由此前後記錄得知，唐初臣事突厥，時間且自始畢可汗延續至頡利可汗時代。

然後，「新唐書」突厥傳記續載：「初，帝（高祖）待突厥以敵國禮」、「唐會要」卷九四北突厥項也記：「先是，與突厥書用敵國禮」「敵國」之禮卽對等國禮遇，從上述史料又知便在高祖之世，臣事已改立到兩國的平等地位。但此轉變始自何年則不明，「唐書」突厥傳（上）記述武德九年（紀元六二六年），太宗「幸（京師）城西、刑白馬、與頡利同盟於便橋之上」，已係兩者敵國關係的確立，仍非其開始。轉變之始的推測，可能須自前此五年，武德四年（紀元六二一年）起算，是年頡利會同馬邑割據者苑君璋攻擊雁門，以遭受大挫敗的打擊，主動釋還所拘留唐朝使節，「請和好，獻魚膠數十觔，欲令二國同於此膠」，高祖「嘉之」，也釋所拘留突厥使節「還蕃」（「唐書」突厥傳上），似卽表示了對等之意。以後，雙方衝突一時中止，乃入「敵國」關係的階段。再以後，突厥——唐朝勢力消長的大波濤緊隨興起。

武德九年（紀元六二六年）太宗卽位，係突厥大悲運起點，分化策略仍是致突厥於死命的唐朝決勝最犀利武器。太宗爲秦王時已與盟結兄弟，頡利可汗之姪與前可汗始畢之子的突厥最有力統治者之一東方突利可汗，以與頡利間嫌隙，貞觀二年（紀元六二八年）向唐朝承詣歸附。同年，突厥北方鐵勒諸部於上年攜手對頡利大叛亂展開時，被推戴了盟主的最強盛種族，遊牧地原在金山（阿爾泰山）西南準噶爾地方而向東移動入外蒙古的薛延陀（Syr-Tadus）部領袖夷男，也接受唐朝册立爲眞

珠毘伽可汗，建牙於原東突厥可汗庭的鬱督軍山，壓迫頡利本據南遷內
蒙古以歸綏為中心。突厥內部不和又反亂擴大，南一北、腹一背受敵情
勢被製造成功，唐朝正面攻擊諸條件成熟。貞觀三年（紀元六二九年）
突利公開叛國入朝長安，同年底至翌年（紀元六三〇年，貞觀四年）初，
軍略家李靖為總大將的大軍事行動登場，十餘萬人強力兵團分四道並
出，頡利往北潰退至其叔小可汗蘇尼失處，唐朝追擊軍又至，蘇尼失俘
頡利降。南北朝以來，以北狄之雄聞名於世的東突厥，至是滅亡，國家
全行瓦解。

　　唐朝處分被征服的東突厥，最初是適應「頡利之敗也，其部落或走
薛延陀，或走西域，而來降者甚眾」的形勢，於漢族中國北方邊緣領土
內，「於朔方之地，自幽州至靈州，置順、祐、化、長四州都督府，又
分頡利之地六州，左置定襄都督府，右置雲中都督府，以統其部眾」
（均「唐書」突厥傳上）。自是突厥降眾歸附唐朝的人數愈聚愈多，諸
部散居綏遠——山西北部一線的漢族中國北方邊境地帶，生活習慣與農
耕漢族不相調和的原因之下，貞觀十三年（紀元六三九年）改變支配方
式，全以進入塞內的突厥諸部移往內蒙古，冊立頡利未敗前已留唐，前
且一度被推為可汗的原突厥夾畢特勤，在唐朝封和順郡王，突厥滅亡
後，任右武衞大將軍、化州都督的阿史那恩摩為俟利苾可汗，賜姓李，
「過牙河北（黃河以北）」，回復頡利後期與薛延陀領導下外蒙古相對
立的統制原狀。便是說，通過前後兩位可汗的冊封，各別與唐朝天子結
合君一臣關係，而成立①唐一薛延陀（鐵勒）眞珠毘伽可汗一沙漠以北
一鐵勒諸部；②唐一突厥俟利苾可汗一沙漠以南一突厥諸部的北亞細亞
國際秩序。

　　然而，由薛延陀（鐵勒）、突厥分立制衡，互不相犯，而維繫國際
和平秩序的構想，以鐵勒諸種族接替突厥雄長沙漠之勢已成，終究落

空，阿史那恩摩旣掌握其支配下突厥失敗，又不堪強盛的薛延陀夷易侵逼，僅隔四年的貞觀十七年，不得不放棄自族領導權奔回長安。此一事實被唐朝所警惕，所以再兩年後貞觀十九年夷易卒，唐朝預立其二子爲二可汗的分化政策，製造薛延陀部內訌成功，外蒙古大騷動形勢中的鐵勒諸部蠭起叛離，翌年（貞觀二一年，紀元六四六年）唐朝遠征軍便縱渡沙漠，長驅滅亡薛延陀。震慴於唐朝威靈、威重的回紇、拔野古、同羅、僕骨、多濫葛、思結、阿跌、契苾、奚結、渾、斛薛等鐵勒十三部，乃一致尊奉太宗爲「天可汗」，要求內屬，而唐朝統制方式修正，外蒙古廣域成立羈縻府州。史書所載：「（貞觀）二十一年（紀元六四七年）正月九日，以鐵勒回紇等十三部內附，置六都督府、七州，並各以其酋帥爲都督、刺史，給玄金魚，黃金爲字，以爲符信。於是回紇等請於回紇（本據土拉河上流是瀚海都護府）以南，突厥以北，置郵驛總六十六所，以通北荒，號爲參天可汗道，俾通貢馬。四月十日，置燕然都護府。瀚海等六都護府，皐蘭等七州，並隸焉」；「二十二年二月七日，以結骨部置堅昆都督府，隸燕然都護府。至三月九日，分瀚海都督府所統骨利幹部爲玄闕州，俱羅勃部置燭龍州」（「唐會要」卷七三安北都護府項）。「唐書」回紇傳上說明回紇中心的後三府州位置，結骨（堅昆）在西北，骨利幹在北面，俱羅勃在東北。「唐書」北狄傳鐵勒條又記錄：「其骨利幹北距大海，去京師最遠，自古未通中國」，判定須是貝加爾湖方面。則遠至南西伯利亞地域，七世紀前半時均已進入唐朝支配範圍，自上述羈縻府州的佈列形勢，印象爲至明晰。

再翌年的貞觀二三年（紀元六四九年），羈縻府州體制擴大到戈壁沙漠南邊的內蒙古突厥諸部。同係「唐會要」卷七三安北都護府項記載：是年十月三日，以突厥舍利吐利部置舍利州，阿史那部置阿史那州等五州，並隸雲中都督府；蘇農部置蘇農州，阿史德部置阿史德州等六州，

並隸定襄都督府。但兩都督府都督均已非歸突厥國家的支配部族阿史那部，而分別由舍利部（雲中）、阿史德部（定襄）部長任。

唐朝的北狄（人）、北亞細亞（地）統制網與支配原則，經過九年試驗，至是確定，以後祇是羈縻府州統轄——隸屬系統的調整（「唐會要」卷七三單于都護府項、安北都護府項、「新唐書」地理志一關內採訪使項、地理志七下羈縻州項）：

——高宗永徽元年（紀元六五〇年），突厥諸部，部份已移返外蒙古，通置單于、瀚海兩都護府分統（金微等部份燕然都護府所屬鐵勒府州劃入），單于領狼山、雲中、桑乾三都督府，蘇農等十四州；瀚海領金微、新黎等七都督府，仙萼、賀蘭等八州，各以其首領爲都督、刺史（定襄都督府與所領州等又改唐朝直屬領土郡縣系統管領）

——龍朔三年（紀元六六三年），燕然都護府改名瀚海都護府，原瀚海都護府改名雲中都護府（裁併單于都護府）。回復以磧（戈壁沙漠）爲界的政治區劃，磧北（外蒙古）諸蕃州悉隸瀚海，磧南（內蒙古）並隸雲中。翌年麟德元年（紀元六六四年），雲中都護府改名單于都護府。

——總章二年（紀元六六九年）瀚海都護府改名安北都護府。

紀元六三〇年或唐太宗貞觀四年，是東突厥瓦解的悲運一年，關於西突厥，同時期稍前同樣是滅亡的噩兆發端。唐朝立國前後，正值統葉護可汗在位期的西突厥，原非如東突厥與漢族中國間關係的壯濶激流對衝，而呈現反方向現象的和平攜手，自武德二年（紀元六一九年）以來，連年遣使朝貢以來，彼此關係至爲親密。此固以西突厥位置偏西，視東突厥似與唐朝綿長的國土接界線容易引發衝突可能性爲降低，另一方面原因，又是「時北突厥作患，高祖（對西突厥）恩加撫結，與之并力以圖北蕃」（「唐書」突厥傳下西突厥）的西突厥政策獨立製定。而使自貞觀二年（紀元六二八年），統葉護可汗被其伯父所殺，阿史那可汗於

內爭激化，國家一再分裂，授予唐朝最有利的干預條件與機會。東突厥羈縻府州體系成立的同時期稍後，西突厥與其屬國，終也追隨納入了唐朝羈縻府州支配系統。

「唐書」西突厥的傳記：「初，室點密從單于（指第一代伊利可汗）統領十大首領，有兵十萬衆，往平西域諸胡國，自爲可汗，號十姓部落，世統其衆，在本蕃爲莫賀咄葉護」，明示西突厥國家最初便以十「姓」的十個部族爲基本構成單位。唐初，十部再區分兩個集團，東面咄陸五部（處木昆部、胡祿屋部、攝舍提部、突騎施部、鼠尼施部）與西面弩失畢五部（阿悉結兩部、哥舒兩部、拔塞幹嗽部），東五部之長各稱「啜」（Chur），西五部之長各稱俟斤。統葉護死於非命後二十多年間的西突厥歷史，性質便已等於伊犁河爲界，此東——西對立（實際以伊犁河係東南流向西北而也是南—北對立）而組合的統一或分立、大可汗統御力及於國家全體抑殘賸一方，又或咄陸、弩失畢各別擁載可汗並立、併合，以及頻頻廢立的紊亂鬪爭史。錯綜的登場人物，幸以彼此親唐傳統都不變，得藉未間斷的往返而爲唐朝所了解，經整理後錄入漢文史料。抑且，東突厥勢力也於其時突入西突厥，其北方拓設阿史那社爾，唐初被薛延陀驅逐西走，當東突厥頡利可汗滅而西突厥統葉護可汗又死，西突厥東方領域咄陸五部葉護阿史那彌射與阿史那步眞兄弟爭立可汗之際，「引兵西上，因襲破西蕃，半有其國，得衆十餘萬，自稱都布可汗」（「唐書」阿史那社爾傳），須其再向薛延陀報復仍然失敗而降唐，才退出西突厥內訌圈。彌射、步眞也先後以互鬪與族外鬪爭的政治賭博落爲輸家，投奔唐朝。也便因無休止混亂局面下西突厥弱體化，導引了唐朝勢力介入，武德時曾去長安且與在藩時太宗結爲兄弟的弩失畢系統中莫賀設，短暫統一期繼被放逐的前可汗被擁立爲大可汗，貞觀七年（紀元六三三年）受太宗册授爲奚利邲咄陸可汗，乃西突厥可汗對

唐朝天子的君一臣關係最早連結。但翌年奚利邲咄陸可汗卒，弟隉利失可汗繼位期國家又陷分解。以後，五咄陸系可汗攻滅五弩失畢系可汗，「弩失畢諸姓心不服」，「其國大亂」，貞觀十五年（紀元六四一年）「各遣使詣闕請立可汗，太宗遣使齎書立莫賀咄乙毘可汗之子，是爲乙毘射匱可汗」（均「唐書」突厥傳下西突厥），是唐朝第二度册立西突厥可汗，卻非統一的大可汗而僅弩失畢可汗爲可了解。乙毘射匱可汗擊咄陸系可汗而後者敗退，其葉護（阿史那）賀魯（Ashinagar 隉利失可汗弟步利設射匱特勤之子）於貞觀二二年（紀元六四八年）率部落內屬，唐朝設庭州（今新疆省濟木薩 Dsimsa，其後北庭都護府所在地），翌年於同地置瑤池都督府安置其部落，又是唐朝對西突厥最早的羈縻府州成立。但第三年的高宗永徽二年（紀元六五一年）阿史那賀魯率衆西遁，滅射匱可汗，併合咄陸、弩失畢而十姓部落統一，自號沙鉢羅可汗，頻頻內侵。西突厥與唐朝的和平局面打破，乃有蘇定方爲總大將，顯慶二年（紀元六五七年）唐朝的西突厥大征伐興起，而包括服屬西突厥諸西域國家的西突厥全領域，喪失其獨立性——

太宗時代，西突厥國家南半農耕領域中東面的帕米爾以東諸屬國，支配權先已相續轉入唐朝之手。漢族中國進入天山以南塔里木盆地的今日新疆省大門，隋末離亂期被西突厥佔領的隋朝伊吾郡，貞觀四年（紀元六三〇年）由唐朝回復成立伊州（三縣）的第十年，其西邊立國於吐魯番小盆地的漢族殖民國家高昌，麴氏漢人政權傳世九代一百四十四年，最早被滅。「唐會要」卷七三安西都護府項的記錄，便以「貞觀十四年（紀元六四〇年）九月二十二日，侯君集平高昌國，於西州置安西都護府，治交河城」始寫，滅高昌改置的西州（五縣）。連同上述稍後愈向西延伸成立的庭州（二縣，以後增爲三縣），乃是西域之地唐朝由收編爲其轄領土的三處郡縣統治地區。唐朝西域事業基礎確立。關於天山以南方面，

貞觀十八年（紀元六四四年），郭孝恪滅與西突厥具親密關係爲者國；貞觀二二年（紀元六四八年），新疆最強大又締姻阿史那氏的龜玆國，續在東突厥降唐獲重用的阿史那社爾爲統帥，大軍壓境下潰覆；于闐國、疏勒國都不戰而降。龜玆、焉者、毗沙（于闐，其王姓氏尉遲 Vijaya 的音轉與移用）、疏勒四都督府與其屬州，唐朝西域經營前進據點意味的著名安西四鎮也由是成立。龜玆征伐後相隔九年，便是高宗時代唐朝對西突厥的正面攻略成功，賀魯（沙鉢羅可汗）逃至中亞細亞屬國石國，被唐軍追及俘虜。「唐會要」的記事：「顯慶二年十一月，伊麗（伊犂河）道行軍大總管蘇定方大破賀魯於金牙山，盡收其所據之地，西域悉平，擒賀魯以歸。十一月，分其地置濛池、崑陵二都護府，以阿史那彌射爲崑陵都護，阿史那步眞爲濛池都護。其月十七日，又分其種落，列置州縣（處木昆、突騎施等部六都督府）。其所役屬諸胡國，皆置州府，西盡於波斯，並隷安西都護府。至三年（紀元六五八年）五月一日，移安西都護府於龜玆國」；「龍朔元年（紀元六六一年）六月十七日，吐火羅道置州縣。使王名遠進西域圖記，並請于闐以西，波斯以東，十六國分置都督府，幷州八十、縣一百一十、軍府一百二十六，仍以吐火羅國立碑，以記聖德。詔從之」（均卷七三安西都護府項）；「顯慶二年，遂分其地（西突厥）置崑陵、濛池二都護府，以彌射爲興昔亡可汗，押五咄陸部落；步眞爲繼往絕可汗，押五弩失畢部落」（卷九四西突厥項）。

距顯慶二年約半個世紀後的武后長安二年（紀元七〇二年），新設北庭都護府，原西突厥羈縻府州統轄體系調整：安西都護府專隷四鎮與所有帕米爾以西諸胡國（城郭國家），北庭都護府則隷西突厥本體的五咄陸、五弩失畢，以及附屬於此十姓部落的突厥系葛邏祿、處月（沙陀突厥）、咽麪等其他種族（遊牧部落），「新唐書」地理志七下羈縻州項濛池都護府條注文：「置都護府二（卽濛池、崑陵）、都督府八，其役

屬諸胡皆爲州」，係其統轄關係的具體內涵。兩都護府支配範圍大體依
沃洲與草原的地理性格而區分，與分轄內、外蒙古原東突厥隸下所有遊
牧部落的單于、安北兩都護府，結合爲大唐世界帝國北方與西方統制的
連鎖環節的整體。

　　而也堪注視，東、西突厥同一的覆亡命運，所受唐朝處分仍存在差
別，前引「唐會要」同係顯慶二年的兩段文字，見諸「唐書」西突厥傳
記的合一記載爲尤明晰：「顯慶二年討平賀魯，乃册立彌射爲興昔亡可
汗，兼百衞大將軍、崑陵都護分押賀魯下五咄陸部落；步眞授繼往絕可
汗，兼右衞大將軍、濛池都護，分押五弩失畢部落」，可以瞭然，彌射
與步眞的身份是雙層的，一方面是唐朝的「都護」，一方面仍是自族的
「可汗」。羈縻府州成立，原則原使設定於尊重非漢族被支配者固有政
治、社會組織與其生活習俗，所以中國式府州制底裏，仍是其自族或自
國的傳統領導形態。府而統州如西域十六國與四鎭等的領導者世襲中國
官位，形式因之也具備①被任命爲都督（對於中國，功勳者且封爵），
②受册立爲國王（對於自國）的兩重性，西突厥兩可汗的場合相同。而
東突厥非是，保存其舊社會體制與固有部族構造儘管同於西突厥，卻未
册命可汗，支配中心雲中、定裏兩都督且排除阿史那氏資格，簡言之，
一反常態的毀壞其領導傳統而實行徹底分割。理由可以猜測，乃警惕於
啓民可汗以來東突厥強力中央集權的危險性，西突厥政治組合力脆弱，
於唐朝的屬國政策天秤上，毋寧便較東突厥爲有利。然而，團結鬆懈畢
竟是西突厥致命傷，被唐朝征服後，僅約半個世紀的北庭都護府增置之
際，西突厥事實且已形成崩解，十姓部落離析如前引「新唐書」羈縻州
記錄的濛池都護府附注所示狀況，「西突厥」的名詞陪伴可汗於阿史那
部沒落而烟消雲散。八世紀前半，原西突厥十姓之一（五咄陸之一）突
騎施，雖曾浸盛至如西突厥化身之勢，但仍是驟興驟衰。相對方面，同

被征服，且受壓制的東突厥勢力，卻於西突厥自壞過程中呈現反方向的急速再形抬頭。

較西突厥明顯存在唐朝差別待遇的東突厥，情緒上的不穩定可以想像。鄂爾渾河流域突厥語碑文之一，沉痛自言：「貴人之子淪爲中國之奴，清潔之女淪爲中國之婢，突厥貴人棄其突厥官號而受中國官號，臣服中國可汗而爲之効忠盡力者，垂五十年」❶。半個世紀的大和諧局面，太宗時代約二十年當其前段，後段高宗繼位又「自永徽已後，殆三十年，北鄙無事」（「唐書」突厥傳上）。而便在高宗治世之末，東突厥反叛旗幟已形鮮明，定襄都督府阿史德部號召回復擁立阿史那氏可汗的強烈政治・種族色調大變亂，調露元年（紀元六七九年）與翌年永隆元年（紀元六八〇年）連續兩度興起，雖都被唐朝迅速敉平，但永淳元年（紀元六八二年，翌年高宗崩）的又一波動亂，唐朝已鎮壓無效，重建突厥統一國家的復興運動理想實現——

阿史那骨咄祿糾合前此失敗殘衆，以陰山山脈之北爲策源地而茁壯，自稱 Iltaris 可汗，南掠唐朝直轄領土北邊，北侵鐵勒諸部，紀元六八六、六八七年左右，根據地移回突厥國家本據的鬱督軍山一帶。紀元六九一年骨咄祿卒，弟默啜以「設」自立爲 Qapagan 可汗，治世中「其地東西萬餘里，控弦四十萬，自頡利之後，最爲強盛」（「唐書」突厥傳上）則天武后聖曆二年（紀元六九九年）左右，「默啜立其弟咄悉匐爲左廂察（察＝殺＝設），骨咄祿子默矩（默棘連）爲右廂察，各主兵馬二萬餘人。又立其子匐俱爲小可汗，位在兩察之上，仍主處木毘等十姓，兵馬四萬餘人，又號爲拓西可汗」（同上）的「唐書」記事，明言沒落中的西突厥，其時正被東突厥大事侵略。紀元七〇一至七一二年

❶ 沙畹（E. Chavannes）「西突厥史料」，馮承鈞譯本第一八九頁引 Thomsen, Insoription p. 99 和碩柴達木（Koscho Tsaidam）突厥碑文。

之間，兵鋒且直指中亞細亞 Merv 與康國 (Samarkand)，但前後均被大食擊敗，而其西方發展勢力受遏阻❷。接續，被高壓統治下的鐵勒諸部叛亂頻頻，玄宗開元四年（紀元七一六年）拔野古（拔也古、拔曳固）征伐的一次戰役中，默啜陣亡（前述突騎施也因得此機緣而一時勃興）。默啜之死，可汗空位引起內爭，骨咄祿之子闕特勤策動下，殺默啜子小可汗，擁立其兄默矩爲毗伽可汗（鄂爾渾碑文中的全銜爲 Tangritag tangrida bolmys turk bilga qagan），以佐父骨咄祿復興突厥的元老重臣，雖年邁而特具人望的暾欲谷爲最高顧問，政局回復安定，著名的鄂爾渾碑文三主角全行登場。

開元二十年（紀元七三二年）闕特勤死，兩年後毗伽可汗被其大臣毒殺（開元二二年），是突厥復興史轉捩點，子伊然可汗、登利可汗相續嗣位，衰運立現。可汗一族內鬨激發，紀元七四一年（開元二九年）登利殺叔西殺（右殺）又被另一叔東殺所殺，骨肉相殘，由是可汗頻易。加以突厥復興後，對鐵勒系諸族等種族的反服不定，向以軍事上武力壓制爲基本方針，鐵勒諸部的拔悉密、回紇、葛邏祿攜手反抗烈燄，其時也趁阿史那部內亂機會煽起。紀元七四四年（天寶三載）回紇的獨立可汗產生，翌年攻殺突厥最後在位的白眉可汗，復興六十年而氣數已盡的突厥，乃完全滅亡。

突厥全歷史，東洋史學者往往區分之爲三期：①「突厥第一帝國」期（紀元五五二至六三〇年），②唐朝羈縻支配期（紀元六三二至六八二年），③「突厥第二帝國」期（紀元六八二至約七四五年）❸。因又曾說明，「第一帝國」期自紀元五八三年，帕米爾東‧西突厥，名實均已

❷ 同上，第二〇九頁。
❸ 護雅夫「突厥の國家」（學生社版「古代史講座」④古代國家の構造（上）第一一一頁附注①）。

獨立，而分期的此後所指，專爲蒙古高原突厥的東（北）突厥歷史，所以編年基準爲符合前述突厥史推移過程。但如簡單依循三期分期用詞的字面所示，認爲便代表突厥——唐朝關係的①敵對，②附庸，③回復敵對三階段意義，或者說，突厥「第二帝國」建設立脚於唐朝羈縻支配崩壞，以與唐朝世界帝國脫輻爲前提，歷史分期乃從第二期變換第三期，則對史實製造了差距——

第一：骨咄祿、默啜前後兩位遊牧英雄指導下東突厥的復興，唐朝羈縻府州支配的國際秩序破壞爲當然，東方奚、契丹與北方鐵勒諸族等無可避免再被役屬也爲誠然，但東洋史上並事兩「大」的例子非謂絕無，南北朝——朝鮮半島三國間的關係是現成說明，所謂「兩屬」，突厥國家再建期的北亞細亞唐朝羈縻府州亦然。「唐書」回紇傳「永徽中獨解支、嗣聖中伏帝匐、開元中承宗伏帝難，並繼爲（回紇）酋長，皆受都督號，以統蕃州」的記事是證明之一；證明之二，「新唐書」突厥傳（下）記錄毗伽可汗初繼位時唐朝征伐軍統帥部的組成名單中，也列有處木毘執米啜堅毘都督、契丹都督李失活、皇都督李太酺等。紀元七一六年默啜可汗之死，拔野古「擊默啜斬之，乃與（唐）入蕃使郝靈佺傳首京師」（「新唐書」突厥傳上），天寶三載「拔悉密等殺烏蘇米施（突厥最後第二位可汗，白眉之兄），傳首京師，獻太廟」（「新唐書」突厥傳下），仍是同一意味。所以，突厥國家重建，僅僅掙脫唐朝支配的獨立運動興起，已指示唐朝的突厥羈縻府州體制崩壞，爲無疑義。卻祇限東突厥本體方面（且不包含西突厥），也須辨明，不能擴大印象，認爲代表「第二帝國」版圖的北亞細亞，全域內唐朝羈縻府州其時都被一掃而盡。唐朝的北亞細亞羈縻府州體制，終極固然全面崩壞，卻須待八世紀中安史之亂以後，而非其前，摧毀力也非出自突厥「第二帝國」的形成。

第二：獨立的突厥國家復興，自卽切斷對唐朝君——臣關係而敵國

關係再成立的意義。然而，默啜時代，已從對唐朝完全敵對的態度轉變
為和、戰不定，且曾兩度由則天武后册授左衛大將軍，封歸國公，加遷
善可汗，以及特進、頡跌利施大單于、立功報國可汗。毗伽可汗自開元
九年（紀元七二一年）「因乞和，請父事天子，許之」（「新唐書」突
厥傳下），而與玄宗成立父──子關係，公文書往復一方用「敕」，一
方用「表」，敕書起語便例是「敕兒突厥可汗」。父──子關係且非祇
毗伽治世，其存立通其兩子伊然可汗、登利（登里）可汗，持續三代均
然，「孫」而仍以「兒」紹續，係「以孫比兒，似疏少許」之故❹。最
初的「兒可汗」毗伽卒，「詔宗正卿李佺往申弔祭，為立碑廟，令史官
李融文其碑」，其前闕特勤卒，非祇「詔金吾將軍張去逸、都官郎中呂
向齎璽書入蕃弔祭，並為立碑」，且是「上自為碑文」（均「唐書」突
厥傳上），此兩碑文，便是遺留今日聞名學術界的鄂爾渾碑漢文之面原文。
宗正卿李佺弔祭毗伽之喪的同時，「並册立伊然」；未幾伊然可汗病卒，
「上遣石金吾將軍李質齎璽書，又册立登利為可汗」（同上），是父──
子關係，又加結了册立──被册立關係。父──子關係已是君──臣關
係確定成立的表達，册立──被册立關係尤加固了突厥對唐朝的臣從關
係，即使默啜──武后（以迄玄宗）時代仍立於敵國關係，自毗伽以來
的「第二帝國」約略後半期，突厥已回復唐朝世界帝國一員的位置，而
非全時期均與唐朝平等的對立，則至為明顯。雖然其時東突厥本體已非
羈縻府州支配舊形態，卻與大唐世界帝國中的前期吐蕃，後期回紇，
為同一模式。回紇也便以繼承被其滅亡而完全瓦解的所謂突厥「第二帝
國」，屹立於大唐世界帝國內，開啓其雄視北亞細亞的歷史。

❹　關於唐玄宗與突厥可汗間父子關係，護雅夫「隋・唐とチュルク國家」
　　（學生社版「世界史講座」⑩世界帝國の諸問題，第一〇四至一〇五、第
　　一〇八至一〇九頁），引「册府元龜」外臣部與「曲江集」所收隼表文與
　　敕書資料，解說頗明。

突厥（東突厥）世系圖

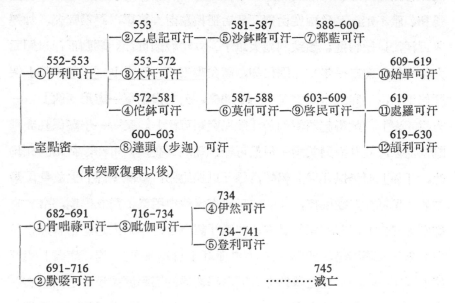

```
                        553           581-587        588-600
                     ─②乙息記可汗──⑤沙鉢略可汗──⑦都藍可汗
    552-553          553-572                                    609-619
  ─①伊利可汗──③木杆可汗                                    ─⑩始畢可汗
                     572-581         587-588       603-609
                     ─④佗鉢可汗──⑥莫何可汗──⑨啓民可汗   619
                                                              ─⑪處羅可汗
                     600-603                                   619-630
  ─室點密────⑧達頭（步迦）可汗                            ─⑫頡利可汗
```

（東突厥復興以後）

```
                              734
                           ─④伊然可汗
    682-691        716-734
  ─①骨咄祿可汗──③毗伽可汗
                              734-741
                           ─⑤登利可汗
    691-716                           745
  ─②默啜可汗                ……………滅亡
```

囘紇與遊牧社會文明化

　　「隋書」記述紀元六〇〇年左右「種類最多」的鐵勒，「唐書」北狄傳鐵勒條所代表的七世紀前半，已是「至武德初，有薛延陀、契苾（契苾羽）、迴紇（回紇）、都播、骨利幹、多覽葛、僕骨（僕固）、拔野古、同羅、渾部、思結、斛薛、奚結、阿跌、白霫等（「新唐書」回鶻傳上，加「凡十有五種」語），散在磧北」。又或同一傳紀所記「九姓鐵勒」●、「九姓渠帥」的歸併爲十五部、九部形勢。其原因，一方面固以「隋書」

───────────────

　　● 「九姓鐵勒」名詞產生自破滅薛延陀的過程，但傳記末個個列名，平凡社版「世界歷史大系」⑤東洋中世史第二篇第四六一頁，引羽田亨的考定，乃：回紇、僕骨、渾、拔曳固、同羅思結、契苾、阿布思、骨崙屋骨。

記錄範圍及於泛北亞細亞的東、西兩方面,「唐書」已收縮在東方部份,另一方面,也指示鐵勒諸種族正指向漸漸團結之途。

中國正史所謂「北狄」之國,概以保有多量氏族社會遺制,遊牧部族爲單位, 係其特徵。 突厥、 鐵勒諸種族的突厥系氏族相同,「種」(文化)=「部」(政治)=「姓」(社會),均代表國家(團體)的單位構成體,整體遊牧傳統而中國史家從各個角度觀察時所使用字面不同的同義字,其中「姓」字似乎顯得較特異,卻是說明其寓有血緣關係最恰切的名詞,東突厥相傳分三十姓,可汗因之通稱三十姓可汗(默啜之女的漢文墓誌題額便是「唐故三十姓可汗貴女賢力毗伽公主」❷,西突厥由十姓聯合而成,所以用「十姓部落」爲名,其可汗則十姓可汗。其餘例子,鄂爾渾碑文所誌有三十姓塔塔兒 (Otuz Tatar)、三姓骨利幹 (Uc Quryqan) ❸。「唐書」、「新唐書」諸有關傳記所示又有三姓葛邏祿 (Qarluq)、九姓拔野古 (Bayirkou)、三十姓拔悉密 (Basmil)、九姓回紇 (Uigur)、三姓咽麪等。

原鐵勒諸種族實力,不能以其役屬突厥而加輕視,突厥國家兩度瓦解, 便都由鐵勒部落顚覆。第一次七世紀前半,薛延陀發達爲鐵勒諸部盟主時, 勢力強大則駕凌突厥又壓倒突厥;第二次八世紀前半,回紇完成九姓鐵勒大統合的階段,乃確定性滅亡突厥。而前後兩次高潮的約略一個世紀間,堪注意另外頗多鐵勒部族,也已展現其躍進姿態:契苾首與未移漠北建立全鐵勒領導權威前的薛延陀,共同在準噶爾一度自立爲鐵勒諸部最早的可汗;突厥復興後最強盛期的可汗默啜,殺身之地係蒙古高原東面已隣於靺鞨的拔野古;突厥最後滅亡由於回紇的攻擊,而鐵勒解放運動之始, 則是拔悉密可汗而回紇、葛邏祿左、右葉護的聯合陣

❷　誠文堂新光社「世界史大系」③東アジアエ第三二七頁附圖與說明。

❸　平凡社版「世界歷史大系」⑤東洋中世史第二篇, 第四六一頁。

線組成，然後再是回紇主流形成。 回紇「九姓可汗」名詞的由來， 便是自身九姓先擴大爲十一姓或十一部落（「唐書」迴紇傳：「本九姓部落，一曰藥羅葛，卽可汗之姓，二曰胡咄葛，三曰咄羅勿，四曰貊歌息訖，五曰阿勿嚙，六曰葛薩，七曰斛嗢素，八曰藥勿葛，九曰奚耶勿，每一部落一都督。破拔息密收一部落，破葛邏祿收一部落，各置都督一人，統號十一部落」），又最後綜合支配九姓鐵勒（Toquz Oguz，前一字「九」而後一字「姓」的意味❹）時的稱謂。

關於西突厥，也以其破滅而有第二西突厥、第三西突厥的代興。被東突厥默啜可汗征服的原十姓部落之一伊犂河流域突騎施（Turgis，突厥施）， 最初發達時已分黑姓、黃姓兩姓，默啜死後掙脫束縛，全盛期併合西突厥十姓餘衆與葛邏祿三姓，完成中亞細亞境原西突厥支配心臟地區伊犂、吹（楚，Tchou）、怛羅斯三河流域的大領土開拓，儼然已是第二西突厥再現，先於回紇的抬頭而號十四姓可汗。但八世紀中突騎施便衰微，以「至德後，突騎施衰，黃、黑姓皆立可汗相攻。大曆後葛邏祿盛，徙居碎葉川（吹河），二姓微，至臣役屬葛邏祿，餘部附回鶻」（「新唐書」西突厥傳下突騎施條）的記事結束其歷史。第三西突厥之興， 係形勢的倒易， 遊牧地在阿爾泰山以西， 原附於西突厥十姓部落的五咄陸。「突厥諸族」的葛邏祿，突騎施以五咄陸之一勃興時仍受隸屬。八世紀中，通過阿爾泰山東移蒙古高原發展的一支併入回紇，留在原地的強盛至反轉脅服突騎施，「新唐書」回鶻傳下葛邏祿的說明是：「至德（紀元七五六至七五七年）後，葛邏祿寢盛，與回紇爭彊，徙十姓可汗故地，盡有碎葉（Suy-ab、Suj-al，今托克馬克 Tok mak）、怛羅斯（Talas）諸城」。

同係原附五咄陸的「西突厥別部」處月部，七世紀中唐朝太宗時代

---

❹　同上，第四五九頁。

之末，西突厥賀魯歸降時，率部移動到達並由唐朝爲之設置瑤池都督府之地（庭州、今日原名濟木薩 Dsimsa 的孚遠縣，鄂爾渾碑文中突厥語的別失八里 Bichbalik，漢譯五城），便是處月部遊牧地，部酋之姓「朱邪」，也便是「處月」同音異譯（「五代史」唐莊宗紀論）。高宗時賀魯反而瑤池都督府廢，後析置金滿州、沙陀州兩都督府時，都督都已是朱邪氏，漸漸「處月」的部族名被「沙陀」或「沙陀突厥」的名詞統一替代。八世紀後半吐蕃洶洶之勢北湧，沙陀先是服從吐蕃指導，繼又決裂，於吐蕃壓力下東移定着漢族中國西北方外緣，回復對中國的忠誠衷心。九世紀後半以助平唐朝內亂而與中國關係愈益加密，沙陀族已全數陸續移住漢族中國土地上高度漢式文明化，部酋朱邪氏且獲唐朝賜國姓李氏。十世紀初唐朝覆亡，歸化沙陀人後裔終於繼五——六世紀南北朝時原鮮卑系北朝，建立第二次被漢族中國承認的五代中第二、三、四個相續嬗代的正統朝代後唐、後晉、後漢。相對而言，其建國意義也如同北朝，已係血統與文化褪盡原異族色調，建國者後唐李氏與後漢劉氏，各別以紹續唐朝、漢朝自居，毋寧尤等於意識防線最後崩潰，心理的自我消滅與全向漢族認同的正式宣告。

　　突厥巨潮的波浪追逐，所有情況均如沙陀之於漢族，區別係在呈現倒反現象的突厥洪流再加廣與再更新，西突厥諸種族變換中亞細亞、西亞細亞白色人種血統，乃史所週知。突厥人種相互間，政治上反覆變異組合的結果也是，自回紇接替突厥掌握蒙古高原霸權到退出內、外蒙古的一個世紀間，「回紇」因發達爲重寫蒙古地方鐵勒諸族與突厥歷史的統一名詞，廣義方面，「東」「西」突厥、突厥與鐵勒，相同的回復其意識上合一，而開始廣泛「突厥」新境界與突厥人世界的再分支。新形貌的最早鑄定，又特與中國歷史密接的，便是回紇，或者漢字同音異譯改寫的今日維吾爾（Uigur、Ouigour，或 Weigour）。

維吾爾學者厭惡通說的以回紇與突厥兩個民族混爲一談，而祇假定爲兩個兄弟氏族❺。正確的解釋須加補充，以漢族爲例，漢族非可與蒙古族混爲一談爲當然，但不能否定漢族於人種系譜圖上屬於蒙古利亞人種。析言之，自然科學的身體特徵爲基準，三大陸人種三分法上，漢族與蒙古族同係黃膚色蒙古利亞人種，但同型人種中，由於語言、風習、文化的不同，依人爲的、歷史的環境所鑄定諸特徵爲基準，特別以獨立的語言爲特色的民族分類，則漢族屬漢——藏語族中的漢語系，而蒙古族則阿爾泰語族中的蒙古語系或中支，此一「同」與「不同」，說明漢族視狹義的蒙古族固判然有異，廣義言之，非不可以。回紇與突厥的種族區別也須恃此立場，回紇（維吾爾）人誠然不是 Ottoman Turkey 後裔而今日與「突厥」同字同音，僅是漢文異寫的小亞細亞土耳其人（Turk）或中亞細亞土庫曼人（Turkman），又或其他突厥分支，卻與所有的突厥系人同屬阿爾泰語族三個語系中的西支或突厥語系（另一東支乃通古斯語系），親緣關係至爲接近，非如漢族與蒙古族尚分屬不同的語族。從這層意義說，以回紇或維吾爾人解釋也是廣義的突厥人，並無不當。

維吾爾學者也引述西方記述，指：①波斯史籍謂，紀元前四世紀的回紇人，已以天山爲中心而建立包括阿姆河流域、伊爾色克湖，以迄新疆省喀什噶爾一帶的大領域汗國（據此範圍，則「天山」似指從新疆省延伸出中亞細亞的外天山山脈），「突厥大辭典」（Divan-i-Luga-it-Turk）採納此說，說明其 Yugur 可汗建設了甚多城市；②猶太與阿拉伯史籍，且推前謂：紀元前十四世紀已有回紇汗國的存在；③ Z. V. Togan「突厥歷史總序」根據波斯、印度、阿拉伯資料，謂紀元前二千年前的新疆，已發明鐵器使用，伊犂一帶便是當時的鐵器鑄造中心❻。

❺　阿不都拉「維吉爾的源流和文化」（「新疆研究」第二〇三頁）。
❻　所引述見阿不都拉「維吾爾源流和文化」（「新疆研究」第二〇三至二〇四頁、二一二頁附註②④）。

如上云云，果爾能獲證明，則所有今日的歷史了解成果將一概推翻，包括帕米爾東、西的原住民人種，遊牧文化與可汗國家成立年代，以及人類金屬器文明的流播階梯。所以，在上引敍述未獲學界一般承認以前，對回紇自身文字發明前的回紇歷史解明，如同突厥，仍須以及仍賴與之接觸頻密的漢族中國文獻的提供，爲具信憑性。

　　中國記錄中的回紇，其名最早出現於「隋書」北狄傳鐵勒條，列舉爲鐵勒諸部之名之一，「唐書」已於北狄傳鐵勒條之前，錄有迴紇專傳，至「新唐書」而回鶻傳併合了鐵勒的傳記，撰述體例的變化，正代表回紇發展階段。「新唐書」的回紇源流記載：「袁紇者，亦曰烏護，曰烏紇，至隋曰韋紇。其人驍強，初無酋長，逐水草轉徙，善騎射，喜鈔略。臣於突厥，突厥資其財力，雄北荒。大業中，處羅可汗攻脅鐵勒諸部，裒責其財，旣又恐其怨，則集渠豪數百（薛延陀部爲主）悉阬之。袁紇乃並僕骨、同羅、拔野古叛去，皆自爲俟斤，稱回紇（「唐書」稱「迴紇」）。回紇姓藥羅葛氏，居薛延陀北娑陵水（外蒙古色楞格 Selenga 河）上，距京師七千里，兵十萬，勝兵半之。地磧鹵，畜多大足羊」。隋朝變換唐朝以來（引「新唐書」回鶻傳上）：

　　——「有時健俟斤（Suku-irkin），衆始推爲君長，子曰菩薩，材勇有謀」，是突厥統制下鐵勒諸部奮起獨立時，回紇部九姓最初的團結象徵與其統一的領袖出現。

　　——「時健卒，部人賢菩薩，立之」；「（貞觀元年，紀元六二七年）與薛延陀共攻突厥北邊，頡利遣欲谷設領騎十萬討之。菩薩身將五千騎，破之馬鬣山，追北至天山，大俘其部人，聲震北方。由是附薛延陀，相唇齒，號活頡利發（Quch-ilteber），建牙於獨業水（土拉 Tola 河），於薛延陀主導權的鐵勒諸部解放運動中，回紇茁壯之勢開始形成。所以貞觀三年起追隨薛延陀與唐朝連結朝貢關係後，四年（紀元六三〇

年）時的北亞細亞形勢，「突厥已亡，回紇與薛延陀為最雄強」。

──「菩薩死，其酋胡祿俟利發吐迷度（Qula-ilteber-Tomido），與諸部攻薛延陀，殘之，并有其地」，而上唐朝天子「天可汗」尊號，時為貞觀二○年（紀元六四六年）。翌年，唐朝的外蒙古鐵勒諸部羈縻府州支配體制展開，回紇部的瀚海都督府便是其中心。

──唐朝世界帝國自太宗至高宗而再擴大，回紇協力的貢獻甚大，平定西突厥阿史那賀魯期間，一度且是「詔將軍梁建方、契苾何力（鐵勒契苾部歸化將領）領兵二萬，取突厥五萬騎（永徽二年，紀元六五一年）」的回紇兵員主力態勢，滅高句麗也曾動員回紇部隊。

──紀元七○○年左右（武后時代）突厥國家權威重建高潮期，「默啜方強，取鐵勒故地，故回紇與契苾、思結、渾三部，度磧徙甘、涼間」。突厥壓力下放棄外蒙古原住地，移居內蒙古唐朝河西之地外緣後，玄宗開元一五年（紀元七二七年）與唐朝邊境地方長官失和，流血衝突發生，被驅逐回外蒙古烏德健山（鬱督軍山）故地，降附突厥。

卻便以此波折為轉捩點，回紇迎接了大發展的好運。領導族人北歸的瀚海府司馬護輸死而其子骨力裴羅立，正值突厥毗伽可汗歿後，阿史那可汗族內鬨頻起，一個世紀前鐵勒──突厥間歷史重演。返回外蒙古僅十多年後的天寶元年（紀元七四二年），骨力裴羅與葛邏祿部分別稱左、右葉護，拔悉密部為可汗，獨立的三部聯合政權成立。第三年（天寶三載，紀元七四四年），骨力裴羅又推翻產生自拔悉密的可汗，自立為骨咄祿毘伽闕（Qutlug-Bilga-Kul）可汗。回紇部由自身九姓的併合拔悉密、葛邏祿部人而擴大為十一部，再完成九姓鐵勒大統合，「鐵勒」一詞，以此空前的聯合體形成而從歷史上退隱。再翌年，回紇國家第一代可汗，攻殺突厥最後一代可汗，蒙古高原上滅亡了的「突厥」。人與地，又統一消失於「回紇」名下。同一時期，回紇連繫唐朝親善關係也告成

功，葉護時的骨力裴羅「遣使入朝，封奉義王」，登位可汗「又遣使入朝，因册爲懷仁可汗」，併滅突厥又遣使「來上功，新裴羅左驍衞員外大將軍」（「唐書」、「新唐書」）。自是回紇代代可汗接受唐朝的漢式可汗名號册封，百年前九姓鐵勒開啓了天可汗制大唐世界帝國最初之頁，百年後的統一回紇又屹立爲唐朝後期世界帝國最雄健一員。卻是，北亞細亞羈縻府州體系的突厥部分先已殘壞，鐵勒部份陪伴回紇興起又被一筆勾銷，大唐世界帝國的後期，正以此變化爲特色。

　　漢族中國北方草原的新主人，也如新版「突厥」意味的回紇國家，雄峙北亞細亞的命脈存續百年，自第一代懷仁可汗、第二代英武威遠可汗（葛勒可汗）、第三代英義建功可汗（「唐書」登里可汗、「新唐書」牟羽可汗）在位，約四十年間，迎向國運的隆盛期，今日於此典型遊牧國家的歷史分期上，列之爲前期。中期同約四十年，乃回紇的西方拓疆時代，末期的二十年已係內部紛爭相續，衰運期的來臨。創業可汗在位四年便去世，第二、三代可汗嬗代的時期，適遇唐朝安史大內亂勃發與平定，回紇騎兵戰鬥部隊應唐朝要求進入中國鎭壓，也賴回紇強力軍事力的協助而敉平反亂，事迹與回紇建國戰事的告一段落，時間表上正相啣接。所以，回紇大活動的前期歷史，後半已與唐朝關係密接。自安史亂中到亂後，回紇通過唐朝空前數量的物資酬償，援軍駐留中國期間的給養與犒賞，頻繁的使節團往來接待，以及出自另一型態的漢——回絹、馬雙邊交換貿易所得，與政治掩護下利用公、私機會，一概以北方的毛皮類、草原的畜產品等特產品，中國農耕世界代表性的穀物、織物、工業品等商品化，從事交易以博豐厚利潤，而遊牧社會從所未見的經濟繁榮面出現，回紇人接踵而至滯在長安、洛陽等大都市，尤其充分吸收漢族文化要素，習慣於中國格調的衣、食、起居方式。回紇人富裕與其生活‧文化快速蒙受唐朝文化影響的現象，反映到中國資料中（「資治通

鑑」唐紀四十、四二、四九），便是:

（代宗大曆八年條）「回紇自乾元以來，歲求物市，每一馬易四十縑，動至數萬匹，皆駑瘠無用。……辭歸，載賜遣及馬價，共用車千餘乘」。

（大曆十三年條）「詔回紇諸胡在京師者，各服其服，無得效華人。先是，回紇留京師者常千人，商胡偽服而雜居者，又停之。官日給饔餼，殖資產，開第舍，市肆美利皆歸之，日縱貪損，吏不敢問。或衣華服，誘取妻妾，故禁之」。

（德宗建中元年條）「初，回紇風俗樸厚，君臣之等不甚異，故衆志專一，勁健無敵。及有功於唐，唐賜遣甚厚，登里可汗始自尊大，築宮殿以居，婦人有粉黛文繡之飾。中國為之虛耗，而虜俗亦壞」。

（德宗貞元四年條）「可汗表請改回紇為回鶻，許之」（「新唐書」回鶻傳上: 可汗上書。「請易回紇曰回鶻，言捷鷙猶鶻然」，但「唐書」無此記事）。

對照突厥時代記錄，顯著的社會差異已可判明。簡言之，純粹草原國家性格與遊牧社會的傳統，正以回紇最盛期強固的唐朝共榮關係，而向文明化昇進，特別關於上引建中元年（紀元七八〇年）所指示，登里可汗（紀元七五九至七八〇年在位）治世的北方草原上，已存在都市建設為象徵。此類回紇時代所建設都市，今日考古界於外蒙古，至少兩處遺址發見被證實，其一色楞格河畔，測定第二代可汗的七五〇年代已成立，其二鄂爾渾河畔，乃第三代登里可汗時代遺跡，也以今尚存在可以辨認係宮殿、官衙的建築遺址，而推知便是回紇國家首都，今日當地俗稱「喀喇巴勒噶孫」的廢墟，以及同址九姓回鶻可汗碑所標明的 Kara-balgasun❼。總結安史之亂的寶應元年（紀元七六二年）東都洛陽決定

---

❼　世界文化社「世界文化シリーズ」⑫モンゴル帝國，第四一頁、七一頁。

性一擊，大戰役中回紇軍團係登里可汗親自指揮。其勝利後洛陽滯在期間對都市文明的體驗，可能便是回紇自身「國都」營造動機。

文明化另一指標的精神生活，體系化宗教信仰也已於回紇社會被接受，而脫離遊牧社會原始的薩滿信仰範疇。摩尼教其後發展爲遊牧回紇國家的國教，便以此時代的可汗最早信奉，歷史界且推定第二代可汗係其第一人❽。陪伴景教與摩尼教傳入，回紇文字的製作，以景教徒所傳入，與古突厥文同一阿拉姆文字系統而發達爲國際通用文字的粟特(Sogdiana, Sogd)文，亦卽梵文中所謂窣利(Syria)文爲母體❾，卻非如突厥文的對西方文字橫行書寫方式直模倣，改依中國書寫習慣「縱書」而「右進」，又是融合東——西方文化要素，回紇文字視突厥文字具有的進步性（改還今日維吾爾文的橫寫而反方向自右至左，係回紇回教化又受阿拉伯文影響之後）。所以，八世紀後半以來的草原社會，較之突厥時代，展現的明日已係一個新的時代。雖然新時代自舊時代脫胎的形象同樣強烈，遊牧社會與草原南邊農耕世界共存法則不變，也自回紇對漢族中國的關係，以及西方白膚色「胡人」通突厥——回紇時代均係攜手者，如前引「資治通鑑」之文，留居京師者「回紇、諸胡」並舉，「新唐書」回鶻傳上亦謂「回紇至中國，常參以九姓胡」，爲可瞭然。商業天才粟特人，於回紇社會間所佔份量，尤自上述宗教‧文字的影響力顯見。抑且，繼承突厥興起以來態勢，回紇人與粟特人相互提攜，展開東亞、西亞、歐洲間廣範圍商業行爲的大活躍。草原都市建設的背景之一，因之也是適應多數商人居住需要，回紇立場的外國人居留地與商業市場意味，簡言之，商業都市的性格，或則寺院築造爲中核的宗教寺院都市。而都市建設便出諸漢族或粟特人技術者之手，也從而堪資想定。

❽　阿不都拉「維吾爾源流和文化」（「新疆研究」第二〇五頁）。
❾　有高巖「概觀東洋通史」，第二一八頁。

回紇文明化諸現象，自不能誇張之爲草原遊牧社會全體的生活向上，都市生活的土造、木造固定房屋之外，遊牧人民所住居依然是帳幕與住車，城郭之外依然維持草原傳統的遊牧生活習慣。只是也堪注目，其社會構造與國家組織型態，基本上固然仍同前代突厥，抑或古代匈奴，嚴守氏族‧部族血緣集團的社會制度，但每一部族便是一行政單位的色調已形加強，出自可汗任命的長官吐屯佔有了向來族長的地位。全國分左右二「殺」（設），以及葉護、特勤之位限可汗子弟身份。都蹈襲突厥政治原則，可汗輔佐者宰相職位出現，且非必可汗族藥葛羅氏族出身，則是至爲突出的一大變革。經濟、文化各分野的外國商人、技術者充斥，抑且文化人而擔當政治顧問，現象非始自回紇，於文明化的階段卻產生了再進步刺激作用。文明化也終會漸漸帶動氏族‧部族社會的根本發生變化，鑄定爲未來南下定着化機運的主導，而得全然脫胎換骨爲今日新疆的維吾爾農耕民族。

回紇文明程度提昇至意識上已具辨別與選擇同音異義漢字能力。要求唐朝准改「回鶻」美好漢字國名，已係歷史分期的中期之初，第四代可汗以登里可汗從父兄與國相，弒登里（德宗建中元年，紀元七八〇年）嗣位的時代。自此的回紇對於唐朝，安史亂中與亂後的桀傲之氣已消，君──臣關係深一層次平穩行進，感情也愈顯親密。唐朝對外和親公主降嫁非少，吐蕃、吐谷渾、契丹等皆然，但遣以天子親女，則惟對回紇，肅宗寧國公主降嫁第二代可汗首開其例，便是第四代可汗請改「回鶻」國名的同時，再有第二度德宗咸安公主的降嫁，第四代可汗原「武義成功」的册命嘉名也因此改「長壽天親」。藥葛羅氏可汗至第六代絕嗣，第七代新可汗由跌跌氏國相登位，第八、第九兩代可汗各與前代可汗有無血統關係與如何關係也不明，卻與唐朝相互間關係均無損。長安最早准建摩尼寺（憲宗元和時），便自回紇摩尼教發達到結合政治，僧侶等

於國政指導者的階段，摩尼僧隨回紇朝貢使節團入唐的原因，第九代崇德可汗又是直配唐朝帝室公主（穆宗親妹太和長公主）的第三位可汗。唐——回敦睦背景下，唐朝的回紇主力圍堵戰略，阻遏安史之亂以來猛漲的吐蕃兇燄蔓延，因得收取符合預期的成功實效，而回紇編年史的中期四十年事迹，由是也表現以西方經略的活躍為代表。戰爭對象，則非限與唐朝的共同敵人，自西藏高原本據北向奄有新疆塔里木盆地，續又進出天山方面的大勢力吐蕃，也須對抗同種族間，以阿爾泰山相隔的葛邏祿與西北葉尼塞河上流域唐努烏梁海地方的黠戛斯等強隣，戰跡自準噶爾及於哈薩克斯坦東部。鄂爾渾河，西喀喇巴勒噶孫回紇都城址廢墟，現存用回紇文、漢文、粟特文三體文字書刻的九姓回鶻可汗碑，建立意義，便是紀念第八代保義可汗戰功❿（唐朝册封的可汗名號為愛登里羅汨蜜施合毗伽保義可汗，碑文中全銜係 Toquz Oguz ai tangrida qui bolmys bilga qagan），殘留今日供了解其時回紇的西方活動力實況。

　　回紇西方經略的頻頻戰事，相對方面，也可解說之為遭受西方勢力的強烈壓迫。突騎施聲勢固自回紇之國已衰，代興的葛邏祿，回紇蒙古高原制霸曾獲其東進協助，除一部份併入為回紇國家構成單位外，留住準噶爾的三大部也達成統合而領袖號三姓葉護。前引「新唐書」資料，「至德後」的七八〇年代與回紇第二代可汗之末，葛邏祿又領有了原突騎施中心地的巴爾喀什（Balkhash）湖南方伊犂河流域以至伊斯巴克湖（Issyk-kul）西方怛羅斯平原，向來對回紇的友好關係一變而為「與回紇爭彊」。葛邏祿北方黠戛斯，「新唐書」回鶻傳下黠戛斯條說明：「堅毘，訛為結骨，稍號紇骨，或曰紇扢斯……。後狄語訛為黠戛斯，蓋回

❿　世界文化社「世界歷史シリーズ」⑫モンゴル帝國。附錄「事項辭典」回
　　鶻碑文條。

鶻謂之，又訛爲戛戛斯」，已是今日吉爾吉斯 (kilkis) 民族名詞發音。「人皆長大，赤髮、晳面、綠瞳」，住民體質上混有古代雅利安系要素可見，但文化的純粹突厥化爲可確認。六世紀以來，黠戛斯對蒙古、準噶爾的強大同種族雖都站於從屬立場，但未全喪失其自主權，且能逆向加以威脅，見於「新唐書」前引資料的記載：「乾元中爲回紇所破，授其君長官爲頡斤（俟斤)」；「然（黠戛斯）常與大食、吐蕃、葛祿（葛邏祿）相依仗，吐蕃之往來者，畏回鶻剽鈔，必依葛祿，以待黠戛斯護送」；「回鶻稍衰，（俟斤）阿熱卽自稱可汗，其母突騎施女，爲母可敦，妻葛祿葉護女，爲可敦」，而於回紇國家存立的末期約二十年間，時間恰恰相當的「拏鬪二十年」。回紇最後命運便如此決定——

唐朝穆宗長慶三年（紀元八二三年）崇德可汗卒，是回紇暮運開始的信號，自此連續內訌至文宗開成四年（紀元八三九年）一年而兩度上演自毀性政變，先是國相勾結沙陀突厥引兵攻殺第十一代可汗，第十二代可汗𥂕馺特勤繼立，續發生將軍叛變，叛亂份子尋求外援而導入的，便是黠戛斯排山倒海的十萬軍隊，回紇諸部部衆頓時散盡，國家滅亡。

回紇世系圖

（依唐朝册封的漢字名號，末代未及册封已滅亡）

①懷仁可汗 744–747 —（子）— ②英武威遠（葛勒）可汗 747–759 —（子）— ③英義建功（登里・牟羽）可汗 759–780

—（從父兄）— ④（武義成功）長壽天親可汗 780–789 —（子）— ⑤忠貞可汗 789–790 —（子）— ⑥奉誠可汗 790–795

—（跌跌氏）— ⑦懷信可汗 795–808 —（？）— ⑧保義可汗 808–821 —（子）— ⑨崇德可汗 821–823 —（從父弟）— ⑩昭禮可汗 823–832

—（從子）— ⑪彰信可汗 832–839 —（？）— ⑫𥂕馺特勤 839

　　九世紀前半回紇國家解體而國人四散悲運，特別意義，係突厥系民族自此永久性別離蒙古地方。也自此以後，兩個世紀間蒙古地方的遊牧國家朝代中絕，突擊成功後的黠戛斯動向爲不知，草原民族先後服屬於漢族中國化朝代的遼・金統治，十三世紀才再從外蒙古出現震懾世界的蒙古國家。

　　另一方面，蒙古草原遊牧回紇國家歷史終結，也是相對意義回紇國人創造新時代、開拓新天地的歷史新頁始寫。紀元八三九年國家崩壞，回紇國人逃亡形勢，中心部近可汗牙帳的十三部，擁立可汗後繼人後南下唐朝北邊，其餘的西向進入葛邏祿領內，或者原被吐蕃侵佔，而約略與回紇北方統制瓦解同時期，以沙州（敦煌）爲中心，歸義軍漢人集團已驅逐吐蕃勢力的河西地方與天山方面。南逃集團獲得唐朝庇護收容的僅一部份，被拒絕的改投內蒙古東方邊緣奚、室韋異種族而被吸收，從此自歷史上消失。再掀歷史波瀾的是西奔諸集團——

　　一支就近逃向河西的，在當時吐蕃、党項、漢人等諸民族混住狀態的甘州、肅州方面，恢復原可汗藥葛羅氏之名，割裂歸義軍節度使轄境樹立獨立的新政權，以甘州（今甘肅省張掖）爲國都而領有「磧西諸城」，五代・宋朝史書稱之「甘州回鶻」。

　　一支稍遠移動到達原受吐蕃壓迫而西移的處月＝沙陀突厥原住地天山北側（庭州），續越天山流向南側，同係歸義軍領域的西州定住，便以此歷史上著名漢族殖民高昌王國故地的吐魯番盆地爲支配中心，跨天山南、北建設國家，高昌城爲國都，其後史書稱之「西州回鶻」。

　　回紇此兩新國家，各各自回復唐朝名義上主權的河西歸義軍節度使半獨立統治成立，便已於九世紀末先後出現，重建形式上的對唐朝君——臣關係，而由唐朝與後續朝代五代給付可汗名號，也以移住地均已係農耕環境，而漸漸原來的草原社會法則與遊牧民族姿貌脫落。氏・部

族結合解體，轉變經營完全的定着文化生活。甘州回鶻存續近二百年，漢族中國宋朝之初的十一世紀前半，併合於自寧夏發跡而興隆一時的党項族西夏國時，已變貌爲由同住雜多民族要素滲合構成的獨特形態中國文化，全失其原回紇系譜。西州回鶻也相仿，且其文化遺產特以十九世紀末、二十世紀初的吐魯番考古而世界聞名，由所發見經典、文書、美術品與其他遺物，了解係同化於當地漢族的中國文化基軸上，也混合西方系等各種文化要素，形成回紇──突厥自身的民族文化，而表現時代光彩。卻是政治命運遙爲與甘州回鶻倒反。西夏興起於其東境時，西州回鶻同樣屹立爲天山方面一大勢力，其沿塔克拉馬干大沙漠北緣沃洲地帶西向推展，已拓地包含了焉耆、龜玆，所以「宋史」外國傳六（龜玆條）的記事：「龜玆，本回鶻別種……，或稱西州回鶻，或稱西州龜玆，又稱龜玆回鶻」。

　　回紇國人自外蒙古原住地向西撤退，第三支與最大一波的十五部集團已命入葛邏祿，播遷最遠，立國最遲，卻也是震盪力最強，新成立乃是著名於西方歷史的中亞細亞伊利克汗 (Ilikhan) 朝，或者異名的卡拉汗 (Karahan、Qara-khan) 國。九世紀中河西地方與天山方面的回紇新國家建設時，唐朝沒落徵象已現而影響其西域支配秩序混亂，同樣，阿拉伯「大食」人雄大征服圖中東方半面的帝國界線，也於到達最大限界時發生急激變化，伊朗系民族反抗運動高揚，各個地方性獨立朝代蠭起，崛起後併吞大食或薩拉遜 (Saracen) 回教大帝國分裂後東方 Abbas 朝 Khilafar 帝國東半的，是 Saman 朝，紀元九九九年（宋朝眞宗時）被推翻，摧毀的巨力便是卡拉汗國。卡拉汗國如何起源，迄未充分明瞭，但 Kara 與 il 都是古突厥、回紇語文，前者乃黑色北方、高尚的意味，後者指部衆、國家，各各引伸爲統治者尊號❶的傳統，以及建國過程與

───────────────

❶　阿不都拉「維吾爾源流和文化」（「新疆研究」第二〇六頁）。

新疆歷史相關聯，都供歷史界了解便是回紇人之國。蒙古地方舊回紇國
人以向葛邏祿領內大量移住爲契機，推測於十世紀之半，已隸服葛邏
祿而建設領域北起怛羅斯平原、南迄新疆西部疏勒（喀什噶爾）的新國
家。同一世紀之末，同係突厥系的伽色尼（Gazne、Qhazna）朝也已切
割 Saman 朝阿富汗斯坦領土誕生，卡拉汗國追隨侵滅 Saman 朝而併有
其中亞細亞的領域，新疆方面南境也推展到崑崙山脈，征服于闐成功。
雄長中亞的卡拉汗國，性格如同甘州回鶻、西州回鶻的已非純粹草原國
家，乃是包含了草原與沃洲地帶的混合性特異國家，其政治‧文化中心
地，東卽疏勒，西則原康國所在地的撒馬爾罕（Samarhand）沃洲都市。
「宋書」外國傳六回鶻條謂：「初，回鶻西奔，族種散處，故甘州有可汗
王，西州有克韓王，新復州有黑韓王，皆其後焉」。同傳于闐條同記國
王稱黑韓王。「克韓」、「黑韓」都是「可汗」音訛爲頗明顯，「新復州」
所指，學界有謂便是卡拉汗國⑫之說。只是，卡拉汗國的統一主權並不
穩固，十一世紀中，已依帕米爾分裂爲對立的東、西兩部份。西部續以
內部不統一的弱點，十一世紀末臣屬於替代 Chazni＝Turks（伽色尼）
而興的另一突厥系大勢力 Seljuk＝Turks（塞爾柱）。十二世紀前半（中
國南宋之初），西部又與東部共同形成西遼（Karahita、Qara-Khitai,
黑契丹）建國的基盤，卡拉汗國滅亡。

　　歐、亞、非回教大帝國分解後，其東方帝國專制支配力減退引發再
分解，伊朗系割據主義築爲突厥系諸獨立朝代基石的潮流展開，回紇人
卡拉汗國非只首舉大纛，通其國存立的時代，中亞細亞完成土耳其（突
厥）人天地的歷史轉換，抑且，也以其最早隣國與結局加以消滅的薩拉
遜文化熱心保護者 Saman 朝文化提攜，昂然登堂入室爲回教扶植的新
的突厥系第一順位擁護者。傳說中汗國創業主 Satuk Bugrahan 的紀元

⑫　平凡社版「世界歷史大系」⑥東洋中世史第三篇，第五二三頁。

九六〇年（中國宋朝初建）改宗回教，以及紀元一〇四三年疏勒回紇——
突厥系種族一萬帳皈依回教，於回教史家筆下都曾特筆大書❸。中亞細
亞考古成果，同樣標示十一世紀後半時，回教教義與其一般文化面，均
已廣泛普及卡拉汗國突厥系住民間的事實。布哈爾（Bukara, Saman 朝首
都）、Termez（今蘇聯烏孜別克共和國毗連阿富汗境的都市）、撒馬爾罕
等地卡拉汗國時代的文化遺產，特別是回教建築物，殘存今日頗多❹，
指認新的回教——突厥文化成熟，已甚分明。

　　中國人關心的是中國歷史，然則，帕米爾以東的新疆省，與隔帕
米爾相對的西邊中亞細亞，同一回教——突厥（回紇）化歷史之軌的展
開，可為結論。「唐書」、「新唐書」有關新疆國家的傳記所反映，據
有塔里木盆地沃洲的城郭諸國，人是古來人種博覽會狀況，而且伊朗系
白膚色人種為主；準噶爾地方遊牧民族嬗代至七世紀，則已清一色突厥
系諸種族，引為雙方明晰境界線的，乃是天山山脈。遊牧民族越過天山
進出沃洲地帶的準備地，一是傳統的門戶天山東部北麓，今日濟木薩，
唐朝庭州，北庭都護府置於此，突厥系謂之「五城」，以鐵勒根據地之
一著名，且當蒙古高原的西方聯絡線，遊牧諸族移動焦點所在。另一是
唐朝西域前進基地碎葉城為中心的地區，乃連結伊犂盆地、新疆、中亞
細亞三者的交通要衝，從來的貿易中樞，唐時西突厥、突騎施，接續的
葛邏祿，都置根據地於此。由是展現縱列的兩大交通動脈，五城與天山
南麓高昌為一線，自碎葉至疏勒又是一線，中國唐朝末年九——十世紀
回紇國人大移動，如前所述，便以此兩線為殖民輸送孔道，而有西州回
鶻（高昌回鶻）與卡拉汗國西部的回紇人支配先後成立。由十世紀入十
一世紀，回教徒的卡拉汗國勢力自疏勒向于闐進出，西州回鶻勢力也已

---

❸　江上波夫「北アジア史」，第七八頁。
❹　香山陽坪「砂漠と草原の遺寶」，第一六二頁。

推進到龜茲，而相互鄰接。但西州回鶻於此期間，宋初太宗太平興國六年（紀元九八一年）王延德出使高昌所見，都市中乃佛教、摩尼教寺院繁榮景況，尚無回教痕跡。「宋史」外國傳六高昌國條，卽其歷四年旅程而雍熙元年歸朝時所提實地調查報告書爲藍本，可以獲致十世紀末西州回鶻農、牧、手工業諸產業如何發達，國民愛好歌舞音樂，生活富裕而安居樂業，特別關於「國中無貧民，絕食者共賑之。人多壽考，率百餘歲，絕無夭死」的深刻印象，與同時期已係回紇民族本格回教化的卡拉汗國歷史異趣。十二世紀西遼以服屬西州（高昌）回鶻爲墊脚石而西征制霸中亞細亞，以迄蒙古人雄飛之初，漢文史料中已改「畏兀兒」譯名的此一吐魯番——別失八里政權率先歸服，與結親密關係的十三世紀，Friar William of Rubruck 等西方旅行家所撰遊記[15]，與引用回教史書諸資料著作的「多桑蒙古史」中，仍都說明吐魯番地方是信奉佛教、摩尼教、景教的地區。回紇先進文化指導蒙古人創製文字，憑以利用的回紇自身文字也仍是阿拉伯化以前舊書體。吐魯番受回教文化浸潤，係蒙古人世界大征服所分封四大汗國中，立國於回教世界的察合台汗國併滅畏兀兒國家，十四世紀又分裂東、西，以喀什噶爾爲都城的東察合台汗國單一支配天山以南塔里木盆地之後。漢族中國明朝中期東察合台汗國再分崩，吐魯番、喀什噶爾等地方性酋長割據態勢成立時，今日新疆省南部已全域回教化，殘留雅利安系居民也全被回紇移住民同化，吐魯番地域性「畏兀兒」名詞概括了新疆省南部在住的原回紇裔民族的全體。至清朝，再出發於「回紇人的宗教」（伊斯蘭教、回教）意味，而通稱天山南路爲「回部」，民國成立以來，畏兀兒（畏吾兒）的民族名詞也正名「維吾爾」。

---

[15]　札奇斯欽「元代的西域」（「新疆研究」第四四頁）。

中亞細亞突厥化

近代以來，北接西伯利亞，南連阿富汗斯坦的廣域中亞細亞，人文地理往往又稱之爲土耳其斯坦 (Turkistan)。抑且，還以帕米爾高原爲區分基準，中亞細亞以位於帕米爾之西而稱西土耳其斯坦，另以帕米爾以東的中國新疆省稱東土耳其斯坦。東一西土耳其斯坦的對稱，或者說，土耳其斯坦範圍由中亞細亞擴大包含新疆省，須注意乃十九世紀帝國主義侵略中國期間的意識產物，不能避免政治野心之嫌，貿然接受有其危險性。因之，中國人的立場，土耳其斯坦名詞的設定對象，須便是中亞細亞，新疆省則中國的新疆「省」，毋須牽扯，毋須自西土耳其斯坦之外再加一「東土耳其斯坦」，這是解明土耳其斯坦成立爲「土耳其」（突厥）斯坦的前提性了解之一。

之二，歷史的中亞細亞範疇，仍與今日所謂土耳其斯坦，內涵有異，阿富汗斯坦 (Afghanistan) 與土耳其斯坦乃並立的兩個地理概念，阿富汗斯坦歷史卻是中亞細亞整體歷史不可分割的一部份。相對方面，土耳其斯坦意謂土耳其（突厥）人之地，係北亞細亞突厥種族移住洪流覆蓋中亞細亞，淘汰當地原住民伊朗系雅利安白色人種的結果，阿富汗斯坦固立於大變局之外，今日仍係伊朗系民族所建設國家而自土耳其斯坦區別，但土耳其斯坦政治區劃的蘇聯五個加盟共和國中，哈薩克 (Kazakhskaya SSR)、吉爾吉斯 (Kirgizskaya SSR)、烏孜別克 (Uzbekskaya SSR)、土庫曼 (Turkmenskaya SSR) 等四國固均突厥系民族組成，最南與阿富汗斯坦相接的達吉克蘇維埃社會主義共和國 (Tadzhikskaya SSR)，民族成份卻同於阿富汗而係白膚色伊朗種族。總結而言，

土耳其斯坦既非與歷史的或自然地理的中亞細亞合一，也非完全符合「土耳其」（突厥）斯坦的含義。

之三，　中國新疆省外側的今日國境線，　又堪注意非十九世紀中期以前中國西北領土舊疆界，　而內縮甚多。　清朝原版圖係依巴爾喀什湖（Balkhash）湖自然標誌，自東折向南，縱切吹（Chu）河、納林（Naryn）河以抵帕米爾高原的一線為界。俄羅斯帝國主義者的侵略，紀元一八六四年（同治三年）塔爾巴哈臺界約，紀元一八八一年（光緒七年）伊犂條約連續迫簽，乃喪失這大片領土，出現如今日地圖上所見，轉移為蘇聯版圖內哈薩克共和國的東南部與吉爾吉斯共和國的東部。中國正西方帕米爾（Pamir、葱嶺）高原際遇相同，　光緒四年（紀元一八七八年）左宗棠平定新疆回亂勘界，尚明白立於中國領土範圍。紀元一八八九年（光緒十五年）以後，俄羅斯與英國勢力先後自南、北方向分別侵入，紀元一八九五年（光緒二十一年）兩國續就武力佔領的事實，悍然蔑視清朝侵犯主權抗議，也毋須經清朝承割領土手續，在倫敦自行訂約瓜分帕米爾。此又一片廣域土地贓物，絕大部份構成今日蘇聯達吉克共和國的東半部，南緣狹長東一西向走廊部份歸阿富汗，東南突出地區便是印度一巴基斯坦爭執焦點克什米爾（Kashmir）東北隅。中國地圖上，以其喪失無任何自身係當事國的條約依憑，而以「未定國界」字樣出現。

惟其土耳其斯坦歷史地理存在如上的滲雜，其成立關鍵又繫於中國史上突厥（土耳其）族的西移，所以，中國人的態度，為避免「土耳其斯坦」名詞所含副作用，與其對突厥人活動舞臺自北亞細亞移至中亞細亞，轉換中亞細亞居住民血統如今日面目的歷史大事件，追隨外國學者所愛用「土耳其斯坦成立」之語為說明，不如直截稱之「中亞細亞突厥化（或土耳其化）」，此其一。其二，此一事件之於中國史的敍述方面，猶之對古代匈奴族，非只如何由來，也須交待如何去向，則突厥族終結

立於中國史之間的章節——中亞細亞突厥化，仍是必要的課題。

歐亞大陸草原世界的南緣，以迄帕米爾，都是乾燥的沙漠，由天山山系流水形成內陸河與沃洲，以及東西相連的山岳地帶，向係東亞連結西亞歷史世界的中間地域，亞洲心臟的意味。其歷史由是隨特異的地理性格而展開，山間小盆地羣與處處散在的沙漠中各沃洲，均呈孤立狀態存在，無由產生政治勢力足够全體統一的條件。多數場合，籌定立於北方草原遊牧國家，或東亞、西亞大國支配下的命運，也依政治支配者盛衰而轉移隸屬。原住民伊朗系雅利安人種諸小國，傳統以亞洲心臟四通八達的地理位置，而商業活動表現為特色，錫爾 (Syr Darya，唐朝質河、眞珠河與古代所稱藥殺水 Yaxartes)、阿姆 (Amu Darya，唐朝烏滸河 Oxus) 兩河中流的中間地域，今日大部份係蘇聯烏孜別克共和國之地的粟特，其地居民東方通商的活躍尤其聞名。粟特與粟特人的名詞，最早前漢時代尚隱沒於支配國漢族中國史書中「大月氏」的名下，後漢時代以來便被漢族所注意，而中國史上對此等國際商人的記事加速度增加，並確知「粟特」乃地理名詞而非國名，包括了當地諸小國（都邑）的總名。通過「親書」所介紹的時代而生隋一唐，便是以康國為中心的九敎或六敎，所謂「九姓」或「六姓」昭武 (cub) 之國，「新唐書」西域傳康國條的說明是「世謂九姓，皆氏昭武」，鄂爾渾突厥碑文刻記 Alty cub Sogdaq，所指係「六姓昭武之粟特」同一事實❶。這些被大食（阿拉伯）東方勢力淹沒前的唐朝康居都督府等羈縻府州，以「新唐書」西域傳康國條明記「康者，一曰薩末鞬，亦曰颯秣建」(Samarhand 撒馬爾罕)、「安者，一曰布豁，又曰捕喝」(Bukhara，布哈拉) 等對音，以及參證彼此相互間方位、距離等記載，今日所在地的考定多數無困難。粟特地區南跨阿姆河，便入今日阿富汗斯坦的唐朝吐火羅(Tokh-

❶　平凡社版「世界歷史大系」⑩中央アジア史，第七四頁。

arestan, 月氏都督府）；北越錫爾河，又是石國 (Tachkend, 塔什干「新唐書」：「或曰柘支、曰柘折、曰赭時、Shash」) 所在的費爾干 (Fergana Farghana)，與「新唐書」費爾干同音異譯之國拔汗那、鏺汗同一地區，其東已鄰接清朝被迫割巴爾喀什湖以東領土，碎葉 (Suy-ab, 今 Tokmak) ——伊犂河谷之地的西突厥本據。

中亞細亞西域國家的唐朝統制，係接收唐朝所征服北方勢力西突厥原支配圈，而從來歷史上，屆至其時的北方勢力服屬西域城郭諸國，地域最廣又統制力最大的，正便是西突厥。六世紀中統一的雄大突厥西方事業騰飛，指揮當時中亞細亞霸者嚈噠 (Hephthalites) 征伐軍的，東羅馬文獻中作 Silziboul os、Dizaboulos、Dilziboulos，回教史家筆下的 Singibu 等，其人均應與唐朝記錄或突厥鄂爾渾碑文中的 Istami-qagar（定點密）爲同一人[2]。惟唐朝史料所記定點密事蹟，以依唐時突厥人間所流傳的傳說，無年代登錄，此一缺憾，經東羅馬史家而得彌補，對突厥破滅嚈噠的年代，斷定在紀元五六三至五六七年之間[3]。五世紀後半嚈噠強大化的時期，薩珊朝波斯慘敗至王且戰死的地步，此際與突厥聯姻協力而復仇，以烏滸河（阿姆河）爲界與突厥南北分割被滅的嚈噠故地，所以鄂爾渾碑文記突厥自記其領土東起 Qadirqanis（興安嶺）、西及 Tamir-qapig（鐵門），鐵門位置便在阿姆河北的粟特南境。六世紀八〇年代東—西突厥分裂後的西突厥統葉護（紀元六一七至六二八年在位）治世，趁薩珊朝波斯衰頹而勢力伸展向鐵門以南吐火羅，更越興都庫什 (Hindou-Kouch) 山脈領有罽賓，便是「新唐書」突厥傳下所謂「下波斯、罽賓」，完全接收原嚈噠領地。西突厥北起裏海之北的支配圈，南界已係信度河 (Indus, 印度河) 方面的西北印度。

---

❷　馮承鈞譯沙畹「西突厥史料」，第一六一頁。
❸　同上，第一六〇頁。

　　西突厥對西域服屬國的支配，如同唐朝羈縻府州（授其國王唐式都督、刺史官號）方式，分授諸國國王「頡（俟）利發」或「俟斤」的突厥稱號，另由可汗直接派遣突厥人「吐屯」監督，強制徵納賦稅。見於「唐書」西戎傳、「新唐書」西域傳的諸國傳記，唐朝滅亡西突厥與西域羈縻府州布列以前，龜玆國王蘇伐疊號時健莫賀俟利發、護密國王號沙鉢羅頡利發等，都是。戰略位置的國家且受西突厥直接統制，石國於西突厥統葉護可汗之兄射匱可汗時代（中國隋朝），王曾被可汗所殺而「以特勤匐職統其國」，其後可能都是吐屯統治，所以「新唐書」記其王，羈縻府州成立時是甌土（吐）屯，玄宗開元時仍是稱謂不變的莫賀咄吐屯、伊捺吐屯；罽賓的特勤統治似乎持續更久，所以西突厥崩解後，見於開元時代之王依舊是葛邏達支特勤、烏散特勤、灑（設）。拔汗那與吐火羅的情況相類似，前者之王於唐初爲西突厥殺戮而一度「阿瑟那（阿史那）鼠匿奪其城」，後者爲被編入唐朝羈縻府州體制時，「授王阿史那都督」，指示的都是突厥可汗民族直截控制。諸國以後從西突厥支配下解放，原所賦予官稱卻已固定化，即使羈絆待遇的場合亦然，唐朝文獻中，謝颺國王葛達羅支頡利發、俱密國王伊悉爛俟斤、骨咄國王俟斤、頡利發等記錄年代，便都在玄宗治世，可以證明，西突厥的中亞細亞經營，當時約束力與遺留的影響力均如何強勁。龜玆王弟、于闐王子俱稱葉護，康國、東安國、米國對王之母，妻俱稱可敦，都是同一的說明。於此，西突厥盛時，對重要屬國利用漢族中國「和親」意味的政治婚姻束縛，又係一大成功，康國王屈木支娶統葉護可汗女爲妻乃有名事例，屬初龜玆王、疏勒王妻，同都出自阿史那氏，而均牢固的親密附從。

　　「新唐書」西域傳下的若干記事爲堪注目，石國條：「（碎葉）川長千里，有異姓突厥兵數萬」；火尋國條：「西南與波斯接，西北抵突

厥曷薩（可薩）」；位當吐火羅與罽賓間的謝颶國條：「國中有突厥、
罽賓、吐火羅人雜居」；波斯國條：「東與吐火羅、康接，北鄰突厥可薩
（曷薩，Hazar、Khazar）部，西南皆瀕海，西北贏四千里，拂菻（東
羅馬帝國，Bizans、Byzance）。便是說，陪伴西突厥的西域制霸形勢成
立，突厥人已在西域廣域散布。此輩人自非全係西突厥移民之謂，突厥
大帝國乃以同種族鐵勒諸部爲基礎而成立，紀元六〇〇年前後分屬東一
西突厥的鐵勒諸種族分佈地域之廣，也自「隋書」的鐵勒傳記可以了解，
「新唐書」西域傳所稱突厥人，指的主要須便是鐵勒國系，修正「隋書」
裏海方面鐵勒部族爲「突厥可薩部」係具體說明。轉變在七世紀東、西
突厥均已覆滅，八世紀唐朝玄宗時代以來，鐵勒諸部之一的回紇完成阿
爾泰山以東全鐵勒大併合，原東突厥領內突厥人也被包含而由「回紇」
名詞統一代表，阿爾泰山以西的鐵勒西方諸部，便倒反由「突厥」的名
詞概括，所謂「異姓突厥」。「鐵勒」與「突厥」，原係同一的種族稱謂，
最初係以突厥領先自孤立分散政治狀態中達成團結，才於突厥的意識基
礎上分割兩個系統，結局又以回紇抬頭而種族意識再調整，兩個系統的
外貌依舊，卻是經過了原鐵勒系與突厥系間相互大揉合的「回紇」、「突
厥」新對立，原始的鐵勒名詞全行淘汰。此一「突厥」民族意識統一化
的轉變，以及原已廣泛分佈裏海、鹹海北方哈薩克斯坦，而又南向滲入
沃洲農耕國家的事態展現，乃是中亞細亞「土耳其斯坦」成立根本條件
之一。

　　復次，歷史上北亞細亞強大勢力征服中亞細亞諸國，其支配型態，
匈奴係其一，仍以北亞細亞爲本據而對中亞細亞自外控制；大月氏、嚈
噠又係其一，直接的君臨中亞細亞。前一型態，事過境遷不留存征服者
痕跡；後一型態，征服者順隨時間推移而同化於被征服民族，反而消滅
了自身。突厥則依前引資料可知，性質上兼具上面型態，係附着了移民

要素，本據以外的殖民地統治或第三種支配型態。而對待被征服的役屬國家、人民，態度也非單純高壓與榨取，乃是從經濟提攜以達政治共榮，特別關於與粟特人間貿易關係的合作。粟特人的商業活躍聞名世界史，對於六姓昭武代表者的康國，「新唐書」西域傳下曾有「善商賈，好利，丈夫年二十去傍國，利所在無不至」的特筆大書。準噶爾地方、蒙古地方，均在其東方通商活躍半徑之內，而粟特人留住頗多。居留漠北的，自突厥以至回紇時代，一貫的且給予政治・文化上莫大影響，突厥文字、回紇文字的製定，便均由粟特人為導師，突厥分裂後的西突厥域內粟特人動態，尤其是西方史家記述的好題材。橫切中分新疆省的天山山脈北西以迄伊犁河流域一線，乃西突厥本據，而紀元五、六世紀左右，其西側吹河、怛羅河流域方面，粟特商人與手工業者為主體的粟特殖民聚落已一處處成立❹，與費爾干、粟特現地連成一氣。粟特或六姓昭武諸國的西突厥附庸國政治背景，相對也利用支配者西突厥權勢，以求貿易的安全保護與援助，確保抑且擴大市場，換言之，西突厥政治力量與粟特人經濟力量結合，互惠兩利而繁榮。此一態勢，而且早自突厥初興的統一期便已形成，室點密西方經營之始，中國特產品絲的大宗貿易被壟斷於薩珊波斯之手，在位波斯王 Chosroes (Khusrau) Anushirwan 於西方記錄中，說明原以圖雪王祖 Pirouz 被嚈噠攻殺之恥，乃娶突厥可汗（室點密？）之女為妻，而結盟共滅嚈噠，但粟特商人 Maniach 受任西突厥使者，赴薩珊波斯協調絲貿易事，卻被此王拒絕，使臣蒙辱而歸。便由此粟特人使臣建議，遠征高加索繞過波斯北方直結東羅馬帝國，於是西洋史一大盛事展現，自這位粟特商人再充使者，紀元五六七年底抵達拜占庭闕在位的 Tustin 皇帝，呈遞粟特文書寫的西突厥國書（可能便是這位使臣自身便宜撰製），以及次年初東羅馬遣使答聘西突厥王

❹　香山陽坪「沙漠と草原の遺寶」，第一〇八頁。

庭開始，西突厥—東羅馬間頻繁的使節團往返，記錄中且曾出現西突厥
奉派團體一次至百六人的數字，雙方通商盛況可以想見。另一方面，西
突厥出使波斯所遇不愉快經驗，終也產生了發酵作用，六世紀後半以來
東羅馬與薩珊波斯間糾纏無休止的戰事，七世紀前半以西突厥介入與東
羅馬夾擊波斯而升高。「新唐書」西域傳波斯條所謂「隋末，西突厥統
葉護可汗討伐其國，殺王庫薩和 (Khosrou Parwiz，紀元六二八年死，
事實係外患引起的內亂中被害)，西突厥西域事業推展到極峯。而此連
環性大事發生，基點所站立，端在西突厥支配者與西域被役屬人民間、
外來遊牧勢力與中亞細亞在地的沃洲農耕國家間，相與協和，形成爲共
生體。這又是未來土耳其斯坦成立的前提條件，其後蒙古人征服漢族中
國近一個世紀，征服俄羅斯尤超過此年數，便都因缺乏此項條件，而不
可能轉變漢族中國或俄羅斯爲蒙古斯坦。

　　再一條件，連結東方世界與西方世界的交通大動脈絲道，最初係由
東端新疆沿帕米爾高原南側或北側，通過中亞細亞南部爲主線而西行，
突厥時代主線已北移，改經中亞細亞北部，中國出發後越過天山山系，
出伊斯色克湖（熱海）岸，迂廻吹河、怛羅斯流域，從塔什干、撒馬爾
罕與其西南方接上絲道西段，往地中海（以後蒙古時代，東西交通大道
的主體，則已捨絲道而經由北方的草原地帶），或在粟特地方折往南行，
往印度。唐初玄奘，卽取道絲道東段新主線入印度，歸途則仍通過舊線。
東—西交通新形勢自突厥興起而開創，其本據地便居於交通樞紐位置，
爲非常明白。「大唐西域記」記太宗貞觀初玄奘西行，自屈支（龜玆）
經勃達 (Bedel) 嶺，紀元六三○年訪西突厥統葉護可汗於素（碎）葉水
方面王庭，由可汗遣使護送至勢力圈最南的迦畢失國(Kabis，與罽賓同
地異名)，西突厥對西域交通如何握有絕大權力，從其事不難察知。在
於當時，西突厥以扼亞洲心臟部中亞細亞四通八達的通行中心而富強，

及其瓦解，餘勢仍係土耳其斯坦方便成立的條件。

惟其如此，中亞細亞突厥化，西突厥時代的支配已見其傾向，但中亞細亞各個突厥種族國家興建，則須後來居上的回紇系移住者到達，開始決定性展現，中亞細亞乃塗上「突厥（土耳其）人之土地（國）」色彩，而土耳其斯坦成立。此一歷史契機把握到回紇人之手的原因，係其最早文明化與習慣於都市生活，所以移住沃洲地帶時，容易冀求其定住化的轉向，抑且，也以接觸中亞細亞的機緣、文化‧信仰上轉振性回教化。相與對照，早過回紇系便已西遷與南下的突厥系諸族，其進出中亞細亞適值阿拉伯——回教東方生命線開拓之際，政治上追隨伊朗系國家‧民族淹沒在阿拉伯大帝國征服巨潮中，信仰上也先回紇而與伊朗系民族共同尊奉了回教。但東大食帝國（薩拉遜帝國 Abbas 朝）境內續又洶湧興起民族主義者獨立浪潮，支解東方領域運動中的突厥諸族奮起，則回紇系同種族的卡拉汗國（朝），於突厥種族建設國家與朝代波濤追逐的形勢，發生了帶頭作用。

九世紀以來 Abbas 朝伊朗地域爲中心的東方回教世界，對應其完成伊朗民族、突厥民族回教化，注目傾向，已以大食(阿拉伯)人以外的勢力抬頭爲特徵。此一特徵，又表現於伊朗民族——突厥民族勢力伸張，以及自大食人接手發展回教與回教文化，程序上分兩階段接替展開，質言之，伊朗民族獨立政權成立後第一次革命，受卡拉汗朝鼓舞而突厥系新朝代紛起推翻伊朗系朝代，又是第二次革命。領先迫使東大食 Abbas 朝變容的伊朗系朝代 Saman 朝（九世紀後半建立，領有中亞細亞、東部伊朗）與 Buya 朝（十世紀前半建立，領有裏海南岸西部伊朗），都由東大食地方割據軍人而切離哈里發（Khalifa）支配。分散的突厥族獨立氣運接續而興，步調與伊朗族全然一致，他們原與伊朗人同在哈里發支配下的回教軍中服役，也相偕躋身將軍、總督、大臣之位，伊郎人主權

者 Saman 朝成立，突厥人軍閥與其軍隊的強橫愈不可遏止，不可避免的步上伊朗人後塵。十世紀後半，中國宋朝繼承離亂五代，Khurasan (Horasan，「新唐書」大食傳記中的「呼羅洲」) 地方割據者突厥人總督 Alp 特勤，與繼承其事業之婿 Sevuk 特勤，東以阿富汗斯坦的迦色尼 (Gazne、Ghazna，譯名依「北史」，「元史」西北地附錄作「哥疾寧」) 為都城，繼先已在伊犁地方大發展的回紇人卡拉汗朝，而建設迦色尼朝，突厥民族長時期在帕米爾以西殖民所培育潛勢力開出了最初之花。也便於此南北兩突厥系國家呼應形勢下，十世紀末，Saman 朝終四卡拉汗朝攻陷其都城 Buhara (「新唐書」的安國與布豁) 而滅亡。但雙雄不相立，同種族兩國家互鬥，另一支聲勢驚人強大的突厥族趁機崛起，聞名西洋史的塞爾柱 (Selcuk、Saljuq) 突厥與其大帝國如日之升，已東、西分裂的西卡拉汗乃於十一世紀臣屬塞爾柱，十二世紀前半中國遼朝、北宋先後覆亡而南宋成立之初，西遼 (黑契丹) 征服東卡拉汗諸都市又轉移塞爾柱的西卡拉汗宗主權，卡拉汗朝歷史於焉終了。勢力壓倒卡拉汗朝向北躍進的迦色尼朝，也於塞爾柱朝經略風暴中被剝奪大筆領土，苟延殘喘至十二世紀後半而由同族叛臣所建地跨西北印度，再一突厥系與印度最初的回教國家古爾 (Ghor) 朝所替代。

　　哈薩克斯坦可薩突厥 (Khuza-Oguz，哈薩克 Kazakh 地名卽「可薩」由來) 一分派，原住鹹海東北岸錫爾河上流步步南下，十世紀末始改宗回教的塞爾柱突厥，以迦色尼朝軍人，自十一世紀三〇年代 (中國宋朝仁宗之世) 略奪呼羅珊獨立而勃興，無論於突厥史、回教史、西洋史，都代表劃期意味。塞爾柱突厥 (土耳其) (Seljuk Turkey) 帝國屈服西卡拉汗朝，嚙蝕迦色尼朝，滅亡伊朗系 Buya 朝，壓迫東大食 Abbas 朝，侵逼東羅馬帝國，紀元一〇五五年 (中國仍係宋仁宗時代) 且以陷巴格達 (Bagdad) 而一變回教傳統，自政教合一的最高權威者哈里發取得

蘇丹 (Sultan) 稱號，正式承認之爲回敎世界的突厥支配者，也自此「蘇丹」代表了回敎的世俗最高權威。尤堪注目，十一世紀九〇年代（中國宋仁宗次代哲宗之世）的塞爾柱朝，非只回復東大食衰退以來，分裂兩個世紀的西亞細亞與中亞細亞再併合，而伊朗人與突厥人天地達成又統一，其席捲中細亞細──西亞細亞──美索不達米亞──巴勒斯坦──小亞細亞之勢，也轉移原東羅馬帝國領域的小亞細亞入回敎世界，以及中亞細亞通過基地的突厥族源源移住小亞細亞（以及繼起便以小亞細亞爲立國本據的鄂圖曼突厥＜土耳其＞， Ottoman Turkey 帝國），繼中亞細亞成立所謂土耳其斯坦，小亞細亞也因之第二土耳其斯坦化❺。土耳其斯坦的形成，係原住民伊朗系諸種族基盤上加注壓倒性移住民突厥（土耳其）系諸種族要素的意味，所以，土耳其人土地（國家）的決定性歷史轉變，土耳其斯坦時代的土耳其（突厥）人，已非純粹血統的突厥人，也爲可知。且以移住的定着地不同，以及現地伊朗族系譜與相互混血程度的不同，而鑄定如今日所見突厥（土耳其）系諸不同種族與民族的面貌。今日小亞細亞土耳其固起源於塞爾柱突厥，同系統種族，以最初係錫爾河流域移向土庫曼之地而發達，留住者與其原住民混血的結果，乃形成今日土庫曼民族的基礎，前往移動中，又在花刺子模(Khor-azm) 與布哈爾 (Bukhara)，導引若干地域住民的突厥化。相對，十二世紀東方契丹族西移繼塞爾柱朝稱覇，建設西遼國家，其中亞細亞移住民也以突厥諸種族混血而突厥化，哈薩克族與南下的烏孜別克族中，便

---

❺ 土耳其斯坦的成立，主要取材自中山治一「解明世界史」（イスラム世界の擴大），第一五三至一五六頁；曉敎育圖書版「現代敎育百科事典」⑦歷史（九──十世紀）イスラム世界の分裂・トルコ於の中央アジア支配、トルコ族の北インド侵入、（十一──十二世紀）トルコ族のイスラム世界進出等節，第一六六至一六七頁、第一九一至一九二頁。

存在此等原契丹種族與民族的痕跡❻。可薩部突厥通過哈薩克斯坦直接西入南俄羅斯境的欽察（Kipchak）人，又於十三世紀以後融入西征留住的蒙古人或在地斯拉夫諸種族。

❻　中亞細亞突厥民族成份舉證，係香山陽坪「沙漠と草原の遺寶」，第一六六頁。

大西南地區民族運動

吐谷渾三百五十年

紀元前三世紀漢族中國最早統一以來，交涉最頻繁，係同時期也已完成統一國家建設的歷史上標準遊牧世界與今日中國北方，政治區劃的內蒙古諸省、外蒙古地方、新疆省北半部，或自然地理的蒙古高原與準噶爾盆地。而漢族前身時代便相與關係親密，種族血緣也最接近的歷史上另一遊牧天地主人，約略與北方地帶面積成三與二比例，包括了今日青海省、西康省、西藏地方的中國西部或青康藏高原，與漢族同屬漢——藏語系的藏族或其前身氐、羌，最初以廣域國家面貌與大統一期的漢族中國相見，時間上反遙遙落在北方之後。第一個為漢族所知的，係四世紀五胡亂華時期出現於青海方面的吐谷渾（Tuyuhun）。

吐谷渾國家成立，本質上乃是五胡亂華連鎖建國運動的環節之一，因之其歷史未能如以獨自型態，自西藏地方興起的氐、羌族另一支或今日藏族主流的吐蕃事蹟受人重視。實則，至少吐谷渾立國的下述意義不容忽視：亂華「五胡」的氐羌份量乃眾所週知，「亂華」卻明示立國地均在漢族中國之內，係轉移入漢族中國域內孕育漢化成熟的結果，立國等於正式宣告消滅自身而向漢族認同。吐谷渾位置獨在漢族中國西方域

外氐羌諸種族故鄉，眞正的氐羌國家，以及向來部落分散又文化偏低的氐羌族團結成功，而且，國家命脈持續時間達三個半世紀。最後亡國，一部份吐谷渾人固步上若干早期同族後塵，以移住漢族中國而蛻化爲漢族，居留現地的，又隨國家併入吐蕃，參與了漢族中國以西，歷史上最早的氐羌族大統一巨流。

有關吐谷渾的傳記，中國正史自「晉書」開始，記述南朝之事的「宋書」、「南齊書」、「梁書」，記述北朝之事的「魏書」、「周書」，以迄「隋書」、「唐書」，均有收錄。「晉書」四夷傳西戎類吐谷渾條的吐谷渾起源說明：「吐谷渾，慕容廆之庶長兄也，其父涉歸，分部落一千七百家（「魏書」的記載則「分戶七百以給吐谷渾」）以隸之。及涉歸卒，廆嗣位，而二部馬鬪。廆怒曰：先公分建有別。奈何不相遠離，而令馬鬪？吐谷渾曰：馬爲畜耳，鬪，其常性，何怒於人？乖別甚異，當去汝於萬里之外矣。於是遂行，……西附陰山，屬永嘉之亂，始度隴而西。其後子孫據有西塞已西，甘松之界，極乎白蘭數千里。……（歷被羌酋之一刺死的吐谷渾之子吐延至孫葉延，曰）：吾始祖自昌黎光宅於此，今以吐谷渾爲氏，尊祖之義也」。可了解：

——吐谷渾原係人名，第三代之孫，始轉變之爲族名與國家名詞（「梁書」西北諸戎傳河南王＜吐谷渾＞條：「因姓吐谷渾，亦爲國號」）。

——族名、國名製定，意味吐谷渾國家的成立。以「永嘉之亂」（紀元三一一年晉懷帝蒙塵）爲基點的「晉書」年代推算，與遼東慕容氏前燕建國時間的四世紀四〇年代，約略相當。

——吐谷渾自遼東移動，西行路線乃沿內蒙古南緣，順黃河轉折形勢南下甘肅，入居青海方面羌族天地，以得羌族支持而立腳。

——所以，吐谷渾立國，雖受自遼東分離的鮮卑族指導，但指導集

團成員數字，卽使開國人物吐谷渾隸下——如史書所揭示的一千七百家（或七百戶）全數追隨，於全國民比率仍爲微小。吐谷渾國家因之不能歸列於鮮卑系，氐羌國家才是正確評估，猶之元朝統治下的漢族中國，仍係「漢族」中國而非「蒙古族」。

　　——吐谷渾嗣位之子，下場係被羌酋所殺，又反映羌族在國家結構中佔有的份量。所以次代吐谷渾國家形成時，民族名固非蹈襲氐、羌稱謂，也不得不揚棄指導集團自身的「鮮卑」色彩，而直接採用了開國者「吐谷渾」之名。

　　吐谷渾風土、人文、制度的介紹，「魏書」吐谷渾傳爲詳，但原文已佚，現行本所見乃自「北史」輯補（李延壽編撰「南史」、「北史」，均錄有吐谷渾的傳記，「南史」係以「梁書」西北諸戎傳河南王條全文轉載，「北史」是否本卽採用「魏書」資料，換言之，「魏書」現行本補入的是否便是所散缺原文，爲未可知）。且此文獻反映五——六世紀漢族中國南北朝時代的吐谷渾社會，與記四、五世紀之交五胡十六國末期吐谷渾事情的「晉書」四夷傳西戎類吐谷渾條，內容無多推移，反而須由簡賅的「梁書」（以及「南齊書」河南氐羌傳河南王條）記事補充。所以兩書價值相垺，如下卽其綜合了解——

　　「其地東西三千里，南北千餘里」；「地兼鄯善、且末」（「魏書」）；「其界東至壘川，西鄰于闐，北接高昌，東北通秦嶺」（「梁書」）。

　　「多畜逐水草，無城郭，後稍爲宮室，而人民猶以氈廬百子帳爲行屋」（「南齊書」）；「有屋宇，雜以百子帳，卽穹廬也」（「梁書」）；「雖有城廓而不居，恒處穹廬，隨水草畜牧」（「魏書」）。

　　「性貪婪，忍於殺害，好射獵，以肉酪爲糧。亦知種田，有大麥、粟、豆」；「土出氂牛、馬、饒銅、鐵、朱砂」（「魏書」）；「其地有麥無穀」（「梁書」）。

「青海周圍千餘里（「唐書」西戎傳吐谷渾條：「周廻八百里」），
海內有小山，每冬冰合後，以良牝馬置此山，至來春收之，馬皆有孕，
所生得駒，號爲龍種，必多駿異。吐谷渾嘗得波斯草馬放入海，因生驄
駒，能日行千里，世傳青海驄者是也」（「魏書」）。

「其俗，丈夫衣服略同於華夏，多以羅幂爲冠，亦以繒爲帽。婦人
皆貫珠貝束髮，以多爲貴」（「魏書」）；「著小袖袍，小口袴，大頭
長裙帽，女子披髮爲辮」（「梁書」）。

「父兄死，妻後母及嫂等，與突厥俗同」。

「至於婚姻，貧不能備財者，輒盜女去」。

「死者亦皆埋殯，其服制，葬訖則除之」。

「國無常賦，須則稅富室、商人，以充用焉」。

「其刑法，殺人及盜馬者死，餘則徵物以贖罪，亦量事決杖」。

「兵益有弓刀甲矟」。

「官有王公、僕射、尚書，及郎將、將軍之號」（以上均「魏書」）。

「拾寅立，乃用書契，起城池，築宮殿，其小王競立宅。國中有佛
法」（「梁書」）。

「夸呂立，始自號可汗，居伏俟城，在青海西十五里」（「魏書」）。

則吐谷渾遊牧文化基調又加染漢族色彩的混合文化性格，印象頗爲
明晰。青海地方雖早自漢朝，繁密接觸漢式文明已爲歷史界所共知，但
經歷五胡亂華漢化高峯，再一波在使羌族漢式模倣潮興起，便自吐谷渾
立國，而出現文獻記載五世紀中，第八世、第十二代拾寅時代的景況。
五世紀也是吐谷渾歷史發展的關鍵時期，拾寅係間斷三代上承第七世、
第八代王其父樹洛干，關鍵時期的意義，便展現於此三代。三代依序
爲：阿豺以弟繼兄樹洛干，慕璝、慕利延均樹洛干叔前王之子，實質也
是兄死妻寡嫂習俗下樹洛干的同母弟，漢族中國已由五胡十六國收拾爲

最早的南北朝分立，吐谷渾各別與之建立名義上的服屬關係，受封河南王（最初的「隴西王」改封，南朝，「河南」謂其立國於黃河之南之意）、西平王（最初的西秦王改封，北朝，西平郡位卽今日青海省西寧）。至拾寅在位，南朝正屆宋——齊交代。

　　吐谷渾資源非如想像的貧乏，自諸文獻中畜牧、農業、礦產俱豐的記事可證，經濟力足誇富裕，特別關於國外貿易收益。東方北魏，南方經四川連結江南的南朝，北方柔然，西方則西域諸國，均保持緊密聯繫，活潑從事其中繼貿易，前引文獻指國家賦稅徵自富室、商人，是其註腳說明。對漢族中國商業活動的南重於北，又由南北朝雙重朝貢關係成立，係南朝（阿豺時代）早過北朝（次代慕璝時代），以及南朝諸史書有關吐谷渾傳記的商業活躍記錄，可以見出：

　　「宋書」：「史臣曰，吐谷渾逐草依泉，擅強塞表。毛衣肉食，取資仙畜，而錦組繡紈，見珍殊俗，徒以商業往來，故禮同北面」。

　　「梁書」：「其使或歲再至，或再歲一至。其地與益州鄰，常通商賈。民慕其利，多往從之，敎其書記，爲之辭譯」。

　　吐谷渾國勢益益強盛而領土大發展，也在五世紀前半三王治世。「魏書」其傳記的指示——

　　阿豺，「兼幷羌氐地，方數千里，號爲彊國」。

　　慕璝：「世祖時，慕璝始遣其侍郎謝大寧奉表歸國，尋討禽赫連定，送之京師，世祖嘉之。……制曰：「西秦王所收金城、抱罕、隴西之地，彼自取之，朕卽與之，便是裂土」。

　　慕利延，「遂入于闐國，殺其王，死者數萬人，南征罽賓」。

　　三段文字，各別代表的意義是：其一，青海省氐、羌族大統一，大抵須至其時達成；其二，東方領域，一度伸展至包含了今日甘肅省南半，五胡十六國後期併合了禿髮氏南涼的乞伏氏西秦舊版圖；其三，西方征

伐，也曾攻破于闐侵入西北印度。

吐谷渾此一境界的來臨，距最初立國已約一個世紀，換言之，通過五胡亂華全時期始獲此成就，較「亂華」十六國的後進態勢至爲明顯。相對方面，卻也與十六國中任何一國均爲驟興驟滅全異，兩相異質的原因，基本固以十六國建國性質，純係立於漢族中國環境內脫胎換骨爲漢族的最後昇華，而吐谷渾未具此意義。雖然吐谷渾程度上的漢化同樣不可避免，以及文明化仍是國家、社會發達動力，文獻記錄自五世紀以來，吐谷渾官人中頗出現漢族人名，以及「魏書」大書慕璝「招集秦、涼亡業之人」，都是說明。但立國於漢族中國域外，而氐羌──遊牧民族本質不變的特性，終構成爲得以自十六國區別的條件。

吐谷渾強大，樹洛干時代已見端倪，所謂「化行所部，衆庶樂業」「沙、溫雜種，莫不歸附」（「晉書」語）。只是，樹洛干在位期的五世紀初，正值五胡十六國轉入最複雜又混亂的終幕前夕，吐谷渾受讎起環圍青海外側諸國的東面西秦壓制，仍然是欲振乏力。紀元四一七年（東晉安帝義熙十三年，亦卽權臣劉裕北伐滅亡五胡十六國中姚氏後秦之年。再三年的紀元四二〇年，劉裕篡晉爲宋武帝，南北朝展開）繼樹洛干位之弟阿豺，是位中國史上名王，臨死前引「單箭易折，衆箭難摧」實例訓誨子弟著名故事的主人翁，吐谷渾強盛國運自此邁開順利大步。次代慕璝時，倂滅南涼的強敵西秦，倒反已在慕璝連續攻擊與雖式微而餘勢仍勁的赫連氏夏國侵逼下沒落，紀元四三一年（宋文帝元嘉八年，北魏太武帝＜世祖＞神䴥四年），最後的西秦主以躲避西、北雙方壓力，被迫放棄國土東徙，而逃亡途中受夏國襲擊成爲俘虜，西秦亡。故國土地全由吐谷渾接收，「宋書」所謂「慕璝據有其地」。也如前引「魏書」世祖太武帝「制曰」文字所示。同年稍後，吐谷渾又對正捲入北魏北方漢族中國統一浪潮奄奄一息，步上西秦後塵亡命的夏國最後之主，落井

下石似致命一擊。「宋書」吐谷渾傳的這一幕記載是:「(夏主赫連定)擁秦戶口十餘萬,西次罕幵,欲向涼州,慕璝拒擊,大破之,生擒定,(北魏太武帝拓跋)燾遣使求慕璝以定與之」,夏國亦亡。

　吐谷渾臣服北魏,便在此時與立於此等背景,迫於巔峯期北魏巨大武力,非如對南朝不存在利害衝突因素,簡言之,心理上先已不正常的事大外交。另一方面,北魏盛氣凌人,權宜懷柔吐谷渾只以其初「歸國」,也非引爲滿足。果然,次代吐谷渾王慕利延與北魏仍係太武帝之世,國交裂痕便已發生。北魏太平眞君六年(紀元四四五年)鄯善征伐,追擊被滅亡沮渠氏北涼西走鄯善國北境樓蘭地區的殘餘王族,同時也對吐谷渾進行武力攻略,敗退的慕利延率部族轉進新疆,于闐國遭受毀壞性打擊,卽此連環追逐的結果,並通過于闐爲跳板而慕利延遠征罽賓。翌年太平眞君七年,慕利延「遂返舊土」(「魏書」語),北魏仍不得不自青海退軍,吐谷渾本據無損。

　吐谷渾攻入于闐事件,經由路線曾費歷史界猜測,以必須從全面遮隔束新疆的鄯善國覓通道,而鄯善其時正在北魏佔領之下。但此疑竇,今日已予揭曉,明瞭確是通過鄯善。而且「魏書」載吐谷渾「地兼鄯善、且末」的形勢始自其時。原因係北魏軍自敦煌出發所佔領僅樓蘭方面,吐谷渾進軍則鄯善國南境考古遺址彌朗(Miran,漢朝伊循城)、卡克里克(Charklik,鄯善國都扜泥城?)地方,雙方進路各在平行的一直線上,而樓蘭與彌朗、卡克里克間隔有一一〇至二〇〇公里之遙。吐谷渾係以征服鄯善連帶取得其西隣服屬鄯善的且末國支配權,繼續西入于闐國境●。待慕利延返歸青海,當時吐谷渾的甘肅方面東方領土固已被剝奪,轉移爲北魏統一事業一部份,全幅圓而言,卻已膨脹至「隋書」西域傳吐谷渾條特筆大書「自西平臨羌城以西,且末以東,祁連以南,雪

●　參閱長澤和俊「樓蘭王國」,第二〇五至二〇六頁。

山以北，東西四千里，南北二千里」的大版圖。樓蘭的北魏統制最後記錄，係「魏書」樓毅傳，其五世紀末孝文帝時官銜題名「都督涼、河二州、鄯善鎭諸軍事、涼州刺史」所指示的鄯善鎭。吐谷渾支配，則宋雲、惠生奉北魏皇太后命令，紀元五一八年自洛陽取道吐谷渾赴印度購買經典，歸來所撰旅行記經轉載爲「洛陽伽藍記」卷五，明言吐谷渾西三千五百里的鄯善城被吐谷渾倂呑後，其時城主便是吐谷渾次子寧國將軍，統率部落三千鎭守，六世紀前半全盛時代吐谷渾的強力東新疆統制爲可瞭然。

吐谷渾如上盛況的展現，慕利延次代拾寅以來已形穩定。以迄再三傳的夸呂（紀元五二九年，北魏孝莊帝永安元年，南朝梁武帝中大通元年卽位，「梁書」中此王名乃同音異寫的呵羅克）治世，吐谷渾都能恃其強盛，杜絕北魏領土野心，大體保持和平狀態而表面接受北魏懷柔。北魏已分裂後的東魏時代，靜帝且納夸呂從妹爲嬪，以及夸呂爲始，中國公主降嫁吐谷渾。

夸呂特爲長久的六十年在位期間，目睹漢族中國北魏從分解爲東、西魏，過渡到北齊、北周對抗，北周倂滅北齊又被隋朝簒代，政治接連大波動，暮年變態的雄心勃發，輕易於北周——隋朝交替前後頻頻挑釁。隋文帝平陳，漢族中國結束南北朝分立時代而回復大統一，夸呂始感覺未來局勢嚴重，解鈴還是繫鈴人的及時中心敵對，向隋朝表示臣服，重建從屬關係。開皇十一年（紀元五九一年）夸呂老死，先後繼位兩子，兄伏尙隋朝公主，弟伏允依國俗續配寡嫂，與隋朝間存下一段頗爲美好的時光。但隋文帝崩而煬帝嗣立，大風暴出乎吐谷渾意外的來臨，煬帝世界帝國雄圖驅使的四方征伐，吐谷渾也不可倖免。先是大業四年（紀元六〇八年）的鐵勒受命攻略，隋軍繼對挫敗的吐谷渾加大追擊戰果，翌年，便是煬帝親征「平吐谷渾」。「隋書」西域傳吐谷渾條記伏允「南

遁於山谷間，其故地皆空」、「伏允無以自資，率其徒二千騎客於党項」、
「東西四千里，南北二千里」的大版圖「皆爲隋有，置郡縣鎭戍，發天
下輕罪徒居之」。新置郡縣的「隋書」地理志（上）說明是：鄯善、且
末、西海（治所卽吐谷渾國都伏俟城）、河源四郡，每郡各領二縣。卻
是，青海、東新疆併合入漢族中國直轄領土的效果維持未滿十年，「隋
書」吐谷渾傳記係以「大業末，天下亂，伏允復其故地。屢寇河右，郡
縣不能禦焉」之語結尾。總結吐谷渾歷史，須再延後半個世紀。

　　伏允對一度滅亡其國的煬帝怨忿，由個人與隋朝變質爲對漢族中國
。隋朝的後繼朝代唐朝建立，除最早因要求釋回伏允與續配隋朝公主所
生子，也因之取漢名「順」，煬帝之初入朝的侍子，而短暫時間表示友
好之後，便形惡化。十多年間頻頻騷擾邊境，扣留使者，隋末以來低潮
期仍在持續，反而其國之南，今日西康省境的同種族党項竟也被煽動聯
手侵寇。太宗貞觀九年（紀元六三五年）唐朝大發兵懲罰，於是青海吐
谷渾本據，繼北魏、隋朝以來第三度遭遇來自漢族中國的大兵災。新、
舊「唐書」西戎傳、西域傳吐谷渾條記錄其結束：「諸將戰牛心堆、赤
水嶺，獲虜將南昌王慕容孝儁，收雜畜數萬。（侯）君集、（江夏王）道
宗登漢哭山，戰烏海，獲名王梁屈蔥，（統帥李）靖破（吐谷渾主力）天
柱部落於赤海，收雜畜二十萬，（李）大亮俘名王二十，雜畜五萬，次
且末之西。伏允走圖倫磧，將託于闐，（薛）萬均督銳騎追亡數百里，
又破之」；「伏允子大寧王順窮蹙，斬其國相天柱王，舉國來降。伏允大
懼，與千餘騎遁於磧中，衆稍亡散，能屬之者纔百餘騎，乃自縊而死。
國人乃立順爲可汗，稱臣內附」。投降的可汗順由唐朝詔封西平郡王，
授予趉胡烏甘豆可汗，封授詔書特別強調其「隋氏之甥」、「長自中土」，
吐谷渾變換親唐朝政權成功，迄其尙唐朝公主的嗣位之子諾曷鉢，近三
十年性格不變。

　　然而，吐谷渾終於第四度蒙受強大外力侵略，而且是致命一擊，敵人自已非關係親密的漢族中國，卻是吐谷渾南方同種族西藏勢力吐蕃。吐谷渾以對唐敗戰而親唐，較之前此對北魏敗戰而反形茁壯，對隋朝敗戰而仍挺拔屹立，原係態度的全然倒反，也從而可以發覺，祇是順父子出發於特殊背景的立場轉變。申言之，敵人刀鋒下的親善，與吐谷渾堅毅不屈的民族性並不符合，領導階層中，以可汗所代表的一小群以外，毋寧都認爲恥辱。惟其如此，順於登位同年立被弒害，諾曷鉢也曾險被推翻，民族意識高昂的反對勢力所恃外援，便是同血統種族而正飛躍強盛中的吐蕃。吐谷渾國家的最後結局，由是決定其命運，唐朝高宗龍朔三年（紀元六六三年），吐蕃大軍繼吐谷渾大臣的投奔而進發青海，「破其衆黃河上，諾曷鉢不支，與公主引數千帳走涼州」，「吐蕃遂有其地」（「新唐書」西域傳上吐谷渾條），吐谷渾以王室的喪失抵抗能力而全土地併合入吐蕃。唐朝累次興兵圖規模均敗，吐谷渾確定淪亡，王室三百五十年命脈絕滅。其人民，一部份追隨諾曷鉢流亡漢族中國而變化爲漢族，大部份留在青海的，已與吐蕃族攜手，共同開創歷史的藏族大團結宏偉氣運。

吐谷渾世系圖

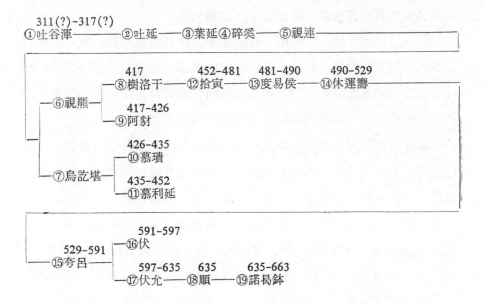

吐　蕃　興　衰

　　西藏地方的吐蕃人與其國家，奇峯突起似以最高速率統一漢族中國西邊廣大地域，與此遼闊空間所分佈同一文化、血統系統諸種族，係七——八世紀亞洲史的第一等大事，也鑄定凡是早期出現於中國史，與之同一系統諸種而不同稱謂的諸民族，概括依吐蕃本源地西藏爲名，於今日通稱「藏」族。外國人的 Tibet（地）與 Tibetans（人）名詞，淵源仍自「吐蕃」，卻已是吐蕃淹沒於蒙古人元朝征服巨潮以來，蒙古語「吐蕃」發音「圖伯特」的轉譯。另一外國語 Tangut 之名，則依吐蕃同種族系統党項——西夏的蒙古語「党項」發音「唐兀」、「唐古特」而譯，由對象原指被蒙古人所征服西夏國藏族，轉化稱呼藏族全體。

　　吐蕃奔流澎湃登上洪峯與退潮，以迄今日，時間已逾十個世紀。連結吐蕃時代與今日西藏，存在若干須加解明處——

　　其一，漢字「藏」的採用，時間非早，吐蕃盛極而衰，統一又崩析以後的元朝支配時代，始以「烏思藏宣慰司都元帥府」見諸官文書，而「吐蕃宣慰司都元帥府」改建在甘肅河州以統青海蕃民。明朝對青海的統治方式是成立「朵甘思都指揮使司」，原吐蕃之地保留元朝之名爲「烏思藏都指揮使司」，「吐蕃」名詞乃確定脫落。「皇朝（清朝）續文獻通考」輿地考二六「西藏」條記：「番語謂其地曰圖伯特，卽吐蕃之本音（原注：蕃，讀若潘），或稱衞藏。衞，卽烏思合音，其義謂中、藏之義爲淨。蓋以拉薩居全境之中，迤東爲藏，迤西爲喀木，番言邊界也，　其音近康，　卽羌也，　華人又以康、衞、藏三大部爲三危，　或並阿哩，　數之爲四部」。「藏」係吐蕃分解形勢形成後的局部地區稱謂爲明甚，歷明朝至清朝，才因監臨的駐藏大臣統轄康（喀木）、衞（烏思）、藏、阿里（阿哩），而併稱四地區爲「藏」的意識成立，以及加冠方位別通稱「西藏」，如今日所習用的漢文地名出現。當地居民抑且同系統諸種族的舊名「羌」，陪伴正名「藏」族。

　　其二，青海加入「吐蕃」範疇後又最早切離，關於喀木（康），「皇朝續文獻通考」輿地考一八「四川省」條附「西康」，說明其沿革：「魏晉以後曰羌，隋爲党項，至唐，吐蕃崛起，奄有其地。歷五代、宋，至元征服西蕃，始分置土司。前明巴塘以東仍元之舊，屬於四川雅州，巴塘以西爲烏思藏所據。國初，西藏內附，裏塘、巴塘等處仍分授土司，巴塘寧靜山以西隸於呼圖克圖，閒有賜予藏酋及野蕃所宅者，而蒙古亦有其十之一焉」。清末西康建省，同書「西藏」條述：「西藏，本康、衞、藏三部之總稱，　今康已改爲內地，　則藏地當縮於舊。……今存二部，曰衞，曰藏（也便是前藏、後藏），而極西北之阿哩附焉」，而全

行回復大吐蕃統一的民族國家以前形勢，同種族不必與「地」合一。祇
是歷史的「羌人」名詞轉換已以藏族代表，特定民族稱謂吐谷渾、党
項、吐蕃又自歷史推移過程中先後消失，才於今日產生藏族人文地理與
西藏政治地理不符的感覺。換言之，青、康、藏高原同一自然地理範
疇，鑄定古來是泛稱「羌人」的活動範圍，今日仍是西藏人同系統種
族，泛稱「藏族」的共同生活圈，以及羌人時代的延續。西藏以外藏族
與西藏藏族的關係，正是廣義與狹義之別，廣義藏族的分佈形勢，而且
溢出青海、西康、西藏地域以外，擴散到隣接諸省邊區，與青康藏高原
地理範疇的包括甘肅洮西高原，四川松潘高原、雲南北部三千公尺以上
地區，正相一致。

　　其三，今日廣義藏族分佈地區內，各別分支的自身民族稱謂，正是
上述歷史推移解明的有力支持。Bod 係漢字「吐蕃」名詞由來的依憑，
拉薩布達拉山麓殘留九世紀初漢、藏兩體文字書刻的「唐蕃會盟碑」，
漢字「蕃」便與藏文「Bod」相互對譯❶，Bod-pa（博巴，pa 卽「人」
之意）也迄今仍是西藏人自稱，而又區別 Wei-pa（衞巴，前藏人）與
Tsang-pa（藏巴，後藏人）。便是說，西藏人分衞巴、藏巴，同時也承
認是共通的博巴。但自稱博巴，地域範圍非祇限在「衞」、「藏」西藏地
方，且惟藏南縱谷人口密度爲高而農牧兼營的藏人，土名羌塘（Chang-
tang）高曠之地意味的藏北高原，畜牧爲惟一生業的藏人已自別於博巴
而稱洛巴（Lo-pa）。西藏東北的青海地方藏族另名 A-mdo（安多），西
藏以東與青海之南的西康省藏族又是 Khams-pa（康巴），尤非博巴之
列（學者間且有明朝朶甘思都指揮使司的「朶」便是 mdo，「甘思」則
khams，各別音譯的意見提出❷）。散佈甘肅、四川、雲南毗連青海、

❶　歐陽無畏「鉢的疆域和邊界」（「西藏研究」，第一三二頁）。
❷　同上，第一三四頁。

西康地區的 Kuolo（果洛）、Chang（羌）、雲南的 Kuchung（古宗）等少數民族，也都是西藏地方以外的藏族。

惟其如此，可以歸納到兩點基本了解，第一：今日習用的「藏族」與「西藏」名詞，都是漢族中國立場所給付稱謂，而非藏族或西藏人自身起源，猶之漢族的稱呼伊斯蘭教爲回教。第二，西藏人是藏族，藏族卻非限西藏人。吐蕃歷史的主體，因之今日名詞須是「西藏人」或「博巴」而謹慎使用「藏族」，以避免解說上混淆，或者，直截便以「吐蕃族」爲敍述基準，似尤適宜。

嚴寒，氣候乾燥，雨量稀少，海拔四——五千公尺的青康藏高原，係聞名的世界第一大高原與山間高原典型。惟其面積特形廣大，而同一地理單元的地形與人文不能全同。複雜性最強烈是青海，柴達木盆地全然沙漠氣候，與中國第一大湖青海湖區、祁連山山地均傾向草原遊牧性格，青海馬迄今仍是名種，住居民也轉換以蒙古族爲主要。青海以東，省會西寧所在的湟水地區卻自古農業爲盛。巴顏喀喇山脈以南，才維持歷史的安多藏族天地原狀，而青海高原、甘松高原、通天河流域別具有地理上的差異。西康地形爲單純的山地縱谷，牧、耕俱宜。最堪代表山間高原特徵便是昔時吐蕃與今日西藏，中國五大山系中，除天山與阿爾泰山以外的餘三山系，均東西向起自西藏。南面喜馬拉雅山乃與印度、布魯克巴（清朝官文書之名，今日所習用係英國人統治印度後的「不丹」Bhutan）、哲孟雄（英國人統治印度後稱錫金 Sikkhim）、尼泊爾的共同國界；北面崑崙山則係與新疆的省界，東向延長入青海境便是巴顏喀喇山，其南約略平行的崑崙山另一分支唐古拉山脈，又是青海省與西藏——西康的共同省界，繼續折向南走而成西康、雲南的橫斷山脈；喀喇崑崙(Karakoran)山自帕米爾東走橫貫西藏境內時，稱岡底斯山脈。如此全域由雄大山脈圍繞封閉，而惟東南雅魯藏布江（藏布江，流入印

度・阿薩姆（Assam）域內時稱布拉馬普德拉 Brahmaputra 河而與恒河匯合）下流雨量爲豐，縱谷東端缺口以地勢急降而夏季且受印度洋季風之惠的特殊環境中人類、歷史上長期自成獨立的生活圈，也於此環境培育吐蕃的興、衰歷程。

吐蕃始源，西藏文獻的追記，毋寧純屬神話。印度古來所稱的 Bhota 二世紀左右希臘系記錄中出現的 Bautae 之名，曾被認爲所指便是吐蕃或其前身，記錄內容也乏實質價値❸。對解明吐蕃種族問題，最古提供確定材料的，國際學術界承認中國文獻，「新唐書」吐蕃傳爲代表的敍述是：「吐蕃，本西羌屬，蓋百有五十種，散處河、湟、江、泯間，有發羌、唐旄等，然未始與中國通。居析支河西，祖曰鶻提勃悉野，健武多智，稍幷諸羌，據其地，蕃、發聲近，故其子孫曰吐蕃，而姓勃悉野。或曰南涼禿髮利鹿孤之後，二子曰樊尼、曰傉檀，爲乞伏熾磐所滅，樊尼挈殘部，臣沮渠蒙遜，以爲臨松太守。蒙遜滅，樊尼率兵西濟河，逾積石，遂撫有羣羌云」。前此中國史書中無間斷的氐、羌記事，便至吐蕃與其同種族吐谷渾等專傳成立而告一總結，登入羌——藏族名轉換的階段，與今日科學化瞭解的藏族系譜相符合。

「新唐書」吐蕃記事的堪注意處，立國指導力係自族產生抑外來，存在異說，後說又推定出自與吐谷渾同源的鮮卑族（祇是禿髮氏與慕容氏的不同）。西藏現地的藏文記錄也遺留類似的王室外來傳統，惟建國者非中國系而係印度王子。謂一世紀中，釋迦族（阿育王後裔）Kocala 國 Prdsenadjit（波斯匿）王第五子，以生有非人形的異相，父認爲不

---

❸　藏人吐蕃立國傳統，取材自石濱純太郎「西藏史」（「支那周邊史」下，第三三一至三三二頁），平凡社版「世界歷史大系」⑤東洋中世史第二篇，第四六四至四六五頁，胤所引 Schlagintweit, Die Konige Von Tibet, Rockhill, Life of Buddha 等資料。

祥，嬰兒時被置銅函中投入恒河，幸獲救而成長於百姓家，後事洩，再訣別自國北逃，得觀音庇蔭，越過喜馬拉雅山脈，到達西藏南部雅魯藏布江流域澤當地方， 由當地土人擁立爲第一代王，號尼雅特博 (sNya-khri-btsan-po， 轟直簪布、仰賜贊普)，「贊普」(Btsan-po, 強者之意) 自此代表王者尊稱。 王統連綿至第二六代贊普 Lha-tho-tho-ri snyen-bschal (陀士度) 之世，佛經與黃金寶塔自天而降，又來僧人闡解佛說，是爲西藏傳來佛敎之源， 時當五世紀前半。續隔三代贊普至六世紀後半 gNam-ri srong btsan (論贊素)，廣拓南、西國土， 併尼泊爾、阿薩姆爲屬國，初定國號藏文發音的 sTod-Bod (讀如 Teu-Beu, 漢文「吐蕃」即此音譯)， 其子已是著名的 Khri-ldan srong-btsan sgam-po (棄宗弄贊、 松贊剛布)。 這份王統表， 屆此爲止的內容， 明顯係經歷佛敎因緣後所追加， 意味對佛敎聖地印度的憧憬與王室出身自我誇耀。神話要素加味尤濃係藏式創世紀， 文獻記載， 文殊、觀音、金剛手等三菩薩創造現實世界後， 文殊使大空魔女化身雌猿， 在永恒雪國西藏殖民，化身雄猿與之結婚的使命， 由西藏守護佛觀音親自擔任， 生下三男二女後漸次增殖， 便是西藏人祖先云云❹。 如上藏文資料於二次大戰前曾引起研究者興趣， 頗被錄入西藏史著作，但戰後多捨棄此等神話・傳說，東洋史學者採信的已惟中國方面資料， 解說其立國背景， 係漢朝聚居四川、陝西、甘肅邊境的氐、羌， 於魏晉南北朝混亂期建立的地方政權，由北朝政權一括接收時， 不願被統合的氐羌族向西方高原退避， 而強制置土著的西藏人於支配之下， 乃是吐蕃強力統一國家氣運的開創❺。 抑

---

❹ 藏人自我起源說，取材自石濱純太郎「西藏史」(「支那周邊史」下，第三三二至三三三頁)。

❺ 曉敎育圖書版「現代敎養百科事典」⑦歷史，第一三六頁「チベツ人の建國」項。

且接受「吐蕃」稱呼，由來便是政治變動中，退避豪族禿髮樊尼的「禿髮」訛音之說❻。「新唐書」吐蕃記事係已增補「唐書」舊著的宋朝作品，取入西藏現地初步編製了的棄宗弄贊以前王統，尚僅上溯六代爲止：「其後有君長曰瘕悉董摩，董摩生陀士度，陀士生揭利失若，揭利生勃弄若，勃弄生詎素若，詎素生論贊素，論贊生棄宗弄贊」，可資參證。

　　則吐蕃國家成立，意義乃是五胡亂華餘波，與四——五世紀五胡亂華所帶動東亞全體的政治大變局不可分，後進諸民族此時期競相建國共同潮流的波濤之一。吐蕃此一境界，近似吐谷渾的場合，區別祇是立國時間的一在大浪潮初興，一當漸漸平息之際。惟其如此，連帶的了解之一，吐蕃王室不排除外來說，卻如同吐谷渾的仍是羌——藏族國家，而不能謂之鮮卑系或印度國家。之二，高原的原貧弱畜牧，便因導入草原遊牧技術，而發展爲西藏的高地遊牧，以及便以遊牧西藏的形態轉換爲前提，大規模政治統合得以成功❼。之三，西藏歷史自棄宗弄贊出現，乃脫卻傳說的迷霧，或者說，西藏歷史時代之始，大體須以紀元六〇〇年左右爲上限。其名自是正確爲國際所知，中國所稱「吐蕃」，見於八世紀初建立的突厥碑文是 Tuput，回敎文獻中又是 Tbt❽，「贊普」之號發生與活潑的四方經略，一概須自傳說時代下移至棄宗弄贊之世發端。之四，吐蕃抬頭，漢族中國正值隋——唐交替之間，又約略與唐朝衰頹同時而吐蕃勢力也告沒落，與亡恰視唐朝歷史爲相當。

　　推動吐蕃國家飛躍發展的名王棄宗弄贊，推定紀元六一七年生，年十三歲登位，紀元六五〇年終結其耀華生涯❾。（吐蕃歷代贊普在位起

❻　江上波夫「北アジア史」，第三二八頁。

❼　同上，第三二九頁。

❽　同上，第三二八頁。

❾　據平凡社版「世界歷史大系」⑤東洋中世史第二篇，第四六五頁引楠正道考定。

迄年代，現今所有文獻資料所載均係推定，非具絕對性，世系除關鍵性諸贊普外，也存在參差）。在位期自祖先所居拉薩東南方的澤當地方，移住今日拉薩（「新唐書」的邏娑）建立國都，統合雅魯藏布江流域同族後，脅從西方羊同、東方白蘭、党項等同種族諸集團，擊潰青海地方的吐谷渾，南臣尼泊爾而與當時恒河流域中天竺 Kanauj 名王 Harsha （戒日王）相對並立，自支配西藏全域而奠立大吐蕃王國的擴張基石。今日西藏西端拉達克（Ladak）地方的編入吐蕃領地內，推定亦係其時❿。

　　吐蕃與唐朝交通便始自棄宗弄贊繼位初期，紀元六三四年（唐太宗貞觀八年），首次遣使通好，並請婚。貞觀一五年（紀元六四一年）文成公主降嫁以來，蕃——唐親密關係連結的一般，「新唐書」吐蕃傳記錄：「遣大論薛祿東贊獻黃金五千兩，它寶稱是，以爲聘。十五年，妻以宗女文成公主，詔江夏王道宗持節護送，築館河源王之國，弄贊率兵次柏海親迎，見道宗執婿禮恭甚。見中國服飾之美，縮縮媿沮。歸國，自以其先未有昏帝女者，乃爲公主築一城，以誇後世，遂立宮室以居。公主惡國人赭面，弄贊下令國中禁之。自褫氈罽，襲紈綃，爲華風。遣諸豪子弟入國學，習詩書，又請儒者典書疏。帝伐遼還，遣使祿東贊上書曰：陛下平定四方，日月所照，並臣治之。高麗恃遠，弗率於禮，天子自將度遼，隳城陷陣，指日凱旋，雖雁飛於天，無是之速。夫鵝猶雁也，臣謹治黃金爲鵝以獻，其高七尺，中實酒三斛。二十二年，右衞率府長史王玄策使西域，爲中天竺所鈔，弄贊發精兵，從玄策討破之，來獻俘。高宗卽位，擢駙馬都尉、西海郡王。弄贊以書詒長孫無忌曰：天子初卽位，有不忠者，願勒兵赴國共討之，並獻金琲十五種以薦昭陵。進封賓王，賜餚蕃涅。又請蠶種、酒人與碾磑等工，詔許。永徽初死，遣使者弔祠」。也由如上報導可明顯覺察，吐蕃如何以文成公主入藏，

---

❿　同上，第四六五頁。

在這位偉大女性的中心指導力量下加速文明化。與文成公主指引後進西藏文化向上同等的功勞者，又是棄宗弄贊稍早於紀元六三九年迎娶的尼泊爾（「新唐書」中尼婆羅）國王之女 Buri-Kuti 公主，所代表印度文化。惟其如此，一方面西藏的地理形勢規範，注定文化上須蒙受印度文化影響，另一方面，也不能無視七世紀以來因政治關係受入漢族中國文化的影響。吐蕃王國以同時輸入印度・中國兩系統文化，而形成西藏的基本文化，以及展現其昌隆期，歷史意義爲可確知。

　　吐蕃勃興以前的西藏文化，純係薩滿世界。棄宗弄贊治世文化躍進，特殊表現於西藏文字的製作。紀元六三二年，端美三菩提(Thon-Mi Sambhota) 奉派率領十六名青年赴印度留學，七年後歸來，由端美模倣印度，以梵文的字體之一蘭查體爲基礎，創作今日所用左起橫行表音的西藏文字祖型，以及編定今日文法學基本的文法書（以後九世紀前半彝泰贊普時代，西藏文字曾重加整理，藏人稱前此爲舊語 Brdarnin，以後則新定語 Skad gsar che❶）。現存的當時碑文與敦煌文書中推定九世紀時的「無量壽宗要經」藏文寫本等，均遺留有關藏文歷史的寶貴資料。

　　佛敎是否自棄宗弄贊以前便已傳入，肯定頗爲困難，明確得知的佛敎流入西藏源泉，須自文成、尼泊爾兩公主入藏發端。兩位公主均熱心的佛敎篤信者，得有機緣吸引印度、尼泊爾、唐朝僧人渡來爲可想定，而塑定未來藏族的宗敎民族性格。兩公主因而被後世膜拜爲兩位多羅母菩薩（一白色、一青色）化身，棄宗弄贊且便是觀音化身❷，而迄今在西藏人間受絕大尊敬。政治上統一西藏的英雄人物棄宗弄贊，文化方面業績爲尤偉大可知，其係西藏史上第一偉人，名副其實。

----

❶　江上波夫「北アジア史」，第三三二頁。
❷　多田等觀「チベット」，第一三五頁。

　　領導吐蕃堅定屹立爲唐朝世界帝國忠誠一員，「新舊書」吐蕃傳誇譽爲「爲人慷慨，才雄」的棄宗弄贊之逝，兩公主均無子，國人所生之子又早死而由孫嗣位，以迄孫之子器弩悉弄 (dGung-srong-du-rje) 時代，　兩代贊普皆年少，　有能力的兵略家祿東贊、　欽陵父子相繼爲宰相（「論」）專政，對外政策持積極政策，與唐朝間的親善友好關係破壞，北方擊滅吐谷渾收併靑海全土，東方攻略唐朝四川西部邊境領土。紀元六七〇年（唐高宗咸亨元年）至紀元六九二年（則天武后長壽元年）佔領龜玆、疏勒、于闐、焉耆安西四鎭逾二十年，是對唐朝方面衝突的高潮，吐蕃勢力超越新疆伸入中亞細亞。「新唐書」吐蕃傳描述其時吐蕃國勢之盛，「東與涼、松、茂、嶲接，南極婆羅門，西取四鎭，北抵突厥，幅員餘萬里，漢、魏諸戎所無也」，軍事優勢明顯壓倒唐朝。「新唐書」對吐蕃的國情介紹，非祇重視其「勝兵數十萬」的雄厚兵源，尤其震驚於其凌厲的攻擊力：「重兵死，以累世戰沒爲甲門」、「其舉兵，以七寸金箭爲契，百里一驛，有急兵，驛人臆前加銀鶻，甚急，鶻益多」、「其鎧冑精良，衣之周身，竅兩目，勁弓利刃不能甚傷」、「其兵法嚴，而師無餽糧，以鹵獲爲資。每戰，前隊盡死，後隊乃進」。擅長大兵團作戰，軍事行動時往往動員二、三十萬軍隊，咸亨元年論欽陵在靑海境內擊潰兵總數也達十餘萬的唐朝名將薛仁貴西藏討伐軍，出動兵力且至四十萬。類此密集攻勢戰爭方式，已係今日人海戰術的最早發明。

　　八世紀初棄隸縮贊（墀德祖敦・Khri-lae-gtsug-brtan-mes-ag-tshoms）繼位，請婚唐朝成功，中宗以金城公主降嫁，但和平效果並不保證穩定。未幾仍是邊境戰事頻頻，玄宗開元二九年（紀元七四一年）金城公主去世翌年的一次，吐蕃且又是四十萬大軍入侵。棄隸縮贊與其子乞立贊，乃吐蕃歷代贊普中在位最久的兩代，父子相續，幾乎通八世紀均此兩贊普的時代。乞立贊（墀松得贊・Khri-srong-lde-btsan）便是

金城公主所生子，嗣立正值唐朝最繁榮的玄宗治世後半天寶之末（十四載，紀元七五五年），安祿山亂事勃發之年。自此漢族中國大內亂連續，西北邊境防衞軍悉數被調東出，製造了吐蕃最有利的侵略形勢。屆至代宗廣德元年（紀元七六三年）時，僅僅數年，唐朝河西、隴右間數十州之地已全行陷沒，吐蕃衝擊力到達佔領唐朝國都長安十五天又退出，壓迫代宗出奔陝州的極峯後，轉向南區四川。漢族中國西部全面受嚴重騷擾，唐軍疲於奔命而狼狽退卻，以唐朝次代德宗對吐蕃採取和好決策，暫時獲得喘息。建中四年（紀元七八三年）清水縣（甘肅）唐——蕃對等地位的會盟，便於此背景下成立，劃定兩國境界，大體四川方面以大金川（唐朝大度河）爲界，甘肅方面唐朝前線設定在今日平涼縣（唐朝涇州）至清水縣（隴州）又貫連成縣（鳳州）的一線，其西蘭州、靖遠、固原、隴西等縣與洮河流域，均劃歸吐蕃（盟文見新、舊「唐書」吐蕃傳）。

　唐朝付出領土大損失的代價，以承認吐蕃武力佔有土地主權轉移的事實爲條件，所換取和平卻未能持久。待吐蕃兇燄再燃，河西沙州（敦煌）以西新疆伊州（哈密）、西州（吐魯番），北庭都護府（濟木薩）治下天山以北，德宗貞元六年（紀元七九〇年）又均淪亡。百年前一度傾覆的天山以南安西都護府四鎮，歷史重演，也以北庭之失，形成吐蕃勢力三面包圍，孤立無援的惡化情勢下，追隨落入吐蕃控制。此一大事發生仍在唐朝之甥的乞立贊時代，距清水會盟未滿十年。

　九世紀初乞立贊之孫可黎可足（墀惹巴瞻，Ral-pa-chan）在位，已係棄宗弄贊以來吐蕃兩百年昌盛期的終末。北方回紇長期與唐朝維持親善關係，向吐蕃施加壓力，南方雲南（南詔）又脫離吐蕃羈縻歸服唐朝，頻頻攻擊吐蕃。吐蕃對外勢力至此階段，以已到達限界而漸漸轉變消息，侵入漢族中國的威力非祇減弱，憲宗元和之末且是相反態勢的於

四川方面蒙受大打擊。於是有憲宗次代穆宗繼位之初，再次會盟要求的由吐蕃遣使赴長安主動提出，而翌年長慶二年（紀元八二二年），唐朝使節入吐蕃會盟締結和平條約。以漢——蕃兩體文字並列記刻盟約內容的石碑，便是今日保存於拉薩大昭寺，有名的唐蕃會盟碑。原文雖已多磨滅，大意仍可辨認，其漢文部份：「大唐文武孝德皇帝、大蕃聖神贊普，甥舅二主商議社稷如一，結立大和盟約，永無淪替。……玆觀同心，以伸隣好之義，共成厥美。今蕃漢二國所守，……洮岷之東，大唐國界，其塞之西，盡是大蕃地土。彼此不爲殺敵，不舉兵革，不相侵謀。……彼此相倚，二國常相往來。兩路所差唐差蕃使，並於將軍谷交馬，其洮岷之東，大唐供應，清水縣之西，大蕃供應。須令甥舅親近之體，使兩界烟塵不聞，同揚盛德之名。……」❸ 碑文所示的堪注視處，第一、雙方境界改置於洮州、岷州一線的洮河流域，可以證明，連接四川省的甘肅省南部，其時已由唐朝收復。第二、碑文的藏文部份，依日本學界解讀資料，未載明境界線位置，祇籠統謂「蕃——漢各守疆界，和合如同一國」，其敍述主體的歷數自太宗以迄穆宗當時交涉概況，又爲漢文所無，卻是所強調均雙方親愛精誠與甥舅之情，而輕描淡寫於曾纍纍發生的不愉快事件。立碑年份，也依藏文部份知係會盟翌年，「大蕃年號之彝泰九年，大漢年號長慶三年癸卯仲□月十四日」❹。強盛吐蕃的已現疲態，不難自此碑的撰文態度覺察。

吐蕃加諸唐朝的長年侵略，終以此碑成立爲標誌而眞正疏解，相對意義，也代表了吐蕃的自此進入衰亡時期。

---

❸ 採自蕭怡「西藏今昔」，第五四頁資料。

❹ 唐蕃會盟碑藏文部份的日譯本，石濱純太郎「西藏史」（「支那周邊史」下，第三三六至三三九頁）曾予詳錄，且發現碑文以中宗時金城公主降嫁大事，誤書爲玄宗時代之事。

　　吐蕃支配階層的佛敎信仰，進入狂熱狀態又出現反動勢力，自相殘殺形成沒落催命符。「新唐書」吐蕃傳記錄，混亂中，開國以來的悉勃野氏王統已隨紀元八四二年（唐朝武宗會昌二年），達磨（朗達磨 gLang-dar-ma）被暗殺而絕滅，異姓王位繼承內訌與大臣權力鬪爭，招致國內持續大亂。西藏方面記錄雖稱嗣立仍係原王統，此際王室權威全非昔日面影，喪失其統一全西藏能力的說明，則與中國文獻一致⑮。Gna-ri（阿里）自創新朝代又移向拉達克方面，雅魯藏布江流域也由羣酋割據，棄宗弄贊以來的國家榮光告終，以後已係地方諸侯化分立支配系統的長久分裂期展開，「吐蕃」固已非國家稱謂而僅殘餘爲地理名詞，佛敎復興後僧侶勢力也急速強大，西藏的宗敎權威於此階段穩固。

　　同時，九世紀之半吐蕃國家的開始崩壞，抗爭風波波及東方原唐境鎮守將領間，結局的得利者是唐朝。宣宗大中三——四年（紀元八四九至八五〇年），先是河湟諸州，繼是河西十一州，吐蕃奪自唐朝的領土完全失卻，由唐朝奪回。新疆天山以南之地，則轉移入回紇人之手。前一世紀中玄宗次代肅宗乾元以來，漢——藏兩民族間的恩怨，至是一筆勾銷。

⑮　平凡社版「世界歷史大系」⑤東洋中世史第二篇，第四七二頁。

吐蕃世系圖

(王名依新、舊「唐書」，（ ）中係西藏記錄王名)

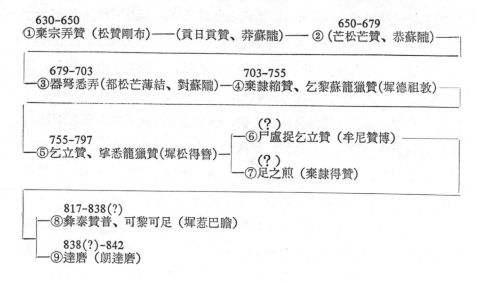

630-650
①棄宗弄賛（松贊剛布）──（貢日貢贊、莽蘇隴）── ②（芒松芒贊、恭蘇隴）──

650-679

679-703
──③器弩悉弄(都松芒薄結、對蘇隴)──④棄隷縮贊、乞黎蘇籠獵贊(墀德祖敦)

703-755

755-797
──⑤乞立贊、挲悉籠獵贊(墀松得簪)──

(?)
──⑥尸盧捉乞立贊（牟尼贊博）──

(?)
──⑦足之煎（棄隷得贊）

817-838(?)
──⑧彝泰贊普、可黎可足（墀惹巴瞻）

838(?)-842
──⑨達磨（朗達磨）

西藏佛教與喇嘛法王支配❶

「唐書」吐蕃傳（上）的吐蕃國情「多事羱羝之神，人信巫覡」記事，「新唐書」吐蕃傳（上）已增補爲：「其俗重鬼右巫，事羱羝爲之神。喜浮屠法，習呪詛，國之政事，必以桑門參決」，西藏佛教傳播之

---

❶ 本節喇嘛敎歷史，主要取材自江上波夫「北アジア史」，第三三五至三四七頁；石濱純太郎「西藏史」（「支那周邊史」第三四六至三六五頁)；人文書院版「世界歷史」④東アジア世界Ⅲ印度世界（第二五七頁）；世界文化社版「世界歷史シリ1ズ⑫モンゴル帝國，第一五四至一六〇頁「ラマ敎とチベット」節。喇嘛敎義與藏文「大藏經」解說，主要取材自多田等觀「チベット」第六一至七一頁、第九九至一〇六頁；歐陽無畏「喇嘛敎」（「西藏研究」第一八至三〇頁、第四八至五五頁)。

始與其興盛，均自漢族中國唐朝，以及傳來西藏後的佛教特色，可得其概念。

　　松贊剛布（中國史書中的棄宗弄贊）、墀松得贊（Khri-srong-lde-btsan，中國史書中的乞立贊）、墀惹巴瞻（Ral-pa-chan，中國史書中的可黎可足），係西藏人佛教爲基幹的西藏史中，黃金時代大吐蕃王國三宗教賢王。七世紀松贊剛布時代，已以藏文創製而嘗試梵文的佛典翻譯，外來僧侶在藏傳教也漸圓滑進行。約百年後，墀松得贊治世係西藏佛教一大發展期，對應戒日王歿後北方印度再分裂的混亂形勢中，八世紀波羅（Pala）期自恒河下游今日 Bengal（孟加拉）與 Bihar 地方與起，與西藏近鄰，而獨力保護獎勵佛教散發斜陽光輝，以及迎接中觀學派（Madhy amika）、瑜伽行學派（Yogacara）顯教教學包含折衷特色，又與受印度教神秘主義融合影響而隆盛的眞言宗佛教（密教）調和，發達爲此時期，也是最後期佛教全體的傾向此一巨潮，西藏佛教完成其本質的確定。印度碩學高僧自阿難陀等以來，一批一批受墀松得贊禮聘入藏弘法，關鍵性大師之一，印度德隆望重的一代佛教宗匠寂護（Cantara-kshita），關聯一則有名的故事：不斷增多來藏的印度僧侶，與同樣在西藏佔有宗教勢力的中國佛教與漢族僧人間，教學形成對立而論爭激化，雙方乃於贊普御前進行法論對決大辯論，中國系代表者大乘和尚、印度系便是寂護高弟中道巨匠蓮華戒（Kamalacil），結局贊普親自裁定法論勝利歸於印度僧侶方面。失敗的唐朝僧侶與中國佛教教理，自是全行撤出西藏，西藏佛教思想定於印度系一尊。大乘和尚落敗，據西藏文獻所傳，乃以其移植唐朝當時所流行純粹的中國佛教禪宗，言行於藏人間，理解上發生困難的緣故。關鍵性印度大師之二，續由寂護引薦來藏的蓮華生（Padma Samabhava），尤其於西藏佛教史上被渲染爲最富傳奇色彩的神化人物。「唐書」記述西藏社會間原始薩滿信仰，受佛教傳入刺

激，也取入佛教要素而形成的 Bon 教，抗拒佛教傳播， 瀰漫社會上下
階層之勢有增無減，蓮華生膾炙人的業績，便是神話式清掃這股巨大障
礙，開闢其後佛教弘通西藏全社會的康莊大道。實情則可能蓮華生順應
佛教密教神秘色調的傾向，對 Bon 教質地反攝取、反融合， 而最終得
以壓倒 Bon 教，取代西藏社會從來的 Bon 教信仰支配位置的意味。此
一階段，便已如「新唐書」增補記事所述，今日所知喇嘛教原型成立，
蓮華生也被推崇爲喇嘛教的開宗祖師。

　　漢字「喇嘛教」或西洋人 Lamaism 的名詞，都是喇嘛教信者以外
的人士，對西藏系佛教所賦稱謂。其起源，係由於藏語 Bla-ma 的複合
詞，bla 乃「上」的意味，ma 則「人」，所以直譯爲「上人」，與梵語
「師尊」語意相當。所以， 「喇嘛」一詞的解釋，須是「指引我入佛陀
之道的導師」。西藏最早本格化佛教寺院與西藏佛教文化源泉，拉薩東
南方三耶 (Sam-yas) 寺與教團組織， 以及道德規範戒律等的建立， 都
在思想統一的墀松得贊之世同時， 也因之始自印度延聘名望戒師渡來授
戒，藏人最初受戒出家，無論實質內容與宗教外觀，均可謂已具備。但
僧侶制度嚴格的等級化，則須再延後半世紀餘至墀惹巴瞻時期，師、弟
相承三等級中的最高位，便是「喇嘛」， 「喇嘛」稱謂也自此始。待後
世泛以「喇嘛」敬稱僧侶形成社會習慣，影響外間人便引此特殊名號稱
呼其宗教。而喇嘛教僧侶抑或西藏人自身， 從無如此名詞，他們自稱所
信奉的宗教，直截謂之宗教，或者， 佛陀之教的佛教。

　　墀惹巴瞻在位，到達吐蕃時代佛教隆盛極峯，西藏佛學的深厚基礎
也自其時奠建。經典翻譯乃此贊普畢生大事業，印度渡來與西藏現地學
僧參與譯場人數之多， 情緒之熱烈， 翻譯態度之嚴肅， 都呈現非常盛
況。此一事實， 從現存藏文「大藏經」的顯教部經論， 多數均其時譯
出，而且絕大部份係統一從來所用譯語與譯法而製訂新譯語標準下的新

譯本，可以說明。少數舊譯本，也已於同一期間，以同一形式與語法加以校定。

　　藏文「大藏經」，其自身無此稱謂，非如漢族中國漢文本的以此名詞總稱全體佛學典籍，而係依翻譯自印度典籍的性質，分別定名「甘珠爾」(bKah hGyur) 與「丹珠爾」(bsTan hGyur)。「甘」稱佛陀之說或經典，「丹」指「甘」的申義，印度學者對佛典的注疏，「珠爾」則「譯本」之意，所以，「甘珠爾」可謂「佛說部」，予佛的說法以集大成，「丹珠爾」意味「論疏部」，予論釋、注解以集大成。換言之，古來佛典分經、律、論三部門，謂之三藏，印度如此，中國佛教亦如此，西藏雖同樣如此，整理分類為各各獨立的總滙時，卻僅憑「經」（甘珠爾）、「論」（丹珠爾）為基準，關於「律」，編輯時佛說入「經」，解釋入「論」。但儘管藏文本較漢文本存在如許差異，編輯意義與其原則仍相一致，因之藏文本於西藏系佛教傳播地區以外，對之仍以藏文「大藏經」為名，俾說明時方便。藏文「大藏經」須十三世紀漢族中國元朝之初第一次開版印刷，以後歷次開版，帙部數量固有參差（十七世紀清朝康熙年間在西康開版，現存狀態最完好的德格版，甘珠爾共有三帙，千八百部；丹珠爾二百十五帙，三千四百六十一部），編輯類目標準也非全同，然而，佛典滙集且依內容分類編輯明細目錄，則寫本時代便已從事，而且至少可以上溯到墀惹巴瞻的譯經最盛期同時，甘珠爾、丹珠爾最早成形。此等由寫本歷印刷本而今日流傳國內外的系統性西藏佛典，均由梵文經典直接的、逐字的翻譯，所以與梵本原典彷彿，倒反也容易還原為梵本。於印度佛典散失殆盡的今日，其提供東──西方學者貴重的佛教思想、哲學研究資料，價值的鉅大為可認定。雖然以其係完全的直譯，非注重達意，乃為缺憾。

　　墀惹巴瞻崇佛的虔誠程度，不難自西藏佛教史譽以為執金剛化身而

想像，非祇印度佛典全盤移化西藏語、文的譯經事業發願，教團組織的
再充實與對僧侶、寺院非常優遇，尤其表現其熱忱。基於希冀僧侶不事
世俗之務，潛心修行，自肅教規的理想，立法以每七戶一僧侶的比例增
稅奉養。僧侶特權階級身份由是鑄定，對於人民，負擔卻猛然加重。社
會普遍的怨憤情緒，終製造了被壓制而潛伏的 Bon 教舊勢力機會。澈
底的排佛主義者王弟朗達磨被利用，以弑兄而繼位贊普爲起點，Bon 教
反動勢力在西藏死灰復燃，極端的佛教大迫害登場，寺院被毀，佛像、
佛典投入水、火，僧侶強迫還俗破戒，或予殺害、放逐，隆盛之極的教
門頓時萎退。雖然此一暴戾之主的結局仍是經由一名僧侶之手，在唐蕃
會盟碑前被刺殺，佛教也非因此厄運而在西藏全行湮滅，陷入奄奄一息
大難已難免。陪伴排佛所導引政治混亂，國家崩析無秩序的分裂形勢，
西藏佛教陷入時間約二百年之久的黑暗時代。後世西藏史家，乃區分迄
於黑暗時代來臨，九世紀中期以前的西藏佛教爲「前期弘通」(Sna dar)，
十一世紀中期佛教復興以來，則「後期弘通」(Thyi dar)。

　　對應佛教黑暗時代，吐蕃沒落後的西藏情勢，實際係一片空白，已
不明瞭。中國歷五代至宋朝，集中注意力於對北方勢力的關係，與藏族
殊少接觸。另一方面，西藏現地流傳的若干文獻，又都祇各地割據土酋
的存在世系報告，非實情記述。抑且，遺留今日有關西藏歷史的現地最
早著述，須以十一世紀中，印度高僧阿提沙的介入爲標誌，自此而宗教
權威飛躍昇進以後，吐蕃時代的歷史才加以整理追敍，所以西藏自身立
場的西藏全歷史，記錄性質鑄定傾向於佛教發展史，均呈現佛教中心而
與佛教史合一的特徵。也惟其如此，通分裂期，西藏文獻僅詳記喇嘛教
各宗派活動，而割據土酋的動向不明，雖也能獲致印象，土酋勢力的統
一化曾漸次具有進展。十四世紀中以拉薩東方出現「明史」所稱「賞竺
監藏」的人物，建設包含了前藏與西康（西藏史中所謂西藏中央部與東

部）的大王國，傳世十二代，十六世紀末而朝代完全衰微，自此領域內再無統一傾向。接續，便已是法王支配時代。

　　滅佛後，西藏本土佛教幾已根絕，剩餘的被迫向 Bon 教近似合流以苟延殘喘。倖免完全癱瘓的地區，反而是東方邊緣安多、喀木，與西方阿里，僧侶攜帶佛典、佛像、佛具逃往，勉強維持了佛教命脈，特別是阿里地方，且續獲政治保護。然而，正統戒律的保持，教義的闡揚，仍都呈現佛教信仰的低調狀態。阿里地方領主智光王、菩提光王父子兩代發願矯正，乃有西藏史的劃期大事佛教復興，與鼓吹藏人精神領域新生命的佛教偉人阿提沙尊者入藏。阿提沙（Atisa 吉祥燃燈智）的印度佛教資望與對西藏佛教的影響，均如其前輩寂護再版。寂護、蓮華生入藏後的波羅朝，剏建超岩寺取替了歷史的那爛陀寺佛教教學中心地位，阿提沙便是超岩寺座主，受兩代阿里王先後懇請，於紀元一〇四二年（漢族中國宋朝仁宗慶曆二年），以六十歲高齡抵達，先在阿里，繼赴拉薩，又諸方弘化，在藏十六年圓寂。大乘佛學顯、密一貫的鍛鍊修養，特以戒律嚴明爲根本，反對符咒，改革頹風，已沒落的西藏佛教得被拯救，快速復興。便以受其教學修行影響的鼓勵，尊者歿後宗派蠭起，形勢成立，以及對應尊者以前舊已殘在不守律儀的喇嘛教被稱寧瑪派（＝舊派，Nin-ma-pa），而此一首開新風氣的教團所發展的學派，也稱噶塔派（Ka-tam-pa，＝教誡派），西藏佛教第一個宗派。雖其宗派共同淵源的意義，於新興諸宗派愈分愈多，也競相壯大的態勢形成時，相反已默默無聞。

　　隨西藏佛教或一般所稱喇嘛教蓬勃復興，絕所未有的宗派分立運動陪伴展現，原因之一，關係東印度波羅朝局勢發生變化，十一世紀末國家既已分裂，Senas 朝以加爾各答附近爲中心而獨立，回教徒侵略勢力又自印度河伸向恒河，屆至十二世紀末，兩朝代終均滅亡於回教徒。印

度佛教的最後之光，便在回教徒入侵期間，由風中之燭而熄滅。僧侶們於連續遭受大破壞與大迫害下，末運的十二世紀間紛紛逃離印度，避難尼泊爾、西藏（以及南洋諸島）。相對而言，卻因之加廣了西藏佛教的教學層面。原因之二，又以復興佛教的力量係與割據諸侯相結合，利用地方政治，新興宗派方便於各別成立與成長。宗派相續發生，大宗又分化小宗的情勢，於漢族中國的時間表上，須畫於宋朝、元朝以迄明朝。此一過程，也是三大宗派勢力相與消長嬗代的時代，其中先成立的兩宗派，十二世紀以後且已遂行地方政權、教權的統一掌握，朝往此方向，乃鑄定如今日所見，西藏喇嘛教法王支配形態的發展結局。

代表性三國宗派中，噶舉派（Kan-gyun-pa＝教系派），幾乎與噶丹派同時代，便已開創門戶。十二世紀以來大揚宗風，發展爲西藏傳播最廣泛的派系，且以各地教學的地理關係歧異，而一宗派再分九宗派。薩迦派（Sa-kya-pa）以地（寺院）而名（地在後藏首府日喀則以西），十一世紀末開宗，分宗較少。較傳承特異處，此派娶妻生子，依血統代代相承，十二世紀末向噶舉派勢力迎頭趕上，並立爲西藏最大兩宗派。十三世紀乃蒙古大帝國成立的時代，宗教信仰採開放政策，征服地的基督教、回教、佛教、包括喇嘛教，兼收並蓄。西藏的屈服於蒙古人攻擊，薩迦派率先服從並蒙寵信，其第五世高僧八思巴（Hphags pa）於元世祖忽必烈汗尙在潛邸時已獲親近，忽必烈汗登位後授國師尊號，至元五年（紀元一二六九年）受命在北京倣照西藏文字新製蒙古新字，便是有名的八思巴文字，藝術化方形文字。八思巴也因此貢獻畀帝師，受封大寶法王，總領天下釋教，確立薩迦派在西藏的優越權，且命掌管此院，監督西藏全域諸宣慰司、軍民萬戶府，被提攜同時具有世俗支配權的法定地位。自此迄於元末，代代帝師均出於薩迦派，西藏的法王統治，原型最早建立。然而，也堪注意，便因蒙古帝國或元朝不限制宗教

信仰，對宗教寬大的一視同仁態度，喇嘛教其他各派同樣出入宮廷，只以薩迦派最早接觸蒙古人而特顯榮寵優遇，此其一。其二，西藏的現地實情，也仍是各地方大寺院勢力與世俗諸侯連結密接關係，相互抗爭，未見任何單一勢力支配。薩迦派與噶舉派自十四世紀初僧兵干戈不息，十四世紀中以來噶舉派氣燄且壓倒薩迦派。但西藏法王國名實成立與發展，卻有待於前所提示相續興起三大宗派中第三個或稍後出現的格魯派成長。

以薩迦派得元朝朝廷厚遇而榮華富貴的帶動，喇嘛教各宗派競建莊嚴的佛寺，盛行華麗的密儀，宗教流於形式化奢靡的、咒術的譁衆炫俗。同時又從禮拜男女合抱神走火入魔，僧侶以指導內廷淫慾享樂生活愈博寵狎，而驕縱橫暴，濫用權勢，不能誠心修持。十一世紀自印度再輸入，阿提沙以戒律嚴格把持爲重點的大乘佛教，已全行墮落而變質。所以十四～五世紀之交代表喇嘛教大改革運動，博後世西藏人「聖者」敬稱而名之 Rje Btson kha pa，今日歐洲學界又以「喇嘛教的馬丁・路德」形容的宗喀巴(Tson kha pa)所開創格魯派(Ge-lug-pa＝德行派)崛起。宗喀巴非西藏本土人士，係誕生於靑海西寧附近，出身於噶舉派十二世紀中以來的分派之一噶爾瑪派（Kar-ma-pa），三十五歲左右以來遊學西藏各地，聲譽日隆，五十三歲左右至六十三歲歿之間，在拉薩附近建立甘丹 (Gah-ldan) 寺爲格魯派最早的道場（寺因彌勒信仰而命名，寺名卽淨土兜率天的西藏語譯名，紀元一四〇九年與明成祖永樂七年建造，彌勒佛思想也是阿提沙學說重要部份），回復阿提沙敎學精神，宏化正道，勵行嚴格的獨身主義者戒律，所以宗派以格魯爲名，繼承阿提沙噶塔派正統的新噶塔派意味。十四世紀後半以來的漢族中國已係明朝，十五世紀初成祖對西藏諸大寺院所代表喇嘛教各宗派高僧，封授至八大法王之數，正是西藏內部各派抗衡，以及喇嘛僧勢力於政治上分散

情勢的反映、八大法王中代表最大勢力的三人，便是薩迦派＝大寶法王、大乘法王＝噶爾瑪派、大慈法王＝格魯派。而於所有宗派咒術的、密儀的、以及房中術指導的時潮不斷滋長，喇嘛敎墮落傾向有增無減的其時，格魯派中流砥柱的份量，也已明白見出。格魯派特立獨行，表現於與從來諸宗派均尚紅色相對，獨尊佛敎本有之色黃色戴用黃帽，而俗謂黃帽派或黃敎，舊有諸宗派則通稱紅敎的習慣自此始。接續的次一世紀，便是格魯派大發展時代。

喇嘛敎宗派勢力消長形勢中，格魯派或黃敎後來居上，與蒙古事情存在密接關係。宗喀巴圓寂後，格魯派結合人間關係的敎團領導特徵，尊宗喀巴親炙高弟爲第一代敎權領有者爲達賴喇嘛 (Dala Lama，簡稱「達賴」)，以及繼承出諸轉生化身的特殊方式，都與蒙古相關。記錄中的紀元一五七八年或明神宗萬曆六年是個關鍵年代，第三代達賴鎖南堅錯應蒙古俺答汗邀請於靑海會晤，說服其皈依喇嘛敎的因緣，最早被稱「達賴」。達賴係蒙古語「海」之意，西藏名鎖南（福）堅錯（海）的一部份蒙古語翻譯，寓有「其德廣大如海」的意味。第三代續巡化蒙古而歿於綏遠歸化城，第四代達賴轉生於蒙古，且卽稍前去世的俺答汗曾孫。所以，黃敎高僧現世代代轉生思想（圓寂日期、時刻與靈童的誕生啣接），也由今日學界考定，於第一、二代達賴時尚未形成，便自第三代達賴才成立，與「達賴」名詞的賦有，情況相同，背後均出自蒙古勢力的推動。或者說，黃敎傳播地區由西藏擴大包容蒙古時加注的要素與反影響加味，因而追認第一、二代達賴同一尊稱，以及附會代代達賴化身再生乃奉宗喀巴遺命。但屆至其時，西藏本地達賴的宗敎權威尚未建立其絕對性，俗界支配權也尚未把握。

黃敎發展史再一高潮興起，須再次一世紀的十七世紀前半明朝末年，第五代達賴阿旺羅桑堅錯再一次與蒙古人勢力攜手。靑海固始汗登

場後，紀元一六四二年或明思宗崇禎十五年、清太宗崇德七年，應迫於後藏舊宗派連結政治勢力壓來危機的第五代達賴要求，引兵入藏，一掃對黃教的威脅。也自此次大危機解除的轉變，西藏從來薩迦、噶舉等種種早期宗派，或通稱紅教的喇嘛教舊勢力，決定性衰頹，黃教以蒙古勢力為實力支持者而政治統一，西藏的達賴法王支配遂行。同一期間，第五代達賴與清朝間關係，且以早在清朝尚未入關時代，便已通過蒙古支配階層的援引而連結，迨明朝滅亡與清朝大版圖統治完成的十八世紀前半以來，經由駐藏大臣監臨時代以迄今日，西藏政教合一的達賴法王支配本質不變。與相配當，黃教的西藏本據地壓倒優勢形成，蒙古方面，尤其自始係其單一勢力弘布，他派均無影響，而喇嘛教的黃教代表性也自是建立，如今日所知。

惟其如此，黃教便是喇嘛教諸宗派之一，後起又特殊壯大化的意味，教義的立腳點與通稱其餘所有諸宗派的紅教並無根本上差異，而紅教的解釋對象，又包含寂護、蓮華生最早傳入的寧瑪派。簡言之，喇嘛教教義仍是合一的印度後期佛教移殖，但也無可避免調和與滲透了西藏固有信仰 Bon 教的部份巫術要素。惟此立場，才與中國化了的中國佛教區別。中國佛教教學終極歸結到顯、密雙修，喇嘛教相同，都是強調實踐的因果道理，以顯教的學習為基礎，而後密教為修學目標，顯教係研究上必不可缺的一段，但大乘佛學的精神則建築於密教，此理論便又非中國佛教同一的修行態度。此由阿提沙眾多著作中學說精髓的「菩提道燈論」，到光大阿提沙學風的宗喀巴代表性著作「菩提道次第論」（顯教）、「眞言道次第論」（密教），爲可明示，也是印度後期大乘如何向西藏佛教展開的重要資料。藏文「大藏經」編輯內容，尤堪具體說明西藏佛教或喇嘛教的性質，與其修學步調（據西康德格版「大藏經」）：

　　——甘珠爾（佛說部）：

戒律部、般若部、華嚴部、寶積部、經集部——因波羅蜜多乘
（經乘‧顯教）。怛特羅部——果金剛乘（咒乘‧密教）。時
論經疏、陀羅尼集

——丹珠爾（論疏部）：

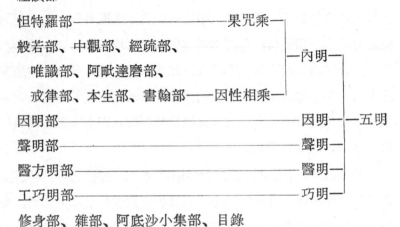

```
禮讚部
怛特羅部─────────────果咒乘─┐
般若部、中觀部、經疏部、                │
   唯識部、阿毗達磨部、           ├─內明─┐
   戒律部、本生部、書翰部──因性相乘─┘      │
因明部────────────────因明─┼─五明
聲明部────────────────聲明─┤
醫方明部───────────────醫明─┤
工巧明部───────────────巧明─┘
```

修身部、雜部、阿底沙小集部、目錄

　　此一內容與編輯順序，可以全盤反映喇嘛教的密教教學立場：於甘珠爾，以戒律乃佛教基礎而戒律部居先，怛特羅（譯義即「密」）部配列最後，用以表明從因向果的次第；於丹珠爾，則方向倒反，列怛特羅部在先，明示修行目標的果體，然後從果向因依序配置編輯。因而修行實踐的階梯分明，顯教乃因乘，密教乃果乘，顯教係密教的入門。因乘波羅蜜多乘，便是習知的循六波羅蜜多（布施、持戒、忍辱、精進、禪定、智慧）以達菩提正道；進入密教修學次第時的果乘金剛乘，制分四部怛特羅（怛特羅具二部、三部、四部、五部、七部等差別，四部分類法係宗喀巴之說，黃教所奉）即：作怛特羅、行怛特羅、瑜伽怛特羅、無上瑜伽怛特羅，指向修行的極致，而得即身成佛的大果。四部怛特羅中，中國、日本傳播的密教都僅前三部，第四的無上瑜伽怛特羅（無上

瑜伽「密」），已是西藏佛教或喇嘛教所自負，獨有的精義。藏文「大藏經」甘珠爾部中，密教咒乘（怛特羅部）佛典份量佔總部數大半，丹珠爾部尤其超過三分之二，喇嘛教的密教要素，也從而可以概知。

雲南五個世紀獨立時代──南詔、大理

以高原為地理特色的中國西部，非僅以青康藏高原概括，須包含另一地形區大單元雲貴高原，抑且，也彷彿青康藏高原地形上的南兼雲南省北端，廣西省西部邊界的丘陵地帶，以毗連雲貴高原而係其延長。反過來說，青康藏高原與雲貴高原間地形、氣候互歧，同一高原地理又必須自相區別，西康與元江、哀牢山脈以西的雲南西部卻可以結合，性格上乃是共通共適的縱谷地理，分割基準已非地形而係人文，所以地形分區往往也合稱為獨立的康滇縱谷。滇西河流與山脈多與西康省甚或西藏發生連帶關係。所謂西南三大峽谷，自西而東的怒江、瀾滄江、金沙江三大河，同出自西藏高原東部，並行通過西康省南下，內除金沙江於進入雲南省後，受雲嶺阻擋而曲折東向以外，均續通過雲南全域，從中南半島出海。著名的一系列橫斷山脈（實際依其自北向南的走向須正名縱貫山脈），也是新疆──西藏省界崑崙山東走分支唐古特轉折南行，貫穿西康──滇西所形成（包括色隆拉嶺〔康〕──→野人山脈〔滇〕、伯舒拉嶺〔康〕──→高黎貢山脈〔滇〕、怒山山脈〔康、滇〕、寧靜山脈〔康〕──→雲嶺‧無量山脈〔滇〕）。但西康北部平均海拔四千公尺逐漸向南遞降，雲南省地勢已落到平均二千公尺左右，係其差異，但雲南省仍係高原的條件，而所佔緯度卻偏南，南部且已入熱帶，地形與緯度間獲得調劑，大部份地區氣候溫和，橫斷山脈又自印度方面引入西南季

風，雨量豐富，乃造成雲南省視西康——西藏的人文區別。除了燠熱時間特長與雨量特多的低溫地帶，瘴氣嚴重，不適宜人類生活之外，一般均堪供為生存空間，也因穀物容易生長而居民傳統便以耕作為主生業。特別關於昆明附近滇池一帶，自古以雲南最富庶農業區聞名，以舊時四川省西南部而改劃為西康省東南部的突出部份楔入雲南省北部正中，被切割的雲南省西北部洱海周圍大理盆地，又是另一發達的農耕地域。雲南歷史，便立於此等地理背景而展開。

　　雲南省於今日，乃是民族種類最複雜地區之一，也與中南半島諸國家，以相毗鄰而民族系譜為共同。大分類的分佈形勢，雲南西部，漢藏語族中藏——緬（Tibeto-Burman）語系的彞族（舊稱羅羅），與緬甸的主要構成民族同血統，國內西康東部與四川西南部，也均同一系統民族所散布。雲南南部，又是漢——泰（Sino-Thai）語系的傣（泰，舊稱擺夷）族天地，與緬甸撣（讀如 Shan，另一發音便是「泰」Tai-Thai）邦，以及泰國的主成份民族同族，此一系統，國外又包括寮國與越南西北部的寮人（Leos），國內向東廣域延展至廣西時，形成今日幾乎已完全漢化，西南少數民族中最主要民族之一的壯（舊稱「僮」，讀如 Chuang）族。這些西南少數民族，加入苗、猺系，以及具有地緣關係的藏族前身氐、羌，漢朝籠絡以「西南夷」的名詞概括，清朝「蠻」、「番」並稱，「番」指西藏直系以外的青海、西康藏族，「蠻」則總名剔除了氐、羌的舊「西南夷」範疇內諸民族。「蠻」的種類最複雜地區雲南省，固早自中國大統一的秦朝同時，史料中已見「滇國」之名，漢朝分解為三國的蜀漢時代以來，也流行諸葛亮七擒孟獲著名故事，屆此時期當地政治形態的均滯留部落統治階段，為可想像。後漢直轄領土推展到瀾滄江以西怒江方面，於雲南省西南今日保山縣置永昌郡，漢化效果未能穩定，也屬可知。雲南開始出現大領土的本格化國家，時間須延

至八世紀後半唐朝以來南詔立國。但十三世紀元朝蒙古人征服旋風狂襲後雲南民族大移動，最早鑄定今日所見民族分布狀態以前的南詔國家，由何民族建設已不能詳知，藏——緬語系的彝族抑漢——泰語系的泰族，均有所猜測。祇是，南詔朝代更替非同一民族間嬗代，以及國家組成民族依其四方拓疆形勢而知係混合的，則可無疑義。

南詔的源由，「新唐書」南蠻傳上所記述是：「南詔，或曰鶴拓、曰龍尾、曰苴咩、曰陽劍，本哀牢夷後，烏蠻別種也。夷語王爲『詔』，其先，渠帥有六，自號六詔，曰：蒙嶲詔、越析詔、浪穹詔、邆睒詔、施浪詔、蒙舍詔。兵埒不能相君，蜀諸葛亮討定之。蒙舍詔在諸部南，故稱南詔，居永昌（故郡）、姚州之間，鐵橋之南。東距爨，東南屬交趾，西摩伽陀，西北與吐蕃接，南女王，西南驃，北抵益州，東北際黔、巫。王都羊苴咩城，別都曰善闡府」。以及「王蒙氏，父子以名相屬。自舍龍以來，有譜次可考，舍龍生獨邏，亦曰細奴邏，高宗時遣使者入朝」。所以，南詔強盛巔峯期領土，幾乎便是今日雲南省全域的最早設定，而且包含了西康省楔入雲南省的原「川邊」部份，視所開列疆界四至，至爲明顯。立國經過，係廣泛分佈雲南省西部谷地的六詔中位置最南，發達於由哀牢山（元江以西，與高黎貢山隔越南紅河上流之一杷邊江南北向平行）得名，漢朝特以種落繁盛聞名的永昌郡建置對象哀牢夷之地烏蠻種族的一支，統一六詔，續再東向併合另一大勢力爨，而拓境至今日越南西北部。東方國界自南向北連接唐朝中國領土上的越南、廣西、貴州、四川一線，西方分別與緬甸、印度，以及勢力擴展期所擁有雲南北境轉移歸南詔後的吐蕃相鄰。國都也建設在偏北的大理縣（羊苴咩城）。蒙氏王系，以父子連名習俗係彝族所特有，而史學界據以爲考定其民族系譜的憑證。

「新唐書」關於南詔王國的記事，篇幅佔南蠻傳三篇中上、中兩篇

之多，份量與突厥、回紇、吐蕃相埒，記錄斷限也約略便與南詔第一個朝代蒙氏滅亡相當。其興衰，漢族中國方面的了解頗爲完整——

勃興：細奴邏自七世紀唐朝高宗時代，開始南詔（蒙舍詔）服屬漢族中國的關係。同時，也納入唐朝羈縻府州系統而世襲巍州刺史。第四世與第五代皮邏閣的八世紀唐朝玄宗時代，南詔已茁壯到併合其餘五詔，其事得唐朝承認後的開元二六年（紀元七三八年），皮邏閣入朝長安，且獲賜名歸義與封授雲南王爵位。南詔勢力非祇自是抬頭，且以對吐蕃攻擊態勢的效果彰著，而由唐朝扶植爲牽制氣燄日張的吐蕃一股巨大力量。南詔都城建立到本據以外被征服地的大和城（雲南省大理）沃土地帶，也自其時。

發達：南詔已係唐・蕃兩大對抗體共同爭取的對象，皮邏閣之子閣羅鳳的時代，終以唐朝十節度新制下，劍南擅作威福統制所構成嫌隙，授與南詔反叛藉口。天寶九載（紀元七五〇年），攻陷西南領土前端的姚州（天寶時雲南府，今雲南省中部姚安縣）與三十二羈縻州，宣布獨立，建元，國號大蒙，向吐蕃靠攏。「新唐書」記載：「吐蕃以爲弟，夷謂弟『鍾』，故稱『贊普鍾』，給金印，號東帝」，以及迄天寶十載、十三載兩次唐朝大軍討伐，一次八萬人，一次十萬人，均幾乎全軍覆沒，十四載（紀元八五五年）又值安祿山亂起，南詔趁機續向東北方面推進，自陷掠嶲州（今西康省西昌），「以破越、析、桼、于、贈，西而降尋傳、驃諸國」，氣勢堪謂咄咄逼人。唐朝大詩人白居易名作「新豐折臂翁」所誦：「無何天寶大徵兵，戶有三男點一丁，點得驅將何處去，五月萬里雲南行。聞道雲南有瀘水，椒花落時瘴煙起，大軍徒涉水如湯，未過十人二三死。村南村北哭聲哀，兒別爺娘夫別妻，皆云前後征蠻者，十萬人行無一回」，正是唐朝南詔征伐的狼狽與人民悲遇現實反映。

　　閣羅鳳在位三〇年，大蒙建國第二八年去世，子早死，孫異牟尋嗣位，　續與吐蕃連連聯兵寇唐，　卻也苦於吐蕃累加物資、人力需索的壓力，斷然選擇了再度倒向唐朝之途。「大破吐蕃於神川，邃斷鐵橋，溺死以萬計，俘其五王」（「新唐書」南蠻傳，以下引文同）決裂翌年的德宗貞元十年（紀元七九四年），接受唐朝正式的國王册封，改國號仍爲「南詔」，與北方新興勢力回紇遙遙相對，回復站立到受唐朝利用箝形削弱吐蕃勢力擴張的原有戰略位置。

　　異牟尋三〇年治世係南詔王國的黃金時代，把握唐朝所賦予挫抑吐蕃任務的機緣，國勢壯大到頂峯。記錄中南詔以不斷打擊吐蕃而不斷獲利，如「攻吐蕃，取昆明城（在西康，非今日昆明市）」、「深入（吐蕃）克城七，焚堡百五十所，斬首萬級，獲鎧械十五萬」等都是正面報導，特堪注目係「又破施蠻、順蠻，並虜其王，置白厓城。因定麼些蠻，隸昆山西爨故地，破茫蠻，掠弄棟、漢家蠻，以實雲南東北」的更大幅度開拓國土。「新唐書」所記述南詔本格化的國家規模，奠立期便在此八——九世紀之交：

　　——中央方面，主兵、主戶籍、主禮、主刑、主官人、主工館、主財用、主客、主商賈，各置「爽」的專官，而總以「督爽」；主馬、主牛、主倉廩，是謂三「記」，與「爽」均稱清平官。王的側近另有親信掌賦稅、掌機密。

　　——地方方面，　區分全國爲六節度、二都督、十瞼（「州」的意味）。王都也自異牟尋時代於大和城附近改建羊苴咩城（仍今大理縣），加列別都善闡府（今雲南省昆明市）。

　　——軍事方面，壯者皆爲戰卒，有馬爲騎，以邑落遠近分四軍，以旗幟別四方面，一將統千人，四軍置一將。

　　——社會方面，百家有總佐一，千家有治人官一，萬家有都督一。

凡田，五畝曰雙，上官授田四十雙，上戶三十雙，以是爲差。

同一時期的南詔社會・文化形象，見諸文獻又是：

「男女勇捷，不鞍而騎，善用矛劍，短甲蔽胸腹，馳突若神」。

「婦人不粉黛，以蘇澤髮。貴者綾錦裙襦，上施錦一幅，以兩股辮爲髻，耳綴珠貝瑟瑟虎魄」。

「女，孌婦與人亂不禁，婚夕私相送，已婚有姦者皆抵死」。

「俗以寅爲正，四時大抵與中國小差」。

「犂田以一牛三夫，前挽、中壓、後驅。然專於農，無貴賤皆耕。不繇役人，歲輸米二升，一藝者給田，二收爲畝」。

「越賧之西多薦草，產善馬，世稱越賧駿」。

「長川諸山往往有金，或披沙得之，麗水多金麩」。

「祁鮮山之西多瘴歊，地平，冬草不枯。自曲靖州以至滇池，人水耕。食蠶以柘，蠶生閱二旬而繭，織錦縑精緻。大和、祁鮮而西，人不蠶，剖波羅樹實，狀若絮，紐縷而幅之」。

「覽賧井產鹽，最鮮白，惟王得食。昆明城諸井皆產鹽，不征，羣蠻食之」。

「永昌之西，野桑生石上，其林上屈兩向而下植，取以爲弓，不筋漆而利，名曰瞑弓」。

南詔強悍的民族性，加緊接觸漢族中國後社會・政治制度的漢式模倣，從上引資料爲至明白，也以吸收漢族文明的組織化經驗，而國勢發展銳不可當。抑且，開國與強大，直接出諸漢人協力與指導的痕跡爲頗強烈，一個顯例，「新唐書」的記事，閣羅鳳攻略巂州俘虜之一西瀘令鄭回，「閣羅鳳重其惇儒，俾敎子弟，得箠榜，故國中無不憚」。鄭回續任異牟尋政治顧問（清平官），乃有絕吐蕃回復對唐朝的臣屬關係的決策提議，以及恰值開誠佈公，得羣蠻信服的唐朝大臣韋臯任劍南西川

節度使，而決策得以實現。自此南詔與四川密接連繫，雙方親密交涉，四川着力提攜南詔文化向上的美好時光展開。「（異牟尋）又以大臣子弟質於（韋）皋，皋辭，固請，乃盡舍成都，遣就學」的事例之一，可說明相處如何坦誠融洽，以及南詔對唐朝向心的一般。

　　十年後的九世紀初，韋皋與異牟尋先後去世，再隔二十多年，不幸大變局重現，而且意外的出現於異牟尋之孫「豐祐，勇敢善用其下，慕中國，不肯連父名」，以及弄棟（原奪自唐朝的姚州）節度使王嵯巔，善闡（今昆明市）節度使楊緝思等南詔高官漢式姓名所示，南詔漢化已觸及精神意境之際。幾乎便是八十年前歷史重演，唐朝四川邊將威福自用，感情破裂，唐朝文宗太和三年（紀元八二九年），已回復的巂州再陷，南詔「悉衆掩邛、戎、巂三州，陷之。入成都，止西郊十日，慰賚居人，市不擾肆。將還，乃掠子女工技數萬行而南，人懼，自殺者不勝計，南詔自是工美織，與中國埒」，親善友好關係完全破壞。豐裕次代世隆（酋龍）於宣宗大中十三年（紀元八五九年）嗣立，續採高姿態登位皇帝，並改國號「大禮」。

　　九世紀的吐蕃氣勢已竭，卻接替了南詔來勢洶洶形成氣候。世隆稱帝以來，連年分從北、東、南三個方向交互侵擾，局勢而且惡化到兩陷安南、兩陷邕州、兩圍成都。唐朝宦官‧藩鎮跋扈暮運期又遭此巨大軍事波動，沿四川、貴州、廣西、廣東、越南的綿長邊境都須配備兵力，阻擋入侵所需諸道兵的徵發面愈聚愈廣，增援又南北疲於奔命，勞民傷財，人心浮動有增無減。被激發的民變火種四方點燃，懿宗咸通九年（紀元八六八年）龐勛之亂已直接由徵調自徐州的桂林戍卒所引導，屆至僖宗乾符四年（紀元八七七年）世隆死，繼位之子請和，近二十年的唐朝西南外患幸告一段落，國內王仙芝、黃巢之亂，不可收拾的燎原之勢已經鑄定。所以「新唐書」南蠻傳中（南詔傳）贊慨言：「懿宗任相

不明，藩鎮屢畔，南詔內侮，屯戍思亂。龐勛乘之，倡戈橫行，雖凶渠
殲夷，兵連不解，唐遂以亡」。但南詔長期侵唐結果，此際也已以國力
過份斲傷，與唐朝兩敗俱傷，其末期腐敗政治延至唐亡前四年的紀元九
〇二年（唐昭宗天復二年），先於後梁的篡唐，被其漢人國相，亦即鄭
回後裔的鄭買嗣所篡代。蒙氏舍龍以來傳世十五代約二百五十年，閣羅
鳳獨立建國以來九代一百五十年而已。

南詔世系圖

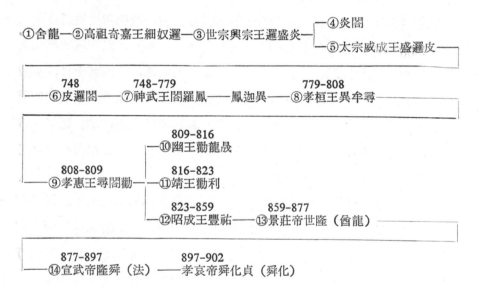

　　十世紀初唐朝傾覆後，短暫半個世紀間，漢族中國歷經離亂「五代」
五個朝代，才歸納到趙氏宋朝的長期朝代，南詔滅亡後情況相似。而且
僅僅漢族中國「五代」前三個朝代，後梁、後唐、後晉嬗代期間，已是
四個朝代更迭，第四個朝代穩定發展，便是「宋史」中的大理國。中間
的三個短命朝代：

國　名	建國者	原職位	建國年代	傳　　　　世	存續年數	滅亡原因
大長和	桓帝鄭買嗣	清平官	紀元九〇三年（唐昭宗天復二年）	三代 (子)肅文帝仁旻九〇九年嗣 (子)恭惠帝隆亶九二六年嗣	二六年	紀元九二八年，東川節度使楊于眞弒末代主，立趙善政。
大天興	悼康帝趙善政	清平官	紀元九二八年（後唐明宗天成三年）	一代	十個月	紀元九二九年，楊于眞廢之自立。
大義寧	肅恭帝楊于眞	節度使	紀元九二九年（後唐明宗天成四年）	一代	八年	紀元九三七年（後晉高祖天福二年），通海節度使段思平廢之自立。

　　段氏建設以「大理」為名的國家，傳世十四代，存續一五八年，紀元一〇九四年（宋朝哲宗紹聖元年）讓國於清平官善闡侯高昇泰，改國名大中。高昇泰在位二年殂，諡號表正帝，遺命還政段氏，國祚中絕的「大理」因是於紀元一〇九六年（宋朝哲宗紹聖三年）復活，稱後理國，但國政已世世由高氏把持，爵位也自「侯」晉位「國公」。徒擁虛名國主的後理國段氏，續傳世八代，歷一五七年。紀元一二五三年（宋朝理宗寶祐元年）蒙古人大軍壓境，繼上年國都大理陷落而所退守的善闡城被攻破，後理國終局還是滅亡。

　　朝代轉換的全過程中，登場人物出身，除鄭氏是漢人以外，其餘據記錄均係白蠻。

大理世系圖

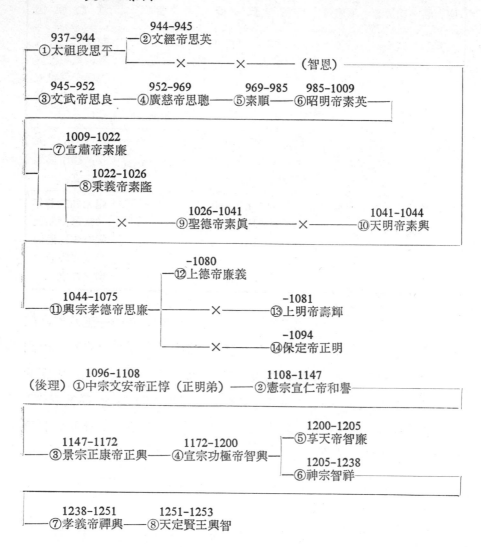

便自滅亡後理的蒙古人元朝，雲南置省，全域確定編入漢族中國領土範疇，郡縣制度展開，善闡城（昆明）地位開始重要。八世紀以來前後六個朝代的雲南獨立時代，維持五百年而歷史性結束。漢族中國西南

諸省域內，與郡縣並存的土著民族世官制度，明、清朝代所謂「土司」，也自元朝以適應異民族國家被支解後，各各分散的居民集團所習慣傳統統制方式，而最早萌芽。

模寫漢族中國兩範本

「海東盛國」渤海

　　歷史上中國文明的導航燈塔，光度發射最強力時期乃唐朝。大唐帝國周圍所有國家，環繞如衆星拱月，無例外或多或少受入唐朝文物，受唐朝文化波及，北方的契丹、奚、突厥，西方的高昌、吐谷渾、吐蕃，南方的南詔等，都是。特別關於今日非中國領土的朝鮮半島新羅與海東島國日本，以及今日中國領土上，分據東北、西北方位，建國時間卻非同時而係約略卸接，國家成員也各別歸屬中華民族兩大分支滿族（靺鞨）、藏族（党項）的渤海與西夏。

　　位於中國東北地方而種族系譜係今日滿族前身的渤海國，其興起與受漢族中國文化孕育，從脫卻蒙昧到文明化，又代表了種族自身的歷史意義。便是：純粹通古斯族國家的最早登場。通古斯種族以貊人（夫餘）系抬頭開啓其歷史活躍舞台面，待此系統各國紛紛文明化，貊人名詞也於高句麗併合運動中消失之際，純粹通古斯的肅愼系，接力式自高句麗背後的中國東北域內動向活潑化。過程中，「肅愼」種族稱謂也在漢族中國文獻中累經轉換而至「靺鞨」階段，渤海便是此系統種族所建設的第一個國家。待渤海國滅亡，舊領內靺鞨系另一支後裔的女眞人，又槪

括以及替換了「靺鞨」之名，建設金朝。金朝滅亡，續有女眞族中原係文化後進的一支滿洲人，發達爲淸朝的建設者，「滿洲」乃成立其歷史上肅愼——靺鞨系通古斯種族的總結名詞。

「肅愼」所指對象，近似模糊的抽象概念，諸朝代正史中，「後漢書」東夷傳「挹婁，古肅愼之國也」、「晉書」東夷傳「肅愼氏，一名挹婁」，仍都是同一意味。須種族名詞轉變爲「魏書」中的「勿吉」，才初見其實體，所謂「勿吉國，在高句麗北，舊肅愼國也。邑落各自有長，不相總一。其人勁悍，於東夷最彊，言語獨異」（勿吉傳）。「勿吉」再轉變同音異字的「靺鞨」，則自「隋書」東夷傳靺鞨條始，所記已是六世紀過渡到七世紀時之事。記錄事蹟續自七世紀向八世紀與其以後推移的「唐書」與「新唐書」，又各各區別「靺鞨」與「渤海靺鞨」（「唐書」北狄傳）、「黑水靺鞨」與「渤海」（「新唐書」北狄傳）兩條，「渤海」開始由「靺鞨」分出而獨立記事。

「唐書」、「新唐書」靺鞨、渤海並列的兩篇傳記對照，由極度未開化向文明昇進，印象頗爲明晰。其記錄靺鞨原始生活種種之事，與「魏書」勿吉傳、「隋書」靺鞨傳記載無異，後兩書尤其幾乎文字全同，僅「勿吉」、「靺鞨」稱謂之別，內容：「國有大水，濶三里餘，名速末水。其地卑濕，築土穴居，屋形似塚，開口於上，以梯出入。其國無牛，有車、馬，佃則偶耕，車則步推。有粟及麥穄，菜則有葵，多豬，無羊。嗜米釀酒，飲能至醉。婦人則布裙，男子猪大皮裘。善射獵，弓長三尺，箭長尺二寸，以石爲鏃。常七、八月造毒藥，傅箭鏃，射禽獸中者便死」（「魏書」勿吉傳）。可指示自五世紀後半以迄八世紀前半渤海國脫穎，前後約三個世紀間，低度文化停滯同一基準。堪注意係諸傳記所說明政治形態部份，也惟此部份顯示其階梯性向上的變化：

——「魏書」勿吉傳，如前引文僅言不相總一。

　　──「隋書」東夷傳靺鞨傳所記，已係併合時狀態：「靺鞨，在高麗之北，邑落俱有酋長，不相總一。凡有七種，其一號粟末部，與高麗相接，每寇高麗中；其二曰伯咄部，在粟末之北；其三曰安車骨部，在伯咄東北；其四曰拂涅部，在伯咄東；其五曰號室部，在拂涅部東；其六曰黑水部，在安車骨北；其七曰白山部，在粟末部東南，而黑水部尤爲勁健」。

　　──「唐書」北狄傳靺鞨條回復到「魏書」記事基準，但四鄰與政治地位的明確介紹，爲一大進步：「靺鞨，蓋肅愼之後，後魏謂之勿吉，在京師東北六千餘里。東至海，西接突厥，南界高麗，北鄰室韋。其國凡爲數十部，各有酋帥，或附於高麗，或臣於突厥。而黑水靺鞨最處北方，尤稱雄健，每恃其勇，恆爲鄰境之患」。

　　──「新唐書」北狄傳黑水靺鞨條已係靺鞨歷史總結說明意味，上承「隋書」報導基礎，而補充敍事以八世紀前半開元之世渤海興起爲斷限的「唐書」所未詳：「居肅愼地，總爲數十部，酋各自治。其著者，曰粟末部，居最南，與高麗接，依粟末水以居。稍東北曰汩咄部，又次曰安居骨部，益東曰拂涅部，居骨之西北曰黑水部，粟末之東曰白山部。白山本臣高麗，王師取平壤，其衆多入唐，汩咄、安居骨等皆奔散，寖微無聞焉，遺人併入渤海。唯黑水完強，分十六部落，以南北稱，蓋世居最北方者也。……後渤海盛，靺鞨皆役屬之」。

　　所以，「唐書」傳記以靺鞨、渤海靺鞨爲各別的篇名，固明示渤海淵源，「新唐書」渤海、黑水靺鞨篇名，則是九世紀前半渤海遂行靺鞨七部大統合，擺脫「靺鞨」名詞所附着落後意味而雄飛，惟殘餘最遠方黑水靺鞨續留低水平文化境界的結局說明。靺鞨七部中，粟末部當今吉林市方面，粟（速）末水所指係北流部份的松花江，汩咄部當扶餘（原名新城，土名伯都納）方面，安車骨當阿城方面，黑水部當松花江·黑

龍江下流方面，今日學界已持大體一致見解。拂涅、號室、白山等三部
的根據地，異見尚多而未具定說。其中，粟末、白山兩部原均服屬高句
麗，渤海前身便是粟末靺鞨，「新唐書」北狄傳渤海條所稱「渤海，本
粟末靺鞨附高麗者，姓大氏」，「唐書」北狄傳渤海靺鞨條所稱「渤海
靺鞨大祚榮者，本高麗別種也」。

　　渤海於日本奈良‧平安兩朝歷史，以及韓國史上，同樣都佔重要位
置。奄有遼河以東與鴨綠江內外大領土的高句麗滅亡三十年後渤海國興
起，對朝鮮半島新羅勢力以地理上鄰接而衝突，情況同於隔對馬海峽與
新羅對峙的日本，共同自牽制新羅的立場出發，渤海乃出現為日本歷史
上相互通使頻繁，八——九世紀間關係最親密的友邦。韓國又依渤海第
二代武王大武藝最初向日本派出使節時，國書中「回復高句麗舊域，並
守扶餘遺俗」之語❶（日本方面記錄其事在紀元七二七年，聖武天皇神
龜四年，韓國方面同謂交涉對方乃聖武天皇，但時間提前至紀元七二〇
年）以及第三代文王大欽茂遣使日本（淳仁天皇時代），國書且直接自
稱高麗國王，而肯定渤海建國便是高句麗復活。一部份韓國（朝鮮）史
家依此南（統一新羅）——北（新興渤海）勢力對立二百餘年的形勢，
設定之為接續三國分立的「南北朝」時代，結束韓國古代史而新羅、渤
海南、北並存的民族國家開始形成，歷史分期的中世史成立。

　　但儘管如此，日、韓史界有關渤海國的瞭解，基本資料不能得自自
國，仍均賴中國文獻供應。困惑是引用中國史料時，「唐書」渤海條明
言大祚榮「靺鞨」人而又謂「高麗別種」的矛盾。因之日、韓學者舊
說，執着於大祚榮與渤海國統治階級乃高句麗人，而人民才是靺鞨人的
意見，或者，謂其領導階層以高句麗人為骨幹。今日則多已修正粗糙的
研究態度，肯定渤海建國者大祚榮係靺鞨人，惟係高句麗文化育成的人

---

　　❶　引李丙燾「（韓）國史大觀」，韓國許宇成中譯本，第一一九頁資料。

物❷，或者說，高句麗化的靺鞨人❸，靺鞨系的高句麗人❹，又或靺鞨族出身的原高句麗高級軍人❺，才都回復文獻原意，以及製定大祚榮率其靺鞨部眾與高句麗人❻（類似的語意謂結集高句麗遺民❼）立國的結論。從而此等著作固仍解說渤海建國方針乃再與高句麗❽，與大欽茂自稱高麗國王之事相呼應，卻已明瞭乃藉東方國家皆知的高句麗威名作政治號召，並非實係高句麗人國家的復活。也便是說，渤海國的高句麗要素與立國得原高句麗人協力參加爲誠然，與靺鞨人間主從關係卻須辨明。

　　紀元六六八年（唐高宗顯慶元年）高句麗滅亡，被征服的高句麗人數萬，以及與之同盟反抗，白山部爲主的一部份靺鞨人，被強制移住營州（今熱河省朝陽）集中監督。原服屬高句麗的另一支粟末部靺鞨人首領，也「率眾保挹婁之東牟山，築城郭以居，高句麗逋殘稍歸之」（「新唐書」北狄傳渤海條，以下引文同。「唐書」同一傳記則謂「高麗既滅，祚榮率家屬徙居營州」）。紀元六九六年（則天武后萬歲通天元年），太宗時代以來歸順唐朝已約半個世紀的東方遊牧民族契丹，其領袖李盡忠（松漠府都督）受監臨者營州都督壓制而激發反亂，東北境域一時大波動，靺鞨諸族聯合降服的高句麗人，趁機叛離。唐軍追擊下，大祚榮的靺——麗混合部隊脫出成功，逃亡東方。契丹人亂事經過一年餘雖仍平定，大祚榮已以松花江上流輝發河流域與長白山北麓方面爲根據地，樹

---

❷　人物往來社版「東洋の歷史」⑤隋唐世界帝國，第三五八頁。

❸　誠文堂新光社版「世界史大系」③東アジアⅠ，第三六四頁。

❹　江上波夫「北アジア史」，第一九四頁。

❺　金達壽「朝鮮」（日文），第五六頁。

❻　同❷。

❼　同❹。

❽　江上波夫「北アジア史」，第一九五頁。

立獨立的政治支配，國名「震國」，時爲則天聖曆元年（紀元六九八年）。
「新唐書」記錄其事：「萬歲通天（僅一年，次年改元神功）中，契丹
盡忠殺營州都督趙翽反，有舍利乞乞仲象者，與靺鞨酋乞四比羽及高麗
餘種，東走度遼水，保太白山之東，北阻奧婁河，樹壁自固。武后封乞
四比羽爲許國公，乞乞仲象爲震國公，赦其罪，比羽不受命，后詔玉鈐
衞大將軍李楷固、中郎將索仇擊斬之。是時，仲象已死，其子祚榮率殘
痍遁去，楷固窮躡，度玉門嶺，祚榮因高麗、靺鞨兵拒楷固，楷固敗
還。於是，契丹附突厥，王師遠絕，不克討。祚榮卽幷比羽之衆，恃荒
遠，乃建國，自號震國王。直營州東二千里，南比新羅，以泥河爲境，
東窮海，西契丹（以上五語原文錯入文首「保東牟山」之後，依「唐
書」改），遣使交突厥。地方五千里，戶十餘萬，勝兵數萬，頗知書
契，盡得扶餘、沃沮、弁韓、朝鮮、海北諸國。中宗時，使侍御史張行
岌招慰，祚榮遣子入侍。玄宗先天中（「唐書」載明先天二年，卽改元
的開元元年，紀元七一三年），遣使（「唐書」：郎將崔訢）拜祚榮爲
左驍衞大將軍、渤海郡王，以所統爲忽汗州，領忽汗州都督。自是始去
靺鞨號，專稱渤海」。

如上「新唐書」記載內容的解釋上疑問，參照「唐書」同一傳記，
可發見從未述及大祚榮之父舍利乞乞仲象，記錄之始直接便是大祚榮。
抑見，兩人姓名形式差距甚大，「大祚榮」已純粹漢化，「仲象」之名
固無妨也謂之漢式，姓係「乞乞」抑「舍利乞乞」不明，如「乞乞」爲
姓，則「舍利」又是何意？是否靺鞨式官稱或其社會地位的表示，也一
槪未知。所以，研究者懷疑，兩人間並無父子關係存在，或者，乃同一
人而異名（大祚榮爲唐名，乞乞仲象係胡名）[9]。祇是，不論是否父子
關係的延續抑或同一人，大祚榮所建立最初國名「震」，係蹈襲受封自

[9] 及川儀右衞門「滿洲通史」，第六六頁，引鳥山喜一、池內宏等之說。

唐朝「震國公」名號而得，則可認定，與隋、唐朝代名便是前朝封爵名延伸，並無二致。也因而對唐朝朝貢關係穩定成立後，玄宗之初受封渤海郡王，大祚榮的國家陪伴改名「渤海」。但此國名仍係自稱，紀元七一九年大祚榮之歿，長子大武藝襲位，自唐朝受封仍是郡王，正式由唐朝冊封「渤海國王」，須「渤海」之名賦有約半個世紀後，第三代大欽茂的時代。「新唐書」所謂：「寶應元年（紀元七六二年，肅宗末代宗嗣位之年），詔以渤海爲國，欽茂王之，進檢校太尉」，自此以來，才是名實相符的渤海國。

雄志建設高句麗模式強盛國家果爾實現，版圖南半部便是原高句麗北半部的渤海國，自初代高王大祚榮以下，子孫傳世十五代。開國較以高句麗滅亡而意識上朝鮮半島政治歸新羅統一（紀元六六八年），遲過三〇年，又較新羅亡於王氏高麗朝（紀元九三五年）早九年，而紀元九二六年（五代後唐明宗天成元年）被新完成統一的契丹併滅，二二九年國祚，存續至紀元九〇七年唐朝分解爲五代十國的第二〇年。全歷史兩度國勢興隆高潮期，第一次係第二代武王大武藝與第三代文王大欽茂的時代，特別於大欽茂長達五七年的治世，國內制度整備，中央集權強化，國都也自祖父大祚榮興起時長白山北面舊都(後日的中京)，移向東北方牡丹江流域的上京，晚年再遷近日本海岸的東京。其死後約三〇年間，王位繼承內紛導致統御力衰退（但國都於此期間仍遷回上京，以迄亡國）。九世紀前半由旁系入繼王位的中興之主第十代宣王大仁秀，推動渤海國勢再登高峯，開國以來步步發達的國家制度於其治世而完備，文化最盛期與最大國力伸展期都係此際，「新唐書」稱「仁秀頗能討伐海北諸部，開大境宇」，史料中「其地南距渤海，北、東際於海＜北方所指「海」實係今日黑龍江＞，西抵室韋，南北袤二千里，東西千里」（「新唐書」北狄傳黑水靺鞨條），向與渤海存在敵對關係的北方黑水靺鞨，

便須此王時代始解除壓迫，被收入渤海勢力之下。

　　於對外關係主對象的唐朝，締結宗主——屬國關係以來，始終以恭順態度爭取唐朝信任爲主旨，僅見的較嚴重不愉快事件發生於第二代大武藝時代。唐朝懷柔渤海，編其地入羈縻府州系統爲忽汗州以後，也扶植通過安東都護府要求內附的黑水靺鞨，玄宗開元十年（紀元七二二年）於其最大部落置黑水府（比定相當於今日合江省依蘭＜三姓＞縣治❿，授其酋長爲都督、刺史，與渤海的羈縻府州體制中位置同格（「唐書」述其事在開元十三年，並置黑水軍）。渤海疑懼唐朝扶植新羅，從腹、背兩面夾擊滅亡百濟、高句麗的前例重演，不利於渤海，因而君——臣之禮仍修，卻也曾從海上侵寇山東半島登州，以及唐朝懲誡性用兵，但迅卽回復關係正常化。次代其子大欽茂之世，統計遣使長安朝獻五十餘次，幾乎平均每年一次，宣王大仁秀且創在位十二年而朝獻二十二次紀錄，渤海的唐期嚮慕與關係親密不難想見。

　　渤海國以其前身粟末靺鞨從屬高句麗的淵源，所以高句麗文化係其立國基底，「唐書」所謂「風俗與高麗及契丹同；頗知文字及書記」，而高句麗卻又自中國文化間育成。渤海建國，可能便以參加的高句麗人中多中國式敎養出身，乃影響渤海堅定其恭謹與當時世界性先進國唐朝鍥而不捨交通的精神，以及較高句麗尤爲澈底熱心攝取唐朝文化態度。「新唐書」對大仁秀以來，渤海國因是而登高級文明之域的特筆大書：「初，　其王數遣諸生詣京師太學，　習識古今制度。至是，　遂爲海東盛國」，堪謂由衷尊重的褒詞。同書詳載其孜孜受入唐朝文化又大體均大仁秀時代整理統一的官制、秩制、服制等，中央三省（宣詔、中臺、政堂＝唐制門下、中書、尙書）、六司（政堂省系統＝唐制尙書省六部），以及臺、監、寺、衞府制度。地方則區劃五京、一五府（含五京）、六二

❿　依稻葉岩吉「滿洲發達史」，第七三頁之說。

州，全行蹈襲唐制的直輸入。

　　大仁秀的最盛期渤海國領域，西與大抵沿長大鐵路與其以西，以瀋陽、開原、長春、農安，以至哈爾濱的一線為限界，東有蘇聯沿海州而面臨日本海，南方包有朝鮮半島北部，平安道一部分咸鏡道大部份（推定以咸鏡南道的龍興江❶為界江。南隣新羅，所謂泥河），北因黑水靺鞨的服屬而含松花江・黑龍江方面之地。五京分佈形勢均在南部領土，首都上京龍泉府，於五京中位置最為偏北，當今松江省寧安縣（寧古塔）治下東京城現存遺址，一九三三〜四年日本調查團發掘，驚嘆其雄大都市計劃，與日本平城京同一規格，均係全行模倣唐朝長安都制的縮小版。考古探究所了解❷，土城殘蹟東西約四公里，南北約三・三公里，城內中央北端乃遺東西五八〇公尺，南北八四〇公尺長度的石築城廓，乃王城址，王城南面通往外城壁南端而自中央區分城內為東、西兩部份的大道痕跡亦尚可辨，又是長安朱雀大街模築。王城內第一至第五宮殿址一直線相連，外城寺院址發見且至十四所之數。宮殿礎石、鐵扉、石階、石獅子、石燈籠、花紋方磚、漢文字瓦、磚佛、陶佛、寺院壁畫碎片、金銀器具、三彩釉陶片、黃釉、綠釉瓦片等遺物，莫不濃厚表現唐朝風格與式樣，以及證明其文化的發達。此一廣大面積的都城，沿續唐朝忽汗州名詞而「遼史」中仍稱忽汗城，近旁忽汗河，比定便是轉音的今日瑚爾哈河❸。五京之制的其餘四京遺址，依文獻研究與實地踏查的試行比定，中京顯德府＝松江省和龍縣西古城子，東京龍原府＝松江省琿春縣半拉城子的擬說❹，大體已被共同接受（但比定中京顯德府為和

❶　誠文堂新光社版「世界史大系」③東アジアⅠ①第三六六頁。
❷　渤海遺跡解說，取材自江上波夫「北アジア史」，第一九六頁，及川儀右衞門「滿洲通史」，第八五頁，有高巖「概觀東洋史」，第二〇八至二〇九頁。
❸　及川儀右衞門「滿洲通史」，第七一頁。
❹　鳥山喜一考定，日本學界多數支持此意見。

龍北方敦化縣附近的意見也頗有力）。西京鴨淥府址與南京南海府址則
異說尚多，較流行係謂前者乃安東省輯安縣，後者則朝鮮咸鏡道咸興或
北青❶。

　　「新唐書」明列渤海府（京）──州統轄名稱，續文便是「龍原
（府），東南瀕海，日本道也；南海（府），新羅道也；鴨淥（府），
朝貢道（向長安）也；長嶺（府），營州道（向唐朝東北支配據點，以
及唐朝中國東北最大國際都市）也；扶餘（府），契丹道也」的堂堂五
大國際交通線展布，又係渤海國勢昌盛的說明。朝貢道係自遼東半島，
從海道在山東半島登岸陸行，也由唐朝於登州設置與「新羅鎮」相同的
「渤海鎮」，以接待其使臣❶，以及朝貢的相對方面，唐朝派出册封使，
最早的玄宗時代鴻臚卿崔忻（「唐書」作「郎將崔訢」），册封大祚榮
爲渤海郡王後由北旅順口賦歸，渤海於當地黃金山下掘井紀念，迄留鴻
臚井遺跡，井側立碑題刻「敕持節宣勞靺鞨使鴻臚卿崔忻井兩口永爲記
驗開元二年五月十八日」二九字，則已移存日本東京宮城內❶，可供了
解。

　　姓名全然中國式，與漢人無異。所擬作漢姓，王家「大」氏，其餘
高、張、楊、寶、馬、李、賀、木、公、辛、申、節、裴、平、列、
省、文、梁、任、馬、黃、衞、賈、燕、夏、吳等，共二八氏❶。首都
爲中心的渤海文化，也純粹中國式敎養，漢字、漢文直接移殖爲自國文
字，知識人學習中國詩文，詞藻的豐美，可比肩唐人。上京遺址等渤
海國現址雖無文章遺留，但致日本國書的內容文字，以及歷次赴日使節

---

❶　參閱誠文堂新光社版「世界史大系」③東アジアⅠ，第三六六頁。

❶　李丙燾「國史大觀」，許丙成中譯本，第一二〇頁。

❶　稻葉岩吉「滿洲發達史」，第七〇頁。

❶　及川儀右衞門「滿洲通史」，第七五頁，引唐晏「渤海國志」姓氏志。

與日本平安朝文人間詩賦應酬的有關記錄，仍多保存於日本史書與漢文詩文集[19]。日本史學界且指出，便以如此翰墨交往，而得刺激日本文運加大展開[20]，渤海文人的教養程度堪以察知。日本史學界的另一類說詞又是：日本——新羅——渤海之間，競賽式吸收唐朝文化，於唐朝文化光被之下，三國正如同一學校的同班同學[21]。

　　而十世紀初大唐世界帝國瓦解，震幅廣及全東亞，同受影響的三個同班同學間，最早追隨唐朝步上覆亡命運的，則是渤海。

渤海世系圖

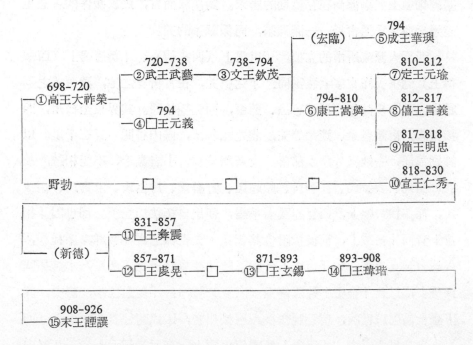

[19]　參閱及川儀右衞門「滿洲通史」，第八三至八四頁，人物往來社版「東洋の歷史」⑤隋唐世界帝國，第三七三至三七四頁。

[20]　江上波夫「北アジア史」，第一九九頁。

[21]　人物往來社版「東洋の歷史」⑤隋唐世界帝國，第三七四頁。

西夏「君子」

建國位置與渤海東——西遙遙相對，立於漢族中國西北領土盡頭，
而建國年代卻視渤海幾乎成立前後啣接之勢， 渤海追隨唐朝解體而覆
亡，漢族中國新朝代宋朝政權穩固，陪伴出現的第二渤海抑或與漢式文
化太陽系所分出新星球，是以「大夏」爲國號的國家，歷史界依其立國
方位，稱之「西夏」。祇是，西夏正式建設國家的時間固延後至宋朝，
基礎則須上溯渤海尚在存續期的唐末。對漢族而言，民族關係的古老也
超過渤海之爲通古斯——滿洲系，而係藏系的羌族。

西夏人源流所由的党項，「唐書」（西戎傳）、「新唐書」（西域
傳上）党項羌條文字大體雷同：「党項羌，在古析支之地，漢西羌之別
種也。魏晉後微甚，周滅宕昌、鄧至，而党項始疆。其界東至松州，西
接葉護，南雜春桑、迷桑等羌，北連吐谷渾，處山谷間。亘三千里。以
姓別爲部，一姓又分爲小部落，大者萬餘騎，小者數千，不能相統。故
有細封氏、費聽氏、往利氏、頗超氏、野辭氏、房當氏、米禽氏、拓拔
氏，而拓拔最疆」，西夏建國者系譜，便出自拓拔氏党項。卻也因「拓
拔」音同「拓跋」，而後代附會其創業主先世係通古斯＝鮮卑系種族，
人民方是党項羌，如「遼史」外紀二國傳西夏條所謂「西夏，本魏拓跋
氏後」，以及「金史」外國傳上（西夏）贊曰：「夏之立國，舊矣，其
臣羅世昌譜敍世次，稱元魏衰微，居松州者，因以舊姓爲拓跋氏」（西
夏人自身附會所由，「宋史」外國傳夏國上記李元昊紀元一〇三八年向
宋宣告獨立之言：「臣祖家本出帝冑，當東晉之末運，創後魏之初基」，
已係發端）。

「党項」的名詞，同係記錄唐朝以前六世紀後半之事的「周書」與

「隋書」，前者（異域傳上）氐、羌系民族諸傳記中列有宕昌、鄧至、白蘭，而尚無党項，後者（西域傳）正相倒反的已出現「党項」而餘均隱沒，與上引「唐書」、「新唐書」記事符合。卻也如「隋書」所說明：「党項羌者，三苗之後也，其中有宕昌、白狼（白蘭）」，可了解，以北周爲關鍵時代的此項變化，實質則羌系諸種族集團的再組合意味。羌族的中國歷史上活躍特徵，係分佈漢族中國西方邊緣內外特爲廣大的地域，而又種類繁多，部落分散現象於漢族周圍諸異民族間最是強烈。因之定必出現立於漢族立場的所謂叛服無常，此服彼叛狀態，以及鑄定其一波接續一波同化轉變漢族，又一波接續一波未開化新種人發生的歷史軌跡，諸種族集團間離析組合與新組合成立時的民族稱謂，也以是波濤追逐似不斷變化。漢族中國第一次自分裂到再統一期間，羌族集團的組合變化結局，領先登場的主導勢力是吐谷渾，繼起便是党項接替宕昌、鄧至勢力，以及併合了吐谷渾的更壯闊一波吐蕃抬頭。其時已係七世紀唐朝，吐蕃與党項，分別代表了羌人（藏族）兩大分野。卻是，統一吐蕃時代，党項仍然立於氏族社會基盤而政治上長期分立，吐蕃分解期的唐末，頗有興味的恰成倒易之勢，党項正向大團結之途邁進，經歷漢族中國第二次分裂又統一的宋朝，而終在拓拔氏領導下，揚棄代表舊時代的「党項」種族或民族名詞，「夏」的正式國家名詞成立。

　　唐朝世界帝國威容展現，記錄中党項部落率先輸忱是貞觀三年（紀元六三〇年）的細封氏，其住地所置軌州，也是第一個成立的党項州羈縻州。自此以迄貞觀五年的前後三年間，散佈「古析支（賜支）之地」，或以黃河於此發源，上流又曲折向東流而謂之河首、河曲地，今日青海、西康、四川、甘肅四省連接地帶的党項部落，超過半數都已歸順唐朝與接受羈縻府州體制支配。但其地餘外的黨項本支部落，以及別支所謂黑党項等，於當時卻是同種族先進立國者吐谷渾的堅強攜手者，須吐谷渾

抗唐戰爭失敗與於貞觀九年（紀元六三六年）降服，此系統的党項族才追隨歸附唐朝，而拓拔氏便是此後附者部落集團的中核。前後兩股潮流中成立的「党項州」數字，前一波六五，後一波三二，均隸松州（今四川省松潘縣）都督府監護。此一統一領導系統之外，「在西北者，天授（紀元六九〇至六九二年武后時代）中內附，戶凡二十萬，以其地爲朝、吳、浮、歸十州，散居靈、夏間」（「新唐書」）。這是唐朝党項歷史的發展基點。

以後的演進，吐蕃勢力係其推動力。七世紀後半吐蕃最早大蠢動，吐谷渾消滅，党項之地無可避免也被侵剝，羈縻府州先已陪伴部份減少（「新唐書」地理志七下關內道党項州條原注，曾列舉此時所停廢州名）。一個世紀後安史之亂而吐蕃兇燄猛昇，「唐書」、「新唐書」的党項傳記特筆：「後吐蕃強盛，拓拔氏（等）漸爲所逼，遂請內徙，始移部落於慶州（今甘肅省東北部隣接陝西省處的慶陽縣），因置靜邊州等以處之。故地陷於吐蕃，其處者爲其役屬」。此係党項一西夏全歷史的一次大轉捩，可注意處是：

——「新唐書」地理志七下對同一的上述大事說明：原隸松州都督府所有党項州，懿、蓋、嵯等十八州自肅宗時「皆內徙，餘均沒於吐蕃」（隴右道党項州條）；「祿山之亂，河隴陷吐蕃，乃徙党項州所存者於靈、慶、銀、夏之境」（關內道党項州條原注），以及記錄松州一舉停廢的党項州題名數字達七二單位。而同時期西北方面關內道「靈、慶、銀、夏之境」，包括原置、移置、新置，党項州數字驟增爲州五一、府一五（隸靈州＜今寧夏省靈武縣＞都督府者州二八、府一二，隸慶州都督府者州二三、府三）。餘外隴石道成州（今甘肅省成縣）存党項州二、縣一；劍南道又有諸羌州一六八單位，分隸松、茂、嶲、雅、黎五都督府（均「新唐書」地理志七下統計）。

　　——八世紀後半以來，漢族中國正西方已僅泛稱的諸羌偏南分佈今日四川、西康一帶，上方賦有特定民族稱謂的「党項」之地被吐蕃併滅，大部份族人如同一世紀前吐谷渾的轉化入「吐蕃」名下。幸免整族盡行傾覆於吐蕃的羌族大統一運動，惟賴脫逃成功，向北方安全移住甘肅——寧夏——陝西方面的一部份族人，党項命脈恃以保全，未來命運也恃以再創造。而紀元八〇〇年左右爲界線，其後所指「党項」，位置已非原住「古析支之地」也堪注意。

　　——漢族中國西北領土上的党項族非均移住，當地原設党項州，卻於其時呈現了不穩狀態。「新唐書」党項傳記的舉證之一：「先是，慶州有破丑氏族三，野利氏族五，把利氏族一，與吐蕃姻援，贊普悉王之，因是擾邊凡十年」。也因而影響唐朝的党項政策再修正，予新移入党項部落愈往內徙，「新唐書」肅宗次代代宗時代的記錄：「（郭）子儀以党項、吐谷渾部落，散處鹽、慶等州，其地與吐蕃濱近，易相脅。卽悉徙靜邊州都督、夏州、樂容等六府党項於銀州之北、夏州之東，寧朔州吐谷渾住夏西，以離沮之」。

　　——党項族內徙態勢，其後一度且自陝西渡過黃河，自發的向東蔓延入山西省境，代宗次代德宗時始退回陝西：「貞元十二年（紀元七九六年）二月，六州党項自石州（今山西省黃河東側離石縣）奔過河西。党項有六府部落，曰……，居慶州者號爲東山部，居夏州（五胡十六國時代夏國都城統萬城，今陝西省橫山縣）者號爲平夏部。永泰、大曆（紀元七六五至七六六年）以後居石州（黃河南流右側山西省境，今離石縣），依水草。至是，永安城鎮將阿史那思昧擾其部落，求取駝馬無狀，中使又贊成其事，党項不堪其弊，遂率部落奔過河」（「唐會要」卷九八党項羌條）。則無論主動要求或被動迫遷，與其播移範圍廣狹，均已在唐朝直轄領土上而與漢族混居，爲十分明白。党項族漢化因是具

有階段性昇進意味，也容易理解。

如上進程中， 北移主導拓拔氏非僅愈已建立其族人中的強大化優勢，文化上率先抬高至接近漢族水準，又自「新唐書」載其領導人已獲授「容州刺史、天柱軍使」的純然唐朝正軌軍職，爲可測知。北移約一個世紀後唐末黃巢亂起，拓拔氏發達再獲機緣推向最高點，其時再一任唐朝郡縣編制內地方長官宥州刺史（地當今陝西省靖邊縣，「新唐書」說明：「（德宗之孫憲宗）元和時，復置宥州護党項」），兄弟輩均已採用漢式習慣，漢式教養下漢名（思謙、思敬、思忠等）的拓拔思恭，率勤王兵參與合圍賊軍佔領下長安的大攻擊，於僖宗中和元年（紀元八八一年）繼任權知夏綏節度使，黃巢亂平時，已眞除夏綏（賜軍號定難軍）節度使，領銀、夏、綏、宥、靜五州，治所夏州，封夏國公，賜國姓李。自此，拓拔氏以「李」爲姓，夏國原型與其國號，也依此五州與漢人混居的李（拓拔）氏藩鎮之地，最早成形。

所以，拓拔李氏門戶初創，軌跡全如鎮壓黃巢大變亂最大功勞者沙陀突厥李克用的登上河東節度使之位。抑且，更近似較早已領沙、瓜、伊、西、甘、肅、蘭、鄯、河、岷、廓等河西十一州，治所在沙州（敦煌）的歸義軍節度使張義潮事業類型，均民族大雜燴地域，惟節度使一係漢人（張義潮），一係党項人（李思恭）的區別而已。李克用後裔於唐亡後創立五代中的後唐朝代，敦煌張氏也是子孫相承的半獨立勢力，雖然其後支配圈已縮小，且自十世紀五代之初改建曹氏世襲系統。李思恭的定難軍節度使，同樣世代由其兄弟子姪繼承，通過五代以迄宋朝之初，百年間的平靜無波。但八傳至紀元九八〇繼任的第九代李繼捧時，卻是一大周折後峯廻路轉，河套五州之地爲溫床的一個世紀半獨立勢力，已培育了開花結果氣運。

李繼捧繼位已係宋朝總結五代十國離亂時代（紀元九七八年滅北漢，

統一完成)，而又杯酒釋兵權，布列國內藩鎮勢力急激跌落之際，且其宗族內紛頻頻。迫於國外情勢，乃有宋太宗太平興國七年(紀元九八二年)李繼捧納土歸朝，向朝廷獻出所管諸州，並親率宗族近支入朝，留居京師不歸的事件演出。此舉非出自全宗族共同意願爲可想像，反對勢力因之團結於李繼捧遠支族弟，李思恭之弟思忠子孫的定難軍都知著落使李繼遷領導之下，自夏州出奔，號召党族人展開反宋奮鬥。躍進發展年份是兩年後的宋太宗雍熙二年(紀元九八四年)，一舉奪取銀州(今陝西省榆林縣，無定河與清水河合流處)。翌年宋雍熙三年與遼聖宗統和四年，李繼遷外交才華也已展現，連結宋朝北方大敵契丹(遼)成功，迎得公主降嫁，受遼朝定難軍節度使拜命，遼統和八年(紀元九九○年)再受封夏國王。自是李繼遷恃遼朝爲後盾，連年侵逼，宋朝西北邊境已不堪其騷擾。

宋朝於此的立卽對策，是遣返移住京師的李繼捧回任定難軍節度使，賜國姓又易名趙保忠，李繼遷也獲賜趙保吉姓名，授銀州觀察使，結局卻是返歸故土的李繼捧反被李繼遷說服同反。李繼捧雖被宋朝捕歸，李繼捧背宋附遷時遼朝原封西不王爵位由遼朝改封李繼遷，李繼遷仍然頑抗。其時，夏州城已於李繼捧返回又被俘之際，經宋朝加以破壞後放棄，宋朝開始自第一線撤退。

至道三年(紀元九九七年)，太宗崩，眞宗繼位，李繼遷適時戲劇性向宋朝表達願意服從之忱，提出的交換條件是回復舊定難軍五州支配權。宋朝希藉李繼捧安撫舊部衆的對策失敗，第二步祇有順應李繼遷要求，盡行撤回殘留當地諸州的朝命長官，正式任命李繼遷爲定難軍節度使接管五州。李繼遷僞裝輸誠而輕易重收河套之地，無愧政略一大成功，而且狡智外交追隨又是翻臉的軍事突破，咸平五年(紀元一○○二年)，宋朝西北邊陲第一重鎮靈州被圍攻下，陷入李繼遷之手，繼續乘勝擴大地盤到鹽州一線。靈州乃沿黃河砂磧中沃地，唐朝以來便是漢族中國切

斷吐蕃——党項間東西連繫，以及確保西北軍馬供給的最大基地。靈州易手，李繼遷西方發展之道打開，根據地移至靈州，並依其遼朝封號改稱西平府，準備完成西隣河西之地的征服。不幸，翌年咸平六年雄圖初着手，党項英雄李繼遷已於涼州攻略，對同種族吐蕃系西蕃諸族的戰爭中，重傷而死。

李繼遷之子德明嗣立第四年（宋眞宗景德三年，紀元一〇〇六年）向宋朝奉表歸順，係出乎意料的關係轉挨，自此穩定維繫對宋、遼二大國的兩屬型態，各別自雙方受任定難軍節度使，而遼封大夏國王，宋封西平王。對宋交涉的場合且用其父所獲賜國姓，所以「宋史」稱西夏國主姓「趙」，「遼史」、「金史」中則仍是「李」姓不改。態度所以轉變的原因，今日研究者估測係宋朝經濟封鎖政策收效，人民經濟窘苦的壓力，以及紀元一〇〇四年（宋眞宗景德元年，遼聖宗統和二二年）宋——遼澶淵和議成立，國際情勢發展已對其立場不利的影響❶。不論何一動機，李德明回復與宋朝間和平親密關係，心意是誠摯的，也能終其世秉持此原則，告誡其子元昊「吾久用兵，疲矣。吾族三十年衣錦綺，此宋恩也，不可忘」（「宋史」外國傳一夏國上）之語，非祇泱泱政治家風度而已，堪重視四分之一世紀的時間充分與民休息，正是西夏安定立國的基本條件。晚年堅毅遂行其父未完成的河西事業遺志，紀元一〇二八年（宋仁宗天聖六年）取涼州（甘肅省武威縣），紀元一〇三〇年（天聖八年）拔甘州（甘肅省張掖縣），又是進取精神同等旺盛的表現。

宋仁宗明道元年（紀元一〇三二年），五一歲的李德明卒，繼位之子李元昊，「宋史」讚譽「性雄毅，多大略，善繪畫，能創製物」、「曉浮圖學，通漢、蕃文字」，數年前河西東部挺進，便以弱冠之年擔任指揮官，而鋒芒畢露。嗣立之初，功業立被擴大，紀元一〇三六年（宋仁

---

❶　人物往來社「東洋の歷史」⑥宋の新文化，第一二〇頁，第一二二頁。

宗景祐三年)，繼續併合河西西半部肅、瓜、沙三州，完成河西全域的制
壓。河西自紀元八四八年(唐宣宗大中二年)張義潮推翻沙州的吐蕃統
治創業，大中四年西方收復伊州，五年又攻略東方肅州、甘州成功，遣
使上達朝廷，授沙州防禦使，同年昇歸義軍節度使，懿宗咸通四年(紀
元八六三年)取涼州、蘭州，翌年下甘肅地方廓州，迄於咸通八年(紀
元八六七年)張義潮入朝(卒於長安)，二〇年間，河西、河湟之地全
由歸義軍自吐蕃人之手奪回❷，完成統一偉業。張氏歷三代至唐朝命運
絕滅後五代十國離亂時代之初，以內鬨轉換原沙州長史曹議全爲始的曹
氏子孫支配，轉換期推定在紀元九一四至九二〇年間❸。抑且，稍前張
氏地方政權內紛初展的九世紀九〇年代，甘州已被自蒙古西移的回紇人
佔住，另建統治體，其東涼州也以地理切隔而由西蕃族盤據。所以，曹
氏時代的河西地方，自西而東，呈現曹氏歸義軍——甘州回紇——涼州
西蕃三分勢力並立的狀態，李元昊的涼州、甘州征服告一段落，乘勝席
捲衰殘的沙州曹氏乃是必然之勢。九世紀中至十一世紀中存立於敦煌的
張、曹兩家半獨立地方政權，無力肆應激動的國際情勢，近二百年的壽
命終於不保。聞名國際敦煌郊外莫高窟的石室寶藏「敦煌文書」，依文
書最後紀年推定，便於李元昊征服軍抵境，倉卒的臨戰體制下密匿閉藏
近八百年，十九世紀始重見天日。

　　河西全土平定後第三年(宋仁宗寶元元年，遼興宗重熙七年，紀元
一〇三八年)，正值三十歲盛年的李元昊躊躇滿志，正式宣布大夏國獨
立，登位爲皇帝，定其父德明以來的都城興州(靈州隔黃河對岸上方，
今寧夏省銀川市)易名興慶府爲國都。「宋史」記其國運登峯造極的這
一幕：「元昊既悉有夏、銀、綏、宥、靜、靈、鹽、會、勝、甘、涼、

---

❷　張氏歸義軍領域逐步擴張年代，依長澤和俊「敦煌」，第一八〇至一八一頁。
❸　依長澤和俊「敦煌」第一九二頁意見。

瓜、沙、肅，而洪、定、威、龍，皆卽堡鎮號州。仍居興州，阻河依賀蘭
山爲固。始大建官，以嵬名守全、張陟、張絳、楊廓、徐敏宗、張文顯
輩主謀議，以鍾鼎臣典文書，以成逋克、成賞都、臥移如定，多多馬寶
惟吉主兵馬，野利仁榮主蕃學。置十二監軍司，委豪右分統其衆，……
總五十餘萬。設十六司於興州，以總庶務。元昊自制蕃書，命野利仁榮
演繹之，成十二卷，字形體方整，類八方而書頗重複，敎國人。紀事用
蕃書，而譯『孝經』、『爾雅』、四言雜字爲蕃語，復改元大慶」。一
個形勢上東接宋朝中國，北界遼，南連吐蕃系西蕃諸種族，西隣回紇人
勢力，領土東含河套而西包河西，盡有漢族中國西北地域的新興大國誕
生，儼然遼、宋之外的東亞第三勢力，以及憑其東——西方交通大道要
衝的優勢條件，以十一——十二世紀爲發達高潮而活躍於東洋史舞臺，
如「金史」外國傳上（西夏）所說明的立國背景：「土宜三種，善水草，
宜畜牧，所謂凉州畜牧甲天下者，是也。土堅腴、水清冽，風氣廣莫，
民俗彊梗，尙氣重然諾，敢戰鬪。自漢、唐以水利、積穀食邊兵，興州
有漢、唐二渠，甘、凉亦各有灌漑，土境雖小，能以富強，地勢然也」。

　　「宋史」外國傳夏國下跋，曾以大篇幅介紹西夏兵制、戰術，與其
強勁攻擊力，對所謂「以鐵騎爲前軍，乘善馬，重甲，刺斫不入，用鈎
索絞連，雖死馬上不墜」，印象爲尤深刻。李元昊獨立西夏意志表達，
便也見於發西夏大軍侵入宋朝國境，陝西前線宋朝守軍頻頻潰敗，朝野
失色，幸起用名臣范仲淹、韓琦，專務防衛，不求僥倖急功，完成北邊
防線上連鎖堡砦據點堅守，才脫卻危機，戰事進入持久膠着形勢。如此
曠日費時的維持大兵力警戒，固嚴重損耗宋朝財政，而人力、財力、物
力均不如宋朝的西夏，尤其時間愈拖久愈不利，雙方同感戰爭疲憊的狀
況下，乃有宋仁宗慶曆四年（紀元一〇四四年）的和平條約簽訂，李元
昊向宋朝上誓表臣伏，宋朝則正式册封李元昊爲夏國王，每年賜絹十五

萬三千疋、銀七萬二千兩、茶三萬斤與西夏（約略相當宋——遼澶淵兄
弟盟約歲贈數的三分之二），並許開設榷場（貿易地）互市，而七年戰
爭收場。另一方面的夏——遼關係，李元昊之父德明時代原已一度惡
化，其後也祇維持表面不破裂而已。宋——夏和議之年（遼興宗重熙十
三年），惡劣關係昇高到遼興宗親征西夏，失利。四年後的紀元一〇四八
年（遼重熙十七年、宋慶曆八年），李元昊在位十七年卒，子諒祚立，
翌年起連續兩年，遼再伐夏，以諒祚上表「依舊稱臣」（「遼史」二國
外紀西夏傳）結束這一幕。換言之，西夏回復了對宋、遼的兩屬關係，
卻已祇名義的，於自國仍是建元自帝。

關於對宋和平，西夏自李元昊之死已加破壞，仍是入侵不絕，宋
朝也依然必須於邊境維持大軍嚴密警備。西夏歷代繼位之主均受宋朝冊
封，又歷代均與宋朝混戰不已，以及便是西夏主動的戰了又請和，和了
又挑釁，鑄定為終十一世紀的宋——夏關係特徵。也惟其如此，宋朝自
神宗歷英宗至仁宗之初，熙寧元年（紀元一〇六八年）王韶平戎策改採
積極政策，「欲取西夏，當先復河湟」的側翼進攻要旨提出，以及便於
新法、舊法兩黨抗爭期的新法黨當政時代，斷然付諸實行踏實展開。繼
熙、河洮、岷、通遠四州一軍，甘肅省東、南部諸州，自吐蕃系西蕃諸
種族手中收復而增設熙河路後，神宗次代哲宗元符年間以迄再次代徽宗
之初崇寧年間（紀元一〇九九至一一〇四年），向受宋朝羈縻的西蕃青唐
羌所領有青海省東境廓、鄯諸州，也加武力奪取，進取氣氛一時瀰漫。
卻是為時已晚，漢族中國東北方域外新主人女眞族已經興起，十二世紀
二〇年代中先後傾覆遼朝與北宋，西夏趁宋軍大撤退機會，接收了宋朝
收復才二十多年的河湟之地，出現西夏歷史領有最大版圖的時期（「宋
史」外國傳夏國下跋：「夏國境土，方二萬餘里。河之內外，州郡凡二
十二」，卽述此時疆域，也因而河南九州，河西九州之外，已加列西寧

＜鄯州＞、樂、廓、積石的河外四州。）宋室南渡，金朝所奄有北方半個中國中介其間，夏——宋間長期連綿的戰爭，自此才算眞正終止。自此的西夏交涉對象，惟以金朝爲主。

北宋時代的宋朝，北方強敵遼朝固虎視眈眈，西北的西夏同樣形成大患。也惟其幾乎無間歇的被迫必須與西夏攻守周旋，無休止的消耗國力又沉低戰鬥意志，而愈不堪抗拒來自北方正面的壓力，北宋滅亡，所以西夏纏戰不可謂非一大因素。相對而言，西夏無如北方勢力的對宋野心爲可知，但不停的攻擊宋朝則顯見，另一方面，雖戰爭而又始終尊重宋朝係衣冠上國，毋寧都是矛盾。矛盾如何由來便值得探索，解答似須接觸到西夏立國根本的漢化問題——

尚係「新唐書」所敍述時代的党項族，仍在部族組織階段的印象至爲明晰，每姓一部落或數部落，如此閉鎖性社會所形成的部族對立割據與不統一，經過唐末——五代至宋初，於拓拔氏勢力下漸漸結集，而結局出現西夏國家組織時，轉換爲「宋史」記錄的堪重視部份：之一，李元昊嗣位之年，「宋改元明道，元昊避父諱，稱顯道於國內」的避諱意識（實質也是憑此藉口而西夏開始獨立建元），郊壇受册而登皇帝位的禮儀，與因而改名曩霄的習慣，均已其個人漢化成熟的表徵；之二，契丹立國與其入侵漢族中國，都有漢人居間參畫乃注目現象，西夏亦然。甚多科舉落第漢族士人，對立身於中國感到絕望時潛入西夏，均被李元昊重用爲策略幕僚，如前引「宋史」記其側近六人智囊團中漢人佔其五，可爲明示；之三，開國規程，「其官分文武班，曰中書、曰樞密、曰三司、曰御史台、曰開封府、曰翊衞司、曰官計司、曰受納司、曰農田司、曰羣牧司、曰飛龍院、曰磨勘司、曰文思院、曰蕃學、曰漢學。自中書令、宰相、樞使、大夫、侍中、太尉已下，皆分命蕃、漢人爲之」，底子了解純係宋朝體制的模倣；之四，建國地便是傳統漢族中國

的一部份，儘管以位當西陲而不同系統的民族混住，仍然漢族居民成份為大，唐朝平定安史之亂的主要兵源便取自朔方、河西（隴右）的此一地域。而軍區意味的十二統軍司，卻又如前引「宋史」記係就地「委豪右分統其衆」。抑且，西夏人民生業，馬、羊、駱駝等飼養與憑東——西通衢地理位置收中介貿易利益之外，農業同係根本，而農耕從事者，主要又都是漢人。所以，西夏立國的漢化襯地，至為明朗，但對強力漢族文化壓迫感之重，也不難想像。漢化既已不可抗拒，也以漢化而認識未來漢化必將愈陷愈深再無機會自拔，又從漢族歷史警惕外族到達如此程度的民族命運，西夏領導階層不得已的選擇，惟一祇有強化對「漢」敵體觀念以圖補救。其最簡捷有力的方式，便是不斷向文化母國挑戰，兵戎相見之舉乃由是頻發，此其一。

　　其二，也以基於緩和漢族文化衝力的要求，「党項」民族意識抬高與吐蕃同格，自認第二吐蕃而揚棄傳統民族稱謂，直截轉變為「蕃」。以蕃、漢對稱。激昂的民族自尊表徵，又表現於「蕃書」或今日考古・學術界著名的西夏文字誕生。對宋文書往返所用固為漢字，對西番、回紇等場合的文書便都是蕃書。蕃書地位被尊國字而置漢字之上，儒學浸潤，也通過蕃書翻譯漢字的轉手，另開蕃學，教育官僚優秀子弟，與儒學的直接教養場所漢學並立。

　　一九〇七年，東、北、西三面被寧夏省境包圍的甘肅省突出部份，額濟納河下流域沙漠中荒廢了的古城發見，乃以外蒙古諸顏・烏拉的匈奴王侯墳墓發掘成果名噪一時的柯茲洛夫（P. K. Kozlov）所領導俄國探險隊另一考古業績。廢城位置便在一九三〇年著名的居延漢簡發見地東方附近，土名黑城（Kara Khoto），柯茲洛夫發見時認此為西夏故都，後經考定乃西夏十二監軍司之一的黑水鎮燕軍之地。遺址最初發見時，城外西北隅的大墳墓地，以及城內、外三處佛塔廢址中，發掘出土品有

中國風格與漢式衣冠的聖者、貴族與遊星神，鬼子母神壁畫、塑像斷片、陶器片等，尤其寶貴係收集得當地乾燥氣候所保存多重不同文字記錄、書寫的古文書，其中，混在漢文、回紇文資料之外，又便多西夏文各類書籍、經典的寫本、刊本、佛畫、單張的裁判文書、紙幣等❹。以後，英國斯坦因 (Sir Aurel Stein) 也曾自黑城取走甚多文書類，法國伯希和 (Paul Pelliot) 則在敦煌發見豐富的西夏關係史料。

十九世紀末以來，西夏文字的碑文、佛典(主要便自敦煌石室出土)、蕃漢兩體文字同鑄的漢式方孔銅錢等陸續發見，歐洲學者已加注意，也以尚在不明文字階段，且具特異性格而研究興趣濃厚。最早，據於距北平市西北約六〇公里，自漢族中國通行西北地域的要衝居庸關上，十四世紀中元朝所建過街樓內壁六種文體刻文中已認識的五種，上段左右向的梵文、吐蕃文，下段上下向的八思巴蒙古文、回紇文、漢文之外，下段另一種上下向書記不詳語言的文字被猜測係女眞文字，迨隨後確實的女眞文字發見，乃相信問題性的未知文字是西夏國文字，而最後判定屬實❺。祇是，西夏文字的劃期性研究展開，便賴黑城發掘的成果，柯茲洛夫攜回後相隔二十年，一九三〇年全貌問出❻的西夏文字、漢字對照的單語集「蕃漢合時掌中珠」，已係今日解明西夏文必備的實用工具書。「蕃漢合時掌中珠」係西夏人骨勒茂才於一一九〇年（中國已係南宋時代的西夏第五代主仁孝在位末年）撰定，簡稱「掌中珠」，內容以西夏字、漢字對譯又對音，每一文字單位作四行排列，左起第二字的漢字為

---

❹ 黑城考古發掘，取材自人物往來社版「東洋の歷史」⑥宋の新文化，第一三六頁；西田龍雄「西夏」（世界文化社版「世界文化シリーズ」⑫モンゴル帝國，第八〇頁）。

❺ 西田龍雄「西夏」（世界文化社版「世界文化シリーズ」⑫モンゴル帝國，第八〇至八一頁）。

❻ 同上，第八一頁。

基準，右爲與此漢字同義的蕃字，再右則記此蕃字的漢字發音，最左又是蕃字所記右側漢字之音❼。但卽使具此珍本字書，今日全部已知六千一百三十三個西夏文字中，確能了解其音仍僅二分之一，明瞭其意的尤祇約略三分之一❽。西夏文字特徵在於字形繁雜，依於漢字體裁與表意文字的性質，一個文字以二個以上的文字爲要素而組合，文字要素之數統計全體三五〇種類，組合形態至四四種式樣❾。所謂蕃書、蕃字的西夏文字製作者，李元昊之父李德明說、李元昊說、元昊作而野利仁榮加以演繹說、元昊時野利遇乞倣漢字篆書而說說等，均有主張❿，一般則仍以「宋史」記載的第三說爲通說。且連貫前後事蹟，說明之爲廣運三年（元昊年號，紀元一〇三六年）改元大慶元年的原因，便以紀念蕃書製定與公布，其翌年，乃分建蕃、漢兩學，而野利仁榮出長第一代蕃學⓫。漢族中國周圍民族模倣漢字創製自身文字，西夏文字遲於十世紀初契丹（遼）文字而早過十二世紀初的女眞（金）文字，所以，如果以此象徵民族自覺與文化成長雙方面的話，西夏所站立位置頗高。

　　李元昊以來歷子、孫、曾孫三代，迄於北宋覆亡而終結對宋時戰時和局面，交涉主體轉換爲金朝又臣服金朝的過程中，漢化主義卻愈後愈唱高調。元昊曾孫乾順之子與西夏第五代主仁孝，紀元一一三九年（南宋高宗紹興九年）卽位，通其五五年治世，對外長期持續和平狀態，國內經濟發達，文明進步，儒敎文化內容的充實到達空前境界。「宋史」

---

❼　誠文堂新光社版「世界史大系」⑧東アジアⅡ，第一〇五頁附圖說明。

❽　人物往來社版「東洋の歷史」⑥宋の新文化，第一三九頁。

❾　西田龍雄「西夏」（世界文化社版「世界文化シリーズ」⑫モンゴル帝國），第八三頁。

❿　有高巖「概觀東洋史」，第三一八頁。

⓫　西田龍雄「西夏」（世界文化社版「世界文化シリーズ」⑫モンゴル帝國），第八一頁。

外國傳夏國下的記事:「(紹興)十三年(紀元一一四三年)夏,改元人慶,始建學校于國中,立小學于禁中,親爲訓導。十五年八月夏,重大漢太學,親釋奠,弟子員賜予有差(文末論曰:「<其父>乾順<紀元一〇八六至一一三九>建國學,設弟子員三百,立養賢務,仁孝增至三千」)。十六年,尊孔子爲文宣帝;十七年,改元天盛,策舉人,始立唱名法;十八年,復建內學,選名儒主之;增修律成,賜名鼎新。……三十一年,立翰林學士院,以焦景顏、王僉等爲學士,俾修實錄」,可充分反映。可惜,仁孝次代便已皇室內鬨,又值北方草原蒙古人巨大勢力形成,西夏國勢急激衰頹。仁孝卒後三二年間五易主位,「宋史」論讚「不有君子,其能國乎」,「金史」贊譽「立國二百餘年,抗衡遼、金、宋三國」的西夏,終於末帝嗣位翌年(紀元一二二七年,宋理宗寶慶三年,金哀宗正大四年)與金亡前七年,傾覆於成吉思汗大征服浪潮中,國家存續共歷十代一九〇年(李繼遷起算則二百餘年)。

西夏世系圖

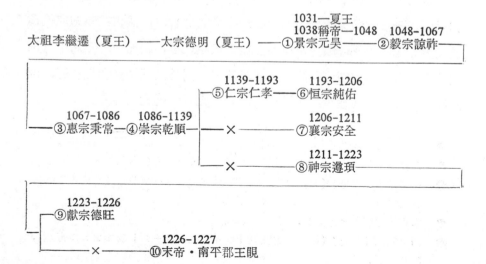

征服朝代成立

契丹・遼朝——二元支配體制的創始

　　唐朝滅亡與漢族中國內部大波動的十世紀之際，北方草原發生大變化，也帶動中國歷史抑且東洋歷史，都激起大變化。從來生活圈以原長城線為限界的北方民族，由契丹民族的遼朝開始，突入長城以南支配漢族中國土地，向草原國家的新路線行進，而中國史上從未經歷的朝代性格——征服朝代，自遼朝最初出現。

　　征服朝代 (Dynasty of Conquest) 的名詞與理論，係近年國際間中國——東方學的一大創見。新說自一九四九年美國 K. A. Wittvogel ("History of Chinese Society〈Liao〉"，與馮家昇共著) 提倡後，雖然對其全盤主張尚存異議與修正意見❶，學說的大方向已被學界共同接受。基本的理解，係以中國社會史區分漢族朝代型與征服朝代型兩大類型，征服朝代的特徵，第一：內陸亞洲北方系文化後進異民族，以兼領漢族中國文明地帶，而連結原長城線內外農耕・草原兩個世界，簡言之，對漢族中國全出征服形態，也未因轉進漢族中國土地上而放棄草原

---

❶　參閱島田正郎「遼の社會と文化」第六四至七三頁（Ⅲ征服王朝か胡族國家か）。

本據。第二：固有的部族人民與被支配的漢族，相互間存在共生關係，異質的兩類型社會係兩立而同時共存國家制度因之設定爲分離的二元體制。第三：文化固受漢族指導，卻非單純的吸收，相反，強烈表現其漢族文化對抗意識與民族自覺，獨有的自身文字創造係一大表徵。十世紀遼朝，便是中國歷史上具備此等特徵的第一個朝代，遼朝領有漢族中國的土地僅係部份，但此非地域廣狹問題，重要性在於朝代成立的性格。自是，入十二世紀而有代遼朝廣大支配漢族中國北方全域的女眞族金朝，以及更大規模征服漢族中國全土地的十三世紀蒙古人元朝，與十七世紀滿洲人清朝，都是自遼朝發端後，連貫性又階段性擴大征服現象的征服朝代。征服朝代論的立義，乃在於此。

　　遼朝係中國史的第一個征服朝代爲確論，參照北魏與其以前朝代，甚或與遼朝建國同時，繼承唐朝政權的五代中的後唐、後晉、後漢三朝代，立國均以切離部族時代原住地形態，移住漢族中國環境內單向的漢族文化同化結果，所以朝代歷史基本便是漢族中國的，文化也是純粹漢式的，而遼朝則迥異，堪資辨認。然而，中國人立場解明中國歷史，仍須正視：中國的征服朝代支配者屬性，僅元朝蒙古人係大草原上純粹的騎馬遊牧民族，其餘均發源於農耕・草原交界地帶，久已接觸漢族的北方系異族，文化上早便攝入了漢族要素，也惟其如此而與起征服漢族天地的野心，此其一。其二，所有征服朝代的異族統治者，又除蒙古人於元朝傾覆時仍得整族退出漢族中國領域之外，其餘無論遼朝契丹人、金朝女眞人，甚或清朝滿洲人，仍然都以消失於漢族大熔爐爲共同命運（金朝已以契丹人稱漢人，元朝又以女眞人稱漢人，今日中華民族五主要分子民族之一的滿族，也已非原建立清朝的滿洲人，而指廣泛的通古斯諸種族，清朝便轉換稱謂的「新」滿洲人），與北魏鮮卑人，抑或後唐等沙陀突厥人，初無二致。獨立的文字創製，不排除漢化的防疫作用

與意念，但自我警戒心理不過一時，結局還是屈服於漢族文化，而意識的抗拒壁壘被冲毀。然則，做漢字的獨自文字出現，說明之爲學習漢族文化過程中的變容，尚嫌不夠適切，較直接移用漢字爲自身文字更進步、更積極的模倣精神表現，毋寧才是恰當解釋。如上意義，又自中國第一個征服朝代遼朝的歷史事象，已堪顯映。

十世紀初勃興遼朝的契丹民族，其民族稱謂成立，可以上溯與突厥約略同時。四世紀以來已於東部蒙古遼河上流的西喇木倫河（蒙古語黃色之川意味而漢族中國資料便謂之黃河或潢河）流域，熱河省境與安嶺東麓的草原地帶，與其同種族庫莫奚民族相隣，均經營遊牧生活，也與庫莫奚同以「魏書」爲最初載其動向的中國文獻。歷四、五、六世紀，長期各各立於部族個別分散，不相統率的狀態，至隋——唐而機運初展，記載已詳的「隋書」、「唐書」說明契丹統合成八部而奚（「隋書」開始簡略「庫莫奚」的民族稱謂爲「奚」）五部，彼此相互攻爭又共同服屬突厥。突厥臣伏於唐朝，奚、契丹也轉換歸屬唐朝，七世紀初貞觀年間以來接受羈縻府州統制（奚＝饒樂都督府，領州五，另獨立州四；契丹＝松漠都督府，領州八，另獨立州九），領袖均賜姓李，隸營州都督府監護。七世紀末則天武后時代契丹部族一度發生李盡忠叛變被敉平後，於八世紀初玄宗時代，羈縻府州系統與奚族共同改列幽州都督府隸下。以後約兩個世紀間，契丹族穩定發展，對外大體維持和平狀態，與奚族停止激鬪，「常爲表裏，號曰兩蕃」（「唐書」北狄傳奚條）；一方面，內部八部分立相互抗爭的局面也漸漸終結，芽生有機的聯合組織需要，而出現八部大人（夷離堇）交替制選出領導人，三年一交代的獨特聯合領導方法。九——十世紀之交唐朝統御力顯著衰退，大草原上接替突厥制霸的回紇勢力又先已崩裂，南、北壓力兩皆化消的真空狀態中，契丹族抬頭的機會乃惠然而臨。

其時，因時際會正任八部聯合領導人的迭剌部出身者耶律阿保機，
脫穎爲創造時勢的英雄人物，唐朝覆亡同一年的紀元九〇七年，統一八
部，打破選舉交替制而契丹的世襲君長制最早成立，團結契丹全族的強
力中心勢力鑄定。自此十年間，「北侵室韋、女眞，西取突厥故地，擊
奚，滅之」（「資治通鑑」後梁紀一太祖開平元年條），從未與契丹並稱
的「奚」的獨立名詞由是消失。漢族中國領土幽州盧龍節度使治下偏北
突出位置的營州（今熱河省朝陽），唐末混亂期已陷由奚族盤據，是時
陪伴轉移入契丹之手（「遼史」地理志三興中府條）。紀元九一六年，阿
保機正式登位皇帝，建元神册，於西喇木倫河畔築城定都，名黑都（太
宗改上京臨潢府，今熱河省林東縣），是爲遼太祖。稱帝第八年的天贊
二年（紀元九二三年），後唐推翻後梁，契丹渾水摸魚再奪取營州南面
毗連的平州（「遼史」太祖本紀下，地理志三平州條平州，今河北省盧
龍）。敞開侵略漢族中國的大門。同係十世紀二〇年代，又西降西夏、東
滅渤海國，東洋史上新巨人的興起，前後僅歷時短短二十年。次代太宗
（太祖次子，契丹名堯骨，漢名德光）製造漢族中國朝代再變換，天顯
十二年（紀元九三六年）軍事援助後晉顛覆後唐的代價，後晉向契丹稱
臣、稱兒，翌年紀元九三七年割讓燕、雲十六州爲贈禮，契丹南面領土
續擴大至漢族中國領域內的河北省中部以北、察哈爾省南部與山西省北
部。幽州因是改名燕京（今北平市，燕、雲十六州的概稱由此），契丹
由是自是年建立「遼」的國號，改元會同元年。

　　與「資治通鑑」同係遼期盛世北宋時代著作的「新五代史」，其四
夷附錄契丹傳記錄遼朝立國過程的同時，如下幾段敍述均值得注視：

　　──「是時（唐末），劉守先（幽州據有者）暴虐，幽、涿之人多亡
入契丹，阿保機又間入塞，攻陷城邑，俘其人民，依唐州縣置城以居之。
漢人教阿保機曰：中國之王，無代主者。由是阿保機益以威制諸部，而

不肯代。其立九年，諸部以其久不代，共責誚之，阿保機不得已，傳其旗鼓而謂諸部曰：吾立九年，所得漢人多矣，君欲自為一部以治漢城可乎？諸部許之。漢城在炭山東南灤河上❷，有鹽鐵之利，乃後魏滑鹽縣也。其地可種五穀，阿保機率漢人耕種，為治城郭、邑屋、廛市，如幽州制度。漢人安之，不復思歸……。盡殺諸部大人，遂不復代」。

——「至阿保機，稍幷服旁諸小國，而多用漢人。漢人敎之以隸書之半增損之，作文字數千，以代刻木之約。又制婚嫁，置官號，乃僭稱皇帝」。

——「阿保機僭號，以（韓）延徽（原幽州劉守先參軍）為相，號政事令，契丹謂之崇文令公」。

——「及（遼太宗德光）已立晉，又得雁門以北幽州節度管內，合一十六州。乃以幽州為燕京，改天顯十一（三？）年為會同元年，更其國號大遼，置百官，皆仿中國，參用中國之人」。

十分明白，創業途中的契丹，政治、軍事、文化、經濟等各方面，都得漢族協力。太祖建設國家成功，基本原因之一便是充分利用因避紛亂逃入契丹的漢族人民，抑且基於同一要求而直截俘歸漢人，安撫農民與手工業者充實經濟力，重用知識人參畫國事，才刺激國勢的突飛猛進。太祖父子，自身且都是接受相當高度漢式敎養的人物，又從同一「新五代史」資料可見：

——「（太祖阿保機）謂（姚）坤（後唐使者）曰：吾能漢語，然絕口不道於部人，懼其効漢而怯弱也」。

——「（太祖長子突欲，漢名倍，投後唐賜名李贊華）喜賓客，好飲酒，工畫，頗知書。其自契丹歸中國，載書數千卷，樞密使趙延壽每

❷　阿保機所築此第一處漢人聚居城郭的位置，曾有意見須於今察哈爾省張家口至多倫的中間地帶探求，見及川儀右衞門「滿洲通史」，第九六頁。

假其異書醫經，皆中國所無者」。（太祖初滅渤海國的處分是改建東方
契丹國意味的「東丹國」，封倍爲王。待太祖崩，受繼帝位係倍之弟太
宗，倍奔後唐（卒於漢族中國，其子世宗立，追尊義宗讓皇帝），東丹
國如曇花一現消滅而渤海國舊土全歸契丹直轄。「遼史」地理志二顯州
＜原渤海國都顯德府＞條，也記倍統治東丹國時，「性好讀書，不喜射
獵，購書數萬卷，置醫巫閭山絕頂，築室曰望海」；義宗傳相同的記載
之外，又補充：「通陰陽、知音律，精醫藥砭砮之術，工遼漢文章，嘗
譯陰符經。善畫本國人物如射騎獵、雪騎千鹿圖，皆入宋秘府」。

　　太宗德光雖缺類似的明文記錄，參照「資治通鑑」後漢記一其滅後
晉在汴時，「翰林承旨張礪，奏擬燕王（韓延壽）中京留守、大丞相、
錄尚書事、都督中外諸軍事，樞密使如故。契丹主取筆，塗去錄尚書
事，都督中外諸軍事而行之」，仍堪指示其漢文理解程度。

　　便以契丹領導人已具漢式教養根底，又在漢人文化人直接指導之
下，則其立年號，行皇帝受册儀，受漢族傳統的皇帝美名尊號等事象展
現，乃爲當然。也便是領導人周圍漢族智囊團的慫恿，而契丹對漢族中
國土地的領有慾增強，燕、雲十六州割讓事件終於實現。大片成熟的漢
族中國土地被犧牲，向爲歷史界所痛心疾首，也誠然製造了未來北族與
漢族間交涉的一大問題，然而，一項既已存立的現實也不可不加注視，
即：自隋——唐以來，沿原長城線的漢族中國土地上，漢族與大量移住
的各方面異民族混居現象原已固定化，漢人朝代也屬不可避免，尤其便
是營、平——幽州（燕京）的一線。所以唐末中原人已興「天下指河朔
若夷狄焉」（「新唐書」史孝章傳語）的慨嘆，此其一。其二，營、平
二州既然失陷，以之爲跳板的契丹入侵箭頭，事實上已不斷交加而來，
祇是都被武力同屬強勁的後唐所阻擋，結局後唐滅亡於國內反叛者後晉
與契丹的夾擊，燕、雲十六州之地乃在戰爭轉變爲和平、侵奪轉變爲割

讓的形式下喪失。理論上，且以領有漢族中國北方的後晉稱臣，而對半個漢族中國具有了宗主權。所以，當後晉第二代皇帝願意隨父向契丹稱「兒」而稱「孫」，卻拒絕稱「臣」，立即引發巨大風波，被契丹指爲背叛宗主權，乃有會同九年（紀元九四六年）大舉南下開封（汴京）的一幕上演。是年十二月滅亡當初一手扶植的後晉後，翌年（紀元九四七年）二月，太宗受開封漢人官僚集團推戴，正式君臨中國，改元大同。但「新五代史」舉證「胡兵人馬不給糧草，日遣數千騎，分出四野刼掠，人民號爲打草穀，東西二三千里之間，民被其毒，遠近怨嗟」等，契丹人投身入漢族社會時習俗的格格不入，導致各地漢族抵抗意志強化，太宗自身又不能適應黃河以南水土，次月，率全軍引退本據，而於北歸途中病歿，漢族中國乃有後漢的自立。

遼朝大事年表

907年‧（唐亡）
　　　耶律阿保機統一契丹
911年‧阿保機稱帝
920年‧契丹文字製定
926年‧滅渤海國
937年‧領有燕雲十六州‧國號「遼」
946年‧滅後晉
960年‧（宋朝建立）
983年‧遼復稱「契丹」
1004年‧宋——契丹澶淵之盟
1066年‧契丹再改國號「遼」
1115年‧（女眞阿骨打稱帝，建金國）
1125年‧金滅遼
1132年‧耶律大石建西遼（——1201年）

太宗之歿，隨行的東丹王長子得諸將擁立爲世宗，而北方另立太祖

幼子爲繼承人，邀擊北歸途中的世宗。紛爭興起，結局雖仍是北方派屈服，但世宗的下場還是被暗殺，太宗之子繼位又遇弒，帝位再回復世宗系。十世紀四〇年代以來約四十年間，政權鬪爭全無骨肉之情，強盛的國勢頓形墮落，須第六代聖宗嗣位始告安定。

　　與契丹內鬨相對，中原五代離亂回復統一的基盤步步穩固，加給了契丹反壓力，後周世宗偉業，便於契丹政局低潮期拓展，紀元九五九年（顯德六年）收復燕、雲十六州中偏南的莫、瀛二州（「遼史」地理志序因此以營、平二州補足十六州之數）。可惜世宗之崩正值此際，幾乎立卽替代的後續朝代宋朝，收拾破碎的漢族中國成功，北方領土求自契丹已退縮到白溝（今河北省拒馬河）爲國界的一線再突破，卻是希望化爲泡影。以紀元九七九年五代十國最後存在的太原北漢國被消滅而進兵契丹，原燕、雲十六州境內。紀元九七九年高梁河（今北平市西）之役與紀元九八六年岐溝關（今河北省涿縣南）之役兩次大挫敗之間，契丹已是聖宗繼立。（高梁河會戰宋朝太宗親征，中流矢負傷不癒，且是促成早死的原因之一。）也自聖宗而契丹的對宋守勢一變，頻頻攻擊，宋朝黃河以北州縣敵騎擾掠無寧歲。宋朝第三代眞宗時代的紀元一〇〇四年（宋景德元年，遼統和二二年），契丹大軍疾風似進逼黃河北岸之境的澶州（澶淵，今河北省濮陽），直下黃河南岸開封迫在且夕，驚惶的宋朝朝廷已有避難江南或四川之議，幸宰相寇準果斷反對，說服眞宗親征穩定人心，解除危機，而有同年有名的澶淵之盟和約簽訂，宋朝承認每年向契丹輸銀十萬兩、絹二十萬匹。附帶條款，約定雙方締結兄（宋）、弟（遼）之國，定期使節往來交聘，國境開放互市，許可兩國人民自由貿易。契丹軍事優勢下，宋朝爭取談判如上條約內容的和議成立，堪誇一大成功，而契丹所以接納，考慮到長驅侵入中原腹地，決戰時過長的後方連絡線可能被切斷，應係一因，但主要則推測基於經濟理由。宋朝

之初，太祖對商人的契丹貿易探放任態度，太宗卽位已加統制，國境上互市場所以外的貿易一概禁斷，兩度北征失敗的交戰狀態中，愈對契丹嚴加經濟封鎖，當是對文明化而物資需要日益迫切的契丹有力制裁。在於契丹方面，掠奪固是補充物資的直接手段，戰爭目的，也無非壓迫宋朝回復開放貿易。澶淵之盟旣然對此取得保證，又由宋朝固定每年提供豐厚的歲幣與物資，絕對有利於契丹，立於對等國際關係的和約乃順利完成。自是宋——遼兩國在對等國交下，迄於遼末，超過百年的長時間大體均能維持和平親睦關係。（僅澶淵之盟後三十多年，雙方均係次代的宋朝仁宗、契丹興宗之世，而中國西北境西夏新興國崛起，連連侵宋之際的紀元一〇四二年，遼方趁機向宋勒索，銀、絹三十萬的歲幣增額至絹三十萬，銀二十萬。）

　　遼聖宗十二歲卽位（紀元九八二年），在位四九年間，內治・外交成就俱皆令歷史界刮目，允稱遼朝第一明君。三七歲對宋優勢和平實現，國力充實，國勢回復蒸蒸日上，非祇開拓契丹第二階段發展坦途，也自其手創造契丹國運最盛期。東方女眞部族被收入治下，進軍高麗，下西京平壤，陷都城開京，高麗王奉正朔稱臣降伏，西方屈服西夏，壓制回紇，來貢者五九國。「遼史」地理志序記其時契丹四至：「東至于海，西至金山（阿爾泰山），暨於流沙，北至臚朐河（克魯倫河），南至白溝，幅員萬里」的全有內、外蒙古而面臨日本海的大領土偉容，與考古出土慶陵聖宗漢文哀冊碑文「四民殷阜，三教興行，開拓疆場，廓淨寰瀛。東振兵威，辰卞（高麗）以之納款；西被聲教，瓜、沙（回紇）緜是貢瓓。夏國之羌渾（西夏）述職，遐荒之烏含（女眞）來賓」❸的強盛描述，正相對應。也惟其聖宗鑄定契丹巍然東方第一強國姿貌，自此歷興宗、道宗三代，迎接約一百年的契丹盛運，以及當時聲威廣及中亞

❸　轉錄自和田清「中國史概說」上卷，第一七五頁引文。

細亞，「契丹」之名因之遠邇皆聞。屆至滅亡，中世以來的西方人仍以北方中國，甚至中國全土，稱呼爲「契丹」(Khitai、Kitai，轉爲 Cathay)❹，流傳至今日，俄語中的「中國」仍沿襲此名詞❺。

總名慶陵的聖宗、興宗、道宗三代陵寢所在的遼朝慶州，位當臨潢府之西，今日熱河省林西縣與內蒙巴林左翼旗白塔子，遺構豐碩的出土物中，諸帝、后哀册（墓誌銘）發見，已係了解契丹文字的劃期性關鍵。關於契丹文字創製，「遼史」資料的說明頗爲清晰：①太祖紀下神册五年（紀元九二〇年）：「春正月乙丑，始製契丹大字」；②突呂不傳：「製契丹大字，突呂不贊成爲多」；③皇子表德祖（太祖之父）六子第三子迭刺條項：「（迭刺）能習其（回紇）言語書，因制契丹小字，數少而該貫」（年代推定在天贊三、四年左右❻，亦卽紀元九二四～五年前後）。但字形實體向所未見，便須慶陵哀册最早出現爲契機，始爲學術界所認知。迄於一九三二年的日本考古界歷次有計劃調查，發見碑文總數已十五面，此等刻有哀册文的墓誌，僅祇漢文者爲多，計聖宗文武大孝宣皇帝、仁德皇后、欽璱皇后（均聖宗后）、仁懿皇后（興宗后）、道宗仁聖文皇帝、宣懿皇后（道宗后）等十一面，契丹文四面，刻有契丹文字共一千七百五十八字❼，特別是道宗與宣懿皇后漢文哀册與契丹文哀册同在，各合成一組，比較對照下，對契丹文字的解讀研究具有關鍵性助力。自此，陵墓壁畫的墨書文字、陶器上墨書而燒成的文字、鏡面所刻文字等也陸續發見，所提供契丹文字資料乃急激豐富。

契丹哀册發見，直感上便了解非如文獻所說明的隸書之半增損，而係漢字楷書體。但研究也已證明，契丹文字的大部份，係參考古代突厥

---

❹　同上，同頁。
❺　同上，同頁。
❻　及川儀右衞門「滿洲通史」，第一一八頁。
❼　平凡社版「世界歷史大系」⑥東洋中世史第三篇，第四五〇至四五一頁。

文字而製的音表文字，組合而成漢字形狀與用漢字筆劃表現，乃爲正確，祇於漢族中國史料中載之爲「回紇文字」而已；另一部份，則直接似於漢字結構爲象形文字。大部份爲綴音文字的契丹文字，普通以若干個原字合成一語（卽：形式上表現如漢字一字），原字之數考定約自二二〇至二三〇個。其合成法則，二字場合乃自上而下，三字場合自左而右再向下，四字則自左而右後又以左下、右下爲順序，五字合綴時依四字例而其下續加一字。文獻所稱「大字」、「小字」意義之別，現雖尚不能具體解說，猜測小字可能便指原字，合成一語謂之大字，卻又與「遼史」所述先製大字再作小字的過程顚倒❽。不論如何，歷史死語契丹文字於理解上完全復活，今日固仍待研究界繼續努力，但契丹文字書寫方式儘管模倣漢字，特別如哀册篆額的情況，卻是予漢字變形而製作的自己文字，從這一點，已足證明契丹民族並非單純的漢族文化直輸入模倣者，而加消化。抑且，也是歷史上漢族中國北方異民族，吸收漢族文化時第一次民族自覺精神表現，以及北方異民族最早自漢字脫胎的獨有新文字成形。祇是，漢文哀册與契丹文哀册伴出的事實，指示漢文於遼國與契丹民族間，與契丹自身文字同等都是公用語，對等的、公式的用於公文書，則契丹的漢族文化母體束縛，仍然無力擺脫也可判明。

　　與文字相關的契丹語言，以及種族所屬問題，宋人洪邁「夷堅志」曾記，契丹小兒依其俗語顚倒文句而讀漢文書，所以「馬宿池中樹，僧敲月下門」詩句，讀如「月明裏和尙門子打，水底裏樹上老雅坐」❾。契丹語構成法全與阿爾泰語系的蒙古語、通古斯語相同爲可想像，「遼史」世表也述契丹先世係東胡——鮮卑，因之向來推定契丹族乃是遊牧化通古斯族。但此說現已被否定，學界以中國史書中的契丹語，與現在

---

❽　契丹文字解說，取材自同上，第五三至五四頁。

❾　轉引自同上，第五二頁。

的北亞細亞諸民族語言比較，獲得其主要乃蒙古語，一部份才是通古斯語要素的理解上答案，而有契丹族乃蒙古族與通古斯族的混血民族，相當於今日中國東北域內達呼爾 (Tafur) 族，語言也近似達呼爾語的論斷提出。隨後再深一層的研究；又明瞭今日達呼爾語與中期蒙古諸方言無大差別，係自蒙古語的古型所形成方言之一 ❿，契丹語便是中期蒙古語或蒙古語古形一方言的定說，由是於近年成立。惟其如此，依此前提而立證契丹族便是蒙古族的一種，替代被推翻的通古斯族之說，支持固尚嫌脆弱，契丹族的人種所屬毋寧謂之迄今不明，但從慶陵壁畫肖像畫的風貌、文獻所描繪風俗習慣，如今增加語言學研究成果，契丹族生活狀態的屬於蒙古系統無疑，則已獲得證明。

從單一的蒙古式遊牧社會到二元體制支配實現，太宗取得燕、雲十六州以屆深入漢族內地這段期間，係其最早醞釀。太祖初起，固已以鼓勵集團移住契丹本據的漢人安居，而興築城郭經營都市生活，並付以漢式州、縣之名（雖然所設州、縣的實質，僅指城郭與其周圍小範圍地域，仍與具有轄境的標準漢式州、縣有別），從來移動遊牧的草原地帶，也因此移殖與分佈了一個個小型的定居社會組織，但這些形勢上等於草原大圈圈中小圈圈的城式州縣與漢人，當時都直屬太祖私的管理，而非國家行政系統。國家規模初創時官制，也都祇簡樸的、固有的，其後追加名詞的所謂北面制或北面官，尚無二元跡象，任用不分契丹人或漢人，太祖側近漢人顧問職位因人而設，如韓延徽之例。因事而置，又僅絕少如適應漢人兵馬徵發所需，「遼史」百官志三南面朝官漢人樞密院條所謂「太祖初有漢兒司，韓知古總知漢兒司事，太宗入汴，因晉置樞密院」。但同志敍述以後之事，便是——

「太祖神冊六年，詔正班爵。至於太宗，兼制中國，官分南、北，

---

❿ 契丹族與達呼爾族間關係並其語言系統，參閱同上，第五二頁。

以國制治契丹，以漢制待漢人。國制簡樸，漢制則泛名之風固存也」（志一，總序）。

「遼有北面朝官矣，既得燕、代十有六州，乃用唐制，復設南面三省、六部、臺、院、寺、監、諸衞、東宮之官。誠有志帝王之盛制，亦以招徠中國之人也」（志三，南面朝官序）。

「遼史」儀衞志一興服條又說明：「遼國自太宗入晉之後，皇帝與南班漢官用漢服，太后與北班契丹臣僚用國服」。

遼朝成立爲複合民族國家，遊牧與農耕異質的社會兩面並在，遼朝統制的特異性，便在穩定其相與共生，以及中國歷史上征服朝代部族制＝遊牧人民、州縣制＝農耕人民，政治上北面・南面二元制支配創始的由來。了解遼朝二元制形貌的基本史料，乃「遼史」營衞志與地理志，特別又是前者，反映原長城線以北，契丹人遊牧社會與其傳統的部族制，而農耕社會生活型態與州縣制，也在此地域作地域性的、程度上的交錯，以與地理志的純粹州縣制報導連結。

太祖以統一契丹八部爲大事業基盤，建國後，契丹自族舊八部析置爲十二部（但國舅族升帳列「內四部族後，止十部」），內太祖出身所由的迭剌部氏族集團分五院、六院兩部，卽官制中北面官的北院、南院。又以被征服與契丹族同一生活型態，由血緣發展爲地緣氏族制集團爲根柢的遊牧諸部族，增編八部族，內奚六部的最大部族（其餘部族實質也多以奚人編成），與契丹自族中北院、南院、乙室部合稱四大部族，其長均稱「大王」。聖宗時代，續分舊部族增十六部族，征服圈也以再擴大而以的室韋、女眞（女直）、唐古、敵烈等新置十八部族，合三十四族，連同太祖以來舊有，部族全體到達五四（除國舅族實際爲五二）個之數。

遼朝部族制內層，所謂內四部族的四大帳或四大帳族，成份分別是

太祖耶律氏、耶律氏支配前契丹舊勢力，以及對耶律氏勃興協力最重要的姻族，建國後耶律氏族爲皇族，後兩系統氏族集團自太祖以來也是準皇族的特權階級。計：①遙輦帳（遙輦九帳族，「遼史」百官志一北面諸帳官項遙輦九帳大常袞司條：「太祖受位於遙輦氏，尊九帳居皇族一帳之上」）；②皇子帳，（橫帳三父房族，橫帳謂太祖子孫，「遼史」百官志一北面諸帳官項遙輦九帳大常袞司條：「遼俗東嚮而尙左，故御帳東嚮，遙輦九帳南嚮，皇族三父房北嚮。東、西爲經，南、北爲緯，故謂御營爲橫帳云」），太祖兄弟後裔謂季父房，太祖從兄弟後裔則孟父房、仲父房，合稱三父房（見「遼史」皇子志）；③國舅帳族（太祖先世母系與太祖后述律氏，三氏族集團自太宗賜述律氏「蕭」的漢姓而合姓蕭）；④國舅別部（國舅部族，自蕭氏中獨立成世宗母東丹王妃塔列葛氏。與③同見「遼史」外戚志）。

有別於部族制的帳族、部族、斡魯朵（蒙古語 Ordo，斡耳朵），乃直屬於天子與皇后的御帳組織，中國史籍譯之爲「宮衞」、「宮帳」、或「宮」。意義上非單純君主所居住帳幕而已，所指是君主帳幕的護衞與資以維持此集團私生活的人爲組織全體，包括天子私兵與私有民組織，惟其如此；相當親衞隊任務的同時，也具有經濟生活所繫，歷史上的采邑意味。此一統治的中核組織，自太祖結集心腹自族與漢民，對抗契丹舊勢力成功而創業，最早開端，以後遼朝每逢新天子卽位，都析人、戶成立直屬自身的新斡魯朵，引爲傳統。所以斡魯朵所屬人、戶，與天子連結有私的主從關係，崩駕後仍服侍陵寢（新天子組織新斡魯朵，此亦原因之一）。營衞志上宮衞項序所謂：「天子踐位，置宮衞，分州縣，析部族，設官府，籍戶口，備兵馬。崩則扈從后妃宮帳以奉陵寢，有調發則丁壯從戎事，老弱居守」是也。遼朝全朝代所成立此類斡魯朵，前後爲數共十三：九代皇帝、太祖后與太宗母應天皇太后、景宗后與聖宗

母承天皇太后、聖宗弟孝文皇太弟的十二宮，以及聖宗時大丞相、晉國王耶律德讓（諡文忠）的文忠王府一府，「遼史」中總稱「十二宮一府」。

營衞志（上）總序說明「居有宮衞，謂之斡魯朶；出有行營，謂之捺鉢；分鎮邊國，謂之部族」的「捺鉢」（行帳，Natuch）制度，又堪注目。同志（中）行營項序：「遼國盡有大漠，浸包長城之境，因宜爲治。秋多違零，春夏避暑，隨水草，就畋漁，歲以爲常。四時各有行在之所，謂之捺鉢」，遼朝天子非爲常處京都，係每年按四時季節轉移其巡狩駐蹕地爲特色。每帝春、夏、秋、冬行在所均非相同，且不必每年相同，但均在原野山川間則一。似於流動國都的政務運行狀況，營衞志（中）行營項記載頗明晰：「皇帝四時巡狩，契丹大小內外臣僚並應役次人，及漢人宣徽院所管百司，皆從。漢人樞密院、中書省唯摘宰相一員，樞密院副都承旨二員，令史十人，中書令史一人，御史臺、大理寺選摘一人扈從。每歲正月上旬車駕啓行，宰相以下還於中京居守，行遣漢人一切公事。除拜官僚，止行堂帖權差，俟會議行在所取旨，出給誥勅。文官縣令、錄事以下更不奏聞，聽中書銓選，武官須奏聞。五月，納涼行在所，北、南臣僚會議。十月，坐冬行在所，亦如之」。

契丹如上的遊牧傳統，自紀元一〇〇〇年前後聖宗治世內政整備，遼朝君主權穩固與中央集權體制強化，部族——帳族——斡魯朶的外貌仍然維持，精神卻發生大變化。部族單位於其時大幅的析置與新置，便是以軍事編制與行政區分爲重點，對應農耕人民州縣制基準，而全面予部族制下一般遊牧人民的編制，加以人爲力量改組的結果。所以民族制社會依然，而已由中央任命的常套（總管意味）丞相等部族官統治，國家權力強力滲透氏族內部構造，氏族機能的實際已形消除。帳族原所保有以計可私有隸民部曲爲最大表徵的特權，也於聖宗時被中央收回，而

實質上已與一般部族無異，中央派有諸帳官駐在，「帳族」的名望與地位轉向於單純的榮譽化。斡魯朵的規模也自聖宗時代而縮小，分析既有部族，開放其人戶形成新的部族，對象同及於斡魯朵隸民。聖宗以來新設斡魯朵，且多受繼的便是先帝諸斡魯朵所屬戶之例。所以，斡魯朵構成員性格，漸漸也與部族制下一般人民無異，諸斡魯朵（宮）、捺鉢（行宮）同樣接受中央政府的宮使、都部署院、司控制，入於中央與天子雙重統制之下，對天子私的關係減退，意義已祇附隨了天子權威的裝飾而已。

　　遊牧人民的中央集權化達成同時，長城線外與遊牧社會並存，農耕社會人民的州縣制統治陪伴發生變化。太祖龍興，以招徠漢人來投與安置被俘漢人，初立州縣制，州縣也惟居住漢人，但州縣為數非多。待併滅原係州縣制的渤海國，州縣設置才增加，支配圈內定居生活者渤海人也於人數比例上壓倒漢人，以及准漢人待遇。但長城線外漢人與漢城的單獨性格，仍然強烈，「遼史」地理志一上京臨潢府條：「上京，太祖創業之地，神冊三年城之，名曰皇都，（太宗）天顯十三年更名上京，府曰臨潢。南城謂之漢城，南當橫街，各有樓對峙，下列井肆」，文末，引遼太宗滅後晉之年被俘入契丹，七年後五代後周太祖廣順三年（紀元九五三年），遼朝內関期逃歸漢族中國的胡嶠所著「陷虜記」文：「上京西樓，有邑屋市肆，交易無錢而用布。有綾錦諸工作、宦者、翰林、伎術、教坊、角觝、儒、僧、尼、道士，中國人，並汾幽薊為多」（「五代史」外國傳＜契丹＞的同一說明：「其俗舊隨畜牧，素無邑屋。（阿保機）得燕人所教，乃為城郭宮室之制於漠北，距幽州三千里，名其邑曰西樓，邑屋皆東向，如車帳之法。城南別作一城，以實漢人，名曰漢城，城中屋佛寺三，僧尼千人」）。地理志二東京遼陽府條又記：「神冊四年葺遼陽故城，以渤海、漢戶建東平郡為防禦州，天顯三年升

為南京（太宗天顯十三年改為東京）。外城謂之漢城，分南北市，中為
看樓，晨集南市，夕集北市。……河朔亡命，皆籍於此」。隸屬形態，
蹈襲太祖阿保機自立時直轄漢城的傳統，所成立州縣屬於斡魯朵（崩後
則奉陵邑）。或者，征服戰中所俘掠人戶，允許諸王、國舅自置州縣，
謂之頭下（投下）軍州。此項制度，同自君主權伸張的聖宗以來而性質
全變，一概已由中央配置長官統治（包括頭下軍州由中央定其州名），
而收歸中央管轄之下，諸斡魯朵（或奉陵邑）與頭下州主所保留僅收取
視聽的食邑機能，實質已與太宗以來所領有南面燕、雲十六州純粹漢人
社會中的州縣無異。

　　惟其如此，乃有「遼史」地理志一總序所記：「太宗以皇都為上京，
升幽州為南京，改南京為東京，聖宗城中宗（志三中京大定府條：「中
京，唐萬饒樂都督府。聖宗議建都，選良工於燕薊，董役二歲，鄰郭、
宮掖、樓閣、府庫、市肆、廊廡，擬神都之制。統和二十四年城之，實
以漢戶，號曰中京，府曰大定」），興宗升雲州為西京，於是五京備
焉」，以及依五京配列五「道」，地理志分「道」縷述長城內外一體的
州縣整然規制成立。州的長官為節度使（少數僅置刺史的稱散州），縣
則縣令，京、府（兩者位置合一，惟中京道興中府、東京道黃龍府，非
「京」而單獨建制）為州、縣上位。全國五京，六府（應為七府，地理
志以黃龍府繫於龍州條，百官志為明晰）一五六州，軍（軍州）、城（邊
防城），二〇九縣的此等地方官，「遼史」百官志便統入南面官（漢人
社會）系統，某京左、右相，某京留守行某民尹事以下與知黃龍府、
興中府事稱「南面京官」，某州某軍節度使以下稱「南面方州官」，均
北面官制所無。

五道統轄體制

契丹（奚）本據（遼河以西，唐朝直轄領土）	上京道	上京・臨潢府（今熱河省林東縣，遺址今波羅城）
	中京道	中京・大定府（今熱河省寧城縣，遺址今老哈河左岸察罕蘇巴爾罕(Tchagan Soubourgan)＝大寧城）、與中府（今熱河省朝陽縣，原唐朝營州）
渤海國故地	東京道	東京・遼陽府（今遼寧省遼陽縣）、黃龍府（今吉林省農安縣，原渤海國扶餘府）
燕雲十六州	南京道	南京・析津府（今北平市）
	西京道	西京・大同府（今山西省大同縣）

　　社會的二元性反映於政治面，北面獨有部族官而南面獨有州縣官的判然區別，「遼史」百官志總序亦有「遼國官制，分南北面，北面治宮帳、部族、屬國之政，南面治漢人州縣租賦、軍馬之事。因俗而治，得其宜矣」的明言。又堪注視總序如下關於北面官的說明：「初，太祖分迭剌夷離董爲北、南二大王，謂之北、南院。宰相、樞密、宣徽、林牙，下至郎君、護衞，皆分北、南，其實所治，皆北面之事，語遼官制者不可不辨。凡遼朝官，北樞密院視兵部，南樞密院視吏部，北、南二大王視戶部，夷離畢視刑部，宣徽視工部，敵烈麻都視禮部，北、南府宰相總之。惕隱治宗族，林牙修文告，於越坐而論議以象公、師」。所以，遼朝官制中的北、南樞密院均北面官，也非南樞密院職司漢人兵馬之事。南面官制中另有漢人樞密院掌漢人軍政，與中書省、門下省同列南面朝官之首。但「掌佐理軍國之大政」的北、南府宰相惟北面官，南面官制所無，可以瞭然，政治權力仍然掌握在北面，遼朝二元體制的根底仍是一元主義。

　　於此，兩項事象於了解遼朝政治爲重要——

其一，契丹族遊牧傳統，女子同具軍國之事發言權，太祖之后與東丹王、太宗之母應天皇太后，非祇機謀知兵又直接統軍，對太祖開國助手極大，也是繼太祖之位捨東丹王而立太宗的決定人，自身且便於太祖之崩（七月）至太宗登位（翌年十一月）一年餘空位期間稱制攝政。太宗崩於自汴京北歸途中而世宗自立，北方系一度另立天子對抗也出自這位女中豪傑正面支持。半世紀後遼朝國勢登上隆盛巔峯，關鍵君主聖宗乃幼年卽位，治世前半均其母景宗之后承天皇太后攝政，屆統和二七年逝世聖宗始親政，所以聖宗偉業，基礎實由這位偉大女性政治家奠立。歷史上北亞細亞遊牧民族共通的族外婚習俗下，契丹族與帝室世代互結婚姻的蕭氏諸氏族集團，便因帝、后權力相埒，又係太祖自立期最親密支援力量，而國舅帳族地位與皇族平等，以及如「遼史」外戚志序所言：「（蕭姓）三族世預北宰相之選」。則國舅或外戚蕭姓之於遼朝，依其尙「北」傳統，權勢毋寧且超過世預南宰相之選的耶律氏自身皇族。

其二，遼朝執政的最大勢力北（府）宰相，國舅族以「世預其選」而最容易居此重任，學界曾據「遼史」紀、傳統計，除缺太宗、世宗兩代資料外，全朝代餘七代天子之世共四八人，蕭姓佔其五分之四的三八人，堪資印證❶。但由此統計，也明瞭世選非與獨佔限必蕭姓同一意義。而特別拔擢的非蕭姓北（府）宰相十人中，耶律氏一人、世系不詳一人，均遼初，餘八人俱漢人：景宗時室昉，聖宗時耶律隆運（賜姓，原姓韓，名德讓）、劉愼行，道宗時陳留、姚景行、楊績、耶律孝傑（賜姓，原姓張）、楊遵勗，爲堪注目。韓德讓由南府宰相改北府宰相，再升爲之特設的大丞相，賜國姓又賜名，位親王上而籍隸橫帳季父房，卒，「擬諸宮例建文忠（諡號）王府」，便是「遼史」營衞志列擧天子

---

❶ 據姚從吾「說遼朝契丹人的世選制度」遼史上歷朝所任北府宰相（北宰相）
　一覽表（「東北史論叢」上，第三〇三至三一二頁）。

宮衛（斡魯朵）「十二宮一府」斡魯朵之一，尤非一般皇族或國舅得享的榮典。南（府）宰相的約略統計共五七人，內皇族四帳三二人、國舅蕭姓八人、渤海一人，餘一六人也均漢人[12]（包括原李而其父仲禧以來賜國姓的耶律儼）。

遼朝勃興之初重用漢人，印象爲至鮮明，黃金時代的太平盛世，漢人勢力仍佔如宰相統計所見的比重，含意已非簡單。第一：北面制、南面制至聖宗以來整然判別，可知純粹視支配對象而區分的統治方式，非附着任官的屬地主義。州縣南面制長官頗多契丹人充任，爲學界所共知，現又知北面官，抑且是國政首腦部的北、南宰相，相對也多漢人擔當，以及漢人甚多獲賜耶律國姓的事實所指示，漢人於遼朝歷史的政治份量，自始至終未減，已十分明白。第二：文化影響更超過了政治。太宗時代定國號爲「遼」，漢族色調濃厚，聖宗即位而承天皇太后攝政之初的統和元年（紀元九八三年），因之回復以「契丹」族名爲國號，但歷興宗至道宗咸雍二年（紀元一〇六六年，宋朝仁宗次代英宗時），國號終仍採用「遼」字，以迄遼亡，可爲舉證。契丹或遼朝，自太祖開國便已警覺簡樸的遊牧社會如果快速全盤漢化，高文明生活以無歷史基礎而其缺陷遠較優點容易被感染，創製契丹文字以至換回「契丹」國號等舉動，無非都是漢人勢力與漢族文化影響力壓倒自身傾向愈益明顯時，苦心的意識上防衞作用。然而，國家百年盛運期展現，一切苦心均化流水。「遼史」地理志上京、中京、東京三道開列州縣名下，多數說明聖宗以來增置，以及百官志載南面官制中，府、州、縣各有儒學而設博士、助教之官，都是方向的具體指標。抑且，文獻記錄此時期的諸帝自身，又堪注視都是：聖宗「幼喜書翰，十歲能詩。旣長，精射法，曉音律，好繪畫」；興宗「善騎射，好儒術，通音律」；道宗更是累召儒臣講解經

---

[12] 據同上註六（同書，第三三六至三三七頁）。

書（均見「遼史」本紀）。

　遼朝文化重要遺產，熱河省白塔子（遼朝慶州址）慶陵的科學調查，契丹文、漢文哀册乃有關契丹文字解讀的關鍵，總稱慶陵中東陵（聖宗陵）出土豐富的繪畫資料，特別是墓室與壙道壁面，總數七〇以上模寫實在人物且等身大的立像人物畫，文官、武人、樂人、漁夫、婦人等各色各樣，　服裝又契丹服與漢服俱見，　以及中室四壁四巨幅「四季山水圖」山水畫，描繪春、夏、秋、多景觀與鳥獸生態，均壁畫的優秀作品，卻已全然漢式技巧。陶瓷器藝術相似，中國東北域內多量此類遺物與窯址發見，　自其代表性的雞冠壺、　遼二彩、三彩、　長壺等造形與構圖見出，也莫非都是漢族中國精緻作品的模倣，遊牧民族固有的素樸感覺盡失❸。

　漢人的宗教信仰佛教，也正充沛浸潤契丹社會精神領域，影響契丹族原與北方歐亞大陸其餘遊牧・狩獵民族相同的固有薩滿信仰退縮。佛寺陪伴太祖與築城邑供移住契丹之地的漢人安居，已有建造，自是佛教信仰洶湧輸入。歷代諸帝的熱心獎勵，佛塔、佛寺興建發達爲國家事業，益益自漢族中國招攬僧尼入境，上京於五代後漢——後周之交僧尼數已聚至千人。小名文殊奴的聖宗以來，歷興宗、道宗都是虔誠的佛教皈依者，契丹佛教於此百年間到達最盛期，「遼史」道宗紀贊「一歲而飯僧三十六萬，一日而視髮三千從」的記載，盛況可見。佛典也於此期間大量刊行，著名的契丹大藏經雕印便自道宗清寧五年（紀元一〇五九年）。山西・河北北部舊燕雲十六州之境與東北域內，遺留今日的佛塔、佛寺殿閣，也多於此時期營造，規模且均宏偉。山西省大同上華嚴寺大雄寶殿乃高三公尺以上的基壇上，所聳立正面九間（五四公尺）、側面五間

❸　遼朝藝術品解說，取材自誠文堂新光社版「世界史大系」⑧東アジアⅡ第九七頁。

（二六・五公尺）的雄大建築物；同省應縣的佛宮寺釋迦塔爲中國現存最古木塔（紀元一〇五六年？），八角五層，全高及於六〇公尺❶。磚塔則上京城址（波羅城）、中京城北（大寧城）等長城線外遼朝州縣城邑址中多有發見，慶州城址（白塔子）的八角七層塔白塔，係其代表作；遼寧省義縣城內奉國寺大雄寶殿，又是九間五面的豪壯巨構另一例，以及東北域內所知最古的木造建築❶。石彫、磚彫、木彫的種種佛像・菩薩像，自諸佛教遺蹟中衆多發見，又是研究遼朝彫刻藝術的上好資料，並加深直結漢族中國藝術的印象，可能這些佛教藝術者，如同佛寺、佛塔抑且城邑建築工匠們，直接都來自漢族中國。所以，遼朝佛教思想、佛教文化全由漢族中國移殖而中國化，較之同時代西夏國佛教以地緣、種族關係，也受西藏佛教影響，大有區別。

考古學上了解遼朝物質・精神文明的快速提昇，與文獻記錄正相符合，此一現象自是可喜，相對卻不自覺步上了不克自拔的自壞之途。遼朝經濟，畜牧經濟維持契丹人自身生計，國家財政端賴農耕經濟，以及漢人的各種產業經營。澶淵之盟以來遼──宋貿易旺盛，都市中流通經濟活潑，「遼史」地理志一上京條：「南門之東回鶻營，回鶻商販留居上京者，置營居之。西南同文驛，諸國信使居之；驛西南臨潢驛，以待夏國使」，與西方國家間貿易頻繁又可見。「城南謂之漢城」，則城北便居契丹人，以及契丹人同樣已習慣都市生活，也爲瞭然。一般契丹自族於長期太平盛世中，見異思遷放棄低水準畜牧生計者多，已是槓桿平衡力的喪失，而國富增大時皇室奢靡、浪費、頹廢之風高揚，特別是對佛事功德的揮霍無度與大興土木，再充裕的財政也會窘迫。値此惟漢人

---

❶ 島田正郎「遼の社會と文化」，第五八頁。

❶ 誠文堂新光社版「世界史大系」⑧東アジアⅡ，第九四、第九六兩頁附圖說明。

佔經濟優勢而遊牧人民漸墮貧乏化之際，道宗的佛教狂信也到達極度，基於佛禁殺生的理念而竟斷然限制狩獵，反常的絕滅遊牧人民根本生業之一。另一方面，都市發達，羣牧制國家牧場劃割改置的州縣數不斷增加，反面意義，也是相尅性州縣不斷壓迫國家牧場，同自道宗之世，因之牧地已形狹隘，入次代其孫天祚帝時代，終於繼再出現遼朝以遊牧民族發跡，其時國家軍馬之數居然感到不足的事象。遼朝盛極而衰以致滅亡，這些都是原因。

天祚帝已係遼朝末代天子（宋朝當英宗、哲宗、神宗之後的徽宗時代），東北境內原役屬的女眞族完顏部正以一日千里之勢發展，完顏部酋長阿骨打建國稱「金」，登位爲金太祖（紀元一一一五年，遼天慶五年，宋政和五年）前後，頻頻向遼無情挑戰。遼朝國勢江河日下，遼河流域土地與東京以下州縣全行淪失於金。久與遼朝保持和平狀態的宋朝趁機圖恢復燕雲十六州，約金大舉夾擊遼朝，金兵以得鼓勵而愈氣勢如虹，連拔遼朝上京、中京、西京，宋軍約定自行攻略的南京（遼末改名燕京）卻久戰不下，仍由金軍回師攻取。五京全陷於金，日暮途窮的遼朝天祚帝西走綏遠方面，投奔屬國西夏，西夏已改附於金，捕俘天祚帝以獻（紀元一一二五年，金天會三年，遼保大五年，宋宣和七年）。傳世九代的遼朝，存續二一〇年，至是而亡。

遼朝世系圖（括弧內漢名）

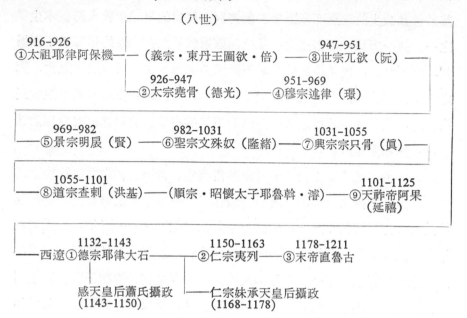

（八世）

916-926
①太祖耶律阿保機——（義宗・東丹王圖欲・倍）——947-951
③世宗兀欲（阮）

926-947
②太宗堯骨（德光）——951-969
④穆宗逃律（璟）

969-982
⑤景宗明扆（賢）——982-1031
⑥聖宗文殊奴（隆緒）——1031-1055
⑦興宗宗只骨（眞）

1055-1101
⑧道宗查剌（洪基）——（順宗・昭懷太子耶魯斡・濬）——1101-1125
⑨天祚帝阿果
（延禧）

1132-1143
西遼①德宗耶律大石——1150-1163
②仁宗夷列——1178-1211
③末帝直魯古

感天皇后蕭氏攝政
(1143-1150)

仁宗妹承天皇后攝政
(1168-1178)

「遼史」本紀最末篇天祚皇帝四的後半，所記已係遼朝滅亡後，再興遼朝意味的西遼事跡，歷史舞臺也已轉移至中亞細亞。記錄敍創業主耶律大石「字重德，太祖八代孫也。通遼、漢字，善騎射，登天慶五年進士第，擢翰林應奉，尋陞承旨」，於遼興軍節度使任內，遭遇金兵日逼，天祚播越的國家大變故。遼朝五京盡陷於金，土崩瓦解的滅亡前一年（紀元一一二四年），率部份追隨者西奔，以天山門戶西州（高昌）回紇的服屬爲事業起點，沿天山山脈降柯耳魯（葛邏褚），侵入伊犁河谷，回紇系西卡拉汗朝君王讓位，而耶律大石登帝位，「遼史」之言是：「號葛兒汗（Gur-khan），復上漢尊號曰天祐皇帝，改元延慶」，是爲德宗，其年代通說繫於紀元一一三二年（南宋高宗紹興二年）。恢復遼朝的雄圖實現，中國史書對此新國家的名詞稱之「西遼」，回教史家筆下則「黑契丹」（Kara-khitai）。國都建立於碎葉地方斐羅將軍城（Balasaghun

或 Balgasun），號虎思斡魯朶（Hus Ordo）。自此南下擊潰突厥系塞爾柱朝大軍（紀元一一四一年，撒馬爾罕）而征服中亞細亞，折向東囊括東卡拉汗朝新疆之地，國都建立於原西卡拉汗朝本據吹河南岸八拉沙袞（Belasagun，原唐朝西突厥本據）而名虎思窩爾朶（Gus-Ordo，今托克馬克 Togmak 附近）。第二代仁宗，又壓迫代塞爾柱朝而勃興的花剌子模（Khoarizm）朝從屬。第三代末帝時，人類歷史最大征服者蒙古成吉思汗已如烈日騰昇，被滅亡的西遼背後準噶爾盆地突厥系乃蠻部太陽汗之子屈出律逃亡至西遼受優遇，未料竟陰結花剌子模，篡奪末帝之位而西遼領土被瓜分。西遼歷三帝（次代仁宗幼時母蕭后攝政，歿後同母子幼而由妹普速完攝政，實際須是五代）八〇年而滅亡（紀元一二一一年，南宋寧宗時）。屈出律的政權與花剌子模國家，也被追踪壓來的蒙古勢力先後消滅。

十二世紀西遼制霸亞洲西方，領有土地範圍的廣大，足與同時期東方金朝與南宋相匹敵。東洋史學界對之的歷史評價，非祇國勢強盛而已，尤所注意係西方史料嘆佩其以極少數的征服者人數，卻博得如此廣域內所征服人民普遍歡迎而強大的原因[16]：其一，軍政兼徵稅官的駐在諸屬國，任務僅在收取貢納，而且每一家戶負擔至為輕微，不干預內政，禮遇其國王；其二，國內公用語乃契丹語與漢語，卻仍容認屬國與被征服人民間的突厥語語言使用；支配集團自身宗教信仰乃佛教，也仍對當地宗教持寬大態度，並未強制性改變或影響領域內原住民社會生活形態。則立於中國史立場，更注意的母寧是中國文化（漢化了的契丹文化）、佛教文化，以西遼立國而一度携入突厥，回教文化潮流中的歷史事態，雖然這些被携入的文化要素仍然被沖毀。

---

[16] 回教史料與西洋著作中說明，轉引自江上波夫「北アジア史」，第八四頁；島田正郎「遼の社會と文化」，第一三頁。

女眞・金朝──中原化快速變容者

興亡列中國正統朝代之一的金朝，以東北地方土着民族女眞人而進
出長城以南，佔領黃河流域，支配北半個中國，其朝代性格，如同前時
代的遼朝，爲中國歷史上第二個征服朝代。其係漢族以外，也依漢族標
準爲低文化水準的異民族，憑武力征服漢族，國家制度與社會組織的複
雜性，以及原圖保持其固有的部族制，結局卻不能自主的向漢族社會順
調發展，也與遼朝契丹人同一路線。征服者的武力向被征服者的文化低
頭，以至消滅自身歷史的進程，金朝於時間上且遠較遼朝爲快速，朝代
壽命的存續僅及遼朝之半。

「女眞」的名詞，自渤海國滅亡於遼朝後，始自文獻中出現。「女
貞」、「女眞」等都是同字異寫，「遼史」雖謂避與宗諱（宗眞）而「女
眞」字樣自此改書「女直」（以及再訛爲「女質」），實則都是同一的女
眞語 Ju-chen 或 Niu-chin 發音翻譯。女眞語此詞原義，考定係爲「民
衆」，所以史學界多謂便是「渤海國遺民」之意，以與「女眞」名詞的
起源連結。如此解釋，恰當否未知，但其係渤海國舊領內所住隋・唐時
代靺鞨種族的後身，則可確知，雖然也非建設渤海國的靺鞨一系（粟末
靺鞨），而係勢力原與對立，最後才歸屬的黑水靺鞨。「金史」太祖紀一
便說明：「金之先出靺鞨氏，靺鞨本號勿吉；勿吉，古肅愼地也。元魏
時勿吉有七部，隋稱靺鞨，而七部並同。唐初有黑水靺鞨、粟末靺鞨，
其五部無關。粟末靺鞨始附高麗，李勣破高麗，粟末靺鞨保東牟山，後
爲渤海，稱王，傳十餘世。黑水靺鞨屬肅愼地，開元中來朝，置黑水
府，以部長爲都督、刺史，置長史監之。其後渤海盛強，黑水復屬之，

朝貢遂絕。五代時，契丹盡取渤海地，而黑水靺鞨附屬於契丹。其在南者籍契丹，號熟女直，其在北者不在契丹籍，號生女直。生女直地有混同江、長白山，混同江亦號黑龍江，所謂白水、黑山是也。」原黑水靺鞨由是依南、北分佈位置，以及是否收編入契丹直接治下，而區分熟、生女眞。「遼史」中的熟女眞，聖宗時代以來且平等的與契丹自族並列五四部族北面制，又依住地而各別賦有回霸女眞、黃頭女眞等名稱，最遠移住遼東半島的則曷速鈷（合蘇款）女眞。偏北方面則未在五四部族之數，因之謂爲生女眞，「生」字自也含開化程度的意味。

　　依於此，當可指示，自熱河蒙古發跡的遊牧民族契丹，建立遼朝又併滅渤海國後的勢力，並未向東北境域的中、東部森林、沃野地帶充分浸透。十世紀末聖宗嗣位後遼朝勢力最盛期展現，生女眞雖也同已穩定役屬，責成貢納，支配方式仍異於熟女眞，聖宗次代興宗以來，模倣唐朝羈縻體制而由當地酋長世襲生女眞部節度使，簡言之，統制力仍然鬆懈。結局，新勢力便出現於統制力始終鬆弛，東北域內森林、沃野地帶半狩獵、半農耕、半遊牧的通古斯系種族生女眞部。

　　生女眞向呈一個個分立的零散小政治集團，完顏部、烏古論部、徒單部等是其中十餘個較大部落。新興生女眞的中心勢力，乃以今哈爾濱東南阿城地方爲本據，住居於遼‧金時代混同江（今日松花江）的支流按出虎水（今日阿勒楚喀河或阿什河）流域的完顏部。十一世紀中遼興宗之世，以控制上方便於生女眞部統一設置節度使，而此職授予對象便是完顏部酋長，已能明顯反映完顏部勢力的膨脹。自是歷父、子、孫三世、六代節度使，至阿骨打繼任的前後過程中，已實質完成全有中國「東北」東部、蘇聯沿海州、東北朝鮮咸鏡道的廣域生女眞諸部落統一領導。

　　阿骨打時代，遼朝已是天祚帝治世。遼朝帝室因盛世奢靡，而腐

化，而浪費，而向服屬部族需索無度，生女眞部以其統制範圍不斷擴
大，資源不斷充裕，尤成遼朝榨取對象。長年累月高壓下，生女眞部表
面恭順而內心憤懣，蓄積的反抗意識至阿骨打接替領導時，終於爆發。
紀元一一一三年，生女眞部脫出遼朝束縛而獨立實現，阿骨打自稱都勃
極烈，翌年猛攻來流水（今日拉林河，阿什河西與之並行的松花江另一
支流）畔遼朝直轄領土東北隅寧江州（今日哈爾濱西南，舊名伯都納的
吉林省扶餘縣）的壞滅性打擊，女眞人已把握全面勝利契機，也奠下了
光明國運的奠石。二次世界大戰前發見追記此役，述阿骨打與遼軍決
戰前在拉林河畔山丘，以勝利祥瑞顯現而勉衆戮力經過的「大金得勝陀
碑」，係其孫世宗重莅故戰場緬懷乃祖其事而建（大定二十五年，紀元
一一八五年）❶，莊嚴的開國紀念碑意味。石碑現仍存扶餘縣，石高一
二・四公尺，寬約一公尺，碑面漢文，碑背女眞字❷，今日已係研究女
眞文字的完整資料。

　　寧江州之役後，遼朝北邊諸州相繼淪陷，翌年紀元一一一五年（遼
天祚帝天慶五年，宋徽宗政和五年），時年四八歲的阿骨打正式於本據宣
言建國，登皇帝大位，建元收國，國號「金」。國號由來，歷史界通常
接受「金史」地理志上（上京路項）的解釋，指爲完顏部本據松花江支
流阿什河，亦卽阿勒楚喀（Altchoucon）河的女眞語漢譯，謂阿什河盛
產金砂，女眞語河名卽「金」的意味，卻是，女眞的「眞」字便與「金」
同音，可能是更直截的猜測。遼朝最大叛亂發展至此已不可收拾，驚惶
的天祚帝動員全國兵力，號稱七十萬人，於阿骨打稱帝爲金太祖後親
征，遭遇的反而是鴨子河（㲼剌河）會戰大敗，金軍長驅陷黃龍府（今
日吉林省農安縣）。翌年再陷遼朝東方統治最重要據點東京遼陽府，以

----

❶　有高巖「概觀東洋史」，第三二○頁。

❷　人物往來社版「東洋の歷史」⑥宋の新文化，第二三三頁注。

席捲之勢盡行驅逐遼朝的中國「東北」勢力，遼軍於新興女眞軍銳厲攻勢下完全喪失抵抗能力。隔四年的金太祖天輔四年（紀元一一二〇年），遼朝上京陷落，六年，中京陷落，西喇木倫河、克哈河流域易手。金軍西移時，遼朝西京繼又陷落，南京（遼末改名燕京）依宋——金軍事同盟由宋軍攻略而失敗，同年（紀元一一二二年，金天輔六年，遼保大二年，宋徽宗宣和四年）底，金軍應宋邀續陷燕京，燕、雲十六州除燕京與其南六州以外之地也全入金朝。而燕京與六州，地雖移交宋朝，城中財物、居民已全數遷入金朝領域。太祖於翌年北歸途中崩，弟太宗繼位第三年，逃亡西夏國域內遼朝徒存名義的末代天子天祚帝，以西夏投降金朝被出賣，捕送金朝，遼朝名實俱告滅亡。

金朝大事年表

```
1114年・女眞人破遼
1115年・阿骨打稱帝
1118年・宋約金同盟攻遼
1119年・女眞文字制定
1122年・陷燕京，遼五京俱沒
1125年・滅遼
1126年・陷開封，翌年，北宋亡
1142年・宋——金和議，宋稱臣，定國境線（1165年新和議成，君臣關係
        改爲叔侄）
1153年・遷都燕京
1206年・（蒙古成吉思汗卽位）
1215年・蒙古陷燕京，金遷都開封
1234年・蒙古滅金
```

翌年紀元一一二六年（金太宗天會四年，宋欽宗靖康元年），金軍大舉南伐，年末，下汴京開封，宋朝纔於上年受父內禪嗣位的欽宗與太上皇徽宗，翌年初被俘北去，北宋亡。黃河以北收入金朝領土範圍，另劃

河南、陝西方面佔領區成立傀儡國家楚國短命結束，三年後續改建齊國，與江南重建宋朝的南宋間，設定緩衝地帶。金朝自建國以迄連滅遼、北宋兩大國，前後時間僅十二年，雄飛衝力堪謂驚人。

扶植宋朝降臣成立傀儡國家，於金朝續對宋朝江南政權攻擊，展開激烈戰鬥時，發見其統治無力化祇有礙事，而於金朝第三代熙宗時代斷然廢除齊國，直接併合此地區（紀元一一三七年）。五年後的皇統二年（紀元一一四二年，宋高宗紹興一二年），金朝軍事優勢壓迫宋朝接受的和平條約確定成立，主要內容：①兩國以東自淮河，西至大散關（陝西省寶雞縣）的一線為境界，②宋向金稱臣，並尊金為伯父，③宋向金歲貢銀二五萬兩、絹二五萬匹。大領土發展到達全有原契丹人舊領土與淮河以北半個漢族中國的金朝，屆於其時，又自滅遼前後的太宗時代，西夏、高麗先後已臣事金朝之外，增加了宋朝皇帝執臣下之禮。金朝睥睨東亞，君臨諸國的態勢鑄定。

金朝初建，帝位的波動如同遼朝之初。太宗繼太祖之位，仍蹈襲遼授節度使以來完顏部酋長繼承傳統的兄終弟及法則（太祖節度使之位亦承襲自兄，兄位受於其叔），太宗預立其姪孫（太祖之孫）第三代熙宗為繼承人諳班勃極烈，已係諸有力勃極烈壓力下，「太宗不能拒」（「金史」世紀贊宗翰語，以及宗翰傳、熙宗紀）的結果，第四代海陵庶人更是弒從兄熙宗自立，第五代世宗也以廢從弟自立。朝代基礎穩定表徵的帝位波動結束，係在世宗之世，正同於遼朝的須待聖宗嗣立。然而，第一，不必如遼朝的隨聖宗之立而出現第二發展期，金朝東亞主導權便於帝位波動期確立，相互間為無影響。第二、女真族加劇漢式文明化，也提前已自帝位波動期展開，而且倒反使與第三代以下帝位波動發生密接關係，每一次帝位不正常轉易，代表的正是漢化水準昇高一層的標誌意味——

　　建國前的女眞族，各部酋長稱孛菫（通古斯語 Bogin、Bekin 對音，首領之意❸）。獨立運動發端，由太祖自身捨棄上年承襲遼朝所授節度使之位，改稱孛菫名詞轉化❹的「都勃極烈」爲始，兩年後正位皇帝建金朝，設定中樞架構時，乃有各種名稱的勃極烈（女眞語 bekilembi）制度正式制定，「金史」太祖紀收國元年條：「正月壬申朔，羣臣奉上尊號，是日，卽皇帝位。……十月戊辰，以弟吳乞買（太宗）爲諳班勃極烈，國相撒改爲國論勃極烈，辭不失爲阿買勃極烈。癸巳，以國論勃極烈撒改爲國論忽魯勃極烈，阿離合懣爲國論乙室勃極烈」，係此最早官制，性格雖簡單，卻保存女眞色彩仍濃的官制成立時間，以及概以宗室皇族任命的說明。但當征服事業以驚人速度展開，土地擴張，人民激增，支配民族包含熟女眞、渤海、契丹、漢人的成份與其多元化傾向愈益明朗，國情愈益複雜，原來專爲統治女眞人而制定的勃極烈簡單官制已不能適應國情。所以「金史」有「太祖入燕京，始用遼南、北面官僚制度」（劉彥宗、劉企先等傳贊）的特筆，祇是尚僅權宜的參用漢官與漢制，而且太祖平燕後卽崩，四年後次代太宗天會四年（紀元一一二六年）才是漢式尚書省以下官司正式建制之年，與勃極烈制度並行，遼朝模式的二重支配體制成立。隔九年的天會一三年（紀元一一三五年）太宗駕崩，熙宗繼位時，便決然全廢勃極烈制，一元化模倣宋朝制度，單一採行漢式的所謂新官制，再十多年後次代海陵庶人以來，一元化官制愈堅實推行。「金史」百官志序對此的綜合記錄是：

　　「其官稱皆稱曰勃極烈，……其部長曰孛菫，統數部者曰忽魯。凡此，至熙宗定官制，皆廢。其後惟鎭撫邊民之官曰禿黑烏魯國，之下有掃穩脫朶祥穩，之下有麼忽習尼昆，此列具於官制而不廢，皆踵遼官名

❸　及川儀右衞門「滿洲通史」，第一七一頁。
❹　同上，同頁。

也。

「漢官之制，自平州人不樂為猛安、謀光之官，始置長吏以下。（太祖）天輔七年，以左企弓（遼大臣）行樞密院於廣寧，尚踵遼南院之舊，天會四年建尚書省，遂有三省之制。至熙宗頒新官制，及換官格，除拜內外官始定勳封食邑入銜，而後其制定，然大率皆循遼、宋之舊。

「海陵庶人正隆元年罷中書、門下省，止置尚書省。自省而下，官司之別曰院、曰臺、曰府、曰司、曰寺、曰監、曰局、曰署、曰所，各統其屬以修其職。職有定位，員有常數，紀綱明，庶務舉，是以終金之世，守而不敢變焉」。

漢化政治兩位最大的熱心者都是歷史界所指證暴君，為頗有興味。「金史」熙宗紀贊：「末年酗酒妄殺人」，海陵紀贊：「屠滅宗族，翦刈忠良」，趙翼「廿二史劄記」金初父子兄弟同志篇整理「金史」資料也說明：「宗磐、宗雋、撻懶等相繼以謀反誅，帝（熙宗）亦酗酒，以疑忌殺其弟查剌。海陵又手弒帝而奪其位，遂殺太宗子孫七十餘人，宗翰、宗弼子孫三十餘人，斜也子孫百餘人，諸內族又五十餘人，草薙株連，幾無噍類」，特別對於後者，趙翼之書且專撰海陵荒淫、海陵兼齊文宣隋煬帝之惡兩篇，益顯其惡名昭彰。此與同書金代文物遠勝遼元篇所記：「熙宗謁孔子廟，追悔少年遊俠，自是讀尚書、論語、五代史及遼史，或夜以繼日。海陵嘗使畫工密圖杭州湖山，親題詩其上，有立馬吳山第一峯之句；其中秋待月，賦鵲橋仙詩，尤奇橫可喜；又嘗令鄭子聃、楊伯仁、張汝霖等，與進士雜試，親閱卷，子聃第一，是並能較文藝之工拙。計熙宗登極時，年僅二十餘，海陵當宗弼行省時，已在其年前，則其習為詩文，尚在用兵開國時也。按宗幹延張用直教子，海陵與其兄充皆從之學，事在天眷之前」的性向，似乎極不調和而矛盾，卻堪重視，正是金朝立國短短三、四十年間，便由政治帶動全盤漢化的強勁

突破力量，暴虐，也可解釋之為突破舊傳統時不得已的形式。

　　建國當時的女眞人，比較契丹的場合，漢化程度原遠為偏低，但女眞人係半農耕民族，容易接受漢化的條件先已具備。太祖、太宗創業過程以得漢人協力而加速擴大佔領地，大規模接觸漢族與漢式生活時，漢化速度與其傾向的增大乃為必然。第一代太祖已取漢名旻，兩同母弟次代太宗漢名晟，斜也漢名杲，已見端倪。所以熙宗果斷實現以天子權威為基調的漢式中央集權體制，原係順理成章，祇是時間太過提前，由宗室所代表建國以來女眞人有力者保守勢力不易適應，強力與熙宗行動對抗之勢乃告形成，便是所謂「謀反」。巨大阻力下強行轉換局面成功，是海陵庶人的敢作敢為挺身登場，弒殺以政治失望淪入自暴自棄之境的堂兄熙宗，取代帝位後，對持反對革新立場的皇族保守勢力放手大彈壓。障礙以無情殺戮一舉全滅，通往漢式君主專制國家的坦途終於豁然暢開，宗室壟斷政治的舊傳統廓清。金朝國初以來蹈襲的遼朝北、南面官遺例，至是也完全脫卻外殼，向漢制一元化固定。

　　海陵庶人大膽的革新運動另一面，在於遷都。金朝發源地今日阿什河畔吉林省阿城縣白城遺址，太祖建都時稱會寧州，太宗升府，熙宗頒行新官制同時又置為上京（見「金史」地理志上。上京路項會寧府條），合接收自遼朝，也仍遼之舊的東京（遼陽府）、中京（大定府）、燕京（南京析津府的遼末改名）、西京（大同府），恢復遼朝五京制度（原遼朝上京府，止稱臨潢府）。「金史」地理志上上京路項說明「國初稱為內地」的開國以來國都與女眞族勢力淵源的上京，海陵庶人直截便以係舊勢力巢穴而斷然捨棄，貞元元年（紀元一一五三年）正式移建國都至擴建了的燕京，易號中都與大興府，原中京改北京，增汴京為南京（開封府）。並「削上京之號，止稱會寧府，稱為國中者以違制論」（同志同條語），海陵紀正隆二年條八月「罷上京留守司」後的記事且是：「十

月壬寅，命會寧府毀舊宮殿、諸大族第宅，及儲慶寺，仍建其地而耕種之」。以五京以及十四總管府爲統制中心，全國十九路地方行政區劃，由是設定。世宗大定十三年雖仍回復會寧府上京之號，國都已固定建設於中都。所殘留已祇祖宗發祥地的崇敬意味而已。

惟其如此，「金史」百官志、地理志所記金朝一元化政治制度，立腳點全建立於海陵庶人治世，非皇族女眞人與漢人廻翔於中樞最高層位間，也自此時始，特別如「金史」列傳所見漢人重臣的比重。但須辨明，遼朝已視渤海人爲漢人，金朝「漢人」範疇又包括了原遼朝契丹人，「金史」列傳人物頗多耶律、蕭之姓，而百官志序記錄章宗明昌四年的官數統計，「見任官萬一千四百九十九，內女直四千七百五員，漢人六千七百九十四員」，卻便祇簡單的兩分法分類。「廿二史劄記」金元俱有漢人南人之名篇，也具類似記載：「金、元取中原後，俱有漢人、南人之別，金則以先取遼地人爲漢人，繼取宋河南，山東人爲南人；元則以先取金地人爲漢人，繼取南宋人爲南人。金史完顏勗傳：女直無文字，及破遼獲契丹漢人，始通契丹漢字，此以遼地爲漢人也（「金史」文藝傳序：「太祖既興，得遼舊人用之，使介往復，其言已文」）。賀揚庭傳：世宗謂揚庭曰，南人礦直敢爲，漢人性姦，臨事多避難。異時南人不習詩賦，故中第者少，近年河南、山東人中第者多，殆勝漢人，此以河南、山東人爲南人也」（類似的世宗之言，也見諸「金史」世宗紀大定二三年六月條，惟「漢人」縮小所指對象爲「燕人」：「燕人自古忠直者鮮，遼兵至則從遼，宋人至則從宋，本朝至則從本朝，其俗詭隨，有自來矣。雖屢經遷變，而未嘗殘破者，凡以此也。南人勁挺，敢言直諫者多，前有一人見殺，後復一人諫之，甚可尚也」）。南人與已包括了契丹人的漢人並無實質上區別爲可了解，而女眞人自身，卻也正追隨契丹人登入向漢人認同的準備期，且其進程的明朗化便在海陵庶人

次代世宗時代。

　　海陵庶人源於醉心漢族文化，以激烈手段快速由女眞人之國改造爲中原國家成功，雄心萬丈圖續併吞南宋，名實相符的天下一統而君臨四海。正隆六年（紀元一一六一年），國都自中都大興府再南移南京開封府，不顧國內一切反對也以殺戮鎮壓反對（皇太后與大量大臣）並示威（留在金朝的被滅亡遼朝耶律氏、宋朝趙氏一百卅餘人），無理由且無必要的傾全國力之，徵發三二總管合六〇萬兵力，號百萬，大舉親征，侵略南宋。而便以舉國騷動，人心惶惶，南伐的國際問題逆轉爲國內問題，矛盾立卽表面化，從河北到東北，漢人、契丹人叛亂先後蠭起，被迫征行而紛紛逃亡的女眞兵、將又滙集爲數萬人大部隊，奔回東北本據。再度屠殺宗室而海陵庶人叔父之子，在任東京留守曹國公烏祿亦列名其間的消息適時傳出，驚懼的烏祿鋌而走險，受北歸女眞軍人與在地女眞人擁立，於遼陽自立爲帝。國內混亂局面已成之際強行攻擊南宋的海陵庶人，當大軍推進至長江沿岸，軍心渙散的前鋒在采石磯（今日安徽省當塗縣）初次受挫，海陵庶人便在揚州大本營中遇弒。聞訊的烏祿自東京遼陽府抵中都京師正位，是爲金朝第五代世宗，是年正隆六年改元大定元年。

　　世宗收拾海陵庶人冒進殘局，對於伐宋，整軍製造戰局優勢後，卽行中止戰爭，壓迫宋朝講和，卻是給予宋朝有利條件，相對也反而是戰勝方面金朝讓步的狀況下，成立和議，南征軍引還。便是對方同係賢主孝宗在位，紀元一一六五年（金大定五年，宋乾道元年）的金——宋第二次締盟，從更君——臣·伯——姪關係降低至叔——姪關係，歲幣數額也減輕二成（改爲銀二〇萬兩，絹二〇萬匹），自是立定金——宋關係迄於金末國際形勢激變時的和平敦睦基礎。對內因對處和平實現而充分休息，努力培育政府與人民間的感情，肅正政治，行政簡素化，整頓

財政、經濟，緊縮宮廷費用，寬刑，整理耕地，獎勵農事，博得國內小堯舜美譽，以大定為年號的二九年也係金朝至治之世。世宗無愧中國歷史上有數名主之一，其係金朝第一明君，評價正與遼朝聖宗相埒。

世宗的值得尊敬，金朝於東亞以最強國執牛耳，穩定國際秩序非出霸式而以正義，屬國信服，為堪特筆。其事例之一，大定十五年（紀元一一七五年），拒絕高麗內亂者西京留守趙位寵割鴨綠江以東、慈悲嶺以西四十餘城予金，亦換金朝支援的要求，高麗乃得順利平定反亂。之二，類似事件發生於較早時期（大定十年，紀元一一七○年）的西夏，「金史」世宗紀上與外國傳上（西夏）的記載：「夏國任得敬脅其主李仁孝（西夏仁宗），使上表請中分其國。上問宰臣，李石等以為事繫彼國，不如許之。上曰：有國之主，豈肯無故分國與人？此必權臣逼奪，非夏王本意。況夏國稱藩歲久，一旦迫於賊臣，朕為四海主，寧容此邪？若彼不能自正，則當以兵誅之，不可許也」，仁孝以此鼓勵終滅任得敬。世宗時代的金朝，允稱泱泱大國。

海陵庶人生母大氏原渤海國人，世宗生母漢人李氏，世宗東京自立的主謀定策者且便是母舅李石，個人漢化要素毋寧愈較前帝強烈。但擁立背景卻是東北反對海陵庶人漢化政策的保守派力量，不得不妥貼安撫，正位中都後先則降封其被弒堂兄為海陵王，後更俯順大臣意削封貶之為庶人，而於「金史」中稱海陵庶人，可以顯知。另一方面，也對海陵庶人急進主義的失腳特加警惕，認識女眞人在中原學習高度文明而生活式樣特快漢化的速率必須緊急煞車，鼓吹國粹女眞精神才是平衡抑或緩和文化跛腳成長的滑潤劑。所以，乃有女眞的國粹保存方針下，一系列措施展開法文化：

——大定四年（紀元一一六四年），頒行女眞大小字所譯經書，於猛安、謀克內習之。

──十一年，始設女眞進士科（十三年定制，所謂策論進士）。

──十三年，京師立女眞國子學，諸路設女眞府學（以上「金史」選舉志一）。

──大定十三年（紀元一一七三年），世宗誡皇太子、諸王曰：「汝輩自幼惟習漢人風俗，不知女眞純實之風，至於文字、語言，或不通曉，是忘本也，汝輩當體朕意」。

──同年，禁女眞人毋得譯爲漢姓。

──十四年，命應衞士有不閑女眞語者，竝勒學習，仍自後不得漢語。

──十六年，詔諭宰執：「諸王小字（時皇族俱已用漢名，「小字」原指女眞名），未嘗以女眞語命之，今皆當更易，卿等擇名以上。

──二十七年，禁女眞人不得改稱漢姓、學南人衣裝，犯者抵罪。

──二十八年，命建女眞太學（以上「金史」世宗紀）。

金世宗與遼聖宗塈以相提並論，係由於兩人相似的治績，由於諸如上引的條列資料，相同挽救自族固有文化的苦心，而也由於如此的苦心，結局相同都落了空。禁女眞人漢姓南服，至次代其孫章宗（父皇太子先死，追尊顯宗）仍然三申五令（「金史」章宗紀明昌二年條：「制諸女直人不得以姓氏譯爲漢字」，又「禁稱本朝人及本朝言語爲蕃，違者杖之」，十餘年後的泰和七年仍再「敕女直人不得改爲漢姓，及學南人裝束」，正是禁令無效的反證。而漢風滔滔的痕跡，自「金史」章宗紀相反隨處可見其加濃，至於女眞人與其固有語言被敵視爲「蕃」的地步。

世宗國粹運動重心的女眞文字，太祖天輔三年（紀元一一一九年，宋徽宗宣和元年）命完顏希尹，參照契丹文字製作原則，倣漢字楷書制定而頒行，謂之大字，十多年後熙宗天眷元年（紀元一一三六年）再度製頒所謂小字併行通用。殘留迄今此等表達與記錄女眞語的女眞文字研

究資料，除吉林省拉林河下流左岸，大定二五年所建太祖舉兵紀念碑「大金得勝陀碑」之外，已知的有陝西省起縣發見而現存西安的「大金都統經略郎君行記碑」，河南省開封城內盧於文廟大成殿後方的女眞進士題名碑」（又名「宴臺碑」）、安東省海龍縣附近「摩崖碑」、舊黑龍江口附近 Tyr 所在而已歸蘇聯保有的永寧寺碑等 ❺，各碑均女眞字、漢字並刻 ❻。另外金石文舊朝鮮咸鏡北道慶源所發見女眞字碑，朝鮮咸鏡南道北齊所發見女眞字碑，以及朝鮮京城李王家博物館等收藏的女眞字鏡 ❼，也都是金朝遺品。女眞字流傳至十七世紀滿族間尚使用時，明朝四夷館撰定的辭書「女眞館譯語」❽，乃今日解讀女眞語文的基本憑藉，女眞文字性質類似契丹文字以綴音文字爲主，字劃也如契丹文字的複雜，則視字形便可知。字體結構旣緊而不便書寫，女眞人於漢族環境又已習慣漢式生活時，通過翻譯經書攝取敎養反而不如自漢字原本，感受上直接與親切。所以儘管世宗、章宗祖孫注全力推行國粹運動，女眞人間仍然風靡漢字、漢文，女眞文字的應用範圍狹窄，救濟日益萎退沉滯的女眞固有文化，目的全未達到。相反，「廿二史劄記」金代文物遠勝遼元篇的綜合報導：「（世宗）嘗修賞牡丹故事，晉王允猷賦詩，（皇族）和者十五人。顯宗在儲位，尤好文學，與諸儒講談，乙夜忘倦，今所傳賜右相石琚生日詩，可略見一斑。迨章宗以詩文著稱，則濡染已深，固無足異矣。惟帝王宗親，性皆與文事相浹，是以朝野習尚，遂成風會。金源一代文物，上掩遼而下軼元，非偶然也」，提倡女眞國粹者便是漢文學愛好者，非只矛盾，更是諷刺。金朝第六代章宗時代，史譽

❺　及川儀右衞門「滿洲通史」，第一八〇頁。
❻　平凡社版「世界歷史大系」⑥東洋中世史第三篇，第四七八頁。
❼　及川儀右衞門「滿洲通史」，第一八〇頁。
❽　誠文堂新文社版「世界史大系」⑧東アジアⅡ，第一一九頁。

乃金朝文化最燦爛期，發達卻惟漢文學，與女眞文全然無緣，女眞國粹運動的失敗自開始預已注定。

　女眞人沒落與其征服國家弱體化，最大致命傷還是社會構成基盤猛安‧謀克制的自壞。世宗政治一大要目，對此實行的保護政策發生反效果，而鑄定大勢的難以挽回。關於猛安‧謀克，「金史」兵制說明：

　「金之初年，諸部之民無它徭役，壯者皆兵，平居則聽以佃漁射獵，習爲勞事。有警則下令部內，及遣使詣諸孛菫徵兵，凡步騎之伕糗皆取備馬。其部長曰孛菫，行兵則稱曰猛安‧謀克，從其多寡以爲號。

　「部卒之數，初無定制，至太祖卽位之二年，始命以三百戶爲謀克，謀克十爲猛安。旣而諸部來降，率用猛安‧謀克之名以授其首領，而部任其人。

　「東京旣平，山西旣定，內收遼、漢之降卒，外籍部族之健士，嘗用遼人訛里野，以北都百三十戶爲一謀克；漢人王六兒，以諸州漢人六十五戶爲一謀克；王伯龍及高從祐等，竝領所部爲一猛安。至天會二年，丕州旣平，乃罷是制，諸部降人但置長吏以下，從漢官之號。

　「熙宗皇統五年，又罷遼東漢人、渤海猛安‧謀克承襲之制，浸移兵柄於其國人。至海陵庶人天德二年，省倂中京、東京、臨潢、咸平、泰州等路節鎭及猛安‧謀克。貞元遷都，遂從太祖、遼王宗幹（海陵庶人之父）、秦王宗翰之猛安，倂爲合札猛安，及……，處之中都，……處之山東，……處之北京，……處之河間，授田牛，使之耕食，以蕃衞京國。（世宗）大定之初，散契丹隸諸猛安‧謀克」。

　可以了解，猛安‧謀克與女眞族稱呼其部落構成單立首長孛菫，爲二而一的人物。雖然依今日硏究，猛安乃女眞語 Ming-kan、滿語與蒙古語 Minggan 對音，「千」的意味，而謀克則女眞語或今日索倫語 Muke，「鄉里」之義❾，視「金史」解釋猛安與謀克兩詞在女眞部族

間，最早爲行軍時依部落所組成部隊規模大力而稱其指揮者的區別，存有歧異，但指示兩銜名初無隸屬關係則一。係十二世紀一〇年代之初太祖領導女眞人勃興，孛堇的名詞移用爲全族統一的勃極烈制度時，猛安·謀克也才加以規制化。

改正與整備後的猛安·謀克制度，兼具了行政與軍事機能。行政制度以謀克部爲部族基本單位，合謀克部而爲猛安部，首長便稱猛安或謀克，均世襲，太祖自身與宗室以下各各分領一猛安部。於軍事制度，謀克部同時也是軍管區的基本單位，每一謀克部徵發約百名兵士而編定一謀克軍，十謀克軍而組成一猛安軍，已似於後日滿族的八旗制度。降附集團的契丹人、漢人領袖相同，而不必當千、百的實數，戶數少者授謀克，戶數多者授猛安，以率所領之部。平州爲起點的標準漢族生活地域征服，漢式統治方式開始被採用，而漢族支配切離女眞人的同一規範，猛安·謀克組織也回復到純粹女眞人自身制度的固有立場。

軍民一體的組織猛安·謀克制度，繼續固定於熙宗以來單一官制之外，是金朝征服朝代的兩面制保有，以及征服者（女眞人）區別於被征服者（漢族）的表徵。海陵庶人努力建設金朝爲中原國家，適應國都遷移至中都的新情勢，一大革命性措置，係陪伴自東北本據，以猛安·謀克組織大規模移住與配置到中原諸要地，獨立於州縣之外，建立支配者確保北半部中國的權威與武力根源，意義又與十七世紀以後滿清八旗駐防彷彿。世宗之世駐地續加調整，保證其生活由國家分配肥沃土地，鼓勵定住屯田。迄於大定二十三年（紀元一一八三年）給付田土總額與猛安·謀克組織內女眞人調查，據「金史」食貨志一：「猛安二百二，謀克千八百七十八，戶六十一萬五千六百二十四，口六百一十五萬八千六百三十六，墾田一百六十九萬三百八十頃有奇」。而合複雜的諸民族總

---

❾ 及川儀右衞門「滿洲通史」，第一七三至一七四頁。

戶口，則同志大定二十七年記錄，「天下戶七百六十八萬四千四百三十八，口四千五百八十一萬九千七十九」，內中漢族佔大多數爲可知。墾田總數於志無統計，參照約一個世紀前北宋神宗元豐年間全國墾田之數四百六十一萬六千五百五十六頃折半估計，北半個中國爲約二百三十萬頃。便是說，女眞人數未滿漢人的八分之一，卻佔有國內耕地百分七十之數，田數比例可能並不正確，但金朝征服者的自族保護政業下，驚人優待程度已足顯示。然而，結局令出乎意料之外——

其一：農耕非女眞人所不習慣，金朝勃興期的太祖時代以來，平時耕種，有事時戰鬥的猛安・謀克屯田制，且早在東北本據便已展開而獲經驗，卻以移住被征服土地，以及定住此土地後的優越感，隨時間益益變質而墮落。便在世宗之世，「金史」世宗紀已出現大定二一年正月條：「上聞山東大名等路猛安謀克之民，驕縱奢侈，不事耕稼」的記事，至於「而諸軍戶不能屯種，往往賃民代耕而收其租，甚至伐桑棗以爲薪，且私賣田，日益貧乏。太祖時，以三百戶爲一穆昆（謀克），十穆昆爲一明安（猛安），至宣宗時，則三十人爲一穆昆，五穆昆爲一明安，哀宗時，又二十五人爲一穆昆，四穆昆爲一明安，蓋末年益耗減矣」（「廿二史劄記」明安穆昆散處中原篇），更是溺愛下場的鮮明寫照。怠惰、貪享受，漢人長處未習而缺陷深蹈。不勞而獲度其消費生活，安逸遊樂中沉淪日久的女眞人，非僅旺盛的進取意志與勇敢強勁的戰鬥力喪失，更以腐化不能自拔，生活困難時只有變賣田產，賣斷田產愈生活無依，而流離四方。章宗以後步步淪落到一猛安勉強以成員百人維持其架構的地步，金朝兵力動員的中心猛安・謀克組織，終極可謂盡行癱瘓。此與後代滿清駐防旗人的結局，又是古今如出一轍。

其二：女眞人保護政策以耕地給付爲要件，來源固多接收自宋朝的官田或公田，但食貨志所列如此龐大的墾田數字，內中更多係由沒收民

田而得，也堪想定，損傷漢族地主與農民感情乃不可避免。章宗明昌二年（紀元一一九一年）雖留有「尚書百言，齊民與屯田戶往往不睦，着令遞相婚姻，實國家長久安寧之計，從之」（「金史」章宗紀是年四月條）的記錄，於救贖感情已無補。侵奪民田現象愈到女眞人耽於消費生活，經濟、精神兩皆惰弱已無可挽回的金末爲愈甚，被壓迫的漢族對女眞人已從情緒上反感刺激到行動上反抗，演出的便是如下血淋淋的事實：「蒙古兵起，種人（女眞人）往戰輒敗。（章宗接續明昌年號的）承安中，主兵者謂種人所給田少，不足贍身家，故無鬥志，請招民田之冒稅者給之。於是武夫悍卒，倚國威爲重，有耕之數世者，亦以冒占奪之。及宣宗貞祐間南渡，盜賊羣起，向之恃勢奪田者，人視之爲血讎骨怨，一頸盼之頃，皆死於鋒鏑之下，雖赤子亦不免，事見元遺山所作張萬公碑文。又完顏懷德碑亦云：民間讎撥地之怨，睚眦種人，期必殺而後已，尋踪捕影，不三二日，屠戮淨盡，甚至掘墳墓，棄骸骨。惟懷德令臨淄有惠政，民不忍殺，得全其生。可見種人之安挿河北諸郡者，盡殲於貞祐時」（「二十二史劄記」金末種人被害之慘篇）。遼、金同一型態的征服者屈服於被征服者漢族高度文明，於遼朝時代，征服者與被征服者間的民族感情毋寧是平穩的，金朝之初亦然，金朝後半期卻在土地問題上引發漢人與女眞人間的矛盾對立，而且便在女眞國粹運動與女眞人保護運動最盛期的世宗次代章宗之世，嚴重社會問題爆發之源已行潛伏。團結力受損，國家陷入弱體化，距章宗之崩僅二十餘年而金朝覆亡，朝代壽命較遼朝幾及一半。

經濟問題也是催命符，金朝貨幣政策自始未曾健全，初用遼、宋舊錢，海陵庶人遷都後開始發行紙幣「交鈔」，又自鑄部份銅錢補充流通，世宗後也曾續鑄，都不能制止民間私鑄惡風，物價不斷騰昇。章宗之世加鑄鐵錢，加錢銀貨（以白銀製成元寶形，如此，每鐵五十兩，但不久

卽停，所以「錠」字專用爲單位數須待至元朝），而經濟愈形混亂，終
至斷然禁錢專用交鈔。抑且，歷史上黃河六次改道中的第四次，也是六
次中前後兩次間斷時間最短的一次⓾，不幸便發生於章宗明昌五年（紀
元一一九四年），河奪淮道，決溢整治事業所費不貲，宮廷對佛教也未
如遼朝的篤信，但新官歷濫設，官員人數章宗較其上次世宗已猛增至三
倍（「金史」百官志序：世宗大定二八年一萬九千七百員，章宗泰和七
年四萬七千餘，事隔只二十年）紙幣隨浩大浪費而加大濫發，因之也始
自章宗治世。從此紙幣面額由二十貫到百貫，到二百貫，到千貫益益增
大，名稱由交鈔到寶券，到通通寶，到寶泉，到珍貨，到寶會，不斷變
易。通貨膨脹的趨向，則自「金史」宣宗紀貞祐移都開封府後，興定二
年二月條「初用貞祐通寶，凡一貫當貞祐寶券千貫」的記錄可知。所以
「金史」食貨志序慨嘆：「自古財裂民散，以至亡國，若鹿臺、鉅橋之
類，不足論也；其國亡財匱，比比有之。而國用之屈，未有若金季之甚
者」。財政貧乏而又紊亂至獲歷史上罕見的批評，其嚴厲於史書中同樣
爲罕見。

　　無論任何方面，金朝盛極而衰都指向章宗時代。特堪重視，傾覆金
朝的信號，也最早於此時期自西北邊外昇起，章宗泰和六年（南宋寧宗
開禧二年，紀元一二〇六年），蒙古成吉思汗已被推爲大汗。

　　金朝建立，對西北邊以非發展方向，向來警戒比較鬆懈，相對也是
控制力較弱。海陵庶人遷都中都，包括太祖與其父原轄猛安等女眞人主

⓾　依郭肇經「中國水利史」第一章黃河說明，黃河六次大遷移的第一次，乃
　　周定王五年，紀元前六〇二年，隔六一三年第二次（新莽始建國三年，紀
　　元一一年），隔一〇三七年第三次（宋仁宗慶曆八年，紀元一〇四八年），
　　隔一四六年第四次（金章宗明昌五年，紀元一一九四年），隔三〇〇年第
　　五次（明孝宗弘治七年，紀元一四九四年），隔三六一年第六次（清文宗
　　咸豐五年，紀元一八五五年）。

流，又陪伴移住中原，發祥地幾乎形成不關心狀態。世宗雖回復上京地位，東北本據被冷漠的形勢終已不能挽回，一系統「邊堡」所構成長城性格的國防線於此態勢中整備，自東北走向西南，斜貫於興安嶺南端內側，「金史」世宗紀大定五年正月條所謂「詔泰州、臨潢接境，設邊堡七十，騎兵萬三千」，地理志上北京路項附言也說明：「邊堡，大定二十一年三月，世宗以東北路招討司十九堡在泰州之境，及臨潢路舊設之二十四堡障，參差不齊，……於是東北自達里帶石堡子至鶴五河地分，臨潢路自鶴五河堡子至撒里，乃置取直，列置堡戍」（世宗紀大定二一年四月條「增築泰州、臨潢府等路邊堡及屋宇」的記載與之相呼應）也已無補於事，大草原上蒙古人統一局面漸漸便自其時育成。章宗時代，蒙古遊牧民族驃悍騎兵的踪跡已出沒金朝北方國境，金朝國防線開始不安，出兵懲戒又徒然愈陷惡劣關係於僵化。章宗之末的一段意外風波發生於與宋朝間，半個世紀和平局面，由南宋藉金朝多事之機挑釁而破壞，南宋寧宗開禧元年（金朝泰和五年，紀元一二〇五年）以來，連年向金加兵，結局勝利仍歸金方，宋朝嘉定元年與金朝泰和八年（紀元一二〇八年，是年金朝章宗歿）和議第三度成立，金──宋改伯──姪關係，宋輸金歲幣增至銀、絹各三〇萬兩、匹。然而，十三世紀金朝國家財政已感窮乏而不保價值的紙幣濫發，中原漢族對女眞人惡感又日益加深之際，再因戰爭削弱國力，金朝表面太平，國勢劇跌傾向乃無可逃避。

金朝盛世預已潛伏的另一危機，於章宗無子而臨終指定其叔衞（謚紹）王永濟繼位時代表面化。猛安・謀克制度下女眞自族軍隊又皆惰弱無用，卽使中央親衞軍(禁軍)合札謀安也不能例外的事象展現，非只國境防務全交由外族服屬者組成，特別便以原契丹人為中核的亂軍擔當，章宗之世，國家武裝部隊的主力也已移為亂軍，粉碎南宋投機攻勢，便以調入中原的亂軍為前鋒。衞紹王時，邊堡外緣散居內蒙古東側，原臣

伏金朝被利用偵伺敵情的遊牧民族汪古部，已以成吉思汗登位大汗已倒向蒙古，於蒙古人威脅金朝加劇時，倒反成爲蒙古侵略金朝的嚮導者。於是衞紹王大安三年（紀元一二一一年）。金朝居庸關要隘失守，中都已完全暴露在敵軍攻擊之前，幸蒙古軍此際所發動僅掠奪戰爭意義，未再前進而中都倖免於難。但大規模寇鈔已無可避免，東北方面契丹人又相呼應，反叛金朝投向蒙古陣線，西京大同繼也淪破，自山西、河北金朝內地北部以至遼河流域的廣大地域諸城市，盡遭蒙古軍鐵蹄蹂躪，而任令蒙古人席捲之勢形成，最大責任者又便是亂軍統帥契丹人紇石烈執中（胡沙虎），其西京兵敗降附蒙古後須由金朝招撫，至寧元年（宣宗改元貞祐元年，紀元一二一三年）被召入中都（燕京）重用時，演出的更是弒帝而改立章宗之兄宣帝一幕，胡沙虎自身繼亦於亂軍內閧中被殺。亂軍於金朝弱勢扮演重要角色，當是金朝始料所未及。

金朝北方已於蒙古軍兵鋒下殘破，西夏趁機蠢動，侵入金朝西方邊境，南方南宋也已停止歲幣，威脅金朝南面，金朝不單內憂外患交加，簡直是四面受敵。當蒙古軍再度南下，直指中都，兵臨城下時，金朝除了向這正面最大敵人屈辱求和，願獻金帛財物求退兵之外，已別無選擇。成吉思汗接納金朝要求，時爲宣宗貞祐二年（紀元一二一四年）。但和議成立，蒙古息兵引還，金朝藉戰爭停歇之機，南移國都至安全地帶的南京（汴京開封府），卻激怒成吉思汗，指責「既和而遷，是有疑心而不釋憾」。翌年貞祐三年（紀元一二一五年）恢復進兵，陷中都，河北、河東、山東、遼東之地全落入蒙古軍之手，中原女眞人與漢族對立深刻化而遭漢人大屠殺悲遇，便發生於國都南遷後這段混亂期。追隨已是成吉思汗大軍西方經略高潮興起，金朝獲得暫時平靜的喘息機會，卻是財源枯竭下橫徵暴斂，社會秩序已如戮碎了的蜂巢，暴動與盜賊隨處發生。而不自量力的金朝，居然南侵圖壓迫南宋恢復歲幣，用兵以失敗結局，愈對

政治・經濟的混亂製造雪上加霜之勢，金朝末期現象畢露。宣宗在位以
十年悲運而殁，嗣位的已是金朝最後一代哀帝。金朝兵力，亂軍也已繼
猛安・謀克而解體，國家防衞端賴臨時招募漢人組成不可恃的烏合之衆
忠孝軍、忠義軍、風虎軍等義勇軍。

　　蒙古人巨槌終於敲響了金朝喪鐘，成吉思汗西征凱旋，紀元一二二
七年（金朝哀帝正大四年，宋朝理宗寶慶三年）併滅西夏前夕崩。今河
北、山東、山西、陝西諸省地域盡歸於蒙古，而領地已僅侷促河南一隅
的金朝，繼以蒙古次代太宗強借宋道，繞過金朝重兵固守的潼關，自陝
西南部渡漢水侵入河南，而汴京被攻陷。金哀帝雖能脫出汴京包圍圈，
仍逃不脫蒙古軍追踪，宋軍又及時配合的腹背共攻，於毗連宋朝國境的
蔡州（今日河南省汝南）自殺。建國一二〇年，歷九代皇帝的金國，遷
汴僅保餘命二十年而滅亡，時爲哀帝天興三年（紀元一二三四年，宋理
宗端平元年）。

金朝世系圖（括弧內漢名）

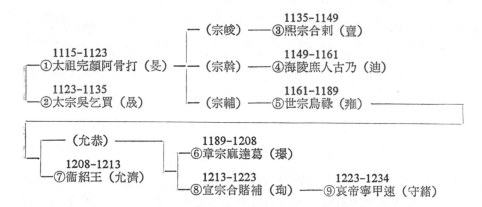

世界史的最大征服

　　中華民族漢族以外滿、蒙、回、藏四大分支民族，都曾在歷史上的漢族中國境域建設國家與朝代，但以征服朝代姿態出現，則惟蒙、滿兩支，而且其征服事象爲交替：蒙古系契丹遼朝 ──➤ 滿族系女眞金朝 ──➤ 蒙古元朝（間隔明朝）──➤ 滿族清朝。具有特殊意義的，清朝設定今日中華民國領域的原型，元朝蒙古人支配時代的中國則其世界性國家一環節，而且於尚未有哥倫布發見新大陸以前，歐亞舊大陸代表「世界」的當時，中國也是這個世界統治網的宗家。

紀元1211年	滅乃蠻＝西遼
紀元1224年	滅花剌子模
紀元1227年	滅西夏
紀元1234年	滅金朝
紀元1240年	併俄羅斯全域
紀元1256年	滅 Abbas 朝
紀元1276年	滅南宋

　　十三世紀蒙古人所展現，是空前抑且可能也是絕後的人類歷史上最大征服，如表列，完成合亞洲大陸與東歐爲一的史無前例龐大帝國。其支配方式，蒙古自族本土爲中心的地域與人口最殷盛、物資最豐富的漢族中國領土，乃帝國大汗本家正統，其他則分與成吉思汗子弟，一個中心國家（元朝）與四個奉元朝爲宗家的獨立國家，所謂四大汗國，全體合成以同族領導爲紐帶的聯合國家體制。自十三世紀中至十四世紀中約一個世紀間，蒙古人的制霸歐亞大陸，於中國史而言，征服朝代兩面制支配性能特爲強烈，也是嚴肅保持其性能於不墜的惟一征服朝代；於世

界史而言，被征服者的文化多數壓倒性高過征服者蒙古人，回教文化振頹起衰的再興歷史責任，便由蒙古人以統治回教世界，深受華美的回教文化影響，轉變固有遊牧文化時所負起。連結中國史與世界史而言，亞洲與歐洲，原是衆多政治勢力分散的各國分立現象，也以蒙古人拆除國界，統一的政治勢力出現，而中國所代表東方世界與西方世界合而爲一，兩大地域內經濟的・文化的交流暢通，抑且加速。蒙古人巨大政治勢力的歷史意義，因而可以明瞭，非只是政治的，更重要須是文化的。

　　「蒙古」的民族名詞，成立非早，須始自其形成震撼世界的大征服者同時，便是說，十三世紀初以來。但「蒙古」（Mongol 或 Moggol）的部族名稱，最早已出現於「唐書」北狄傳室韋條，書作「蒙兀」，爲室韋諸部之一，而室韋則與契丹同種族，與今日對契丹與蒙古間族緣的了解符合。其言：「室韋者，契丹之別類也，東至黑水靺鞨，西至突厥，南接契丹，北至于海。無君長，有大首領，而附於突厥。……（望建河）屈曲東流，經西室韋界，又東經大室韋界，又東經蒙兀室韋之北，落岨室韋之南」（「新唐書」北狄傳室韋傳的說明相彷彿，謂室韋乃契丹別種，分部凡二十餘，其一「蒙瓦」部）。記載的堪注意處，一是包括了「蒙兀」或「蒙瓦」的室韋諸部族，換言之，原蒙古系種族，屆至九世紀的分佈地域，係在蒙古高原東部與東北地帶的興安嶺方面，而非蒙古高原本地（雖然「望建河」後世推定之爲今日的黑龍江，並無確證）；二是室韋諸部族的政治關係，受其時蒙古高原支配者，突厥系的東突厥──回紇役屬。而東突厥──回紇對東方室韋的稱謂，則是塔塔兒，有名的八世紀三〇年代鄂爾渾突厥碑文中，便列有九姓塔塔兒、三十姓塔塔兒之名。漢族方面，北魏──隋──唐時代所稱的「室韋」種族名詞，唐末五代也已自文獻資料中消失，向遊牧民族間「塔塔兒」（Tatar）稱謂的習慣齊一，文字上改依其音譯作「達旦」或「韃靼」。

「五代史」與「遼史」所記九姓達旦，與鄂爾渾碑文九姓塔塔兒正相符合。

　　另一方面，蒙古高原的形勢也自唐末發生大變化。九世紀中回紇國家崩壞，突厥系種族連鎖反應的衝擊下，紛紛退出蒙古高原向西方移動，其意義，等於宣告突厥系諸種族的蒙古高原支配時代於焉終結。相對，此一歷史事件演出的結果，也授予蒙古系種族抬頭契機，蒙古系契丹族領先勃興，據有內蒙古地域而建設強大遼朝，帶動蒙古高原東方與東北方蒙古系諸種族，開始其歷史性移動。唐末五代九姓或三十姓塔塔兒的後身，迄於十一世紀，蒙古系種族在遼朝北亞細亞廣域支配的掩護下，完成已空虛的高原內地移位填補，一波波發展其部族集團，鑄定後世所見蒙古高原係蒙古人天地，以及蒙古人係在蒙古高原勃興的形象。對象原指興安嶺方面所住者的塔塔兒或韃靼，自是泛稱轉移爲蒙古高原的「蒙古」系種族。只是即使隨十三世紀蒙古部雄飛而「蒙古」的民族名詞也已成立，韃靼或塔塔兒的原有仍相與通用，中國明朝仍稱元朝後裔爲韃靼，西方人也仍以塔塔兒稱侵入歐洲的蒙古軍隊，對象且也包括了回敎化突厥（土耳其）系人，大變化過程中，史料的敍述──

　　柯劭忞「新元史」序紀謂：「蒙古之先，出於突厥。本爲忙豁侖，譯音之變，爲蒙兀兒，又爲蒙古。金人謂之韃靼，又謂達達兒（同書氏族表＜上＞序作「塔塔兒」），蒙古衣尚灰暗，故稱黑達達。其本非蒙古而歸於蒙古者，爲白達達、野達達」。

　　屠寄「蒙兀兒史記」世紀又說明（括弧中爲原注）：「蒙兀，本呼忙豁侖（蒙文秘史），異文作蒙瓦（新唐書）、盟古（遼史）、盟骨（金史）、朦古（契丹事迹）、盲骨子（松漠紀聞），今通作蒙古（始於李志常所撰長春西遊記）」。

　　蒙古歷史傳承最根本文獻蒙文「元朝秘史」，是蒙古人對於自族起

源以來傳統的集成，敍事迄成吉思汗、窩闊臺汗之世，作者不明，著作年代依卷末載有鼠年成書之語，推定窩闊臺汗之末庚子年，卽紀元一二四〇年。原書乃八思巴蒙文本，久已失傳，今本係明朝初年的漢字音譯本，而翻譯方式頗爲別緻，以原本的蒙古字逐字依發音譯爲漢字（大字正文），另用漢文在正文右側對蒙古語逐詞義譯（小字旁解），每節之終再以漢文說明本文大意，全書正十卷、續二卷，題名「忙豁侖・紐察・脫卜察安」(Monggol-un nigucha tobchagan)，漢式書名便稱「元朝秘史」（嚴格而言，「元朝」乃忽必烈汗所建中國朝代之名，本書內容尙未及此，所以並不恰切）。其敍蒙古部祖先源流，謂係上天命蒼狼與白牝鹿爲配，同渡騰格里思（「大」之義）海，徙於斡難河源的不兒罕山下，生子曰巴塔赤罕，於是後裔繁衍爲族❹。但狼祖先傳說非蒙古族特徵，乃古來北方遊牧民族共通所有，突厥族間流傳已頗明顯。蒙古族祖先傳說受突厥影響特爲強烈的另一則，曾錄入另一部著名的蒙古歷史專著，回敎徒學者 (Rashid un-din) 十四世紀初所撰波斯文「史集」(Jamit ut Tevarikh)❷，「新元史」序紀也加轉錄，謂：敵人滅族大屠殺下僅存的男女各二人，逃入山中，生育兩子後，子孫大盛而出土，尤堪謂全然突厥版覆製❸。山中所生第二子乞顏 (Kiyat)，便是蒙古族始祖，其後代孛兒帖赤那，譯義爲蒼狼，妻曰豁埃馬闌勒，譯義爲慘白牝狼，徙於斡難河源不兒罕山之下，生子巴塔赤罕，而記載與蒙文「秘史」滙合。巴塔赤罕後嗣中的朶本蔑兒干與其妻阿闌豁阿，又是傳說中

---

❶　轉譯自文藝春秋版「大世界史」⑧蒼き狼の國：第一五三頁引文與同頁「元朝秘史」首頁照相版。

❷　多桑「蒙古史」（馮承鈞有中譯本）多取入此書資料，以及十八世紀前半住淸朝中國近半個世紀的天主敎耶穌會士馮秉正 (J.-M-A. de Mailla) 所著「中國通史」(Histoire Generale de la Chine) 鉅著。

❸　參閱本書「亞洲內陸世界的變貌」章，「蒼狼的子孫」節。

關鍵人物，「新元史」序紀的記事：「（阿蘭豁阿嫁乃奔蔑兒干，生二子後），朵奔蔑兒干卒，阿蘭豁阿孽，居有孕。衆疑之，阿蘭豁阿曰：夜有白光，自天窗而入，化爲黃人，摩挲我腹，斯殆神靈誕降。不信，請汝等伺之。衆曰：諾，夜果見白光出入，群疑乃釋。既而生三子，長曰不忽合塔吉，次曰不合禿撒勒只，次曰孛端察合蒙合黑」。同書氏族表（上）序又言：「蒙古氏族，及阿蘭豁阿夢與神遇，生三子之後，爲尼而溫派，曰哈特斤氏、薩而助特氏、泰亦赤兀氏……，其餘（指與其夫所生前二子後裔）曰……氏，皆爲黑塔塔兒。（統一蒙古高原後）非蒙古人而歸於蒙古者札剌兒氏……，皆爲白塔塔兒；曰……氏，皆爲野塔塔兒氏」，由是。神生第三子孛端察兒之氏則孛兒只斤（Borchigan）氏，衍傳至第十世孫帖木眞（鐵木眞，Temoutchin），便是成吉思汗或元太祖。所以「新元史」序紀說明：「其國姓曰乞顏特・孛兒只斤氏。太祖十世祖孛端察兒之後，稱孛兒只斤氏，突厥語譯文灰色目睛」（「元史」記錄，僅截取傳說的最後部份，捨序紀而以太祖紀開宗明義總記：「太祖法天啓運聖武皇帝諱特穆津，姓卻特氏，蒙古部人也，其十世祖勃端察爾。母曰阿倫果斡，嫁托本墨而根，生二子，……而夫亡，寡居，夜夢白光自天窗入，化爲金色神來趨臥榻，……娠產一子，卽勃端察爾」，神生子也謂止此一人而非三人）。

　　其時蒙古高原遊牧民族的社會組織，也可了解，根底，乃奉共同祖先的族外婚典型父系氏族制度。父系血緣各戶結合的團體分立爲一個個氏族（氏），戶數多寡決定其大氏、小氏的區別，且存在某一個氏置於另一個氏勢力下的場合，氏的首長，通例爲世襲，但也可由氏內有力者會議選舉。同一血緣的複數氏族，相集形成部族（部），各別獨立割據，部的最重要機能繫於氏之長與部內有力者的集會，此等集會與上述氏內會議，於蒙古部總稱庫魯泰（Khuriltai 或 Quriltai），但通常係指前者

場合的大集會。大集會以選舉部長、同意外征、制定法令等重大事件的協議爲職務，乃決議機關而非執行機關，性質與形式與匈奴以來北亞細亞遊牧民族類似的會議，大體相同。大集會決議的執行者便是部長，只是部長直接支配的權力單單及於自身氏族，對餘外諸氏須通過每一氏族首長而爲間接統制，所以戰爭時徵發諸氏兵員，命令非直接下達諸氏人民，係下令氏族長，由氏族長徵集與率領其氏人出征，情況也與古來北方民族彷彿。大勢力部長稱合罕，漢字又書作可汗、罕、汗，均蒙古語 Khaghan 或 Khaan 的音譯。蒙古部長的用合罕（可汗）稱號，則以成吉思汗三世祖（曾祖父）合不勒（Khabul）爲最初，所以眞正的蒙古史係自合不勒汗開始，也指示了蒙古部正漸漸強大，以及合不勒出身的孛兒只斤氏在部內勢力。但孛兒只斤氏非蒙古部惟一強盛氏族，泰亦赤兀（Taidjut）氏相與抗衡，次代可汗便出自泰亦赤兀氏。第三可汗回歸至成吉思汗叔祖之手，第四代可汗卽成吉思汗之父也速該（Yesugai 或 Ajisougai）。

如下，便是蒙古高原與其周圍，部・氏族不斷戰爭與相互間淘汰、吸收、再糾合結果，屆至也速該時代的十二世紀中，遊牧諸部族分佈的政治地圖——

東部與安嶺方面廣大草原，據有呼倫貝爾沃地的，係分支衆多而仍保留塔塔兒名稱的大部族集團勢力圈。

高原上沙漠以南，與漢族中國接境而向陰山山麓延展，與西夏接境，放牧於內蒙古東側的是汪古（Ongut）部，服屬當時的金朝。

沙漠以北，外蒙古地方東部所住居，便是蒙古部，也速該汗的孛兒只斤氏以斡難（Onon，今鄂嫩河）、怯綠連（Kerulen，今克魯倫河）兩川上流域不兒罕（Borkhan）山麓爲本據，孛兒只斤氏東面已隣塔塔兒部，其餘方面的自族分佈形勢，其主要，東南介在塔塔兒部與汪古部之

間，位於興安嶺西側的是翁吉喇（Ogirat）氏，其西亦魯（Iron，今伊羅河）川流域爲札只剌特（Jajirat）氏，再以西薛靈哥（Selenga，今色楞格河）川流域卽泰亦赤兀氏遊牧地。

蒙古部北方斡難河方面乃札剌亦兒（Djarair）部，西南斡兒汗（Orkhon，今鄂爾渾河）、土剌（Tola，今土拉河）兩川地方，係由克烈（Kereit）部據有。克烈部西北薛靈哥河上源則蔑里乞（Merkit）部，又西北謙河（Kem，今葉尼塞 Yenisey 河）上流域爲斡亦剌（Oirat）部。

以上均與蒙古部同屬塔塔兒（韃靼或蒙古）種族，繼續往北的南海（今貝加爾 Baikal 湖）方面也是，但已係野塔塔兒範疇。

按臺（Altai，今阿爾泰山）以西，便非蒙古系而全屬突厥諸種族的天地。謙河流域是乞兒吉思（Kirgis）部，其南，據有阿爾泰山脈左側廣大地域的是乃蠻（Naiman）部族同盟。再南邊，天山兩側爲畏兀兒（回紇、Uigur），其西巴爾喀什（Balkhash）湖南東附近爲葛邏祿（Karluk），此兩部一在東，一在北，均隸屬中亞細亞垂（吹，Chu）河爲支配中心的西遼國家。

北亞細亞十二世紀時的這一系列遊牧部族集團，內中勢力最強盛的，西方是乃蠻，東方是塔塔兒。而塔塔兒卻正是蒙古部世仇，蒙古部自第二代可汗以來連續遭其欺壓，也速該也以被塔塔兒人毒死爲結局，而其時鐵木眞尚年少。關於鐵木眞誕生年份，通常有二說，「新元史」太祖紀明言「是歲爲乙亥，金主亮（海陵庶人）貞元三年也」，卽紀元一一五五年，南宋高宗紹興二五年。「元史」太祖紀不載生年，惟紀元一二二七年（宋理宗寶慶三年，金哀宗正大四年）崩，則書明「壽六十六」，與同一崩年基準的「新元史」所說明「年七十有三」，上推生年，須較「新元史」記錄延後七年爲紀元一一六二年，其餘異說且仍多。歷史界一般所採用，則七三歲說。也速該殂時鐵木眞年齡，便依「新元史」

后妃傳烈祖（也速該）宣懿皇后條載，僅十三歲。

也速該之死，對蒙古部、孛兒只斤氏，尤其自身家庭，都是大打擊，蒙古部一段時間內喪失統一領導，自族也離散，拋棄未亡人多改投泰亦赤兀氏。已故也速該全家生活陷入艱苦絕境，鐵木眞爲長的兄弟四人，賴母訶額侖（Ouloun 或 Hloelum）堅忍辛勤撫育，誠勉奮發自強，漸漸成長。飽受部人與鄰部欺壓，一度且被泰亦赤兀氏捕俘幸得脫逃的鐵木眞，卻因而鍛鍊成鋼鐵意志，旺盛戰鬥精神與強健體力，非常的領袖才能也正漸漸展現。陸續回復失卻了的亡父隸屬民而重建孛兒只斤氏組織，與其父生前盟友克烈部之汗王罕（Wan khan）約爲父子，尊之爲父汗而結聯合陣線，是鐵木眞大事業跨出的第一步，聯軍大敗克烈部北隣蔑里乞部以來頻頻的戰爭中，鐵木眞聲譽日隆，擊破泰亦赤兀氏翌年的己酉年（紀元一一八九年，宋孝宗淳熙一六年，金世宗大定二九年），鐵木眞由蒙古部札剌亦兒等氏召開大集會，推舉爲合罕（可汗），時年三五歲。但此僅蒙古部部份弱小氏族的共同行動，泰亦赤兀、札只剌特等有力諸氏仍站立在強勁競爭的對手位置，於蒙古部再統一仍存有相當距離。

已與王罕分庭抗離爲可汗，但攻守同盟相結如舊的鐵木眞，次一聯手目標，紀元一一九六年攻略東鄰強敵塔塔兒部成功，報復祖先宿仇，勢力向東方伸張。鐵木眞與王罕勢力增大，震懼的蒙古部其餘諸氏與同種族其餘諸部，紀元一二〇一年結成圍攻兩者的大同盟，推蒙古部出身的札只剌特氏之長札木哈（Jamukha）爲盟主，稱古兒汗（葛兒汗、Gurkhan）。卻被鐵木眞方面先發制人，大決戰時敵軍全面皆潰，鐵木眞趁勝全滅泰亦赤兀氏，蒙古部未附諸氏族集團紛紛歸順。至此階段，蒙古部才幾乎全部置諸鐵木眞統御之下，名實相符的蒙古部族同盟統一指導者。翌年一二〇二年，鐵木眞再度侵向東方，全滅塔塔兒部族，蒙古部

勢力飛躍抬頭。

　　結盟者鐵木眞蒙古部與王罕克烈部共握漠北霸權，對立之勢陪伴形成，而勢力的利害衝突注定遲早必會爆發。果爾翌年紀元一二〇三年便已決裂，王罕敗死，克烈部被併滅。再翌年紀元一二〇四年，續又覆亡已與接壤的乃蠻部，太陽（Tayan）汗死，參與乃蠻陣營聯合抗拒鐵木眞的蒙古種族諸部族蔑里乞部、斡亦刺部等非被擊平，便是自動降伏，先在克烈部，後奔乃蠻部的札木合被擒死。蒙古部氏族最後殘在者，內蒙古的翁吉喇氏、汪古氏，也於此兩次征伐期間先後降附。蒙古高原與阿爾泰山左右側，大統合完成，丙寅年（紀元一二〇六年，宋寧宗開禧二年，金章宗泰和六年），鐵木眞乃「大會部衆於斡難河之源，建九旄白纛，卽皇帝位，羣臣共上尊號曰成吉思合罕」（「新元史」太祖紀下）。乞顏・孛兒只斤氏本據地，蒙古部、非蒙古部氏・部族首長莊嚴大集會的歷史性一幕上演，鐵木眞正式受推戴登共主意味的大位，向內外所宣告的大位尊稱，便是世界史上赫赫有名的成吉思汗（Chinggis Khaghan 或 Tchinguiz-Khan），以及中國史上最大征服朝代的元朝太祖，漢文元朝史書開始以是年稱太祖元年。成吉思汗當時年五二歲，「成吉思」之義，一般依伯希和意見，解釋之爲源於突厥語 Qajar Denggis Tenggeri（強大的海神），日、月、星、空、山、海（指大湖）則突厥系種族信仰中的六大自然神。也以成吉思汗指導下蒙古部的雄飛，由遊牧部族之一對所有部族一概征服統合，大漠南、北、東、西統一社會形成，而「蒙古」一詞，自此從一「部」專有族名，擴大總稱了如後世所見，生活於高原周圍廣大的民族結合體。

　　成吉思汗自酉年第一次卽位（接續其父也速該以來中斷了的蒙古部汗位），至寅年第二次卽位（蒙古地方全域霸權確立時諸部共上尊號）之間，蒙古史上劃期性大事，於乃蠻征服戰前，「新元史」太祖紀上記

錄的甲子年（紀元一二〇四年）春，大集會決議乃蠻征伐同時，開始實施的千戶（Minggan）制整備，以及有名的怯薛（Keshik）親衞軍制度創設。

　　千戶制乃成吉思汗革新軍事指揮系統的最重要部門，連結軍隊組織與社會組織的一體兩面制度，軍團與部族組織共同基本所在。新的軍隊編組，以千人爲部隊基準，下部組織的百人、十人小部隊按十進法編成。十進法軍制原自成吉思汗以前的北亞細亞遊牧民族間便已存在，成吉思汗軍隊的特色，則在軍紀嚴明與絕對服從，違犯軍令者不論其地位一概處死，戰鬥力效果十分發揮。千戶便是提供一千人軍士的社會單位，以下百戶、牌子頭（卽十戶）同依十進法基準編成。出征時兵員徵調，以十戶爲基點臨時選拔，十人一小隊之長便是牌子頭，指揮其他九名充員戰士，其上級百戶長（百夫長）統率九名牌子頭，以及自身直轄的小隊，再以上千戶長（千夫長）亦然。所以，軍制與遊牧部落的構成爲二而一，戰時的軍官也便是平時該當遊牧部落的部長與行政上責任者。寅年成吉思汗第二次卽位，設定全體千戶之數共九十五，依功績而不論原氏・部族地位、身份，任命世襲的千戶八八人，各各隸有爲數九五的領民集團，遊牧封邑意味的領主式千戶制度，乃告確定成立。同時，又拔擢最大功臣四人爲統轄九五個千戶集團的土們（Tumen，譯義萬戶，但其根底仍是本身的「千戶」）。四萬戶中最上位的兩人，左翼（蒙古習慣尚右，但與漢俗相反，以東側爲左翼，西側爲右翼）萬戶木華黎，原係非蒙古部的白塔塔兒系札剌亦兒部人；右翼萬戶博爾朮，原與成吉思汗同七世祖的黑塔塔兒系蒙古部阿魯剌特氏人。「新元史」兩人傳記分別說明前者「封地」東至合剌溫山，後者「封地」西至阿爾泰山。意卽前者統轄大與安嶺方面諸千戶集團，而後者乃阿爾泰山方面諸千戶集團的上位集團。

惟其如此，十三世紀初成吉思汗統一蒙古地方，同時也是蒙古族揚棄舊來氏族制社會構造，轉變其新機能的歷史性轉捩。傳紀社會內部組織的氏族血緣集團原以父系制與族外婚制爲特徵，奉同一祖先而由族長率領經營協同生活，可汗非掌握絕對權力的君主。成吉思汗強化統御力、團結力，以及第二次卽位爲分界標誌，舊時氏・部族社會關係一應解除，向遊牧領主制轉化完成，新的千戶制社會組織以軍事・行政雙重集團單位形態而再編定，強力的專制政權成立，汗的命令自千戶長──→百戶長──→牌子頭（什長）依次轉達，全程貫通。而另一方面，部族・部落＝千戶制爲母胎，新的社會集團以世襲的、分封的遊牧封建爲特性，功勳係其要件，封建關係的領主制，也鑄定蒙古「部」升級爲蒙古遊牧國家的建設基盤。未來亞洲歷史動向，便以十三世紀蒙古社會結構發生如此大變化與大改造而指示。

區別於一般兵制以外的「怯薛」親衞軍制度，乃蒙古軍特色，「怯薛」其名，原係突厥語❹，甚多以突厥語爲借語的蒙古語之一，卽番直之義，指可汗直屬的親軍。子年初建時，自千戶長、百戶長與其子弟中選拔優秀者充當，總名之爲怯薛歹（Keshikteit，歹或 tei 乃當事者之意），而設八十人的客卜帖兀兒（Kebteul，譯爲宿衞），七十人的土兒合兀惕（Turgaud，譯爲散班），另選巴禿兒（Baatur，譯爲護衞）千人，臨敵居前鋒，平時作散班護衞。第三年寅年成吉思汗第二次卽位時，員數大額增加，也定制爲宿衞一千人，箭箭士（豁兒赤，Harci，謂帶弓矢的番士）一千人，護衞散班（侍衞）八千人，合計一萬人。宿衞番士專門負責可汗斡耳朵（Ordu，官帳）內外的夜間警戒，其餘則於晝間服相同的勤務，以及執役斡耳朵擔當冠服、弓矢、飲食、盧帳、府庫、醫藥、卜祝等文武雜務。番直分四班，每班三日交代，因之以「四

❹　平凡社版「世界歷史大系」⑦東洋中世史第四篇，第二三頁。

怯薜」著稱。番士以係可汗近侍，特爲可汗親信而待遇優厚，相對戰鬪力也特强，乃是諸軍中最精銳的中核。行軍時戰場指揮官與一般文武大官，往往以此爲跳板而被拔擢。

成吉思汗軍制整備的同時，從來蒙古族的社會習慣也已加以法令化，謂之 jasak 或簡稱 jasa，蒙古語「法」、「法序」、「法制」之意，漢字音譯札撒克、札薩克，或札撒，意譯則大法令（大體例）。此詞原係普通名詞，轉變爲如漢字所示「大法令」意味的專有名詞，便自成吉思汗始。祇是其具體內容，今日僅能自流傳後世諸史料中散見的片斷而得知。於內容範圍，學者間也存在廣義、狹義的解釋上不同，狹義僅指成文法化的蒙古族習慣法，成吉思汗對傳統習慣以命令確認的律令，廣義則律令之外，也以軍律、軍制與有關軍備制度，以及「訓言」(bilik)等，一括包含在內❺。關於大法令制定與宣布時期，文獻記載係成吉思汗第二次受推戴的大集會同時，由汗以勅令形式行之，成吉思汗此類法令，與其訓言，均以用回紇文字記錄爲特色，十四——十五世紀左右的西亞細亞學者具有共通認識❻。有關蒙古新國家政務規定、人民裁判法、租稅賦課法等，也均於其時新制定而採入大法令內。成吉思汗以後，又適應時代再予陸續增補。而「國家」於蒙古語爲 Ulus，以成吉思汗紀元一二〇六年第二次卽位所代表大蒙古帝國誕生意味的國家名詞，便是 Yehe Monggol Ulus，乃爲複數，原部隊聯合體的意味仍然存在也爲可知，特別當其後成吉思汗分封諸子後爲愈明顯。

蒙古國家秩序，可了解自成吉思汗兩次卽位之間的時期，已一應制度化設定，本格化國家建設關鍵時期的意味。而其動力泉源，堪注意係導引自乃蠻的被征服。突厥族乃蠻部雄踞蒙古高原最西部外緣位置，非

---

❺　人物往來社版「東洋の歷史」⑦大モンゴル帝國，第五四頁。

❻　同書，第四五、五四頁。

祇地廣勢強，儼然北亞細亞諸遊牧集團領導中心之一，也以地理上與天山東部南、北麓同種族，經營定着城郭生活的畏兀兒（回紇）部接境，而受入回紇文化。因之乃蠻部於其時，已係文化水準頗高的開化部族，所使用文字便是畏兀兒文字。成吉思汗滅乃蠻，獲其畏兀兒人大臣塔塔統阿（Tatatongga），敎之使用文字，回紇（畏兀兒）文字乃移植通用於蒙古族間，以及開始學習得租稅徵收基本的戶籍簿製作與裁判記錄等，而蒙古於習慣法成文法化成爲可能。公文書使用印章，也同一時間與同一情況下學得，並了解其意義。紀元一二〇四年乃蠻征伐的另一意義，也是成吉思汗偉業成敗的大關鍵，軍制改革時一舉殲滅已係合流形勢的連鎖巨大敵人，突破向蒙古高原以外發展的障礙。「元史」太祖紀譽爲「用兵如神」，成吉思汗偉大的軍事天才，由是發揮至極致，鐵的紀律要求下無敵軍團縱橫四方，震撼世界的大征服者開創了「滅國四十」（「元史」太祖紀）空前紀錄。

　　成吉思汗四方征服戰爭熱潮興起初期的西夏征伐，又具有特殊意義。蒙古軍對西夏的侵略戰，諸史料記載年代頗有異說，次數也不一致，早自紀元一二〇六年卽位前便已試探性攻擊是個概括印象，征服戰本格化進行則在紀元一二〇九年。藏系唐古特族的西夏國領地自河套地方、賀蘭山阿拉善沙漠以至敦煌方面，以據有漢族中國與西域交通路要衝，佔其東——西貿易利益優勢而富強，性格屬城郭國家，國都中興府（興慶府，今寧夏省銀川市）便是漢式堅固城壁圍繞的都市。所以，興慶府攻略戰，乃是屆此爲止，向來習慣於與自身共同係遊牧民族間戰鬪的蒙古軍，所未曾有的經驗，逼降西夏，也是蒙古軍對城郭國家征服戰爭，必須採用另一形式高原戰略與戰術的實戰體驗，未來征服漢族中國抑或西方世界定着居民的預演意味。

　　果然，紀元一二一一年（太祖六年），大舉征金戰爭展開。成吉思汗

與其四子朮赤 (Djuchi)、察合台 (Chagatai)、窩闊台 (Ogotai)、拖雷 (Tului)，齊上征途，長驅連陷金朝桓州、昌州、撫州等，一軍自此向遼東，本軍越過今察哈爾省張家口繼續南下。金軍四〇萬拒戰於野狐嶺 (今察哈爾省宣化境) 潰敗，蒙古騎兵以破竹之勢奪下中都大門居庸關，成吉思汗進駐關隘附近的龍虎臺 (今河北省昌平縣境)，諸子、諸將分兵攻略山東、河北之地，摧枯拉朽橫掃諸城市。翌年，成吉思汗轉向侵入山西，蹂躪諸州，大掠西京大同。然後東京遼陽洗劫也已完成，掠奪戰爭告一段落，全師飽載戰利品物資北歸，成吉思汗留克魯倫河大斡耳朵。

但紀元一二一三年又再伐金，迂迴易州先取紫荊關，再奪居庸關，製造俯臨中都，控制全局之勢後，蹈襲前次路線而愈深入內地，右翼軍團繞過中都，沿太行山脈南下抵黃河，折向北取山西，左翼軍團循海而東出遼西，成吉思汗自領中軍直下河北、山東，四方而起的掠奪大旋風中，黃河以北絕大多數城市被囊括。自七月至年終，大殘破盡興，成吉思汗下令三道軍還，會合到中都之北。入第二年春 (太祖九年，紀元一二一四年，金宣宗長祐二年)，成吉思汗網開一面，允許金朝獻公主與金帛，成立和議而還歸。

不幸，蒙古退兵後，金朝立卽遷移國都至黃河以南的汴京，又成蒙古藉口而於翌年 (太祖十年，紀元一二一五年) 第三次大興兵。此次非成吉思汗親征，但大將們統率下蒙古騎兵軍團，當者披靡之勢毫無改變，中都迅速陷落，而且黃河以北中原全域與遼東，已非如前此侵略形式僅是一時的物資掠奪，直截已是對此廣大富裕地區的永久佔有。惟其如此，作戰的統一指導與全權的善後處理已存有必要，卻也是大征伐第一次非出親征形式，而係任命代表，紀元一二一七年 (太祖一二年) 成吉思汗給付木華黎 (Mukhari) 的命令，「元史」、「新元史」太祖紀記錄其言：「太行以北，朕自制之；太行以南，卿其勉之」，而拜木華黎為

太師，封國王，建九斿大旗，承制行事，諸將咸聽節制，又是適應金朝
戰爭，統制漢族中國需要的最早漢式官名與封號建置，佔領區總督與新
領土的方面統治者意味。

　　經略漢族中國方面交由大汗權力代理者木華黎，成吉思汗雄圖顯已
轉向西方。乃蠻併滅，通往西方的大道打開，準備意味的前瞻部署便
在第二位卽位以迄伐金期間完成。成吉思汗建立統一蒙古地方遊牧國家
的翌年（紀元一二〇七年），長子朮赤北征吉爾吉斯、侃侃助特（Kem-
kemdjut）與西北方「林中之民」野塔塔兒諸族成功，葉尼塞河流域遊牧
民族與南西伯利亞森林地帶所居住驃悍聞名的狩獵民族，均加征服。乃
蠻外緣向誇強盛的遼朝遺族所建西遼國勢力下諸部，自乃蠻滅亡而蒙古
建立北亞細亞霸權，也已紛紛動搖，東方主要兩服屬者，乃蠻西面接境
的巴爾喀什湖以東葛邏祿部，乃蠻南面接境的天山方面，已由原遊牧民
族變換標準的定居生活人民，又因佔有東——西貿易路要衝而以利殖隊
商活躍聞名的畏兀兒(回紇)部，都已與宗主國西遼切斷從屬關係，紀元
一二一一年或太祖六年，兩國國主分別親抵克魯倫河畔朝覲成吉思汗。
而其時，西遼正爆發大變故，當年乃蠻部太陽汗之子屈出律(Khuchluk)，
國破時率部下逃奔西遼求庇護，得國主直魯古（Djiluk，耶律大石之孫）
優遇，妻以女。野心家屈出律卻勾引西鄰中亞細亞花剌子模(Khorazm)
設（Shah，突厥語國主）摩訶末（Muhamed）得其援，便自紀元一二一一
年篡奪岳父之位，與花剌子模分割西遼國土。由是趁蒙古征金之機，破
葛邏祿，伐畏兀兒，東進向蒙古復仇。紀元一二一八年（太祖一三年），
轟轟烈烈的蒙古軍西征，乃以已轉移乃蠻系支配的西遼挑釁為藉口，而
揭開序幕。大將者別（Chebe，原泰亦赤兀氏追隨者別速特氏人）奉成
吉思汗命，率二萬人騎兵軍團進擊，屈出律兵敗逃合失合兒（疏勒）城
極逐，折回巴達克山（Badakhshan）被蒙古軍追殺，乃蠻＝西遼滅亡，

蒙古領土已擴大到帕米爾而與花剌子模相接。同年，大集會通過西征決議，翌年（太祖一四年，紀元一二一九年，宋寧宗嘉定一二年，金宣宗興定三年），成吉思汗命末弟鐵木哥斡赤斤（Temuge Otchigin）留守本據，親率大軍登上征途❼。

中國文獻稱之回回國的花剌子模係自塞爾柱突厥分裂，位當阿姆河下流西方的突厥人國家，十一世紀後半獨立，西遼興起後臣事西遼。紀元一二〇〇年摩訶末即位的前後時期，已先後併滅均屆衰微末期的塞爾柱朝與古爾（Ghor）朝，伊朗全域與阿富汗斯坦落入其手中，又通屈出律分割西遼中亞細亞國土以來，版圖擴大到東起印度河，西至裏海，北及錫爾河，南達波斯灣，儼然帕米爾以西最強盛的大國。國都也自阿姆河下流玉龍傑赤舊都（Urghendj）向東移建到新取地，東——西交通路幹線絲道上通向印度的分歧點撒麻耳干（撒馬爾罕，Samarkand），商業殷盛，且便以東——西文明十字路的位置，學問發達，摩訶末也以東方回教徒保護者自詡。卻是，摩訶末與其國家得志的時間幾乎與蒙古平行蒙古軍已盡拆中間距隔的範籬而抵國門❽。

紀元一二一九年西行的蒙古遠征軍，中國史書轉引被征服方面的回教諸史料，謂為「號六十萬（人）」（「蒙兀兒史記」）。今日蘇聯的中亞史家依所有證據推計，則蒙古軍動員總兵力，係自十五萬人最高至二〇萬人之數❾。估計差距的由來，其一，蒙古戰鬥部隊全由騎兵構成，每一戰士均攜戰馬數匹❿，定居民族以自身標準按馬數衡量人數，乃存有出入；其二，日本學界的補充瞭解：遊牧民族的場合，活躍前線的騎兵

---

❼ 同書，第五四頁。

❽ 成吉思汗西征記事，取材自多桑「蒙古史」（馮譯本）第一卷第六、七、八章；屠寄「蒙兀兒史記」成吉思汗本紀第二下（卷三）。

❾ 轉引自文藝春秋版「大世界史」⑧蒼き狼の國，第二一九頁。

❿ 馮承鈞譯「多桑蒙古史」，第六九頁。

集團背後，附有隨戰線移動的兵站基地，當時蒙古語所謂「奧魯」，擔負糧食、衣服、兵器的補給與修理，連同此等後勤人員算入，也可解釋爲符合六、七十萬人之數❶。攻擊方面二〇萬戰鬥人員，花刺子模防衞兵力則約四〇萬人，人數雖懸殊，但無論兵員素質與訓練，軍紀與戰鬥精神，以及指揮官卓越戰術，守方均非可匹敵蒙古軍的優秀，勝負毋須待實戰開始便可判定。

　　蒙古軍推進入錫爾、阿姆兩河中間地域的河中（Trans-Oxiana）時，大攻擊分軍展開，成吉思汗第二子察合臺與第三子窩闊臺統率的第一軍團留攻花刺子模國境門戶重鎮，錫爾河中流域的商業都市訛答刺（Otral），長子朮赤的第二軍團向西北（右翼），阿刺黑（Alac）、速格禿（Sougtou）、脫海（Togai）三將軍的第三軍團向東南（左翼），成吉思汗偕同末子拖雷的本軍，疾行繞過撒馬爾罕，圍陷位於其西方的不花刺（布哈拉，Bokhara），切斷後方花刺子模本據連繫後，還軍輕易逼降當時中亞細亞最繁榮大都市的新國都撒馬爾罕，時爲進軍以來半年的紀元一二〇年春。已齊陷河中全域所有城市的諸軍團，也分別向撒馬爾罕集中。先期脫逃的摩訶末，南奔渡阿姆河又折西北亡命，被成吉思汗所派者別、速不臺（Subudai，原兀良哈部人）二大將緊躡追逐，遁入裏海一孤島困死。近鹹海南岸的舊都玉龍傑赤續被攻拔，伊朗北部（花刺子模本據）、伊朗南部（呼羅珊，Khorasan）分別於成吉思汗第三子窩闊台與第四子拖雷受命攻略下，完成席捲而東返會師。同一期間，大汗親下阿姆河以南諸城，歷史上著名商業、宗教、文化大都市巴里黑（Balk 或 Balkh，亞歷山大東征以來的 Bactria），便於此次屠城與澈底墮毀的浩刼下，熄滅其生命之光。此均紀元一二〇年至翌年春的一年間事，花刺子模征服，蒙古軍西征第一階段作戰結束。

❶ 文藝春秋版「大世界史」⑧蒼き狼の國，第二一九頁。

　　蒙古軍持續第二階段作戰，一方面，幾已全域被佔領的花剌子模，獨餘東南一隅國境哥疾寧（迦色尼， Ghazni）， 在摩訶末之子札闌丁（Djelal ud-din）領導下，英勇頑抗至紀元一二二一年末。札闌丁敗退至申河（印度河）畔，於成吉思汗親統的追擊軍前，自數丈高的斷崖上躍馬河中激流，泳渡對岸脫走，逃入古爾朝解體期，分割其印度方面領土所獨立建設的純粹印度境內突厥人國家底里（Delhi）朝，也因而導引蒙古軍的侵略波及印度河右岸腹地。幸屆紀元一二二二年夏，生長北方的蒙古軍不習慣南方盛暑，攻擊行動受阻害，軍中又疾疫流行，得免印度的蹂躪範圍擴大。翌年春，成吉思汗決意班師歸還蒙古，留住撒馬爾罕迄紀元一二二四春啓程東行。與印度征伐同時，方向完全相背的另一方面戰事，續向西方歐洲延長。尤赤屯軍鹹海、裏海間為支持之下，者別、速不臺兩大將的軍團，於驅逐摩訶末入裏海後，同任西征派遣軍總司令，自裏海南岸迂迴西岸，越太和嶺（高加索 Caucasus 山脈），沿其北麓西進，穿過黑海克里米亞（Crimea）半島，出南俄草原。自紀元一二二○年至一二二二年間，所過殘破，位居裏海與黑海中間地帶，匈奴時代便負盛名的阿蘭（Alan，轉音為阿速 Asse）諸部，其北分佈地域更廣泛，裏海、黑海以北窩勒伽（伏爾加，Volga）河、董（頓，Don）河流域為中心的欽察（Kipchak，歐洲人謂之庫曼 Couman）＝突厥諸部，均被征服。欽察部族聯盟西北的斡羅斯（俄羅斯，Rosse）大震懼，翌年紀元一二二三年，預在頓河附近 Kalka（迦勒迦）河畔布陣迎擊的諸侯聯軍八萬餘人遭蒙古軍粉碎，六王、七十侯死，兵士被殲滅者十之九，蒙古軍如落葉秋風之勢橫掃俄羅斯境，恐怖的焚殺大掠於大汗回師命令下達才中止。歲末，橫斷欽察平原（哈薩克斯坦）東歸，與成吉思汗本軍會合（紀元一二二四年）。

　　大征服者成吉思汗西征興盡，紀元一二二五年（太祖二○年，宋理

宗寶慶元年，金哀宗正大二年）春，凱旋返抵蒙古本據，在外前後七年。
其時，蒙古西滅西遼與花剌子模，盡行併合中亞細亞、阿富汗斯坦、伊
朗等回敎諸地域，北方領土遠及裏海以北，南方又領有黃河以北漢族中
國之半，原遊牧國家再度躍進，大世界帝國形成。而此廣大領土上的諸
子分封盛舉，乃於西征首途歸來的紀元一二二四年（太祖一九年）宣布：
長子尤赤分與烏拉（Ural）山東、西側哈薩克斯坦之地，次子察合台分
與西遼故地，自伊犂河流域海押立（Kayalik）界外以抵只渾（阿姆）河，
而東界畏兀兒，三子窩闊台分與阿爾泰山以西，也迷里（Emil）河一帶
的乃蠻故地，亦卽以後清朝西蒙古之地，四子拖雷繼承成吉思汗自身所
保留外蒙古本土直轄地。內蒙古東半與清朝時代東蒙古（東北九省西半）
地域，另予分封成吉思汗諸弟。滅亡金朝與花剌子模所得農耕・文化
地帶，則非分封地而成立達魯花赤（Darughachi 或 Darougas）制度，
直接支配。紀錄中最早的達魯花赤，係紀元一二二一年（太祖一七年）
「西域略平」，以南征印度時於阿姆河方面設置，佔領區大地域內立於
諸所任命土著民政官之上，省長意味的最高行政長官。以後員數增多而
管轄區域縮小，相對也是對地方控制力的增強，蒙古帝國轉移到元朝帝
國時代，達魯花赤於漢族中國的設置性質，又轉變爲地方行政官廳漢人
長官的監督者，譯義乃謂之斷事官。達魯花赤支配之外，蒙古帝國時代
發達的交通體系站赤（Jamchi）驛傳制度，也自成吉思汗四方征伐期間
初建，沿大領土帝國內的交通線分設驛站，逐站換馬，也便利通行時檢
驗證件，又是大帝國各地區靈活連結的強力靷帶。

　　成吉思汗諸子分封的處分原則，容易明瞭係從蒙古舊俗，戶主對其
成年之子分與家產與家畜使獨立，父之最後殘存財產則末子承繼的末子
相續法。堪注視係較紀元一二〇六年或太祖元年的八八功臣分封，明顯
已其區別。當年功臣分封，曁其翌年（紀元一二〇七年）諸子、諸弟分

封（「元朝秘史」記載，是年朮赤征服西北方林中之民凱旋，卽以此方
面林中之民分與的同時，又以朮赤爲諸子之兄，賜民九千人，斡赤斤爲
末弟，分民一萬人，爲最多，其餘察合台八千人，窩闊台、拖雷各五千
人，另三弟自四千人至一千五百人），均係分民，指足以徵集一定戰士
「人」數（丁數）的遊牧人民集團，所謂「以丁爲戶」[12]，其是否分與供
牧民營生的牧地，並無明記。而成吉思汗西征歸還時新領土上的分封，
則已是附着了分地要件的名副其實封建。惟朮赤於分封後卽行去世，未
如察合台汗國、窩闊台汗國的實現衞星國家建設，須其子拔都(Batu)續
與第二次歐洲遠征，始推展其父原分封地至俄羅斯，而於紀元一二四三
年建欽察汗國。然後，拖雷子旭烈兀 (Khulagu) 續征西亞細亞，滅回敎
帝國 Abbas 朝與敍利亞，含阿姆河以南與伊朗之地，紀元一二五九年建
伊兒 (Il) 汗國（參照次節），而蒙古帝國內四個份子國家，有名的四大
汗國成立。

蒙古帝國四大汗國表[13]

國　　　名	始 封	首　　都	領　域	存 續 期 與 結 局	特　　　色
察合台汗國 Khanate of Chagatai	察合台	阿力麻里 (Almalik, 今伊犁)	塔里木盆地、中亞細亞、阿富汗斯坦、	紀元 1224-1321分裂東、西—— 東察合台汗	突厥語爲公用語，回敎保護，基督敎也流行，大都市發達，財政豐裕。

[12]　蒙古「以丁爲戶」，參照馮承鈞譯「多桑蒙古史」上冊第二〇八頁群臣與
　　　耶律楚材對語。

[13]　本表取材自松田壽男、森鹿三「アジア歷史地圖」第九八至九九頁蒙古帝
　　　國時代の北アジア；曉敎育圖書版「現代敎養百科事典」⑦歷史，第二二
　　　三至二二四頁モンゴルのアジア制覇諸條；文藝春秋版「大世界史」⑧蒼
　　　き狼の國，第二九八至二九九頁モンゴルの四汗國表，同書第三一一至三
　　　一九頁說明；平凡社版「世界歷史大系」⑦東洋中世史第四篇，第一〇七
　　　至一一二頁「四汗國の盛衰」章。

			西北印度	國都疏勒西察合台汗國領有帕米爾以西，都撒馬爾罕，1369年被其相篡奪改建帖木兒(Timur)帝國	
窩闊台汗國 Khanate of Ogotai	窩闊台	也迷里 (Emil, 今塔城方面)	天山以北準噶爾盆地	紀元 1224-1310併入察合台汗國	對拖雷系元朝政權持對立抗爭姿態，失敗。典型的遊牧國家。
欽察汗國 Khanate of Kipchak （又以汗居豪華金錦斡耳朶而別名金帳 Sira-Ordu 汗國，Sira 蒙古語「金」之意❹）	拔都	Sarai	西伯利亞西半部俄羅斯	紀元 1243-1480後期諸勢力分裂，十四世紀後半又遭新興的帖木兒帝國連續攻擊潰敗而瓦解，最後傾覆於俄羅斯諸侯以莫斯科（Moscow）大公爲中心的獨立運動。	十四世紀前半月卽別 Uzbeg 汗在位爲黃金時代。與東羅馬皇帝、埃及Mameluks朝通好，羅馬敎皇、希臘敎主使節頻頻。黑海貿易繁盛。突厥（欽察）、斯拉夫、蒙古三系統種族間混血。俄羅斯諸侯立於蒙古人治下二百數十年，對君主絕對服從，君主命令卽法律，施行笞刑等東洋傳統，以及蒙古人愛好掠奪殺戮的風習，因之殘留自後俄羅斯人文化。

❹　平凡社版「世界歷史大系」⑦東洋中世史第四篇，第五七頁。

| 伊兒汗國 Khanate of Il | 旭烈兀 | Maragua 遷 Tabriz | 伊朗、伊拉克、土耳其、敍利亞 | 紀元 1258-1411 十四世紀中期以後諸王分立割據，亡於帖木兒帝國。 | 基督教保護，羅馬教皇、東羅馬皇帝通好。 與埃及 Mameluks 朝對立。 十三——四世紀之交合贊 (Ghagan) 汗時代爲全盛時代，自是奉回教爲國敎。 蒙古·波斯文化興隆，回敎文學·學問再登極盛期，四汗國中最爲文明國。 波斯人撰蒙古史兩鉅著：Alai un-din Djuvein「世界征服史」 (Tarikhi Djihan Kushai, 敍至旭烈兀西征的 1257 年)；Rashid un-din「史集」 (Jamit ut Tevari-kh, 敍至元朝世祖次代成宗與伊兒汗國合贊 Gazan 汗次代其弟完者都 Uljaitu 汗時代，著者歿於1318年，完者都汗以來迄全書記事下限1335年間之事，係後人續成。 |

　　西征凱旋前夕的紀元一二二三年，東方已略平黃河以北金朝領土的
國王木華黎卒，介在金朝佔領區——蒙古本土——畏兀兒之間，已具必
取形勢而未了的西夏最後一擊，便須成吉思汗親自擔當。紀元一二二六
年春至翌年夏，對西夏澈底的征服戰終於興起，假道畏兀兒，從甘肅、
青海、寧夏着着向內逼進，西夏國都中興（興慶）府陷落，西夏滅亡。
卻是，也便在同時，巨星殞落，曠古雄主的東方遊牧民族史上最大英雄
與世界最大征服者成吉思汗，於六盤山（甘肅省固原縣境）避暑行在病
逝，壽齡七十三歲。時爲太祖二二年，紀元一二二七年，宋理宗寶慶三
年，金哀宗正大四年。

　　　　蒙古帝國世系圖（括弧內乃元朝追尊漢式諡號）

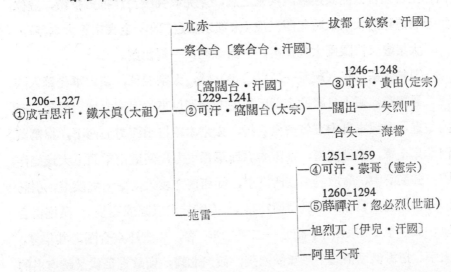

從蒙古帝國到大元帝國

　　自太祖二二年（丁亥年，紀元一二二七年）成吉思汗崩，屆己丑年（紀元一二二九年，太宗元年）其生前指定的繼承人窩濶台登位爲蒙古帝國第二代可汗，中間兩年空位期，由成吉思汗末子拖雷監國。汗位未直接銜接的原因，係傳統選舉新可汗的大集會乃己丑年始行召集。但分封諸王、諸將分自領地抵達怯綠連（克魯倫）河畔，會議進行時，多數意見傾向的便是拖雷，所以歷四十天而後繼可汗人選仍然懸虛未決，最後係拖雷親自公開表達擁護其兄之意，才完成窩濶台汗推戴手續，登位爲元朝追尊的太宗，時年四三歲（宋理宗紹定二年，金哀宗正大六年）。

　　大集會又決議兩大外征案，一對金朝，一對伊朗。

　　翌年太宗二年（紀元一二三〇年）秋，太宗親征，蒙古軍先鋒入陝西，鳳翔降，領土日蹙的金朝已僅保有潼關以東的河南之地。翌年，三道並進，左翼軍自山東省濟南右折，太宗本軍自山西方面南下，掃蕩黃河北岸金軍，準備渡河，拖雷的右翼軍係主力，假道南宋領土大迂廻作戰，強襲漢中，奪取饒風關渡漢水，從西南方攻入河南省境疾進，引誘固守潼關的金朝重兵東調防衞汴京，太宗趁虛攻陷潼關後，與拖雷合軍。又翌年（太宗四年，紀元一二三二年）春，完成汴京合圍，其年夏，太宗、拖雷俱以不適中原氣候罹疾，渡河北歸，留歐洲征伐赫赫有名的老將速不台（者別已去世）在汴，圍城一年陷落，可惜太宗病癒而拖雷不治，終其父之世隨侍得薰陶，沉雄個性與驍勇善用兵全如其父的此成吉思汗末子之死，享年僅四十歲。太宗六年（紀元一二三四年）已是殘棋收譜，先期棄汴京逃亡的金哀宗走歸德，又奔蔡州。應蒙古約對金南、

北夾擊的南宋也已出兵，蔡州於蒙古、南宋兩軍包圍下，被破，哀宗自刎，金朝滅亡（金哀宗天興三年，宋理宗端平元年）。

另一方面，第二次伊朗征伐也已興起。成吉思汗平定西域，達魯花赤統制展開而大軍東歸，阿姆河以南留駐蒙古軍僅四千人，逃亡印度的札闌丁已趁機西歸，太宗即位前後，其父伊朗舊領土已被恢復大半，蒙古軍因之有再征服的必要。太宗二年（紀元一二三〇年），大將綽兒馬罕(Tchormagoun)奉命統兵三萬出征，札闌丁迎戰連敗，翌年，圖遁小亞細亞投東羅馬帝國，途中在蒙古軍截襲下潰滅身亡，花剌子模命脈完全斬絕。綽兒馬罕續引兵經略美索不達米亞（侵義拉克阿剌伯，盡殲報達哈里利援兵），轉北平定亞塞爾拜然 Azerbaijan（取帖弗利司 Tabriz 城），降谷兒只（Grusia）而蒙古帝國拓境至裏海與黑海間，高加索山脈南邊亞美尼亞（Armenia），時為太宗十一年或紀元一二三九年❶。

第三次大征伐接續展開❷，滅金翌年太宗七年（紀元一二三五年），大集會通過遠征窩勒迦（伏爾加）河以西。成吉思汗分封子弟，長子朮赤雖分得西至南俄之地，實質於此等地域，祇是掠奪，並未穩定佔領，而且朮赤不久便死，所以與再征之議。諸王、諸將各返封地調遣兵馬，入第二年（紀元一二三六年），諸軍集結吉爾吉斯草原編隊，總兵力突破十萬❸，至十五萬人❹之間（中國方面記錄五十萬人），規模之大超過成吉思汗西征軍。成吉思汗四系諸王均行參加，長子出征（「蒙兀兒史記」斡歌歹＜窩濶台＞汗紀七年條）乃其特徵，朮赤位下拔都、斡魯朵

---

❶　綽兒馬罕西征記事，取材自馮承鈞譯「多桑蒙古史」下冊，第四卷第一、二兩章。

❷　拔都西征記事，取材自馮承鈞譯「多桑蒙古史」上冊，第二卷第三章。

❸　文藝春秋版「大世界史」⑧蒼き狼の國，第二六五頁。

❹　曉教育圖書版「現代教養百科事典」⑦歷史，第二二三頁バツの西征條（今日著作中多採此說）。

(Orda)、昔班 (Shaiban)、察合台位下貝達爾 (拜答兒，Baidar)、孫不里 (Buri)，太宗窩濶台位下貴由 (Guyuk，定宗)、合丹 (Khadan)、孫海都 (Khaidu)，拖雷位下蒙哥 (Munge 或 Mongke，憲宗)、不者克 (Boudjek)， 各別統率一軍的指揮官全係年青軍人，又是特徵。統帥由拔都出任，調回經略中原的速不台充當副統帥，係例外的元老，依賴其成吉思汗之際攻略俄羅斯的經驗。大軍在裏海以北前進基地，自是年春駐紮至秋天，表面平靜，卻正是拔都得意手筆的 Spy 作戰期❺，間諜、斥候正大事活躍，愼重與正確研判敵情後，排山倒海的騎兵大軍團疾風似西捲。烏拉河、伏爾加河流域的不里阿耳 (Bulgar)、欽察諸部族齊降，狂颷迅向目的地俄羅斯猛襲。

　　紀元一二三七年末，廣大的俄羅斯平原時值嚴冬，後世拿破崙的法國軍，希特勒的納粹德國軍，都以此千載遺恨，對俄戰爭失敗，前鋒速不台將軍指導下的蒙古軍，倒反擅長多季作戰，乃是戰術史上一大奇蹟。酷寒凍結河川與湖沼的流水，履冰而過，便利於蒙古騎兵機動作戰與自由行動的追擊，侵入俄羅斯平原時，東端也烈贊 (Riazan) 迅速被攻陷。北上一路大刼掠，殘燒城市、住民肆加虐殺，莫斯科窪 (莫斯科，Moscow，其興須十四世紀受金帳汗扶植以來) 被焚屠城，翌年 (紀元一二三八年) 春，東俄羅斯霸權者兀剌的迷兒 (Vladimir) 大公國陷沒，大公闊兒吉 (George) 戰死。速不台軍繼續推進至北俄羅斯要衝，對波羅的海貿易一大中心地的那窩果羅 (Novgorod) 時，以春季融冰期開路而攻擊暫告段落，突然轉換方向，南下黑海北方，頓河與 Denieper 河中間肥美草原上，休養軍馬，以及掃蕩周圍遊牧部族，約一年餘。暴雷似的蒙古軍猛襲再起，西俄羅斯諸城市在席捲之勢下紛紛殘破，紀元一二

---

❺　參閱人物往來社版「東洋の歷史」⑦大モンゴル帝國，第一一八至一一九頁說明，並引岩村忍「蒙古の歐洲遠征」錄「ボヘミア歌謠の一節」。

四〇秋，乞瓦（基輔，Kiev）大公國被屠，基輔城自三世紀以來也是俄羅斯全土的首都，至是，繁華市街與眾多東羅馬式的壯麗基督教寺院，全被焚毀化爲瓦礫。迄於其時，俄羅斯大小諸侯，已全由蒙古軍征服受其支配。

　　俄羅斯（中國文獻中的斡羅斯）全域淪陷屈服，蒙古軍已面對歐洲世界，俄羅斯西鄰的馬札兒（Magyar，匈牙利）王國或匈牙利大草原是殘酷騎兵鐵蹄蹂躪的直接方向。侵略戰爭於同年（紀元一二四〇年）冬立卽發動，拔都自身正面進擊匈牙利，別軍在側面掩護，從匈牙利北方撲向孛烈兒（波蘭，Poland），南、北兩方面箝形楔入歐洲大陸。北面軍以破竹之勢疾進，渡維思禿刺（Vistrula）河，所向披靡。翌年（紀元一二四一年）春，焚掠波蘭首都（諸侯共主都城）克剌可洼（Cracow），而且，在里格尼志（Liegnitz）附近瓦勒斯塔忞（Wahlstatt），殲滅波蘭與德國諸侯聯軍三萬人，地主國昔烈西亞（Silesia）公亨利二世（Henri II）被斬梟首。續肆虐至孛海迷（Bohemia）地方，東南入匈牙利與拔都本軍合流。一方面，拔都本軍也正橫掃匈牙利（Hungary）平野，所過屍體遍地，血流成渠，各城市廢墟化，其首都帛思忞（Pest）之北的撒岳（Sayo）河畔大會戰，粉碎匈牙利聯軍，遂屠帛思忞城，追逐中的馬札兒王別剌四世（Bela IV）逃渡禿納（多瑙，Donau）河得脫。是年夏、秋雨季，會合了的南、北軍在匈牙利境休養士馬，入冬，大攻勢再展開，越過河水冰合了的多瑙河西進。德國（日耳曼）神聖羅馬帝國內的墺太利（奧地利，Austria）公國兵燹遍起，諸城連連陷落，焚殺南至今義大利境的威內薩（Venice），已係地中海支海亞的里亞海（Adriatic Sea）北岸。令人窒息的蒙古軍恐怖氣勢下，全歐洲人人震慄，羅馬敎皇 Innocent 四世與日耳曼皇帝 Frederic 二世，對於兵鋒逼近的警報頻傳，惶惶然不知所措之際，恰值太宗訃報到達蒙古軍中，以西征領導人須選舉新可汗，

而翌年（一二四二年）春拔都下令全軍東歸，歐洲悲劇倖免更熾烈的上演。然而，西歐與南歐固逃脫厄運，蒙古軍歸途經由東歐的 Serbia（賽爾維亞）、Bulgaria（保加利亞），卻脫逃殘殺與大掠的浩刼。

西征大軍返抵高加索山脈以北，統帥拔都續聞訊內定的繼承可汗人選時，命令從征的其餘諸王系繼續東歸，本系中止返蒙古本土，並囑蒙哥代表轉達本系反對此新汗人選之意，決心留此原屬其父封地的廣大哈薩克斯坦與俄羅斯平原，建都薩萊（Sarai，初在伏爾加河注入裏海處的河口，一三九五年以後移建至伏爾加河上流域❻），支配欽察等部與俄羅斯大小諸侯，經營屬於自己的國家。遠征第八年的紀元一二四三年春，地跨歐亞兩大陸的欽察汗國或金帳汗國，乃告成立。

紀元一二四一年多逝世的太宗窩闊台汗，繼承其父偉大英雄成吉思汗（太祖），其治績意義，正是蒙古帝國創業與守成之功的密接配合。太宗在位一三年，較其父歲月爲短，包括滅金的三大外征固仍踏襲其父脚步。內治方面，強化統治而奠立發展中的蒙古世界帝國立國基石，則是成吉思汗未實現的理想完成。以成吉思汗所定法令爲基礎，屢次新頒大札撒，加強國家機能的制度化與法治化之外，入「元史」太宗紀的如下文字都堪注目：

——元年（紀元一二二九年）：「敕蒙古民有馬百者輸牝馬一，牛百者輸牸牛一，羊百者輸羒羊一，爲永制」；

「始置倉廩，立驛傳」；

「命河北漢民以戶計出賦調，耶律楚材主之，西域人以丁計出賦調，麻合設的滑剌西迷主之」。

——二年（紀元一二三〇年）：「詔：今以前事，勿問（大赦之意）」；

「定諸路課稅，酒課驗實息十取一，雜稅三十取一」；

---

❻　人物往來社版「東洋の歷史」⑦大モンゴル帝國，第一二一頁注（サライ）。

「始置十路徵收課稅使」。

——三年（紀元一二三一年）：「始立中書省，改侍從官名。以耶律楚材爲中書令，粘合重山爲左丞相，鎭海爲右丞相」（「新元史」太宗紀補充：「耶律楚材奏請州縣長吏專理民事，萬戶府專理軍政，課稅所專理錢穀，各不相統攝，從之」）。

——五年（紀元一二三三年，是年陷金汴京，翌年金亡）：「詔以孔子五十一世孫元楷襲封衍聖公」；

「以阿同葛等充宣差勘事官，括中州戶」；

「勅修孔子廟及渾天儀」（「新元史」太宗紀六年條：「設國子監助教官於燕京，令大臣子弟入學」）。

——七年（紀元一二三五年）：「城和林，作萬安宮」；

「中書省臣請契勘大明曆，從之」。

——八年（紀元一二三六年）：「復括中州戶口」（「新元史」太宗紀補充：「定稅每戶出絲一斤以供官用，五戶出絲一斤以賜貴戚功臣；上田畝稅三升半，中田三升，下田二升半，水田畝五升；商稅三十分之一，鹽價蝕一兩四十斤，以爲永額」）；

「耶律楚材請立編修所於燕京，經籍所於平陽，編集經史，召儒士梁涉充長官」；

「詔以眞定民戶奉太后湯沐，中原諸州民戶分賜諸王、貴戚，耶律楚材言非便。遂命各位止設達魯花赤，朝廷置官吏，收其租頒之，非奉詔不得徵兵賦」；

「詔卽造交鈔行之」。

〔「新元史」太宗紀九年（紀元一二三七年）：「命斷事官朮虎乃、山西中路課稅所長官劉中，試諸路儒士，中選者令與本處長官同署公事，得四千三十人」。〕

——十二年（一二四〇年）：「籍諸王大臣所俘男女爲民」。

屬領征服的混亂階段漸漸過去，安定秩序便於太宗治世期回復。而成吉思汗所制定僅對遊牧國家適用的統制機構與統治方式，於併入了廣大漢地與中亞細亞、西亞細亞定着民的新領土，蒙古發展爲世界帝國時，穩固支配征服地所必備條件的國家統治大方針變更與政府機構改革性整備，也都自太宗時代實現。所以，與大札撒効力相輔成，諸王對征服地人民的特權，以及蒙古部將的征服地上橫暴行爲，一概都已加以限制。相對方面，從蒙古人一時佔領漢族中國發展爲征服朝代的其後元朝，兩面制統治的最早形成，便始於太宗窩闊台汗之世。

推動蒙古歷史此一關鍵時代成立的中心人物，乃是遼朝宗室後裔的政治家耶律楚材。耶律楚材父、祖自遼亡後均仕金朝爲高官，自身也由科舉供職燕京，蒙古軍取燕京被俘。成吉思汗與之言談投機，留身邊任政治顧問，時耶律楚材年二七歲，自是得成吉思汗信任日深，携帶扈從西征，並鄭重推介與指定的汗位繼承人窩闊台。事實上，已丑年大集會，太宗汗位僵局的最終打開，便是耶律楚材向拖雷與察合台弟兄轉圜之力。惟其如此，而耶律楚材形成太宗政治樞軸，「元史」其傳記的幾段動人記載：

「中原甫定，民多誤觸禁紀，而國法無赦令。楚材議請肆宥，衆以云迁，楚材獨從容爲帝言，詔自庚寅正月朔日前事，勿治。且條便宜一十八事頒天下，其略言：郡宜置長吏牧民，設萬戶總軍，使勢均力敵，以遏驕橫。中原之地，財用所出，宜存恤其民，州縣非奉上命，敢擅行科差者罪之。貿易借貸官物者罪之，蒙古、回鶻、河西諸人種地不納稅者死，監主自盜官物者死，應犯死罪者具由申奏待報，然後行刑。貢獻禮物，爲害非輕，宜禁斷。帝悉從之，唯貢獻一事不允，曰：彼自願饋獻者，宜聽之。楚材曰：蠹害之端，必由於此。帝曰：凡卿所奏，無不

從者，卿不能從朕一事耶」。

「太祖之世，歲有事西域，未暇經理中原，官吏多聚斂自私，貲至
鉅萬，而官無儲侍。近臣別迭等言：漢人無補於國，可悉空其人，以爲
牧地。楚材曰：陛下將南伐，軍需宜有所資，誠均定中原地稅、商稅、
鹽、酒、鐵冶、山澤之利，歲可得銀五十萬兩，帛八萬匹，粟四十餘萬
石，足以供給，何謂無補哉。帝曰：卿試爲朕行之，乃奏立燕京等十路
徵收課稅使，凡長貳悉用士人，參佐皆用省部舊人。辛卯秋，帝至雲
中，十路咸進稟籍及金帛，陳于廷中，帝笑謂楚材曰：汝不去朕左右，
而能使國用充足如此。卽日拜中書令，事無鉅細，皆先白之。

「舊制，凡攻城邑，敵以矢石相加者，卽爲拒命，旣克，必屠之。
汴梁將下，大將速不台遣使來言，金人抗拒持久，師多死傷，城下之
日，宜屠之。楚材馳入奏曰：將士暴露數十年，所欲者土地人民耳，得
地無民，將焉用之。帝猶豫未決，楚材曰：奇巧之工，厚藏之家，皆萃
於此，若盡殺之，將無所獲。帝然之，詔罪止完顏氏，餘皆勿問。時避
兵居汴者得百四十七萬人（「新元史」本傳記數一百七十萬戶）」。

耶律楚材的可敬，正以其一方面對蒙古國家獲得龐大領土後的高度
統治技術指導，具有莫大貢獻，另一方面，更對漢地生命與文化的維
護，誠摯付出其最大的心力。太宗崩後第四年與貴由汗選出前一年的紀
元一二四四年，壽五五歲的耶律楚材去世，其努力於漢族中國查實戶口
（所謂括戶）整理戶籍，又於法定稅率爲基盤的租稅體制下，所自漢族
人民徵起的稅收，未來終成立爲支持蒙古帝國財政最大的財源。

蒙古帝國初建的成吉思汗時代，仍立於遊牧生活傳統，國家無稱之
國都的一定場所，政治中心隨可汗斡耳朶（Ordo，漢譯帳殿）移動，最
早建設固定化城郭，部份經營定住生活的國都，又是太宗突破性偉業。
七年（紀元一二三五年），於成吉思汗晚年斡耳朶常駐之處的斡兒汗（鄂

爾渾）河上流右岸定都（是年決議遠征俄羅斯的大集會亦卽於此附近召
開），依漢族社會習慣，也便由漢族工匠、彫刻師、畫工等從事的中國
風格國都、宮殿建築與裝飾，宮殿漢名萬安宮，國都以所在地喀喇和
林（Kharahorum，今鄂爾渾河支流 Kokchin Orkhon 河的古名❼）而
名，漢字簡略之而書爲「和林」，或同音嘉名的「和寧」。十九世紀末
以來，俄國探險隊比定其地乃明朝神宗時代所建額爾德尼喀喇嘛寺的同
一地❽，與世位置係在鄂爾渾河東岸相對，西岸略略往上又是回紇都城
址與九姓回紇可汗碑所在的喀喇巴勒噶孫廢墟。

　　和林規模不大，文獻記錄其周圍僅五華里。內部構造，以都城成立
二十年後憲宗三年，紀元一二五四年奉法蘭西王路易（Louis）九世命訪
問和林的 Guillaume de Rubruquis 歸去著述所介紹，而爲今日了解。
其記述謂，城內有大街二，一爲薩拉遜（Saracen，回教徒）街，係商人居
住的市場，一爲契丹（Khitay，漢人）街，乃工匠所集中的工場區。兩
市區之外，是高官們大邸宅，以及異教徒的寺院十二，回教禮拜寺二，
基督教會一，汗的宮室沿城壁內側。城壁材料用土壘，東、南、西、北
各開一城門，各別爲特殊物資交易場所，東門賣黍與雜穀，西門賣羊與
山羊，南門賣牡牛與車輛，北門賣馬匹❾。紀元一九四八～四九年蘇聯
於其地的考古發掘，已判明上項記事爲正確。報告書的說明：都城乃略
呈四角形的小城，東西約二、〇〇〇至二、五〇〇公尺，南北一、六〇
〇公尺左右，西部卽萬安宮。東門外側，乃引鄂爾渾之水的人工灌漑耕
地，有石臼、石杵發見。城內自東門至中央部，街道兩側房屋櫛比的遺

❼ 平凡社版「世界歷史大系」⑦東洋中世史第四篇，第五二頁。
❽ 同上，第五三頁。
❾ 整理自「蒙兀兒史記」斡歌歹（窩濶台）汗紀七年乙未條注，轉引那珂通
　世引魯卜魯克「和林紀行」。

跡中，大量陶器、玻璃器、金屬器，以及宋、金、元等各朝代貨幣衆多出土❿。對於擁有特大面積領土的蒙古世界帝國而言，國都和林規模僅此而已，未免授人以貧弱感。是爲概括印象。

　　然而，與國都和林建設約略同時的驛傳制度整備，卻是強烈對照的大氣魄擴張。驛傳非太宗時代創始，成吉思汗陪伴外征已展開，但其大規模利用與制度化則自太宗。以國都和林爲中心，向蒙古帝國四方網狀伸展交通路上，視地形與有無居民不定距離建立驛站，大體均依馬行一日程爲標準。且自太宗九年（紀元一二三七年）依耶律楚材意見，糾正諸王、貴戚自起驛馬，道路騷擾之弊，統一以汗的名義製頒牌面鑴有文字（回紇字蒙古文、漢文、元朝八思巴文）的牌子，供爲許可通行憑證，否則受罰（年份依「蒙兀兒史記」與「多桑蒙古史」、「元史」兵志記其事在太宗四年）。驛站附屬附近一定數字的民戶，豁免其租稅而負擔維持驛站的一切費用。以後元朝成立而牌子再按任務的輕重緩急，區分金虎符、金牌、銀牌、海靑牌、圓牌等五種，驛馬備用數字至二〇萬匹，通蒙古帝國時代以迄元朝，驛傳制度的發達可以想像。國際間、國內諸王間使者往返、公文書傳遞、軍情相通、貢物上達等公務，以及國內各地區相互間物資輸送，都能因而圓滑進行爲無論，遠至歐洲的外國商人、傳敎士、學者文人、技術家等，也以整然驛傳制度下交通發達，旅行便利，而此時期大活躍於蒙古或漢族中國。太宗訃報的短短數月間便已傳達中歐拔都遠征軍總部，古今歷史上均堪驚嘆其迅速，又是其時驛傳制度通訊效率發揮的明證。

　　太宗被其父選擇爲汗位繼承人在西征期間，原因係其時尚未去世的長兄尤赤，與次兄察合台之間，兄弟不協，惟太宗能對兩位兄長排解而

---

❿　和林考古調查，取材自文藝春秋社版「大世界史」⑧蒼き狼の國，第二六〇至二六一頁。

產生調和作用，也得尤赤、察合台雙方同意，成吉思汗乃作此決定。而正式的選汗大集會召開，卻出現擁戴拖雷的尷尬場面，已是汗位繼承問題的不祥之兆，至其崩，同一問題的爭執果爾表面化。爭執源由，關係成吉思汗分封諸子後蒙古帝國 Ulus 性格增強，太宗以受成吉思汗遺命而登位，在位期也繼承成吉思汗所集中的權力，但底子仍是 Ulus 之一，大汗或共主的統御力隨其崩而消失，子嗣回復同於諸王也平等的窩闊台汗國地位，與最初氏‧部時代蒙古部汗並無二致。雖然汗所遺命繼承人，於次代汗位選舉中佔有優勢的遊牧傳統仍舊，然而，此項遺命並無絕對約束力，大會毋須定必遵從同樣也是遊牧傳統。蒙古帝國成立未幾汗位便起糾紛，損害帝國團結而裂痕初現，都導源於此。

太宗之崩，預定的嗣位人選，乃最寵愛而歿於出征時的第三子之子，其孫失烈門 (Shiramun)，隨從拔都西征的少壯王、將外留於國內的老輩，則屬意察合台，依遊牧習慣攝政當國的太宗可敦乃馬眞氏（非失烈門祖母），又擬立己身所出的太宗長子貴由。察合台翌年去世可敦以失烈門尚未成年為理由而改立貴由的意見，乃獲得支持。但是由於參與拔都西征期間，卻與拔都發生衝突，被太宗斥責而先期召回，歸途中先聞其父噩耗馳返。待貴由得母提名並擁戴大勢在內已定，消息續向外西傳時，嚴重對立形成，乃演出前述尤赤（拔都）系諸王、將中止東歸參與選汗大集會事件，拖雷系也以太宗在位曾為自己的窩闊台系侵奪其兵額而表示緘默。所以，大汗選舉大集會連續召開兩次（紀元一二四四～四五年）均以拔都持人選非太宗預定為藉口，拒絕出席而流會，再翌年的紀元一二四六年，亦即大汗缺位已第六年的月兒滅怯土第三次大集會上，終於拔都系缺席狀態下，擁戴貴由為第三代可汗，是為元朝追尊的定宗。定宗汗位穩定後，紀元一二四八年，託詞西向自國也迷里（葉密立）河方面，決意發兵討伐拔都，而崩於途中。在位僅三年，年四三歲。

拔都預得定宗祕密圖己的情報，也已陳兵東境 Ala-kur 河畔相待，
訃報至，雖避免了兩軍衝突，拔都已斷然以當代輩份最高者身份通告各
王族，翌年紀元一二四九年於其地召開大集會。會中大會召開時，窩濶
台系、與其攜手者察合台系主流諸王均未參加，僅定宗攝政可敦派遣代
表，會中，尤赤系拒絕可敦重立失烈門建議，指責窩濶台系先已自毀太
宗遺命。推選次代可汗候補者的結果，尤赤系、拖雷系、成吉思汗諸姪
系統，以及定宗在位時干預察合台汗國後繼者的察合台系失意諸王，共
以四〇歲的拔都乃成吉思汗長房長孫而予擁戴，拔都不接受，授權拔都
提名而一致無異議通過的繼位人選，是同年四〇歲的拖雷系長子蒙哥。
已無可挽回局勢發展的可敦代表，祇能以大會在蒙古本土以外召開爲違
法的理由抗議，與會者因而決議翌年春在克魯連河上流闊迭兀阿剌兒之
地再集會。會後，拔都命弟統兵護衞蒙哥東向，而本人歸回窩勒伽（伏
爾加）河本據。但翌年（紀元一二五〇年）開會時反對派拒絕出席，流
會，再翌年紀元一二五一年斡難河源第三度集會，已不理會窩濶台系繼
續缺席，蒙哥於實力派拔都的強力支持下，正式登位爲第四代可汗與元
朝所追尊憲宗。窩濶台系暗殺憲宗陰謀暴露，包括失烈門的在和林諸王
均被誅殺或處流刑。卻是，蒙古帝國的汗位固然由是自窩濶台系移轉至
拖雷系，兩系間的對立則已尖銳化。

　　憲宗即位，對太宗晚年以來約十年間，宗族、大臣貪污、暴斂與受
派系之爭影響，政府紀綱弛緩，屬領政治尤其紊亂至幾乎陷於無秩序的
狀態，努力刷新。屬領的西方中亞細亞方面設別失八里等處行尙書省，
西亞細亞方面設阿母河等處行尙書省，東方漢地於舊金朝中都（燕京）
設燕京等處行尙書省，各地方政治監督達魯花赤的設置普遍化，並踏實
進行戶口調查。對於原金朝領地內，太宗時代的紀元一二三五年(乙未)
已具大規模括戶成果（乙未年籍），紀元一二五二年（壬子）第二次調查

（壬子年籍）與改正稅制，蒙古國家財政的漢地屬領經濟依存度，至憲宗時代而愈緊密為顯見。

對外政策，西方立於肅清伊朗域內惱人的木剌夷（Murahida）的需要與企求更大征服，憲宗三年（紀元一二五三年）大集會通過再征西亞細亞⓫。異母弟旭烈兀受命為總指揮官，將一萬二千騎出天山北麓，紀元一二五五年抵達散麻耳干（撒馬爾罕），受蒙古的當地駐在長官與齊集於此的波斯諸侯歡迎後，翌年（紀元一二五六年）初，渡阿姆河指向木剌夷。木剌夷係回教一派 Ismail 教團所衍化，以裏海之南 Elburz 山區為根據地的暗殺恐怖集團，於伊朗北部擁有龐大勢力。蒙古軍前此屢次西征期間，均以率先輸款得避銳鋒，而大軍撤離後兒暴騷擾如故，所以憲宗決加夷滅。木剌夷頑抗失敗，進逼其本據巢穴，年末蕩平。翌年(紀元一二五七年)，大軍以八吉打（報達、巴格達，Bagdad）為目標進發，先諭哈里發（Kaliph）Mustasim 降，不應，乃三道入侵。紀元一二五八年一月包圍報達，第二月哈里發投降，蒙古軍入城大殺戮，七日間八十萬人被屠（包括哈里發父子），金銀珍寶掠奪一空，紀元七五〇年以來，存立五百餘年的回教薩拉森帝國 Abbas 朝，可悲如是滅亡（Abbas 系宗族繼在埃及續稱哈里發）。旭烈兀乃北蒞 Tabriz，受西亞細亞諸王侯入朝。敍利亞侯未親自赴會被引為罪狀，紀元一二五九年，西自美索不達米亞（伊拉克）陷 Aleppo，另一軍南陷 Damascous（大馬士革），敍利亞被征服。而拔都西征歷史重演，適於其時，憲宗訃報到達，旭烈兀留兵鎮守 Tabriz 而準備自返蒙古，卻以稍早應敍利亞侯請來援的埃及軍已到達，圖自蒙古軍奪還侵地，旭烈兀須留此善後，繼又傳來東方大汗之位紛爭消息，乃取消歸意，也因是君臨伊朗、小亞細

⓫ 旭烈兀西征記事，取材自馮承鈞譯「多桑蒙古史」下冊，第五卷第四、五、六章。

亞，建設伊兒汗國，大征服戰的結果也如同拔都。

　　對於南方，與南宋間戰事也自憲宗時代而加劇。金朝的討滅，名義上軍事同盟協力者南宋，實質無大助力，因而僅分得陳州（今河南省淮陽）與蔡州東南之地。南宋卻趁蒙古大軍北撤的河南空虛時刻，作軍事上投機，襲入汴京又圖進取洛陽，聞蒙古軍重返才急遽退歸，太宗遣使責宋違約，戰釁開啓。但交戰祇在南宋域內四川以至江淮間進退，大體呈現膠着，以後數年，戰爭性質且轉變蒙古軍的剋掠式蹂躪，攻略城市得手，殺俘居民與掠奪戰利品便退卻。憲宗即位六年，授權其弟忽必烈（Khubilai）統轄漢南漢地軍、民、政三權，前代以來停滯的南宋領土侵略開始惡化，另一弟旭烈兀出征哈里發政權上一年的紀元一二五二年，南宋經略的準備工作先已着手，忽必烈受命截切南宋四川西部之地南下，平定唐朝南詔國後身的雲南大理國，以及招降吐蕃成功。紀元一二五七年忽必烈奉召返蒙古本土，副統帥兀良哈台（Ouriangcadai，速不台之子）續又進出中南半島，翌年征服交趾地方南宋屬國，替代李氏大越未久的陳氏安南國，從南宋北、西、南三方面大包圍作戰部署完成。

　　惟其如此，便於同年紀元一二五八年，計劃下本格化南宋征服戰展開，憲宗末弟阿里不哥（Arikbukha）留守和林，軍分三道，合四萬人號稱十萬左翼軍忽必烈自河南南下，以長江中流域的鄂州（武昌）為攻略目標，右翼軍兀良哈台由交趾北上，向湖廣方面會合，憲宗親自統率的中軍，以甘肅省六盤山（卽成吉思汗崩駕所在）為前進基地，指向四川合州（重慶市以北四川省合川縣），準備奪取長江上流域之地而沿江東進。不幸，紀元一二五九年夏秋之間，蒙古軍抵達四川時軍中痢疫大流行，憲宗也被傳染不治，崩於合州前線釣魚山營中，年五二歲，在位九年。南伐諸軍，乃全面北撤，也因猝然發生的憲宗崩駕大變故，汗位爭奪再昇高層次，爆發同係拖雷位下的親兄弟鬩牆。

憲宗訃報到達時的忽必烈，指揮下軍團也已推進到預定的鄂州戰線，至是中止攻略北歸，但於抵達燕京時便停留不進，而且立與宗族、重臣協議召開選汗大集會。憲宗出征中去世的情況頗似其祖成吉思汗，成吉思汗遺命拖雷監國，所以其後選汗大會由拖雷召集，憲宗親征已命阿里不哥留守和林，憲宗、忽必烈、阿里不哥又各別為同母四兄弟中的長、次、末三人，理無嫌隙，也理應由召開選汗大會。卻被忽必烈搶先於第二年春，在燕京北方內蒙古開平（今察哈爾省多倫）實現大集會的召開，於旭烈兀與成吉思汗四大分家的尤赤、察合台兩系諸王俱缺，拖雷本系與窩濶台系都祗部份，主要是成吉思汗弟姪與非尤赤等同母的成吉思汗庶支，受封於東部蒙古、內蒙古的所謂左翼諸王，以及從征在外諸王、將參與的狀況下，忽必烈被推戴為第五代可汗，急遽宣告卽位，是卽元朝第一代皇帝世祖，時年四六歲（紀元一二六〇年，宋理宗景定元年）。大集會地點雖在內蒙古，卻非傳統的原蒙古部本據，出席諸王的代表性又不週全，消息傳至和林時，阿里不哥當然憤怒而指責為違法，追隨在和林召開另一次，卻注定同樣是不週全的大集會，受在內與非成吉思汗直系的右翼諸王，以及非忽必烈派，推戴為與忽必烈對立的大汗。蒙古帝國領導階層的分裂表面化。而當漢地（燕京等處行尚書省）已係補給蒙古本土糧食與所有必需物資最重要基地的形勢鑄定，漢地統治的根本燕京又掌握於世祖之手時，等於已對蒙古本土加以致命的經濟封鎖，斷絕財賦所出之源，阿里不哥的不利顯然判定。南、北逆方向相對進軍，翌年（紀元一二六一年，中統二年）冬，開平北方戈壁沙漠邊緣昔木土 (Simoultat) 腦兒 (Nor, 湖) 之地世祖軍予阿里不哥軍澈底打擊，後者軍事上勢力也已無可挽回。和林轉移世祖支配，阿里不哥西遁期間，原受阿里不哥提攜引為人力、財力支援的察合台汗國嗣王又倒向了世祖。三年後的紀元一二六四年（世祖至元元年），阿里不哥力屈

詣其兄軍門請降，繼且鬱鬱病死，前後五個年頭骨肉相殘的悲劇落幕，
世祖的蒙古帝國宗主資格確立，但團結力更大創傷的後遺影響已無可彌
補。

　　「元史」、「新元史」中的世祖資料，太祖十年生，太祖成吉思汗
死時十三歲，伯父太宗窩濶台死時二七歲，創業重臣耶律楚材死時三○
歲，其父拖雷尤受成吉思汗薰陶最深，於父輩中以信望最受成吉思汗部
衆愛戴，其母克烈氏的賢明又得世祖同輩拔都等共同敬愛。這些立國偉
人的事蹟與言行，自世祖青少年時代都曾耳濡目睹親歷或親薰，祖父成
吉思汗以來三代偉業於其手集大成，非無個人閱歷的優厚條件。兩書世
祖記述其事業起點：「歲甲辰（太宗崩後第四年空位期，耶律楚材去世之
年，紀元一二四四年）在潛邸，徵名儒竇默、姚樞、許衡等，詢以治道，
思大有爲於天下。蒙古興垂六十年，至帝，始延攬文學之士，待以殊禮
焉。歲辛亥六月憲宗即位，詔漠南漢地軍國應事，悉聽帝裁決，開府於
金蓮川，得專封拜」，尤其說明其異於前代諸汗的龍飛一大特徵，潛龍
時期已自固有剛健的蒙古人性格之上，加染了漢人知識份子的修養，富
於包容力無疑係世祖最大長處。自潛龍時代以至雄才大略初展時金蓮川
（今察哈爾省獨石口外河源縣北境，多倫之南）幕府中不斷吸收侍伺左
右的漢人儒學者，非祇輔導世祖學德與帝王學（所謂「治道」）的磨練，
也是實際翼贊創業的智囊型人才。由鄂州前線退兵，世祖親自前導，趕
在阿里不哥前控制燕京，立即登位於開平，便出自幕僚之一的郝經獻
策。世祖登位成功，迥異前代的本格化漢式立國規模展開，氣象一新
的中國朝代元朝建立，以此輩儒家教養爲根柢的漢人顧問團圍伺與被重
用，勢所必然，堪謂預已注定。

　　所以，蒙古帝國取入漢制支配要素，最早固自太祖成吉思汗時代，
便以漢地經略緣由授權木華黎始，封國王，授太師，但祇是個例。制度

上漢地漢式中央集權統治的基點，必須置諸太宗時代耶律楚材的拜命內閣總理意味的中書令，以及十路徵收課稅使的設置，耶律楚材且已具儒家名學者資望。然而，仍祇中央集權雛型的粗糙架構，以及權宜措置，憑恃的又祇耶律楚材個人博大汗親信（所以中書令之副的左右丞相仍與漢人無緣）。由漢人，而且是儒者集團，以羣力推動漢式中央集權制政府組織全面整備，便續待延至世祖登位爲劃期。明朝初年編纂「元史」，太宗紀評語是「華夏富庶」，世祖紀則「度量弘廣，知人善任，使信用儒術，用能以夏變夷。立經陳紀，所以爲一代之制者，規模宏遠矣」，可代表推翻元朝後漢人儒者對世祖的定論。

　　「以夏變夷」的一代之制成立，關聯一位情況如同耶律楚材之於太宗，與世祖存在特殊信望關係的靈魂人物。此一世祖側近顧問團領袖，乃是世祖三〇歲時，最早結交較之年少一歲的僧人學者劉秉忠（卽位後命還俗），姚樞、許衡等多因用其言而招聘入幕府。自其二九歲初事潛龍時代的世祖，南宋滅亡前五年的至元一一年（紀元一二七四年）五九歲卒，「元史」劉秉忠傳錄其世祖發達前洋洋數千言，以「典章、禮樂、法度，三綱五常」之教，「馬上取天下，不可以馬上治」之理爲重心的立國藍圖，以及世祖卽位後，「秉忠採祖宗舊典，參以古制之宜於今者，條例以聞。於是下詔建元紀歲，立中書省、宣撫司，朝廷舊臣、山林遺逸之士，咸見錄用，文物粲然一新。秉忠雖居左右，而猶不改舊服，時人稱之爲總書記」。至元元年命其回俗，位太保（世祖一代，最高位階三公的惟一任命者），參領中書省事，「秉忠既受命，以天下爲己任，事無巨細，凡有關於國家大體者，知無不言，言無不聽」的記事，性質幾乎便是世祖紀所載屆至劉秉忠去世前，世祖對內治績的總括。

　　得力於漢人翼贊與轉換爲儒者爲中核的世祖政治，其脫離前此諸代可汗軌道的表徵，明顯表現於登位後不求外征急功，對宋總攻擊已推進

到長江中流域而放棄的戰果未亟亟圖接續。阿里不哥事件着重於製造壓力，毋寧期待其悔悟歸順的成份居多，用兵也祇是輔助。中統為年號的四個年頭，所以南方、北方都比較安謐，專注的是黃河流域與東北地方民政方面，回復金末以來嚴重混亂的秩序，以及諸產業的保護獎勵。此一期間，也是經國方略的起步——

　　庚申年（紀元一二六○年）三月即位，四月，頒發天下的即位詔中，開始用「皇帝」尊號（是月，阿里不哥也在和林登位）；五月，又詔天下初次建元表歲，採用年號便是中統。即位詔、建元詔的發佈，與至尊天子定稱皇帝，都代表從來簡樸的蒙古主義政法，已轉換軌道進入漢族意識之境，兼及內、外的大一統帝王政治思想建立。

　　即位次月的四月，立中書省於開平，統六部，執行國政的中央機關成立，又次月五月，漢地統治最高地方行政機構整備，分別設立燕京等十路宣撫司。同年稍後，燕京、京兆兩宣撫司先後改名燕京行中書省與秦蜀行中書省，又是元朝行省制度濫觴。金朝末期社會陷入混亂時，各地基於團結自衞之需，結集自衞軍而山西、河北、山東諸省境內凝固的各個大小地方勢力軍閥化，蒙古軍佔領漢地之際投降，權宜委以地盤內軍、民、財三權，世祖中央集權化政策展開，漢人軍閥的存在也着着加以否定。反抗姿態最強的專制山東三十餘年者益都李璮，與內應者其婿中書省平章政事王文統中統三年反亂鎮壓為契機，漢人地方軍閥特權被剝奪，地方官制的正常州縣體制運行也告回復。

　　阿里不哥投降，內部大體安定的中統五年八月，改元至元元年（紀元一二六四年）。改元詔發布前二日另一大事件，燕京定都。世祖即位之地開平，於金朝乃桓州，蒙古部初興期併入後廢為遊牧地，世祖開府金蓮川時命劉秉忠監督築城。遺跡殘存於今察哈爾省近熱河省境界的多倫諾爾（達里泊）附近，從所出土大規模的宮殿遺構與華麗的波斯紺青

瓦片，當時上都充滿豐美的國際性可見⓬。世祖便於此城登位，命名開
平府，開平也從而成立爲新的國都。阿里不哥退出後的和林終未回復國
都地位，中統四年起開平府且定名上都。至元元年，燕京大興府也升格
與上都對立的中都，四年，中都於金朝破殘的舊都城東北側另築新城完
成，國號制定後翌年的至元九年（紀元一二七二年）二月，中都終再改
大都而確定建都，上都則避暑地。國家政治中心自發祥地外蒙古南移內
蒙古，南方重心的走向已至明顯，斷然再改建到漢地大都原金朝國都所
在地，　金朝後續者的中國朝代性格成熟，　尤屬顯見。　今日北平市的大
都，上承遼、金，下迄明、清，自是固定爲中國國都。遼朝南京析津府
城周圍三六里，金朝燕京於遼朝原址爲中心，四面擴大至周圍七五里。
元朝大都新城六〇里，明朝北京內城四〇里，外城二八里，大都約略與
明朝北京內城相當，而北面城壁續向北推展。清朝北京與明朝同，今日
北平市也仍清朝北京之舊。

　　成吉思汗不喜文字用浮華詞藻，輕視君主所習用的尊號，認爲無謂
而誡後裔勿加採用（見「多桑蒙古史」第一卷第十章），所以繼承人僅
稱汗，恢復可汗大位加附尊號乃自世祖的薛祥（Setsen）汗始。　但也自
世祖大元帝國建設，天子威靈的漢族意識高昂，而至元元年始立太廟祭
享之禮，奉安祖宗神主，二年十月已尊皇祖（成吉思汗）聖武皇帝，廟
號太祖，皇考（拖雷）英武皇帝，廟號睿宗。三年（紀元一二六六年）
十月，再以太廟八室成，而追尊皇曾祖也速該，以及皇伯窩潤台至皇兄
蒙哥皇帝尊號與廟號，又已異於遊牧國家的支配理念。

　　蒙古遊牧國家時代，係借用回紇（畏兀兒）文字以記蒙古語，至元
六年（紀元一二六九年），命中統元年奉爲帝師，掌釋教的西藏佛教（喇
嘛教）薩迦派五世高僧八思巴（Phagspa）倣吐蕃文字制定縱行而自左

⓬　人物往來社版「東洋の歷史」⑦大モンゴル帝國，第二七九頁。

進右，扁方形音標文字的蒙古文字，所謂蒙古新字或八思巴文字。字母共四十一（依「元史」釋克傳八思巴條，學界考定其數，四二、四三不等），使用法於「元史」八思巴的傳記中有扼要說明。但新字制定後，通元朝一代僅用於公文書的正式場合，民間以字形複雜與書寫不便，使用範圍不廣。而且，類此文字形體的先天性限制，公開的文例加添漢字並用的情況，以及元朝滅亡便成死字的命運，與遼朝契丹文字、金朝女眞文字，全然相同。其後的蒙古文字，依然是同樣自上而下，自左而右書寫的回紇文字，而僅稍加變更。十七世紀清朝在東北地方興起，再由此種回紇（畏兀兒）式的蒙古文字，移用變化爲最早的滿洲文字，而畏兀兒（維吾爾）文字母體，卻已以人民信奉回敎的原因，反而轉變爲阿拉伯化如今日所見。

成吉思汗以來，蒙古以部族名稱爲國號，至世祖而制定漢式國號，儼然以中國正統朝代自任，與契丹——遼、女眞——金的歷史軌跡又相同。然而，中國的朝代名與國號，從來都以建國者或其祖先封地，抑或其始興地之名爲名，至元八年（紀元一二七一年）世祖制定國號「元」卻第一次取用抽象名詞，出典且是儒家最深奧經典「易經」（第一乾）的「大哉乾元，萬物資始」句，是年十一月乙酉建國號詔曾明言其義。世祖的元朝政治抱負遵循「易經」大道，而且早自卽位之初，中統建元詔「法春秋之正始，體大易之乾元」之語便已見出。則「元」字的出現，無疑是中國朝代名（國號）制定法上一大劃期，因文義而制朝代名詞之例開創，以後明朝、清朝均行追隨模倣。

至元八年堪引爲元朝歷史具有特殊意義的年份，非僅新定國號，「元史」禮樂志、祭祀志、輿服志所記元朝禮儀、服飾等制度，大抵也都自其年制定，以及劉秉忠、姚樞、許衡等所規劃。漢族文明優點旣經領悟，中國帝王宇內統御思想旣經建立，漢族中國全域領有要求便非祇必

然，也已是必然，而南宋的大限到臨。

南宋存立於長江以南，所擁有人力，以及豐富資源與海上貿易的莫大利潤，原都具有堪以抗拒元朝的有利條件。山東李璮之叛，背後也連結南宋爲精神奧援。所以南、北兩大勢力對立，意義上非單純軍事，而是政治的、經濟的，抑且意識的複雜形態作戰，金朝滅亡，而南宋仍然健在三十餘年的主要憑藉在此。卻是，蒙古帝國憲宗以來南宋長時期由懦弱又奸僞的宰相賈似道專權，面對世祖時元朝萬象更新，政治上勝負乃牽動全局。當蒙古軍一變世祖初年寧願採取守勢，相反還是宋軍蠢蠢欲動的形勢時，任何對抗資本都已無可恃。至元五年（一二六八年）對長江中流域古來便是有名戰略要地的襄陽發動攻擊，南宋不祥信號昇起。襄陽被包圍五年，於至元十年陷落，翌年，中斷十五年的憲宗未完成遺志接續，大將伯顏（Bayan）統率下，蒙古人、西域人、漢人以及南宋投降軍團的混成大軍，自襄陽沿漢水順流撲向長江心臟部，強行渡江，取鄂州，岸上、江上水陸兩軍並行東指，克建康，南下陷南宋國都臨安（杭州），六歲的南宋恭帝與太皇太后以下降，宋亡，時爲至元一三年，紀元一二七六年（南宋德祐二年）正月。惟敵愾同仇的宋朝忠貞之士勤王師，擁戴皇室前後轉戰福建、廣東，繼續抵抗元軍，尚須延續三年，至元一六年（紀元一二七九年）二月厓山島（澳門附近，屬新會縣）最後一戰搏鬭失敗，陸秀夫負九歲幼主衞王昺投海死，南宋命運遂絕。

中國五代時，朝鮮半島王建高麗國之興，消滅衰殘的新羅後，傳至第二三代高宗治世，已係金朝末期。遼東混亂局勢波及朝鮮半島，授予追擊的蒙古軍侵略高麗藉口，高麗原與金朝間交涉關係轉換爲對蒙古，成吉思汗時代的太祖十三年（紀元一二一八年），高麗都城開京（開城，漢城以北今三八度線板門店附近）陷落，而最早向蒙古屈服稱臣。其後蒙古軍頻頻入侵縱掠，高麗高宗被迫派出太子爲人質。高宗死，蒙古於

世祖卽位的同一年（中統元年）護送其太子返國登位爲元宗，至元一一年（紀元一二七四年）元宗又死，子忠烈王嗣，已立元朝國號的世祖嫁女爲其王妃。自是高麗王例娶元朝皇族之女爲正妃，加蒙古名，改蒙古服裝、辮髮，成立「一家」關係，並去廟號，僅稱王，與太子改稱的世子往返入侍大都，大都常置府邸於國內，臣下對王均稱陪臣，開京與全國要地皆設元朝監督官指導政治，國家自主性完全喪失。高麗被澈底征服又牢固束縛後，再跨出的一大步，是以朝鮮半島爲跳板，渡海東征鎌倉幕府時代的日本。但前後兩次侵伐（第一次至元一一年，紀元一二七四年，日本文永一一年；第二次至元一八年，紀元一二八一年，日本弘安四年），由於元軍對較之江上戰全不相同的海上戰毫無經驗，日本近海氣象條件又一無所知，兩次都遭遇大颱風，艦隊全軍覆沒，日本方面所謂「神風」、「天佑」而鎩羽。

　　元朝與高麗關係特須說明的，其一，關於征東行省問題，「元史」對此，記載頗爲矛盾，地理志列入而百官志否，所以前者記行省十一，而後者僅「十」數，且都缺存廢明晰記事。今日中國方面著作採入此項資料時，因之也往往只能曖昧交待，或含糊謂之時置時廢。於此，補充說明便須求諸韓國方面，其一例「東征時，元於開京曾設『征東行中書省』，以掌理有關征伐日本事宜；及罷征後，尙續留『征東行省』（後縮小爲『征東行省理問所』），駐有元的官員，以監視與干涉高麗的一切政治」 ❸。則可明瞭，元朝以高麗爲基地，實行日本侵伐計劃爲目的征東行省始終存立，元朝的高麗駐在官員便隸屬此一系統。也從而得知高麗的元朝支配係複合的或雙重的，一方面是虛級的行省制，一方面又

❸　韓國許宇成譯李丙燾「國史大觀」，第二三一頁。二四一頁又說明，元末中國變亂，高麗亦趁此時機，於紀元一三五六年（元順帝至正十六年），廢征東行省理問所。

是實體而僅具不完整自治權的「國家」。

其二，元朝直轄領土伸入半島的範圍問題。省區與高麗國境合一的征東行省北面，已連接元朝接收原金朝始源地設立的遼陽行省，異於征東行省的實質行省之一。遼陽行省轄領諸路之中，開元路的南部是今日朝鮮半島東北境，東寧路則全係鴨綠江以南的朝鮮半島西北境。說明的前提性了解，雖然高麗國境仍非與今日朝鮮半島地理名詞相當，但自十世紀前半建國，百年間奮力驅逐盤據北方的女眞人，開拓國境，十一世紀中國金朝興起的時代，西北隅已從歷史上最早推展到鴨綠江下游義州方面，自此斜向下切至東海岸，以今日咸鏡南道定平（當時定州）一線爲界❹，半島其餘北方地域仍由概括統稱女眞人的通古斯種族分佈。元初，東北面佔領區雖曾到達江原道邊界的鐵嶺，開元路南界則設定於定州與鐵嶺中間位置的雙城（和州，今日永興），以迄元末❺。以平壤（當時高麗國西京）爲治所的東寧路，或者說，半島西北面的元朝統治，則中國史料又是殘缺的——

「元史」的三則記錄：「高麗都統領崔坦等……絜西京五十餘城來附」（世祖紀至元六年十一月條）；「詔高麗西京內屬，改東寧府，劃慈悲嶺（今黃海道北部）爲界」（同，翌七年正月條）；「李延齡、崔坦、玄元烈等以府、州、縣、鎭六十餘來歸，八年改西京爲東寧府，十三年升東寧路總管府」（地理志東寧府條），與韓國史料「高麗史」（十五世紀中李朝撰）世家元宗十年十月條：「崔坦殺西京留守及龍、靈、鐵、宜、慈五州守……執義州副使金孝巨等二十二人，歸於蒙古」；十二月條：「靜州別將康元佐等三人來傳蒙古帝詔曰：諭高麗國，龜州

---

❹ 參閱「津田左右吉全集」第十一卷滿鮮歷史地理研究①。「高麗東北境の開拓」篇、「尹瓘征略地域考」篇。

❺ 參閱上書「元代に於ける高麗の東北境」篇。

都領崔坦等洎西京五十四城，西海（道）六城軍民等……」；翌十一年二月條「詔令內屬，改號東寧府，劃慈悲嶺爲界」，記載爲相符合。卻是，「高麗史」世家次代忠烈王十六年（元世祖至元二七年）三月條：「帝諭罷東寧府，復歸我西北諸城」[16]的記載，不見於中國文獻，則容易誤解，東寧路如同開元路南境的原高麗領土，須元末大陸革命，才追隨發生變化，事實卻是慈悲嶺以北之地屬東寧路管下僅二十年，便歸回爲高麗領土，東寧路也已撤消。元朝慷慨答允歸回領土的要求，原因又堪理解，東寧路成立原係高麗自身內部反叛行爲的結果，與開元路南境情況全然有異。

　　相對，元——麗一家意識下，元朝也容納高麗人民接踵移住東北地域，安置於瀋陽、遼陽附近，而於遼陽行省瀋陽路置安撫高麗軍民總督府。「元史」地理志二記其錢糧戶數爲至五千一百八十二。人數推算，須在十萬內外[17]。

　　東南亞與南亞方面，迄於至元二三年（紀元一二八六年），印度半島東、西海岸諸王國、南海中印度尼西亞及蘇門答臘等島嶼散在諸小國，與中南半島泰國 Sukhothai 朝，都在元朝使節招諭下，向元朝入貢來屬。用兵的場合，安南之南的占城（Champa）於至元二一年（紀元一二八四年）征服，緬甸 Pagan 朝於至元二四年（紀元一二八七年）滅亡，惟有至元二九～三〇年（紀元一二九二～九三年）渡海攻略爪哇爲失敗。元朝爪哇遠征早被島上反政變集團利用，撲滅政變勢力建立 Majapahit 朝成功，被驅逐退出，反而促成爪哇此朝代，接替已衰微的蘇門答臘室利佛逝（三佛齊，Sri Vijaya），發達爲支配南海方面的強盛國家。

　　自太祖成吉思汗崛起以至世祖其時，父、子、孫三世七十餘年，從

---

[16]　引文取材自上書「元代に於ける高麗西北境の混亂」篇。

[17]　平凡社版「世界歷史大系」。⑪朝鮮滿洲史，第一二三頁。

蒙古帝國到大元帝國，所征服橫跨歐亞的廣大土地，除西歐、印度、埃及的大陸邊緣與日本、爪哇海島之外，殆已對當時所知的世界以大統一，人類歷史空前絕後大帝國的建設。但一貫偉業的創締階段分割，自世祖治世而蒙古帝國過渡到大元帝國，則非只儒家建國思想取入與意象的漢制支配方式整備而已，廣域支配形態與性格，前後也都已變化——

從支配形態而言，成吉思汗以來遊牧國家的傳統理念，係以蒙古本土爲主體，漢地與西亞細亞城市人民所居住領域，僅以附隨的屬領形態而受支配，修正此項傳統主義理念者便是世祖。與阿里不哥汗位之爭的意義，因之已不單是政權爭奪，乃是蒙古本地主義的傳統保守勢力，以其代表者阿里不哥被壓倒，障礙排除，而世祖以內蒙古（上都）與黃河流域（大都）爲中樞地方，北方包含純粹遊牧社會，南方連結純粹農業定居社會，一體化而名實相符的世界大帝國建設意願得以展開。

從支配性格而言，惟其世祖漢地重心主義實現，陪伴也是必然的漢人重用，遊牧國家的蒙古帝國，乃向中國征服朝代的大元帝國（元朝）轉化，農業地帶爲重心的國家政治・經濟體制，都自偉大的蒙古帝國建設者成吉思汗去世約半個世紀後，轉換完成。再十多年，漢族中國從歷史上第一次全域立於征服朝代支配之下。

卻是，世祖大氣魄改造蒙古國家，究非蒙古統治階層全體一致意見。太宗窩濶台系統對元朝帝室的拖雷子孫仍殘存不平份子，也是破綻，阿里不哥與世祖汗位紛爭期，太宗系諸王便分隸對立雙方。阿里不哥失敗，其支持者之一，太宗之孫與定宗之姪的海都，以典型的遊牧英雄姿貌，接續於阿爾泰山以西，西北蒙古的窩濶台汗國封地矗起叛旗。海都叛亂的年次，至元二年、三年、五年、一一年、一二年等諸說無定，大體所採乃至元五年（紀元一二六八年）或至元三年（紀元一二六六年）說。理由是海都以前曾從拔都歐洲遠征，與欽察汗國後王存有淵源，而其時

欽察後王又以與伊兒汗國旭烈兀間不和，連帶對世祖無好感，海都割讓
自國的西北一部份領土爲代價，煽動欽察後王，並得其助力，擊破察合
台汗國後王加以脅從，乃引發至元六年（紀元一二六九年）答刺速（怛羅
斯、塔拉斯 Talas）草原大集會，三汗國共同推戴海都爲大汗的事態嚴
重性昇高。阿里不哥——世祖南、北兩汗對立，轉變爲海都——世祖東
西兩汗的形勢而再現，且續發展爲蒙古歷史上最大內亂與分裂，一度捲
入成吉思汗分封諸弟後裔，哈赤溫（Khachighun）系的合丹（Khadan）
與末弟斡赤斤系的乃顏（Nayan）領導下，東方與安嶺北段左翼諸王的呼
應性變亂（至元二四年，紀元一二八七年起，翌年平定），而大反亂舞
臺波及蒙古本土全域。進進退退的戰事持續至世祖崩，次代定宗繼位的
大德五年（紀元一三○一年），海都襲擊和林負傷，歸途病死，子察八
兒（Chapar）嗣，攜手對抗元室的另兩汗國又已轉變態度，局勢才急轉
直下。大德七年（紀元一三○三年），察八兒向成宗降伏，要求停戰，
承認窩濶台汗國的元朝主權。海都之國，亦卽太宗封地窩濶台汗國，與
宗家間三十多年的長期戰爭固已告一總結，對察合台汗國的反目卻予致
命，衝突失敗，察八兒於成宗次代武宗至大三年（紀元一三一○年）入
朝大都，其領地全被察合台汗國併吞，宗家的元朝未加干預，窩濶台汗
國於四大汗國中最早滅亡。

　　以如上事態演出爲背景，自蒙古帝國到大元帝國，其全領土統治的
區分大汗直轄領與諸汗國，形貌相一貫，但也可知，結合的實質已大顯
差異。成吉思汗以來，大汗一人的權威下所構成聯邦或國家體制，以及
劃一的主權統治，元朝成立，諸汗國分離獨立的傾向強化，世祖以大都
爲國都，統轄蒙古本土、東北地方、漢族中國、西藏，以及朝鮮、安
南，僅保留宗家名義，維持對諸汗國的鬆懈宗主權。事實上已是同格的
「忽必烈汗國」意味。其變化，猶之二次世界大戰前的大不列顛（大英

帝國）與戰後不列顛國協，約相彷彿，此其一。

其二、元朝諸汗國，仍不能比擬今日不列顛國協諸會員國。後者自大英帝國時期，一概都已受英國本國有條理的文化指導，轉變各國政治上獨立的國協時代，仍然與文化的母國與指導民族，連結同一的文化紐帶。元朝治下諸汗國則否，各別所統轄民族的固有文化多數高過蒙古自身，蒙古的武力至上主義也注定不足以穩定統治被征服民族，而結局倒反同化於在地民族文化。元朝諸汗國對宗家的獨立傾向，以政治之外添加文化的隔離因素而愈明朗。

其三，惟其諸汗國的分離宗家元朝，元朝的漢族中國征服朝代性格，因而也是單獨顯現。阿里不哥與海都事件，對汗（皇帝）位相續投下莫大不利影響的另一面，背後所代表巨大的蒙古本地主義勢力，卻監督元朝避免蹈入先行征服朝代遼、金的同一漢化覆轍，漢地重心、漢人重用、漢式國家體制整備，一概都以尊重蒙古遊牧民族利益為前提。蒙古至上主義是漢族支配、漢地支配的不容動搖大原則。同時，同係遊牧民族所形成征服朝代遼朝的經驗，其二重體制支配，以大規模向本據實行移民政策，遊牧地內因大量農業生產人口強制移住，混在州縣制，而抗拒漢化的效能被抵銷。元朝吸取其教訓，於所統轄領土上，乃是強力的個別分割統治，漢族中國域內實行州縣政治，蒙古本土概行封建制度，宣政院掌早年大吐蕃之境，喇嘛教弘布的西藏、青海、西康域內僧、俗兩界之事，而邊境又領以宣慰使、宣撫使、長官司等名目的土官。適應複雜民族、複合社會（征服者與被征服者）而推行複式政治，毋寧便堪引為征服朝代元朝的統治特色。

元朝身分制社會與蒙古至上主義

歷史上亞洲大陸諸遊牧民族的移動與相逐嬗代，以及對農耕世界間的抗爭，屆至蒙古族興起，征服漢族中國，統合遊牧・定居兩地帶而成立元朝，已係歷史的總決算意味。

低文明遊牧民族恃其武力，由征服而支配人口稠密、生產力豐沛又文化程度爲高的農業定居人民社會，習得高度政治技術，經濟力增大的結果，必須修正原支配體制乃歷史通則，無論中國、中亞細亞、伊朗均然，中國的場合，便是遼朝以來的征服朝代支配。征服朝代一方面漢化，一方面又須保持征服者固有的遊牧性，而鑄定其支配的二元性，與其朝代基盤的必然出諸複合性社會形態。在於元朝，蒙古至上主義支柱的身份制秩序，尤係特色。

元朝身份制分類法，征服者蒙古系遊牧民族稱「國族」，其餘依征服時間先後與地域區分。原位蒙古高原以西準噶爾、中亞細亞、西亞細亞、歐洲的突厥系（包括畏兀兒人、乃蠻人等）、伊朗系、歐洲系人渡來者爲色目人，原金朝治下的漢人與原契丹人、女眞人、渤海人、高麗人等漢人（金朝女眞人名副其實都已是漢人，從明初陶宗儀「輟耕錄」記「完顏氏漢姓曰王，烏古論曰商，乞石烈曰高，徒單曰杜，……」等三十氏族均已改漢姓可知），原南宋治下長江流域以南的漢人另稱呼爲南人。言語、習俗、生活式樣各異，人口比率又懸殊的四種類社會，國族蒙古人係支配民族，社會密度小而社會比重特大。移住者色目人集團附着於蒙古人社會，以寄生姿態存在。漢人與南人實質爲二而一，被征服、被支配的主體，乃是人口佔壓倒多數（特別又是南人社會，世祖至

元八年閱實戶口＜原金朝治下，漢人＞，得一九四萬戶，至元一三年滅南宋，得九三七萬戶＜南人＞），文化高，生產力強的漢族文化社會。

以支配——被支配關係連結的身份制下四種類複合社會，法律的蒙古至上主義色調，可自「元史」刑法志的明文強烈見出。志二職制上：「諸蒙古人居官犯法，論罪旣定，必擇蒙古官斷之」；職制下：「諸正蒙古人，除犯死罪監禁如常法，有司毋得拷掠，仍日給飲食，犯眞姦盜者，解束帶佩囊散收。餘犯輕重者，以理對證，有司勿執拘之。逃逸者監收」；志四鬥毆：「諸蒙古人與漢人爭，毆漢人，漢人勿還報，許訴於有司」；「諸蒙古人所傷他人奴，知罪願休和者聽」；志四殺傷：「諸蒙古人因爭及乘醉毆死漢人者，斷罰出征，並全徵燒埋銀」，都是與漢人對比下的不平等優位。抑且，「諸漢人持兵器者，禁之；漢人爲軍者，不禁」；「諸民間有藏鐵尺、鐵骨朵，及含刀鐵柱杖者，禁之」（均志四禁令），以及「至元二十三年六月戊申，括諸路馬，凡色目人有馬者，三取其二，漢人悉入官，敢匿與互市者，罪之」（「元史」世祖紀十一），與較前「至元九年五月，禁漢人聚衆與蒙古人鬥毆」（「元史」世祖紀四）勅令發佈，都已係澈底的漢人彈壓。

社會地位不平等反映到政治上，便是「元史」百官志序所記：「官有常職，位有常員，其長則蒙古人爲之，而漢人、南人貳焉」。然而，大元帝國如何與其前身蒙古帝國區分，蒙古帝國時代於漢地的屬領統治如何提昇爲元朝集權政治體制，也自此方面爲變化最是分明，而堪憑以了解。蒙古帝國時代，身份制複合社會形態未成熟的階段，南方農耕・沃洲地帶係與遊牧本國相異的屬領體制統治，所謂漢地的所謂漢族中國部份，尙限原金朝領土。其地，於金朝崩壞前後的混亂社會中，崛起甚多地域性割據的土著軍閥，各自劃定勢力範圍，壟斷軍、民、財諸權，而且父兄死，子弟繼，儼然一國君主。河北省保定的張柔、眞定的史天

澤，山東東平的嚴實、益都的李璮，山西大同的劉黑馬等，都於當時著
名。對此等網狀密佈漢地的有力漢人軍閥，蒙古政權憑恃統制與加以監
視的，便是所分設達魯花赤，但權力範圍惟在命令漢人軍閥提出管內戶
籍簿，依而定額徵稅，以及非常之際強制分配所需徵發兵員。簡言之，
當時蒙古人的漢地統治，乃是領主式的間接統治，存有其政治力的限
界。蒙古帝國中央權力予漢地屬領以包括統治，完成政治上的一體性與
統一性，第一步是太宗分割漢人軍閥所有地，名目上分封宗室諸王、公
主、駙馬、功臣為領地，收取定數的年貢，而實質於達魯花赤監督下仍
維持州縣制原狀的折衷案提出。第二步又是憲宗時代中央政府分支機構
意味，漢語所謂行尚書省的漢地（燕京等處）大單元劃一統制成立。第
三步終由太宗即位之初最早所採漢軍三萬戶之一的史天澤（另二人則劉
伯林、張柔，史天澤係繼自其兄史天倪），世祖初以平李璮總帥率先解
除所擁地方軍權，「元史」本傳述其事：「至是（中統三年），言者或
謂李璮之變，由諸侯權太重。天澤遂奏，兵民之權，不可併於一門行
之，請自臣家始。於是史氏子姪即日解兵符者十七人」，而漢人軍閥的
封建或支配體制與其領主地位撤廢，轉換為與蒙古人諸王、勳臣一體的
名目上封邑。從未間接統治的漢地屬領政治，至是以蒙古人政治勢力
完全浸透而告一總結，漢式集權政治的中央——地方孔道直接貫通。追
隨，便是自我意識上也已與蒙古帝國區分前後期的漢式朝代名「大元」
製定。

　　須理解的是蒙古帝國屆至後身元朝，支配者層依然，只是披了新外
衣的舊遊牧領主層。蒙古國家建設當初，立有功業者的蒙古人勳臣系
譜，元朝沿續其特定身份，漢語稱之「有根腳的」或「有由緒的」，便以
「根腳」有無決定其具有加入帝國支配者層資格與否最大的社會要件。
又包括了對世祖政權成立建有功勳漢人，以及切離了特權的原漢人軍閥

根腳身份，一體承認吸收入元朝支配層，以強化蒙古支配階級與元朝政權基盤。參與決定國策的中央高級官僚，除了如上有根腳的蒙古人與漢人子孫以外，一概不可得。所以，元朝身份制存在雙重意義：縱→社會的，橫→政治的，但後者仍避免不了前者影響，隨國家制度整備而漢人世臣被排除於丞相級最高位。「廿二史劄記」元制百官皆蒙古人爲之長篇：「中書省爲根本之地，太祖、太宗時，以契丹人耶律楚材爲中書令，宏州人楊惟中繼之，楚材子鑄亦爲左丞相（原注：元制尚右），此在未定制以前。至世祖時，惟史天澤以元勳宿望，爲中書右丞相。仁宗時，欲以回回人哈散爲相，哈散以故事丞相必用蒙古勳舊，故力辭，帝乃以伯答沙爲右丞相，哈散爲左丞相。太平，本姓賀，名惟一，順帝欲以爲御史大夫，故事，臺端非國姓不授，惟一固辭，帝乃改其姓名曰太平，後仕至中書左丞相。終元之世，非蒙古而爲丞相者，止此三人」，可以概括說明。

　　進而言之，天下大政所出的中書省，「新元史」宰相年表序敍其沿革：「太宗立中書省，以耶律楚材爲令，粘合重山、鎮海爲左右丞相。楚材卒，楊惟中代之，惟中卒，不復置令，憲宗又罷左右丞相不置。世祖始立行中書省於燕京，旋改中書省，置左右丞相、平章政事、左右丞，參知政事，及四等，爲八府」；同書百官志中書省項：「中書令，世祖以後爲皇太子兼官。右丞相、左丞相，居令之次，令缺則總省事，佐天子理萬機」。可以了解，蒙古帝國時代的中書省，只以耶律楚材個人原因而設立，令與其副手左右丞相兩等級長官，也便以元朝準則下的「漢人」（事實上，耶律楚材也已是標準漢人）重心爲特色。楊惟中儘管較耶律楚材的漢人成份更純正（弘州人），背景與耶律楚材儒者全然相異，「元史」本傳指其「金末以孤童子事太宗」的出身，知係僅僕博主上寵信而當大任，僅耶律楚材餘緒。備此一格的意味，因而非只中書

令職制卽罷廢，左、右丞相亦然。世祖的元朝制度整備，中書省恢復其政治中樞機能，中書令已由皇太子兼領，而四等級宰臣定案，漢人任最高位丞相職的，仍先後有史天澤與耶律鑄。抑且，國家最高榮譽官位三公，太祖時代僅木華黎一人（太師），太宗以來無，世祖時代也僅劉秉忠一人（太保），劉秉忠又是漢人。世祖次代成宗以後，漢人乃絕緣於三公與中書左、右丞相職位，如上引「廿二史劄記」所言。達魯花赤也是，逐級地方政府與其官吏的監督者達魯花赤，最初同樣曾參用漢人（參閱「廿二史劄記」蒙古官名篇達魯花赤條所列舉）。所以，一概都待征服朝代統治架構穩固，架構的築成者漢人卻自支配層頂端被淘汰，而無論中央或地方，均行設定「元史」百官志序的官制中漢人法定地位。

　　元朝官制，「元史」百官志序有總括介紹：「元太祖起自朔土，國俗淳厚，非有庶事之繁，惟以萬戶統軍旅，以斷事官治政刑，任用者不過一、二親貴重臣耳。及取中原，太宗始立十路宣課司，選儒術用之。金人來歸者，因其故官，若行省、若元帥，則以行省、元帥授之，草創之初，固未暇爲經久之規矣。世祖卽位，登用老成，大新制作，立朝儀，造都邑。遂命劉秉忠、許衡酌古今之宜，定內外之官。其總政務者曰中書省，秉兵柄者曰樞密院，司黜陟者曰御史臺，體統旣立。其次，在內者則有寺、有監、有衞、有府，在外則曰路、曰府、曰州、曰縣」。續文又言：「元之建官，繁簡因乎時」。所以，百官志八篇，授人的綜合印象是職制雜亂而設官冗多，此其一；工匠之官與理財之官最是複雜，此又其二，世祖至元三年所創設財政總提調性質的制國用使司，且曾短時間昇格爲與中書省對立的尙書省。

　　特堪重視是關於元朝地方制度，世祖至元二年（紀元一二六五年），十路宣撫司改稱的十路宣慰司再行擴大，改組爲諸路總管府。「路」立於中書省之下統轄州、縣，於中央——地方行政系統中形成中書省→路

→府、州、縣的中間性結節點，固仍蹈襲宋朝原則，但元朝獨特體制，便以此基礎而展開，見諸「元史」諸紀錄是——

「唐以前，以郡領縣而已。元則有路、府、州、縣四等，大率以路領州、領縣，而腹裏或有以路領府，府領州，州領縣者。其府與州，又有不隸路而直隸省者」（地理志序）。

「中書省，統山東、西、河北之地，謂之腹裏」（同志一中書省項）。

「行中書省凡十，掌國庶務，統郡縣，鎮邊鄙，與都省為表裏。國初有征伐之役，分任軍民之事，皆稱行省，未有定制。中統、至元間，始分立行中書省」（百官志七行中書省項）。

「宣慰司，掌軍民之務，分道以總郡縣，行省有政令則布于下，郡縣有請則為達于省。有邊陲軍旅之事則兼都元帥府，其次則止為元帥府，其在邊服，又有招討、安撫、宣撫等使」（百官志七宣慰司項）。

「散府，所在有隸諸路及宣慰司、行省者，有直隸省部者；有統州縣者，有不統州縣者，其制各有等差」（百官志七散府項）

「錄事司，凡路府所治置一司，以掌城中戶民之事，若城市民少則不置司，歸之倚郭縣。在兩京則為警巡院」（百官志七諸路總管府項錄事司條）。

如上綜合，才構成元朝地方行政系統的總體。以及路以下層層達魯花赤統制，卽使正八品錄事司也不例外的澈底化監督政治下而其最大特色的顯現，便又在於複雜，如下表：

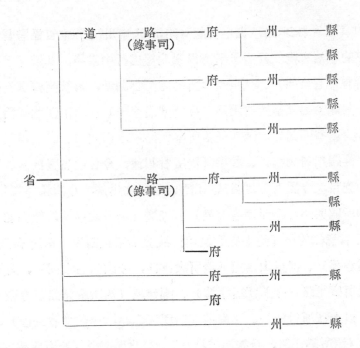

　　但此制度與其機能的營運，卻重大影響後世，爲具有歷史意義：

　　第一、如「元史」地理志序所言：「蓋嶺北、遼陽與甘肅、四川、雲南、湖廣之邊，唐所謂羈縻之州，往往在是，今皆賦役之，比之內地」。從來郡縣制所代表的漢族中國地域範圍，便自元朝而決定性實現擴大。今日中華民國全領土與團結漢、滿、蒙、回、藏五族的中華民族分佈原型，直接承自清朝，間接也由元朝鑄定。

　　第二、宋朝府、州並行，元朝府已可轄州，複雜化郡縣制地方行政系統，由後續朝代明、清蹈襲。今日中國才回復省、縣兩級制的唐朝以前原制。

　　第三、中書省（都省）直轄地區的大都，大都爲樞紐的今日河北、山東、山西三省與內蒙古地域所謂腹裏，以及十一行中書省（依「元史」地理志，百官志刪除與高麗國合體的征東行省計數爲十）中的嶺北

（治所和寧＜和林＞路，也止統此一路，且無州縣，本質係監督蒙古本土諸王的專治官廳。行省全名銜爲嶺北等處行中書省，其帶「等處」字樣，所有行省均同）、征東（治所高麗國都開城，專統高麗國）兩行省以外，其餘遼陽（治所遼陽路，今遼寧省遼陽）、河南江北（治所汴梁路，今河南省開封）、陝西（治所奉元路，今西安市）、四川（治所成都路，今四川省成都）、甘肅（治所甘州路，今甘肅省張掖）、雲南（治所中慶路，今雲南省昆明）、江浙（治所杭州路，今浙江省杭州）、江西（治所龍興路，今江西省南昌）、湖廣（治所武昌路，今湖北省武昌），與分省意味的諸「道」宣慰使司：腹裏山東東西道（治所益都路，今山東省益都）、河東山西道（治所大同路，今山西省大同），外地浙東道（治所慶元路，今浙江省寧波）、福建道（治所福州路，今福建省福州）〔以上江浙行省〕、湖南道（治所天臨路，今湖南省長沙）、廣西兩江道（治所靜江路，今廣西省桂林）、海北海南道（治所雷州路，今廣東省雷州）〔以上湖廣行省〕、淮東道（治所揚州路，今江蘇省揚州）、荊湖北道（治所中興路，今湖北省江陵）〔以上河南江北行省〕、四川南道（治所重慶路，今重慶市）〔四川行省〕、廣東道（治所廣州路，今廣州市）〔江西行省〕等，大行政區劃、名稱、治所，多數已與今日省區、省名、省會相符合。而行中書省略稱行省，今日中國地方大單位「省」的名詞，又自元朝「行省」直接起源，明朝撤廢中央的中書省後所續存留。

第四、宣慰司非所有行省皆設，也非省境的全域分割，腹裏在左、右兩翼，行省都在省境緣邊。諸行省的整體形勢，東面已臨海洋，西面卻連接大陸內陸，已是漢族分佈範圍盡頭，而與種類衆多的異民族混在，惟其如此，上引「元史」宣慰司項所謂「邊陲」部份的宣慰司，便非分省意味，乃同一官稱而異其性質，不統州縣，帶都元帥銜，與同項

記錄下文「邊服」官的宣撫司、安撫司、招討使，以及同志接續的長官司項所記：「諸蠻夷長官司，西南夷諸溪洞，各置長官司，多用土人爲之」，抑或另一統轄系統宣政院隸下靑、康、藏方面諸宣慰司、招討司、安撫司爲同格，都是異民族的特別支配形式，任命土人酋長世襲官職，自理其民。這些遠至緬甸（邦牙等處宣慰司都元帥府），元朝分屬陝西、四川、雲南、湖廣四行省所統，卻立於正軌漢式官制之外的特殊制度，遺留後世續被採用，便是明、淸兩朝代所發展，民國以來仍然存在的土司制度母胎。

第五、地方上胥吏政治活躍。「吏」與「官」，意義原爲相通，所以六部尚書之首名吏部，政治也稱吏道、吏治。但魏晉六朝，九品官人法制度化時代，庶人任令史以上官已感困難，宋朝近代化文官制度確立，又依是否經由吏部銓選、朝廷任命的差異，「官」與「吏」之間乃存在了意識上區別。給役衙門，從灑掃淸潔工作到簿帳登錄、倉庫管理，便自宋朝而主要都賴不給俸給，義務徵發的庶民番替擔當。其中職務性質較高級也較複雜，具有專門化知識傾向如司理租稅、訴訟等文書之事的，乃循「胥」字給役之義，謂之「胥吏」，並開始支付俸給。至元朝，蒙古人長官不明漢式政治實務，言語也不通，於鄙視或不信任漢人同僚官員的心理下，便惟有依賴胥吏爲耳目爪牙。胥吏自是出現爲通達地方實情，又習知本衙門傳承的專家姿態，向徒弟制度的實地知識與技術傳授途徑發展，代代相承，無任期，以地方土著之民一生服務同一官廳。地方政治實際掌握於此輩之手的習慣形成，也是屆明、淸兩朝代仍牢不可破。

社會・政治地位蒙古人均高一等，非祇反映的是蒙古至上主義，且從意識上便是蒙古人優越感。「廿二史劄記」整理「元史」有關資料的兩篇文字，對此尤堪明示，元諸帝多不習漢文篇指出，自以漢制建國的

世祖便不習漢文，諸帝皆然，「是凡（漢臣）進呈文字，必皆譯以國書，可知諸帝皆不習漢文也」，「不惟帝王不習漢文，卽（蒙古）大臣中習漢文者亦少」，止於出現世祖時江淮行省宰臣無一人通文墨的情事。元漢人多作蒙古名篇又說明，元朝本有賜名之例，「漢人皆以蒙古名爲榮，故雖非賜者，亦多仿之」，抑且，「有元一代諸君，惟知以蒙古文字爲重，直欲令天下臣民皆習蒙古語，通蒙古文，然後便於奏對，故人多學之」。其情況，與遼、金等朝帝王帶動取用漢名，精通漢文的風氣，全然異趣。元朝征服者的優越感，由此表露無遺。

色目人社會則大爲異趣，無論官吏、將校抑或商人、工匠，其自大都或江南諸港口廣泛向各地漢人社會間散住雜居，非祇樂於漢土生活，如「廿二史劄記」色目人隨便居住篇所指，與漢人爲姻，在外省參加鄉試，天禀才學者的漢化程度，且已堪於漢、南人學者比肩馳騁學界。陳垣「元西域人華化考」分儒學（三十人）、佛老、文學（四十四人）、美術、禮俗、女學等六篇，列舉至一百三十二人之數，內原籍帕米爾以東五十六人，帕米爾以西七十六人（「燕京學報」第二期）。特爲有名的兩位詩人薩都剌（字天錫）、丁鶴年，便是回回人。元朝以前已來中國如同以詩人聞名的蒲壽庚之兄壽晟（字心泉）等尙未在統計中。

與色目人仰慕儒學與漢族詩文事象形成諷刺對照，漢族社會傳統尊重的讀書人，宋朝以來通俗所謂士大夫階級的被冷漠，又是元朝複合社會特徵。一項元朝漢人社會十階級身份標準，鄭思肖於元初最早所列舉的「一官、二吏、三僧、四道、五醫、六工、七獵、八民、九儒、十丐」（「鄭所南集」），記述元朝歷史的著作幾乎無例外都痛心疾首加以引用。「儒」通過科舉考試固可直昇第一級「官」，鄭思肖係南宋遺民而爲蒙古人極端憎惡論者，其言也無妨指嫌誇張，然而，批判係具有依據。蒙古人支配者的社會價值觀念，宗教與實用技術從事者的社會地位

毋寧都須超過農耕人民「民」，未登仕途前讀書人「儒」的不事生產，狀況又近似無業遊民「丐」，以「十」數等級區分社會身份時，社會寄生者定必落至最後為當然。元朝須第四代仁宗始開科舉，科舉考試又時行時輟，便由於如上觀念衝突，又無意調整相互間差距的結果，「九儒十丐」乃鑄定相提並論。也從而可知，世祖重用儒者建設元朝國家，並非以其係為「儒者」，祇是利用儒家政治理念與榨取儒者建國技能，與壓榨漢人生產力而非尊重，初無二致。無視於損傷於漢人社會傳統，蔑視漢族精神面蒙受絕大打擊，正又是元朝蒙古至上主義支配的優越感表現。

　　身份上與一般民眾判然具良、賤之別的奴婢，元朝治下，比較中國歷史上任何朝代均為膨脹。遊牧民族掠俘敵人為奴隸，原係傳統，對漢族中國的征服戰自不例外。而「廿二史劄記」元初諸將多掠人為私戶篇所指出，更踰越了俘虜限度：「耶律楚材當國時，將相大臣有所驅獲，往往寄留諸郡。楚材因括戶口，並令為民匿占者死，立法未嘗不嚴，然諸將恃功牟利，迄不衰止。而尤莫甚於阿爾哈雅豪占之多，張雄飛傳：阿爾哈雅行省荊湖，以降民三千八百戶沒入為家奴，自置吏治之，歲收其租賦，有司莫敢問，雄飛為宣撫司奏之，乃詔還籍為民。世祖本紀至元十九年，御史臺又言，阿爾哈雅占降民為奴，而以為征討所得，有旨降民還之有司，征討所得，籍其數賜臣下」。阿爾哈雅等失足之例畢竟是少數，幸獲解放的奴婢也祇是少數「強籍新民以為奴隸」（「元史」雷膺傳語）已係既成事實，包括賞賜所得，都已是諸王、公主、功臣的私奴婢，以俘虜為最大來源，在宮中與中央、地方諸官廳操雜役，上都、大都與各大都市氍帳、織染、紋錦、陶窯、皮革、金屬等官營工場供酷役的官奴婢，元朝通謂之驅口、驅奴的，今日研究上不明之處固尚多，但其質的多種多樣性，量的龐大化，從如上引文，以及「元史」刑

法志累見有關記錄，驚人程度爲已可以想定。而奴隸中的絕大多數，又便全是漢人。

　　「新元史」食貨志以下列文字爲序言：「元中葉以後，課稅所入，視世祖時增二十餘倍，即包銀之賦，亦增至十餘倍，其取於民者，又謂悉矣。而國用日患其不足，蓋糜於佛事與諸王、貴戚之賜賚，無歲無之，而濫恩倖賞，溢出於歲例之外者，爲尤甚。（武宗）至大二年（紀元一三〇九年）中書省臣言：常賦歲鈔四百萬錠，入京師者二百八十萬錠，常年歲支止二百七十萬錠，今已支四百二十萬錠，又應支而未給者尙百餘萬錠。臣等慮財用不繼，敢以上聞。及（兩年後的至大四年與紀元一三一一年）仁宗即位，中書平章政事李孟言：每歲應支六百萬餘錠，又土木營繕之費數百萬錠，內降旨是賜復用三百萬餘錠，北邊軍餉又六、七百萬錠。今帑藏裁餘十一萬錠，安能周給，不急之費亟應停罷。夫承平無事之日，而出入之懸絕如此，若饑饉薦臻，盜賊猝發，何以應之」。「元史」食貨志序又溯及武宗上代成宗大德年間，「（丞相）完顏對曰：歲入之數，金一萬九千兩，銀十萬兩，鈔三百六十萬錠，然猶不足於用，又於至元鈔本中借二十萬錠矣，自今敢以節用爲請」，以及續記：「世稱元之治，以（世祖）至元、（成宗）大德爲首者，蓋以此。自時厥後，國用寖廣，除稅糧、科差二者之外，凡課之入，日增月益，至于（明宗）天曆之際（紀元一三二八、二九年），視至元、大德之數，蓋增二十倍矣。而朝廷未嘗有一日之蓄，則以其不能量入爲出故也」。蒙古人支配者如何以揮霍無度，而自被支配者漢族人民之身酷烈榨取的形象，已可概見。引文所須補充說明的：

　　元朝財政收支實數，世祖初即位的中統年間，商稅四萬五千錠，專賣收入鹽課三萬錠，合其他共祇十萬錠內外。南宋併合後的至元二二年左右，商稅增至較前約十倍的四五萬錠，鹽課收入尤達六十倍的一八〇

萬錠，茶課四萬錠，酒醋課三六萬錠，財政收入總額二百六、七十萬錠，
則世祖在位的前後期對照，十餘倍之勢猛漲，不必待至元朝中期武宗時
的四百萬錠。更嚴重係「新元史」所指武宗時，國家財政赤字年達二百
萬錠或二分之一歲收的巨額，爆炸性的財政危機明顯形成，而其時，上
距元朝初建尚不滿半個世紀，武宗也僅祇元朝第三代皇帝而已。

　　上述以錠（鈔）計準的歲入稅目全貌，包括金、銀、珠、玉、銅、
鐵、鉛、錫、礬、硝、竹、木等取天地自然之利的歲課，專賣品的鹽課、
茶課與酒醋課，商稅、市舶、額外課（曆本、契本、河泊、山場、窰冶、
房地租、門攤、池塘、蒲葦、食羊、煤炭、魚、漆、羊皮、白藥、乳牛、
柳、柴等三十二種，以「歲課皆有額，而此課不在其中」而名額外課，
見「元史」食貨志二額外課項，乃元朝的特別稅，也從其名目可知多數
係苛捐雜稅）。另外兩大系統——

　　其一：傳統主要財源的稅糧，天下總計一、二一一萬石餘，江南三
行省（江浙、江西、湖廣）兩稅法中秋稅現物徵收已通入上數外，夏稅
計鈔的天曆元年數字約中統鈔十五萬錠。

　　其二：戶爲課徵單位，附加稅意味的科差，種目有二，一爲絲料，
二爲包銀。關於絲料，又是元朝特有的苛稅，再分兩類，普遍的，每二
戶出絲一斤，輸于官，諸王、后妃、駙馬、功臣名位下的分封地，又每
五戶出絲一斤，由官輸於本位（參閱後文）。關於包銀，原則上每戶納銀
四兩，內中二兩輸銀，二兩折收絲絹等兩，但也以官戶、交參戶等戶的
性質不同而繳納額見高下，且「銀」也折鈔交納。兩類科差稽徵總額，
至元三年絲一〇五萬餘斤，包銀等鈔近六萬錠，半個世紀後明宗天曆元
年之數，已是包銀差發鈔九八九萬錠，貼一一三萬餘索，絲一〇九萬餘
斤，絹三五萬餘匹，綿七萬餘斤，布二〇萬餘匹。

　　則可瞭然，元朝財政重心，已由傳統的一般稅法體系收入移至專

賣‧官營收入，特別對於民生必需品鹽的稅課數字，固定化佔達歲入總額三分之二以上。抑且，領有漢族中國全域後稅收急激增大的傾向，又說明舊南宋領地江南的負擔為特重，半世紀間以二十多倍速度上昇的歲入，主要來源在此。卻是，暴發戶似浪費與因而財政赤字的驚人，也從前引「元史」、「新元史」食貨志文字顯見。財政赤字所以造成，「新元史」食貨志序已指出，靡費大漏洞之一在於佛事，另一最大原因，則在誇耀蒙古至上主義，「元史」食貨志五篇之一，「新元史」食貨志十三篇中佔其二，報導份量特重的「歲賜」或「賜賚」。

「新元史」食貨志十賜賚項上說明：「賜賚之類有三，一曰五戶絲，太宗八年以真定路民戶奉太后湯沐，中原諸路民戶分賜諸王、外戚、功臣。耶律楚材言其非便，乃命本位止設達魯花赤，其賦則五戶出絲一斤，並隨路絲線顏色，皆輸于有司，如其額以昇。憲宗二年至五、六年，均續有分隸。一曰江南戶鈔，世祖平江南，分民戶以賜諸王、后妃、（功臣），每戶折支中統鈔五錢，至成宗復益以官帑為中統鈔二貫。一曰歲賜，諸王、后妃、（功臣）金銀鈔幣，始於世祖中統元年，自是歲以為常，所謂歲例也。而歲例之外，諸王、后妃、（功臣）又時有賜與，靡款鉅萬。廷臣屢言之，雖曰篤親親之義，然亦濫矣」。五戶絲便是前述科差之一，諸王、功臣除蒙古本土與其周圍的分地之外，太宗以來加賜漢地領地，非本土遊牧封建制同一形態，有領主權（所謂「位下」）而土地非封地，仍然編入州、縣體制，領主（「本位」）的權利，世祖時代定制，便是自位下民戶收取一定的年貢「五戶絲」，由當地政府的州縣轉納，全數共七五萬戶。南宋征服後，至元一九年至二七年間陸續再以江南各地一、二○○萬餘戶分配諸王、功臣的「江南戶鈔」，原所定額，性質如同舊金朝領地五戶絲，均係加重人民負擔的附加稅，世祖次代成宗時代開始的增額部份，便轉嫁國庫支給。純由國庫支出，係莫

大數量的定例歲賜與臨時賜與。「元史」至元二六年（紀元一二八九年）歲賜的標準，合計金二、〇〇〇兩，銀二五二、六三〇兩，鈔一二〇、二九〇錠，幣帛一二二、八〇〇匹。臨時賜與方面，又是每年金銀、幣帛、米粟、交鈔等價值數萬至十數萬不等，且年年增額，世祖次代成宗貞元元年（紀元一二九五年）之例，實給價值合計一五五萬錠，對照前引「元史」食貨志序成交時歲入總額，所佔比例之鉅可見。

　　元朝貨幣政策，尤以敏感反映財政・經濟界而堪注目。元朝倣宋、金之法，通貨發行權收歸政府，專用稱之「交鈔」的紙幣爲法定貨幣，此制由世祖政權建立時中統交鈔的印造而確定。中統鈔每二貫文＝銀一兩（金一兩＝二〇貫），面額自十文至二貫文分九等，發行額最初七萬餘錠，增至約十萬錠，價值約略與當時一年的歲入額相等，大都與地方諸主要城市均設置平準庫隨時備銀、鈔兌換。但其後紙幣數量急激增多，南宋平定的至元一三年以降，且以從前十倍以上之勢增加，發行額超過百萬錠，庫存準備銀的兌換事實上成爲不可能，而終以停止兌換爲結局。中統交鈔發行數字猛增，價格相對暴落，物價高漲，而至元二四年（紀元一二八七年）不得不以宣布中統鈔貶值，另發行新的至元寶鈔，二貫文準銀一兩，一貫文與中統鈔五貫文相價，換言之，中統鈔貶低幣值至從前五分之一的價格，才穩定國家財政，兌換制紙幣卻也變化爲不換制。元朝第三代武宗在位前後僅五個年頭，卻是更大濫賞與濫發紙幣極峯的開始，「元史」武宗紀自其大德一一年（紀元一三〇七年）卽位，通篇觸目均是巨額恩賜的記錄，至於如「以金二千七百五十兩，銀十二萬九千二百兩，鈔萬錠，幣帛二萬二千二百八十匹奉興聖宮，賜皇太子亦如之」；「闊王出伯進玉六百一十五斤，賜金千五百兩，銀二萬兩，鈔萬錠，從人四萬錠。寬闊也先字可等金二千三百兩，銀一萬七百兩，鈔三萬九千一百錠」之數，次代仁宗於至大四年（紀元一三一一年）卽

位，也出現「以諸王朝會，普賜金三萬九千六百五十兩，銀百八十四萬九千五十兩，鈔二十二萬三千二百七十九錠，幣帛四十七萬二千四百八十八匹」的濶綽手筆。增發紙幣，武宗至大四個年頭，計至元鈔五六○萬錠，中統鈔一五萬錠，仁宗皇慶三年、延祐七年合十個年頭，計至元鈔一、三四六萬錠，中統鈔一一○萬錠（「新元史」食貨志七鈔法項）。前後十四年間逾二千萬錠紙幣增發，尚不能把注財政赤字，徒然刺激物價製造社會波動。武宗倣照中統鈔貶價而採行至元鈔貶價政策，發行與銀兩等價的新紙幣至大銀鈔，一貫文兌換至元鈔五貫或中統鈔二五貫，試圖解消赤字又澈底失敗，經濟界混亂反而愈形不可收拾。所以武宗死，至大銀鈔卽行廢止，迄元朝之亡，仍然使用至元鈔與中統鈔。

「廿二史劄記」元代專用交鈔篇歷數濫發交鈔的併發症，又是篇可珍貴的文獻：「其後監燒昏鈔（破爛字跡模糊的舊鈔）者，欲取能名，率以應燒昏鈔指爲偽鈔，使管庫官吏誣服（原注：見許有壬、韓若愚傳），由是回易庫不敢以新鈔易昏鈔（原注：張養浩傳，民持昏鈔赴庫倒換者，易十與五，累日不可得）。而民間所存昏鈔，又不能納賦稅、易貨物，於是遂成廢紙矣。且板紙印造，尤易滋偽，鉛山多造偽鈔者，有豪民吳友文爲之魁，遠至江、淮、燕、薊，莫不行使，遂致大富，是利權且歸於奸民矣（原注：林興祖傳）。又奸民以偽鈔鉤結黨羽，脅人財物，官吏聽其謀，株連者數千百家（原注：黃溍傳），是刑罰亦由此日繁矣」。連鎖性弊害從而層出不窮，愈增人心浮動。仁宗崩後僅隔八年便接明宗天曆年間，再五年又已是元朝末代順帝繼位，不負責任的紙幣發行態度發展至順帝時末期症狀，正是「新元史」食貨志七鈔法項總結報導：「又值軍與，糧儲賞賜，每日印造，不計其數。京師鈔十錠易斗粟不可得，所在郡縣皆以物貨相易，公私之鈔積壓不行，人視之如廢楮焉」。

元朝政權壓搾漢人以肥己的惡政，隨其朝代傾覆而結束，惟一留下

痕跡，且可譽為對中國歷史重大貢獻的，乃是關係財政、經濟、交通多方面效用的南——北大運河開通，今日北起通縣，南至杭州，縱貫河北、山東、江蘇、浙江四省，全長一、四四〇公里的運河大幹線最早成型。隋——唐時代，南方江浙行省方面物資補給京師，特別是糧食供應的重要性，已漸增強，也基於此目的而運河逐段開鑿，但當時目標指向長安・洛陽，至元朝定都大都北平市，西與北的大方向相異，原已利用的運河自南段江南運河（隔長江）、揚州運河（隔淮水，其時黃河下流滙合淮河出海），續經濟州運河（隔大清河為斷，清朝黃河下流第六次改道卽通過大清河出海如今日現狀）時，其北段因之存有改開新道必要。世祖至元二六年（紀元一二八九年），乃以成く形的濟州運河（隋朝通濟渠）與御河（隋朝永濟渠，古衞河），截其角，直線連結歷城（濟南）——臨清，開新運河名會通河，由是入御河抵直沽（今天津市）時，轉溯白河到達通州。此一大事業成功後，至元二九年（紀元一二九二年）再利用南流的白河之水，西向增開自通州延長至大都的通惠河，江南米穀得全經水道船程的輸送路，直接儲入京師太倉，避免水陸交替之煩與車騎的勞頓。衹是，大運河北段會通河初開，河道岸狹水淺，不堪負重，所以元朝運糧，主要全恃海運，自長江口附近沿海岸北航，迂廻山東半島以達直沽。大運河利用價值充分發揮，須明朝廢止風浪之險甚大的海運而寬浚運河河道以來。

　　蒙古至上主義下，抑壓的漢人社會・政治不平情緒，以外經濟原因的反感，已如火山底層潛伏的熊熊岩漿，驕橫的元朝支配階層卻全無所覺，也不屑覺察，反而爭權奪利的內部互鬪愈演愈烈。征服統馭衰兆，且自世祖之崩，因皇太子先薨而孫成宗繼位為元朝第二代皇帝，成宗又崩時無子，便行展現。自是，從外立的第三代武宗以迄元朝最後皇帝順帝卽位，僅僅二六年間有九代帝王交替，由第五代英宗起算且是十二年

間變換七帝，政權的不穩定可見。

元朝世系圖（〔　〕內爲蒙古尊號）

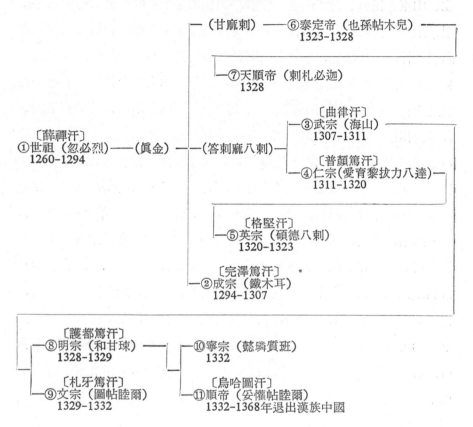

　　帝位頻繁交迭事象的背景，所交織便是宗派傾軋、權臣跋扈，與皇室自殘的醜惡畫面。成宗以後，權臣各各自眞金太子的子孫中，憑個人愛好選擇對象，結黨互爭擁立。成宗庶兄之子，以晉王身份鎮守和林方面的武宗，是第一個於此情況下的登位者，成宗崩後天子空位期左、右丞相鬥爭中的獲利者，得對立一方所支持又鎮守地較近，先期赴大都的其弟（未卽位的仁宗）讓位而繼帝統。僅三年，武宗以三一歲崩，仁宗

乃繼立。仁宗嗣位之子英宗被弒，陰謀者擁立仍係和林鎮守者成宗庶長兄之子泰定帝。泰定帝死於上都駐在期間，其子九歲的天順帝在上都卽位，原被鬥倒的武宗、仁宗系統宗族與大臣趁機抬頭，於大都另行推出武宗之子文宗與之對抗，上都派與大都派兵戎相見的結果，上都派失敗，天順帝不知去向。文宗形式上以帝位讓與尙在北方的其兄明宗，往迎明宗的權臣卻於迎歸接近大都的途中弒明宗，復位的文宗也受掣肘，二七歲便死，無子。明宗七歲之子寧宗嗣立，兩個月短命死去，由其兄一三歲的順帝繼位。武宗以來連續的帝位波動，屆此爲止，諸帝壽命最高祇是仁宗的三六歲。呻吟於元朝高壓支配下的漢族民衆間，反元朝空氣彌漫，結集的民族運動意志隨支配層自毀性政治不安定而日益高揚，便於順帝之世，元朝政權終於崩潰於澎湃的漢族民衆蠭起面前。

世祖時八思巴被尊奉爲帝師以來，喇嘛敎以蒙古人支配階層盲信而地位之隆、待遇之優，非僅耗損國家財政之鉅，至如「新元史」食貨志序與諸王恩賞相提並論的程度，元朝中期以降，漢地喇嘛僧極度發展的專橫行爲，也於漢族民衆敵愾同仇的火山爆發。「元史」釋眞傳西藏特殊制度與喇嘛僧人囂張氣焰的記述是——

「世祖……因其俗而柔其人，乃郡縣吐蕃之地，設官分職而領之於帝師，乃立宣政院。其爲使，位屬第二者必以僧爲之，出帝師所辟舉而總其政於內，外者帥臣以下，亦必僧俗並用，而軍民通攝。於是帝師之命，與詔勑並行於西土，百年之間，朝廷所以敬禮而尊信之者，無所不用其極」。

「爲其徒者，怙勢恣睢，日新月盛，氣焰薰灼，延於四方，爲害不可勝言。有楊璉眞加者，世祖用爲江南釋敎總統，發掘故宋趙氏諸陵之在錢唐、紹興者，及其大臣塚墓，凡一百一所。攘奪盜取財物計……，田二萬三千畝，私庇平民不輸公賦者二萬三千戶，他所藏匿未露者不論

也」。

「又（武宗）至大元年，上都開元寺西僧强市民薪，民訴諸留守李
璧。璧方詢問其由，僧已率其黨持白梃突入公府，陷案引璧髮，捽諸
地，箠朴交下，拽之以歸，閉諸空室，久乃得脫」。

「（仁宗）延祐四年，宣徽使會每歲內廷佛事，所供其費以斤數
者，用麵四十三萬九千五百，油七萬九千，酥二萬一千八百七十，蜜二
萬七千三百。自至元三十年間醮祠佛事之目，僅百有二，大德七年再立
功德司，遂增至五百有餘。僧徒貪利無已，營結近侍，欺昧奏請布施莽
齋，所需非一歲費千萬。較之大德，不知幾倍」。

「（泰定帝）泰定二年，西台御史李昌言，嘗經平凉府靜會、定西
等州，見西番僧佩金字圓符，絡繹道途，馳騎累百，傳舍至不能容，則
假舘民舍，迫逐男子，奸汚女婦。奉元一路自正月至七月，往返者百八
十五次，用馬至八百四十餘匹，較之諸王、行省之使，十多六、七。驛
戶無所控訴，臺察莫得誰何。且國家之製圓符，本爲邊防警報之奏，僧
人何事而輒佩之，乞更正僧人給驛法，且令臺憲得以糾察，不難」。

順帝治世三六年（退出大都後續兩年），是元朝僅次於世祖的第二
享國長久天子，其「元統」、「至正」年號且似於世祖「中統」、「至
元」，卻是，元朝征服朝代國祚自其手絕滅，也與世祖建立征服朝代，
遙遙相對。反元朝低氣壓已經覆蓋，順帝卽位以來，頻頻天災的範圍與
規模續續增大，至如登位當月（元統元年六月）的一個月六次：「大雷
雨，京畿水，平地丈餘，饑民四十餘萬，詔以鈔四萬錠振之。涇河潰；
關中水災；黃河大溢；河南水災；兩淮旱，民大饑」（「元史」順帝紀
一），動搖元朝政權基礎的時機肯定成熟。耳語、謠言不斷擴散是社會
不穩的前兆，農民暴動星星之火，自至元三年也在南方沿海與四川等處
開始點燃，翌年至正四年（紀元一三四四年）夏河南豪雨二十多天，黃

河河水暴漲決堤，大氾濫連續數年，災民數累積至數百萬人，同時期的江南又是飢饉旱魃，局勢乃不可收拾。黃河整治工事雖於至正一一年，由優秀的治水專家賈魯發動民伕十五萬，兵工二萬人，緊急進行並且成功，爆炸性事態已經形成，「元史」河渠志二黃河項報導：「先是，歲庚寅，河南北童謠云：『石人一隻眼，挑動黃河天下反』。及魯治河，果於黃陵岡得石人一眼，而汝穎之妖寇，乘時而起」。動工治河在四月，大反叛旗幟次月便蠭起，而指導者白蓮教教主韓山童與其秘密的宗教結社，所用以號召的彌勒佛信仰，堪注意正是元朝支配者特加敬禮的喇嘛教佛教意識。「元史」順帝紀五至正十一年五月條記其事：「穎州妖人劉福通為亂，以紅巾為號，陷穎州。初，欒城人韓山童，祖、父以燒香惑衆，謫陞廣平永平縣。至山童，倡言天下大亂，彌勒佛下生。河南及江淮愚民皆翕然信之。福通與杜遵道、羅文素、盛文郁、王顯忠、韓咬兒，復鼓妖言，謂山童實宋徽宗八世孫，當為中國主」。

突發的大規模反政府運動，以事前準備的不充分而立即被彈壓，韓山童處刑。但羣衆心理既經煽動，反亂之火火種既已燃起，發展如同枯葉堆中火勢的不可遏止。流民、貧窮農民、大量的失業者，紛紛投入紅巾旗下，起義或相對意義暴動的主流仍在劉福通擁立韓山童遺兒韓林兒名義下健在，而且至元一一年劉福通家鄉安徽省穎州的本據地反亂烈焰，已蔓延河南省全土，建立以北宋舊都開封為中心的大勢力。各地與劉福通呼應的紅巾軍分派，勢力足與主流抗衡的湖北省蘄州（今蘄春縣）人繪布行商徐壽輝，同年（至正一一年）在家鄉響應，溯江佔領漢陽、武昌後攻略湖北、湖南各地，分兵入江西（陳友諒，其後取代徐壽輝者）、四川（明玉珍）。至正一二年在安徽省濠州舉兵的郭子興，又是接受劉福通領導的另一支強力紅巾軍。非紅巾系統的兩股代表勢力，一是早自紅巾以前的至正八年已在浙江省沿海倡亂的方國珍，一是至正

一三年在江蘇省方面蠡起叛旗的張士誠，各以抑阻元朝海運，壓迫朝廷屈從而授兩人高官，兩人卻愈因之蔑視朝廷，扮演時叛時順的兩面人姿貌。再一表面服從元朝號令的獨立勢力，則福建地方陳友定。以迄至元二八年元朝滅亡的十餘年間，已全然天下鼎沸的無政府狀態。

面對紛紛脫離元朝政權的江南羣雄蠡起之勢，元朝權臣政治下的鎮壓軍，卻仍是內部權力鬥爭不已，反亂聲勢利用朝廷此致命弱點而益發壯大。然而，蠡起者雖都稱帝稱王，定國號建元，性質始終不脫掠奪、破壞、無秩序的流寇或羣雄境域。昏暗的四分五裂大騷動中光明透露，係以郭子興死而繼統其衆的部將朱元璋登場，得有能力、具政治理想的同志協力，南京（金陵，元朝集慶路）為中心所結合鄉土防衞團的獨立勢力茁壯。先後破滅勁敵陳友諒（江州，今江西省九江）、張士誠（平江，今江蘇省蘇州）後的至正二七年，大軍堂堂北上，目標指向元朝大都進擊。翌年（至正二八年，明朝洪武元年，紀元一三六八年），朱元璋在金陵，自吳國王登位皇帝，明朝成立。同年，北伐軍攻陷大都東方的通州時，東南物資久已以動亂中斷供應，糧盡食絕的元朝朝廷，已不得不放棄大都，向北方內蒙古撤退，元朝的漢族中國統治結束。自太祖成吉思汗即位屆至其時，通蒙古帝國、大元帝國，傳世共十四代，存續一六二年；定都中原，建設元朝，立中國式皇帝尊號的世祖即位迄此，傳十代約百年，以滅亡宋朝計列則八九年，而此中國歷史上規模最宏大的征服朝代被推翻。

祇是，元朝的漢族中國征服朝代雖然終結，朝代命脈並未斬絕，北走的順帝，滯留察哈爾省西夏之都上都至翌年，明軍續至，再北退應昌府（察哈爾、熱河兩省邊境的達里泊 Taai-nor 西南岸），而第二年（紀元一三七〇年，明朝洪武三年）病死，廟號惠宗（順帝係明朝給予的諡號）。皇太子愛猷識理達臘（Ayur-Shridara）繼位，年號宣光，應昌又

受明軍攻擊潰退，殘餘的元朝支配者集團，乃完全北撤和林爲結集中心的外蒙古本土，其後愛猷識理達臘死，也仍由繼位之弟脫古思帖木兒（Tokus-Timus）上廟號昭宗，以及改元天元。所以，「元朝」爲於和林實質存在，與已削平割據羣雄，完成漢族中國全土支配的明朝，南、北對峙，僅自順帝大都脫出劃期，其後的元朝已不被承認爲中國正統朝代，改依明朝立場別予「北元」的稱謂。

元——明的朝代交代，於中國歷史具有多方面特殊意義——

元末社會混亂中蠭起羣雄，首舉叛旗的劉福通、徐壽輝出身資料已見前述外，陳友諒湖北省沔陽漁夫，明玉珍湖北省隨州游俠，方國珍浙江省黃巖（台州）私鹽商兼海賊團首魁，張士誠江蘇省泰州的運鹽舟夫，陳友定傭工，關鍵性人物郭子興乃入贅安徽省定遠富家的曹州人卜者之子，其繼承人明朝建國者朱元璋安徽省濠州（鳳陽）人，十七歲時父兄以饑饉與疫病死亡，母又故世，孤苦無依而落髮爲僧，是個沿門托鉢的四方遊食者，朱元璋事業最主要兩員大將徐達與常遇春，前者農夫，後者盜賊。這些風雲際會的英雄好漢，多由下層社會產生，人物成份頗似漢朝建國。元朝嚴禁漢人攜帶武器與畋獵，戰亂中「耕牛剝皮作戰具，鉏犁化盡刀劍鋒」（明朝開國功臣劉基「夏夜台州城中作」詩句），也似秦末揭竿而起。但是——

第一：元末蠭起羣雄籍貫與起義地無不在長江流域或所謂江南之地。此一事象，一方面正是說明元朝異族統治下，平素極端受歧視的被壓迫者是南人，另一方面，對壓制者反抗鬥爭由南方主導，而且成功，卻是中國歷史上第一次南方壓倒北方。

第二：驅逐蒙古人的力量泉源，最早固自彌勒佛下世信仰激發，「宋徽宗八世孫」的民族思想卻也最早已明白揭櫫。反元朝運動與漢族民族運動合而爲一，推翻元朝，又是中國歷史上第一次民族主義革命成功。

相對而言，元朝式的朝代落幕也於中國歷史為第一次。歷代朝代崩壞，如非悲壯的玉石俱焚，便是屈辱的降伏，征服朝代的場合，且是原支配民族實體的消失。而惟元朝蒙古人係異例，朝代初建時移住漢族中國的，朝代結束又整族退出漢族中國（包括自願隨行的漢人官員與家屬）。東起遼東、西及甘肅的數十萬人民族壯觀移動，北上復歸而且確保原住地蒙古高原。

元朝命運得以異於從來所有君臨漢族中國的民族，端以抗拒漢族文明態度的傲岸不屈。人數為少的異民族憑恃武力君臨擁有龐大人口數與高度生產力的優秀民族文化社會，而建立征服朝代支配體制，本質必然具有二重性。二重性於征服朝代乃最主要，卻也是所面臨最困難的課題，被支配民族高度文化的眩惑係最容易不自主墜入的陷阱，而惟蒙古人元朝例外。其原因，一是可敬的民族自覺，堅守蒙古至上主義，二便由於元朝統治漢族中國年代究竟較短，廻避強力的漢族文明同化力才得以可能。

東西交通・文化交流最盛期

蒙古帝國與元朝的出現，於蒙古人勢力大傘下，自然撤廢國界的地域範圍，較大唐帝國尤為廣大，東——西交通無論陸上或海上，於中國史上，因之也到達空前的極盛期。大規模東——西文化交流、人物相互往來，以及西方諸宗教、諸文化廣泛向東亞傳入，十三、四世紀間蔚為時潮，亦堪譽為蒙古民族對世界歷史的不朽功績。

陸上交通四通八達的盛況，所謂「站赤」的驛站制度發達可以充分反映，「元史」兵志四篇中為之專列站赤一篇。「站赤」乃蒙古語 Jam

（站）加接尾語以表驛傳之意❶。太祖成吉思汗時已以漢族中國（金、宋）驛法擴大應用，至第二代太宗而驛傳制度確定，連結中亞、西亞以至更西方的歐洲地中海諸地域。世祖再進一步釐正秩序，嚴密組織，漢地總轄於中書兵部，餘外則通政院。從而「元史」兵志站赤序有言：「於是四方往來之使，止則有舘舍，頓則有供帳，饑渴則有飲食，而梯航畢達，海宇會同。元之天下，視前代所以爲極盛也」。史前時代已由南俄與北亞遊牧民族所開闢最早東西交通路，以通過歐亞大陸北方草原地帶而名的「草原之道」，以及自古東方經新疆、中亞通往西亞、希臘、羅馬方面，依古代中國特負盛名的輸出品絲而成立專門名詞，歐美歷史學者與地理學者間著稱的「絲道」，同時並行，都已予最大利用。

草原之道由黑海東北隅支海阿速（Azov）海，渡頓河口與伏爾加河，過烏拉山，從裏海、鹹海北方的吉爾吉斯草原（哈薩克斯坦）東行，於巴爾喀什湖之北穿越阿爾泰山脈，入外蒙古，繼續南下便至漢族中國。或者，通過阿爾泰山之北，以抵葉尼塞河上流的明奴辛斯克，已係南西伯利亞。蒙古帝國時代建都和林，利用草原之道乃是連結北歐、東歐方面距離最短的一道。拔都西征，便沿草原之道而進軍，歐洲征伐前，自和林經窩濶台汗國境而至伏爾加河（以後拔都欽察汗國建都地）的驛傳且已整備。所以，蒙古帝國統制下草原之道標準線即：和林→葉密里（窩濶台汗國國都）→巴爾喀什湖北岸→鹹海北方→裏海北岸→薩來（欽察汗國國都）。薩來以西，則以目的地的不同而各各分道。利用最多的是自薩來通過高加索山脈，由亞美尼亞出伊兒汗國國都大不里士（Tabriz），南下舊 Abbas 朝首都巴格達與敍利亞方面；或者，由薩來經海路斜貫黑海抵君士坦丁堡，出地中海往義大利諸都市。這些行程，西方旅行家的記錄中留有大量資料供獲明晰印象。

❶　平凡社版「世界歷史大系」⑦東洋中世史第四篇，第二〇二頁。

　　十三、四世紀間所利用的絲道，係自東方中國的大都（北京），沿
陰山長城地帶西行，於寧夏出河西道至甘州、肅州、沙州（敦煌）。敦
煌以西已入新疆，仍如古來分南、北兩道，南道行程沿崑崙山脈北麓，
北道沿天山山脈南麓，而在喀什噶爾（疏勒）會合，然後經帕米爾高原
至中亞細亞撒馬爾罕。隋朝開拓的另一道第三道，係自敦煌出天山山脈
北方，由巴爾喀什湖之南，通過伊犂河流域而至撒馬爾罕，沿途經由哈
密、吐魯番（高昌）、別失八里、阿力麻里（察合台汗國國都）、怛羅
斯、塔什干等地。第三道上任何一處繼續北行，都可與草原之道連絡。
撒馬爾罕以西，經布哈拉（Bokhara），渡阿姆河，自木鹿（Merv）赴
Nishapur，沿裏海之南至大不里士。續自大不里士出發，便是西入敍利
亞而浮地中海，或者折向小亞細亞，由君士坦丁堡出地中海。由大不里
士而下，則向巴格達。

　　由於如上草原之道與絲道幹線，以及蒙古帝國或元朝廣大領土內健
全完備的驛傳制度展布，蒙古遠至地中海世界與北歐、東歐的當時全世
界各地直接攜手。此雖以政治・軍事的目的爲基點，但經濟・貿易以及
一般旅行者同獲往返便利的鼓勵，而陸上交通呈現前所未見的活躍。

　　元朝治下，同一時期與西方間海上交通，至於唐・宋的發達基礎
上，異常繁榮的景象尤超過陸上交通，西洋人著作提供資料的豐富而精
確，也與陸上相埒。以馬哥孛羅（Marco Polo）記錄其歸國行程爲中心，
而參照其他諸人，了解十三、四世紀左右「海之道」自東而西的航路，
自中國南部廣州、泉州等海港出航後，浮南海沿中南半島南下，普通均
於當時馬來半島東海岸吉蘭丹（Kelantan）寄港，而過麻六甲海峽，以
達錫蘭島，然後循印度東南岸當時的馬八兒（Maabar）地方，折沿印度
西岸北上，從其時塔納（Tana）橫渡阿拉伯海，直航伊朗或當時伊兒汗
國忽魯模子（Hormuz）港，入波斯灣（或沿印度西海岸更北行，於抵印

度河口喀拉蚩 Karachi 時，續沿伊朗海岸西行至忽魯模子）。自此通過波斯灣登陸，可抵巴格達、大不里士，或利用絲道以達地中海世界義大利諸都市。由忽魯模子港也可續由海道，繞阿拉伯半島入紅海，由埃及的亞歷山大（Alexndria）港浮地中海，以至義大利諸都市。

元朝監督外蕃自海上來往中國的官廳，蹈襲唐·宋爲市舶司，廣州、泉州、溫州、慶元（明州，以後的寧波）、杭州、澉浦、上海等沿海港口，均有設置。主其事的最有名人物，乃宋末以巨商提舉泉州市舶司三十年，官至福建、廣東招撫使、總海舶，南宋滅亡降元，行省福建（泉州）的歸化阿剌伯人蒲壽庚❷。今日中國最大都市上海，最早具名亦自元朝，世祖至元十四年（紀元一二七七年設市舶司，十三年後的至元二七年（紀元一二九〇年）劃松江府華亭縣地初置上海縣。西方人旅行家特具印象的元朝中國貿易該是——

泉州，於前後所有旅行家記事，都被稱之爲 Zaitun 或 Zeytoun，因何而有此名，是頗有興味的考證，諸說論評也多。於今日，認其係「刺桐」對音❸。大體已是定論，如「辭源」子集第三三六頁刺桐條所說明：「福建晉江縣（泉州府治），唐時環城皆植刺桐，故號桐城」。此港自宋末以來便以對外貿易港而盛大繁榮，「元史」外夷傳的爪哇、馬八兒等條均記泉州乃南海交通的關門，Ibn Batuta 推許爲當時世界最大貿易港❹，海道而來中國的外國旅行家大抵由此港登陸。馬哥孛羅謂印度一切船貨咸會此港，以及引亞歷山大港等胡椒輸出的比率爲例，運

---

❷ 羅壽庚事蹟，以桑原騭藏專文介紹而引起學界注意。但其出身，據宋末元初鄭所南「心史」載：「羅受畔祖，南蕃人，富甲兩廣，據泉州叛」，否定其係西域大食人，主張係南蕃占城人的異說，也因之而興。

❸ A. J. H. Charignon 注「馬可波羅行紀」，馮承鈞譯本，第六一二頁注一第一段。

❹ 同上，第六一四頁注一第八段。

往所有基督教國家合計一船，運至此港則百餘船舶❺，說明刺桐貿易數額的驚人龐大。

　　杭州，其地以係南宋舊都，所以外人旅行記以 Khansa、Kinsay、Quisai 等爲名，考定都是「京師」或依南宋時一般習慣所稱「行在」的對音❻（「行在」之詞，見「宋會要」、「宋史」地理志等）。馬哥孛羅筆下，此都市居住人口達一百六十萬戶❼，城壁周圍百哩，殷實富足，男女都是教養中人，文雅有禮，是全世界最大、最富麗名貴之城，前朝皇帝遺留的也是全世界最大之宮❽。Ibn Batuta 相同的譽杭州爲世界最大都市，富裕華美，各種遊樂設施俱備的消費大都市面影浮繪也相同，且記述市內分六區。第一區是十二萬駐防兵居所，第二區是猶太人、基督教徒、土耳其人居所，第三區是回教徒居所，第四區是官員與官設工場職工居所，第五區最大之區是商人居所，第六區則海上生活者居所❾。南宋時代南方天國的杭州，於元朝如何全盛轉變以國際都市性格持續其殷富，以及居留杭州外國人之數，於全城人口中佔如何之大的比例，都可以想像。只是，其海港錢塘灣風浪嫌大，外國船舶直接駛入者因之爲少，而須利用澉浦（Gampo）爲外港。澉浦地名自唐朝始，但宋朝尚無地位，便自元朝而急速發展。

　　關於廣州（Canfu、Khanfu，「廣府」之義），唐、宋時代特盛，宋末貿易中心北移，地位明顯由泉州取代以來，元朝的廣州漸已衰退而形落寞。但外船出入仍然不絕，外人記錄中的此處地名爲 Sin Kalan 或 Sin ul Sin ❿，城中回教徒也仍多。另一唐朝隆盛的大都市揚州，尤其

---

❺　同上，第六〇九頁。
❻　同上，第五七四至五七五頁。
❼　同上，第五八八頁。
❽　同上，第五七〇頁、五七三頁、五九一頁注一末段。
❾　平凡社版「世界歷史大系」⑦東洋中世史第四篇，第二〇七頁。
❿　同上，第二〇八頁。

盛況全失，惟人口據西方旅行家之言，仍維持在四○萬戶至五二萬之間❶。馬哥孛羅曾在此任官。

　　海上貿易的非常發展，船舶構造法與航海技術進步，必然相與存在互爲因果關係。關於此方面，元朝係上承唐、宋而下續明朝的中間環節，憑恃的毋寧是漢族智慧（見次篇）。堪加特筆的，乃無論馬哥孛羅或其餘西方旅行家，對往來印度洋中的船舶以中國籍者爲大且多，已引爲共同印象。馬哥孛羅記其自身歸國時所率十四艘大小船舶所編成的船隊，船材均係白松（檵），每船四幅主帆與二幅補助帆，船底裝塗由石灰、大麻、油脂所煉的合成顏料，每船依大小配有水手自三○○人至一五○人❷。Ibn Batuta 且詳記：「去中國者，多乘中國船。中國船有三種，大者曰 Junk，次曰 Zao，小者曰 Kakam。大者張三帆，至十二幅，載水手千人，其中六百爲篙師，四百爲兵勇。且有小船三隨行，爲 Half、Third、Quarte，兼以示其大小。……船上有私人及公共房廳，以居商人。……大船所用之櫓似桅檣，每櫓須用十人至三十人牽引」❸。由於當時這些西方人旅行著述的評估，非只中國海港泉州、杭州等盛大繁富足誇世界第一，大爲聳動來航西人耳目，造船航海術發達，中國船舶均於世界爲優秀中之優秀者❹，也自其時被西方人所了解，以及因這些旅行記的遺留後世而爲今日所認識。

　　十三世紀蒙古勃興，威名懾西歐，一方面隨其西征而敞開東——西交通坦途，另一方面，也以西歐正值累次十字軍出征回敎徒勞而無功，蒙古人震盪下愈興恐懼心理，而對之強烈萌生憑藉基督徒信仰疏解黃禍

❶　馮承鈞譯「馬可波羅行紀」，第五四三頁注三引 Odoric 旅行記語。

❷　人物往來社版「東洋の歷史」⑦大モンゴル帝國，第二七○至二七一頁。

❸　方豪「中西交通史」第二冊，第二五頁引 H. Yule "Cathay and the Way Thither" Vol. 4 pp. 25-26 注。

❹　和田靖「中國史槪說」（下卷），第二二九頁之語。

的希望。所以，現代以前，連結東──西方的記錄以此時期最為豐富與翔實，而第一，這些親身旅行見聞錄以中國出發西行的中國人為前導，第二、逆方向西洋人熱衷東來的浪潮，又由傳教士官方使節帶動。

耶律楚材以成吉思汗（太祖）十三年（紀元一二一八年）扈從西征，係十三世紀之際，可考訂最早的西方國家風土民情與地理形勢資料收集， 只是其「西遊錄」一卷成書，則須西征歸來後成吉思汗次代窩濶汗（太宗）元年（紀元一二二九年）。行程終站記載係尋思干（「元史」太祖紀薛迷思干、撒馬爾罕）、蒲華（不花剌、布哈拉）。其書國內原本已佚，僅若干著作中殘留引文，或據以輯集的節本，反而在日本尚存有完本。

全眞教主長春眞人丘處機奉成吉思汗懇召，率弟子十八人，自山東省登州從事萬里山河之旅，與西征期的偉大世界性征服者會見記，乃膾炙人口故事。眞人於成吉思汗十五年（紀元一二二〇年）首途，經燕京（以後的大都）北行入外蒙古，沿陸局河（臚朐河、克魯倫河）南岸抵和林，沿途受外蒙古留守者成吉思汗末弟斡赤斤歡待，護送循天山之北，經別失八里、阿里馬城（阿力麻里）渡伊犁河，西南至達失干（塔什干），續渡錫爾河達目的地邪迷思干城（撒馬爾罕）時，已係翌年。時成吉思汗正追擊花剌子模殘勢至印度河方面，又翌年，遣使迎眞人至大雪山（與都庫什山，Hindu-Kouch）南行在所，展開已七四歲高齡而精神矍鑠的神仙中人，與五五歲的大征服者同歡晤，說成吉思汗以敬天愛民為本，清心寡欲乃是長生久視之道的一幕。戰爭續興，又翌年，再度暢談於阿姆河南方的巴耳克（巴里黑，Balkh）後，先成吉思汗一步東歸。歸程由吹河之南渡伊犁河，東過阿爾泰山而自科布多轉向東南行，經內蒙古歸化城，過燕京返山東，前後往返四年，歷數十國。成吉思汗二二年（紀元一二二七年）眞人羽化之年或翌年，隨行弟子之一李志常（浩然）以

萬里經歷撰成「長春真人西遊記」二卷，詳記西域道里風俗，今日已係聞名世界學界，明瞭十三世紀初東西交涉的貴重文獻。尤堪重視係書中所記漢人之事，謂西遼國「漢民工匠，絡繹來迎，悉皆歡呼歸禮」；撒馬爾罕城「漢人工匠，雜處城中」（均上卷）；高昌之西葡萄園邊「侏儒伎樂，皆中州人士」（下卷）❺，又是漢族的域外殖民史上好資料。

　　另一部時代稍後的常德「西使記」一卷，係其於蒙哥汗（憲宗）九年（紀元一二五九年）奉使離和林，赴西亞細亞覲見出征中的旭烈兀，以 Mazanderan 為記錄終站。世祖中統四年（紀元一二六三年）歸國，同年著書，筆錄人劉郁。內容也記有新疆與中亞細亞漢人移殖之事。

　　十一世紀終末以來持續約二個世紀的十字軍遠征活動，背後固也存在羅馬教會企圖利用以壓倒希臘教會而向東方伸張其勢力的野心，以及兼具解決中世基督教歐洲世界內部教皇權與皇帝權對立、義大利為中心的南歐諸都市經濟勢力藉此向東方進出等多重性格，但本質之為歐洲基督教徒的耶路撒冷聖地回復運動，宗教情熱為出發點的宗教運動，則可以確認。待亞洲大半與歐洲一部份立於世界史上空前的大蒙古帝國支配之下，拔都大軍且已攻入波蘭，匈牙利後，以逃亡的匈牙利王於蒙古軍撤回時歸國，呼籲羅馬教皇援助防衛蒙古軍再度侵入為契機，歐洲立場的東——西接觸・交涉乃行展開。

　　歐洲的蒙古恐怖症瀰漫聲中，紀元一二四五年，教皇 Innocentius 四世在里昂（Ryon）召集宗教會議，決議由教皇派遣正式使節東行，求謁蒙古大汗，試探勸導改宗基督教的可能性，並窺測究竟有無再侵歐洲跡象的實情。此一重大使命落於主持西班牙教區義大利籍的 Jean du Plan de Carpini（與另一教士）身上，以其西班牙奉職期間，多有接觸東方人機會，所以無論地位、聲望、經驗，都是出使東方異域蒙古的最適當

───────────

❺　轉引自平凡社版「世界歷史大系」⑦東洋中世史第四篇，第二〇五頁。

人選，Carpini 因之也是蒙古帝國時代最早到達和林的歐洲人。奉命後，當年（紀元一二四五年）四月自里昂出發，北上通過德國、波蘭、俄羅斯，翌年二月蒞伏爾加河畔的欽察汗國國都薩來參謁拔都，初審敎皇書後就得許可，循草原之道驛傳，歷三個半月，以是年七月到達和林，覲見貴由汗定宗。滯在和林四個月，獲貴由汗覆敎皇書，十一月西歸，勸說改宗目的失敗，翌年紀元一二四七年六月返抵里昂，全程費時三年餘。Carpini 曾留有東方旅行記，內一條專敍「契丹」（指中國），特爲貴重的資料，係其報導與俄羅斯諸侯交往與會見基輔的蒙古軍駐屯部隊，拜謁拔都等當時欽察汗國的內部狀態❶也據而了解，欽察汗國通用的國際間正式語文，蒙古文之外，係俄文與薩拉遜文。於和林，由仕於大汗朝廷的俄羅斯人、匈牙利人翻譯拉丁語與法語，貴由汗覆書，則作成分別使用蒙古語、拉丁語、薩拉遜語（波斯語）的三份。三份國書中，前兩份今已行方不明，僅波斯文於紀元一九二〇年在梵蒂岡的檔案庫中發見，長一・一二公尺，寬二〇公分，由三紙合成，內文起首數語爲突厥語，以下便是波斯語，文中兩處加用畏兀兒字蒙古語的方形印押捺❷。

　　紀元一二四八年，法蘭西王 Louis 九世（聖路易，Saint-Louis）發動第七次十字軍，駐在塞浦路斯（Cyprus）島期間，有自稱蒙古使節者來訪，告以蒙古人間頗有基督敎徒在，大汗母后也是基督敎信者。聖路易因之興起與蒙古人携手，東——西夾擊基督敎徒之敵國敎徒的想望，而有隨軍敎士 Ardres（與另二敎士）派遣，晚於 Carpini 之返兩年，紀元一二四九年出發訪問和林，抵達時適值定宗崩，後繼大汗未定，不得要領而返。繼乃有第二次聖路易隨行敎士 G. de Rubrouck（與另一修士）

---

❶　Carpini 與 Rubrouch 事蹟，取材自人物往來社版「東洋の歷史」⑦大
　　モンゴル帝國ヨーロバからきた人びと章，二人の宣敎師節。

❷　貴由汗覆書，參閱上書第二六五至二六六頁。

受命，携國書從事東方之旅。紀元一二五三年五月自君士坦丁堡出發，北航黑海，通過薩來先謁拔都，同樣蒙准利用驛傳橫斷大草原，當年年底抵目的地和林，翌年正月朝見蒙哥汗憲宗，五月獲頒內容傲慢態度猶在 Carpini 所携返的覆書而歸國，聖路易意圖完全失敗。歸途 Rubrouck 循來路再經薩來，轉沿裏海西岸南下，經由亞美尼亞入地中海，紀元一二五五年六月返抵塞浦路斯島，但聖路易已回歸本國，乃以書面提出報告。

　　Rubrouck 報告書，形式固係對法王聖路易的復命書，內容便是旅行記，較 Carpini 的見聞記尤為詳細而正確，於蒙古人的風俗、習慣、其領內通行諸文字（畏兀兒、西夏、西藏、漢字等）、諸宗教（景教、佛教、回教等），以及蒙哥汗幕庭（斡耳朶）等，均有詳述，特別關於首都和林的介紹，幾乎已係今日蒙古史著述所定必參考與取材。和林在住甚多西歐人，亦係其報告書中堪注目的說明，謂有巴黎的金鈿工師、德國人的坑夫、能熟練使用數國語言的英國人通譯、在蒙古嫁與俄羅斯人建築師的法國梅玆（Metz）婦人等，東歐人更多。報告書敍有契丹（中國）專章，以及強調多遇往返草原之都和林的西方各國使節與商人，又與 Carpini 記錄相同。所以，Rubrouck 報告書遺留至今日，乃是報導十三世紀中蒙古帝國實態極為貴重的資料，對當時歐洲而言，也以其旅行的結果，判明當時歐洲喧傳蒙古軍將再度來侵之說，實際係其對西亞回教國討伐計劃的誤傳，等於服食了定心丸。

　　十三、四世紀自歐洲東來諸旅行家中最有名，以及元朝時代前來中國的歐洲人代表，乃事蹟為眾所熟知的義大利威尼斯（Venice）人馬哥孛羅。義大利東部港灣都市威尼斯於十三世紀之半，係以繁榮誇傲，與比薩（Pisa）、熱那亞（Ginoa）同列義大利三大商港之一。利用十字軍遠征機會掌握當時東部地中海霸權，東方貿易活躍，孛羅家又是此都市

的商業世家與寶石巨商。元世祖治世初期，馬哥孛羅父、叔以經商中亞
細亞，已得機緣抵大都拜謁，並蒙厚遇，馬哥孛羅係父、叔第二次赴中
國時隨行，時爲紀元一二七一年，年十七歲。來程係自波斯經阿富汗斯
坦，過帕米爾高原，由疏勒沿南道至沙州（敦煌），於紀元一二七五年（至
元一二年）到達世祖夏都上都開平。馬哥孛羅年青而達觀，語言學習能
力甚強，蒙古語、漢語、畏兀兒語等無不流暢，甚得世祖寵愛，而成近
臣之一。世祖風範與大都（馬哥孛羅旅行記中作「汗八里」Cambaluc、
Khan-baligh，意謂「汗之城」，蒙古語 can、khan 與 balgha、balgat、
balik 之合語⑱）宮廷生活，因之也是馬哥孛羅其後美好的回憶。馬哥
孛羅十七年滯在中國期間，累奉勅命出使國內各地頒命，或受任地方行
政官。紀元一二九二年（至元二九年）獲得世祖許可，藉護送公主降嫁
伊兒汗國第四代阿魯渾（Arghun）汗之便，孛羅家父、子、叔三人同時
歸去。大船隊自泉州出帆，循海道於翌年到達波斯灣登陸，扈衞公主入
伊兒汗國國都後，經君士坦丁堡。紀元一二九五年歸抵義大利故鄉，前
後在外已二五年。

　　馬哥孛羅著盛譽於世界史・地學界的遊行記「東方見聞錄」，紀元
一二九八年最早口述筆錄完成，迄於今日，包括原寫本、改訂本、合訂
本，已有一百四十三種版本⑲，世界各國均有翻譯，本世紀中，伯希和
（Pelliot）的審訂最是權威，H. Yule and I. Cordier 注譯書以詳備被
推重。前後時間內研究者的風靡，以及此讀物流傳以來，如何在歐洲引
起巨大影響，可以全知。十五世紀末、十六世紀初，歐洲人激烈競賽海
上冒險，所謂地理上大發見時代來臨，動機便出自馬哥孛羅之書描繪東

---

⑱　馮承鈞譯「馬可波羅行紀」，第三三五頁注二。

⑲　據方豪「中西交通史」第三册第七八頁提示，一九三八年慕爾、伯希和的
　　馬可波羅遊記合訂本所述版本對照表統計數。

方(中國)富庶至令人目炫，直似人間天堂的刺激與追求，又爲今日所週知。原籍熱那亞的哥倫布，航海所持馬哥孛羅書拉丁語譯本現尙存在，書中四、五空白處且有其所手書的批注[20]，本世紀最大探險家斯坦因與斯文・海定，其旅行亞洲腹地時，也都携有此聖書「東方見聞錄」[21]。

接續馬哥孛羅一家歸國，並循其逆方向由義大利從海道來中國的旅行家[22]，最早係基督教教士 Jean de Monte Corvino，紀元一二八九年奉教皇 Nicolas 四世命來中國，先結束其波斯方面傳教的領導工作後，紀元一二九一年自大不里士再出發。由忽里模子乘船浮印度洋，於馬哥孛羅啓程西返翌年的紀元一二九四年(至元三一年)入大都。成宗時代准許建立教會，以迄紀元一三二八年沒於當地，約三四年間滯在大都傳教，受洗的信者六千人，紀元一三〇七年（大德一一年）奉教皇 Clementus 五世祖聖爲大都（汗八里）教區總主教，並派 Ardres de Perugia 等三教士至中國協助，立泉州（刺桐）主教區。紀元一三一二年，教廷再加派三教士前來。

隨後，另一教士旅行家 Odori de Pordenone，紀元一三一一年左右自海道印度經蘇門答臘、爪哇、婆羅洲島，於 Corvino 晚年抵達中國，歷諸沿岸港口，自杭州利用大運河至大都。在 Corvino 處居三年，紀元一三二八年（元明宗天歷元年）由陸路歸去，未幾卽去世，卒前經人筆錄其口授遊記，後世抄本亦多。元朝由教皇派遣的壓軸教士 Giovani de Marignolli，係紀元一三三八年（順帝後至元四年）抵達大都，紀元一三五四年（至正十四年）由海道歸去時，已是天下大亂之際。

---

[20]　人物往來社版「東洋の歷史」⑦大モンゴル帝國，第二九二頁。
[21]　同上，同頁。
[22]　馬哥孛羅以後西方東來代表性旅行家事蹟，取材自有高巖「槪觀東洋通史」第三八〇頁；人物往來社版「東洋の歷史」⑦大モンゴル帝國第三〇四～五頁；平凡社版「世界歷史大系」⑦東洋中世史第四篇第一七三～四頁。

　　元朝最長距離旅行者，乃非洲摩洛哥人回敎徒 Ibn Batuta。其人二
一歲開始步上世界旅行之途，自埃及北部先後遊歷巴勒斯坦、敍利亞、
伊拉克、美索不達米亞，以及俄羅斯、阿拉伯、伊朗、印度，然後經錫
蘭島、蘇門答臘島、爪哇島等，由柬埔寨（眞臘）入中國，歷訪泉州、
杭州等地。時距馬哥孛羅後約半個世紀，已當元朝覆亡前二二年的紀元
一三四六年（順帝至元六年），翌年便自泉州西歸，續赴阿拉伯、西班
牙、非洲。至五一歲終止行程，專念於撰寫其三〇年間，週遊七萬五千哩
的世界旅行記，又是部不朽名著。但有關中國大陸方面的記述，今日學
界的評價則指爲頗存疑問❷。畢竟其逗留時間太短，又足跡所涉地區較
狹也。同係元朝末年，義大利人 Balducci Pegolotti 的「商業指導書」
（Pratica della Mercatura，紀元一三四〇年左右成書❷），原係爲當時
歐洲，特別是義大利商人東方貿易參考需要而編著的指南書，詳記歐亞
各地方主要都市與海港彼此間通路‧物產與其用途、貨幣、關稅、度量
衡等種種事項，因之也對中國、印度以及中亞，提供了相關知識。

　　這些文獻，包括「商業指導書」大要與大旅行家 Ibn Batuta 書的
中國記載，以及上述基督敎諸傳敎士的旅行記、見聞錄，馬哥孛羅行紀
的現代著名研究者 Yule，著作「契丹（中國）與通往之道」（"Cathay
and the way thither"）時，大抵都已包含❷。諸書記事都足與馬哥孛
羅書相與表裏，只是，馬哥孛羅稱中國北部爲 Cathay（契丹，Catai、
Khatai，指原金朝領域），中國南部爲 Mangi（蠻子，Manzy、Manzi,
指原南宋領域），而 Ibn Batuta 僅稱中國南部爲 al-Sin，以與中國北
部的 al-Khita 相對稱，若干著作家則以 al-Sin 統稱中南半島、馬來

❷　人物往來社版「東洋の歷史」⑦大モンゴル帝國，第三〇五頁。
❷　同上，第三〇一頁注。
❷　平凡社版「世界歷史大系」⑦東洋中世史第四篇，第二一四頁。

半島、南洋羣島，而名漢族中國爲 Masin㉖。

　　與西方人海上往返而著爲中國記錄的相對，元朝中國人記錄海上各
國事情，遺留今日以招諭眞臘使者隨員之一，周達觀著「眞臘（柬埔寨，
Kamboja，「元史」別名干不昔、干不察，周達觀書序言稱其國自稱甘孛
智，均同音異譯，今日高棉）風土記」。成宗元貞二年（紀元一二九六
年）自明州經溫州放洋，翌年返，記當時高棉風土國事至爲精密，但不
言及他國。條列多國，則汪大淵「島夷志略」爲有名，吳鑒序言說明著
者常搭商船浮海，諸方遊歷，足跡履數十國，而著爲此見聞錄，序文紀
年順帝至元己丑（紀元一三四九年），其書約略同時完成，較 Ibn Batuta
旅行中國的時代爲稍早。全書載列島夷數至九十九條，估定範圍已包含
南海、印度洋全域以及於東非洲沿海㉗。此書可與其前後時代的下述諸
書比較參照：　前百餘年南宋周去非「嶺外代答」（孝宗淳熙戊戌，紀元
一一七八年）與趙汝适「諸蕃志」（理宗寶慶元年，紀元一二二五年），
特別關於後者，著者雖未親歷所記各地，只是任職提舉福建路（泉州）市
舶司時據航海者言，參證與整理前人記錄而成，尤其便以採用「嶺外代
答」的記載爲最多，但於今日史・地學界評價甚高，認其記事頗多堪以
信憑，可補阿拉伯人記錄之缺㉘。後於汪大淵時代半個多世紀的明朝初
年，紀元一四〇五年以來，三寶太監鄭和歷次率海軍大艦隊遍歷印度洋
時的隨從二人所撰短篇見聞錄，馬歡「瀛涯勝覽」與費信「星槎勝覽」。
此兩文獻的完成，後於 Ibn Batuta 旅行中國約六〇年，再隔約八〇年，

㉖　馮承鈞譯 Rene Grousset「遠東史」(Historie de l'Exreme Orient) 蒙
　　古篇單行本「蒙古史略」，第八六頁注六二引 Aurousseaw 說明。

㉗　馮承鈞「中國南洋交通史」第八四至八九頁，曾據回沈曾植「島夷志略廣
　　證」、日人藤田豐八「島夷志略校注」、美人 Rockhill 譯注，選錄此書
　　「今地之可考者」五三條，其「層搖羅」謂應經「廣證」之說改爲「層拔
　　羅」，卽「諸蕃志」之層拔國，今非洲桑吉巴 (Zanzibar) 島。

㉘　沙畹「中國之旅行家」言，馮承鈞中譯本第五三頁。

葡萄牙人迦馬（Vasco de Gama）已繞道好望角抵達印度，西洋史的東方新航路與地理上大發見時代來臨。

以如上為主，東──西雙方人士旅行記、見聞錄的豐富資料相互參照，十三、四世紀間，連結當時世界全域的陸上、海上交通動脈固據以明瞭，蒙古世界大帝國威容，東半球各地區人類接觸與文化交流經緯，也都因而充實，由歷史界加以整理，昔時面貌重現於今日人眼前。紀元一二四六年 Carpini 抵達和林期間， 親睹隆重而莊嚴的大集會推選定宗貴由為大汗一幕，蒞會者諸王、將，漢地、中亞、波斯諸長官之外，史家筆下遠地而來參與盛會的藩王題名便是： 以後為 Rum 王的 Rokn al-Din Kilij Arslan 四世、斡羅思大公 Yaroslaw、谷兒只（Ceorgie）的兩位 David 王、小亞美尼亞王 Hethum 之弟 Sempad，以及報達（巴格達）哈里發的代表、Alamout 的 Ismailiyen 派（「元史」木剌夷）教主代表與波斯諸侯們的代表❷，夾在這些煊赫華貴人物中的僅有樸素人士，便是此位羅馬教皇使節與其同行修士 Benoit。紀元一二五四年，法王聖路易使節 Rubrouch 自和林西歸，再謁拔都汗帳時，也正值小亞美尼亞王 Hethum 一世入朝蒙哥汗憲宗在途❸。

成吉思汗與拔都兩度西征，歐洲人蒙古恐懼症的極端，轉變為幻想蒙古人也是基督教徒，侵略波斯與大事殺戮回教徒，正與十字軍期望符合。傳自回教洪流中的亞洲基督教徒，謂蒙古基督教國王大維德(David，指成吉思汗) 準備援助十字軍討伐敍利亞、埃及突厥人的謠言❹，且在

---

❷　馮承鈞譯「蒙古史略」第四四頁；馮承鈞譯「多桑蒙古史」上册第二七四頁。

❸　同上「蒙古史略」第四九頁；「多桑蒙古史」上册第二八一頁。

❹　馮承鈞譯「 多桑蒙古史 」上册第二五九頁 。同書二卷又以 Eccard 書 (Corpust Hist. meclii oevi, vol. II p. 1451) 所探錄東方基督教徒關於成吉思汗的傳說，列為附錄三。

西歐不脛而走。聖路易兩次遣使東來動機，便建立於此假想之上。此一幻想基礎的傳說，雖以 Rubrouck 出使與覆命，判明全非事實，卻也不能謂爲純係空穴來風，被羅馬教廷宣佈爲基督教異端教派的聶思脫里派（Nestorian），中國文獻中的景教，則頗流行。唐朝會昌廢佛，同以外來宗教被彈壓的三夷教，不能如佛教在中國的具有歷史基礎迅速復原，而均已衰微。但蒙古帝國成立，服屬諸民族中如克烈部、汪古部的多數人民，天山方面部份畏兀兒人，都是唐朝所謂三夷教中的景教信仰者，景教也因而得在蒙古支配圈大爲擴張其教線。Carpini 訪問和林時直接接觸的三名大汗親幸大臣中，兩人都是景教徒（其一且便是克烈部人）。蒙哥汗憲宗之母（拖雷之妻）也是㉜。但大汗的宗教態度，Rubrouck 曾記蒙哥汗與皇族，對基督教（景教）、回教、佛教任何典禮，不分厚薄，一概參加，諸宗教僧侶與教士也平等受優遇，理由則蒙哥汗告 Rubrouck：這些宗教猶如一手之五指㉝。如此同等待遇，無所偏袒的宗教信仰或宗教政策，自成吉思汗時代已然，至元朝世祖一貫蹈襲，馬哥孛羅記載世祖之言是：「基督教徒謂其天主是耶穌基督，回教徒謂是摩訶末，猶太教徒謂是摩西（Moise），偶像教（指佛教）徒謂其第一神是釋迦牟尼。我對於玆四人，皆致敬禮」㉞。同一旅行記中，又記錄沙州、肅州、甘州、寧夏、西寧等方面，居民非僅信仰佛教、回教而已，景教教會同樣活躍，甘州、寧夏且各建有教堂至三所的景教教會傳播成績爲背景，大帝國也已包容亞美尼亞等拉丁教會基督徒，大汗雖非任何一種宗教的篤信者，卻對任何宗教都加尊重，都予同情，都是保護者，所以，拉丁教會的正統基督教（今日一般所稱的天主教）領域東方拓境，前途仍然光

㉜　馮承鈞譯「蒙古史略」第四五頁、四八頁。

㉝　同上，第四八頁。

㉞　馮承鈞譯「馬可波羅行紀」，第三〇五頁。

明。馬哥孛羅記其伯、父第一次謁世祖西歸，且便是啣世祖命，出使羅馬
謁見敎皇，第二次東行（卽馬哥孛羅同行此次），又是攜回敎皇 Gregoire
覆書報命， 以世祖喜愛馬哥孛羅而長期留住中國。 這些有利因素的推
動，乃鼓勵羅馬敎廷再接再厲，努力發展東方敎線。

Corvino 是十三世紀末至十四世紀前半，付出心力最大也最有成就
的基督敎中國傳敎最早播種者，Odori 由海道續循大運河入大都，沿途
目睹所經過廣州、泉州、杭州、揚州諸大都市的蓬勃敎務， 都已有頗多
基督敎徒與建立敎堂，泉州且存在修道院兩所❸，Corvino 去世後，敎
皇 Jean 二二世曾於紀元一三三三年派遣 Nicolas 偕敎士二六人繼其任，
但以均未能到達中國，途中失去音訊。紀元一三七〇年時，敎皇Urbain
五世續又任命巴黎大學神學敎授 Guillaume de Prato 爲大都總主敎❸，
敎士一二人隨行。卻是，紀元一三六八年（明朝洪武元年）已屆元亡明
興，漢族民族革命，排擊外族的影響所及，以及直結東——西方通道封
閉，元朝一代基督敎於中國園囿，辛勤灌漑的已開花朶，也被根拔廢絕。
基督敎（Christianism，天主敎）敎士再度前來中國， 須在布敎事業中
斷約兩個世紀之後，西洋史上所謂地理上新發見以來，十六世紀的中國
明朝中期之後。

蒙古政權時代奉羅馬敎皇派遣前來中國傳道的敎士，除少數屬多明
我（Dominican）會以外，多數屬方濟各（Franciscan）會。元朝不能以
之與景敎區別，一槪以十字架爲表徵而稱之十字敎，敎堂謂十字寺，敎
士與敎會執役人員於「元史」或當時一般史籍中的名詞，則爲「也里可
溫」，敍利亞語形的蒙古語 Erekhawian、Areckawiun 漢字對音，與唐

---

❸　馮承鈞譯「蒙古史略」，第八九頁。

❸　馮承鈞譯「多桑蒙古史」上册，第三八一至三八二頁。

朝景敎碑所見「阿羅訶」同字異譯❸，所以，也是原指景敎僧侶而後擴大包括一般基督敎的聖職者。所受蠲免租役又除軍籍的待遇，與回敎、佛敎僧侶與寺院同，道敎亦然。

　　回敎自唐朝開始傳來中國，宋朝陪伴活潑的海上商業活動，沿海諸都市外國人居留圈內敎務已漸漸開展，但信者似乎均限西方渡來人士，便由宗敎範疇內法官意味的 Kadi，在居留地自律的管理一切事務，當時漢族謂之蕃長。蒙古混一宇內，中亞、西亞方面回敎徒從陸、海兩道盛大移住中國，大元帝國有力國民「色目人」的主流便是回敎徒，性格已非從來的化外之人。回敎勢力也於其時急遽增大，元朝記錄中，信者被稱「菩薩蠻」、「不速蠻」（波斯語 Musulman）❸，傳敎士則「答失蠻」（波斯語 Danishmand）❸，多居住中國東南海港都市廣州、泉州、杭州、澉浦、揚州等地，以及大都、上都與甘肅、陝西方面陸上的西方交通門戶地區。漢族民間的回敎信仰，應卽於此潮流下受感化而建立根基，回敎寺院以清眞寺、清淨寺爲名亦自其時，乃形成中國一大宗敎。於今日，中國回敎徒的分佈地域，維吾爾（畏兀兒）人爲主要民族的新疆省自係最大密度地區，其餘便是元朝基礎的延續發展，多數集中於西北各省與福建、廣東方面，以及雲南。雲南省回敎徒所以於南方爲尤多，又以元朝成立，開始便由世祖寵臣回回人賽典赤（Saiyid-i Ejell）經營其地的原因❹。

　　諸宗敎無差別的信仰自由與禮遇平等，世祖在位開始傾斜，偏重於其中之一的佛敎。蒙古政權與佛敎最早發生關係，時代與道敎的場合約

❸　人物往來社版「東洋の歷史」⑦大モンゴル帝國，第三〇六頁；平凡社版「世界歷史大系」⑦東洋中世史第四篇，第一七四頁。
❸　人物往來社版「東洋の歷史」⑦大モンゴル帝國，第三〇六頁注。
❸　同上，第三〇七頁注。
❹　和田淸「中國史槪說」（上卷），第二三二頁。

略相同，「佛祖歷代通載」禪僧海雲傳的記錄❹， 太祖成吉思汗興起之時，年僅十三歲的海雲已往面謁，太宗卽位受賜「寂照英悟大師」名號，再授「光天鎭國大士」尊稱，歷定宗至憲宗均掌釋敎事。世祖在潛邸，師事之，海雲向其推薦的僧人子聰，便是世祖事業展開時，前後帷幄密謀參畫，受信任至建言一概採行的政治靈魂人物劉秉忠。同時，八思巴也已登場，世祖以來代代帝后妃主皇族皈依喇嘛敎，元朝與喇嘛敎政略上的接近，哄抬喇嘛敎爲中心的佛敎形成昇天之勢。但「元史」釋老志佛敎（八思巴）條的結論：「若夫天下寺院之領於內外宣政院，曰禪、曰敎、曰律，則固各守其業。惟所謂白雲、白蓮宗者，亦或頗通好利云」，結局領先燃起焚燬元朝政權之火的，正便是特受元朝朝廷尊崇的佛敎宗派中獨被視爲異端而取締，彌勒敎爲信仰基礎的非法秘密敎團白蓮宗。

蒙古——元朝征服領土的主要內涵，西面是回敎世界，東面是中國世界，此兩不同型態的文明地域，便以元朝統一支配與東——西交通距離的縮短，而密接關聯。回敎文化本質，其獨自的敎義・思想基調上，思辨形式、理論構成等，原已係蒙受外來文化的結果，廣域文化圈成立與展開，尤其是綜合攝取伊朗、希臘、印度諸學問後繼發展與改良的意味，簡言之，總括的代表了西方文化全體。所以，元朝幾乎統一歐亞大陸，意義也代表了東方文明世界與西方文明世界全面展開交涉，以及展開交涉的最盛大期，而相互刺激彼此文明的再發展也達最高潮。站於中國立場的了解， 此時期西方軍人、 學者、 技術家， 甚或職工的前來中國、 性質所觸及的面既廣，人數又多，時間尤爲持續，從「元史」諸傳記，記載所謂西域出身，自中亞、波斯、阿拉伯方面來仕元朝的知名人士份量之廣，爲可顯見。西方科學・技術以及建築術、工藝等傳來中國

---

❹　資料轉採自平凡社版「世界歷史大系」⑦東洋中世史第四篇，第一六四頁引岩村忍「元初の帝室と禪僧と關係」。

的線索，因之也以此時期爲明晰，相對，中國文明結晶的科學・技術與發明傳往西方，同樣以此時代爲高潮期。

　　回教系天文・曆法傳來中國，係最容易提出的舉證。天文學者札馬魯丁(Jamal-ud Din) 乃入元回教科學家中第一人物，世祖至元四年（紀元一二六七年）製作完成的七種天體觀測儀器，「元史」天文志（一）西域儀象項，便是其阿拉伯化新波斯語名稱與器狀的專項記錄，又大部份立於傳承自希臘的西洋天文學傳統。其中「兀速都兒剌不定」（「元史」原文說明：漢言晝夜時刻之器也），乃是西洋自古有名的圓盤形觀測儀，另外包含二種水平日時計、一種天球儀，以及木製圓球狀地球儀（「元史」記其名作「苦來亦阿兒子」。說明：漢言地理志也），水、陸以綠、白二色區別，全表面詳細刻劃經緯度，係最早予中國以地球球形說實證的主要紀念物❷。同一年份，札馬魯丁的萬年曆也已製定，萬年曆非純粹回曆，以併用了春分爲歲首的波斯太陽曆而具有其獨自性，月名與曜名也均新波斯語❸。回教式天文器械旣於元朝大受歡近，以及天文學者被重用，至元八年以來乃有回回司天臺的設立，與中國固有傳統的天文臺，兩系統並存。

　　郭守敬受世祖命編製，至元十八年（紀元一二八〇年）頒行的優秀曆法授時曆，至明朝仍蹈襲爲大明曆藍本。其定一年之長爲三六五・二四二五日❹，推算精確度極當，向被認受回教天文學的影響，今日學界則已予否定，研究判明仍立於中國自身傳統之上❺。然而，自元朝而中國天文・曆法界得程度上利用回教方法參證，雙方學問交流，刺激中國

❷　誠文堂新光社版「世界史大系」⑧東アジアⅡ，第一七一頁。

❸　同上，同頁。

❹　世界文化社版「世界歷史シリース」⑫モンゴル帝國卷末附錄事項事典「授時曆」條。

❺　上書，第一九六頁。

此方面優秀人才輩出，以及中國傳統的獨自曆法再進步，回敎式天文觀測器械曾經提供貢獻，當都可以認定。便是郭守敬所製作，迄今遺留河南省洛陽附近的圭表的殘存部份，計準多至、夏至日時所用垂直地上的棒，仍高九‧四五公尺，南北向的圭（測定用尺）長三十公尺，其原理固係古代以來一貫的中國傳統，觀測儀器建築物似巨大化，卻是回敎天文學的傳統⑯。而器械愈大，觀測精度愈高，觀測數值愈正確，是爲一定之理。

今日東──西文化交流史的記事，多認爲希臘數學系統的歐幾里得(Euclides)「幾何原本」，元朝之世也已介紹至中國。但此僅依歐幾里得著作當時已具波斯語譯本，可能由西域科學家携來中國的推測，尚無輸入實證。

中國科學‧技術傳入西方而發生的反影響，滅宋之役，至元一〇年（紀元一二七三年）襄陽攻略戰，波斯籍工程師阿剌卜丹 (Ala al-Din)與伊斯瑪音(Ismail) 改良中國原型所製造回回砲，係著名實例。但此尚係以灼熱金屬或巨大岩石投射的投石機之一，非今日發射砲彈的火砲⑰。以今日意味的火砲或銃砲姿態出現，尚待其後時間的歐洲。

火藥開始實用化爲戰爭武器，便在火藥發明故鄉的中國，爲世所週知，但向來所使用祇是今日手榴彈性質，仍非銃砲，銃砲發明地也非中國而係其後歐洲。然而，原先全無所知的歐洲人最早接觸火藥、火器契機仍由十三世紀前半蒙古軍侵入西方時携往⑱。由是有今日型式的槍、砲出現，巨大轉變傳統戰術，在於歐洲自身，自此風行的騎士沒落，諸國家紛紛集權化，對於世界的影響，便促進了歐洲國家的海外殖民地進

---

⑯　上書，第一九四至一九五頁。

⑰　參閱本書第二三〇頁。

⑱　曉敎育圖書版「現代敎導百科事典」⑦歷史，第二二一頁火藥と銃砲條。

出。

中國製紙技術，八世紀中唐朝玄宗時代傳入回教世界後，撒馬爾罕一時以獨佔製紙法而成爲西方製紙中心，紙係其最重要的有力輸出品。以後，紀元七九三年巴格達，九〇〇年埃及，一一八九年以來諸基督教國家❹，均已傳入製紙知識，書寫材料的紙乃普及西方。中國繼紙而發明的印刷術，自西亞、北非續傳入西歐，時代考定也都在元朝❺，其時中國高度印刷技術所繫的木版、銅版交鈔、葉子（遊戲或賭博用具）等流通，具有媒介作用❺。至十五世紀之半，歐洲終也知曉金屬活字印刷，儘管西洋的跨出此一大步，也有意見以與西洋自身十一世紀用模子（Stamp）組合文字的遊戲相結合，而認東、西方印刷術的發明關係爲不明❺。但發明時間，中國畢竟早得多，其前提必要的紙的發明，也明白傳自中國。

中國於水面浮磁針以測知方向的方法，十一世紀左右的宋朝已掌握，十二世紀時，其技術經過實用化改良，而羅盤原型（水鍼盤）成立❺。由是海上航行，突破天測法階段，於無星光的黑夜航海乃成爲可能。乘載數十人乃是數百人的客貨兩用大船，貨物深積船底艙內，乘客安置上層，駛向目的地的旅程安全性與確實性，都賴磁針而保持。便以海上航行時與西方回教徒商船接觸，羅盤知識傳授阿拉伯人，利用地域由印度洋擴大到地中海，續傳入歐洲，則其時間又在元朝❺。十四世紀的義大利人對羅盤加以再改良（旱鍼盤）❺，乃得迎接地理上大發見時代的來

❹　年代依世界文化社版「世界歷史シリース」⑫モンゴル帝國，第二〇七頁。
❺　人物往來社版「東洋の歷史」⑦大モンゴル帝國，第三一〇頁。
❺　平凡社版「世界歷史大系」⑦東洋中世史第四篇，第二一〇頁。
❺　同❹。
❺　參閱本書第四三三頁。
❺　人物往來社版「東洋の歷史」⑦大モンゴル帝國，第三一一頁。
❺　曉敎育圖書版「現代敎導百科事典」⑦歷史，第二二一頁羅針盤の改良條。

臨。

　　高度發達的中國陶瓷器製作技術，唐朝以來接替原先絲的風靡西方之勢，瓷器已係中國輸出品大宗，技法追隨傳向回敎世界，宋——元時代塞爾柱期至伊兒汗期的波斯，施加釉藥以高溫處理的瓷器也已模倣自製❺❻。但受西方人狂熱歡迎的，毋寧仍是宋——元舶來品，今日西亞細亞衆多遺跡中均有中國瓷器碎片被搜集，可說明當時愛好的一般，特別是宋朝所完成，配合靑色與白色之美而襯托人物等畫面，富於魅力的全新技術瓷器。十七世紀波斯曾自中國招聘三百名工人前往，試行模製，大量由進出亞洲的荷蘭東印度公司經手銷往歐洲，博取鉅利❺❼。但屆至其時，波斯產製能力限於陶瓷，瓷器品質仍劣，與中國標準存有甚大距離❺❽，中國陶瓷器製作技術因而愈在西亞與歐洲盛傳高評價，受大歡迎。

　　繪畫同樣由中國給予西方莫大影響。西亞細亞回敎世界禁止偶像崇拜，原不許描繪人物與鳥獸，僅止於以幾何學圖案裝飾。塞爾柱突厥族與蒙古族進出西亞細亞，促使阿剌伯支配時代式微的波斯繪畫藝術復興。中國宋——元山水、花鳥、人物畫的技法飛躍發展，便於此復興浪潮下由蒙古人傳入，且於伊兒汗國治下飛躍發達爲細緻畫特徵，其後由帖木兒朝與印度蒙兀兒朝繼承❺❾。

　　中國醫學診斷所重視的脈法，早自蒙古人政權成立以前的宋朝已傳向西方，因而西方醫學中開始也注意到脈。回敎世界最大醫學者 Ibn Sina 十一世紀前半撰定的「醫學正典」，予歐洲醫學界莫大影響，屆十

---

❺❻　　人物往來社版「東洋の歷史」⑦大モンゴル帝國，第三一二頁。
❺❼　　世界文化社版「世界歷史シリーズ」⑫モンゴル帝國，第二〇六頁。
❺❽　　同上，同頁。
❺❾　　參閱人物往來社版「東洋の歷史」⑦大モンゴル帝國，第三一一頁。

七世紀仍被奉爲醫學的金科玉律[60]，而此巨擘的經典著作所列舉四十八種脈型，其中三十五種便都是中國式[61]。中國產藥物，大黃也已世界性聞名，成爲元朝中國貴重輸出品。馬哥孛羅通過肅州時，記錄謂：「如是諸州之山中，均產大黃甚富，商人來此購買，販售世界」[62]。

　　所以，元朝爲中心的前後時代，上達宋朝，下及明朝，乃是歐亞大陸東——西科學・技術，抑且日常用品豐富交流的偉大時代，播下了蒙受東方文明刺激後，未來西洋文明的發達種子。中國人於其間的貢獻，以及蒙古西征的歷史評估，法國學者 Abel Remusat 如下之言，雖非完全正確，也已可供爲結論[63]：

　　「其結果如何重大，觀於科倫布爲欲至馬哥孛羅所言之大汗國，不期而得美洲新世界者，即可知矣。中國人發明之航海羅盤針，亦由蒙古人而輸入歐洲。中國人及印度人用火藥由來已久，而歐洲人則於蒙古西征後，始得知之，其爲蒙古人輸入，毫無疑義。鈔幣亦爲中國人之發明，由蒙古人而輸入波斯。戲賭紙牌，中國人於一千一百二十年（宋徽宗宣和二年）時已發明之，最初皆以木版印成，歐洲人最初所玩之紙牌，其形狀、圖式、大小及數目，皆與中國人所用者相同，或亦由蒙古人輸入歐洲者也。活字版印刷術，同時亦由遠東而輸入歐洲。中國人之算盤，亦由蒙古輸入歐洲東部，至今俄國及波蘭兩地不識字之婦女，尚用以計算錢財帳目也。東西兩文明策源地之思想製造，由韃靼人互相交換，至爲有益。中世紀滿天黑雲，使人不得望見天日，至是乃因蒙古遠征而重現光明。當時戰爭殺人，盈野盈城，似爲人間慘禍，而不知實如

---

[60]　參閱小川影三「醫學の歷史」，第三八至三九頁。
[61]　世界文化社版「世界歷史シリース」⑫モンゴル帝國，第一九九頁。
[62]　馮承鈞譯「馬可波羅行紀」，第二〇四頁。
[63]　譯文轉引自白壽彝「中國交通史」，第一九三至一九四頁錄「中國交通史料匯篇」第二冊引 Memoire French Academy, vii 409-419。

空天霹靂，將幾百年之酣睡懶病（指歐洲黑暗時代），自夢中驚醒，二十帝國之滅亡，乃上帝自上帝所取之代價，爲今世人享受燦爛文明之禍也」。

北元以來草原封建制的成熟

佔有歐亞大陸廣大部份的蒙古政權下諸國，十四世紀時，多半已形衰退。自此而此等地域內諸政權互爭展開，強力指導者的出現多祇曇花一現，不能產生長久的穩定統一權力。另一方面，分析雖尚不充分的史料，也已明白顯示，此時代的草原社會與沃洲社會，於此數世紀間，領主——隸屬民小集團分立支配關係，爲已普遍化與固定化，所說明正是封建社會的步上成熟之途。封建勢力之爭僵持的結局，再統一力量祇有求諸混亂的大漩渦之外，新的事態確立，便是清朝與俄羅斯掌握了歷史命運。俄羅斯的中亞細亞進出爲無論，清朝則蒙古、新疆支配‧接續，已須迎接近代世界的全般動向發展了。

自紀元一三六八年（明洪武元年，元至正二八年）元順帝退出漢族中國，以後三代約二〇年的時代，中國史上謂之北元，已失去漢族中國的元朝僅保有蒙古本土或北方草原的時期。

元順帝在明朝大軍壓力下，自大都退至灤河上流域的內蒙古之地上都，再向東北退抵巴林方面的應昌府，經過兩年逃亡生涯，五一歲崩於應昌府。繼位之子昭宗續遭明軍攻擊，乃以外蒙古舊都和林爲撤退終站，其時，原尚在山西、甘肅方面英勇抵抗明軍的元朝軍團，也以奮戰失敗轉移，北歸和林集中，與昭宗協力圖復興元室。紀元一三七二年（明洪武五年）最大規模一次反攻覆滅，自是北元注定再無能力積極進

出漢族中國，而專念於自保。

　　嚴重的是，支配漢族中國百年而復歸蒙古本土的元朝宗王、高官，多少已感染漢族定居文化的生活習慣，而非從來長期住居蒙古高原的蒙古人，固有草原地帶自然集團的遊牧生活已不能完全適應，物質享受欠缺係最大苦惱，尤其漢族民族主義聲勢正盛的明朝，大軍屢出，頻頻趁勝北上追擊期間，元朝領導階層既迫於戰局不利，又受漢地物資的誘惑，頗多立場動搖，戰爭中，抑或便在平時，宗室、大將率部數萬人投降明朝的場面屢見。明朝經營東北地方據點的洮南附近泰寧衞、齊齊哈爾（Chichikhar）方面福餘（福裕）衞、洮兒（Taur）河上游朶顏（Doyan）衞，著名的兀良合（Urianghai）三衞（「新元史」氏族志烏梁里特氏條原注：「亦作烏梁海氏，又作兀良合氏」，蒙古族本支的黑塔塔兒系譜，與貝加爾湖西野塔塔兒系的「林木中烏梁海氏」有別），便於此情況下設置，均任用元朝投降宗王、大臣爲其長官指揮使，西方的哈密（Hami）衞也是。同時，海都以來蒙古本土潛在敵視元朝帝室的暗流，經過元朝第六代泰定帝繼立與死後的武裝紛爭，又加製帝室自身間北方派與南方派對立，而蒙古本土不平份子異心勢力愈形擴大。所以，元室向蒙古本土移動，原住蒙古同族多存有反抗意識，北元朝廷形式的支配權仍在，號令卻發生阻力，蓋其英雄成吉思汗後正統的民族主權者立場，已不容易保持。明朝武力壓迫，內部又人心離散抑且背叛，內外交迫的壓力下，元朝推移爲北元所遭遇，正是最惡劣際遇。

　　昭宗於動盪不安形勢中，規復元朝雄圖賫志而逝（紀元一三七八年），其弟脫古思帖木兒承襲亡兄志業爲北元第三代主，勉力振興已衰頹的朝威，於明朝席捲東北地方時東來呼倫貝爾（Hulun-Buir）救援，翌年的紀元一三八八年與其登位第十一年（明洪武二一年），反被自熱河出發的明軍襲滅於捕魚兒海（今貝爾泊，Buir-nor），十萬眾包括皇子、妃嬪

盡被俘虜，僅自身與皇太子、親臣等數十騎脫逃，西奔和林本據，卻於歸抵土拉河畔被叛臣弒害。北元歷史自是已從事實上終結，「明史」外國傳八（韃靼）記述：「自脫古思帖木兒後，部帥紛擎，五傳至坤帖木兒（Gun Timur），咸被弒，不復知帝號。有鬼立赤（Kuilichi）者篡立（十五世紀初明成祖永樂初），稱可汗，去帝號，遂稱韃靼云」（十多年間帝位或汗位五傳，於蒙古文「蒙古源流」❶記錄中僅謂三次更選，脫古思帖木兒後歷長子、次子，次子之子即坤帖木兒，但結局均係遇害則相同❷）。蒙古的明朝投降潮雖自洪武末年，經歷二十多年後漸漸平息，內部波動與皇帝或可汗權威的下墜愈劇可見。以鬼立赤篡立為標誌，明朝文獻捨「北元」之名所改稱「韃靼」（塔塔兒，Tatar），原便是蒙古族初興期的廣義稱謂，而今回復。非元朝帝室後裔的鬼立赤可汗短暫在位，紀元一四〇二年（明永樂四年），又被另外的野心家阿速（阿蘇特，Asud）部領袖阿魯台（Aroktai）殺害，而奉坤帖木兒弟本雅失里（Benyashri）為傀儡可汗，可汗大位表面回復元裔傳統，實權已轉移入自任太師的權臣阿魯台之手。

明人變換北元稱謂非祇依於上述背景，另一理由也以適應西部蒙古巨大新興勢力昇起的事實。大勢力自成吉思汗蒙古帝國時代牧地原在貝加爾湖西南的斡亦剌（斡亦剌惕、衞拉特，Oirat）部導源，「新元史」氏族志衞拉特氏條原注：「亦作外剌氏，又曰斡亦剌氏」，與東部蒙古塔塔兒同屬非蒙古本支（黑塔塔兒）的白塔塔兒範疇，漸漸移向阿爾泰方面，元朝全盛時代係右翼諸部之一。北元顚沛期，衞拉特部為中心所

---

❶ 蒙古小撒辰薩曩台吉原著，清朝乾隆四十二年勅命漢譯，共八八卷，敍北元事蹟。

❷ 轉引自平凡社版「世界歷史大系」⑦東洋中世史第四篇第四五八頁引「蒙古源流」資料。

形成聯合勢力，急速以反傳統輕視元室勢力代表者姿態而崛起，明朝建文——永樂之際，部名且已發展爲科布多 (Kobdo)——阿爾泰山——準噶爾 (Zungar) 盆地的西部蒙古全域的概稱，記入明朝筆下，乃是衞拉特或斡亦剌的同音異譯「瓦剌」。所以，是整體蒙古（韃靼）地域中存在特殊化的西部強大勢力集團（瓦剌），而非政治上實質的兩立與分割之謂，但明朝取消北元稱謂時，卻有意製造兩分蒙古的意識：東——韃靼，西——瓦剌，如清朝初年據以撰定的「明史」，韃靼、瓦剌便分列外國傳八與外國傳九。其緣由，則基於明太祖歷建文帝至成祖卽位，永樂年間的對蒙古分化政策，利用旣已出現的對立形勢，加大破壞其團結力而予操縱。

　　蒙古本土主流（韃靼）與瓦剌以外的第三勢力，乃成吉思汗疏族後裔統一中——西亞細亞所建立的帖木兒 (Timur) 朝或帖木兒帝國。紀元一三六九年（明太祖洪武二年）自西察合台汗國產生新政權以來，原蒙古三分派政權併合其二：察合台汗國與伊兒汗國。又趁欽察汗國內亂，自紀元一三八〇年至一三九五年（洪武二八年）間，連番進軍俄羅斯大肆蹂躪，聲威震懾西北之餘，繼於紀元一三九八年（洪武三一年）東南侵入北印度，陷屠德里 (Delhi)。紀元一四〇二年（明建文帝建文四年），西破滅亡東羅馬帝國的小亞細亞奧斯曼土耳其 (Osmanli Turk)，安哥拉 (Angora) 之戰，捕虜其皇帝 Bajazid 一世。領有舊蒙古帝國西半部的大帝國建設完成，轉向企求再統一東方已失領導重心而混亂的蒙古本土，回復成吉思汗偉業，爲達成此目的，第一步須是討伐推翻元朝的新興明朝。不幸，便於紀元一四〇五年（永樂三年），大帝國創締者帖木兒登上明朝征途，到達錫爾河畔的 Otrar 時，以七〇高齡歿於熱病，宿志未酬。已呈優勢的蒙古系第三勢力，其後繼者也從此斷絕進出蒙古故土之念。

　　帖木兒雄圖幻滅，蒙古本土正值鬼立赤篡立又被推翻，以及此一動
盪時機爲明朝所掌握，利用分化手段從蒙古內部製造相互間牽制力量成
功之際。入十五世紀，介入明朝，且便由明朝主導的蒙古局勢三角關係，
以瓦剌三部領袖於成祖登位之初，各受明朝册封王爵而加懷柔爲起點，
明人誇耀「五出（塞北）三犂（虜庭）」的成祖五次大北伐爲發展主軸，
波濤壯闊起伏。永樂八年（紀元一四一〇年）第一次親征的對韃靼戰爭
中，明軍推進至飲馬河（成祖所予克魯倫 Kerulen 河，古臚朐河的新
名）西折韃靼本據，潰破阿魯台主力，本雅失里可汗狼狽奔瓦剌，依受
封明朝順寧王的瓦剌大酋馬哈木（Mahamud）死，馬哈木擁立其子答里
巴（德勒伯克，Delbek）爲汗❸，和林轉入馬哈木控制之下。待退向東
蒙古的阿魯台，以腹背遇敵被迫降服明朝，受册封和寧王時，原明朝庇
護下的瓦剌馬哈木已勢力坐大，倒反成爲明朝邊境侵掠者。所以永樂一
二年（紀元一四一四年）成祖第二次親征，兵鋒轉指瓦剌，外蒙古腹地
的大決戰，馬哈木糾合諸部的聯軍被重創，向明朝謝罪。瓦剌興隆之勢
於明軍威力下遭挫，阿魯台又趁馬哈木的大打擊，雪上加霜似擊破之，
馬哈木憂死，子脫懽（Toghon）嗣封順寧王，再遭阿魯台攻擊大敗。瓦
剌勢力頓陷低潮，相對阿魯台所代表的韃靼勢力回復抬頭，永樂二〇、
二一、二二年連續三年三次親征，因之又是針對韃靼。可以認識，成祖
無愧雄才大略，認清重返北方草原的蒙古民族，仍係漢族大敵，製定的
對策，因而便是自蒙古內部培育其相互競爭的對立勢力，又制止某一方
過份強大，適時干預與制壓，以保持雙方平衡均勢。政策爲絕對成功，
成祖之後，明朝對北方的方針雖已轉變改採不干涉政策，立定於長城防

---

❸ 「明史」謂馬哈木弒本雅失里而改立其子，乃依阿魯台歸順明朝時的誣告，
　依「蒙古源流」記錄爲善終，見王桐齡「新著東洋史」第三篇近古史第三
　二七頁注。「德勒伯克」亦「蒙古源流」所載之名。

衞線，以保境不受侵犯爲滿足，但蒙古歷史的未來走向，卻自帖木兒的第二成吉思汗志望化爲遺恨，追隨已由明朝成祖代爲鑄定，從此無確定性再統一的希望與其條件。

　　成祖之後的蒙古形勢，脫懽勢力快速強盛，併合瓦剌諸部，而優勢又歸於瓦剌。紀元一四三四年（明朝隔仁宗的第五代宣宗宣德九年），勁敵的韃靼方面阿魯台乃被攻滅，繼又脅服韃靼另一新興勢力科爾沁 (Khorchin) 部。脫懽之父馬哈木所立德勒伯克可汗先馬哈木已死❹，其後十餘年均可汗空位期，脫懽破滅阿魯台太師前一年（紀元一四三三年)❺，又擁戴元朝子孫脫脫不花 (Tokta-bukha) 爲可汗（即「蒙古源流」所謂故額勒伯克汗之弟哈爾古楚克鴻台吉 Kharghotsok khungtaiji 遺子阿賽台吉 Ajai Taiji 之長子岱總 Taisong 汗❻，元朝凡皇子均稱「太子」，儲君則「皇太子」，蒙古語「台吉」、「鴻台吉」意義的一般考定，即借用此二漢語發音），藉以號令韃靼方面原阿魯台太師所部阿蘇特部，以及與之並爲大部的哈剌嗔（喀喇沁 Kharachin）部等，而自任太師以收實權。明朝第六代英宗正統五、六年之交（紀元一四三九～四〇年）脫懽死，子也先 (Esen) 繼任太師，封淮王，於父所築事業基礎上更大躍進，西侵中亞細亞方面，東破已衰微的兀良合三衞而脅朝鮮，北薄南西伯利亞，南逼明朝北邊，蒙古混亂期展開以來最大與最早統一勢力正形成長。正統一四年（紀元一四四九年）也先、脫脫不花可汗、阿剌 (Arak) 知院與另一軍，四道並出，大舉侵入明邊之役，且釀成

❹　王桐齡「新著東洋史」第三篇近古代第二二八頁引「蒙古源流」，卒年乃明成祖第二次親征翌年的永樂十三年。

❺　年代依平凡社版「世界歷史大系」⑦東洋中世史第四篇第四七四頁引朝鮮記錄，並謂其年號頗爲特奇，可能當「紀元韻監」中所見北元年號「可用」、「萬乘」之一。

❻　同上，同頁。

「土木之變」明朝大恥辱。英宗親征時的急功輕舉，出大同塞外後，暴進又暴退，於土木堡（今察哈爾懷來縣）中敵計全軍覆沒，英宗被俘北去，與西洋史上其後紀元一八七○年普法戰爭，法國皇帝拿破崙三世（Charles Louis Napoleon Bonaparte）色當（Sedan）之役同一際遇。然而，也先究未具備成吉思汗（元太祖）、薛禪汗（元世祖）的威德，其權勢的全恃武力，一時屈服者的反抗力量仍然潛在，瓦剌內部不滿也先驕恣的情緒也正滋長，蒙古局勢呈現外弛內張。紀元一四五一年（明朝景帝景泰二年）末，領有韃靼之衆的也先姊夫脫脫不花可汗，與也先太師間鬥爭表面化結局的被也先發兵攻殺，以及也先太師自登可汗大位，號大元大聖可汗（「大聖」的明朝記錄漢字音譯原係「田盛」，今日史書多依發音辨正），年號添元。此一也先威福騰昇的最高點，卻也是其下降點，僅隔兩年餘的紀元一四五四年（明景泰五年），便以內訌被其大勢力部下阿剌知院襲殺，阿剌又爲韃靼方面勢力所擊滅，由哈剌嗔（喀喇沁）部、翁牛特（Ongnighud）部大酋共同擁立脫脫不花可汗遺兒馬可吉兒（Makhagurkis）爲名義上可汗。以汗登位時年尚幼小，而明人著作中謂之小王子，以後也代代可汗統以「小王子」爲稱。

　　卻是，自是瓦剌固已衰退，蒙古政治回復韃靼主導的形勢，韃靼則權臣弒逆互殺連續不斷，「明史」韃靼傳總述：「自是，韃靼部長益各專擅，小王子稀通中國，傳襲世次，多莫可考」。參酌蒙古自身記錄則馬可吉兒汗被弒後，繼立的異母兄又被弒，再傳位脫脫不花汗異母弟（馬可吉兒汗之叔）又被弒，蒙古內部四分五裂，紛爭不已，韃靼也是須紛亂二十餘年後，第三次改立的脫脫不花汗弟阿噶巴爾濟濟農（Akbarji Jinong，蒙古語「濟農」＜吉囊＞意爲「副位可汗」，明人譯作「太子」）之子哈爾古楚克（Kharghotsok，也先之婿）之子孛羅忽（Bolkho）濟農之子❼，

---

　❼　世系依平凡社版「東洋中世史」第四篇第四八○至四八一頁。

有名的達延（Dayan）立，陰霾才行驅散，而強烈陽光照射，重寫蒙古史繼往開來的新頁。

　　達延汗以順帝八世孫，於紀元一四八〇年（明憲宗成化十六年），年十餘歲時，被擁立嗣可汗位，迄紀元一五二二年左右（明朝世宗嘉靖之初）歿。治世四十餘年間，抑制權臣，芟除異己份子，稍早由原住哈密附近所謂野乜克力（Mekrin）的蒙古系集團東遷前導，一波波蒙古人移動佔住的明朝河套（鄂爾多斯，Ordos）之地，也自其手完成征服所有先住同族。今日內蒙古全域與外蒙古東隅，或者說，地理範疇的蒙古高原東、南部係達延汗時代而建立鞏固的統一秩序，達延汗以今察哈爾方面為支配圈中心的強力統制，於是晚年實行左、右翼六土們（萬戶、部）的分封，今錫林郭勒盟的察哈爾（Chakhar，明人資料中的挿漢兒）部、今昭烏達盟的烏梁海（明人資料中的兀良哈）部、今呼倫貝爾方面的喀爾喀（Khalkha）部乃左翼三部；今伊克昭盟的鄂爾多斯部、烏蘭察布盟的土默特（Tumed）部、今察哈爾省長城外西面的永謝布（Jungshiyabo）部乃右翼三部。達延汗諸子，長子圖嚕博羅特（Toro Bolod）早死，次子於鄂爾多斯征服戰中陣亡，汗位傳由長子之子嫡孫博廸阿拉克（Bodi Arak）繼承，直轄察哈爾部而統率左翼三部，三子巴爾斯博羅特（Bars Bolod）受父封濟農（明人別譯又是「吉囊」），為鄂爾多斯部領主而統右翼三部，四子格勒森札札賚爾琿（Gere Sanja Jalair Khung）則以台吉為喀爾喀部領主。

　　然而，自達延汗之歿，以後代代可汗嫡傳系統雖在察哈爾，蒙古主導權卻自右翼巴爾斯博羅特死而長子嗣濟農位領鄂爾多斯（河套），移向分封領有土默特（套外歸化城方面）的次子阿勒坦（Altan，「俺答」乃明人對「阿勒坦」的別譯）。十六世紀中以來阿勒坦或俺答勢力的強盛，從嫡統可汗許與索多（Sutu）汗、崑崙（Kundulen）汗的汗號榮

譽❽，已可十分明白。明朝自世宗嘉靖二一年至四五年（紀元一五四二
至一五六六年）二十餘年間，河北、山西、陝西沿邊連連遭俺答汗兵禍
寇掠，深入時一度且或陷山西全省，又一度直薄北京城，明廷震駭戒
嚴。迨俺答汗漸漸厭倦侵寇手段，轉變態度向明朝要求通好，紀元一五
七一年（世宗次代穆宗隆慶五年）受明朝封爵順義王以來，對漢族生活
圈固以和平的入貢、互市方式收通商之利替代武力掠奪，其北征與西方
事業又已興起❾。

俺答北征的最初年代係紀元一五五二年（明嘉靖三一年）的親討四
衞拉特（瓦剌四部，Dorben〈四〉Oyirad）明朝永樂年間以來久已沒入
瓦剌之手的外蒙古中心和寧（和林），其時乃被奪還。以後，紀元一五五
七、一五六二年（明嘉靖三六、四一年）也均留下征伐外蒙古記錄，非
祇以輝特（Khoit）部與綽羅斯（Tsoros，杜爾伯特 Durbet）部降伏或被
驅逐，而從哈爾愛（杭愛，Khanghai）山南方以至圖巴罕（Toba-khan）
或都播山脈所在的今日唐努烏梁海（Tannu-Uriangkhai）地方掠境的外
蒙古西部，瓦剌勢力全被肅清，且越過阿爾泰山，平定額爾濟斯(Irtys)
河畔的土爾危特部。由此通道，紀元一五七二～三年（明隆慶六年、神
宗萬曆元年）兵鋒直逼察合台汗國故土中亞細亞，新興勢力哈薩克支配
下的托克摩克（今日托克馬克，Togmak）。瓦剌殘勢被壓迫，僅餘與杜
爾伯特部同屬綽羅斯族系的準噶爾（Zungar）部得保全，蟄居天山以北
準噶爾盆地。另一方面，達延汗分封第四子外蒙古偏東的喀爾喀部，卻
以參與俺答汗北征爲前鋒的誘導，而西進擴散分佈外蒙古全域，成立後
日外蒙古便是「喀爾喀蒙古」的名詞。

---

❽　同上，第四八六頁。
❾　俺答汗征戰與其後事蹟的「蒙古源流」資料，轉引自平凡社版「東洋中世
　　史」第四篇，第四八六至五〇〇頁。

　　瓦剌或四衛拉特征伐期間，達延汗平定綏遠全省時由河套經河西(西套蒙古或今日寧夏省北部)進入當時稱之西海的青海方面，並益益增大蒙古人移住勢力，也於紀元一五五九～六〇年(明嘉靖三八～九年)以俺答汗的澈底征服而接收。原係藏族居住地的青海地方，至是以接續的短暫時間內，諸圖伯特(Tubet)諸藏人集團相繼降伏，而全立於蒙古支配之下。入十六世紀七〇年代的明朝萬曆初年，俺答與其鎮守青海全域之子賓兔(Bingtu)所代表蒙古勢力，且已突破此地理範圍，最早向西藏地方進出。今日自青海以至西藏北部羌塘地方頗多蒙古人居住的形勢鑄定，便由此一因緣。

　　俺答汗迄於紀元一五八一年(明萬曆九年)老邁去世，約半個世紀的隆盛，外蒙古收復，西蒙古討平，其伯父達延汗遺業乃得完全遂行。但是，也便以俺答勢力的四方大發展，而全蒙古共主的成吉思汗嫡統的左翼本宗，於博特阿拉克汗之子第三代可汗(達延汗曾孫)達賚遜庫登(Daraisun Kudang)時，不得不避其咄咄逼人氣勢，向東遷居興安嶺以東的今日昭烏達盟東境(時約明朝嘉靖二五～六年的紀元十六世紀中)而帶動東方局勢發生變化。察哈爾汗故地便曾由強宗俺答長子移住，今灤河上流，故元上都開平附近的烏梁海(兀良合)族系哈剌嗔(喀喇沁)部，則俺答之弟領有，西北鄰部阿速(阿蘇特)原係達延汗第十子分封地，也以無後嗣而歸俺答另一弟接收，與原隷右翼的永謝布部相連，土默特部勢力因之自察哈爾省延伸熱河省方面如現狀。瓦剌強大期被逼南下熱河東南境的兀良合三衛愈形衰退，替代的勢力便是西鄰同族喀喇沁部，以及未遷外蒙古又相反自北向南移，由達延汗第六子所領的內喀爾喀。

　　俺答強光度照射下黯然失色的宗汗居地東移，倒反的意義也是加固了東方支配力。達賚遜汗歿而其子圖們札薩克圖(Tumen Jasaktu)汗

或明人文獻中的土蠻嗣位，俺答也歿，宗汗被覆掩的聲光回復，威制東鄰東北地方女眞諸部，約束成吉思汗次弟尤赤哈薩兒 (Djoutchi Cassr) 後裔科爾沁系諸部，成吉思汗同母末弟鐵木哥斡赤斤 (Temougon Utc-huguen) 後裔翁牛特部等所代表的東蒙古諸部，達延汗左、右翼六部 (萬戶) 的原領導形態也已回復，而如「蒙古源流」所述全蒙古宗汗察哈爾汗土蠻 (圖們汗) 的內蒙古統治：「(汗) 聚集六萬人 (戶)，傳示大政令，左翼三萬人 (其一直隷可汗) 內，察哈爾 (故地) 之阿穆岱鴻台吉 (Amtai Khungtaiji，可汗再從弟，即第二代博廸阿拉克汗之孫)、喀爾喀之衞徵索博該 (Oisang Subukhan，上述達延汗第六子之子，內喀爾喀諸部之祖)。右翼三萬人內，鄂爾多斯之庫圖克台徹君鴻台吉 (Khutuktai Setsen Khungtaiji，助俺答汗事業的四方征戰最大功勞者之一，俺答從孫，繼父爲右翼濟農的俺答長兄之孫，便是「蒙古源流」著者薩囊徹辰鴻台吉 Sanang Setsen Khungtaiji 曾祖父)、阿蘇特之諾木達喇古拉齊諾延 (Nomdara Khulachi Noyan，俺答之姪)、土默特之楚嚕克鴻台吉 (俺答嫡孫，承襲明朝順義王爵位第三代的 Tsuluge Khu-ngtaiji，明人記載中的撦力克黃台吉)，執政理事。逐稱爲札薩克圖汗，共致大國治統太平」，此一配置形勢，已是今日伊克昭盟 (綏遠)、烏蘭察布盟 (綏遠)、錫林郭勒盟 (察哈爾)、昭烏達盟 (熱河，翁牛特部在此盟)，以及喀喇沁、土默特部的卓索圖盟 (熱河)、科爾沁系諸部的哲里木盟 (東北地方)、內蒙古六盟的起源 (錫林郭勒盟以南察哈爾部、與今東北地方興安省原喀爾喀部封地呼倫貝爾部 (並其東布特哈部等三部)，以及黑龍江省伊克明安、綏遠省歸化城土默特等兩特別族，則清朝均係朝廷直轄。地理上係內蒙古，政治上非盟族制度的「內札薩克」範圍)。

所以，十五世紀末以來約一個世紀，於蒙古史是個劃期性時代，新

的住民分佈形勢調整，內、外蒙古完成了成吉思汗十五世孫達延汗後裔
的全域領導，已如現代情況。續入十七世紀，原由俺答西征導引東方成
吉思汗次弟尤赤哈薩兒系向西移動的一支，出阿爾泰山後又折回的新興
強盛勢力和碩特（Khoshod）部，替代俺答後裔定住西套蒙古（寧夏）
與青海地方。瓦剌後身的四衞拉特所含四部，解釋上向非一致，全指非
成吉思汗系譜領導的蒙古部則可斷言，惟其如此而西方「瓦剌」才得與
東方「韃靼」區別。也自其時，以和碩特部介入概念中的「西方」地理
範疇，四「衞拉特」轉變爲四額魯特（厄魯特，Erut）的稱謂，所指除
和碩特部之外，仍是瓦剌時代的土爾扈特部與綽羅斯部所分化，也先長
子系統的杜爾伯特部、次子系統的準噶爾部。今日準噶爾盆地之名，便
以伊犂(Ili)爲本據而漸漸強大化的準噶爾部擴散全域爲住居地爲四京，
其北阿爾泰山以西額爾濟斯河流域乃土爾扈特部，隔阿爾泰山的東面，
外蒙古地域範疇的科布多地方係杜爾伯特部，再以北唐努烏梁海地方則
傳統的「林木中烏梁海」人住居地。屆此蒙古諸部配置新形勢完成階
段，「韃靼」、「瓦剌」的歷史名詞，終也隱滅而阿爾泰山以西與天山以
北，確定其統一「蒙古」一部份的形象，或者說，西部蒙古。西洋史・
地學界著作中，也對此擴大了的蒙古人天地，便以阿爾泰山爲界，西方
包含外天山（新疆外側色斯色克庫爾 Issyk-kul 以至錫爾河源）方面賦
予與蒙古高原被稱蒙古利亞對稱的蒙古利斯坦 Moghulistan 新名詞（清
朝新疆或西蒙古盟旗，與外蒙古盟旗、地理範疇內蒙古的寧夏、青海盟
旗，均稱「外札薩克」）。

尤堪注視，達延汗以來，以蒙古諸部內部統一爲基盤的大活躍，包
括對外發展與察哈爾汗東遷前後諸部相互競爭，通此十六世紀間諸勢力
興亡、分裂的過程中，蒙古遊牧社會的封建關係也正大幅發展。蒙古草
原封建制，自十三世紀初成吉思汗肇端，十四世紀後半元朝退回草原紛

亂期開始醞釀昂進，入十六世紀已係封建制度成熟期。早期封建制構造
的基本「千戶」劃分制已全行廢棄 ❿，「萬戶」(Tumen) 名詞仍被保
留，卻與早期「國家」(以及人民) 之義的 Ulus (兀嚕思) 合為二而一
的意味，所以漢字 Ulus 的意譯直截謂之「部」。左、右翼六萬戶＝六部
＝六個國家，已是實質的政治統一體限界，「蒙古」於此時期不過獨立六
「部」的意識上總括，大汗名位因之也僅「蒙古」六「部」統合象徵，
而其直接的統御力惟在六部中所自領一「部」(察哈爾部)。Ulus (部)
內的分割狀態，乃是替代千戶制而以「斡圖克」(Otog) 為名的新的結
合體，由集合不同數字的遊牧區單位 Ail 而成 ⓫。因而 Ulus (Tumen)
──Otog 的性格，便是社會集團與政治個體的雙重組合，Ulus 係大單
元統一體，Otog 則構成基本單位。但 Otog (斡圖克) 稱謂，通常所反
映係其社會‧經濟機能、政治‧軍事組織也另賦有 Hosho 或 Hoshun 的
名詞，漢譯謂之「旗」⓬，札薩克 (Jasag，由原意「政治」轉借為統治
者之義) 的稱謂自是出現。同時，Ulus 內地緣的斡圖克區域分割之外，
習慣上又依血緣關係，並存埃馬克 (Ayimag) 親族集團的區分 (清朝於
Ulus 消滅後，埃馬克的漢譯便替代而謂之「部」，但仍循傳統為非政治
的、制度的名稱)。

　　以達延汗分封為標誌，蒙古社會封建制度成熟期的封建關係，領主
均稱額眞 (Egin)，汗乃最大部與領有最多斡圖克的額眞，其他諸部與其
下斡圖克領主也一概是額眞，最小的領主便是 Ail 的額眞。上下層層相
統，次層領主於所領範圍是額眞，同時自身又隸屬上位額眞，不論身份

---

❿　俄人 B. Y. Wladimirtov「蒙古社會制度史」，張興唐、烏占坤據日本外
　　務省調查部譯文轉譯中文本，第一二三頁。

⓫　同上，同頁。

⓬　同上，第一二四頁。

係皇子（台吉與鴻台吉，鴻台吉已消失儲位者「皇太子」意味而與台吉＜太子＞同格，均世襲其號）、貴人（撒亦惕，Sayid），如同一般平民（阿日達，Arad），對額眞而言，一概都是依於 Alba（貢納）關係的 Albata（貢納的義務者），Alba 義務之爲蒙古封建社會層層架構的紐帶，可比擬中世歐洲封建社會的 Hominum et ficlelitas（服從與忠誠）誓約❸。

　　然而，同係 Albata，封建領主的 Albe 與平民的 Albe，畢竟存有莫大區別。平民對其額眞提供家畜與畜產品的現物稅、運輸賦稅、燃料、軍役、勞役與其他雜役，是全面的，也是絕對的，相對方面，額眞卻得以平民的家畜等自由處分，轉讓或贈與，而且嚴罰逃亡者。關於這些，今日都從當時發達的成文法典規定，明晰瞭解，也確知額眞對其領內平民，基本上已是領主對農奴隸屬者關係的確立❹。領主對於自己的額眞（包括大汗），隸屬度則異，而且愈向上位，隸屬關係愈脆弱而獨立性格愈明顯。諸「部」領主於可汗，通常維繫的惟係 1.輔佐的義務（Auxilium），主要便是貢納，戰時供給兵員已非義務性而須出諸自發的効忠，相對方面，可汗也賜予包括封號等爲酬庸；2.參議的義務（Consilium），主要係參與盟會（Cigulugan 或 Chigolgan）❺，便如前引「蒙古源流」所述十六世紀後半圖們汗統治形式。額眞世襲準則，則蒙古早期末子承襲其父基本遺產的習慣，至元朝建立已不存在，改行長子嗣位法是受漢族文化影響。

　　連續數世紀的草原歷史，雖也出現一時的霸權，卻不具備充分安定的統一權力，政治分裂時期爲多。草原上呈現一個個分散而一般規模都

❸　參閱「蒙古社會制度史」中譯本第一五一頁。
❹　江上波夫「北アジア史」，第一三三頁。
❺　參閱「蒙古社會制度史」中譯本第一七一至一八一頁。

小的世襲勢力，係此時代特色。而此現象持續化，宗敎因素介入的刺激
作用又特大，便是蒙古遊牧社會的喇嘛敎信仰普遍，以及喇嘛敎傳統勢
力與草原封建關係相結合。

　　喇嘛敎於元朝已傳來蒙古人間，但惟移住漢族中國的中央蒙古人上
流社會尊奉，草原住民間一般尚未普及。僅約一個世紀，北元退回漠北
後，戰亂紛爭相續，明朝天順、成化之際的十五世紀後半，蒙古社會間
的喇嘛敎形跡已難辨認，所顯現祇是其固有的薩滿信仰❶。須俺答西海
（青海）、西藏經略爲契機，西藏喇嘛敎再輸入以來，才全面流布蒙古草
原，而且，輸入已非原八思巴所代表的紅敎（薩迦派），而係大改革家
宗喀巴創始的新宗派格魯派或今日通稱的黃敎。記錄中俺答西征最早接
觸喇嘛敎，係其圖伯特征伐指揮官撤辰鴻台吉於紀元一五六六年（明嘉
靖四五年）與喇嘛僧的談話，也以撤辰鴻台吉首蒙喇嘛敎義感化，勸說
俺答遣使往迎烏斯藏活佛索諾木札木蘇（Sodnam rGjamtso，明人記載
譯爲鎖南堅錯），亦卽第三代達賴。紀元一五七八年（明萬曆六年）索諾
木札木蘇應邀訪問俺答西征駐在地西寧相會，俺答（時年已七八歲？）
以下蒙古首長皆灌頂受戒。札木蘇（堅錯，rGjamtso）於西藏語乃大海
之義，形容大喇嘛的功德，至是，由俺答換爲蒙古語的「達賴」（Dalai），
達賴之名自此始。翌年，俺答東歸本據綏遠歸化城（呼和浩特，Khukhe
Khota）「歸化」城名係萬曆三年（紀元一五七五年）俺答表請明廷頒
賜，皈依喇嘛敎過程中，萬曆五年先於青海察卜齊雅勒所建寺院乞得
「仰華」寺名，返歸化城時再建新寺，又蒙勅賜寺額爲弘慈寺。

　　萬曆九年（紀元一五八一年）俺答歿後，長子辛愛（Sengge）黃台

---

❶　舊說，喇嘛敎舊派或紅敎，俺答以前仍然流行於蒙古，尤其是外蒙古方
　　面。然而，腐化後紅敎的巫術原易與薩滿信仰混淆，今日已加明辨。

吉與長孫、玄孫代代襲順義王之位，全是喇嘛教篤信者。辛愛且居張家口以北察哈爾汗故地，熱心傳播黃教，而紀元一五八七年（明萬曆一五年）❼，蒙古共主左翼察哈爾汗土蠻（圖們汗）的使節與外蒙古喀爾喀部指導者之一阿巴岱（Abatai）等，也都已參晤續應右翼諸部邀迎巡錫的達賴喇嘛，喇嘛教黃教弘通全蒙古的基礎奠立。翌年達賴歿於內蒙古，轉生俺答之孫松木兒（Summur）之子虎督度（Khutuktu）爲第四代達賴喇嘛，是爲活佛的呼畢勒罕（Khubilghan）遞嬗方式之始。第四代達賴年十四歲自蒙古入西藏坐床（明萬曆六〇年，紀元一六〇二年），隨之外蒙古也開始了第一位大喇嘛，自西藏本土敦請的邁達哩呼圖克圖（Maidari Khutuktu）駐錫。其歿，呼畢勒罕轉生地便在蒙古，而且如同第四代達賴之後俺答曾孫，便是以弘教外蒙古最有力，參謁第三代達賴後續又親朝聖地西藏求法取經，達延汗四子格勒森札（又譯札垺森札）之孫阿巴岱的曾孫（阿巴岱之孫喀爾喀第一代土謝圖汗之子），紀元一六三五年（明崇禎八年）誕生的外蒙古第一代（蒙人傳記中被稱的第十六代）哲布尊丹巴（Djibtzundamba）呼圖克圖，上距阿巴岱弘法時代約半個世紀。

惟其如此，喇嘛教再傳播蒙古，以及黃教時代喇嘛教發達爲全蒙古與蒙古全社會信仰，自始與政治或支配階層直結，而其後愈益緊密。第二代哲布尊丹巴仍出土謝圖汗家系（第一代哲布尊丹巴姪曾孫輩），迄於

❼　年代依平凡社版「世界歷史大系」⑦東洋中世史第四篇第四九六至四九七頁。關於阿巴岱初次遣使謁第三代達賴的年代與地點，記錄頗爲含糊，諸說不一，通說係據但憲譯稻葉岩吉「清朝全史」（第一四八頁）所謂「一五七七年渡沙漠而抵歸化城」，但與翌年（紀元一五七八年，明萬曆六年）第三代達賴始自西藏抵達青海，與俺答汗最早會晤的史實，前後顛倒。「清朝全史」續言：「阿巴岱後更入西藏，謁達賴」，也與達賴卒年之在紀元一五八五～六年（萬曆十三、四年）衝突。

第八代或最後一代（蒙人傳統的二三代）呼圖克圖，多數出自貴冑**⑱**。哲布尊丹巴寺院建築地庫倫，非祇宗教中心，也形政治中心的外蒙古首府。十七世紀初以來，額魯特蒙追隨興起黃教皈依熱潮時，諸部領袖的台吉各以一子爲喇嘛，無子者亦領同族子爲養子充喇嘛，十七世紀後半幾乎統一全蒙古，勢力一時巨大到匹敵清朝的準噶爾汗噶爾丹 (Galdan)，便是當時入藏受教，父死而國中內訌時歸來的喇嘛，此其一。其二，清朝張穆撰、何秋濤補「蒙古游牧記」卷七注引「平定朔漠方略」康熙二六年（紀元一六八六年）次代土謝圖汗（第一代哲布尊丹巴呼圖克圖之兄）表文：「國中向無佛教，自我曾祖（阿巴岱）往謁達賴喇嘛，得蒙優禮，加以瓦察喇賽音 (Vajra Sain) 汗之號，於是我地佛法，炳如日月」；同書同卷注：「初，喀爾喀無汗號，格埒森札第三子諾諾和掌左翼，號偉徵諾顏。子五，長阿巴岱赴唐古特謁達賴喇嘛，迎經典歸，爲衆所歸，始稱汗」。格根（埒）森札台吉的喀爾喀部遷外蒙古後，分部衆爲左、右翼七斡圖克（旗）；由七子分領，七子中阿巴岱最早擁有汗號，而汗號獲得，可瞭解便由喇嘛教關係。待蒙古最後一代大汗於明──清之際覆滅（見後述），外蒙古喀爾喀七旗自相統合爲三部時，除阿巴岱後裔續襲汗號的土謝圖 (Tushetu) 汗部外，餘兩部乃也分別是札薩克圖 (Jasaktu) 汗部與車臣 (Setsen) 汗部。非祇外蒙古，西方噶爾丹狂潮前導意味，青

---

⑱ 李毓澍「外蒙政教制度考」喇嘛教在外蒙的發展和地位篇，介紹哲布尊丹巴呼圖克圖世系：①第一代、②第二代均出外蒙古土謝圖汗家（一爲汗之子，一爲親王子），③第三代蠻塘巨族第巴之子，母爲西藏噶布倫之女，④第四代父爲第八代達賴之伯父，⑤第五代（開始實行乾隆時制定的金瓶掣籤制，嚴禁在王公子姪內指認呼畢勒罕）西藏官家子，⑥第六代趕驢脚夫之子，喀爾喀人謂爲最不幸之呼畢勒罕，⑦第七代西藏平民之子，⑧第八代西藏富家子，其父曾任達賴會計，帝俄與俄帝煽動外蒙獨立時的傀儡皇帝與元首，民國十三年（紀元一九二四年）歿，呼畢勒罕絕。

海和碩特部固始 (Gushi) 汗進出西藏的強大勢力同已興起。而固始汗與噶爾丹汗位，又都得西藏達賴喇嘛承認，抑或加賜。

蒙古封建制社會基盤的凝固，宗教（喇嘛教黃教）權威與世俗領主的權力，因之乃是兩支相互提携又互利的支柱力量，教權──政治間關係密不可分。喇嘛教巨大寺院的建立，雖無斡圖克或埃馬克之名，卻相同的擁有廣大的土地與隸民，以及奴隸，而且享有免除 Alba 一切賦役的特權。十六世紀後半以後，蒙古社會間喇嘛教尊崇與喇嘛僧侶活躍的意義，也因之全同於同一時期的中亞細亞回教。塔里木盆地原佛教徒的畏兀兒（回紇）人，同樣以立於回教政權下而已完全回教化，入清朝，乃以回部或回疆的名詞，稱呼新疆南部或天山南路。

草原上蒙古遊牧民族社會以西，草原或沃洲的突厥，回教系遊牧民族、農耕民族社會間，同樣的宗教──政治關係，也同一潮流，以相當於斡圖克的埃馬克爲基本單位封建支配而普遍化。汗爲中心，具有世襲身份的大小領主，對汗僅依潛在的君主權展開臣從關係，維持其封建秩序。從而大小領主反目不和而戰的場合頻頻，朝代離合隨汗位更替而多變化，也與蒙古方面相彷彿──

與東方呼應的西方新情勢，隨蒙古帝國分支或後繼者意味的帖木兒帝國興起又衰落，而波浪追逐的展開。原欽察汗國隸下一部的突厥系烏孜別克族，由拔都之弟系子孫領導，於十四世紀後半帖木兒帝國建設期，已移住錫爾河下流北方草原，十五世紀一躍形成草原大勢力而繼帖木兒稱汗（紀元一四二八年）。自是，烏孜別克汗國頻頻壓迫南方衰頹中的帖木兒朝，拓地從巴爾喀什湖到烏拉河，又完成全哈薩克斯坦支配，其興隆與東方瓦剌相並行，也已是瓦剌西方隣人，兩者乃十五世紀之半平分歐亞草原世界的二大勢力。卻是，兩者也同時沒落，烏孜別克被瓦剌攻略錫爾河中流以北之地，急速趨向瓦解，瓦剌自身也以也先被暗殺，

一時建立的廣大支配權崩壞。

　　烏孜別克汗國以受瓦剌致命一擊，而十五世紀後半開始呈現衰勢，以其所統治東邊突厥系吉爾吉斯諸部紛紛自立而漸崩析。自立諸集團其時總稱哈薩克，哈薩克結合舊蒙古系察合台汗國餘衆，以十六世紀初已奄有自東部哈薩克斯坦西至 Irtysh 河上流方面。其後，部族集團稱謂此方面北・西草原的地域全體，而今日哈薩克斯坦的名詞成立。

　　關於帖木兒帝國，入十五世紀時，中亞細亞係其後裔一門紛爭場合，其東部伊斯色克湖方面蒙古利斯坦，以及塔里木盆地西部的「六城之地」（疏勒爲中心），則舊察合台汗國後裔割據吐魯番爲中心的天山東部又是畏兀兒人之地或畏兀兒斯坦，分割諸勢力圈。帖木兒帝國西部領土伊朗方面，十六世紀初，也趁其衰勢已有 Safavi 朝的獨立。

　　一五〇〇年左右，帖木兒朝已完全沒落，解體過程中的烏孜別克國人也放棄草原南下，接收帖木兒末裔領地，改以中亞細亞定着居民姿態再興，新建設布哈爾（Bokhara）汗國。但便在十六世紀前半，布哈爾國分裂，同族人在阿姆河下流左岸位置另建基發（Khiva）汗國，以及在錫爾河上流的浩罕（Khokand）汗國。哈薩克諸部分立形勢益益擴大，蒙古利斯坦舊察合台汗家支配下也已波及而出現吉爾吉斯族獨立勢力，連續的新支配形勢下，小勢力興亡新事態不斷演出，通十六世紀間，帕米爾東、西兩側各地，察合台蒙古與突厥系統的各個回教政權分立又互爭不已。原先君臨黃爾干（Ferghana）地方的帖木兒六世孫 Baber 領導的一支，紛亂中被迫向南移動，十六世紀初定着阿富汗斯坦後，紀元一五二六年（明朝嘉靖五年）侵入印度五河地方，滅亡德里（Delhi）爲中心的回教系諸朝代最後一朝 Lodi 朝，建設著名的莫臥兒（蒙兀爾，Mughal、Moghul）帝國。至其孫 Akbar 大帝（紀元一五五六至一六〇五年在位），且完成包含了阿富汗斯坦的印度大部份地域統一大帝國，印度史上最雄

大的回教帝國。蒙古人本據北方草原勢力分散之際，卻移轉至南方次大陸經營龐大統一國家，帝國名義且存續至十九世紀中，才以英領印度成立而滅亡，毋寧是頗具興味之事。

　　草原蒙古社會間，遊牧封建領主分立激爭態勢的持續，至十七世紀東北地區滿洲族勃興，終於授予機會服屬以分散而勢力削弱的蒙古諸部，也導致蒙古政治，社會組織如今日現狀的總結意味定型變化。

十七世紀後的清朝蒙古

　　達延汗統一，傾全心力於內部的廓清，未多事包括了東北地區的對外發展。反而大汗東遷以後，圖們汗（土蠻）東蒙古大活躍時代，通古斯種族系統滿洲族所出的女眞諸部乃蒙受影響。當時女眞諸部的分佈，東方最遠處乃野人女眞諸部，海西女眞則居住今日長春、哈爾濱方面爲中心的東北地區中部沃土，向南延伸其勢力至今日吉林省隣接遼北省的開原塞上。海西女眞中，哈達（Hada）部據開原之東城關外哈達河上，葉赫（Yehe）部在開原之北城關外葉赫河畔，明人依此兩部同在而相隣的形勢，分別稱南關（哈達）、北關（葉赫）。另外，烏拉（Ula）部以今永吉之北烏拉街爲本據，輝發（Huifa）部又在烏拉部之南，哈達、葉赫兩部之東，松花江上流的輝發河上，與三部合稱扈倫（Hulun）四部。再南方已是毗隣漢族生活圈的建州女眞，以今瀋陽東邊山地爲住居地，海西女眞、建州女眞於明朝同服屬明廷，建州女眞尤因地理關係，如同蒙古兀良合三衞的受強固統制，於渾河（佟儉江）流域一帶，分立爲建州本衞與左、右衞，共三衞。明朝中期以來支配力衰退，又值蒙古察哈爾大汗勢力東移，成吉思汗直系後裔最後榮光閃爍的十六世紀後半，圖

們札薩克圖汗（土蠻）時代，淸朝曾留有其親自攻略輝發部的記錄❶，遠向位於海西女眞最東方的輝發河方面用兵，路程所必經海西女眞的大部份地域都先已屈服，爲可想見。卻得此機緣，女眞諸部擺脫明朝羈絆，其後蒙古頹勢走向鑄定，海西女眞南、北關（哈達部、葉赫部）先後崛起抗爭，建州女眞繼趁兩部相爭之際而興，局勢乃全面改觀。

明朝神宗萬曆中圖們汗之歿，子布延徹辰（Buyan Setsen）汗嗣（明朝記載中的卜言召周），漸已不能承父餘威，萬曆三一年（紀元一六〇三年）其歿，長子莽和克（Mang Khun）早卒，汗位乃傳三歲的幼孫陵丹庫圖克圖（Lidan Khutuktu）汗（明朝記錄稱民丹或虎墪兔惑兒，淸朝記錄上所見是林丹汗）。幼汗在位，驕橫的蒙古諸部貳心明朗化，團結力損壞又招致蒙古聲威急激下墜。而其時，東邊女眞諸部中建州左衞於努兒哈赤（Nurhachi）指導下，龍興之勢卻已不可遏止。

建州女眞抬頭，互鬥爭霸的海西女眞葉赫、哈達兩部被迫和好，改定聯合陣線，共同對抗努兒哈赤。努兒哈赤二五歲起兵（明萬曆一一年，紀元一五八三年）後未滿十年的紀元一五九一年或明萬曆一九年，渾河畔古勒山之戰，葉赫、哈達糾合扈倫四部全兵力，又邀得東蒙古最強一部科爾沁部助攻軍的聯軍，被努兒哈赤粉粹，奠立建州女眞或滿洲族淸朝的發達基礎，也因是役而滿洲族最早與蒙古部政治上接觸。自是，努兒哈赤併哈達，亡輝發，滅烏拉，自長白山出東海，北及松花江、牡丹江流域的女眞族住地概歸努兒哈赤領有，僅餘葉赫部恃明軍奧援，以及與蒙古共主察哈爾林丹汗婚姻關係而存立。紀元一六一六年（明萬曆四四年），五八歲的努兒哈赤乃登汗位，國號便是女眞族復興金朝意味的「金」（後金），建元天命，是爲淸朝太祖。天命四年，後金國對明

❶ 平凡社版「世界歷史大系」⑦東洋中世史第四篇第五〇一頁，引「淸太祖實錄」。

軍有名的薩爾滸 (Sarhu) 大會戰展開，明朝傾全國之軍數十萬被殲滅殆
盡，開原、鐵嶺連續易手，陷於孤立無援的葉赫部終由後金併吞。後兩
年的天命六年，後金續陷明朝遼東的遼陽而建都（十年陷瀋陽再遷都，
是爲清朝盛京），征服國不斷擴大，與蒙古間注定以勢力的直接衝突而
開釁。

　　科爾沁部立場轉變係導火線，蒙古諸部背叛大汗林丹汗的獨立傾
向，東蒙古最爲顯著，科爾沁部參與扈倫四部抗阻努兒哈赤得志戰後三
十多年間，始終未受報復，相反與自族大汗的矛盾卻日益激化，天命九
年（紀元一六二四年，明熹宗天啓四年），乃決然投誠寬大爲懷而已發展
爲大勢力的後金求保護。翌年，林丹汗追兵懲罰科爾沁部反叛，反被後
金救援軍擊敗。於是內蒙古迤東諸部追隨科爾沁部，相率投入後金勢力
圈，但更大的蒙古部歸附浪潮興起，後金完成內蒙古經略，尙都須待太
祖崩（天命一一年，紀元一六二六年，明天啓六年）而太宗繼位時代。

　　「明史」韃靼傳的記錄，天啓末至次代思宗崇禎初之交（紀元一六
二七〜八年），察哈爾部以東方局勢不穩，再又遷回故地，西遷行動卻引
起哈喇嗔部不安，與西方諸部合組聯軍阻擋，結局，一戰而哈喇嗔部被
滅，土默特部衆多遭併合，林丹汗軍勢一時如廻光反照似興盛。太宗天
聰三年（紀元一六二九年，明崇禎二年），哈喇嗔部餘衆改組的喀喇沁
部與土默特殘部窮迫投順後金，自此數年間，林丹汗兵威下惴惴不安的
蒙古諸部紛紛倒向後金，或則投奔漠北喀爾喀收容。天聰五年（紀元一
六三一年，明崇禎四年）林丹汗移兵與安嶺東的西拉木輪(Sira-muren)
地方，翌年，太宗也與親征林丹汗之師，接戰下蒙古軍潰敗。天聰八
年，經河套、河西，遠遁靑海方面的林丹汗死於痘症，時與太宗同年爲
三四歲。翌年天聰八年，後金大軍西征，深入河套之地，俘虜林丹汗遺
子額爾克孔果爾額眞 (Erk Khonghor Eze) 與其母，盡降察哈爾部衆，

達延汗以來元朝嫡統至是亡。九年，漠南蒙古部幾已全數降服，又於林丹汗故地得元朝傳國玉璽。十年（紀元一六三六年，明崇禎九年），太宗正式自汗位尊稱皇帝，改定國號曰「清」，改元崇德，全體投順的內蒙古十六部領袖也召開大集會，推戴太宗繼承蒙古可汗大統，上「博克達徹辰汗」（Bogda Sechin Khan）尊號。逃避入外蒙古的原漠南諸部因是相續歸來，加入歸服清朝行列，額哲則妻太祖之女，察哈爾部給與立於達延汗以來併合、分封後再編成的二十四部之上的特別地位，卻移住到義州邊外。但明朝已傾覆的十七世紀後半聖祖康熙時，察哈爾部叛亂而一敗塗地的結果，自治權喪失，部衆再被移回原住地，而係今日察哈爾地名的緣起。

外蒙古喀爾喀諸部自察哈爾部降服後，已相續向清朝納貢，表示服從，但歸隸清朝主權統治，則後內蒙古諸部半個多世紀，而以額魯特蒙古動向為契機。換言之，東、南蒙古入於清朝支配之下具一體性，北、西蒙古間的關係也相關連。十七世紀初，阿爾泰山以西，清人所謂天山北路的四額魯特或額魯特蒙古，伊犁方面準噶爾部漸漸強大，最鄰近的土爾扈特部首遭壓迫，大部份部衆被驅逐北經西伯利亞移住南俄伏爾加河流域（紀元一六一六至一六三〇年）。十七世紀五〇年代以來鴻臺吉領導波動期，以紀元一六七六年（清康熙一五年）噶爾丹殺其姪自立而結束，也自是準噶爾部飛黃騰達時代展現。脅服額魯特諸部，紀元一六七九年稱汗，壓制吐魯番、哈密，八〇年代，天山南路塔里木盆地的清人所謂回部征服。西藏方面，噶爾丹的保護者態勢也已確立。噶爾丹統一亞洲內陸世界雄圖，至紀元一六八八年（康熙二七年）而達最高峯，大軍出杭愛山侵入外蒙古腹地，喀爾喀三汗部難持銳鋒，土拉河畔主力決戰大敗，數十萬部衆潰奔漠南，求清朝庇護。聖祖受納數字如此龐大的亡命者，悉數恩養於內蒙古界內，外蒙古全域淪陷，噶爾丹東起克魯

倫河，南迄喜馬拉雅山的大支配圈展開。翌年，清朝出面，交涉噶爾丹自外蒙古和平撤退被拒，反而招致又翌年（紀元一六九〇年）噶爾丹的進出內蒙古，向熱河方面進擊，受清軍嚴重打擊而退卻。紀元一六九一年（康熙三〇年），聖祖在內蒙古多倫諾爾接受避難漠南的全喀爾喀諸部領袖朝賀，被奉戴爲外蒙古主權者，僵持局面乃於紀元一六九六年（康熙三五年）急轉直下，聖祖親征漠北，澈底毀敗敵軍於克魯倫河、土拉河方面，壓迫噶爾丹向西撤退，收復外蒙古全土。外蒙古諸部全數經放逐別離已八年的故鄉，與內蒙古諸部成立同一支配形態，漠南北蒙古高原，由是全域歸入清朝領土。

　　但準噶爾抑或額魯特問題，仍未解決，也因牽涉的青海、西藏方面關係愈形複雜，而波瀾愈益廣潤興起。噶爾丹退出外蒙古的同時，自族內部矛盾也被清朝掌握，當年噶爾丹篡立時逃亡至吐魯番的準噶爾前領導者之弟，噶爾丹另一姪策妄阿拉布坦 (Tsewan Araptan) 已受清朝扶植，潛回噶爾丹久離的伊犁本據，接收舊部，對其仇人之叔採敵峙態勢，噶爾丹進退失據，翌年（紀元一六九七年），仰藥自殺於河西（西套，今寧夏省）沙漠中。準噶爾部人在新領袖策妄阿拉布坦指導下，迅速再興，西方活動力且超過其前，巴爾喀什湖以西的哈薩克、伊斯色克湖一帶的吉爾吉斯，均屈從於其兵威。東方野心亦益益回復，四額魯特統一領導之勢再現，紀元一七一五年（康熙五四年），策妄阿拉布坦稱汗，一變對清朝恭順態度而衝突激化。兩年後的紀元一七一七年，西藏事件爆發——

　　黃教發展史上，第五代達賴事蹟最充實，也最重要。外蒙第一代哲布尊丹巴呼圖克圖呼畢勒罕轉生卽於其世，清朝部族名詞以「滿洲」自稱的起源，通說也便謂採納達賴通過有力的黃教保護者青海蒙古和碩特部固始汗中介，遣使於崇德七年（紀元一六四二年）抵達盛京，向清太

宗所上表文的「曼殊師利（Manjusri，文殊菩薩）皇帝」尊稱，曼殊→
滿珠 → 滿洲的轉音。清朝次代世祖傾覆明朝又遷都北京後的順治九年
（紀元一六五二年），第五代達賴且曾親訪北京受殊禮。黃敎的發達，係
先完成弘布蒙古全域信仰大勢力，然後恃蒙古政治力扶掖，而倒反在西
藏本土成立其政敎合一的法王支配形態，其發端，也便自第五代達賴。
黃敎敵對者紅敎勢力，十七世紀前半嚴重壓力自後藏（西藏史的西西藏）
伸向前藏（西藏史的中央西藏），達賴求救於強大至已分左、右翼八部的
青海固始汗，便自紀元一六四二年其年而和碩特部大軍平定全藏。武力
肅清紅敎諸宗派勢力後，固始汗以青海與西康（喀木，西藏史的東西藏）
爲自己的直轄領地，協助達賴受領西藏政權，西藏史的法王支配時代由
是開端。前藏直隸達賴，後藏佔領地善後係固始汗以支配權奉獻班禪，
又是達賴法王之下前、後藏分治形態最早成立，固始汗兩子則分別駐在
前、後藏監理。迄於固始汗歿（紀元一六五六年，順治一三年），第五代
達賴去世（紀元一六八二年，康熙二一年），青海——西藏間如上的政治
結合關係，約半個世紀不變。

　　卻自第五代達賴之死，次代達賴尚未坐床前，「第巴」（Sde pa，執
政）掌權期間，西藏政局再因導入蒙古勢力而劇烈波動。第巴不耐於固
始汗後裔和碩特部干涉，而前得第五代達賴許可回俗，歸準噶爾得志的
噶爾丹，西藏喇嘛生涯時又早相交結，乃嗾與和碩部構兵。和碩特部慘
敗，勢力一時從西藏撤退，噶爾丹接替爲西藏保護者。噶爾丹強勢瓦解
身死，青海和碩特部得清朝提携，襲拉薩殺當權第巴。重建其西藏控
制力。策妄阿拉布坦支配準噶爾而建設與噶爾丹時代相匹敵的大統制圈
時，西藏工作也再積極化，乃有康熙五十六年或紀元一七一七年，準噶
爾軍第二度入藏驅逐和碩部勢力之舉。清廷不容坐視前次西藏配合噶爾
丹反清行動，相與表裏的事件再演，同年，斷然直接干預，兵臨拉薩，

掃蕩策妄阿拉布坦在藏軍隊。第五代達賴圓寂後三十多年間，西藏政情始終動盪的現象解消，回復安定秩序。

六年後的紀元一七二三年（清朝世宗雍正元年），康熙中繼西套蒙古（寧夏）固始汗後裔首先降清，也自康熙二八年（紀元一六八九年）八部台吉同在寧夏朝覲聖祖，歸順清朝的青海和碩特部固始汗之孫羅卜藏丹津（Lobtsang Tanjin），以西藏領導問題，轉變態度叛清。翌年，被清軍討平，清廷於西寧加置蒙古主權統治表徵的大臣同時，拉薩也開始設置駐藏大臣。駐藏大臣尤較一般蒙族地域大臣強烈顯現清朝皇帝代理人性格，係其地位與達賴喇嘛對等，賦有人事同意權，嚴格置西藏政府於其指導與監督之下，西藏獨立權由是全失。

其時，準噶爾的策妄阿拉布坦死，子噶爾丹策零（Galdan Tseren）繼立，再度侵入外蒙古，紀元一七三一～二年（雍正九、十年）兩次在土謝圖汗一族的策凌（Tseren）迎擊下挫敗，侵入軍撤退。唐努烏梁海地區與科布多，反而因此被切離準噶爾支配，轉移入清朝領土範圍。大戰役中，策凌以功受分土謝圖汗之地為獨立的賽音諾顏（Sain Noyan）部，是為外蒙古喀爾喀，三部變易為四部之始。

戰爭末期，清廷接納準噶爾以阿爾泰山為界的停戰提議，維持和平。紀元一七四五年（清朝高宗乾隆十年）噶爾丹策零死，領導層內部爭執激發，而決定性的西蒙古局勢變化，以及準噶爾歷史悲運來臨。遊牧地在塔城方面，率領杜爾伯特部所附屬輝特部的噶爾丹策零外孫阿睦爾撒特（Amursana），內訌中亡命清朝，以其嚮導而紀元一七五五年（乾隆二十年）的清朝大攻略下，準噶爾支配網壞滅，舊四額魯特權力劃分中，剔廢土爾扈特部地位，由輝特部代替。但阿睦爾撒特企圖清廷授予全額魯特之汗的希望落空時，反而轉變以後繼的準噶爾領導人姿態，叛變獨立。紀元一七五七年，清朝乃與第二次準噶爾征伐，阿睦爾撒特大

敗，自哈薩克逃奔俄境患痘死。其後三年內，已是陪伴準噶爾全土平定，根絕大敵禍源的徹底毀滅準噶爾政策斷行，準噶爾六十餘萬人口中，死於清軍大殺戮的殆半數，殘存半數又多死於當時流行的天然痘傳染病，加以逃亡，準噶爾全人口倖存活命的不滿十分之一比率。從而鑄定今日準噶爾盆地已非準噶爾人天地，同係蒙族分佈地，卻多自外地移入，留住的額魯特系蒙古族，反而已以土爾扈特部為主體，包括準噶爾部發跡期委屈留在未遷，以及遷後一個多世紀又是一部份留住俄境，一部份在故鄉壓力消滅後再自伏爾加河方面遷回（紀元一七七一年，乾隆三六年左右）的「新」、「舊」兩土爾扈特部。

　　準噶爾被征服，噶爾丹以來便受準噶爾支配的新疆南部回部，必然也是清朝加兵目標。十七世紀清朝初年，天山南路回部各地，羣小君主散在的分裂狀態係其特徵。各各以蘇丹或汗為稱的察合台汗家後裔，喀什噶爾汗、哈密汗、吐魯番汗等同族兄弟間互鬥，另一方面又同受隔天山的北方準噶爾部壓迫。其時，諸汗政治權力均已弱化而僅存名義，相對勢力伸張者則是謂之「和卓」（Khoja，和卓木 Khojam）的回教貴族。和卓原是波斯語官職名之一，十五、六世紀以來，於中亞細亞轉化形成一定家系所秉持的宗教聖職。回部最早的和卓係約略十六世紀之半，自撒馬爾罕到達喀什噶爾，以得民眾尊信，因而也博汗的殊遇，開始參畫政治，至其子孫，漸漸轉移回部政權於手中，噶爾丹征服回部，察合臺汗家後裔一概被俘往伊犁，汗統絕滅，回部也自此無「汗」的稱謂，準噶爾保護下回部以和卓神權政治當內政之任。策妄阿拉布坦強化回部統制，和卓一族也被逮往伊犁，回部諸城分散的各由伯克（Hakim-Beg，土著地方長官）統治，清軍討伐準噶爾期間，被拘禁的和卓家被準噶爾方面釋回，準噶爾平定，和卓家已以喀什噶爾、葉爾羌為中心，團結回部諸城的反清運動興起。所謂「大、小和卓木之亂」，由兩兄弟指導，

新疆回教徒全面性對入討清軍的頑強抵抗，紀元一七五九年（乾隆二四年）粉碎，大體便與準噶爾殲滅同一時間。支配方式同樣懲於征服時曾遭激烈反抗，任命土著伯克各別實行城市自治之上，層層大臣監督為特徵。

　　至此階段，大清帝國領地已儼然恢復元朝直轄領地的範圍。卻也可以發覺，相續加入清朝版圖而統歸中央理藩院監督的蒙古、新疆、西藏等當時所謂「藩部」，主體便是蒙古，清朝建設大帝國的起點也是與蒙古携手，理藩院前身，太宗崇德初最早成立的也便以「蒙古衙門」為名。清朝與蒙古的結合形態近似同君聯合 (Personal union)，尤其異於對漢、回、藏的支配方式，滿洲皇帝與蒙古大汗兩位一體，關係為特殊密切。滿族文字使用，原便是先以滿洲語翻譯蒙古語，再以蒙古文字表達❷。但不方便也為可知，所以太祖努兒哈赤勢力開始抬頭，乃有滿洲自身文字的創製（明萬曆二七年，紀元一五九九年），方法卻仍係借用蒙古字，只直接以之書寫滿洲語而已，太宗時代才加改良，字旁加點或圈的滿洲字特徵出現。崇德元年（天聰十年改元）國號由「金」改「清」，雖然「清」字採用，官文書有其堂皇理由說明，但「金」、「清」是否便是漢字同音異書的研究者意見，迄今正、反主張參半，為何必須改定的原因也具異說，然而，從大清國號制定時起，極力隱避以前所用國號「金」，所有文書記錄，包括碑文，一概注意拭抹，女真民族系譜也自此詭稱「滿洲」的事實，以及捨「金」改「清」與內蒙古全體部族長恭上太宗汗號為同時的時間上配合，則猜測之一非無理由，便是說，仍與蒙古（抑且擴大包括了漢族）有關。基於調和民族感情需要，避免蒙古人與漢人回憶從前女真族金朝歷史前事，憚忌招致蔑視（蒙古人立場）

---

❷　誠文堂新光社版「世界史大系」⑧東アジアⅡ，第二四四頁。

與憎惡（漢人立場）印象❸。

清朝得以結合蒙古關係，毋須是足以自傲的，而自其勃興約二十年而內蒙古服屬，其後約六十年而外蒙古服屬，再約六十年而額魯特蒙古服屬，前後經歷六代皇帝一個半世紀時間，始完成全蒙古支配，艱難也堪想像。已日益陷入分裂不相團結的蒙古政治・社會組織，乃以清朝滿・蒙一體美麗外衣所包藏警惕蒙族再興的私心而再變化，蒙古社會最後型態的蒙旗或盟旗制，於滿族自身八旗制度外貌的引誘下，由清朝政治力推動成立。

清朝有名的自族八旗制度，係其部落・部族狩獵或戰爭時行動單位的再編成，是軍事制度，也是行政制度，可能仍係蒙古斡圖克軍事面Hoshun 的模倣導源。努兒哈赤初起，以旗色分黃、白、紅、藍四色爲標誌而便名之爲「旗」，後金國成立，加鑲邊增四方爲八旗。續隨勢力發展而變化，非僅早期的滿洲人滿洲八旗，住地錯入的蒙古人已以之編組蒙古八旗，以及投降的明朝軍隊編組爲漢軍八旗，待遇相等，惟仍爲盛京時代之事。

便以蒙古八旗爲中介的連繫，清朝蒙古的遊牧封建社會構造上，順隨一個個分裂的政治・經濟單位所形成封建結合體歷史方向深進一層，終於產生了盟旗或與八旗區別而稱的蒙旗制度。封建制根底無變動，平民仍是領主的阿勒巴塔，只是政治統一體 Ulus 被切除，大汗名位也被取消（意義上變易爲清朝皇帝或轉換推戴了滿洲人大汗）。原社會・政治基本集團的斡圖克以上層架構撤消，乃各各獨立，卻是斡圖克之名由原係斡圖克軍制的 Hoshun 替代，漢譯爲「旗」的 Hoshun 其名一般化，理由便以與八旗制對應，也相連繫。旗的首長札薩克，仍是原領

---

❸ 參閱和田清「中國史概況」（下卷）第二七五至二七六頁。

主與其子孫，以及依然世襲的領有其旗❹，旗內分牧單位謂之「蘇木」
(Somo)。

　　清朝滿蒙一家意識的表現，係賦予此等蒙古貴族間於皇族的親王以
下六等封爵（另外一等至四等台吉則皇族所無）、年俸與所有特典，以
及與皇族間互通婚姻。爵位且非限札薩克的領主，也及於一般貴族，所
謂閒散王公。喇嘛教高級僧侶雖非爵位對象，卻另賜授宗教稱號，同於
王公爲特殊化貴族。相對，中央設理藩院，熱河、張家口、歸化城、烏
里雅蘇臺、科布多、庫倫等分別駐在都統、將軍，或者大臣，其強力監
臨意味又容易測定。

　　大集會係蒙古社會的政治傳統，Ulus 雖取消而機能仍須保留，所以
集合「旗」而有「盟」(Chigolgan) 的非實體上級設置。盟非封建架構
中的領地意味，性格全如其名，僅三年一次在指定地點會盟。甲盟與乙
盟，參與「旗」數也非劃一，卻固定盟長自所屬各旗札薩克與閒散王公
互選交代。簡言之，由盟象徵性代表了原 Ulus 的痕跡。另一方面，遊
牧封建的原斡圖克地域集團同時，也存在依血緣基準組合的埃馬克，漢
譯與 Ulus 同名「部」，如喀爾喀「部」乃 Ulus，所分土謝圖汗「部」
便是埃馬克，固始汗和碩特「部」是 Ulus，其青海方面再分八「部」
也是埃馬克。Ulus 消滅後的「部」惟指埃馬克，介在「盟」與「旗」
之間，卻是實質機能也已喪失，由「旗」分割其地而空存「部」的傳統
名目。

　　所以，十七世紀以來蒙古近代社會的成型，封建制「旗」的細分化
獨立性發揮，係其主柱。後金國時代之末的太宗天聰八年（紀元一六三
四年），地理位置與滿洲族最接近，感情上也最早與滿洲族携手的科爾

❹ 取材自俄文「蒙古社會制度史」中譯本第一九二至一九六頁；江上波夫
　「北アジア史」第一四二至一四四頁。

沁部最先設旗，自是由東而西，盟旗制度隨全蒙古的服屬而分佈蒙古人
全領域。是行政組織基本單位，同時也是社會集團中核單位的「旗」。
清朝加以修正舊制最堪注目處，係人爲的設定了牧地限界，使各族疆域
固定化，禁止旗與旗之間相互越出界限遊牧，侵犯者王公、平民一槪嚴
罰❺。「旗」制於如上彼此都是平等的，卻也是分散的、各別的，以及
隔斷的原則下成立，重大作用須在防止任何一旗中發生統一權力的可能
性，限定其只是地方行政組織一環的性格，此其一；其二，遊牧民族強
大威力的泉源在於移動力，移動半徑愈大，威力也愈強，能率被固定限
制在小範圍「旗」內，注定萎縮而弱小化，滿清朝廷的思慮，堪謂精密
與深沉。黃敎誠信，喇嘛僧尊崇觀念下出家爲榮，民族人口又無由繁
衍，歷史上制霸世界的蒙古民族，淪爲淸朝臣民乃成必然結局。然而，
授予滿淸可乘之機，還是蒙古封建制自身的弱點，導致蒙古強大勢力從
削弱到瓦解，還是其自身的分裂。

相同的下場，也見於早過東方滿淸方面一、二百年，西方俄羅斯方
面蒙古四大汗國中最後存在的欽察汗國。

降伏於蒙古政權下二百餘年的俄羅斯諸侯，也以欽察汗國諸勢力分
裂與十四世紀後半帖木兒連番侵入後的虛弱，紀元一四八〇年（明朝中
期）被莫斯科大公 Ivan 三世推翻，俄羅斯獨立。其孫 Ivan 四世於紀元
一五四七年開始用 Czar 尊稱，漢譯所謂沙皇（實則 Czar 字音譯「沙」
已是「皇帝」之義），紀元一五七一年蒙古族首領 Dawlat Giray 率十
二萬衆攻略莫斯科被擊退，是蒙古族最後奮鬪❻，反抗俄境斯拉夫族反
統制的失敗。自是俄羅斯勢力迅速越過烏拉（Ural）山脈向東伸張，紀
元一五九八年征服鄂畢（Ob）河流域，自欽察汗國分立 Sibir 汗國，西

❺ 同❹。
❻ 平凡社版「世界歷史大系」⑩中央アジア史，第二三三頁；第二三五頁注。

伯利亞西部歸屬俄羅斯領有，也便是西伯利亞 (Siberin) 的地理名詞的由來。紀元一六一九年建設葉尼塞市 (Eniseisk)，明朝滅亡前數年的紀年一六三九年，俄羅斯勢力已到達西伯利亞東邊盡頭的太平洋岸，面臨鄂霍次克 (Okhotsk) 海[7]。

俄羅斯西伯利亞經營過程中，足跡所及的葉尼塞河中、下游，已近蒙古北邊，續向東，便是成吉思汗大蒙古帝國中，貝加爾湖東的布里雅特 (Buryat) 蒙古地區。十七世紀二〇年代開始被侵略，一六五八年（清世祖順治一五年）於其域內建設尼布楚 (Nerchinsk) 城，六〇年代而此一廣大蒙古族居住區由俄羅斯人完全征服。稍前，黑龍江（阿穆爾 Amur 河）邊通古斯諸部既於清太宗時歸屬滿清，世祖時俄人東侵之勢也已到達，紀元一六六三年（清聖祖康熙二年）於瀕臨黑龍江北岸雅克薩 (Yaksa) 之地築 Albazin（清朝文獻便名之雅克薩）城。聖祖敉平三藩之亂後，兵力北移，紀元一六八五年（康熙二四年）清軍攻陷雅克薩城，自是清──俄雙方武裝衝突不已。紀元一六八九年或康熙二八年雙方代表於尼布楚會晤談判，清朝內大臣索額圖(Songtu)與俄皇彼德 (Petero) 大帝使臣 Feodor Alexeuiiuch Golovin 訂約，衝突才告一總結。劃定外興安嶺 (Stanovoi Mts.) 至黑龍江外支流格爾必齊 (Gorbitsa) 河與額爾古納(Argun) 河一線為兩國國界，外興安嶺以南之地讓予清朝，俄人禁止航行黑龍江。是即著名的尼布楚條約，中國與西方國家締結的第一個「條約」。此一條約之為帝俄屈辱的條約，中國軍事壓力下的外交全勝，自其經過的係俄方求和，清朝代表率領近萬名護衛赴會，尼布楚屠城威脅下簽訂，以及條約內容又出清方草稿而盡佔優勢，自此百七十

---

[7]　取材自文藝春秋社「大世界史」⑮スラヴの發展，第二四〇至二四二頁；有高巖「概觀東洋通史」，第五〇七至五〇八頁。

年內黑龍江無俄人蹤跡，爲今日東洋史學界所週知❽。俄人也因此大挫折，南下之勢阻止，被迫轉向北東的堪察加 (Kamchatka) 半島方面進出❾。紀元一七二七年（清世宗雍正五年）恰克圖 (Kiakhta) 條約，又被認係挫折俄羅斯東略之鋒的另一次，條約確認西迄沙弼奈嶺（沙賓達巴哈，Chabinai Dabagan) 的薩彥嶺 (Sauan Mts.) 爲外蒙古今西伯利亞境界，俄人積極進出葉尼塞河上流域，覬覦唐努烏梁海之志未逞。

所以，今日「中國近代史」著作往往指尼布楚條約放棄布里雅特蒙古，係清朝第一次喪失領土的不平等條約，尼布楚條約實在不能也無從負起此一責任。外蒙古其時且尚非清朝主權所及（外蒙古合併入清朝領土須康熙三五年，見前述），更北方間隔外蒙古的南西伯利亞布里雅特蒙古，清朝尤無權提出主權主張，至易明瞭。抑且，布里雅特蒙古與外蒙古（喀爾喀蒙古）有別而非一體。只是，布里雅特蒙古畢竟於尼布楚條約以前已轉移帝俄之手。今日係蘇聯俄羅斯蘇維埃社會主義聯邦共和國 (Rossiiskaya SFSR) 中，西接唐努烏梁海而包圍貝加爾湖南、東、北三方面的布里雅特自治共和國 (Buryatskaya ASSR)。

而且，俄羅斯野心，形體固被制壓，陰魂仍然揮之不去，準噶爾抗清運動，背後今知曾見其踪影附體❿。外蒙古於噶爾丹攻略前大潰退，喀爾喀諸部大集會緊急商議的，便是投俄抑投清抉擇，最後是哲布尊丹巴「與清宗教相同而俄則異教」的理由發生決定性份量，以及因此哲布尊丹巴於自後外蒙古社會・政治奠立特隆地位。

尼布楚條約的成果結局終也未能維持，十九世紀中期以來西方帝國

---

❽ 尼布楚條約簽訂經過，參閱但燾譯稻葉君山「清朝全史」第三四章「清俄關係之始」（上卷三，第一○五至一三四頁）。

❾ 和田清「中國史概說」（下卷）第二八三頁。

❿ 參閱江上波夫「北アジア史」，第一五○至一五一頁。

主義者競相侵略弱體化的滿清，紀元一八五四年（清朝文宗咸豐四年）俄皇尼古拉（Nicholas）一世時，黑龍江以北之地盡被俄羅斯佔領，四年後迫清簽訂璦琿條約承認侵奪土地的主權歸屬，而且烏蘇里（Ussuri）江以東之地共管。紀元一八六〇年（咸豐十年）中俄北京條約中，烏蘇里江以東之地又讓與俄羅斯，兩地區各別是今日蘇聯俄羅斯聯邦共和國中的黑龍江（阿穆爾）州與沿海州。今日著名的海參崴（浦鹽斯德，Vladivostok），便是烏蘇里江南端港口。

中亞細亞方面，也隨俄人侵略勢力進出哈薩克斯坦而不斷南下，自一七三二年哈薩克西方諸部服屬俄羅斯開始，入十九世紀，哈薩克斯坦全域征服，帖木兒帝國崩壞後中亞細亞布哈爾、基發、浩罕三汗國先後被併合。此一期間，清朝原沿巴爾喀什湖轉折爲天然國界標誌的西北領土，也已恣意由俄羅斯大片侵剝。紀元一八七四年（清朝穆宗同治三年）塔城（塔爾巴哈台，Tarbagatai）界和與一八八一年（清朝德宗光緒七年）兩次條約簽訂，清朝國境內縮到霍城（霍爾果斯）西邊，伊犁河支流霍爾果斯（Kourgos）河一線，如今日新疆省現狀。被割割領土的自南至北，伊斯色克湖周圍、巴爾喀什湖以東與齋桑泊（Zaisan Nor）方面，今日各別是蘇聯中亞細亞五個加盟共和國中，吉爾吉斯蘇維埃社會主義共和國（Kirgizskaya SSR）與哈薩克蘇維埃社會主義共和國（Kazakhskaya SSR）的東面境域。沙賓山口以西，科布多大臣所管轄阿爾泰諾爾（Altai Nor）烏梁海地方，（東面唐努烏梁海與西南阿爾泰烏梁海＜＝新疆阿爾泰＞的連接地區），則今日是蘇聯俄羅斯聯邦共和國中的戈爾諾阿爾泰自治州（Gorno-Altai AO）。

帝制俄羅斯時代原圖染指而以恰克圖條約締結一時斷念的唐努烏梁海地方，最後也於共產主義蘇維埃政府時代如願。於外蒙古製造偽蒙古人民共和國時，此一地區便自外蒙古地理範疇切離，另製造土文自治共

和國 (Tuvinskaya ASSR)，併入俄羅斯聯邦共和國內。紀元一九四八年以來，自治共和國且已直截改爲自治州，與阿爾泰諾爾烏梁海同一地位。

　　蒙古歷史的近代抑且現代篇，可以瞭然，與俄羅斯的關係，視之滿清爲幾乎相等。

漢族中國的近代化

絕對主義的時代

宋朝歷史的近代要素

宋太祖結束五代離亂統一天下，係紀元九六〇年（建隆元年），其後兩年的九六二年，歐洲神聖羅馬帝國創立，西洋史進入中世封建社會的發展時代，中國則以宋朝的天下再統一而也步上新時代之途，意義卻已是近代社會。

中國史的時代區分，迄於唐朝乃中古、中世抑或古代？宋以後乃近代、近世抑或中世，甚或近古？由於歷史觀與立場而意見不一。但經過唐末五代時代轉換的過渡期，唐與宋之間，時代式樣已相迥異，則歷史界意見為一致。

唐——宋間的時代變貌，非似漢朝向唐朝轉換以係社會・經濟總崩壞又重建，而其歷程延長至四個世紀。五代離亂僅約五十年，推前至黃巢之亂仍祇約一個世紀過渡期，乃以社會・經濟基盤未受摧毀，相反，新時代、新社會種子且早自唐朝中期以來便已萌芽，經過五代所代表武人軍閥勢力抬頭的政治力衝擊最猛烈期，隋、唐已加剝奪政治、經濟、軍事諸方面特權，惟留最後與形成根本的世族社會底子，也被根拔，而一個全新的時代乃於宋朝宣告完成。對照唐朝中期以前，兩個時代完全

明朗化了的差異，所表現是：

——世族殘餘歷史影子消滅，庶民法律的私權、公權範圍擴大，法理上且均已平等與天子直結，相對，天子至尊的意識也從而徹底確立。學德才能者脫穎爲官吏的機會也相均等。因之，於社會方面，一類職業化了的讀書人，以經國濟世爲己任，所謂士大夫或士人的社會層面新形成；政治方面，讀書人學而優則仕，天子左右手便都是如此通過科舉考試選拔的才俊之士，也已規制化，文治主義的君主專制政治由是成立。中國歷史上，絕對主義的君主專制制度也便自宋朝起始，以後的朝代，祇是其擴大強大過程。卻是，尙文的相對定必偃武，漢族重文輕武觀念由是鑄定。

——役使部曲經營莊園已係歷史陳跡，地方上獨立的自耕農之外，新興地主層依憑係其鄉黨聲望，也以此資望而愈擁有廣大莊園，從事耕作者則一概都已是佃戶。農村支配者→地主・實際生產者→佃戶的新的生產關係結合下，生產躍進，商工業發達，純係貨幣經濟的時代展現，非祇銅錢，銀的使用與紙幣利用習慣，也已在民間普及。唐朝發生簡單的商業組織，陪伴社會生活進化而向複雜化進步，類似今日銀行性質的錢莊也已自都市出現。海外貿易非限廣東，各個國際港口益益向東南沿海伸展，商稅與海關稅歲入，發展爲國家大稅源之一。

——商工業活躍的結果，都市繁榮，市鎮興起，都市住民遊興・娛樂的消費生活向上，以汴京爲背景，有名的清明上河圖是現實寫照。便以社會・經濟發展基礎的變異，特別是江南開發奮進，國際性的唐朝文化一變而爲國粹的。也自唐朝已興起的白話文學、通俗文學基盤，文學革命意味，庶民的、代表都市文明的新的文化展開。

——社會・政治指導原則的儒學，自枯燥無味的經書訓詁研究，傾向於注重思索功夫的、哲學的、心理學的宋學或理學、道學，乃宋朝學問

方面一大轉變。而同時所加味，其一是對應遼、金征服朝代興起，漢族
已各別生活於自身宋朝與征服朝代兩個環境的形勢，乃有朝代正統論的
開始被提出。其二則呼應絕對主義的君主政治，忠君思想發揚。宋朝以
前的中國政治道德所重視，毋寧在「義」，後漢氣節之風係其最高表現。
從未提倡「忠」，「忠」被鼓吹便始自宋朝讀書人。其三，忠臣與烈婦
同稱，所謂忠臣不事二主，烈婦不嫁二夫，男、女的社會主從地位肯
定，程顥「失節事大，餓死事小」之語也可亙於君臣與男女關係雙方面
解釋。社會意識的重男輕女，因之與重文輕武配當成立。

　　——宋朝成立，漢族中國正值外族入侵而歷史上征服朝代最早出
現。中國前此朝代均屬國際性格，歷史主役的漢族又自最初形成便具開
放性，無歧視的歡迎外族同化加入，漢族範疇乃得不斷擴大，血統成份
不斷更新，民族生命力也因而始終保持旺盛，文明創造力續續昇高。宋
朝以來，漢族朝代與征服朝代兩相對立，抑且是漢族屈辱，漢族嚴重被
壓迫的刺激下，正面作用是激發漢族的民族意識，鮮明劃清漢族與異民
族侵略者的界線。負面意義，則自此關閉了心胸的開放之門，漢族不再
是歷史的民族大熔爐，停止再成長後的民族性格也漸漸傾向於保守。

　　由是經過北方民族發展最高潮，蒙古人蒙古至上主義元朝征服朝代
約百年的漢族中國統治，十四世紀後半明朝回復漢族主權。而明朝鼓吹
民族主義，重建漢族中國傳統，中央集權的君主專制政治強化，莊園佃
戶制下佃戶身份確認與一般農民受同等法律保護，以及社會・思想文化
諸形態，莫非都以宋朝傳統為基盤而再發展。明朝的後續朝代清朝又是
個征服朝代，對諸民族各別的支配方式，於漢族便是蹈襲明朝原型。所
以，清朝覆亡以前中國政治、社會、經濟、文化各方面所有面影，上溯
至七、八個世紀前的宋朝，都已存立。須待西洋勢力強力介入，歷史的
舊中國基盤全面動搖而現代中國成立，其間並無根柢變化的改革。依此

瞭解，則十世紀後半至十三世紀後半的宋朝，應得認定中國近代化諸要素均已具備。簡言之，宋朝已係近代中國的起端，特別是屆抵後半期南宋時代，近代社會組織已形固定。

樞軸大轉變的原動力，乃是追隨宋朝成立便由開國名相，以「半部論語治天下」著譽的趙普獻策，戲劇性上演杯酒釋兵權的一幕，「宋史」記其事：「建隆二年，（石守信）移鎮鄆州，兼侍衛親軍馬步都指揮使。乾德初，帝因晚朝，與守信等飲酒。酒酣，帝曰：吾非爾曹不及此，然吾爲天子，殊不若爲節度使之樂，吾終夕未嘗安枕而臥。守信等頓首曰：今天命已定，誰復敢有異心，陛下何爲出此言耶？帝曰：人孰不欲富貴，一旦有以黃袍加汝之身，雖欲不爲，其可得乎？守信等謝曰：臣愚不及此，惟陛下哀矜之。帝曰：人生駒過隙爾，不若多積金帛田宅，以遺子孫，歌兒舞女，以終天年。君臣之間，無所猜嫌，不亦善乎？守信謝曰：陛下念及此，所謂生死而肉骨也。明日，皆稱病乞解兵權，帝從之，皆以散官就第，賞賚甚厚」。太祖自身踐祚之階歸德軍節度使、殿前都檢點，係以掌握近衛軍大兵力，所謂天子「禁軍」的統帥，而陳橋之變得輕易轉移後周朝代，所以後繼者宿望重臣兵權首在如上措手不及，卻是極度優禮的親善氣氛中被解除，替代以資淺人物。繼之，又是「宋史」職官志七所特筆大書：「宋初革五季之患，召諸鎮節度會於京師，賜第以留之，分命朝臣出守列郡，號權知軍州事。軍謂兵，州謂民政焉，諸府置知府一人，州、軍、監亦如之」（府州軍監條）；「宋初懲王代藩鎮之弊，乾德初（紀元九六三年，建隆四年改元乾德元年）下湖南，始置諸州通判。建隆四年，詔諸府公事，並須長史、通判簽議連書，方許行下」（通判條）。節度使的行政權被限制祇在治所之州一州，餘外之州（支郡）一概直接收歸中央管轄，派遣文人知事，以及加置通判，增固朝廷控制力。武人節度使出缺，也由朝廷選派文臣繼任。藩鎮以握

刑法權而枉法殺人之弊，也以「自今諸州決大辟，錄案聞奏，付刑部覆視，著爲令」（「宋史」太祖紀三）而革除。又於州之上以「路」爲大行政區劃而置轉運使，專有財政權，原由節度使侵佔的徵稅權限又被解除。以上一系列處置，自太祖時代斷行，次代太祖之弟太宗時代完成，唐末五代藩鎮割據畸形體制終於粉碎，中央集權制回復成功。過程中，非祇民政、司法、徵稅等方面，節度使權力根源的軍事力方面，其勢力觸角與藩鎮體制強力要素鎮將，且係最早（建隆三年，紀元九六二年）被罷省所擁警察、治安等一切權限均移歸爲縣的事務，由朝廷派出文人縣尉替代鎮將。鎮惟擇人口衆多而商業繁盛的重要所在，改以經濟上理由部份存置，設監鎮官。節度使隸下軍隊，隨駐在地各地而切離，改隸國家爲州兵，而藩鎮軍事力基盤瓦解，軍閥傲慢跋扈氣燄被徹底壓制。

　　太宗繼位，另一方向的建設性努力，乃科舉制度增大營運，而爲中國歷史繼往開來新的政治架構奠基。科舉用人法自隋朝創始，至唐已盛，但唐朝每年一次開科，每次錄取（所謂及第）通常不過一、二十人，最多亦僅五十人左右。五代更少，宋太祖時雖已出現開寶六年錄取一百多人（包括進士、五經、開元禮、三禮、三傳、三史、學究＜專研一經＞、明法等諸科目通計，主流仍如唐朝爲進士科）的記錄，但係禮部被檢舉考試「用情取捨」而天子親加覆試增額的異例，仍非爲常。太宗以來的錄取人數，卻提昇至國初數倍、十數倍的比例，自是科舉之門大開。馬端臨「文獻通考」選舉三太宗太平興國二年條引石林葉氏曰的評論：「國初取進士循唐故事，每歲多不過三十人。太宗初卽位，天下已定，有意於修文。是歲御試，題以訓練將爲賦，主聖臣賢爲詩，蓋示以參用之學，特取一百九人，自唐以來，未之有也。遂得呂文穆公爲狀頭，李參政至第二人，張僕射齊賢、王參政化基等數人，皆在其間。自是連放五榜，通取八百一人，一時名臣，悉自玆出矣」。（同書選舉五

宋登科記總目，「太宗太平興國二年：進士一百九人，省元，狀元呂蒙正，諸科二百七十人，十五舉以上百八十四，凡五百餘人」）所述含有重要意義處：

第一，呂文穆公卽呂蒙正，宋朝以及中國歷史上第一位博得讀書人最大光彩，也惟讀書人享有，最令人豔羨的「狀元」（禮部試第一名稱「會元」，呂蒙正係連中兩元，太祖時尚無此名，僅稱「榜首」），通過科舉考試後第十一年便登位宰相。名臣輩出，又堪指示科舉（尤其進士科）已是人才儲備‧吸收之源的最早成立。

第二，科舉所謂殿前試士的殿試或天子親試，雖自唐朝則天武后創始，但如「文獻通考」選舉三所說明：「唐制以考功郎中任取士之實，后不過下行其事，以取士譽，非於考功已試之後再試之也」（太祖開寶八年條按語）。也須宋太祖開寶六年御出試題，在宮中殿上親加覆試，次屆開寶八年又御試，再次屆太宗太平興國二年（太平興國元年卽開寶九年，太宗嗣位當年改元）又是天子親臨殿試（便是錄取額最早大幅突破，包括呂蒙正等成進士的一次），預備試驗合格者意味的諸道舉人或諸道貢士會集京師，禮部考試後，續由殿試決定錄取等第，自此固定爲科舉永制。唐朝科舉習慣，錄取者對主考官以感知遇之恩而均連結師生關係，宋朝開創天子親自決定科舉成績之例，錄取士人因之感情上都已是天子門生，愈增添了知識份子，抑且是讀書人全體的榮耀。

如此形式的結合決非勉強——

在於天子方面，誠如「文獻通考」選舉三太宗太平興國二二年條的記錄：「上初卽位，思振淹滯，顧謂侍臣曰：朕欲博求俊彥於科場中，非敢望拔十得五，止得一二，亦可爲致治之具矣」。

在於士人方面，公開考試的公平競爭與機會均等，已是鼓勵，應試及格立竿見影的榮華富貴，更是鼓勵。太平興國二年科舉應試者（諸道

舉人）五千二百餘人，十多年後仍係太宗時代的淳化三年已是一萬七千餘人參加。神宗廢諸科獨存進士科以來，錄取額每屆約四、五百人之時爲多，上下浮動頗大（參閱「文獻通考」選舉五宋登科記總目）。

　　結束武人專橫局面，回復漢族中國統一與重建中央集權制時，所替代便是如上以各等文官考試意味的科舉爲通道，庶民直結天子關係的新形態。於社會間，讀書登仕受鼓勵，知識份子士人發達爲專業化的，也最被尊重的一層面，於政治上，文人主軸形成而文治主義走向鑄定。抑且，通過殿試登用的文臣，意義都係沐恩受知遇的天子親密關係者，具有公的（臣僚）、私的（門生）雙重忠忱義務，所以統一國家與集權政治再現，中國已是君主的絕對主義時代。

　　——宋朝此一新面貌塑造以來，迄於西方資本主義衝擊下已入二十世紀的清朝末年不變，爲堪正視。

外侮最劇的漢族朝代

　　「宋史」太祖紀贊曰：「五季亂極，宋太祖起介胄之中，踐九五之位，原其得國，視晉漢周，亦豈甚相絕哉？及其發號施令，名藩大將，俯首聽命，四方列國，次第削平，此非人力所易致也。建隆以來，釋藩鎮兵權，繩贓吏重法，以塞濁亂之源，州郡司牧，下至令僚幕職，躬自引對。務農興學，愼罰薄斂，與世休息。迄於丕平，治定功成，制禮作樂。在位十有七年之間，而三百餘載之基傳之子孫」，非溢美之詞，但其政治方針的專注於內治也屬明顯。趙匡胤推翻後周，登位爲宋太祖的建隆元年（紀元九六〇年），北方大敵遼朝正值隆盛期的太宗次代穆宗時代。宋太祖謹愼避免與之衝突，乃得於在位十七年間完成絕大部份的

國內統合事業，僅餘南方吳越與北方北漢兩國續由繼位之弟太宗併滅，前後二十年而分裂的漢族中國回復完全統一。

太祖三四歲登帝位，仍都開封，以節度使時代駐在地宋州的地名爲國號，五○歲崩而帝位歸其弟太宗（原封晉王）。傳弟而非傳子爲異例，「燭影斧聲」的弒簒疑竇由是流傳後世，繼位當年改元與逼死太祖之子燕王德昭，都引爲佐證。但今日所重視，毋寧須是太祖——太宗事業的一貫性，尤其國際關係喪失改變可能性，惟有立定在太祖製訂的基準，也自太宗之世而鑄定。

太宗太平興國四年（紀元九七九年），割據山西省中部，以遼朝附庸國背景而倔強健在的北漢政權，終也於宋朝統一運動中最後倒塌。國內完成統合，宋朝嘗試國際局勢的突破，圖一舉收復五代混亂期割讓契丹（遼朝），屆此已約五十年的燕雲十六州失地，便是併合北漢當年，太宗親率大軍北伐，宋初以來二十年國際和平關係破壞。結局卻是燕京（今北平市）北方高梁河的潰敗，太宗化裝苦力才逃脫危境，但已股中兩矢（後日死因，卽以此役舊創復發）。翌年，遼方報復南侵，太宗再度親征抗拒，又敗於瓦橋關。遼景宗崩而十二歲之子聖宗嗣，宋朝趁喪再興北伐之師，所遭受仍是岐溝關大敗的打擊（雍熙三年，紀元九八六年）。自此宋朝對外不得不退回防守立場，而且落入要求議和也不可得的窘境（淳化五年，紀元九九四年）。太宗次代眞宗治世的景德元年（紀元一○○四年），遼軍突破宋朝國境防禦線大舉入侵，以破竹之勢直達黃河岸澶州（澶淵），僅隔黃河的宋朝國都開封大震動。幸宰相寇準果斷拒斥同僚的遷都避難論，堅決到幾乎強迫地步，請眞宗親征，穩定人心。雖然其決戰主張仍被否決，但至少已爭取到遼方允許議和的條件，乃有是年澶淵之盟締結，於宋朝承諾每年給付定額絹銀，遼方罷兵。

則已十分明白，是太宗冒進，暴露了宋朝軍事力的弱點。再回到太

祖對外政策的立場時，已是被動的，而且是以屈辱的和約爲基礎才穩定
局面，此其一。其二，爲防止已矯正的軍閥勢力再抬頭，以及權力下
移事態再現，抑制武將原則仍被堅持，召募職業兵又往往收容流民、無
賴，此對緩和社會不安自有其功能，兵士素質卻因之惡劣，而西夏問題
接續發生——

　　介在宋、遼西邊的西夏於宋朝第四代仁宗時勃興，對宋朝威脅性非
如遼朝之大，幾乎無一年不攻擊宋朝的困擾程度反而較遼朝嚴重。遼朝
圖趁宋朝狼狽失措勒索增加歲幣（慶曆二年），兩年後的慶曆四年（紀元
一〇四四年），宋朝終也祇能同以給付歲幣方式，換取西夏名義上的稱
臣，中止連年的西北地區局部戰爭。同年稍前重臣富弼奏論邊事之言爲
堪注意：「眞宗嗣位之始，專用文德。於時舊兵宿將，往往淪沒，敵騎
深入，直抵澶淵，於是講金帛陷之之術，以結歡好。自此河湟百姓，幾
四十年不識干戈。當國大臣論和之後，武備皆廢，以邊臣用心者，謂之
引惹生事，以縉紳慮患者，謂之迂闊背時。大率忌人談兵，幸時無事，
謂敵不敢背約，謂邊不必預防，謂事長安，謂兵永息，恬然自處，都不
爲憂。元昊（西夏）竊登，用兵數載，契丹觀釁而動，嫚書上聞，中外
倉皇，莫之爲計」（李燾「續資治通鑑長編卷一五〇」）。可知宋朝立國屆
此八十餘年間，原係政策上的尚文卑武，已如何形成時代風氣，無論朝
野均向諱言兵事的鴕鳥意識發展，弱兵傾斜度，便惟有聽任愈益惡化。

　　宋朝三百多年歷史，政治上大事，因之惟表現於外侮頻仍。

　　宋朝約略均分全年代而區別北宋、南宋，正值北宋中期的仁宗無
嗣，第五代英宗係以太宗旁系繼位，其子神宗時王安石變法，以及因而
勃發，迄北宋之亡始平息的新法黨、舊法黨之爭，也向由歷史界引爲通
北宋後期一大事。然而，變法與黨爭，背景仍都是外侮。十一世紀後半
仁宗四二年治世，於宋朝諸帝在位期爲最久，也是偉大的獨裁君主。太

祖、太宗以來宋朝最充實期，賢能人物富弼、文彥博、韓琦、范仲淹、歐陽修等名臣在朝，司馬光也漸露頭角，周敦頤、邵雍、張載、程顥、程頤等名儒輩出，文人蘇洵、蘇軾、曾鞏等均活躍於此時期，文運昌隆，文治之盛到達極峯。國家財政收入也隨經濟面的繁榮豐裕，較太宗之世呈現一與三的比例（詳次條），卻是，出乎常理的，英宗時代已係赤字財政。根本原因之一便是基於遼、西夏的緊張關係，兵不堪用而數額不能不年年增加，龐大的軍事費形同浪費而不得不仍漫無止境的加大。英宗在位僅四年，繼位長子二十歲青年天子神宗，奮發圖振國威，乃決意擢用博學富經綸之才，自信心強又具大魄力的王安石，斷行富國強兵新法。王安石自神宗即位第三年的熙寧二年（紀元一〇六九年）爲相，託名「周官」復古，注入進步而予新解釋（所著「周官新義」十六卷，明初編纂「永樂大典」時輯錄留存今日），徹底的改革運動推行，其內涵諸法：

　　——富國方面：①均輸法物資調節法，由政府控制物資來源，合理化調達其需要補給，矯正中間商人暴利，利潤歸官。②青苗法、市易法均低利（二分息）資金融通法，前者對農民，後者行之於商人與手工業者，貧農與中小商工業者保護法的意味，防止國家基礎自耕農沒落，解除都市中高利貸資本六、七分息的榨取，期商品流通活潑而振興產業。③募役法，對中產農民徵收免役錢，以替代煩雜的力役（差役、職役），向來免役的官戶、寺觀、商人也徵收助役錢，對應當時漸漸發達的自由勞動雇傭形態，以此等費用，由政府雇工充役，又以解決社會失業問題。④方田均稅法乃宗旨在平衡形勢官戶與一般農民間賦稅負擔的土地整理法，稱東、南、西、北四面各一千步的田土爲一方，每年由縣調查測量，依土色、地味肥瘠分五等，同一面積每戶負擔不同稅額。

　　——強兵方面：①保甲法寓兵於農，提高兵士素質，節省國家蓄養

有增無減劣弱募集兵冗費的直截對策，也是適應正面改革傭兵制度爲不可能，卻從實質上回復唐朝以前國民皆兵主義的變通方案。其法，十家組合爲保，五十家一大保，十大保爲一都保，每戶兩丁中一人爲保丁，農閒期施以軍事訓練，平時當村落地方團體警察事務，戰時補充兵員的不足。②保馬法，與保甲法相與表裏，由農民飼養官馬，平時供農耕用，戰時徵發爲戰馬。

新政策・新體制的本質與時潮完全相背。宋朝隔五代上承唐朝，唐朝政治的特色，政治家均立於現實原則而無任何學術思想背景，唐初一度回復儒家的政治指導理念，只是曇花一現。宋初以來高唱文治主義，獎勵學術，對應新興地主與資本主義化商業發達的社會再編成形態，政治上重建儒學指導權威，士大夫層崛起爲新形態社會代言人而學優則仕的固定法則樹立。王安石國家社會主義色調的新法，儘管也披了儒家的復古理論外衣，其以政治力強力干預爲手段，已全與自由主義大地主、大商人的利益衝突，處於當時流行的儒學者時論相悖的立場。所以變法被抨擊破壞祖宗完備制度而係亂法，政府與民爭利又擾民，老成的政治家無不強烈反對，推動新政因之也惟有登用新進人物呂惠卿、章惇、鄧綰、曾布等。宋朝朝臣朋黨之風，陪伴國初士大夫地位抬高已盛，只也追隨唐朝風氣屬於意氣之爭，神宗時代介入大改革運動理論，以國家更生爲口號的新法集團新興，黨爭性質乃向主義與政策方面巨幅轉變，新法黨、舊法黨壁壘分明的尖銳對立，近代政黨色調最早出現，又係宋朝政治史散發的一大異彩。

神宗在位十八個年頭，元豐八年崩，新法黨支柱倒塌，司馬光、范純仁（范仲淹之子）、呂大防等新法反對派的舊法黨回復得志（元祐時代）。其後，又是一時受挫折的新法黨再起，如此新法黨、舊法黨交迭執政，也於半個多世紀的北宋後期不斷互鬥。而北宋之亡正值蔡京爲代

表的新法黨勢力最盛期，新法最後命運因之注定失敗，變法發動者王安石的惡評也自南宋已予決定。元朝編纂的「宋史」王安石傳論，便引朱熹之言謂：「安石文章節行高一世，而尤以道德經綸爲己任，被遇神宗，致位宰相，世方仰其有爲，庶其復見二帝三王之盛。而安石乃汲汲以財利兵革爲先務，引用凶邪，排擯忠直，躁迫強戾，使天下之人，囂然喪其樂生之心，卒之羣姦嗣虐，流毒四海。至於崇寧、宜和之際，而禍亂極矣。此天下之公言也」。神宗紀贊指「安石爲人，悻悻自信，知神宗志在幽薊靈武，而數敗兵，帝奮然將雪數世之恥，未有所當，遂以偏見曲學，起而乘之。青苗、保甲、均輸、市易、水利之法既立，而天下洶洶騷動，慟哭流涕者接踵而至，帝終不覺悟。方斷然廢逐元老，擯斥諫士，行之不疑。卒致祖宗之良法美意，變壞殆盡。自是邪佞日進，人心日離，禍亂日起」，更是露骨的嚴厲批判。

　　神宗無保留堅決支持新法，係圖雪滌宋初立國百年以來，對外軍事弱勢下屈辱外交之恥，但治世中國際局勢未見開朗却是沉重打擊。西夏關係領先惡化，仁宗講和後西陲安定二十餘年，此時邊釁再起，自熙寧至元豐年間戰爭不絕，元豐五年（紀元一〇八二年）靈州永樂之役，宋朝官軍、熟羌、義保死者且至六十萬人之數。遼朝（道宗在位）脅迫下熙寧八年（紀元一〇七五年）更定國界，改以蔚、朔、應三州分水嶺爲國境，宋朝損失土地非多，國家顏面仍是有虧。南方興起的越南事件更是意外失敗。越南自宋朝初建而結束五代十國分裂局面末期，南漢治下驩州刺史丁部領併合越南史上割據的所謂「十二使君」的十二土豪。紀元九六八年（宋太祖開寶元年）自立，國號大瞿越，子丁璉向宋入貢，太祖封之爲交趾郡王，秦漢以來中國領土的越南，自是脫離中國郡縣支配獨立，與中國改建宗主——屬國關係，仍然鮮明的中國文化系統，用中國文字，採中國姓名，王受中國封爵，而國內自稱皇帝，建年號，定

廟號。自主性格超過了東方朝鮮。紀元九八〇年（宋太宗太平興國五
年），丁朝改建黎朝，紀元一〇一〇年（宋眞宗大中祥符三年），又以李
公蘊奪國而黎朝改建李朝，並定都大羅改名昇龍的今日河內，第三代時
國號改稱大越（紀元一〇五四年，宋仁宗至和元年）。再次代李朝德在
位，宋朝已係神宗時代，熙寧八年越軍寇陷欽、廉兩州（廣東省），翌
年再陷邕州（廣西省），雖然仍由宋朝發兵攻入其國，回復朝貢關係罷
兵，越南已大困宋軍。

　　北宋國際關係的推移，前後大體可分五階段，第一期太祖時代，宋朝
掌握主動的對遼和平對立，東亞關係也惟宋、遼兩大中心。第二期自太
宗至英宗，國際形勢已以西夏崛起而複雜化，宋朝落入頻頻受侵而被迫
屈從的苦境，此段時間也最久，佔約北宋全年代之半。第三期便是神宗
奮起變法，也變更長久的消極外交方針，積極企求突破而失敗的時期。
第四期神宗次代哲宗以至亡國期徽宗治世之半，遼、夏氣勢漸衰，與宋
朝間三角關係，因之反能以軍事力平衡而大致維持和平苟安的局面。第
五期徽宗重和元年至欽宗二年（建炎元年）的十年間（紀元一一一八～
二七年），女眞族金朝已自東北域內興起，國際關係發生巨大波瀾，遼、
宋朝代相續傾覆的大事件演出，北宋由是過渡爲南宋。

　　紀元一一一三年，遼朝支配下女眞族完顏部部長阿骨打趁遼之衰，
舉兵反叛，領導族人擊破遼軍，兩年後的紀元一一一五年（宋徽宗政和
五年）正式脫離遼朝獨立，建都今寧（吉林），國號「金」。暴雷似勃興
的金朝勢力迅速膨脹，連陷遼朝東京遼陽、上京臨潢，情報傳入宋朝，
激起朝廷顯然的衝動，也由此衝動招來宋朝國運的大不幸衝擊——

　　宋徽宗是民國以前舊社會富貴公子敗家子的典型，資質絕佳，天分
絕高，工詩文，中國書畫史上第一流名手，書法的瘦金體予後世莫大影
響，花鳥畫也獨步畫壇。同時，又是古物愛好家與收藏家，全國性收集

古今書、畫、骨董置宮中供鑑賞，畫院大量集中並養成著名畫家，經其全力獎勵，宣和（紀元一一一九～二五年）爲年號的期間出現宋朝藝術史黃金時代。宮廷生活的豪侈享樂，又表現此風流天子性格的另一面，宴遊不輟係其餘事，宮中模擬市場，宮女設肆而天子裝扮乞丐挨攤乞討，滿座喝采鼓掌，相對方面，人臣臉塗朱、青作伶優狀入謁，上奏用下流社會語言，以博天子歡笑，以及肌膚刺青佈花紋，也由徽宗提倡，近臣諛媚而形成風氣，都是南朝與五代十國江南朝廷翻版。非只宮中，天子且時時微服出宮偕臣下同逛開封市街，夜幸名妓李師師家等韻事，乃由聞名的「宣和遺事」記載而流傳後世。此等豪華生活必須無休止財力支持，王安石以來新法財政所積餘，徽宗二十餘年中揮霍已盡尚不敷，而有蔡京之類人物夤緣登場。

蔡京卽王安石婿蔡卞之兄，口才至健，書法亦佳，兄弟同於神宗熙寧三年科舉合格，同係王安石拔擢的新法黨幹部。神宗少子徽宗繼兄哲宗（無嗣）位第三年崇寧元年（紀元一一〇二年），前被彈劾左遷杭州的蔡京，以交結正爲徽宗在杭州訪求書畫骨董的寵信宦官童貫，得重返中央接近年輕天子，並於年近六旬的是年登位宰相。徽宗沉湎享受，崇迷道教，對政治全不熱心，授予蔡京專權最好機會。一方面，徹底的彈壓舊法黨人，「時元祐羣臣貶竄死徙略盡，京猶未愜意，又命等其罪狀，首以司馬光，目曰姦黨，刻石文德殿門，又自書爲大碑，偏頒郡國」（「宋史」姦臣傳蔡京條）。便是有名的元祐姦黨碑，題名者先是一二〇人，再增至三九〇人，子孫均禁錮不得任官於京師，或與皇族聯姻。另一方面，不惜重壓人民，出諸如免役錢增至神宗時代七十倍的榨取手段，彌補財政赤字，取媚徽宗以支應豪奢宮廷生活，穩固自身權力。特別是所謂「花石綱」，搜括江南珍木奇石，由大運河運搬移植御苑，民間多因而傾家蕩產。新法精神全行變質，已無視被犧牲人民的怨苦與憤

怒，激發民變至是無可避免。

　　睦州（浙江）經營漆園的中產家庭出身者方臘，宣和二年（紀元一一二〇年）， 趁花石綱徵發而江南大騷動之際， 煽起暴動， 群盜與貧民呼應下急速發展，數日間聚衆至十萬人。殺戮官吏、富豪、焚燒官衙，叛亂之火以浙江爲中心，杭州陷落， 波及江西、安徽，國家重要財源之地被蹂躪的至六州、五二縣範圍。鎭壓大軍由全國軍事首長宦者童貫親率， 陸海並進南下，宣和四年（紀元一一二二年）敉平，但民衆死於反亂軍之禍的已二百萬人。方臘事件爆發同年稍早，「水滸傳」主角宋江等三十六人首領的盜賊集團，先已自淮河方面轉入山東，建立梁山泊爲根據地而「橫行天下」，以後受朝廷招安編入正軌軍，參與方臘征伐。宋江等三六豪俠反抗貪官汚吏苛斂誅求，高舉「替天行道」旗幟的轟轟烈烈事蹟，南宋時代便廣泛流傳民間， 故事被錄入宋、元之交佚名作者的「宣和遺事」，乃於元朝由此原型發展爲中國最有名的長篇小說之一「水滸傳」。而堪注目。方臘反亂與平定的同一時期，宋朝北方國際關係大變局也已展現。

　　大變局也是宋朝的投機大賭博，卻未料已以國運爲籌碼，而且結局成爲大輸家，下賭注者便是童貫與蔡京。炙手可熱的徽宗寵愛者童貫，以宦官而任大臣，而全權掌握國家兵權（樞密使），於宋朝都是異例。其與蔡京兩人包攬權勢，時人以蔡京爲公相，童貫爲媼相，兩相對稱。紀元一一一八年（重和元年）遼朝於新興金朝攻擊下連連喪師失地的情報到達汴京（開封），公相、媼相大興奮，認爲一個半世紀來對遼屈辱關係，將可趁此大好機會回轉，而有當年派出使者，自登州（山東）渡海入東北。向金朝方面建議夾擊遼朝之舉。建議由金朝方面接納，方臘亂起的同年（宣和二年，紀元一一二〇年），雙方乃正式締結軍事同盟，條約主要內容：①宋自南向北逼燕京，金自臨潢南向，助宋取燕京；②成

功後，五代後晉割讓與遼的北邊十六州由宋收回，餘地盡歸金方；③宋以原贈遼朝同額歲幣移付金朝，即每年銀二十萬兩，絹三十萬匹。此約成立，下距北宋滅亡僅餘七年。

轉換國際局勢非憑實力而僅恃僥倖心理，殘酷的現實後果隨同盟履約，立即展現。方臘平定時，金軍已連破遼之中京、西京，宋朝軍事統帥童貫自南方還師，也北上攻遼南京（燕京），戰果卻與金方倒反，累被遼軍擊敗。同年，燕京仍係金軍獨力攻破，宋軍虛弱無用乃盡被金朝所知，也因之直截以宋方無力踐約為理由，否定宋一金同盟條約效力。反覆交涉的結果，由宋加納代稅錢百萬緡與金軍南京攻略的軍糧二十萬石，換得燕京與其附近六州之地的空城，城中財物全歸金方掠去，居民也悉數強迫北移（宣和四年，紀元一一二二年），此又係迫近至北宋滅亡前五年之事。

宣和七年（紀元一一二五年）二月，金滅遼，八月動員，十月，金朝果然大舉伐宋。迄十二月中，已席捲黃河以北之地。僅隔黃河之南的汴京開封陷入大混亂，徽宗驚惶中急下罪己詔，禪位太子欽宗，布告全國徵勤王軍。次月靖康元年（紀元一一二六年）正月金兵渡河，團團包圍汴京，軍情緊急以來搖擺不定的朝廷和、戰政策，至是求和聲浪壓倒主戰派領袖李綱決死防禦的意見。李綱被黜，接受金方如下極端苛刻的條件：①割讓中山、太原、河間三鎮之地，②納歲幣錢五百萬緡（貫）與犒師黃金五百萬兩，銀五千萬兩，帛百萬匹，牛馬萬頭，③尊金帝為伯，④派遣親王、宰相為人質，城下之盟成立，二月，金軍解三十二日開封城之圍北去。卻是，短暫苟安已不能挽回北宋風中之燭的命運，其滅亡，且便是迫在眉睫的第二年。

屈辱之甚的和約折衝時，京師已是羣情憤慨，知識份子太學生帶頭，熱血沸騰的數十萬民眾怒呼聲震天地，要求恢復李綱領導，處決國難禍

首，大示威中又與當權派主和份子流血衝突，八十高齡的蔡京因是貶死，童貫也於放逐途中被斬。和約既立，金兵已退，朝廷也反悔承諾，吝割第二燕雲十六州三鎮領土。推延半年多後，同年（靖康元年）九月，憤怒宋朝背約的金朝大軍，再度長驅南犯，十一月，開封聽任再完成合圍。宋朝自毀和平，戰又不能，戰火重燃時，強硬的主戰論只是情緒衝動下的發洩，決心犧牲而無禦敵策略，勤王軍也不過烏合之衆，全無戰鬥力。和、戰兩派互爭空言，互加牽制，被圍四十天的開封於年末陷落，重開和平談判已是宋朝的無條件投降，割地係劃黃河爲界，給付金軍賠償費駭人數字至金一千萬錠（一錠五十兩），銀二千萬錠，縑帛一千萬匹。次月（靖康二年正月），欽宗被扣留金營充履約人質，二月，太上皇徽宗與后、妃、諸王等宮廷人員一千二百餘，被逮捕加送金軍。而大搜括京城官民金、銀結果，總數尚不足須交付額的十分之一，三月，二帝連同皇族、貴戚、宮人、朝臣等三千餘人，乃均以金軍俘虜被脅北去，安置東北五國城（今日哈爾濱以東，松花江南岸的合江省依蘭縣，原遼朝女眞族五國部之地）自養生活。史書稱此事變爲靖康之變，帝王末路至是，誠爲大悲劇之一，北宋亡國，傳世九代一百六十七年。

　　金朝的中原征服統治方式，採取間接支配，上年金軍第一次攻擊開封議和條件之一，出爲人質住燕京的宋朝宰相張邦昌，被金軍送回開封，受命登位爲漢人傀儡國家皇帝，國名楚。金軍部署完成撤退時，府庫蓄積、宮廷寶物、器用、書籍、車輿，刼掠一空，連同京城技術者居民、伶優等，均行北移。惟張邦昌卽帝位，非自願而全受金軍脅迫，待金軍於四月間撤退，因之一方面立卽迎奉哲宗孟皇后，以元祐皇太后名義垂簾聽政，回復宋朝，自退帝位改居臨時宰相之任。孟皇后當徽宗新法黨氣燄汹汹期被廢爲尼，從皇族除籍，乃得倖免金軍指名流配而留住京城，此時由張邦昌擁戴，奉還政權，組織看守政府，金人所立楚國三

十三天而消失。另一方面，張邦昌請皇太后詔告天下，立其時正在南京應天府（今河南省商邱）的欽宗之弟康王爲天子。康王係當初與張邦昌同入金的親王人質，被金朝懷疑其身分，釋回另易肅王，戰釁再起時脫出開封，以招募勤王軍名目去東方。及是，張邦昌又率百官抵南京勸進，康王乃於五月一日登皇帝位，改元靖康二年爲建炎元年（紀元一一二七年），是爲史家所稱南宋的第一代高宗，元祐皇太后撤簾。所以宋朝復活，張邦昌貢獻非小，但結局仍以其曾僭天子之名，而被正統的宋朝賜死。

南宋初建，北宋之末新法黨、舊法黨之爭轉變對金和平論、戰爭論激烈辯爭，天子庸闇無定見的現象，仍然持續。高宗甫卽位，順應激發於北宋亡國之痛的敵愾同仇民情，以及太學生集團爲前衞的強硬輿論，登用李綱爲宰相，宗澤留守汴京，決心抗戰雪滌國恥，一時人心極度振奮。當金兵以中原變局發生而重燃戰火南侵時，汴京開封中流砥柱，各地勤王救國軍蠡起響應，雲集宗澤麾下，學者胡銓、趙鼎、張九成、曾開等濟濟多士主戰論澎湃，出現前所未見抗拒外侮的有利形勢。卻是，和平論勢力也隨金軍壓境而抬頭，主腦人物汪伯彥、黃潛善又是已如驚弓之鳥，素性懦怯的高宗側近親信，李綱因之在位僅七十五日便罷相，太學生領袖陳東被殺，宗澤連上二十餘表請還都汴京，鼓舞全國軍民規模鬥志的建議，又被拒絕，翌年憤死，和平論巨大壓力下，積極的抗戰意志陷入低沉。汴京便自宗澤繼任者之手失陷，北宋末年以來熾盛未戢的羣盜也多與金軍合流，愈增金朝侵略軍兇燄。高宗預已南退長江下流安全地帶揚州，中原戰事惡化，主和派畫策求和未獲對方反應，金軍突破南宋自陝西至河南的防線，從山東向南疾進。建炎三年（紀元一一二九年）初幾乎重演靖康之變，揚州陷落，混亂中高宗狼狽渡長江，在追兵前轉輾江南各地，建康又陷，杭州又陷，向東續退，所至皆陷。翌年

初，由明州（今浙江省寧波）逃難入海，遠航溫州，金軍才中止追擊引還。九年後的紹興八年（紀元一一三八年），高宗返至改名臨安府的杭州定都，自此臨安府永爲南宋國都。雖然名義上以須回復北方舊都汴京開封府，而臨安府僅稱「行在」，卻已北歸無時，開封歸金所有，終宋之世未能奪回。南宋自北宋區別，歷史界便以朝廷南渡（長江），自舊都改建國都至錢塘江岸的臨安爲標誌，移都臨安建設南宋，宋朝壽命得續延長七代一百五十年，史家乃亦因之謂高宗中興。

　　高宗中興，不無僥倖成份存在，卻也非全出意外。宋朝兵弱程度，於前後朝代爲稀見，立國至此，對外戰爭幾乎無勝利紀錄。但面臨國家存亡一息之際，剛強不屈的忠義人士奮起爭赴國難，亦爲歷史之最，而此輩多屬讀書人知識份子，則堪注目。文人統帥如「先天下之憂而憂，後天下之樂而樂」名言所自的范仲淹西夏守禦建大功，北宋已然，外侮劇烈，宗澤、張浚文臣而爲名將尤非異例。據此愈堪重視的一大轉捩，重文輕武意識凝固，向被鄙視而自卑的武人，國難期受積極派文人高昂戰鬥意志激勵，於和平論壓制主戰論，又以求和未成轉變純粹的逃避主義時，已接替知識份子禦侮主導的位置，懦怯氣質向英勇變化。也惟其職業軍人自發的認清自身對國家責任，奮身予打擊者以打擊，文人主戰情緒發洩昇進至實力階段，中興事業乃得實現。建炎四年（紀元一一三〇年）高宗明州入海，金軍追之不及，北歸途中，黃天蕩之役韓世忠以八千人部隊邀擊，阻拒金方十萬大軍於京口（潤州，今江蘇省鎮江）與建康（江寧府，今南京）間長江上，前後一個半月之久，雖然衆寡懸殊形勢下結局仍被金軍通過長江，無疑已是一大勝利，也是南宋對金戰爭第一次決定性勝仗，培育了宋軍敢與敵人決死，不畏敵人的勇氣與戰力。張俊、劉錡、吳玠、吳璘、楊存中等將領也紛建功業，穩定戰局，強固的防衞體系於數年內完成，而臨安得自紹興八年安全建都。

金兵南侵渡江，行軍與補給線太長具有危險性，也自建炎四年獲得教訓，因而便於同年，循張邦昌楚國前例，再立漢人傀儡國家統治新征服地，以及間接指導侵宋，金朝前方衛星子國的意味。國名「齊」，國都仍在開封，由金朝劃山東、河南、陝西之地為其支配範圍，宋朝投降者劉豫被冊立為皇帝。宋朝對名實均係金朝製造的齊國政權，採低姿態加以承認，國書抬頭對稱劉豫「大齊皇帝」。但偽齊介在宋、金之間，宋朝立場已係緩衝國形態，反而形成有利條件，所保全長江南、北領域，北宋混亂期以來蠭起羣盜，得以偽齊屏障而於此期間肅清，確保國內治安，攘外力量也因安內成功愈形增大。

另一方面，金朝交付齊國的攻擊任務，以及金朝主力侵宋的配合行動，都無力達成，倒反事事依賴金朝支持，金朝漸感不耐，而於宋朝紹興七年（紀元一一三七年）決然廢除齊國，領地改由金朝直接支配。同時放出可允宋朝締和的空氣，翌年宋朝定都臨安，由是主和派與主戰派間，再起嚴重磨擦。建炎年間求和未被氣焰極盛期金朝接納而一時低沉的和平論，調子回復高唱，鼓吹及時與金講和共存。主戰派也認定機不可失，卻是針鋒相對的強硬主張，趁偽齊之廢進軍，規復失土。彗星似光芒四射，少壯軍人領袖岳飛的大反攻且已奏功，「宋史」岳飛傳記錄紹興十年（紀元一一四〇年）人心振奮至極度的郾城——朱仙鎮（開封西南）大捷：

「（金朝最高統帥）兀朮怒，合龍虎大王、蓋天大王與韓常之兵逼郾城。飛遣子雲領騎兵先貫其陣，戒之曰：不勝，先斬汝，鏖戰數十合，賊屍布野。初，兀朮有勁軍，皆重鎧，貫以韋索，三人為聯，號拐子馬，官軍不能當，是役也，以萬五千騎來，飛戒步卒以麻札刀入陣，勿仰視，第斫馬足，拐子馬相連，一馬仆，二馬不能行，官軍奮擊，遂大敗之。兀朮大慟曰：自海上起兵，皆以此勝，今已矣。兀朮益兵來，部

將王貴以五十騎覘敵，遇之，奮斬其將。飛時出視戰地，望見黃塵蔽天，自以四十騎突戰，敗之。方郾城再捷，飛謂雲曰：賊屢敗，必還攻潁昌，汝宜速援王貴，旣而兀朮果至，貴將遊奕，雲將背嵬（岳飛精銳親衞軍）戰於城西，雲以騎兵八百，挺前決戰，步軍張左右翼繼之，殺兀朮婿夏金台、副統軍粘罕索索菫，兀朮遁去。梁興會太行忠義及西河豪傑等，累戰皆捷，中原大震。飛奏：興等過河，人心願歸朝廷，金兵累敗，兀朮等皆令老少北去，正中興之機。飛進軍朱仙鎮，距汴京四十五里，遇兀朮，對壘而陣，遣驍將以背嵬騎五百奮擊，大破之，兀朮遁還汴京。飛檄陵臺令行視諸陵，葺治之。先是，紹興五年飛遣梁興等布德意，招待兩河豪傑山砦韋銓、孫謀等，斂兵固堡，以待王師，李通、胡淸、李寶、李興、張恩、孫琪等舉衆來師，金人動息，山川險要，一時皆得其實。盡磁、相、開、德、澤、潞、晉、絳、汾、隰之境，皆期日興兵，與官軍會，其所揭旌，以岳爲號。父老百姓，爭挽車牽牛，載糗糧以餽義軍，頂盆焚香迎候者充滿道路。自燕以南，金人號令不行，兀朮欲簽軍以抗飛，河北無一人從者，乃嘆曰：自我起北方以來，未有如今日之挫敗。金帥烏陵思謀，素號桀黠，亦不能制其下，但諭之曰：毋輕動，俟岳家軍來卽降。金統制王鎮、統領崔慶、將官李覬、崔虎、葉旺等，皆率所部降，以至禁衞龍虎大王下忔查千戶高勇之屬，皆密受飛旌榜，自北方來降。金將軍韓常欲以五萬衆內附，飛大喜，語其下曰：直搗黃龍府，與諸君痛飲爾，方指日渡河」，而一日十二道金字牌，緊急命令班師的扼腕憾事已經發生。更令讀史者同聲一嘆，係翌年之末，召回朝廷被剝奪兵權的中國歷史最偉大英雄之一岳飛，竟在宰相秦檜授意下寃死獄中。局勢乃急激向和平論傾斜，主戰派的努力化爲泡影。

　　宋朝中興四名將，「宋史」張俊傳以張俊、韓世忠、劉錡、岳飛並列。四人中前三人年事均較岳飛長十餘至二十歲，事業起步目亦早過甚

久，韓世忠於方臘征討時已係聞名將領，但最早的方面大將則是張俊。
南宋高宗登位，張俊、韓世忠均已係觀察使，劉錡則都護，惟有岳飛於
方臘之亂敉平，宋──金同盟克遼燕京的宣和四年，才以二十歲的青年
從軍，開始戰場生涯。南宋初建，隸宗澤麾下爲小校，以後張所、張俊、
張浚均曾是其直屬長官，大撤退期轉戰江淮地區，抵抗南侵金軍，憑卓
越的軍事領導能力與無比的膽識、勇氣，扶搖直上。三十歲時，已脫離
任何前輩大將系統，躍登獨立兵團指揮官位置，平定江西、湖南、湖北、
長江中、下游羣盜。三二歲（紀元一一三四年，紹興四年）以後北方攻
略，自齊國轉移湖北襄陽以至河南信陽方面地域入宋朝支配。自此岳飛
非只確定其中興四名將聲望，彪炳功勳且已遙遙領先所有前輩，宋朝軍
事上易守爲攻形勢，以這位最年輕統帥指揮下龐大軍團前進目標已指向
河南心臟地區，而最早展現。齊國解體第三年時岳飛三八歲，敵後策
應部署完成，從最突出前線上再推進，如「宋史」所記載的一幕終於實
現。巨星殞落，又是年僅三九歲。然而，岳飛的受後世尊敬，非全憑其熠
熠戰功，而係以偉大人格。其「金人不可信，和奴不可恃」堅定信念，
裂裳示深刻背肌「盡忠報國」四大字以明志的故事，答「何時太平」之
問的「文官不愛錢，武臣不惜死，天下太平矣」名言，以及書蹟「還我
河山」、悲壯詞作「滿江紅」，閱讀者莫不人人感動，無愧最標準的軍
人典範。明朝漢族民族主義高揚，乃先關羽而由朝廷封大帝，尊崇爲武
神，與武聖關羽分別代表「忠」、「義」武德。

　　岳飛悲劇製造，係高宗時代和平論完全壓制主戰論的信號。其時的
和平論舵手秦檜，北宋徽宗時代科舉與制舉雙雙及第，金軍入侵期主戰
派佼佼者之一。北宋末金軍第一次南侵，宋朝被迫訂約又悔約，秦檜
卽堅主拒絕如約割讓三鎮土地者之一。靖康之變已釀成，金軍立張邦昌
爲楚帝而形式上表演係宋朝臣下的推戴，當時大多數官員均迎合金軍之

意，於推戴書上署名，官位已至監察機關長官御史中丞的秦檜又是少數拒絕人士之一，因此激怒金軍，而秦檜等隨同徽、欽二帝俘去北方。未料建炎四年（紀元一一三〇年，劉豫被立為齊帝之年）秦檜自金南歸，得聞其後宋——金講和機緣，態度一百八十度轉變為和平論主張者首腦，未始非歷史上奇事之一。惟其如此，如「宋史」姦臣傳三秦檜條記載：「檜與妻王氏及婢僕一家，自軍中取漣水軍砦航海歸行在」，而檜「自言殺金人監己者，奪舟而來」，其歸來曖昧過程的背後，隱藏秦檜被俘期間，金方曾以釋回為餌，與之秘密進行和平交涉並獲承諾，高宗又素性怯弱，畏懼戰爭，因而有紹興十年以後之事發生，向來歷史界的推測如此。然而，也須注意，秦檜係歸國翌年（紹興元年）即登相位，果爾金——宋間存在以秦檜中介的秘密交涉，為何中間相隔十年之久始表面化？時間的疑問之外，客觀情勢方面，秦檜歸國正值宋朝連連敗退，高宗顛沛逃難，才是投降派或和平派最適當的活躍時間，紹興年間已係主戰派優勢期，將士用命，戰局漸漸穩定，為何秦檜反在局勢好轉透露曙光之際始顯原形，更是疑問。所以，向來的推測立場甚為脆弱，實際背景單純基於內政因素——

　　宋朝集中事權於中央而文治主義指導政治，所以君權發達，權力下移之弊得以矯正，武臣抑壓，因之也是宋朝立國以來國策。卻是，反作用的過度中央集權，尚文卑武育成社會風氣，則造成宋朝亡國的原因。南宋國運中興自不可能而可能，堪注目所恃便是上項軌跡的逆方向營運。輿論所支持主戰論主導由文人轉移到職業軍人，武臣將領們強烈萌生國家責任感的原動力下，弱兵現象漸漸改變。而過程中，以戰時生產關係破壞而釀成的大量流民投入諸將麾下，武臣力量不斷擴張，戰鬥意志與軍事能率循環向上，足以抗禦侵略者金軍的態勢乃得成立。待分別削平羣盜，數字龐大的羣盜餘黨被吸收改編官軍，諸大將兵力雄厚愈可

想像。而維持如此大規模的各個軍團，其給養與裝備，均無從依賴國庫支出，必須各於駐地自開財收之道，由是軍方所掌握了徵稅權。同時，接戰地區府、州、軍守臣，也以現實形勢須由各級武將兼任，軍方又掌握了民政權。如此現象，無疑對當時國家體制盡行擾亂，其已動搖中央權力，威脅君權，還原形成唐末以來強力軍閥的跡象漸漸滋生，戰爭時間愈延長，武臣權力、勢力都愈增大爲意料中事，態度跋扈者的忠誠問題便不能保證，重現五代局面非不可能，則危險之至。馬端臨「文獻通考」兵考六南宋兵制，所引高宗次代孝宗時代葉適的議論。代表南渡五十年後士人共同心聲，已非昔日極端的對金強硬論，轉變的主要原因，便是警惕紹興年間武人勢力過度膨脹，驕恣不聽命令現象已成，向軍閥途徑發展之虞初現：

「當是時（紹興年間）也，廩梢惟其（指將帥）所賦，功勳惟其所奏，將版之祿，多於兵卒之數。朝廷以轉運使主餽餉，隨意誅剝，無復願惜。志意盛滿，仇疾互生，而上下同以爲患矣。其後，秦檜慮不及遠，急於求和，以屈辱爲安者，蓋憂諸將之兵未易收，浸成疽贅，則非特北方不可取，而南方亦未易定也」。所以，當金朝廢除齊國而願意與宋議和，宋朝賴諸將之力也已具備和談資本時，在於高宗與當國宰相秦檜方面，旣是實現和平的有利機會，更授予剷除向藩鎮之禍演變後患的大好機會，和議成立，且必須以壓制武臣爲前提。葉適議論下文，續言朝廷收回兵權諸措置，正便是一切回復正常化：「故約諸軍支遣之數，分天下之財，特命朝臣以總領之，以爲喉舌出納之要。諸將之兵，盡隸御前，將帥雖出於軍中，而易置皆由於人主，以示臂指相使之勢。向之大將，或殺或廢，惕息俟命，而後江左得以少安」。

可以了解，南宋的武臣抑壓，遲早必然，卻於歷史事實發生之際斷行，岳飛的被犧牲也已必然。理由十分明白，其一：反攻新形勢果爾全

面展開，無論成敗，都促成武臣氣燄再昇高爲可預料，則非常期便是南宋朝廷的危險期，必須當機立斷，而形勢前導者岳飛乃被彈壓。其二，主戰陣線諸將帥原非團結，反而相互間忌功傾軋。岳飛崛起最快速，戰志最旺盛又事業最成功。諸將勝利紀錄均守勢的擊退敵人，惟獨岳飛趨前反攻制勝，個人節操與部隊紀律嚴正，如拒絕張俊建議侵分韓世忠親衞軍，行軍「凍死不拆屋，餓死不虜掠」，又於中興諸名將中爲特立獨行，遭嫉、遭忌因之爲尤甚。武臣自身間共同排擠的對象，便是秦檜樹威示警選擇最方便、下手最容易的對象，岳飛又注定須被犧牲。

　　將帥失協，總反攻卽使實現，成功並無把握，戰爭又不能無休止持續，因之，和平論非絕對錯誤，趙翼「廿二史劄記」和議篇已堪循參考，適當時機的和平爭取，也是當國者責任。卻是，籌劃和平以犧牲漢族自身的民族英雄岳飛爲手段，則代價未免太過鉅大。岳飛冤獄發生，韓世忠雖曾詰問秦檜「莫須有三字何以服天下」，僅係自己冤死狐悲感的發洩而無救援行動，張俊且附和秦檜，便是冤獄製造的幫兇，自私將帥的冷漠與冷酷，又堪浩嘆。事過境遷，高宗次代孝宗時代而冤獄立加平反，更堪說明高宗時係純粹有意的無辜犧牲岳飛，古今同悲岳飛，痛恨秦檜，乃從心理上深烙不可磨滅的印象。

　　岳飛遇害前後，奏斬秦檜的朝廷主戰派領袖胡銓遭貶謫，趙鼎罷相，軍人諸巨頭劉錡、韓世忠等去職，宮廷支持的和平論完全勝利，而有紹興一二年（紀元一一四二年）的宋——金和平條約談判成立，其條件：①宋向金稱臣②金歸還高宗之父徽宗梓宮（紹興元年崩，年五四歲）與高宗生母韋皇后（高宗之兄欽宗以下則續被扣留，欽宗至紹興三一年崩終未放還），③宋歲貢銀、絹各二十五萬兩、疋，④兩國東以淮水、西以大散關（今陝西省寶雞縣）爲界，較北宋時代領土損失已五分之二（徽宗宣和時代一千二百三十四縣，和約簽定時保全僅七百〇三縣）。和

約的最大屈辱係對金朝稱臣，也是向來中國主軸的國際秩序一大變化。
向來漢族天子君臨天下，視所有異民族均爲臣，五代石晉雖然最早臣事
異民族的遼朝，但尚可解釋之爲石晉建國者自身同係異民族而爲特殊事
態。宋——遼約爲兄弟之國，漢族已與異民族變化改立於平等關係，只
仍是宋「兄」爲長。至是，尊卑關係乃完全顛倒，漢族中國竟已屈從服
事夷狄。屈辱的臣事金朝，主戰論者意氣雖衰，仍然猛烈反對，秦檜第
二階段的壓制，一方面是盡行解除宿將兵權，一方面又嚴禁政治批評，
處罪反和議諸學者，主戰論乃被徹底彈壓而失卻發言力。秦檜死後，紹
興三一年（紀元一一六一年）金朝慶帝海陵王一度破壞和平，號稱百萬
雄師南侵時長江沿岸采石磯（北南京而南蕪湖，今安徽省當塗縣）之役，
勝利的宋朝方面指揮官便已回復爲文臣，虞允文一戰成名。

　　宋——金和平關係締結，宋朝儘管屈辱與領域減削，究竟以領土疆
界決定與干戈化消，而得步入正軌的內政整備時期，南宋國礎漸漸安
定。金朝方面海陵王緊張局勢再製造也違背國內興情，將士厭戰情緒下
侵略失敗，立卽遇弒，繼位者乃金朝名君世宗。同一期間，南宋也已是
同以賢明善譽的第二代孝宗在位。雙方和平共存形勢繼續好轉，不難自
孝宗乾道元年（紀元一一六五年）修正紹興年間條約窺測：①君臣關係
改金爲叔、宋爲姪，②歲「貢」改稱歲幣，銀、絹數額也各減五萬爲二
〇萬兩、疋（國界依舊），南宋朝廷精神、物質壓力都傾向緩和，叔姪
固仍係尊卑關係，卻拉近了感情。南宋的繁榮期，便自孝宗之世來臨，
北宋時代盛況重現，而重文輕武的社會意識、弱兵的國家體制，以及對
外和、戰問題不再存在時的士大夫間黨爭，卻也一切都已回復了北宋時
代舊觀。

　　高宗與孝宗間，乃血統的遠緣相續，原因係以高宗無嗣，近緣的太
宗子孫又均已被金朝俘去北方扣留，年邁籌劃儲位，便只有自太祖系譜

的後裔中求取，而紹興三二年（紀元一一六二年）立太祖七世孫爲皇太子，同年禪位爲南宋第二代天子孝宗。所以傳統的歷史界流行因果報應說，謂太宗奪兄太祖子孫之位，帝統終復回復太祖後嗣。孝宗淳熙一四年，太上皇的高宗以八一高齡崩，第三年淳熙一六年（紀元一一八九年），也已六三歲的孝宗做高宗例，禪位其子光宗。紹熙五年（紀元一一九四年）太上皇孝宗崩，同年光宗又禪位其子寧宗。

南宋承平日久的寧宗之世，黨爭再興巨大風波。宋朝黨爭，北宋時代已加味士大夫間學派之爭，新法黨與舊法黨的對立，同時也是王安石之學與思辨的理學間之爭，而迄於北宋末，大體均新法黨學者佔優勢。南宋之初一度提倡理學，秦檜政治的推動，王安石學派回復得志，理學被排斥爲曲學而學說禁止。但於民間，理學仍然提倡，特別是孝宗時朱熹學說興起的受歡迎，而廷臣也至以朱子之學爲主要攻擊目標。光宗宰相趙守愚支持理學勢力向朝中伸張，朱熹與其友人被引入中央供職。寧宗繼立，韓侂冑鬭倒趙守愚專權當國，黨爭波及學界之勢乃急遽發展，理學被直截指係僞學，禁絕著書立說。僞學一黨題名五十九人，自政界被放逐（慶元三年，紀元一一九七年），是謂僞學黨禁或慶元黨禁，北宋蔡京的元祐黨人之禍再現，朱熹便係黨禁期間鬱鬱去世。

對外方面，金朝衰象已退，韓侂冑圖乘其弱，輕啓戰釁（開禧二年，紀元一二〇六年），卻於大敗之下，招致金兵的大入侵報復，宋朝北方國境全線潰退。寧宗斬韓侂冑首送金求和，嘉定元年（紀元一二〇八年），紹興和約第二度修正：① 金──宋關係昇高爲伯──姪稱謂，②宋朝歲幣增額至銀、絹各三〇萬兩、疋，另加犒師費銀三百萬兩，國界如前，以自取其辱結束這場國事兒戲。

便於其時，蒙古族已如旭日之升，連連壓迫西夏與金朝。南宋第五代理宗以下，以寧宗又無于嗣而再轉入太祖另一支系譜。北宋亡國的一

幕也正重現。理宗宰相史彌遠投機連結蒙古滅金於前，弱宋與強大蒙古接壞後，度宗宰相賈似道續演訂約又背盟的國事兒戲於後，南宋末代恭帝德祐二年（紀元一二七六年，蒙古改建元朝的世祖至元一三年），元軍陷臨安，俘虜恭帝、皇太后、皇族、百官、宮人北去，南宋七代一百五十年而亡。宋朝全歷史三百十七年，兩度傾覆於異民族的軌跡相同，以弱兵而不能抗禦外侮的原因也相一致。北宋覆亡，尚得偏安為南宋，南宋覆亡，已無機緣再興。由遺臣保護沿東南海岸退卻的度宗兩幼子，帝昰（端宗）即位於福州而敗死廣東，帝昺續於崖山（廣東省新會海中）即位又敗死，流亡政府存立僅前後三年，紀元一二七九年南宋朝命脈絕滅。

南宋亡國，死節之士特多，文天祥勤王兵敗，被俘不屈所賦「人生自古誰無死，留取丹心照汗青」著名詩句。以及死難前幽囚大都獄中作「正氣歌」長詩，均係千古流傳，感人肺腑。張世傑所擁係流亡政府播遷奔波期僅有的武力，最後與負帝昺投海的陸秀夫，先後殉國，共宋祚同亡，合文天祥被稱三忠。謝枋得、陳宜中等，也都是同時期同等忠烈的人物，「宋史」忠義傳八篇，收錄傳記至二百七十四人。宋末如此之多的忠節之士出現，較唐朝覆亡時的現象完全相異，學界向來重視，推崇為宋儒理學的義理學風教養影響，砥礪漢族民族思想發揚至沸點。

然而，宋亡三忠，除張世傑係小校出身的職業軍人外，文天祥、陸秀夫固均科舉甲人，文天祥且是第一名進士及第的狀元，其餘死事國家也多是讀聖賢書的士大夫。相反，南宋朝臣降仕元廷者卻同樣非少，文天祥之弟文璧便是，臨安陷落後追擊流亡南宋朝廷的元朝大將張弘範，又正是立場與之針鋒相對的張世傑從兄弟。事元朝世祖，以書、畫、詩文、理財之術見長的趙孟頫(子昂)，更係宋朝皇族身份，此其一。其二，南宋中期以後幾乎相續盤據相位，攬權誤國的韓侂冑、史彌遠、賈似道

三奸臣，韓侂冑之母係高宗皇后之妹，光宗皇后又其姪女，賈似道之姊則理宗寵妃，政治多少加塗了外戚色調，但三人同樣都是進士出身，與忠臣無異。換言之，士大夫間自分忠、奸，又相對立的形勢，南宋與北宋一脈相承，韓侂冑且便是北宋名臣韓琦的曾孫。所以，理學培育忠臣愛國氣節與激發民族意識為誠然，卻非連結絕對的，以及必然的關係。

　　所堪注目，毋寧須在宋朝社會士大夫層面構成後，龐大政治影響力的潛在。通過科舉考試之門直接參與政治為無論，在學期的「士人」階段已具發言力，則迥非歷代所可比擬。尤其接受國家教育，知識份子前列位置的最高學府太學學生數字，北宋徽宗時代由蔡京擴充至三千人之多，其時以來，太學生政治批判風潮興起，形成左右朝政的盛大輿論。這股潮流，自宣和七年（紀元一一二五年）太學生運動領袖陳東最早上書請斬蔡京、童貫等以來，蔚為北宋——南宋轉移階段主戰論最有力的支援（秦檜也是靖康元年和約反對運動領導人之一，其時正任職太學司業）。北宋亡國，太學生多陷敵手，得以追隨南渡的人數非多，又經秦檜彈壓主戰論而學生運動一度退潮。高宗末恢復太學生數定額一千人，寧宗時禁錮朱子之學，太學生卻再增至一千七百餘人，發言力開始回昇，偽學五九人中便列有太學生六人。黨禁解除以至理宗治世，理學集大成的朱子學已發達擁有學界壓倒勢力，確立其儒學正統地位，學生政治活動高姿態陪伴重現北宋舊觀。而同一時期，蒙古之興，金朝替代遼朝位置的國際三角關係，也已重現北宋翻版。十分明白，抗拒外侮不能單恃精神而毋須憑實力，愛國運動情緒的激昂雖可喜，威武不能屈的慷慨赴死精神雖可敬，卻都對救扶大廈傾倒無實益，臨安之陷，太學、宗學生數百人便束手就縛，隨皇族、朝臣被蒙古兵俘虜北去。北宋亡國，係賴武人奮起才得中興南宋，南宋亡國，便只有聽任復國絕望。則與其傲岸於亡國時的死節，不如惋惜亡國原因的重文輕武矯枉過正，以及幸

有挽回機會，又於南渡立國初穩之際，立卽在毋須考慮武人之弊，是否
也可循疏導原理化消的文人獨斷理念下，退回北宋立場。宋朝最終命運
因而全行喪失戰鬥力，自是的漢族，也以三百年宋朝爲關鍵，而鑄定其
民族性格。

宋朝世系圖

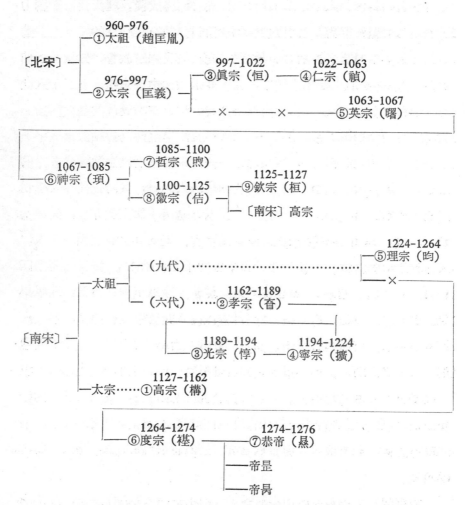

文治主義與君主專制絕對化

宋朝乃中國史上經由唐末・五代醞釀而完成的重要變革期。變革背景的分裂時期權力者主體節度使沒落，藩鎮支配體制解體，而近代中國的君主專制政治展現，起點便置諸宋朝諸制度的建設與發展。

「宋史」職官志序總述宋朝政治制度：「三師三公不常置，宰相不專任。三者長官，尚書、門下並列於外，又別置中書禁中，是爲政事堂，與樞密對掌大政，天下財賦，內廷諸司，中外筦庫，悉隸三司。中書省但掌册文覆奏考帳，門下省主乘輿八寶，朝會板位，流外考校，諸司附奏挾名而已。臺、省、寺、監，官無定員，無專職，悉皆出入，分蒞庶務。故三省、六曹、二十四司，類以他官主判，雖有正官，非別勅不治本司事，事之所，寄十亡二三。故中書令、侍中、尚書令不預朝政。侍郎、給事中不領省職，諫議無言責，起居不記注，中書常闕舍人，門下罕除常侍。司諫正言，非特旨供職，亦不任諫諍。至於僕射、尚書、丞、郎、員外，居其官不知其職者，十常八九。其官人受授之別，則有官、有職、有差遣，官心寓祿秩，敘位著，職以待文學之選，而別爲差遣，以治內外之事。其次又有階、有勳、有爵。故仕人以登臺閣，升禁從爲顯宦，而不以官之遲速爲榮滯，以差遣要劇爲貴途，而不以階勳爵邑有無爲輕重」。「外官則懲五代藩鎮專恣，頗用文臣知州，復設通判以貳之。階官未行之先，州縣守令，多帶中朝職事官外補。階官既行之後，或帶或否，視是爲優劣」。與唐朝制度比較，變革方向鮮明可見。

於唐朝，宰相職能雖已分散數人（同中書門下平章事或簡稱的同平

章事），各別的意見由天子決裁，但天子對政治問題的決策，所連結仍惟單獨爲宰相，國家政治也名實均集中由宰相負責。類似委員制的宰相合議場所政事堂，其直接下達所謂「堂帖」的命令，較之天子名義的勅令，効力非只相等，且以直結現實問題與其時效而猶被重視。詔書於立法手續完備（中書擬定，門下同意）後，天子必須簽署（用璽）頒布。宋朝則一變舊貌——

蹈襲複數同平章事合而爲宰相的原則之外，加置同係複數的參知政事，同於同平章事權能，同係宰相而僅官位稍低，資歷較淺。同平章事、參知政事依合議爲政務審議，然後天子最後決裁，宰相職權再被細分與掣肘。堂帖已被取消，制定詔書也必須「面取進止」，由宰相先具劄子由天子核定，然後依天子意志正式擬旨，宰相權限且已縮小，由君權大幅吸收。

同平章事與參知政事均係「職」而非「官」，「宋史」職官表一宰相條所稱「以丞、郎以上至三師爲之」，固沿續唐制，但唐朝惟宰相與新置臨時性質諸「使」職爲官、職分離。宋朝則制度中全部的官，都已與所掌管的職抖亂關係，而且「職」專用於狹義接近天子的文學侍從之選，廣義的「職」則以「差遣」或「差」稱謂，如職官志序所說明。所以，「官」單純以示階級或「位」的意味，名、實已不相符，有官無差，便無實職。吏部尚書應係握有人事權勢的吏部首腦，宋朝則形成加諸宰相的階位，三省長官中書令、侍中、尙書令尤已轉變與三師同性質專示尊榮的官位。門下省蒙受影響最大，非只失卻唐制與中書省輔成意義，機關自內廷外遷，改立到尙書省相似位置。抑且，門下系統的各級諫官，責任原係諍諫天子，平衡天子——政府權力，宰相憑以限制天子專制的有力機能，卻也因官、職分離，非天子特命不任其職，而機能喪失。至此，政府空具人事權，用人實際全移入天子之手，又已不受制度

上的監督，君權集中與膨脹再昇高一層。所以，十世紀宋朝狀態，與西洋史上近代之初，自教皇權威下解放的十六世紀歐洲絕對君主制（Absolutism），兩者間具有頗為相似之點，這又是意味宋朝所賦近代特色。

宋朝政治組織一變唐制的另一特色，係執行總機關尚書省六部之上，各別設立其監督機關：吏部→審官院、戶部→三司、禮部→禮院、兵部→樞密院、刑部→審刑院、工部→文思院。諸監督機關性質的便是六部重疊差遣為可知，新設原因，也可據而瞭解，其一，便是掣肘執行機關，防範專權；其二，諸監督單位官位雖有高低，直屬天子上奏政情的關係則一。天子與政府的連繫，由此改變為多線發展，總由宰相代表政府的傳統打破，又是近代史上君主專制政治的一大躍進。

對應六部的六機關中，其回復宋朝創置，惟最重要、地位最高的樞密院與三司，係上承先行朝代而於宋朝注入新機能。關於樞密院，「宋史」職官志二樞密院條說明：「與中書對持文、武二柄，號為二府」，也自門下省移出宮內，與三省中獨存內廷的中書省，一主行政，一主軍事，同係處於宮內的國家最高機務機關。與之相關聯，乃對應前代軍閥所遺留私兵處分問題而斷行兵制改革。「宋史」兵志序介紹宋朝的新兵制：「宋之兵制，大概有三：天子之衞兵，以守京師，備征戍，曰禁軍；諸州之鎮兵，以分給役使，曰廂軍；選於戶籍或應募，使之團練訓練，以為在所防守，則曰鄉兵」。鄉兵係地方自衞隊意味，備警察任務的義勇組織，軍事上正式編制，因之惟是禁軍（中央軍）與廂軍（州兵），後者便是前代節度使軍隊切斷其私兵關係加以分散後的系譜，兩者補充時兵源合而為一與國家統籌，乃變化的根本所在──

第一、宋朝軍隊仍係出自募集方式的職業兵，兵員召募時，由地方選強健者送中央編入禁軍，選賸者才留各州為廂軍。所以，禁軍素質基本上已超過廂軍，成軍後又續不斷以廂軍中所發掘幹練者昇入禁軍，相

對則禁軍中無能者淘汰降入廂軍，而廂軍益益與禁軍的強化拉大距離。加之廂軍平時不施軍事訓練，主要係從事州城河川與其他工事的營繕，所以，廂軍或州兵，事實上成爲集合無能不成材者、失業份子、饑民、犯罪處刑的囚徒等大雜燴收容所（見「宋史」兵志七召募之制）。廂軍旣空具其名，全無戰鬪能力，國防憑恃的武力，便惟有中央禁軍。

第二、正軌作戰部隊也從制度上便設定於惟有天子親衞軍意味的中央禁軍，自「宋史」兵志序前引記載可明白見出。殿前司、侍衞司（又分馬軍、步軍）三系統禁軍，平時約半數警衞京師與宿衞宮廷，另半數於更戍法下番替分戍國境線與國內戰略要地，戰時則調遣出征，擔當了國防、衞戍、征伐重任的全體。宋朝抑壓前代軍閥，收奪地方兵權，兵力的集結中央乃是必然結果，地方軍隊弱體化也成爲當然現象。

第三、禁軍指揮權又非統一而係三分，三軍司令官（都指揮使）各別直隸天子，均指揮兵馬而無統帥權。統帥權歸參贊機務，參謀本部意味的樞密院通過天子而領有，雖一兵一馬移動，必須出自樞密院命令。簡言之，兵權二分爲統帥權與指揮權，而其上集中由天子總轄。抑且，指揮系統的武官與部下間，私的親密關係形成可能性也被切割，更戍換防時將、兵因之非偕同派遣交代，所謂「師無常帥，帥無常師」。內外用兵，將帥的臨時差遣，事畢而罷，理由相同。

軍事制度的強幹弱枝而又權力分散，係宋朝一大特色，但也是回復中央集權時全體制度的共同特色。另一共同特色，文治主義下軍事方面的文官優位體制尤堪注目：

——出征由文臣統率軍人的原則建立，仁宗時對西北西夏戰爭期間，總司令范仲淹、韓琦均當時有名的政治家，係其著例。

——樞密院長官樞密使或知院事的任命，也以文臣爲主。仁宗時名將狄青任樞密使，以文臣間流言，指其得士卒之心，「人情頗疑」而罷

職。另一例狄青之前，同係仁宗時代的武人樞密使王德用，且以其貌似太祖爲具危險性而被排斥（均見「宋史」本傳），「宋史」職官志二樞密院因之謂「（長官）或以武人爲之，亦異典也」。

——唐朝文選吏部主之，武選兵部主之的制度，宋朝已全變，兵部無人事權，止掌武舉、儀仗、器械等事，無論文、武官的任用、考績、升遷，概由吏部統一掌理（「宋史」職官志三吏部、兵部條），又是配合樞密院取代爲最高軍政機關地位，文官優位的堅實立脚基石。

如上政治準則下，軍人士氣無由激勵已可估測，禁軍理論上固必較廂軍精銳，結局仍以來源相同，素質從不穩定而與廂軍合流。宋朝立國百年的仁宗末嘉祐年間，已有言官沉痛指出「比歲籌募禁軍，多小弱不勝鎧甲」（「宋史」兵志七召募之制）。再隔英宗至神宗初「文獻通考」兵考五（兵制）元豐二年條引王安石說神宗行保甲法，減募兵數而移其經費訓練民兵之言又是：「太祖時接五代，百姓困極，豪傑多以從軍爲利。今百姓安業樂生，而軍中不復如嚮時拔起爲公侯者，卽豪傑不復在軍，而應募者大抵皆偸惰不能自振之人而已」。以後續半個多世紀而北宋亡，此期間禁軍愈向無力化墮落，「文獻通考」兵考五政和五年條按語尤有明晰說明：「自元豐而後，（新法保甲法下）民兵日盛，募兵日衰，其募兵闕額，則收其廩給，以爲民兵敎閱之費。元祐（神宗次代哲宗年號）以降，民兵亦衰。崇寧、大觀（哲宗之弟徽宗年號）以來，蔡京用事，兵弊日滋，至於受逃亡，收配隸，猶恐不足。政和之後，久廢蒐補，軍士死亡之餘，老疾者徒費廩給，少健者又多冗占，階級旣壞，紀律逾亡。童貫握兵，勢傾內外，凡遇陣敗，恥於人言，第申逃竄。靖康之初，召募益急，多市井無賴及操瓢行乞之人」。宋朝規定募兵的退伍年齡是六十一歲，平時已多老弱殘兵，有事時增募又多無鬪志的社會渣滓與蠢蟲，弱兵乃爲必然，國家兵數愈養愈多，而仍難抗外侮，也爲必然。

　　財務行政發達，又係宋朝制度一大特徵。唐朝中期以來，以專賣收入與商稅之與新置鹽鐵使，又爲適應財政複雜化的整理需要而增度支使，原財政主管尙書省戶部權限被分割。宋朝，卽並列的戶部、鹽鐵、度支的財政三司加以統一監督，合爲「三司」，長官稱三司使，職權之重與宰相相埒，當時號「計相」。唐朝稅收的上供、留使、留州三分配制，宋朝也已廢止，由三司統籌，財政面又完成中央集權化。

　　惟其如此，宋朝國政推行原則，係行政、軍事、理財三權或三職能的分立，各別統轄此等職能的中央三大機關，便是二府（中書省、樞密院）加三司。與之對立，唐末已賦「內相」之稱的翰林學士，宋朝陪伴君主專制政治成立，職位愈益重要，也以其最爲接近天子而最以清貴被豔羨。同時，又自唐朝弘文館（屬門下省，宋朝避諱改昭文館）、集賢殿、史館（均屬中書省）三館與內廷侍讀、侍講制度的基盤飛躍擴大。除三館仍隸兩省，由宰相兼大學士外，大量成立無職位，也無所屬的殿（觀文殿等）、閣（龍圖閣等）學士獨立系統諸官，供出入內廷，備天子顧問、談論學問。宋朝文人政治與文治主義，以歷史上初見如許的文學侍從之臣出現，與其環繞天子爲中核之勢形成，而加塗其不褪的濃烈色調。

　　地方制度，宋朝蹈襲唐朝的州・縣兩級制形式。唐末・五代節度使治下擁有大勢力的地方長官州刺史，瓦解藩鎭體制時，由於中央直接任命文官蒞任，以及加派文官通判治事（大州且是二人）的雙重處置，而朝廷收回行政權。只於相同的地方行政系統位置上，發展爲①府、②州、③軍、④監四種形態，前兩類沿自唐制，後兩類乃新制。「軍」側重軍事需要，隸一至三縣；「監」係國營工場所在，僅轄當地一縣，但主體仍係「州」。藩鎭時代職能被州侵奪，任輕位卑又多無能者擔當的縣令，同樣派中央官員接充，矯正不振弊風，以收牧民實績。地方幕職、佐理

官，包括縣丞、主簿與新設的縣尉，也一概由朝廷任命。如上大幅度改革，目的固係回復被藩鎮變制破壞的地方行政正常機能，卻已寓有歷史的劃期意義：

──州、縣長官「刺史」等固有地方系統官名，自此取消，一律以中央政府官銜與身份「知」其州事、「知」某縣事，開創後續朝代知府、知州、知縣，以迄民國初年仍然以縣知事爲稱謂的制度。一方面，代表州、縣向中央歸屬，已概由朝廷直接支配，天子與人民間，不允許再如昔日分幾階段行政統轄事態的存在。另一方面，「知」係權宜或臨時性代理治理的意味，其權力由中央加以限制，不允許獨斷專行。刑獄覆審制與犯罪須報中央定讞，便自宋朝始。地方長官的身份與職務，均已由朝廷緊縛。

──地方系統得與中央對立，其意識根源階段性統治，係地方長官在於任地，賦有自由任命屬官的人事權。此一歷史傳統，也自宋朝，隸屬地方長官的輔助官員如同長官，均由朝廷直接任命而全變。無論州──縣間或長官──屬員間，意義謂惟在職務上才存在管轄關係，身份則同等出自朝廷任用，同沐天子之恩。

──地方一級行政區州的長官，知州之外加置通判，兩者關係如同中央政府同平章事與參知政事。通判乃知州之副，而非屬官，僅地位稍低，職權同於知州，作用也便在掣肘知州權力。

州、縣數字，各時代自非固定不變，神宗元豐時全國共京府四、府十、州二百四十二、軍二十七、監四、縣一千一百三十五。

州級區劃繁細，可以防止地方勢力強大化，但反面的煩惱也是監督不易週全。立於行政靈活與便利的需要，而州以上介在朝廷之間，乃有「路」的虛級大行政區陪伴所謂監司的設置而成立。「文獻通考」職官考一五轉運使條引東萊呂氏曰：「國初未嘗有監司之目，其始除轉運使，

止因軍興，專主糧餉，至班師卽停罷」。太宗時最後完成藩鎭武臣的壓
制，分全國爲一五路，轉運使才全面以及固定設置，除掌一路的財賦外，
也委兼所收奪節度使刑獄與邊防之事，一時握有非常的權力。旋又以轉
運使權力過重，次代眞宗時割裂其一部份職任分置「提點刑獄」，眞宗、
仁宗時陸續置安撫使，神宗時罷諸路安撫使而再分轉運使之權置「提舉
常平」，徽宗時又恢復安撫使。至是，東萊呂氏指出：「監司之官旣衆，
所領之職又分，諸路復以知州帶一路安撫、鈐轄等名目，自領軍事，而
轉運司所職，催科徵賦、出納金穀、應辦上供、漕輦綱運數事而已」。
所以，「路」的性格便似漢朝的「州」或唐朝的「道」，卻也已變形，職
務非漢、唐之制的單純而及於多方面係其一，多方面職務的權力分散，
監司由最早的轉運使一化爲四，又係其二。「路」的析置數字，仁宗時增
爲一八，神宗時二三，徽宗時再增爲二六（「宋史」地理志序）。

　　從如上宋朝統治形態，可以見出，無論中央或地方，均係否定武臣
權力，文人政治卻又權力細分化爲特徵，而支配系統頂點集中到天子。
也惟其立腳於摧毀藩鎭畸形體制爲基盤的宋朝中央集權制，把握的是重
文輕武原則與官、職分離，全憑天子親裁的方針，中國歷史上君主專制
體制乃行最初成熟。

　　神宗時代，復古精神爲骨子的大改革運動興起，新政治制度也於此
風潮中，自元豐三年（紀元一〇八〇年）展開，是卽有名的元豐新官制。
倂合重疊衙門，官職回復一致，平章、參政的宰相職銜改以尙書左僕射
兼門下侍郎行侍中事，尙書右僕射兼中書侍郎行令事實任，三司取消而
其職務分別吸收入戶部、工部、刑部與其他官廳，都是顯例，大體上乃
依唐朝「六典」制度爲準則。　然而，　也適應新的時代而非全係唐制復
活，樞密院仍與三省對立爲國家決議機關，以牽制大政專斷，保持專制
君主權的基本方針不變，武官任用非由兵部而係吏部統有文、武官任命

權，文官優位制也仍是大異唐制的宋朝特色。地方制度原較單純，監司四分之制成立且在神宗以後，所以元豐改革官制，地方方面的改變影響非如中央強烈顯現，但官無虛職，名實相當的原則則一，「知」字銜名與其含意不變，非全盤唐制復活意義也相同。替代「官」以繫祿秩，乃新製定「階」制，所謂以階易官的元豐寄祿格，供內、外廻轉。

　　元豐新官制實行，距北宋之亡已不滿五十年，須由南宋繼承，而新、舊官制的階段性才明顯。惟南宋制度於元豐基盤上也續有修正，左右僕射宰相官名，自第二代孝宗時改左、右丞相，且雖分左、右而一人獨相之時為多，樞密院長官又是軍興由宰相兼任，兵罷則免兼，中期以後且是固定例兼。三省分立與二府對掌機務之制，漸向丞相統轄舊傳統回復，此其一。其二，北宋之末四分地方監司後，領土減縮到僅有淮水、漢水以南十六路，山南西路一府（鳳翔）、陝西路四州（階、成、和、鳳）的南宋，確定其重要性基準的四司排列順序為帥、漕、憲、倉。帥即經略安撫使，漕即轉運使，憲即提點刑獄（按察官吏），倉即提舉常平、茶、鹽。帥司經略安撫使勢力抬頭為一大轉變，由原掌一路兵馬之事，漸以兼任重要州、軍守臣，權力擴及民政，而「宋史」職官志說明，南宋時終至「掌一路兵、民之事，皆帥其屬，而聽其獄訟，頒其禁令，定其賞罰，稽其錢穀、甲械、出納之名籍，而行以法」。簡言之，帥臣雖仍是文臣，卻漸漸已向前代節度使之勢回復，府、州、軍、監之上虛級的「路」也轉變為實質大行政區，原二級制地方制度完成三級制面貌。到元朝，路領府而府又領州，地方制度便愈形複雜化。

　　可以了解，紀元一二〇〇年左右南宋中期（寧宗時代，蒙古成吉思汗登位稍前）以後，宋朝君主專制體制已發生動搖，權臣政治仍然有隙可乘。吸取經驗，杜絕此弊端而君主權力發達至極緻，須經過蒙古人元朝征服統治，回復漢族政權的明朝。

　　明朝政治重建，形貌蹈襲元朝制度，根底便隔代受繼宋朝制度精神。尚未完全傾覆元朝勢力的明太祖洪武一三年（紀元一三八〇年），藉口胡惟庸之變，決然廢止獨存的政務中樞中書省，革罷丞相之位，六部各自獨立而直屬天子，左、右侍郎係尚書之副而非屬官，同係長官級的所謂「堂官」，各別為天子負責。樞密院更名的大都督府做「六」部分割為五軍都督府（各置左、右都督、都督同知），御史臺更名都察院，也是左、右都御史，左、右副都御史四堂官。國家機能分立行政、統帥、監察三權，三權各自內部又相掣肘，而一概向天子集中。惟一的、絕對的天子權威觀念，推展已達頂峯，再無對抗或掣肘天子權力的勢力可能產生。地方制度，元朝各行省（行中書省）的架構仍舊，從來中央官廳的「省」，由是確定轉呼地方大行政區。省的統治方式則移用宋朝「路」的原制，對應三權分立原則，分設都指揮使（軍事）、布政使（行政）、按察使（監察・司法）三司，相互地位平等而各別直隸朝廷。其下府、州、縣複式體制，長官逐級仍以「知」為稱，卻均已非差道而改品官。省與府、直隸州之間，又介在元朝制度中已縮小宋制轄區與降低其地位的「路」所改設，布政、按察兩司分司意味的虛級的「道」。全國區劃，分兩京（太祖、建文帝的惟以今日南京的應天府為京師，成祖改北平布政使司為京師，原京師改南京，而兩京制度成立。卽：應天府為中心的南京或南直隸、順天府為中心的京師＜北京＞或北直隸，均係大轄區如布政使司）、十三承宣布政使司（提刑按察使司同）山東、山西、陝西、河南、江西、湖廣、四川、浙江、福建、廣東、廣西、雲南、貴州，除湖廣外已全是今日省名。

　　兵制更新，矯除宋朝弱兵之弊，係明朝一大進步。區分天下黎民為民戶與軍戶二大別，自民戶區劃具有軍籍的人戶非隸州、縣而隸衞、所，以衞所為對象撥給田土，免賦課，平時屯田受訓，有事出征。兵員不退

伍而以家內丁男遞補，父子相繼，專門的、世襲的服兵役，得保持職業兵
素質與役齡的一定水準，兼具募兵與徵兵優點，國家又節省養兵之費。
軍戶以每戶出一兵為原則，百十二人設一百戶所，百戶所十為一千戶所，
千戶所五為一衞，衞之上便是簡稱都司的都指揮使司，長城以內都司依
布政使司轄區設置，衞所也錯雜於州縣間，長城以外撤銷民政建置而單
獨成立萬全、遼東、大寧三都指揮使司（所轄便是替代州縣的所謂「實
土衞所」），共十六都司，另外五行都指揮使司，均由中央五軍都督府分
統（兩京衞所則非隸都司而由都督府直轄）。其制可知係自元朝的漢人
兵制創意，衞相當於元朝萬戶府，都司又是都元帥府。與元制的基本差
異，五軍都督府無直轄部隊，京城衞戍，乃諸衞兵番上編成中央禁軍而
擔當（今日調查局性質的錦衣衞名為「衞」而非軍隊，成員也例外出自
募選），已係獨立部隊而非五軍都督府管轄系統。長城外國境線上的邊防
部隊亦然，由總兵官（以後又有提督）統率，與出征時相同。所以，衞
所初制的完備，足可媲美唐朝府兵制，而漸漸制度的墮壞，也全如府兵，
抑且，成祖末已見其端倪。「續文獻通考」田賦考五屯田門記載：（永樂）
二十二年（紀元一四二四年）十一月（時仁宗已卽位），禁所司擅役屯田
軍士。諭戶部尚書夏原吉曰：先帝立屯種，用心良至。迨後所司多征徭
之，旣違農時，遂鮮收穫，以致儲蓄不充，未免轉運。其令天下衞所，
自今有擅差軍士妨農務者，處以重法」。自是漏洞愈裂愈大——

　　「明會要」兵二屯田卒項記「宣宗（仁宗次代，仁宗在位僅一年）
之世，屢覈各屯，以征戍罷耕及官豪勢要占匿者，減餘糧之半」的後一
事態惡化，景帝景泰三年（紀元一四五二年）已如學士商輅奏言：「邊外
田地極廣，先因在京功臣等，將附近各城堡膏腴之產，占作莊田，其餘
閒田，又為鎮守總兵、參將等占為己業，以致軍士無田可耕」（「續文獻
通考」田賦五屯田門，又引「明史」食貨志：「自正統＜景帝之兄英宗

年號＞後屯政稍弛，而屯糧猶存三之二，其後屯田多爲內監軍占奪，法盡壞，憲宗＜英宗子＞之世，頗議釐復，而視舊所入，不能什一矣」）。便是說，衞所長官、權貴、宦官的占役與占田，軍士旣不堪役使，又無田可耕，惟有逃亡，而有「續文獻通考」兵九憲宗次代孝宗弘治十三年（紀元一四七七年）條「臣等謹按」之言：「明代軍衞，遍於天下，逃亡占役，至於無兵可用。於是行召募之令，軍苦於役而令民爲軍，又使世及，其誰願之」。上距前記永樂二十二年僅五十多年，仍然返還募兵之途，而且以非民所願而已出諸強迫抽選。

　　衞所體系癱瘓期間，政治架構的上層也在變化。中央方面，天子親裁萬機的諮商組織，自成祖時代選拔翰林院中有能學者，開始形成，所謂內閣，兼具秘書與顧問機能。但官位初尚非高，以後從加官高品位殿閣大學士，終至四殿、二閣的內閣大學士位列六部尚書之上，形貌上已似合議制的宰相，而今日便以「內閣」一詞翻譯英國系政治制度的 inner cabinet。然而，明朝內閣僅祇天子顧問與秘書性格，不具有統率行政機關權力，較之今日「內閣」的實質，全然非是。

　　地方方面，十五世紀前半宣宗宣德年間以來，原臨時性差遣，事畢卽罷的巡撫，普遍於各省交代，次代英宗正統時又以軍興的原因，開始派出總督，其後兩者差遣資格且固定爲都察院、兵部正副長官。地方分立的三權之上，由是出現統合機關，惟與布政司、按察司、都司的三司，仍非建立直接的統屬關係，如同中央內閣之於六部。此等中央與地方關係，再變化與再調整爲中國君主專制時代最後的政治形態，乃待清朝受承之後。

　　明朝變更歷史上建元傳統，確立一世一元之制，一代天子，一個年號，治世期間不改元的原則，也由清朝所蹈襲。

　　十七世紀清朝滅亡明朝建立的征服朝代，對漢人政策是高壓與懷柔

手段並用，也必須借漢人之力統治漢族中國。所以，於明朝制度，無論中央或地方，一概忠實繼承，差異惟在運營。中央高等官員數必成偶數，滿洲人與漢人各一，如六部堂官，每一部均增至六人。此於表面固似公平，但按滿洲人與漢人懸殊的人口比例，已顯見征服者優勢，抑且，同一官位的滿、漢權力也非平等。地方官一職一人，任用不分滿、漢，滿人優位尤易明白。

　　立於明朝制度上的變化，內閣大學士品位仍然崇高，職權卻退回到純然天子秘書處性質，顧問權移至十八世紀前半世宗雍正以來差遣複數的軍機處大臣。明制出自差遣的總督、巡撫，清朝實任爲地方長官，巡撫掌一省行政的最高權力，總督與之轄區重疊，卻超越一省且總統軍、政，兩者間相互牽制如中央六部的尚書、侍郎關係。布、按二司官位不變，權限則由是轉變爲今日地方制度「廳」的意味，明朝地方三司中都司隨已有名無實的衞、所之廢，清朝制度中已無，中央的五軍都督府亦然，軍事權完成與行政權的合一。兵制便以征服者自身原有的八旗兵爲主力，漢人「綠營」輔佐。綠營仍係世兵，但非令屯田維生而改給月餉，以及提督、總兵、副將、參將以下統率，蹈襲的是明朝戰鬥部隊編制。

　　清朝地方大行政區劃，自明朝南、北直隸與十三布政使司基礎上再調整，南直隸分江蘇、安徽兩省（明朝南京廢），北直隸仍稱直隸而同入省列，湖廣分湖北、湖南，析陝西恢復元朝甘肅省，代表漢族中國的所謂「本部十八省」完全設定。僅餘秦、漢最早統一國家成立以前便是漢族中國傳統領土一環節，明朝孤懸關外的遼東都司實土衞所轄區與東北遼河流域，以係清朝龍興之地而建設盛京奉天府（瀋陽），與北京順天府相對立，也因而切離漢族中國本部十八省。須西方列強帝國主義瓜分中國野心已明目張膽揭露的清朝末年，關外才建制奉天、吉林、黑龍三省，與同樣在列強領土侵略背景下成立的新疆省、臺灣省，十九世紀

末與二十世紀初，新增五省。臺灣省仍被日本併吞，二二省合內、外蒙古、西藏，乃於推翻清朝時鑄定爲中華民國的領土範疇。

總結中華民國革命成功以前舊中國政治形態，關係到的一大課題，係外戚與宦官。漢朝外戚形成最大政治問題，卻也惟是君主權威尙非絕對化的漢朝，其後毋寧已係與權臣結合爲二而一的問題，外戚身份也由權臣所掩蓋，獨自的外戚問題，歷史上漢朝以後諸朝代未曾再現，此其一。其二，君權着着強化，權臣弄權機會日減，外戚影響力愈受限制。宋朝仁宗、英宗、哲宗、徽宗四代，嗣位之初均以年幼而母后稱制，卻從未發生如漢朝外戚干預政治現象。明朝天子、親王后妃宮嬪，例選自民間（所謂「選秀女」），且從制度上切斷了勳、戚關係。所以，遺留強烈特性的，祇有宦官，漢朝固然，唐朝仍興起軒然大波。原因係以宦官權力根源，較之權臣或外戚都迥異，附着的便是天子權力。祇是，君主專制絕對權力初展期的宋朝，宦官性格也較前代收斂。徽宗時童貫威勢傾天下，乃單純限於個人得天子寵信，背後並無似唐朝般彼等自身所發展特殊組織的勢力支撐，內侍省官位於宋朝且被抑低至正六品。

宦官滔滔濁流回昇，係在明朝，卻也是完全倒反了太祖初衷的發展結果。明朝宦官，如何自嚴屬取締與壓制遽然解放，而且一發不可收拾，「明史」宦官傳的綜合說明是：「明太祖旣定江左，鑒前代之失，置宦者不及百人。迨末年頒祖訓，乃定制爲十有二監及各司、局，稍稱備員矣。然定制不得兼外臣文武銜，不得御外臣冠服，官無過四品，月米一石，衣食於內庭。嘗鑴鐵牌置宮門曰：內臣不得干預政事，預者斬。敕諸司不得與文移往來。建文帝（惠帝）嗣位，御內臣益嚴，詔出外稍不法，許有司械聞。及燕師逼江北，內臣多逃入其軍，漏朝廷虛實，文皇（成祖）以爲忠，卽位後遂多所委任。永樂元年，內官監李興奉勑往勞暹羅國王；三年，遣太監鄭和帥舟師下西洋；八年，都督譚靑營有內官王安

等。又命馬靖鎮甘肅、馬騏鎮交阯；十八年置東廠，令刺事。蓋明世宦官，出使、專征、監軍、分鎮、刺臣民隱事諸大事，皆自永樂間始。初，太祖制內臣不許讀書識字，後宣宗設內書堂，選小內侍，令大學士陳山教習之，遂爲定制。用是多通文墨，曉古今，逞其智巧，逢君作好，數傳之後，勢成積重。始於王振，卒於魏忠賢，考其禍敗，其去漢、唐何遠哉」。可知曉距太祖之崩不過廿餘年，永樂十九年（紀元一四二一年）遷都北京以前，太祖築起抑制宦官的堤防已全面決潰。

　　成祖修正國家百年大計，重心之一便是宦官重用。秘密警察特務機關東廠自成祖之世誕生，上直衛之首，專治詔獄，偵察、逮捕重罪犯的錦衣衛將校受其指揮，乃是明朝政治的特產品，而東廠委任者便是宦官（司禮監秉筆太監之一總其事）。宦官代表天子與國家出使外國，也自明朝習以爲常。所以，十二監、四司、八局，總稱二十四衙門麗大構成體的明朝宦官大漲潮時，所與任務範圍之廣，於中國宦官史上爲空前未見，係堪注目事象之一。

　　之二，成祖之孫宣宗（其父仁宗繼位翌年即歿，因之等於祖——孫間傳承）嗣立，又繼宦官任務擴張而素質提高。從根本破壞太祖禁止宦官讀書接受教育的祖訓，於宮中設立宦官學校內書堂，多選小內侍從十歲上下開始攻讀經書，由翰林官教導。宣宗宦官教育熱的結果：其一，促成宦官也是知識份子，明朝宦官專權之始的宣宗之子英宗時代王振，便是內書堂初期出身者之中的著名人物。英宗九歲登位，自皇太子時代，王振已受宣宗託付指導這位儲君讀書、習字，英宗繼位後仍以嚴師態度對待，且奉稱制攝政的太皇太后命照料小皇帝起居生活，所以英宗自始便在王振教育下成長。迨正統中太皇太后歿，成祖以來歷仁、宣兩代元老重臣又均相繼謝世或退隱，王振專斷時代，乃憑其長期養成的特殊條件而成立。也惟其年輕天子英宗對王振已係慣性依賴，才可以不顧

王公大臣一致反對，獨聽王振意見親征北虜，激發土木之變兵敗被俘的巨禍。其二，也以宦官學識水準提高，而內閣之上，再一內閣隱然於內廷成長其駕凌之勢。內閣的顧問職司，宣宗時對內、外奏文，制定由大學士書面簽注意見，擬具批答草稿的處事方式，所謂「票擬」（亦稱「調旨」、「條旨」、「票旨」），係此一變化的起步。變化經緯，清朝乾隆時勅撰「續文獻通考」職官考二宰相項內閣大學士條，引廖道南「殿閣詞林記」有簡明記事：「至宣德時，始令內閣於中外章奏，許用小票墨書，貼各疏面以進，謂之條旨，中易紅書批出。及遇大事，猶命大臣面議，議既定，傳旨處分，不待批答。自後，始專命內閣條旨，然中每依違，或逕由中出」。側近政治形成，與君主空間距離之差便是側近者之間權力之差，閣臣失卻與天子直接接觸機會，宦官的居間份量頓形加重。抑且，每日所有臣僚章奏，天子親自決裁的已僅少數，其餘均交專掌文墨的內侍十二監之首司禮監，依閣臣票擬用天子名義批答，所謂「批硃」，司禮監掌印太監之下的若干秉筆太監，便專以代筆為職務。掌印太監又得對閣票內容提出補充意見或異論，另具文書附入，謂之「搭票」，且可趁御前伺候之便加以說明。所以搭票的場合，往往推翻閣票原案或予變更，而如前引廖文最末兩句所述，也因而內閣隱然已具明、暗二重組織，或者說，存在了表、裏雙重內閣。附屬司禮監而職司公文書收發整理的文書房，性格也已等於翰林院之於內閣，升任宦官影子內閣成員司禮監太監的階梯（「明史」職官志三宦官條文書房原注）。

文獻中如下幾則記錄，堪供為事態發展的時間參照：

「續文獻通考」職官考二宰相項內閣大學士條，引孝宗弘治時大學士劉健「票擬宣密疏」言，明制天子「凡有咨訪論議，或親臨幸，或召見面諭，或遣司禮監太監到閣計議」，於孝宗之父，亦即宣宗之孫的憲宗時代猶然，所以「此臣等耳聞目見者也」。而「因循至今，事體漸異，

朝參講讀之外，不得復奉天顏，維司禮監太監，亦少至內閣。朝廷有命令，必傳之太監，太監傳之管文書官，管文書官方傳至臣。內閣有陳說，必達之管文書官，管文書官達之太監，太監乃達至御前」──自宣宗票擬之制設定，僅約半個多世紀，已以天子政務怠惰，而宦官政治之途漸漸開啟。

「明會要」職官二宰輔雜錄項：「世宗初，職方主事霍韜上言：閣臣職參機務，今止票擬，而裁決歸近習，輔臣失參贊之權，近習啟干政之漸」──續自孝宗歷武宗，至再次代世宗嘉靖年間，宦官便是君主專制權力代行者的面目，朝臣所見已是公然的肆無忌憚。

「廿二史劄記」卷三五明代宦官篇：「何元朗云：嘉靖中有內官語朱象先云：昔日張先生（輔）進朝，我們要打恭；後夏先生（言），我們平眼看他；今嚴先生（嵩）與我們拱手，始進去。案世宗馭內侍最嚴，四十餘年間未嘗任以事，故嘉靖中內官最斂戢，然（對待閣臣態度）已先後不同如此，何況正德、天啟等朝乎？稗史載永樂中，差內官到五府六部，俱離府部官一丈作揖，途遇公侯駙馬，皆下馬旁立。今則呼喚府部官如屬吏，公侯駙馬途遇內官，反廻避之，且稱以翁父，至大臣則並叩頭跪拜矣。此可見有明一代宦官權勢之大概也」──嘉靖以後，經歷百年已屆明末，明朝宦官權勢層層翻高，也以無恥的臣僚、士人，熹宗光啟末瘋狂似製造全國性不可思議的魏忠賢崇拜熱，而向變態的末期症狀惡化。

但也堪注意，宦官弄權先進的英宗正統時代王振以來，儘管宦官氣燄日昇，而兩大頂峯期武宗正德、熹宗光啟時代各別的代表性巨閹，正德時劉瑾於武宗當代便受誅，魏忠賢也自熹宗之崩，毅宗繼位的崇禎之初立卽伏法，而且都是輕易加以制裁。原因則非不容易理解，宦官權力原無獨立性格，乃是寄生的，批硃代筆祇是權力代行而非權力讓渡意

味，仍維持決定權在天子的精神。也憑天子對特定個人寵信決定此人物的權威，失卻信任便是失勢，特別當君主專制權益益強化的明朝。同一理由的擴大，惟其君主絕對權力確立，無論大臣或宦官的廢立、弒逆，自宋朝便已絕跡不復見，明朝同樣不發生宮廷政變與臣下篡奪情事。

滅亡明朝的清朝，如同元朝又是征服朝代，宦官也如同在於元朝，惟是皇帝的忠實奴僕。二十世紀初，中國最後的君主政體清朝傾覆，隨附宮廷的宦官也從此廢絕成歷史名詞，整部中國宦官史告一總結。

科舉・學校・士大夫

政府扱引人才，相對也是人才參與政府的通道，漢朝由鄉舉里選，魏晉六朝乃九品中正之制，隋唐係門廕與科舉雙軌，宋朝已以科舉爲常態採用的方法，而由明、清蹈襲。未變質以前的漢朝選舉，向被歷史界讚美符合平民政治的公開、公平原則，經歷魏晉以來九品官人法所依附變態的門閥政治，科舉制度成立，代表的便是反動時潮平息，回復平民政治意味，卻是，也非全然歷史的循環。唐末五代武人勢力粉碎門閥世族最後保有的社會基盤，宋朝又終結武人割據支配體系，文治主義爲動力的中央集權政治再展開時，文官制度的出發點則科舉用人，然而，便以科舉與選舉的差別，宋朝平民政治已視漢朝異質。申言之，漢朝選舉，係自平民間直接「選」拔「舉」人，是全面的、無層次的，選舉類別（科目）最廣泛的也是不附着專門知識，人人均具希望符合資格，以德行爲要件的「孝」「廉」。科舉於理論上平民權利平等，機會均等的公開、公平原則都不變，欠缺惟在一體參與的實質可能性，而向層次化間接參與變化。天子以文治統御天下的治道基調，科舉選拔人才方法出

自通過考試，考試無由依德行衡量，技術上得憑比較而認定錄取標準的，惟一又是文理或文詞，躋身科舉途徑乃限制以知書能文爲條件。但是，第一，必須行有餘力始得學文，第二，讀書敎養人非一蹴可以育成，於是讀書從事實上向專業化發展，且便以志願參與政治爲前提，卻也因此排斥了「耕」而無暇與無力「讀」的絕大多數平民於科舉用人門外。知識份子文化人、敎養人自戰國以來便謂之「士」，印刷術發達，出版業普及爲社會背景的宋朝，而固定爲「仕」的準備者稱謂，通已仕與準備者合稱，則是「士大夫」。堪注意的，「士」或「士大夫」儘管獨佔政治地位，其擁有佃戶的土地所有者，宋朝所謂「形勢戶」爲母胎的社會地位卻非獨立。所以，宋朝平民政治，嚴格而言，已係向層次化間接參與變化了的士人政治，但「士」的浮動於平民間而係平民濃縮、過濾的性格，立脚仍然不能遊離平民，迥異魏晉南北朝與平民相對立的世族。抑且，宋朝政治破舊換新境界中，唐朝尚興盛的蔭任，仕進法，制度上已大幅度縮小適用範圍與降低任用標準，官宦子弟毋寧也不加重視，而以科舉出身爲榮。宋朝士大夫層面由是愈形增廣，以及加固，其與科舉的息息相關也從而明瞭。

科舉登場，原便是隋、唐君主壓制門閥世族的手段，從此一意義，可瞭解「士」的再發生，本質上已係君所扶植，而與君主權力相結合。待收拾世族餘勢的最後清理完成，絕對性君主專制政治自宋朝建立，與科舉密着的「士」的歷史新形態，乃告鮮明確立，一方面恃其修己、治人的學問，發揮君主專制的細胞機能，一方面以其天子天下統御協力者姿態，受天子分予富貴享受。這層性格，由宋制科舉考用合一，通過考試便任官，完全變更唐制禮部考試合格後，再須經過人事主管吏部任用考試的程序，而強烈顯現。殿試制度化，非祇形式上固定取代吏部的第二次考試意義，也以理論上天子親自決定成績，天子門生意味而授官，

最是表現親密關係的恩惠。

宋朝開國八〇年左右的十一世紀中第四代仁宗治世，無論於科舉或士的歷史，都是個劃期性時代。宋朝科舉的代表性科目進士科年平均錄取人數，自太祖時九名，太宗時一躍而五十名，眞宗時七十八名，仁宗時，再向百十三名之數猛昇❶。另一項統計數字尤爲具體：「仁宗之朝，十有三舉，進士四千五百七十人。其甲等之三人凡三十有九，其後不至於公師者，五人而已」（「明史」選舉志一）。便順隨科舉堂堂登入全盛期，官員充分補給之源開闢，而慶曆（仁宗年號）士風樹立了今日印象中，中國士大夫的典範。

慶曆士風興起，內涵的意義，等於一項新「士」成形的大改革運動，所謂慶曆改革。擎大旗的主導者范仲淹，讀書應舉便「以天下爲己任」，其「士當先天下之憂而憂，後天下之樂而樂」名言流傳千古，士大夫奉爲立身處世準繩。「明史」其傳記特筆「一時士大夫矯厲尙風節，自仲淹倡之」，從入仕與舊勢力搏鬪而登位宰相的過程中，這位士風先驅與領袖人物卓然屹立，建立政治人格獨立，意見發表自由，人事公開，政策公正的風範，歐陽修等同調唱和，天下翕然景附，蔚爲風潮。確認知識敎養，築成於儒家經典爲中心的經世濟民實用性體系敎學，其實踐，又具有誠意、正心、修身、齊家、治國、平天下的階梯。所以，正學必須便是道德敎育，士的激勵忠、孝、節、義而建立政治責任，以自覺的、自發的個人道德誠心爲第一義，國家秩序基礎也須是道德秩序起點的誠心❷。於此，師道乃決然重要，仁宗時由范仲淹引薦白衣召對

---

❶ 宋初進士科取人年平均數，依筑摩版「世界の歷史」⑥東アジア世界の變貌」，第一二〇頁。

❷ 西順藏「宋代の士，その思想史」（收錄爲筑摩版上書第四篇），對宋朝士的性格說明頗詳，可供參考，但其餘部份無可取。

的大儒胡瑗，「旣居太學，其徒益衆，太學至不能容，取旁宮舍處之。禮部所得士，瑗弟子十常居四、五」（「明史」儒林傳二胡瑗條），德隆望重名師影響之鉅足徵，「明體達用」的士大夫敎育大目標，也便由胡瑗提出。師弟關係，因之也提昇與君臣關係、父子關係相等，而「天、地、君、親、師」名分論的倫常觀念成立。新意識下士的構成諸要素，乃可歸納爲：

> 人倫主義 ⟶ 名分論
> 國家主義 ⟶ 正統論
> 現世主義 ⟶ 實踐論

而其修、齊、治、平志向與倫理・名份的約束，又鑄定「士」自甘於佐理而非統御的本質。

慶曆士風動力對中國文化不可磨滅的貢獻，帶動了巨大思想新潮的完成，儒家哲學登入最高境界。自「宋元學案」開卷第一人胡瑗先導意味的學風，周敦頤、張載、二程，下逮南宋朱熹，約一五〇年間，新儒學或理學、性理學的哲學思潮澎湃，深淵廣博的思辨體系予先行文化以全面的新展開，爲中國學術大放光明。相對應的意義，也建立了慶曆士風所肇始，近代中國近一千年士大夫學問的理論基盤，此其一。

其二，自由化的古文運動由唐朝提倡後，歷五代至宋初又是四六駢體文流行，再校正的文體改革運動提出，同係慶曆改革一環節，歐陽修係其宗師。唐、宋八大家中宋朝六人，曾鞏、王安石、蘇氏父子兄弟，莫非歐陽修後輩，都以受歐陽修獎掖延譽，而文章最早馳名。

「明史」歐陽修傳的一段文字：「初，范仲淹之貶饒州也，修與尹洙、余靖，皆以直仲淹見逐。目之曰黨人，自是朋黨之論起。修乃爲朋黨論以進，其略曰：『君子以同道爲朋，小人以同利爲朋，此自然之理也，臣謂小人無朋，惟君子則有之。小人所好者利祿，所貪者財貨，當

其同利之時，暫相黨引以爲朋者，僞也，及其見利而爭先，或利盡而反相賊害。雖兄弟親戚不能自保，故曰小人無朋。君子則不然，所守者道義，所行者恩信，所惜者名節，以之修身，則同道而相益，以之事國則同心而共濟，終始如一，故曰惟君子則有朋。……故爲君但當退小人之僞朋，用君子之共朋，則天下治矣」。不啻是慶曆之士的堂堂定義宣告，也是政治羣力要素的坦率承認，以及中國的政黨政治意義最早認識。宋朝士大夫同道或今日名詞的同志爭爲國事發言，靖康之難前後且大規模形成太學生群轟轟烈烈愛國運動，傳爲歷史美談，在於當時，正是激發於天下爲己任的責任心自覺。

慶曆改革運動的重大意義與其垂久影響，堪比擬民國的新文化運動，卻是，副作用或負面影響於宋朝也已立見。自仁宗僅隔英宗一代的神宗以來，新法黨、舊法黨之爭未始非由政治理想與政治抱負，偏激化各走極端，結果徒然損害國家利益的整體。尊重反對意見反覆辯論，超越充分限界變質爲過分，神宗再隔哲宗的徽、欽二宗父子之世，所演出則是議論未定，金兵已渡河的國運大悲劇。文官制度入仕之門的改革，本身且便以失敗終場，「明史」選舉志一的記事：「時范仲淹參知政事，意欲復古勸學，數言興學校，本行實，詔近臣議。於是（翰林學士）宋祁等奏：敎不本于學校，士不察于鄉里，則不能覈名實。有司束以聲病，學者專於記論，則不足盡人才。參考眾說，擇其便於今者，莫若使士皆土著，而敎之于學校，然後州縣察其履行，則學者修飭矣。乃詔州縣立學，士須在學三百日，乃聽預秋試，舊嘗充試者，百日而止。試于州者，令相保任，有匿服、犯刑、虧行、冒名等禁。三場先策，次謁，次詩賦，通考爲去取，而罷帖經墨義。士通經術，願對大義者，試十道。仲淹既去，而執政意皆異，是冬，詔罷入學日限。言初令不便者甚眾，以爲詩賦聲病易考，而策論汙漫難知，祖宗以來，莫之有改，且得

人嘗多矣。天子下其議，有司請如舊法，乃詔曰：科舉舊條，皆先朝所定也，宜一切如故，前所更定，今悉罷」。約三十年後，相同的興學校、黜詞賦，由學校「養」士替代科舉「取」士的政策，神宗熙寧變法（王安石新法）中再被提出又再遭阻力，着眼於長遠的、有計劃的培植人才方案，於宋朝乃告確定的否決。形成巨大阻力的反對意見，神宗時著名文豪蘇軾熙寧二年的論奏可引爲代表：

「得人之道，在於知人；知人之法，在於責實。使君相有知人之明，朝廷有責實之政，則胥吏、皂隷，未嘗無人，而況於學校貢舉乎？雖用今之法，臣以爲有餘。使君相無知人之明，朝廷無責實之政，則公卿侍從，常患無人，況學校貢舉乎？雖復古之制，臣以爲不足矣。夫時有可否，物有興廢，使三代聖人復生於今，其選舉亦必有道，何必由學乎？且慶曆間嘗立學矣，天下以爲太平可待，至於今，惟空名僅存」。「至於貢舉，或曰鄉舉德行而略文章，或曰專取策論而罷詩賦，或欲舉唐故事，兼採譽望而罷封彌，或欲變經生朴學，不用帖墨而考大義，此皆知其一未知其二者也。夫欲興德行，在於君人者修身以格物，審好惡以表俗，若欲設科立名以取之，則是敎天下相率以爲僞也。上以孝取人，則勇者割股，弱者廬墓；上以廉取人，則敝車羸馬，惡衣非食，凡可以申上意者，無所不至，德行之弊，一至於此。自文章言之，則策論爲有用，詩賦爲無益；自政事言之，則詩賦論策均爲無用矣。雖知其無用，然自祖宗以來莫之廢者，以爲設法取士，不過如此也。矧自唐至今，以詩賦爲名臣者，不可勝數，何負於天下而必欲廢之？」蘇軾此一卷文，與其所師尊，受賞識而嶄露頭角的歐陽修慶曆時同一政策性建言（前引宋祁意見的擴大版），「文獻通考」選舉考四收錄之爲雙璧，立場卻全然倒反。而視蘇軾之文，以反對學校敎育得逞的結果，倒轉用爲支持學校無用論的理由，肯定想當然式僞德行架空虛擬爲事實而立證，以及詩賦便

在「時有可否」例外而非重視不可的蠻橫又矛盾論事態度，通篇無非強詞奪理，夸夸而言。則新「士」或士大夫以治國平天下自許，迂濶習氣自宋朝當時便已密着發生也已可見。一時的進步感，立被導引自士大夫由天子提攜，榮華富貴由天子賞賜的根源所籌定的保守性壓倒。蘇軾所言「祖宗」成法，乃是不可動搖鐵則，自此以來士大夫規避革新、進步的護符與咒語。

復古的學校敎養與道德、學問並重取才方針，宋朝已惟范仲淹初置，胡瑗立定基礎，王安石完備制度的京師太學（宋初僅設名義上供官宦子弟入學的國子監），得維持形制。州縣學均已所謂「空名僅存」，作用不過循例貢舉，通過「解試」選拔合格參加科舉考試者，所謂「取解」（或名「拔解」，解試錄取者保送入京則謂「發解」）。「古文眞寶前集」錄仁宗上代眞宗御製歌詞：「富家不用買良田，書中自有千鍾粟；安居不用架高堂，書中自有黃金屋；出門莫恨無人隨，書中車馬多如簇；娶妻莫恨無良媒，書中有女顏如玉；男兒欲遂平生志，六經勤向窗前讀」❸，乃強有力又富誘惑性的天子鼓勵庶民讀書名言。勸學而淡然於學校敎育，未免令人詫異，無視於「養」士，卻注重「取」士，尤係矛盾。但如果把握文治原係抑制武事手段，士又是天子遂行文治主義御用統治工具的宋朝政治本質，答案都非難獲致。所以僅從既有人才中採取已經足夠，而積極培養更多人才可能發生反作用的危險必須避免。同時，既有人才原則上必須博採無遺，原因之一固佐理統治之需，原因之二又是減少人才非爲朝廷所用的後遺症，達成此目的的手段，便是廣開科舉之門。科舉盛而學校衰的矛盾現象，任令存在，黠慧的士大夫又對此矛盾現象製造辯護藉口，莫不基於這層祇能意會，不可道破的理由。至於士大夫間朋黨之爭，派系傾軋毋寧反爲豢養者天子所樂用，今日是

❸　轉引自宮崎市定「科舉」，第一六至一七頁。

大團體事業所有者慣常統御屬下的手法。

　　明太祖是位中國歷史上有數的政治家君主，也鑒於自身少時孤苦失學，壯年才由文盲發奮苦學有成的經驗，明初學校敎育呈現非常發展，證明學校興廢決定於有無決心與誠意。其時，自中央國子監至府、州、縣各設儒學，下逮鄉里也置簡易學校社學，而且，儒學生員各治一經，以禮、樂、射、御、書、數設科，洪武三年再頒詔國子生與郡縣學生員皆習射。同年最初開科取士，京師與各省鄉試及格者，且便須加試騎、射、書、算、律五事（見「續文獻通考」學校四、學校一、選舉二有關諸條）。但明太祖畢竟是雄傑，立刻警覺後果，領悟宋朝葫蘆中的奧妙，

科舉年表

（隋文帝開皇七年＜587＞左右，廢九品官人法，始行科舉制度）		
宋太祖建隆元	（960）	宋興，始開科取士
開寶八	（975）	殿試定制
太宗淳化三	（992）	殿試初用彌封法，試卷糊名
眞宗景德四	（1007）	禮部試定制糊名
大中祥符八	（1015）	禮部試加用謄錄法，重抄每份試卷隱沒應試者筆跡
仁宗嘉祐二	（1057）	定制殿試不淘汰，僅定名次
英宗治平四	（1067）	神宗卽位後是年科舉以後，定制三年一屆
神宗熙寧二	（1069）	科目獨留進士，惟加試所廢明經科的經義
明太祖洪武三	（1370）	明朝始開科取士
洪武一八	（1385）	始選進士入翰林院
仁宗洪熙元	（1425）	定會試（宋朝禮部試）南北卷分取制（以後加分中卷），保障北方士人錄取比率
（明朝建國約百年的憲宗成化以後，採用八股取士）		
清世祖順治三	（1646）	清朝始開始取士
德宗光緖三〇	（1904）	最後的科舉考試舉行
（取材自「文獻通考」、「續文獻通考」、「皇朝（清）文獻通考」、「皇朝續文獻通考」選舉考）		

而抑制熱忱，洪武十七年頒布科舉定式時，因之已廢五事「實事」，後代學校也回復癱瘓舊態，惟辦理科舉前的準備考試。續經清朝虛應明朝故事，各級教官（學官）殆確定其官制中的冗官性質，學校純然化爲裝飾門面的空殼。

科舉盛期自宋朝展開，第二代太宗時應試士人突破性增加以來，開始嚴密試場防弊制度。科舉史劃期性大事，原每年或每二年一屆繁煩程序的科舉考試改每三年一屆，原明經等諸科目盡罷而劃一惟留最熱門的進士科取士，也都於宋朝立國約百年，十一世紀中的第六代神宗之世確立。所以科舉制度的本體架構，宋朝都已完成，明朝續予附加於科舉前（學校）、後（翰林院）的延長形制固定化，而如「續文獻通考」選舉二（舉士）明朝總敍按語所述的全貌鑄定：

「其法，專取四子書及易、書、詩、春秋、禮記命題。其文略仿宋經義，然代古人語氣爲之，使用排偶，謂之八股，通謂之制義❹。三年

---

❹ 顧炎武「日知錄」卷一六試文格式篇：「經義之文，流俗謂之八股，蓋始於成化以後。股者，對偶之名也。天順以前，經義之文，不過敷演傳注，或對或散，初無定式，其單句題亦甚少。成化二十三年會試樂天者保天下文，起講先提三句，卽講樂天四股，中間過接四句，復講保天下四股，復收四句，再作大結。弘治九年會試責難於君謂之恭文，起講先提三句，卽講責難於君四股，中間過接二句，復講謂之恭四股，復收二句，再作大結。每四股之中，一正一反，一虛一實，一淺一深。其兩扇立格（原注：謂題本兩對，文亦兩大對），則每扇之中，各有四股，其次第之法，亦復如之。故今人相傳，謂之八股，若長題則不拘此。嘉靖以後，文體日變，而問之儒生，皆不知八股之何謂矣。孟子曰：大道誨人，必以規矩，今之爲時文者，豈必立個規矩矣乎？

「發端二句或三、四句，謂之破題，大抵對句爲多，此宋人相傳之格；下申其意，作四、五句，謂之承題；然後提出夫子（原注：曾子、子思、孟子皆然）爲何而發此言，謂之原起。至萬曆中，破止二句，承止三句，不用原起。篇末敷演聖人言畢，自擄所見，或數十字，或百餘字，謂之大結。明初之制，可及本朝時事，以後功令益密，恐有藉以自衒者，但許言前代，不及本朝，至萬曆中，大結止三、四句。於是國家之事，罔始罔終，在位之臣，畏首畏尾，其象已見於應舉之文矣。

大比，以諸生試之直省，曰鄉試，中式者爲舉人❺。次年，以舉人試之京師，曰會試。中式者天子親策於廷，曰廷試，亦曰殿試，分一、二、三甲以爲名第之次。一甲止三人，曰狀元、榜眼、探花，賜進士及第；二甲若干人，賜進士出身；三甲若干人，賜同進士出身。鄉試直隷於京府，各省於布政司，會試於禮部。舉子則國子生及府、州、縣學生之學成者，（同書學校一＜太學＞明太祖洪武元年條按語：「其後入國學者，通謂之監生，舉人曰舉監，生員曰貢監，品官子弟曰廕監，損貲曰例監。貢監內又分歲貢、選貢、恩貢、納貢，廕監內又分官生、恩生」。關於生員，同書選舉四＜郡國鄉黨之學＞明宣宗宣德元年條按語說明：洪武時初設定額食廩者謂之廩膳生員或廩生，宣宗宣德時增廣同額者謂之增廣生員或增生，英宗正統時於額外增取，附於諸生之末而無定額者，謂之附學生員或附生。凡初入學者皆謂之附學，廩膳、增廣則以歲、科兩試等第高者補充之。非廩生久次者不得充歲貢，廩膳缺繼定於增廣內考補。其未入學者，通謂之童生。又：英宗正統元年條按語：「初，生員入學，從巡按御史、布按兩司及府州縣官選取。及是，提學官在任三歲，兩試諸生。先以六等試諸生優劣。謂之歲考，繼取一二等爲科舉生員，俾應鄉試，謂之科考」，儒生之未仕者，官之未入流者，皆由有司申舉應之。狀元授修撰，榜眼、探花授編修，二、三甲選用庶吉士者，皆爲翰林官，其他或授給事、御史、主事、中書、行人、評事、太常國子博士，或授府推官、知州、知縣等官（進士選翰林院庶吉

---

❺　顧炎武「日知錄」卷一六舉人篇：「舉人者，舉到之人，不若今人以舉人爲一定之名也。進士乃諸科目中之一科，而傳中有言舉進士者，有言舉進士不第者，但云舉進士，則第不第未可知之辭，不若今人已登科而後謂之進士也。自本人言之，謂之舉進士，自朝廷言之，謂之舉人，進士卽是舉人，不若今人以鄉試榜謂之舉人，會試榜謂之進士也」。又：同卷秀才篇：「唐登科記，武德至永徽，每年進士或至二十餘人，而秀才止一人、二人；杜氏通典云：初，秀才科第最高，試方略策五條，今以生員而冒呼此名，何也？」

士，選舉二成祖永樂二年條按語：「其與選者謂之館選，以翰、詹官高資深者一人課之，謂之教習。三年學成，優者留翰林院爲編修、檢討，次者出爲給事、御史，謂之教館，與常調官待選者，體格殊異」）。屆至清末原則不變的科舉考試全流程，乃架疊如今日所殘留印象——

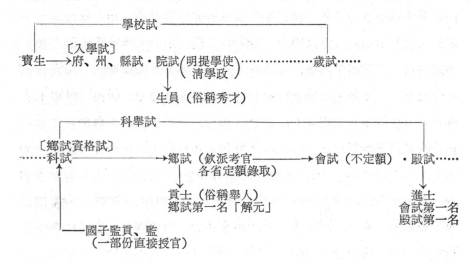

科舉立法是正確的、進步的，但獨存「進士」一科，已失「科」「目」初意，進士科所憑卻是文詞決優劣，方向偏差乃大。宋朝先是講究詩賦，兼試經義的結果又發展爲試題裂句斷章，答案揣擬套類，明、清再以八股取士，盡人皆知係格律拘束，體裁拘束（必須分破題、承起、起講、提比、虛比、中比、後比、大結的八「股」），字數拘束（限制一定字數，祇每一時代不同，清朝康熙年間爲五百五十字，超過規定字數便是不及格，破題又必限爲兩句），題材拘束（限爲四書內取材）。以文字公式化代入，思想旣無由發揮，內容又以顧及形式而必然空虛，似同字句遊戲。至此階段，追隨學校僵化，科舉終也形骸化，顧炎武且曾慨乎言之：「八股之害，等於焚書，壞人材有甚於咸陽之郊所坑者但四百六十餘人」（「日知錄」卷十六擬題篇）。

　　相對方面的士人讀書風氣與其態度，須加特筆係私立學校意味的書院興起。書院自唐末五代離亂期，於學校（官學）全墜狀態下，由私人講學母胎成長，至宋朝陪伴印刷‧出版業發達而異常發展，理學以諸大儒主講爲結合中心，乃得發揚光大。明、清仍一脈相承，維持儒學的正規教學與學術自由精神，與官學的暮氣形成鮮明對照。卻也惟其如此，宋朝先已黨爭由政治波及學術，南宋時二程、朱子之學曾遭黨禁，明朝中期嘉靖，尤其萬曆以後，東林黨士人反抗魏忠賢閹黨期間，書院且在「倡邪學」、「聚生徒供億科擾」（見「續文獻通考」學校四明世宗嘉靖十七年條按語）的藉口下，被勒令全毀。清朝書院雖如官學的受有廩餼而性質轉變爲官辦❻，但反八股傳統依舊保持，所以科舉時潮中，書院士人因緣爲淡薄。熱衷科舉，也推動科舉熱潮愈演愈烈，係本末倒置，讀書的目的便是參加科舉考試，經由今日熟知所謂家館、私塾教導的多數家庭子弟。出發於「爲考試而讀書」心理的讀書、應試、登第，顧炎武「日知錄」卷一六條有兩段代表性說明：

　　「今日科場之病，莫甚乎擬題。且以經文言之，初場試所習本經義四道，而本經之中，場屋可出之題，不過數十。富家巨族，延請名士，館於家塾，將此數十題，各譔一篇，計篇酬價，令其子弟及僮奴之俊慧者，記誦熟習。入場命題，十符八九，卽以所記之文，抄謄上卷，較之風簷結構，難易迥殊。四書亦然。發榜之後，此曹便爲貴人，年少貌美者，多得館選。天下之士，靡然從風，而本經亦可以不讀矣。昔人所須十年而成者，以一年畢之，昔人所待一年而習者，以一月畢之，成於剿襲，得於假倩。卒而問未所未讀之經，有茫然不知爲何書者」（擬題篇）。

　　「今制會試，用考試官二員爲總裁，同考試官十八員分閱五經，謂之十八房。……坊刻有四種，曰粗墨，則三場主司及士子之文，曰房

❻　錢穆「國史大綱」下册，第六一七頁。

稿，則十八房進士之作；曰行卷，則舉人之作；曰社稿，則諸生會課之
作。至一科房稿之刻，有數百部，皆出於蘇杭，而中原北方之買人，市
買以去。天下之大，惟知此物可以取科名、享富貴，此之謂學問，此之
謂士人，而他書一切不觀。昔丘文莊當天順、成化之盛，去宋、元未
遠，已謂士子有登名前列，不知史册名目、朝代先後、字書偏旁者。舉
天下而惟十八房之讀，讀之三年、五年，而一幸登第，則無知之童子，
儼然與公卿相揖讓，而文武之道，棄若弁髦」（十八房篇）。

　　顧炎武舉例尙係殷富之家子弟，尙係投機的成功者，清朝社會間更
多的是。而僥倖登第者究屬有限，得具應試資格者也仍有限，更多的是
被排斥於科舉起步的入學門外。科舉三年一次，一批批失意者的累積，
自宋朝歷元朝而明朝、而清朝，浮起社會上的虛脫層面，一千年間愈擴
散愈大。清末城市或鄉間所見，觸目多已是家無恒產，落第以終的窮秀
才，或者白首不遇老童生。此輩手不能提，肩不能挑，「百無一用是書生」
而尙自命讀聖賢書者，非變質文氓（循捐監之途，納貲取得國子監監生
資格，不必讀書，也已是鄉紳身分），包攬訴訟，便迂腐潦倒畢生，能以
塾師餬口已屬幸運。形形色色，都是清朝著名諷刺小說「儒林外史」的
題材。應試科舉失敗又生計斷絕者之間，儘管可能產生宨憤的不滿份子，
卻是水滸傳梁山泊舊首領王倫固祇小說中人物，清末太平天國洪秀全則
全然現實事例。「秀才造反，三年不及」諺語，乃是卽使眞正讀書，十
年寒窗，所養成也不過佐理而非領導人才的註腳。抑且，名份意識束縛
與清朝殘酷的文字獄高壓，絕大多數的落魄者，反抗心理既不敢又無由
存在。學童啓蒙詩文之一「神童詩」：「天子重英豪，文章敎爾曹。萬
般皆下品，惟有讀書高」，大量製造士人順民，卻也是大量僞士人與腐
酸之士。遺留至民國，仍於魯迅筆下出現「孔乙己」的人物造型。

　　清末朝廷，於革命浪潮與立憲運動兩面壓力下，光緒二十七年（紀

元一九〇一年）下詔改革科舉內容之言：「科舉爲掄才大典，我朝沿用
前明舊制，以八股文取士，名臣碩儒，多出其中。其好學者，皆潛心經
史文義。將其緒裔，乃行之二百餘年，流弊日深。士子但視爲弋取科名
之具，剿襲庸濫，於經史大義，毫無發明，急宜講求實學，挽回積習」
（「皇朝續文獻通考」選舉四光緒二十七年條），終不得不承認八股無
用。而堪注意，「日知錄」卷十六經義論策篇已記述前此四百餘年，尙
非八股時期的明初永樂二二年，明成祖已曰：「朝廷所重安百姓，而百
姓不得蒙福者，繇牧守匪人。牧守匪人，繇學校失敎。故歲貢中愚不肖
十率七八，古事不通，道理不明，此可任安民之寄」。尤堪重視，再前
此三百餘年，與明成祖相同的感觸，且早由宋朝王安石提出：「少壯時
正當講求天下正理，乃閉門學作詩賦，及其入官，世事皆所不習」❼。
士人原以治國平天下自任，便以科舉僅憑文詞，而且是公式化文詞外殼
評決人才，卽使不能謂經世濟民實學的理想全化空想，通過科舉考試登
用爲官員，對吏道毫無經驗而茫然卻是必然，此其一。其二，宋朝以
來，無論內、外、大、小官員統歸吏部銓選，地方長官原具就地自用屬
官權力被剝奪，所有地方官乃一概對當地情況隔閡。其三，通過科舉考
試且多出諸投機方式，如前引顧炎武所述，則官的素質便已存在不學無
術成份。政治制度的又一大變形因是陪伴出現，胥吏制度發生，非遵守
一定規律由朝廷任命的非爲「官」，而官、吏截然分途。

　　胥吏，異稱也是司吏、書吏、書辦、吏員等，性質類似今日政府機
關中雇員意味，而其不受官員更動影響，終身永保地位又形同世襲則迥
異。於歷史上，爲其他國家所未見，惟中國近代史出現，抑且，演變爲
政治的主導。而近代中國政治變質爲胥吏政治，緣由所自，便是宋朝以
來學校僵化、科舉形骸化、士人腐酸化的惡性連鎖循環結果。

❼　轉引自張金鑑「中國文官制度史」，第七六頁。

胥吏原始面影，由土着人民番上衙門的職役變化而發端，義務徵發，服役衙門從事勞心、勞力諸雜務。宋朝地方小官也出朝命，限定員額，衙門職役胥吏的重要性驟增，文書、簿籍、倉庫、訴訟等多方面都已接觸，也因而番替執役必須改變固定化。但此階段的胥吏仍無俸給，政府也無支付經費，胥吏生活係於人民繳納租稅與受理訴訟時加取手續費維持，而手續費與賄賂並無嚴格區別，弊害乃不斷滋生。王安石新法之一，便是在新財源轉變風氣，「文獻通考」職役一宋神宗熙寧四年條記其事：「頒募役法於天下。內外胥吏，素不賦祿，惟以受賄為生，至是用免役錢祿之，有祿而贓者，用倉法重其坐。初時京師賦吏祿僅四千緡，至八年，緡錢三十八萬有奇，京師吏舊有祿及外路吏祿，尚在數外。又詔，凡縣皆以免役剩錢，用常手法給散收息，添支吏人餐錢，仍立為法」。胥吏由是開始同於官員受有政府俸給，卻是，較之所謂「主流」的士大夫，待遇依然判然有異，「文獻通考」選舉八吏道項的兩段記錄為堪注目：

其一：「詔中書、樞密、宣徽、學士院、京百司、諸州，係職人吏，不得離局應舉」（宋太宗端拱二年條）。

其二，「蓋祖宗時，省、院、要路之吏，可以年勞出官，而州縣小吏，則未有入仕之法」（神宗熙寧三年條按語）。其後吏道開放，接續上引按語，仍有「哲宗元祐元年，監察御史上官均言：百司胥吏，大率積累及二十餘年，方得出官」的記事。

明、清胥吏，已係制度確立時期，非祇蹈襲宋朝軌跡峻拒於科舉正途之外，明定「倡優、胥吏與父母喪者俱不得入試」（「明史」選舉志）。而且胥吏辦事年數也已設限，所謂「役滿考職」（轉任佐雜小官，如「皇朝（清）文獻通考」選舉八吏道項所述：「至康熙三年，分為四等。一等以正八品經歷用，二等以正九品主簿用，三等以從九品用，四

等以未入流雜職用，分班銓選」。相對方面，胥吏政治卻也於此背景下
形成。科舉正途產生的官員，對實際政治缺乏肆應能力又不明瞭地方實
情，必須依賴胥吏，而權力轉移，特別於八股取士以後。如下兩段都是
引人注目的文字——

謝肇淛「五雜俎」：「大抵官不留意政事，一切付之胥曹，又胥曹
之所奉者，不過已往之舊牘，歷年之成規，不敢分毫踰越。而上之人既
以是責下，則下之人亦不得不以故事虛文應之。一有不應，則上之胥曹
又乘隙而繩以法矣。故郡縣之吏，宵旦竭蹶，惟日不足，而吏治卒以不
振者，職此之由也」（「續文獻通考」選舉十一吏道項明神宗萬曆七年
條引文）。

黃宗羲「明夷待訪錄」胥吏篇：「吏胥之害天下，不可枚舉，而大
要有四。其一，今之胥吏，以徒隸爲之，所謂皁隸求利者。而當可以爲
利之處，則亦何所不至？創爲文網，以濟其私。凡今之所設施之科條，
皆出於吏，是以天下有吏之法，無朝廷之法。其二，天下吏既爲無賴子
所據，而佐貳又爲吏之出身。士人目爲異途，羞與爲伍也。其三，各衙
門之佐貳不自其長辟召，一一銓之吏部，即其名姓，且不能遍知，況其
人之賢不肖乎？故銓部化爲籤部，貽笑千古。其四，京師權要之吏，頂
首皆數千金。父傳之子，兄傳之弟，其一人麗於法後，而繼一人焉，則
其子若弟也。不然，則其傳衣鉢者也。是以今天下無封建之國，有封建
之吏」❽。

「吏」而允許入仕任「官」，實質的意味係防弊作用超過獎勵，非
此輩所願也爲可知。乃至清朝，世宗諭旨仍是：「各衙門募設書辦，不
過令其繕寫文書、收貯檔案，但書辦五年方滿，爲日已久，熟於作弊。
甚至已經考滿，復改換姓名，竄入別部，奸弊叢生。更有一等缺主名

❽　轉引自周谷城「中國通史」下冊，第八七二頁。

色， 子孫世業， 遂成積蠹。 自後書辦五年考滿之後， 各部院堂司宜查明， 勒令回籍聽選， 如有逗留不歸者， 飭令五城司坊官， 稽查遣逐」（「皇朝文獻通考」選舉八吏道項雍正元年條）。中央如此， 地方尤然。尾大不掉的胥吏政治弊病已束手無策， 必須待其依附體科舉制度廢止而民國成立， 全新的政府機關公職人員系統整備， 此類中國近代史的特產物胥吏才從根本上消滅， 總結近千年畸形政治形貌。

漢族光輝的明暗

宋朝乃是中國歷史上「中國人」與「漢族」截然區別的起點， 前此的時代， 入於中國則中國之， 儘管「中國」所指仍是漢族中國， 漢族卻具有豁達的容含外來民族胸襟。惟其如此， 漢族歷史兩大巔峯期的漢、唐， 漢族血統並非全行一致， 也因而予其狹窄的謂爲漢族， 不如稱之中國人爲恰切。以外侮最劇期的宋朝爲劃期， 漢族於元朝征服統治與種族差別支配爲頂點的痛苦壓迫下， 被動的、也是自動的停止歷史性外族同化機能， 「漢族」意識才被固定化， 自此的歷史才眞正堪謂漢族歷史。明朝推翻元朝， 便是漢族強化民族意識後， 名實相符的漢族民族革命。

明朝革命成功， 激發的已是新的「漢族」精神，「中國人」還原「漢族」四百年， 已在萎退中活力回復鼓舞的一次強心針。漢族反抗元朝的民族運動之始， 以浙東沿海鹽商方國珍舉兵之年起算， 係元順帝至正八年或紀元一三四八年， 勢如燎原的全面性白蓮敎徒＝紅巾軍之亂興起， 則至正一一年或紀元一三五一年， 紅巾革命軍後期轉移由分支之一郭子興部將， 新崛起貧民出身的朱元璋指導， 而回復中國全域的漢族統一政權。朱元璋二五歲投身郭子興軍中（紀元一三五三年）， 四〇歲在金陵

建明朝，登位皇帝爲太祖（紀元一三六八年，洪武元年），七一歲崩。在
位三一年間，對外，明朝威光加諸四方；對內，努力於漢族文明的振作
與復興，改革官制，刷新軍制，更定律令，恢復科舉，整飭吏治，實測
戶口田土，定里甲之制，均賦役，與學校，獎勵儒學與學問，推廣全民
道德教育，國運如朝陽之升，充滿光明的一片新氣象展現。明太祖朱元
璋少年時目不識丁，以後治學甚勤，其人於清朝趙翼筆下，是「一人而
聖賢、豪傑、盜賊之性兼有」（「廿二史劄記」卷三六明祖以不嗜殺得天
下篇），其領導漢族矯除宋朝以來疲態，無愧中國史最偉大君主之一，
第一流的軍事家、政治家，以及組織家。明朝中期以後君主幾乎都不成
材，而能享國近三百年，須便賴太祖初制之善。

明朝年表

太祖		明朝建立（-1644滅亡）
洪武	元（1368）	明兵入大都，元主退漠北
	六（1373）	大明律令制定
	一三（1380）	胡惟庸之變，廢中書省
	二一（1388）	捕魚兒海之役，北元勢力傾覆
		里甲制實施，制定賦役黃册
	二六（1393）	丈量天下田土
		勅許取代王氏高麗的李氏朝鮮國改名
	二八（1395）	頒皇明祖訓
	三〇（1397）	六諭發布
惠帝建文	元（1399）	靖難之變起
	四（1402）	册封日本室町幕府足利義滿將軍爲日本國王
		燕王自立（成祖）
		義滿上表稱臣
成祖永樂	三（1405）	宦官鄭和下南洋（第一次）
	四（1406）	征安南，翌年置交阯布政司（宣宗宣德二年
		＜1427＞罷）
	六（1408）	永樂大典成

八（1410） 親征漠北（第一次）

一一（1413） 置貴州布政司

一九（1421） 遷都北京

二二（1424） 第五次親征漠北，漢中崩（年六六歲）

宣宗宣德　五（1430） 開平衛移獨石口

鄭和最後一次下南洋（第七次）

英宗正統一四（1439） 土木之變，英宗被俘。

景帝卽位（天順元年＜1457＞英宗復辟）

（1453年，東羅馬帝國滅亡）

（1480年，莫斯科大公國伊凡三世脫離蒙古人支配獨立，1547年伊凡四世稱沙皇）

（1486年，葡人發見好望角，1498年，續發見續連好望角至印度的東方新航路）

（1492年，哥倫布發見新大陸）

孝宗弘治一五（1502） 大明會典成

（1517年，馬丁路德宗教改革）

武宗正德　五（1517） 葡人至廣東（世宗嘉靖一四年＜1535＞，始租澳門爲通商地）

世宗嘉靖　二（1523） 日本貢使大侵寧波沿海

四二（1563） 平東南倭寇

〔嘉靖年間，北虜、南倭最劇期〕

穆宗隆慶　五（1571） 俺答和明，封順義王

神宗萬曆　二（1574） 海賊林鳳襲呂宋（萬曆三一年＜1603＞，馬尼拉西班牙人虐殺明人，毅宗崇禎一二＜1639＞又屠殺明人）

六（1578） 量天下戶口田土（張居正的改革，一條鞭法賦役）

八（1580） 耶穌會利瑪竇抵中國（萬曆一五年入南京，萬曆二八年＜1600＞入北京）

（1581年，俄人開始進出西伯利亞，清兵入關同一年的1644年，抵黑龍江）

一一（1583） 努爾哈赤起兵（萬曆四四年＜1616＞登後金汗位，四六年與明開戰，四七年＜1619＞，薩爾滸之役）

二〇（1592） 朝鮮之役（一一二六＜1598＞）

〔萬曆三大征，與日本的朝鮮之役係其一。餘二爲萬曆二〇年寧夏哱拜之叛，萬曆二五年（一一三〇年）播州楊應龍之亂〕

〔萬曆四〇（1612）年後，東林黨與非東林黨之爭激化〕
熹宗天啓　六（1626）　清太祖努爾哈赤崩，子太宗繼（毅宗崇禎九年＜
　　　　　　　　　　　　1636＞，後金改國號爲淸，一四年＜1641＞，遼
　　　　　　　　　　　　西松山之役）
毅宗崇禎　四（1631）　李自成亂起
　　　　　一七（1644）　李自成入北京，淸兵進關，明亡
〔淸世祖順治二年（1645），淸兵陷南京，南明福王死；三年取福建，唐
王死，一六年淸兵入雲南，桂王走緬甸。一八年（1661）世祖崩而聖祖
嗣立，緬甸人獻桂王，南明又亡〕

　　明太祖嫡長子懿文皇太子，洪武二五年以三八歲盛年先歿，太祖崩
而繼位者乃儒學敎養深厚的二二歲皇太孫惠帝。年靑銳進的天子，與同
一剛强性格的野心家叔父燕王相不忍讓，嗣位翌年便激發親君側爲口實
的靖難之變。自洪武一三年二三歲起長年鎮守北平，擁有重兵的燕王，
恃其老練的政治・軍事經驗，以及前後自南京逃出苦於惠帝嚴肅管束的
宦官們供應情報，成爲三年多大內戰的勝利者。惠帝於南京城破時係引
火自焚，抑先已脫逃，永遠是謎（建文四年，紀元一四〇二年）。四三歲
的燕王自立爲明朝第三代成祖，明朝自是移都北平。漢族對外事業，乃
以內戰結束而再加恢弘，明朝國都自成祖永樂時代移建北平，正是强力
的前進態勢有力指標，減消金、元建立國都以來北京濃烈胡化影響，以
及平衡經濟（南）、政治（北）傾斜形勢的原因，可能兼而有之。

　　初，退入沙漠而歷史界改稱的北元，勢力依然强大，明朝從正面短
期決戰爲不可能。太祖的方略，乃對其兩翼着手，先平定遼東，轉移朝
鮮半島高麗國歸屬，繼進出靑海（洪武一二年，紀元一三七九年），切斷
漠北與西藏交通路，繼經略雲南，粉碎與北元强固呼應的大西南蒙古人
殘餘勢力（洪武一四年，紀元一三八一年）。東、北、西三方面大包圍壓
迫明朝的形勢解除，蒙古高原的北元勢力陷入孤立，而洪武二一年（紀

元一三八八年）捕魚兒海之役，蒙受明朝遠征軍壞滅性打擊。明朝東北
兼理民政特殊軍管區意味所謂實土衞所的定遼衞（改遼東都司，原元朝
遼陽路）、大寧衞（改都司，原元朝大寧路）、開平衞（原元朝上都路）外
緣，與安嶺以東泰寧、福餘、朵顏等蒙古人兀良哈（Uriangkhai）三衞，
西北青海方面安定、阿端、曲先、罕東等撒里畏兀兒（Sarigh Uighur）
四衞，都於其時以掌握勝利成果而設置。成祖卽位，立於此勝利基礎，
於是有明人所誇傲的「五出三犂」五度親征漠北（永樂八年、一二年、
二〇年、二一年、二二年），雖對征服純屬奢望，卻已是歷史上惟一親
自策馬逐北朔漠的漢族天子。河西方面哈密、沙州、赤斤蒙古諸衞的加
置亦係其時，但自此以東，已列內地的內蒙古東勝（綏遠）、開平（察
哈爾）、大寧（熱河）連鎖諸衞所中，密接遼東的大寧衞獨以酬庸參與
靖難之役勇敢善戰的兀良哈三衞，解除其直接的強固約束而撤廢，分地
于三衞，大寧都司也內移，僑治保定府。

　　十四世紀後半至次一世紀前半的明朝初期半個多世紀，漢族由雄略
的太祖、成祖父子兩代指導，非祇挫屈世界史最大征服者蒙古人氣勢成
功，壓迫其局促於北方草原本據，轉換入分裂、衰退的後期歷史過程，
而且，同一期間，便是向四方齊頭大發展的時代：

　　關於東方，十二世紀建立金朝的女眞人，移住中原的已與漢族合
一，蒙古人征服時代，殘留東北的女眞人係由元朝遼陽行中書省統制，
包括同種族移住東北域內的朝鮮半島高麗人。明太祖漢族革命，基於切
斷蒙古高原北元勢力續與朝鮮半島連絡的目的，立卽進出遼東，加以軍
事佔領，乃屬必要。也惟其軍事色調爲濃，接收當地元朝原制後的再整
備，同一直轄領或所謂內地的地方制度，卻較其餘諸省存在區別，係以
都指揮使司（簡稱都司）兼當布政使司的民政之任，所謂實土衞所系統
初立，是明初東方事業特徵——

今日印象中的「東北」，係指東北九省，但地形與人文地理，九省
西半部的遼北省以北都須與蒙古高原結合，歷史上因而也稱東蒙古。元
朝對此一地區的統治，便以此蒙古延長部份設定左手（左翼）諸王的分
地，中部松花江以南與其東部沿海，才置遼陽行省分七路統轄，大寧路
與廣寧府路在遼河以西，其餘五路均在遼河以東。其中合蘭府水達達路
別於隸下依蘭（三姓）附近，設立五處萬戶府以統治女眞人（後裁減爲
三萬戶府）。黑龍江下流又置征東元帥府統治當地土人。明太祖洪武年
間，東北經營尚限今日遼北省南境開原以南，狹義的遼東，於元朝制度
下圈入漢族中國的領土範圍是：

元遼陽行省七路	轄　　　境 ❶	洪武建制	備注
大寧路	熱河省東南部	大寧都司（北平行都司）	成祖廢
廣寧府路	遼寧省西部、熱河省東北部	遼東都司二十五衛二州（治所遼陽）	
遼陽路	遼寧省遼陽以南、安東省南部		
瀋陽路	遼北省開原以南、安東省北部		
開元路❷	吉林省、松江省、蘇俄沿海州南部、朝鮮咸鏡南、北道（北韓＜朝鮮人民共和國＞另分劃兩江道）		

❶ 依及川儀右衞門「滿洲通史」第二〇八至二〇九頁，僞滿洲國時代行政區
　劃名改定。
❷ 關於元朝開元路，歧見最多也最不容易推定的，係其治所所在地。稻葉岩
　吉的意見可能接近事實，卻也祇稱「間島方面」，見所著「滿洲發達史」
　第一二四頁（「間島」係僞滿省名，今松江省南部，隔圖們江與韓國接
　境），而不能確指其位置。一般著作所稱治所在今遼北省開原，乃元朝最
　後併置之地，稻葉岩吉同書附錄一「滿洲史體系の再認識」第十五節，有
　詳細說明。

| 東寧路 | 朝鮮半島平安南、北道
（北韓另分劃慈江道） | | 放棄❸ |
| 合蘭府水達達路 | 合江省、黑龍江下流（與松花江合流後異名混同江）蘇俄沿海州大部份地 | | 永樂時經營 |

靖難之役，東北女眞兵曾追隨兀良哈三衛參加奮戰（明朝記錄「女眞」多轉音作「女直」），成祖卽位後永樂之初，女眞人倣兀良哈蒙古人之例，正式編入唐朝羈縻府州同一意味，部族平位的羈縻衛所制度，依蘭方面爲建州衛，其西哈爾濱方面爲兀考衛。建州衛旋南移吉林市附近，又以元末亂中附向高麗（隷朝鮮建國祖李成桂麾下）的女眞部族歸順，於圖們江右岸朝鮮咸鏡北道會寧地方增設建州左衛，統屬遼東都司。文獻中的說明是：「本朝永樂元年，遣行人邢樞偕知縣張斌，往諭奴兒干，至吉烈迷諸部落，招諭之。於是海西女直、建州女直、野人女直諸酋長，悉境來附。……乃詔自開原東北至松花江以西，置衛一百八十四（曰建州、曰必里、曰毛鄰等名）、所二十，爲站、爲地面者各七，選其酋及族目，授以指揮、千百戶、鎭撫等職，俾仍舊傳，各統其屬，以時朝貢。尋復建奴兒干都司於黑龍江之地，設都督、指揮等官，與各衛所不相轄屬。其有願居中國者，安樂州於開原，自在州在遼陽以處之，量授以官，任其耕獵」❹。以後建州衛、建州左衛受野人女眞壓迫，宣德——正統間先後又移住渾河（佟佳江）上流，今日安東省新賓縣（清朝興京）一帶，左衛復由朝廷析置右衛。建州三衛，於是與開原以北的海西四衛（扈倫四衛）兩相對稱，以迄明末。

於遼東都司之外自成系統，以黑龍江下流右岸一帶奴兒干（弩兒哥、

---

❸　韓國史書的記錄，元世祖置東寧府（治所平壤）僅二十年，便已以領地歸還王氏高麗。

❹　稻葉岩吉「滿洲發展史」，第五〇三頁引「殊域周咨錄」（二四）女直條。

尼嚕罕，Nur-kan）為名的奴兒干都司，便是元朝征東元帥府後身。於
稍後於建州衞的永樂二年設尼嚕罕衞，七年（紀元一四〇九年）改都指
揮使司❺，支配當地吉烈迷（吉里迷，Gilimi，野人女眞）諸部、庫頁
島（土人便稱苦夷、骨嵬，Kugi)，以及北海道方面蝦夷人❻。明朝此一
極東北前進基地開設的事實，十九世紀中，經俄國人向學界介紹永樂一
一年（紀元一四一三年）建立於黑龍江河口附近特林（Tyr）地方的永寧
寺碑，而為世界所共知❼。紀念石碑正面漢文，背面女眞文，兩側面漢
文、蒙古文、女眞文、西藏文四體書刻❽。其漢文刻文：「永樂九年春，
亦赤哈等官軍一千餘人，巨船二十餘艘，……自海西抵奴兒干及海外苦
夷。諸民男婦，賜以衣服器用，給以穀米」，文末具名邢樞書丹。成祖
隔短暫仁宗至宣宗宣德八年（紀元一四三三年）建立的第二碑，即重建
永寧寺碑，碑文又稱：「宣德初，復遣亦赤哈部眾再至。七年，亦赤哈同
都指揮康政率官軍二千，巨船五十至」。奉命經略黑龍江下流的亦赤哈
（亦失哈，Ishiha）係歸化女眞人宦官，受任奴兒干都指揮的歸化蒙古
人康旺，則由遼東都司隸下三萬衞長官調升，宣德時始離職，「皇明實
錄」宣德六年條記其事：「多十月乙未，命奴兒干都司都指揮康旺致仕，
以其子福住為本司都指揮同知。旺本韃靼人，洪武間以父蔭為三萬衞千
戶」❾。奴兒干都司管轄範圍的明定，也見諸同書記錄：宣德五年（紀
元一四三〇年）八月庚午，「又勅諭奴兒干，海東、囊河、吉列迷、恨古

❺　及川儀右衞門「滿洲通史」，第二三七頁。
❻　文藝春秋版「大世界史」⑪紫禁城の榮光，第一五二頁。
❼　永寧寺碑文的本格化研究，係紀元一九〇〇年內藤湖南「明東北疆域辨誤」
　　開始。也由此碑文而確認廣泛東北地域，明初以來便是中國領土，民國二
　　十年九一八事變，日本佔領東北翌年國際聯盟李頓（Lytton）調查團調查
　　報告肯定此一事實時，中國方面所提出證明，便包括引用敵方人士如內藤
　　論文等資料，參閱三田村泰助「宦官」，第一八一頁。
❽　誠文堂新光社版「世界史大系」⑧東アジアⅡ，第一八七頁圖版說明。

河、黑龍江、松花江、阿速江等處野人頭目哥奉阿、囊奴等，令皆受節制」⑩。

遼東——奴兒干兩都司爲樞軸的明朝大東北統制網，松花江係其連終大動脈，運兵、運糧、輸送物資，均順江直達黑龍江河口。啓程地的今日吉林市，爲此專門設有大造船廠，擔當的是後勤的基地位置。今日發見與永寧寺碑同等聞名，吉林城東十二華里松花江上流江邊阿什哈達（Ashihada）的宣德七年（紀元一四三二年）磨崖碑，可資參照，碑文：「欽委造船總兵官驃騎將軍遼東都司指揮使劉清， 永樂十八年領軍至此，洪熙元年領軍至此，宣德七年領軍至此，□□設立龍王廟宇□□□年□□，宣德七年重建，宣德七年二月吉日」⑪。明朝初年，漢族東方支配力的強勁可知，也因而原先二百內外女眞衞所最早之數，以後累加至三百八十四衞、二十四所、七所、七地面⑫。

女眞自其前身靺鞨時代以來，與同種族的朝鮮民族間，問題始終糾纏不淸。王氏高麗北境開拓的事業基礎，已係建立於征服半島北部的女眞人，倒反自身又服屬女眞人金朝，又轉移爲滅亡金朝的蒙古人元朝控制。十四世紀大陸漢族革命全面爆發的影響波及半島，也帶動高麗抗元規復運動成功。卻是，受元朝嚴密約束而無力化的麗王，也由是輕易被指導規復事業的軍事統帥李成桂篡位，高麗傳世二四代四七五年而亡，時爲明太祖洪武二五年，紀元一三九二年。麗末中國元 ——明交代，高麗已向明朝稱臣，回復對漢族中國的宗主——屬國關係，李成桂對明朝執「事大之禮」愈謹⑬，登位請求上國明朝册封時，擬上「朝鮮」、「和

---

⑨　轉引自稻葉岩吉「滿洲發達史」，第一三九頁引文。
⑩　同上，同頁。
⑪　同上，同頁。
⑫　同上，第五〇九頁引萬曆重修「大明會典」統計。
⑬　金達壽「朝鮮」，第七九頁。

寧」兩名詞，併請決擇更改國號，而經明太祖勅定前者❹（「明史」記
事係「高麗李成桂幽其主瑤局自立，以國人表來請命，詔聽之，更其國
號曰朝鮮」＜太祖紀洪武二五年九月條＞；「冬，成桂……並請更國號，
帝命仍古號曰朝鮮」＜朝鮮傳＞），翌年乃正式啓用「朝鮮」新國號，續
又遷都漢城。今日學界解釋半島國家史無前例的請天子之國頒賜國號，
意義已越出單純政治的事大主義，且是出發於儒家名份意識的「君臣父
子之禮」，宗主國與屬國的明——鮮關係，加附了「朝鮮」便是中華分
身，東華或小華的東方禮儀之國意味❺。另一方面，朝鮮開國者太祖王
李成桂出身地雙城（今永興）或咸州（今咸興）雖有異說，但均係咸鏡
南道，高麗奪自女眞人的土地而又轉移爲元朝開元路南部，所以與女眞
族關係爲深，學界抑且曾有其父便是參加高麗軍女眞人的考定❻。由於
此一淵源，朝鮮立國百年間，得順利擴大經營北方女眞人住地圈，十五
世紀前半世宗王時代而完全佔領圖們、鴨綠二江南岸，最早開創今日朝
鮮政治地域與半島地理名詞合一的局面。韓國或朝鮮史分期，因之便以
王氏高麗滅亡結束其中世史，李氏朝鮮或李朝的歷史已係近代史。建立
清朝的女眞族滿洲人，與起之初廻旋於鴨綠江內外的態勢下，一度因之
也服屬朝鮮，而其最早曾受李朝鄙視。李朝傳世二七代五一九年，紀元
一九一〇年或中國清朝宣統元年，被日本併合。

　　明初漢族籠罩東方世界的威光下，東洋史學者形容東方諸國對明朝
的態度，朝鮮是恭事，日本則媚事❼。日本方面的記事❽：合一南北

---

❹　平凡社版「世界歷史大系」⑪朝鮮滿洲史，第一四八頁。

❺　參閱人物往來社版「東洋の歷史」⑧明帝國と倭寇，第一三八頁。

❻　文藝春秋版「大世界史」⑪紫禁城の榮光，第一二四頁。

❼　和田清「中國史概說」（上卷）第二四四，二四二頁，

❽　取材自人物往來社版「東洋の歷史」⑧明帝國と倭寇，第二〇〇至二〇三
　　頁；文藝春秋版「大世界史」⑪紫禁城の榮光，第二七至二八頁；讀賣新
　　聞版「日本の歷史」⑥羣雄の爭い，第一三至一七、三三頁。

朝，確立室町幕府支配體制的獨裁者與太上天皇足利義滿，明惠帝建文三年（紀元一四○一年，日本復小松天皇應永八年），以「日本准三后道義」名義而敬稱「大明皇帝陛下」抬頭，向明朝呈上國書。翌年（紀元一四○二年），明朝覆使到達日本，義滿盛大歡迎，禮拜受領載有「爾日本國王源道義」文字，正式册封國王意味的勅書，以及頒下奉正朔所需的大統曆。同年明朝成祖登位，義滿再上書時，署名已是「日本國王臣源」；自承於明朝屬國之列。由是每年彼此使者往復，成祖且以封日本「壽安鎮國之山」而頒御製碑文。日本對明蜜月外交或相對意義的屈辱外交，迄足利義滿死後（明朝賜諡恭獻王），其子執政期的紀元一四一一年（明朝永樂九年，日本應永一八年），幕府突然的「國交斷絕」行動而中止，原因據推測，便是簡單的國體恥辱有損顏面。

東海諸國明初多已通貢，「明史」呂宋（Luzon，菲律賓）傳：「洪武五年正月，遣使偕瑣里諸國來貢」等，都是說明。特具意義，係琉球的自明朝而從歷史上開始列入中國朝貢國，於中國世界的一角登場。琉球民族從民俗‧語言與形質人類學的研究，被強調係日本民族的地方羣一支，以民族移動而分離的學說興起，乃日本明治維新併滅琉球以來之事。歷史上所見，十一世紀末以前，則琉球長時期都滯留在蒙昧時期，十二世紀才最早發生按司（領主）部落政治❿。而且，文獻上「琉球」之名，七世紀隋煬帝「流求」征伐固已始見，所指卻非琉球而係臺灣。按司時代向高層次發展，完成初步統合的中山、山南、山北三個小「國家」分立的三山時代來臨，已係中國元——明交替的十四世紀中。明太祖洪武五年（紀元一三七二年），中山王察度率先受明朝招諭，開始以「琉球」之名朝貢，受册封爲藩屬，山南、山北追隨做行。中山國察度王統存續二代約六○年，被山南一按司尙巴志推翻（明永樂二○年，紀

❿　比嘉春潮等合著「沖繩」，第六三頁。

元一四二二年），約略十五年內三山併合，琉球諸島於本島首里樹立中山國的統一政權，對明朝也自此由惟一的中山王爲琉球國代表。尙巴志王統傳六代約五〇年，明憲宗成化六年或紀元一四七〇年，臣下尙圓篡立，尙圓原非「尙」姓，後以篡位而沿用，俾易獲得宗主國明朝承認。抑且，尙姓可能亦非前朝固有，而係漢人代擬，但無文獻上確證。惟其前後朝無血統關係，所以琉球史以前此稱「第一尙氏」，尙圓王爲始祖則「第二尙氏」。第二尙氏時代，琉球王國已突破舊時琉球諸島範圍，發達爲北起奄美大島以北，南及宮古、八重山諸島，全有今日地理上所指琉球列島的形勢（地理名詞的琉球列島，包含的便是奄美諸島、琉球諸島、宮古諸島、八重山諸島等四組羣島，但奄美大島爲主島的奄美諸島，已隨其北吐噶喇諸島被日本劃入鹿兒島縣轄境）。可了解琉球的歷史時代開始，便與中國相結，朝代先後變易，尤不影響與明朝間益益親密的關係。三山時代已各別派遣留學生入明朝國子監，中山國且是「一歲常再貢、三貢」（「明史」琉球傳），琉球史上特爲煊耀的大事，係洪武二五年（紀元一三九二年）明朝三十六姓計劃性移民，指導航海與文書製作（「明史」琉球傳作「嘉其＜中山王＞修職勤，賜閩中舟工三十六戶，以便貢使往來」），琉球史其後著名的政治主導人物多出此三十六姓後裔。非官方特遣的移住者，且早自明朝成立以前已有到達，察度王所以立卽響應明朝招撫，原因便以其側近已存在兩位漢人政治顧問朱復與王茂，朱復於永樂九年年逾八十，居住中山國輔政也超過四十年，奉准致仕返回江西饒州故鄉，而王茂留任國相，似乎非是當時孤例[20]。琉球勤奮的向文化母國明朝學習，對天子克盡藩職，神宗萬曆七年（紀元一五七九年）以獲頒「守禮之邦」嘉額，而特於首里王城入口鐫建的守禮門，迄今被指定爲國寶文化財。但歷明而清忠誠不渝的情勢，結局

---

[20]　琉球簡史，取材自東恩納寬惇「琉球の歷史」，第三三至五七頁。

終於中斷，光緒五年或日本明治一二年（紀元一八七九年），琉球被日本侵略勢力強改冲繩縣，第二尚氏歷一九代四〇九年而亡。

　　西南方面，西康、西藏於太祖洪武時都已服屬，修正元朝制度設置朶甘 (Mdo-Khams)、烏斯藏 (dBus-gTsan) 行都司，內側苗、傜、泰系、藏系、緬系諸少數民族住地的開發，尤係成祖治世一大業績。唐朝南詔國、宋朝大理國的範圍，元朝已置雲南行中書省直接支配，明朝漢族勢力愈益深殖，而努力加以內地化，繼承元制的雲南布政司北部，永樂時代獨立置行政單位貴州布政司，是指標之一。之二，稍前，又以南方毗鄰屬國越南內亂，強臣黎季犛簒陳朝自立，影響中國宗主權尊嚴的理由，併合越南改置交阯布政司，宋朝初年以來脫離中國獨立的越南，至是重入中國領域。

　　明初本格化開發西南地區，餘緒延及今日的土司制度陪伴成立。「明史」土司傳序的幾段記載：「迨有明蹤元故事，大為恢拓。分列司郡州縣，額以賦役，聽我驅調，其法始備矣」；「考洪武初，西南夷來歸者，即用原官授之。其土官銜號曰宣慰司、曰宣撫司、曰招討司、曰安撫司、曰長官司，以勞績之多寡，分等級之等差，而府、州、縣之名，亦往往有之」；「府、州、縣等官隸驗封，宣慰、招討等官隸武選，隸驗封者布政司領之，隸武選者都指揮領之，於是文武相維，比於中土矣」，可知便是明朝直轄領土上的自治體意味。土司分佈地域之廣，設置單位之衆，又自「明史」土司傳分湖廣、四川、雲南、貴州、廣西共十篇之多得見，特別是貴州劃出後的雲南土司，仍然獨佔三篇的份量。有名的「西南十慰」中，老撾 (Leo，今寮國) 宣慰司、八百 (泰國北部景邁 Chiengmai) 宣慰司、緬甸 (唐朝驃國，宋朝以來稱緬 Mien) 宣慰司、古喇 (緬甸南都白古 Pegu) 宣慰司等，越南以外大部份中南半島地域，洪武至永樂年間，都已建立雲南土司網的隸屬。

　　成祖永樂時四方經略的一大特徵：「當成祖時，銳意通四夷，奉使多用中貴。西洋則（鄭）和、（王）景弘，西域則李達，迤北則海童，而西番則率使侯顯」（「明史」宦官傳鄭和條）。西藏諸法王自洪武時開始受封通貢，強化西藏域內四分五裂諸勢力內屬，完成尼八剌（尼泊爾，Nepal）到北印度沼納樸兒（Jaunpur）諸國對明朝朝貢關係的連結，功勞者都是「明史」鄭和傳附記，讚揚「王使絕域，勞績與鄭和亞」的侯顯。另一知名宦官之例，便是前述東北方面的亦赤哈。

　　明朝最博聲譽的宦官軍事家、外交家，以及中國史上最偉大的航海家之一，自係鄭和。於明朝宦官原籍廣泛（亦赤哈→女眞，海童→蒙古，以及頗多朝鮮、安南人）的特色下，鄭和係西域歸化者後裔的雲南人回教徒，其前後七次盛大航行南方海洋的「三寶太監下西洋」壯舉，今日以於世界史具有重大意義而東、西方共同聞名。七次航行時間[21]：

次　數	出　發　年　份	返回年份
①	成祖永樂　　三（1405）	永樂　　五
②	永樂　　五（1407）	永樂　　七
③	永樂　　七（1409）	永樂　　九
④	永樂　一一（1413）	永樂　一三
⑤	永樂　一五（1417）	永樂　一七
⑥	永樂　一九（1421）	永樂　二〇
⑦	宣宗宣德　六（1431）	宣德　　八

　　海上大遠征規模之巨，聲勢之宏，「明史」宦官傳鄭和條第一次奉使時特筆：「六月，命和及其儕王景弘等通使西洋，將士率二萬七千八

[21]　依馮承鈞「中國南洋交通史」第九二至一〇一頁考訂（主要憑藉「南山寺碑」）。

百餘人，多齎金幣。造大船，修四十四丈，廣十八丈者六十二。自蘇州劉家河泛海至福建，復自福建五虎門揚帆。首達占城，以次徧歷諸番國，宣天子詔，因給賜其君長，不服則以武懾之」。鄭和自身未留有旅行記，但缺憾由隨行者中三人的著作彌補，三書之一瓌珍「西洋番國記」已佚，馬歡「瀛涯勝覽」與黃信「星槎勝覽」則完整流傳迄今。同性質而出諸當時要約的碑文形式，也有婁東劉家港天妃宮石刻「通番事蹟記」，特別是一九三一年（民國二〇年）福建長樂三峯塔寺石碑「天妃之神靈應記」（以三峯塔寺一名南山塔寺而此碑又名南山寺碑」）發見，尤係七次往返年月的研究上特為珍貴資料。鄭和歷次出海，多數選擇長樂為啟航港口，碑文之言：「余（指鄭和）由舟師累駐於斯，伺風開洋」，而官軍駐在的長樂南山行宮右側，便是南山塔寺，「是用著神之德於石，併記諸番往廻之歲月，以貽永久焉」，乃有此碑之立。碑末記「宣德六年歲次辛亥仲冬吉日，正使太監鄭和、王景弘，副使太監李興、朱良、周滿、洪保、楊眞、張達、吳忠，都指揮朱眞、王衡等立，正一住侍楊一清稽首請立石」❷，正是前後三〇年，七次下西洋的最末一次航行途中，恰具總結意味。從統率者羣的署名，以及文獻記事如永樂五年「九月乙卯，命都指揮汪浩改造海運船二百四十九艘，備使西洋諸國」❸等（「明史」鄭和傳記所載第一次出航時船數，僅指「大船」而未計列附屬的中船以下），均堪供為說明大艦隊陣容之盛的注腳。

　　平均每艘載四、五百人的巨艦六十餘艘為主體，大編組艦隊周航西洋，招撫向明朝朝貢的三十餘國，占城(Champa)、眞臘(Cambodia)、暹羅 (Siam)、滿剌加（馬六甲，Malacca）、浡泥 (Brunei，婆羅洲，Borneo)、爪哇 (Java)、三佛齊 (Palembang) 與蘇門答剌（蘇門答臘

---

❷　碑文引文均採自馮承鈞「中國南洋交通史」，第一〇四至一〇六頁注七錄「南山寺碑」全文。

❸　轉引自馮承鈞上書，第九四頁「皇明實錄」卷七一。

Sumatra 東、西部），均今日南海或南洋地域範圍。榜葛刺 (Bengal)、錫崙（錫蘭，Ceylon）、古里 (Calicut)、柯枝 (Cochin)、葛蘭 (Quilon) 等均印度諸國，從而遠越印度洋，自波斯灣頭的忽魯漠斯 (Ormuz)，沿阿刺伯半島南海岸至紅海口阿丹（亞丁，Aden），抵達非洲東岸的木骨都束 (Mogadishu)、卜刺哇 (Brava)、竹步 (Jub)、麻林 (Malinde) 等。十五世紀明朝初鄭和下西洋，因之足堪與紀元前二世紀漢朝張騫使西域，光輝前後交映，鄭和親自指導「大綜寶船」的航程之外，又部署其所率領大艦隊散布「分綜」招諭線，也與張騫正使的於西域分散「副使」經營網，方式如出一轍，兩位巨人一循絲道，一在海域，各各在歷史上代表漢族，向西方世界宣揚如虹威勢，無愧民族之光。鄭和第一次航海年代，較十五世紀末歐洲人最早的東方新航路發見（紀元一四九八年葡萄牙人伽馬 Gama 繞非洲南端好望角，渡印度洋到達印度），幾乎早過整個一世紀，鄭和的世界史位置也由是籌定。如下，都是今日東洋史學者對鄭和的評價：

——如此偉業，實係為全體東洋人揚眉吐氣[24]。

——當時與回教世界合一的海上圈，已完全被這位宦官統帥的威風壓服[25]。

——雄大艦隊縱橫印度洋，其規模之偉，為太平洋戰爭以前，人類歷史所未曾見[26]。

惟其如此，如謂漢族民族革命，驅逐蒙古人時所建明朝，領土較之蒙古人元朝已縮小甚多，可知乃是錯覺。明初較之元朝，聲威未遑遜色，自東北庫頁島，西南越大洋到非洲大陸東岸的大勢力圈成立，為空

---

[24]　有高巖「概觀東洋通史」，第三九八頁。

[25]　植村清二「教養としての中國史」，第一〇三頁。

[26]　和田清「中國史概說」（上卷），第二四〇頁。

前所見。東方從未來入貢的呂宋、琉球，以後倭國時代以後的日本，也都自其時朝貢，隆盛殆與前此的漢族朝代漢、唐齊駕並驅。

然而，明朝國威四播，非唐朝以前世界帝國復活的意味為堪注意，漢族於民族主義本位下也再無憑藉回復舊觀。海禁斷行，私的國際交通全面關閉，公式朝貢又固定在天朝聲威的敬畏基點，乃是國家閉鎖性較之宋朝猶烈的最直接說明。而待之小中核的政治指導力鬆弛，鼓舞漢族奮起的活力激素立形消失，封閉性格限制國力的弱點也立刻暴露，乃為必然，偉大的永樂時代由宣德時代接替時，衰兆由是初見。徵候之一，越南回復漢族中國領土統治後二〇年的宣德二年（紀元一四二七年），廢交阯布政司，承認越南民族運動領袖黎利政權，重建宗主——屬國秩序。之二，太祖以來收為內地的開平衞，原設於今察哈爾省多倫，宣德五年以唇齒相依的大寧衞廢棄，戰略形勢上太過突出的理由，而也南移獨石口（今同省沽源），並與原正北邊所有同由後軍都督府直轄的實土衞所，改隸同年新設置於宣府衞的萬令都司。再次代英宗正統年間，隸山西行都司（治大同府）的東勝衞（今綏遠省黃河外側東端托克托縣），繼永樂時廢棄復置又確定廢棄。經過土木之變，明朝對外已不得不改採消極政策。所以，土木之變以前，河套北、東的明朝內蒙古直屬領土，幾乎已全行放棄。土木之變，表象是英宗急躁行軍的結果，實質已是漢族元末以來回昇的衝力退潮，前進高姿態重向保守化逆轉時，弱勢於外力考驗下的明顯表現。自此，太祖、成祖時代意氣高揚的蒙古高原進出斷念，從現實變化為政策上的守勢，以及事象上的步步後退，如一部教科書的簡約說明：「大寧廢（成祖時）、開平棄（宣宗時）而遼東、薊州、宣府之備多，河套失（世宗時）而太原、大同、榆林、固原、寧夏之患急，哈密棄（亦世宗時）而甘肅、西寧、洮河、松茂之冦滋」㉗，

㉗　羅元鯤開明版「高中本國史」第二册，第一二六頁按語。

漢族已以北方全邊境線處處挨打爲結局。

　　自東而西，遼東、薊州、宣府、太原、大同、楡林、固原、寧夏、甘肅的明朝沿長城線「九邊」，正是與北方蒙古人勢力消長判明後，明朝中期以來被迫出現的產物。明朝建國恰值百年，北邊保守方策已形固定的英宗復辟次代憲宗，成化十年（紀元一四七四年）與築楡林（陝西）至寧夏間一千七百七十里的長城（明朝所謂「邊牆」）開始，歷孝宗、武宗而十六世紀前半世宗嘉靖年間，山西邊界以迄甘肅蘭州的現狀長城中段新築部份爲基線，明初以來已順地勢陸續築成局部的東、西兩方面城牆、關口、堡壘，也已完成修補與連結，而如今日所見姿貌，東起山海關，西迄嘉峪關，全長五千餘里（二千三百餘公里）的萬里長城或大長城，全線巍然呈現於世人眼前。九邊，便是設定於長城防禦線上，分擔防衛的九個軍管區。大長城與大運河，都是漢族智慧、毅力、技術的結晶，世界級雄關壯觀，代表人定勝天的偉大人力創造。卻是，與長城原型或漢朝攻勢長城相較，明朝長城已全然變形，位置大幅向南移動，鑄定其非對蒙古出擊的體制，而係屏固爲目的，性格是被動的、內縮的與退守的。漢族活動的伸展抑撤退，長城線進退是支量尺，就長城的歷史而言，明朝長城因之不是光榮的，而係苦惱的。長城劃定漢族立場的敵我限界，能夠固守長城已稱滿足。

　　大長城必須修築，也以衞所制度已形敗壞，而不得不依賴此防禦工事。「續文獻通考」兵考九郡國兵（邊防）篇明英宗正統初之條，已引『明史』：「兵志曰，永樂間始命內地軍番戍，謂之邊班。其後占役，逃亡之數多，乃有召募、有改撥、有修守民兵、土兵，而邊防日益壞」，神宗萬曆四十七年條尤以「臣等謹按，明之邊備，至是益弱，守且不能，何有於戰？凡軍士之逃亡占役，將帥之偸惰剋覈，無弊不生。迨流賊熾，而秦晉之邊胥破壞，明祚遂因是不延」。頗爲明白，明朝全成顯

現宋朝原形的影子。

正面北方局勢的變化，連鎖反應帶動漢族勢力從四面八方退卻。宣德時尚係直接支配體制的東北奴兒干方面，正統以後已放棄，奴兒干都指揮使司廢止。漢族勢力着着向遼河下流域後退，明朝後期的國防第一線已置諸開原、瀋陽。接替明朝的清朝始祖努兒哈赤，便於此一情勢形成之際，由瀋陽以東佟佳江方面女眞人建州三衞中的建州左衞崛起。而大長城以山海關爲起點或終點，吸收州縣制機能的遼東都司轄區孤立於關外的形勢，以及瀋陽被建設爲關外時期清朝國都盛京的原因，清朝入關，遼東漢族聚居地因而被列東北龍興之地，單獨劃出於漢族中國的本部十八省之外。

明朝暮運，與南宋十分相似。軍事上回復仰仗募兵，重文輕武社會意識卻愈益根深柢固，一方面是軍人的士氣低落而軍紀廢弛，一方面士大夫相互間激烈黨爭傾軋，文臣不度時勢，徒逞意見。情況的與南宋如出一轍，「廿二史劄記」卷三五明末書生誤國篇曾慨乎言之。抑且，失敗因素還較南宋複雜，絕對君主專制政治的君主個人明斷，重要性也爲絕對，南宋祇多庸君，明朝多的卻是武宗以來昏君，世宗、神宗且均二十餘年不視事的隔絕臣僚。昏君在位，誘發的各地民變，明朝中期以來幾乎未間斷，內部疾恙併發症的外部打擊，北虜・南倭之患幸得平息，而萬曆三大征接踵。政治癱瘓，又加兵力、財力大量消耗，人民負擔極度沉重的結局，十七世紀三〇年代激起根據地流動不固定的盜賊集團，所謂流寇的最大波，自陝西北部而長江流域以北全域蔓延。流寇羣中與張獻忠分係聲勢特盛兩主流的李自成陷北京，毅宗自縊，明朝滅亡（崇禎一七年，紀元一六四四年）。清軍趁此漢族中國大變亂，長驅進山海關，佔領北京，消滅流寇與轉輾流亡的南明抵抗勢力，漢族中國全土征服。於此，明朝最後命運又是南宋重演，差異是從邏輯上說，明朝正統

命脈的斬絕係由流寇，以及清朝君臨漢族中國，天下乃得自流寇之手，漢族自身內潰時外來的得利者。

清朝年表

〔太祖天命元年，明神宗四四年（1616）〕
〔太宗天聰元年，明熹宗天啓七年（1627）
　　崇德元年，明毅宗崇禎九年（1636）〕
世祖順治　元（1644）　李自成亡明，清軍入北京，清朝中國支配開始
　　　　　二（1645）　薙髮令發布
　　　　　九（1652）　頒天下學校臥碑，其第八條：「禁立盟結社」
　　　　一八（1661）　南明滅，中國統一完成，鄭成功在臺灣繼續抗清
　　　　　　　　　　　復明（康熙二二＜1683＞鄭氏滅）
聖祖康熙一二（1673）　三藩之亂（-1681，漢族反抗完全敉平）
　　　　　二一（1682）　顧炎武卒
　　　　　二八（1689）　尼布楚條約締結
　　　　　三五（1696）　外蒙古領土併合
　　　　　五五（1716）　康熙字典成
世宗雍正　元（1723）　嚴禁天主教
高宗乾隆二二（1757）　歐洲貿易限制在廣東一港
　　　　　二四（1759）　回部平定，清朝達最大版圖
（1760年代—1830年代，英國產業革命進展）
（1776年，美國獨立）
　　　　　四七（1782）　四庫全書成
（1889年，法國大革命，人權宣言）
仁宗嘉慶　元（1796）　高宗內禪爲太上皇
　　　　　　　　——以下略

清朝於中國史的意義，第一、已是最後的專制朝代，中國近代史以此朝代爲斷，十九世紀西洋文明衝擊中國加劇，而推動中國向現代史移行。第二，現代史的中華民族與五族共和爲基石的中華民國立場，中國史朝代建設者，漢、滿、蒙、回、藏應無民族歧異，但自歷史的主要舞臺

面漢族中國與歷史主役者漢族而言，清朝則是最後一個征服朝代，中國歷史也以征服朝代型態結束舊中國與近代史。第三、清朝征服朝代以元朝式漢族中國全域支配始，而遼、金式征服者自族變質爲漢族終，塑定舊中國的歷史總結，仍然回到中國→漢族中國，中國人→漢族的主從立場。第四、無論漢族朝代或清朝以前任何一征服朝代，對長城內外兩個世界的穩定調和均爲無爲，係清朝而結束歷史性抗爭，立於漢族中國立場，古代以來最大威脅的北方遊牧民族，也因滿清以第三者姿態介入，以及雙方加以征服的共同君臨者權力成立，而壓力最終的解除，長城內外兩個世界自是統一，則又是清朝遺贈現代中國的最大獻禮。

清朝屬國朝貢網的完成，東方最親密的朝鮮（李朝）、琉球（尚朝）、安南（阮朝）之外：

——十八世紀五〇年代，天山南、北均已歸屬清朝領土，清朝國威風靡帕米爾西方。自「大清一統志」與「西域圖志」等所見，霍罕（Khokaand）、布哈爾（Bukhara）、愛烏罕（Afghanistan，阿富汗斯坦）、痕都斯坦（Hindustan）等來朝，十年一貢。

緬甸遭元朝蹂躪後，久久陷入支離破碎狀態，明時分散爲衆多受明朝羈縻的土司。清朝乾隆時代，末疏（Shwebo）酋長雍籍牙（Alaung Paya）崛起，建洞吾（Toungoo）朝，全緬甸統一。其子孟駁施（Hsinbyushin）侵逼雲南，清朝反擊下，雍籍牙季子孟雲（Bodaw Paya）時，懼而降清，乾隆五五年（紀元一七九〇年）受清册封緬甸國王。

暹原係今日雲南方面的撣（Shan）族，受元朝討伐影響而南竄，驅逐原住的孟・吉蔑（Mon-Khmer）種族，據湄南河流域。元末，其領袖 Rama Tibodi 都 Ayuthia，平定附近諸邦，建立暹羅國，漢人於此期間，流寓甚衆。清乾隆時，暹羅累被新興緬甸侵入，國都失陷，移住的漢族福建人鄭信（鄭昭，Piya Taksin）經擁戴爲暹羅王，驅逐緬人復

國，乾隆四三年（紀元一七七八年）定都曼谷（Bangkok）。鄭信後發狂而死，部將鄭華（Piya Chakri）繼承鄭信偉業，開新朝代，於乾隆五一年（紀元一七八六年）向清入貢，受封暹羅國王，是為今日泰國王統的始祖 Rama I。

版圖如此廣大，聲威如此煊赫的東亞大帝國清朝，卻堪注意，也便自乾隆時代，而對外貿易限制僅廣東（廣州）一港，所形成仍如明朝係閉鎖體制。

清朝壽命超過明朝，更超過歷史上所有的征服朝代，堪加特筆的是其漢族中國統治方策，較之任何征服朝代均為成功。與元朝相對照，元朝蒙古人至上主義下，係完全以漢族為隸屬者，但其向來的屠城政策自蒙古大帝國建設過程中已予放棄，即使南宋征服戰爭也未再出現大殺戮人間地獄的場面。清朝征服漢族，則薙髮令強行，「留頭不留髮，留髮不留頭」的全民大彈壓，支解南明最後掙扎時揚州十日、嘉定三屠、江陰血洗，均於史書留下不可磨滅的恐怖之頁。史可法死節的揚州大屠殺一幕，且是創下漢族平民無辜死者至少八十餘萬人的血腥紀錄❷❸。大殺戮震懾的同時，以全盤蹈襲明制，開放政治權利為餌，為士大夫劃出一條順我者生的協力者道路，眾所週知纍纍興起的文字之獄，又是對企圖越出此一軌道者立即的、嚴厲的制裁。抑且，明倫堂前置臥碑，鑴勒學校生員禁例之制，固始自明朝洪武一五年，八條中最嚴厲的一條係：「一切軍民利病，農工商賈皆可言之，惟生員不許建言」。清初頒行的臥碑八條禁例，卻已赫然增列「生員不許糾黨多人、立盟結社、把持官府、武斷鄉曲。所作文字，不可妄行刊刻，違者聽提調官治罪」條文。前引明朝條文也變換更嚴厲語句為：「軍民一切利病，不許生員上書陳言。如有一言建白，以違制論，黜革治罪」（「皇朝文獻通考」學校考七直省鄉

❷❸　據蕭一山「清代通史」（一），第三一頁引「焚尸錄」統計。

黨之學順治九年＜紀元一六五二年＞條）。統治手段的高壓──懷柔、安
撫──打擊，雙線交替換用，完全瓦解漢族，尤其士大夫的反抗意志，
祇有服從，祇已都是善良順民。宋──元──明以來已益益保守化的漢
族，於清朝三百年異族支配之下，也因而愈流向自保、自私，一盤散沙
的奴化、弱化性格，此於清朝征服統治，乃是絕對成功，統治漢族年代
超過元朝一倍以上的原因也由此。

　　而清朝結局，統治者自身固以優裕的漢式生活誘惑而向漢族同化，
外來帝國主義侵略勢力加壓時，原來得意的統治成功因素，又全化爲痛
苦負數，複式支配的領地與民族隔離體制，徒然方便於列強分割中國領
土，佔全人口絕大多數的漢族人民，卻正陷落民族活動的最低潮，而無
從要求其團結禦侮。但清朝非被列強帝國主義者瓜分，而仍係由漢族民
族運動所推翻。堪注意，推翻清朝的原動力泉源卻非舊傳統漢族，乃是：
第一、清末接受西洋現代文明洗禮的新生一代；第二、清初便以自拔於
順民之外而轉入地下，反清復明組織洪門❷爲主流的秘密結社幫會。第

---

❷　a）朱琳「洪門志」序：「洪門組織，自明末清初，於今三百餘年，歷史
　　　悠久，勢力龐大，人多稱爲『秘密社會』，忠國勤民，卓具功績。原
　　　本天賦人權，倡導『民族革命』，並以『反清復明』運動，建立『民
　　　國』基礎。」
　　b）陶成章「敎會源流」考；「所謂洪門，因明太祖年號洪武，故取以爲
　　　名。指天爲父，指地爲母，故又名天地會。始倡者爲鄭成功，繼續而
　　　修整之者則陳連南（鄭氏謀主陳永華）也」。又：「洪門兄弟，投降於
　　　湘軍以引導之，後又避去三合、三點之名稱，因會黨首領有老大哥之
　　　別號，遂易其名曰哥老會。凡湘軍所到之處，無不有哥老會之傳佈。
　　　是故三點會也、三合會也、哥老會也，無非出於天地會，故皆號洪門，
　　　別稱洪幫」。所以，洪門的傳佈，由福建傳入浙江、江西，均稱天地
　　　會，或三點會，續往廣東方面活動時，稱三合會，支流蔓衍，遍及南
　　　洋、美洲。四川洪門「漢留」稱袍哥，長江中流則較晚起的哥老會。
　　c）徐珂：「清稗類鈔」會黨類天地會：「擇甲寅（康熙一三年＜一六七
　　　四＞七月二十五日，以紅花亭爲兄弟盟誓之地，各會員即以其日爲誕
　　　日，稱爲洪家大會」。甲寅年於諸著作中雖也有設定於雍正十二年的，
　　　但大都主張乃前一甲子的康熙十三年。溫雄飛「南洋華僑通史」：「天

三、更早遠播海外，仍然心繫母體的漢族，三方面力量結合所推動。特
別關於第三者的海外移住漢族，或今日所稱的華僑 (Chinese abroad、
Over-sea Chinese)， 也爲漸漸老化的漢族開創另一發展新途，於中國
近代史抑且現代史，又或世界史，都已佔有刮目相視的位置。

　　非中國領土上漢族的海外移民歷史，推定最早須上溯至九世紀唐朝
後半，且係建築於貿易關係。唐朝始置市舶司以來，歷宋、元兩朝代，
經濟上均以海上貿易興盛爲特色，自中國南部沿海諸港口出海經商，已
多留住通商地不歸的漢人。從元朝過渡到明初，史料中已多類似如下的
記錄供了解：

　　── 「明史」三佛齊傳：「(洪武三○年，紀元一三九七年)，時爪哇
已破三佛齊，據其國，改其名曰舊港，三佛齊遂亡，國中大亂。爪哇亦
不能盡有其地，華人流寓者往往起而據之。有梁道明者，廣州南海縣人，
久居其國，閩粵軍民泛海從之者數千家，推道明爲首，雄視一方」(「瀛
涯勝覽」舊港條，亦記，「國人多是廣東、漳、泉州人逃居此地」)。

　　── 「明史」爪哇傳：「(其國)人有三種，華人流寓者服食鮮華，

他國賈人居久者亦尚雅潔，其本國人最汚穢……。其國有新村，最號饒富，中華及諸番商舶輻輳其地，寶貨塡溢。其村主卽廣東人，永樂九年自遣使表貢方物」（「瀛涯勝覽」爪哇國條，也記其通商港口杜板，番名賭斑，「其間多有中國廣東及漳州人流居其地」）。

可知鄭和出使以前，華僑以南洋爲最大滙集地的形勢已初見。但如今日南洋各地華僑的大勢力分布，反而續待實行海禁期的明、淸時代。明朝建立，太祖時代已完全變更宋、元自由貿易經濟政策，對外國僅許可以藩屬國家身份，依「朝貢」方式，附着定期的勘合制度官貿易，對本國人民自由渡航海外尤其嚴加禁止。但成祖時宣揚大明威德，拓展海外朝貢網的鄭和大遠征結果，反而以南洋地方富庶實情的判明，給予中國南部沿海居民莫大商利憧憬，反抗朝廷海禁政策，「私通下海」的走私貿易開始活躍，此其一因。第二層原因，歐洲人的東方新航路發見，葡萄牙人率先抵印度，十六世紀一〇年代已建立澳門（Macao，葡萄牙人稱謂，由來可能係其地祀海神媽祖而名阿媽澳的轉音）的中國通商據點，西班牙人、荷蘭人跟踪進出南洋，益益刺激漢族的南洋淘金者，下海禁令空成具文。第三層原因，係日本東洋史研究者向來所強調，這些沿海的漢族武裝走私集團與倭寇合流，而十六世紀時明人以「南倭」相稱，與同時期聲勢轉盛的蒙古人「北虜」並列，共同達於猖獗高峯。勾搭倭寇，是海賊也是貿易商人的漢族僞倭寇，也於此大騷擾形勢中，愈得機緣加密交通呂宋、馬來半島與爪哇、蘇門答臘的今日印尼方面❸。

「倭寇」於日本方面著作中的說明，係十三至十六世紀間，由貿易

---

❸　參閱日本昭和十八年版大東亞省「南方年鑑」上篇，「南方華僑の現勢」第五至七頁第二章「南洋華僑發展史」第一節「支那側から見た華僑移住史」。明末中國南部走私集團利用倭寇壯大聲勢的理論，上引太平洋戰爭期間官方資料如此主張，今日學界的著作中，仍均如此主張。

變形而侵寇朝鮮半島、中國大陸沿海岸的全時期日本人海賊統稱，活動
時期區分前期與後期。前期倭寇自元末至明初，朝鮮與中國北方沿岸為
主要侵擾場所，以足利義滿對明外交開始而衰退。十五世紀後半日本國
內應仁之亂的結果，室町幕府權威失墜而入戰國時代，倭寇於十六世紀
的明朝嘉靖年間，轉移以中國東南海岸地方為掠奪中心再起，為禍程度
與地域範圍都超過明初，是為後期。而後期倭寇禍患所以顯著劇烈的原
因，便以興起後漢族海賊與日本人海賊攜手。所以，後期倭寇固以時間
上與北虜同時而對稱「南倭」，性格上已是倭寇與漢族海賊的合稱，也
較前期有別，抑且，南倭人數比例日本人已落少數，漢族反佔為主體，
更是特徵[31]。如上後期倭寇的解說為可以接受，「明史」日本傳的有關記
錄可供參證：「當是時（嘉靖二八年）日本國雖入貢，其各島諸倭，歲
常侵掠濱海，奸民又往往勾之，（巡撫朱）紈乃嚴為申禁，獲交通者不
俟命，輒以便宜斬之。由是浙閩大姓素為倭內主者，失利而怨。⋯⋯而
大奸汪直、徐海、陳東、麻葉輩，悉逸海島為主謀，倭聽指揮，誘之入
寇。海中巨盜，遂襲倭服，飾旂號，並分艘掠內地，無不大利，故倭患
日劇」，「（嘉靖三三年）大抵真倭十之三，從倭者十之七」。

　　一五六〇年代，名將俞大猷、戚繼光擊破福建的倭寇巢穴，倭患才
於大打擊下被鎮壓。日本方面，接續也以豐臣秀吉的統一，下達海賊船
禁止令，嚴厲約束活動，而倭寇絕滅。便以中國東南沿海倭寇終熄，明
初以來實施已二百年的海禁終得轉機，自隆慶元年（紀元一五六七年）
解除禁令，開放民間向海外出航貿易。福建漳州原係走私根據地，一變
而為公開出入門戶，自此漢族的海外渡航與貿易，乃呈飛躍發展之勢。
「明史」中稱之雞籠的臺灣歷史，也自此形勢中開始，雞籠傳的記事：

---

[31]　據曉教育圖書版「現代教養百科事典」⑦歷史，第二六四頁「南倭」條，
　　　第二六九頁「倭寇」條解說。

「嘉靖末，倭寇擾閩，大將戚繼光敗之，倭遁居於此，其黨林道乾從之。已道乾懼爲倭所併，又懼官軍追擊，揚帆直抵浡泥，攘其邊地以居，號道乾港，而雞籠遭倭焚掠，國遂殘破，初悉居海濱，既遭倭難，稍稍避居山。後忽中國漁舟從魍港飄至，遂往來通販以爲常。至萬曆末，紅毛番泊舟於此，因事耕鑿，設闤闠，稱臺灣焉」。明人所稱紅毛番係荷蘭人，佛朗機則葡萄牙人，也兼指西班牙人。

　　「明史」雞籠傳接續收錄的一篇文獻爲堪重視：「崇禎八年，給事中何楷陳靖海之策，言：自袁進、李忠、楊祿、楊策、鄭芝龍、李魁奇、鍾斌、劉香相繼爲亂，海上歲無寧息。今欲靖寇氛，非處其窟不可，其窟維何，臺灣是也，臺灣在澎湖島外，距漳、泉止兩日夜程，地廣而腴。初，貧民時至其地，規魚鹽之利，復見兵威不及，往往聚而爲盜。近則紅毛築城其中，與奸民互市，屹然一大部落。墟之之計，非可干戈從事，必嚴通海之禁，俾紅毛無從謀利，奸民無從得食，出兵四犯，我師乘其虛而擊之，可大得志」。著名的鄭芝龍、鄭成功父子事蹟由是相繼上演，鄭芝龍原係倭寇殘黨，以納日本女子而生鄭成功，也爲衆所週知。

　　林道乾的名字又曾出現於「明史」呂宋傳：「（永樂）八年，與馮嘉施蘭入貢，自後久不至。萬曆四年，官軍追海寇林道乾至其國，國人助討有功，復朝貢。時佛朗機……襲殺其王，逐其人民而據其國」。西班牙方面的記錄，紀元一五七一年（明隆慶五年）立馬尼拉（Manila）首府經營菲律賓之初，紀元一五七四～五年（明萬曆二～三年），擊退襲來呂宋島的中國海賊林鳳，當時林鳳一黨的陣容，係船艦六二艘，水夫二千人，兵士二千人，婦女一千五百人❷（Lim-a-hon 的正確譯音須爲「林阿鳳」，部下仍包括了日本人）。攻略的海賊首領與年代較「明史」

──────────

❷　平凡社版「世界歷史大系」⑦東洋中世史第四篇，第五六八頁。

稍有出入，其係同一事件爲可判定，自臺灣侵呂宋失敗，林鳳或林道乾才續通過 Palawan 羣島轉往㳿泥（北婆羅洲），經由路程，正是自北而南一直線上的連鎖島嶼。

「明史」呂宋傳續記：「先是，閩人以其地近，且饒富，商販者至數萬人，往往久居不返，至長子後。佛朗機旣奪其國，其王遣一酋來鎮，慮華人爲變，多逐之歸，留者悉被其侵辱。」而終爆發同傳所詳記萬曆三一年（紀元一六〇三年）馬尼拉大虐殺展開，漢族僑民慘死於西班牙人屠刀下的及於二萬五千人之數。明朝覆亡稍前，因之「明史」已不載而見於西班牙人記錄的，崇禎一二年（紀元一六三七年），第二度大屠殺再起，續往定居的漢族商人又被殺害二萬二千人[33]。

同樣的悲劇，也發生於對葡萄牙人、西班牙人東方事業急起直追的荷蘭人之手。紀元一六一九年，荷蘭人在爪哇建設吧城（巴達維亞，Batavia，今雅加達 Jakarta 原名）爲其東印度羣島統治的起步後，間隔紀元一六二四年（明天啓四年）佔據臺灣築赤嵌城（Zeelandia），而紀元一六六一年（清順治一八年）又被鄭成功逐出臺灣，中國已係清朝盛世的紀元一七四〇年（乾隆五年），爆發吧城大殺戮，超過一萬人的漢族僑民喪失生命[34]。

漢族或廣義所稱中國人的南洋旅居者華僑，開拓生存新環境時，恰值西方帝國主義侵略勢力洶湧東來，悲慘際遇由是層出不窮。明朝暮運期無力加以支援固無論，令人驚異是已係中國朝代的清朝，對中國人漢族被迫害，態度竟然冷淡到酷薄的程度。而相對，華僑於得不到母國政府保護，形同遺棄的惡劣命運下，卻愈受打擊愈勇敢奮鬥，憑毅力、忍耐力，終於開創如今日所見南洋的廣大漢族勢力分佈形勢。華僑第二

---

[33]　同上，第五七〇頁。

[34]　植村清二「敎養としての中國史」，第一三五頁。

明朝世系圖（一七代・二七七年）

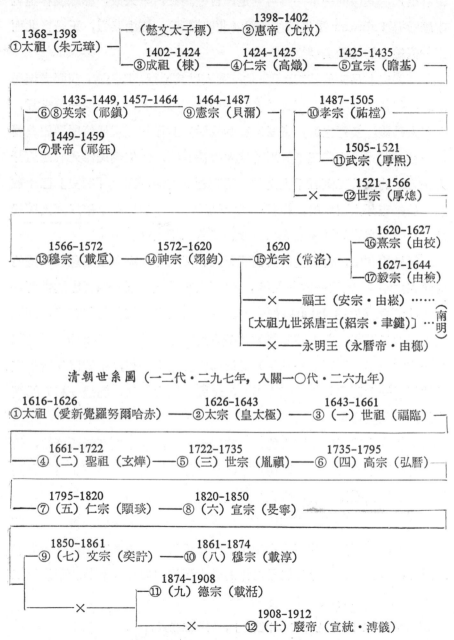

清朝世系圖（一二代・二九七年，入關一〇代・二六九年）

1616-1626
①太祖（愛新覺羅努爾哈赤）—— 1626-1643 ②太宗（皇太極）—— 1643-1661 ③（一）世祖（福臨）——

1661-1722
——④（二）聖祖（玄燁）—— 1722-1735 ⑤（三）世宗（胤禎）—— 1735-1795 ⑥（四）高宗（弘曆）——

1795-1820
——⑦（五）仁宗（顒琰）—— 1820-1850 ⑧（六）宣宗（旻寧）——

1850-1861
—⑨（七）文宗（奕詝）—— 1861-1874 ⑩（八）穆宗（載淳）

1874-1908
—⑪（九）德宗（載湉）

——×——

1908-1912
——×——⑫（十）廢帝（宣統・溥儀）

「中國人世界」締造，其精神的可敬，可以比擬二次世界大戰前無祖國
而散布歐洲各國的猶太民族，由強烈的民族意識維繫其精神力也相同。
漢族民族意識的強化，固以保守的、拘謹的民族性格固定化爲條件，但
不屈不撓、堅毅挺拔的優秀傳統一面也增大發揚，代表者正是華僑。

*   *   *

總結本章，十世紀中國，是個歷史的大轉捩時代。一方面，中國歷
史上最早的征服朝代出現，自此，漢族朝代與征服朝代並行或交替存立，
一方面，中國近代社會以宋朝建立爲標誌而設定，以迄十九世紀清朝末
年的迎接現代化。

近代中國的成立，同時也是漢族民族國家形態的明顯轉變完成期，
中世以前漢族中國＝世界帝國的時代終結，國家性格以宋朝爲斷，前後
時代的對比分明。而國家性格轉換，又以歷史主役者漢族性格的變化爲
背景。漢族的形成，開放性原係其特質，恃此特質而吸收、混合異民族
成份，一方面是推滾雪球似不斷擴大漢族範疇，另一方面，階段式更新
血統，注入新的活力，而持續保持其旺盛的創造力與生命力，朝代的世
界帝國性格乃陪伴漢族此一開放性而鑄定。宋朝立國期間，遼、金、元
征服朝代相續登場，壓力愈施加愈沉重，外在形勢已逼迫國家性格轉向
內縮，宋儒強調大義名份而明華夷之別，內面又強烈的漢族民族意識激
發。漢族民族性格的前、後期區分由是漸漸明顯，固有的前期漢族開放
性喪失，轉向排外的、封閉的後期漢族變化。

宋朝終於被元朝滅亡，元朝乃是第一個支配漢族中國全域的征服朝
代，其蒙古人至上主義，悲憤的被壓迫者漢族惟有愈強固其自身族性，
明朝推翻元朝所憑恃便是漢族民族主義大纛。卻是，宋朝對外關閉尚衹
正面敵人的北方陸上，南方盛大海外貿易倒反建立其中國歷史上特殊的
朝代地位，明朝則是對外的全面關閉。後期漢族拘謹的、保守的民族性

愈凝固一層，漢族再無機會回復前期原形象，也確定中止其再成長與再壯大，接續又正是第二個全面征服漢族的朝代清朝君臨。

後期漢族仍然是個大熔爐，征服朝代統治者除了蒙古人例外，也仍然都以熔入漢族爲結局，歷史路線的外貌似乎與前期漢族時代無異，實質則全非。後期漢族代表的已是守舊與衰退，征服者便以向漢族學習腐化面的享受主義而不自覺同化，熔入漢族，轉變漢族的意義，祇是加深漢族暮氣，迥非前期似的增大漢族朝氣與進取精神。簡言之，擴大漢族的現象相同，對漢族素質變換的正、負面已全行倒易，遼朝契丹人，金朝女眞人、清朝滿洲人的軌跡，如出一轍。特別關於最後全面征服漢族的滿清征服朝代，加諸漢族的高壓統治與弱化、奴化政策的雙重打擊，於自身無力拒絕漢式社會生活誘惑，終也變化漢族的命運，毋寧爲一大諷刺。

辛亥革命成功是振頹起衰，漢族回復活力與再強壯一新起點，舊中國也由是向新中國脫胎換骨，則中國歷史的再創新，也有待對應中華民國國號而成立的中華民族，完成實質的、單一的民族內涵，而非形式的漢、滿、蒙、回、藏「五族共和」複合體。於此，重要的是：

——帝國主義者侵略中國期有意分割中國領土，切斷「內地」或「本部」所製造而仍殘留迄今的「邊疆」意識，必須清除。中國便是中國，可以區分東、南、西、北、中部方位別，領土性質卻是統一的。

——漢族本位的歷史敍述傳統必須修正，中華民族內諸分子民族站立的地位是平等的，各別存立於中國歷史的位置因之也是同等的。歷史活動遺留資料的豐瘠固影響記錄份量，尊重的態度則須同一。

南方優位下的社會・經濟

諸產業的分化開發

五代十國分立抗爭半個多世紀，是離亂極點，卻也是回復安定秩序的起點。各國均於其土地上獎勵產業，各地個別發展特產物的傾向加大。例如四川、江南製茶業發達，至現代社會仍是重要產業之一，製紙業、陶瓷業特殊工業也是。到宋朝統一，和平實現，經濟界前途乃呈現一片好景。其社會・經濟再編成，中世自給自足的莊園經濟時代退潮，五代時分裂的中國國內市場，以國界阻礙與關稅障壁破除，自由交易的販路拓廣而商業發達，消費增大。消費增大又刺激產業再向上，生產力強化，非只量的提昇與質的進步，價格也以大量生產而降低，流通圓滑的商品經濟時代成形，舊中國發展最後階段的近代社會・經濟型態便自宋朝而鑄定。

宋朝是中國歷史的關鍵性朝代之一，卻也是最特殊的朝代，軍事力的脆弱於所有長期朝代中為罕見，但文化・經濟的異常發達又站立到歷史的最高點。經濟界生產力的所以自宋朝而大幅增強，其基本原因：

其一，便是五代十國分立期分業形勢，於宋朝加大發展。經濟界產業部門非只地域的分業，生產過程同樣分業發達，企業化、專門化大規

模生產下能率增高， 生產品商品化得以實現。 具有世界意義的中國瓷
器，於此時運銷西亞、歐洲博最高名譽，China 成立「中國」與「瓷器」
同義詞， 便以瓷器生產已脫卻家內工業階段， 改以近代企業的形式經
營， 製成非單純的個人技術，而後從採土、造形、敷彩、施釉，以至燒
成，全部作業流程已幾階段分業，各各由專門化技術工人從事而製成。
紡織業、茶業等亦然，均已如同今日工廠作業程序。福建山地從未見茶
的生產，也自五代而宋，以土質與氣候適合，而中國特別品質茶的栽培
興起。商業部門分業，資本與經營自宋朝已行分離爲堪注目❶。都市消
費生活日盛，婦女入大戶人家幫傭，以及裁縫、厨司、洗染等都已是男
子維生贍家的職業。各人適應個性分野，依於技能自由發揮原則的各色
各樣社會分業展開，乃有宋朝近代社會的發展成立。

其二，科學・技術升級，火力革命煤的使用普及係其具體指標。煤
自二千年前漢朝已知使用❷，惟其時觀念，利用山林資源毋寧爲方便，
旣無煤的燃燒時惡臭， 又免開採，煤的燃料價值因之尙未確認。燃煤習
慣普遍化須唐末開始，宋初而飛躍發展❸，煤資源豐富的北方，火力大
又耐燃的煤被廣泛利用。陸游「老學庵筆記」（卷一）說明民間燃料，
已明記北方用煤，南方用木炭，四川則用竹炭。火力爲必要的工業，因
燃料使用煤而獲大刺激，最長足進步階段展現。中國陶瓷業質、量均立
於世界前端，以及宋朝銅、鐵製鍊額空前增大，緣由都在此。鐵的強力
生產力乃近代產業革命基盤係衆所週知，銅產量增加，又收銅錢順利鑄
造與安定通貨之效，也容易了解。宋朝諸種文化於此時期完全壓倒古代
以來向以影響諸先進文明國文化聞名的西亞細亞，今日研究結論，關鍵

❶　人物往來社版「東洋の歷史」⑥宋の新文化，第一四八頁。
❷　同上，第一五〇頁。
❸　同上，同頁。

同樣便在宋朝火力革命實現❹。三、四千年間西亞的世界文化先進性成立，原與中國同係收奪自然力的結果，待西亞森林資源萎枯，火力支配不能繼續把握，向具高名聲的金屬與其加工品受阻，產業不振，文化陪伴衰退。相對方面，宋朝中國獨以煤資源利用而燃料問題解決，諸產業加快步伐躍進，於此基盤上展開的新文化，其駕凌西亞文化自爲必然。

　　其三，又是江南開發，中國經濟生命線轉移南方，歷史性南——北傾斜變易完成時，長江下游三角洲地帶水田稻作爲基幹，諸產業潛在富力的以驚人速度上揚。「稻」字於殷墟甲骨文中，已見其原形「臽」字❺，可想像水稻栽培歷史之早，只是最初長期滯留畑作形式的天水田境域。自戰國至秦——漢，鐵製農具普及的發展基礎上，隨漢族不斷移住江南地區，北方先進產業技術、文化移植南方，特別是六朝江南政權建立，江南開發層面也不斷昇高，火耕水耨的階段早已過去，換入灌溉農業的坡、堤時代。自唐朝田植（插秧）技術興起，至宋，秧馬（田植用具）發明，水田耕作利用牛力的秒與苗的移植法普及，以及播種、除草、收穫等高集約度技術與農機具，都自此時代出現❻，集約農業的能率再度創新。眞宗大中祥符五年（紀元一〇一二年），粒大、色柔的占城米早熟新品種自越南南方引進，江南、淮南一帶開始種植，成熟期快則六〇天，遲到一〇〇天❼。自唐朝黃河平原二年三期作的成績續邁一大步，宋朝南方以此早稻種的栽培，而一年二期作成功，中、晚稻也同時依地勢、氣候、土質的適合性，分化的改良品種。施肥與病蟲害防治方法，宋朝都已十分講究❽，肥料除燒藁葉根株之外，利用人糞、胡麻粕

---

❹　同上，第一五一頁。
❺　誠文堂新光社版「世界史大系」⑧東アジアII，第四三頁。
❻　社會思想社版「敎養人の東洋史」（上），第一八四頁。
❼　文藝春秋版「大世界史」⑧蒼き狼の國，第八五頁。
❽　誠文堂新光社版「世界史大系」⑧東アジアII，第四三頁。

等製作廐肥、堆肥，增加深耕養分又改良土壤，以及散布石灰防杜螟蟲之患等技術，均行成立。

所以，整部江南開發史，等於便是中國經濟形勢演變史。六朝是一分界線，江南實質開發之境本格化展開，南、北經濟與人口比率於此期間，由均衡而開始逆轉，南方優位態勢初現。隋——唐完成經濟支配大動脈的大運河，北方開始吸收南方物資，以至均田制崩壞，對土地所有的拘束解除，又是一大畫期，北方的南方物資依存程度愈演愈烈，相對，江南資源以新的消費市場刺激而突破性開發。經五代入宋朝，江南乃確立其國家基本經濟地帶的地位，迄於明、清不變。

江南自宋朝鑄定中國經濟心臟的多方面表徵，除了進步的水稻農法於此階段完成，已如今日長江三角洲地區所見之外，發達的治水灌溉事業為基礎，農業大發展堪注目之一，治水知識體系化而水利之學誕生。長江下游三角洲上，太湖放水路吳淞江（松江、吳江、蘇州河，均其別名）以排水機能為弱，太湖之水溢出周圍低四區一帶而泛濫成災，立於此項處理需要，仁宗時代政治革新家蘇州范仲淹提案以吳淞江之水北向長江、南東向海疏導，供排洩太湖溢水，乃是江南水利之學的先導，自是續有郟亶（蘇州崑山）、單鍔（常州宜興）等諸系統水學方案的提出❾，以及立於此一基調的政府江南水利政策踏實施行。同一期間，生產指導面的農書又在江南開始普及刊行，隱居太湖中西山的蘇州陳旉「農書」其包含糞屋設置的施肥運作技術等內容，係與從來旱地農法相對，最早予江南水稻農法以定型化整理成功❿。「四時纂要」（韓諤）、「禾譜」（曾安之）、「農器譜」（曾士謹）等，都是同類的民間體驗活用書

❾　斯波義信「江南——發展の歷史」（筑摩版「世界の歷史」⑥東アジア世界の變貌，第八八頁）。

❿　同上，第九三頁、九五頁。

籍❶。江南水學與農書發達，對擴大發揮江南沃田功能與農業生產飛躍開展，同係科學精神理論與現實結合的實踐意味。

堪注目之二，係太湖周圍與江南廣泛沼澤地的大規模新田開發，便是江南特爲有名的圩田（或名圍田、湖田）。「文獻通考」田賦考六水利田門圩田水利項的說明：「江東水鄉隄河兩岸，田其中，謂之圩。農家云圩者，圍也，內以圍田，外以圍水，蓋河高而田在水下，沿隄通斗門，每門疏洩以溉田，故有豐年而無水患」；「按圩田、湖田，多起於政和以來。……大概今之田，昔之湖」（三項同義字，大體係地方別的不同稱謂，明，越湖田，江東西圩田，蘇、秀圍田，見「文獻通考」田賦考六湖田圍田門載李光之言。但今日也另有解釋：圍田指於河川、潴水、水蕩築隄圍以形成的田地，湖中的圍田別名之湖田，圍田規模廣大者則謂圩田）❷。於湖邊或河岸水澤低濕之地，外緣圍築隄防，任令隄外水位高過隄內，而設閘門相通，隄岸所保護的內側因而獲得大面積新農地，其間又縱橫浚土深掘水溝（小型用水路），以供排水，以及利用龍骨車引水灌溉。此等由干拓水濕地技術成立的圩田構築，可了解也便是當已存在的築隄護岸技術、調節水勢的閘門技術，以及唐朝已盛行新的強力灌溉用具龍骨車（翻車）、筒車汲水技術，三者一括的綜合土木工程學的發展成果❸。其重要性，非僅表示唐朝以來灌溉排水設備與技術更上層樓的進步而已，也以所有開發的新田原係湖床或河床地，富含有機質與無機質，表面均肥沃泥土，本質便已鑄定其安定生產性爲高的豐稔農業性格。江南民間與經由官方之手的此等圩田＝干拓地，從北宋末徽宗時代至南宋，開發範圍於江蘇、浙江、安徽一帶都已普及。官圩開發

---

❶　同上，第九四頁。

❷　平凡社版「世界歷史大系」⑥東洋中世史第三篇，第二九六頁。

❸　每日新聞版「世界の歷史」（東洋），第一七五頁。

規模之大，徽宗政和五年（紀元一一一五年）圍湖成田，先後賜蔡京、韓
世忠、秦檜，秦檜死後收回的建康永豐圩，面積千頃（十萬畝），建康另
一新豐圩也留有「四至相去皆五、六十里，有田九百五十餘頃」的記錄
（均見「文獻通考」田賦考六水利田門圩田水利項），私圩每處以在周
圍十五、六里，面積二、三十頃以下為普遍⓮，也顯見非為小。私圩以
所有主之姓稱呼的「某家圩」、「某家莊」，以及所開用水溝渠名的「某
家涇」、「某家濱」，都自此期間發生，如今日稱謂。

　　如上背景下，勞動集約的江南沃土所發揮高度生產性，兩項事象可
以明示：

　　──唐朝中期從當時江南、淮南米產地所徵起的上供米，經由大運
河運向北方的數額，每年百萬至二百萬石，北宋時代同樣由江南、淮南
所北運，激增至每年六百萬石上下。另再須自江南米商每年購買約二百
萬石補充支應的不足，徽宗宣和七年（紀元一一二五年）且達三百五十
餘萬石⓯，則私糴尚未列在內，北宋末政府自江南吸收的米穀數，已係
近一千萬石的驚人巨額。運米官船、商船抵達首都開封盛況，「清明上
河圖」有逼真描繪。

　　──此一階段，米的商品化，非只助長了蘇州為中心的米產地品質
分化與向上，蘇州已以每畝二、三石至五、六石的高收穀率傲視天下。
紹興、徽州以及福建方面，每畝也是二至三石，以後屆明、清時代，江
南且普遍都到達同一標準⓰。

　　惟其如此，宋朝的江南「天下穀倉」之譽，至遲十一世紀已成立。

⓮　斯波義信「江南──發展の歷史」（筑摩版「世界の歷史」⑥東アジア世
　　界の變貌，第九一頁）。
⓯　平凡社版「世界歷史大系」⑥東洋中世史第三篇，第一〇〇頁。
⓰　斯波義信「江南──發展の歷史」（筑摩版「世界の歷史」⑥東アジア世
　　界の變貌，第九六頁）。

十二世紀以後南宋時代，流誦廣泛的有名諺語「蘇常熟，天下足」、「蘇湖熟，天下足」之句，范成大「吳郡志」、陸游「渭南文集」中且都已加以引用，全如後世所見。

　　生產技術、可耕地面積、單位收穀量、農業集約性、商品化率等全面向上，實證江南形成天下穀倉的另一面，適應自然的、社會的條件，產業界所成立分業關係，或者說，特殊產業的地域性分業化，也便自宋朝江南而特明朗。出現於記錄中，便是所謂地方名產。長江三角洲為中心的南方農產物適地適作，以及經過加工的各類別手工業製品，其專業化一般——

　　　　江蘇、安徽、江西的米，沿長江所有水澤地與福建的養魚，江蘇、浙江、福建、廣東海岸的鹽與海產物，廣東的眞珠，江西的畜牛，安徽、浙江、江西、福建、廣東西的木材，福建、江西、浙江、江蘇的果實，江蘇、浙江、安徽、江西、福建、湖南北的茶，福建、廣東的砂糖，浙江、福建、湖南的桐油，江蘇、浙江、安徽、江西的絲織品，浙江、江西、福建、廣東西的麻織品，江蘇、浙江、湖南的銅鈿工，湖南的銀鈿工，浙江、福建、廣西的鐵鈿工，江蘇、浙江、安徽的漆器，浙江、江西、福建的陶瓷器，浙江、廣東的藤器，江蘇、浙江、福建的竹紙，安徽、江西的楮紙，福建、廣東西的棉，江蘇、福建的蓆，江西、浙江、福建的造船等[17]（礦物資源略）。

　　南方資源的齊頭開發，一方面以商業・交通發達，南方生產而北方消費的傾向加大；另一方面，北方非單純南方物產的廣大消費市場意味而已，當時北方物產於南方產業也相對發生支援關係，南方絲織業、麻織業、陶瓷業等所需染色原料，便須北方供給。北方若干特產藥物如人

[17]　依斯波義信上文（第九六至一〇〇頁）整理資料的再整理。

蔘，尤非熱帶的南方能想望出產。所以，南、北經濟空間的緊密互存，固強烈表現於北方消費生活，抑且國家財政的南方依賴程度愈到後來愈劇，同時也說明南方資源並非完全具有自給性，宋朝以來的中國社會，從大方向已注定必然也必須是商業經濟時代。

宋朝全經濟領域的產業狀況，穀物種植的地域性大分化傾向，南方米作而北方麥作，粟亦產自北方，自後世所週知。餘外的代表性例證：

桑樹的栽培較具全國普遍性，絲織業也是中國古代已發達的工業之一。唐朝織物生產係河南佔第一位，包括河北、山東，以中國北方為中心，以及四川。北宋產地已南移向江南地方擴展，兩浙方面無論高級品或低品質的絹、紬，均躍登繼承唐朝形勢的蜀地與河北、京東、京西諸路同等主要供給源地位，紗產額尤便以兩浙特多聞名。庶民生活水準向上，高級品也於此時期漸漸大眾化，古來著譽的蜀錦，河北路與兩浙路都已盛產優秀品。絲織品種類非只綿、繡、羅、綾、縠、紗、絹、紬繰、緞、綢、綺、絁、縞、縛、紈、繒、帛等分化多色多樣，同一品目再細分，如「宋史」地理志載各府州貢物中列有「綾」的品目者，有方紋綾、仙紋綾、大花綾、雙絲綾、越綾、樗蒲綾、蓮綾等不同名色。絲織品的全產額雖不明，但自真宗大中祥符九年（紀元一○一六年）京東路（山東）絹紬價跌落，商工業者困苦，政府以絹一疋千文（一貫），紬一疋八百文的價格收購（當時標準價絹一疋一千二百文，紬千文，暴跌至絹一疋八百文，紬六百文），共支出費用二千萬貫，即收購總額超過二千萬疋，以此推算，全國絲織品總產額可知須達億數⓲，也全國商品目的而生產。如此大規模生產的絲織品，除了供應國內消費市場外，又係對外貿易主要輸出品，絹一疋國內市價千二百文，此時期與契丹交

⓲　平凡社版「世界歷史大系」⑥東洋中世史第三篇，第一○三頁。

易的價格約二千五百文❿，可博一倍以上的鉅利。至南宋，中國絲織品產地決定性集中江南兩浙路的形勢尤已鑄定。

另外系統的織物，自古便與絲織品並爲日常衣料，民間廣泛使用的麻織品紵布、葛布、焦布，焦布產地福建、廣東，範圍較小，餘自成都府路至兩浙路的全長江流域，以及焦布特產區均行栽培，紵又特以荊湖南、北路與江南西路爲中心，葛則蜀與淮南西路爲中心。商品的重要性似於絲織品，種類細分趨向亦同，紵布高級品的細紵便又有白紵、青紵之別。棉布於宋朝正漸普及階段，惟非常發展態勢，尙須續待明朝呈現。

中國發達的陶瓷器製造業，宋朝乃是青瓷、白瓷完成期，器形、紋樣、製作方法，均以煤使用爲燃料的高熱而成立劃期性革命，作品依用途區分壺、盤、鉢、碗、水注、枕、瓶、水盤、花生、香爐等形。這些質、量俱豐的瓷器，宋朝與茶、絲織品同係盛向海外輸出的主要商品，販路除東洋諸線外，遠至非洲、歐洲。北宋時，首都開封官窯、河北典陽縣定州窯、浙江龍泉縣（處州）哥窯、河南臨汝縣汝州窯，並稱四大名窯。明朝擁有五〇萬人的窯業之都江西省浮梁縣景德鎮，窯業也自宋朝開始興盛，鎮名由來便採眞宗景德（紀元一〇〇四～七年）年號。入南宋，景德鎮且替代定州窯稱「南定」，與南宋官窯龍泉窯分別代表白瓷、青瓷技術的最高造詣。

漆器製作的精美絕倫，也於宋朝到達頂點，剔紅、堆紅、彫紅、攢犀、戧金、螺鈿等精製技法都已成立。金、銀素地而塗紅漆，彫繪山水人物的高級逸品，往往得見。中心產地，係兩浙路的浙江方面。

製紙業以西浙、江南東、河東等路與蜀地爲主產地，製紙原料則麻（蜀）、嫩竹（福建）、桑皮（北方各地）、麥稈、稻稈（兩浙）、繭（兩浙、淮南）、楮（湖南北）、藤（兩浙）等植物。品質絕頂的名紙，

❿　誠文堂新光社版「世界史大系」⑧東アジアⅡ，第四九頁。

成都竹系紙、池州（安徽）澄心紙、越州（浙江）竹紙、常州（浙西）
雲母紙等，都是。

　　現代化資本主義社會機械生產以前，無論東洋或西洋，工業生產
式樣均立於手工業的時代。宋朝手工業各部門均以驚人速度推向發達巔
峯，官營工場與家內手工業之外，所說明事實係前代從所未見的一大新
興勢力參加，都市內外大規模雇用職工的企業化商品生產工廠，已新自
民間勃興。也惟其龐大的民間手工業大勢力興起，以及延續，而十三世
紀末馬哥孛羅旅行中國返歸歐洲，所著聞名世界的遊記中，盛道中國手
工業發達程度，遙遠領先其家鄉，當時執歐洲商工業牛耳的義大利諸著
名中心工業都市威尼斯、米蘭等地❷。也由馬哥孛羅此一比較，可明瞭
導引現代世界機械工業發生的產業革命前夕，中國與歐洲間的工業發達
水平。

　　中國飲茶風習，自南朝開始流行，入唐漸一般化。於宋朝，都市中
已是茶館林立，意味了茶業的非常隆昌，品種多種多樣分化，摘葉、焙
製等技術連鎖性改進。宋朝茶業特徵，乃於唐末開始稅茶的基礎上，蹈
襲鹽鈔（鹽引）方式發行茶引（茶鈔），限制爲專賣品，專賣形態的發展
成立，指示的便是茶已追隨鹽而完全商品化，以及茶業至宋朝而飛躍成
長的傾向。產地分佈則蹈襲唐朝形勢偏向南方，只是，唐朝係荊湖路爲
主，宋初已東移江南路與淮南路，江南路的一〇二七萬餘斤尤於諸茶地
爲最高額（以下產茶數字均依「宋史」食貨志下五、六「茶」項）。再
以南的福建路於國初年產三九萬斤，仁宗至和年間（紀元一〇五四～五
年）七九萬餘斤，僅隔約三〇年的神宗元豐年間（紀元一〇七八～八五
年），又躍增至三〇〇餘萬斤，產茶區域東進續南下之勢至爲明顯。南

---

　　❷　轉引自王志瑞「宋元經濟史」第二五頁引俄國 Ladek「中國革命史」中譯
　　　　本第二一頁。

宋兩浙路也急起直追時，全領域增產的確切數字雖不可得，但依北宋川
陝四路產茶額合計不及東南十分之一（「文獻通考」征榷考五「榷茶」
項神宗熙寧七年條引知彭州呂陶言），而南宋光宗紹熙元年（紀元一一
九〇年）四川僅成都府路與利州路已二千一百餘萬斤的比率推算，茶的
全產量殆將達數億斤巨額。只是，茶商僅准在國內自由運輸販賣，嚴禁
輸出國外，茶的外國貿易乃政府專利（與北方民族間易馬）。

　　鹽於中國，係專賣歷史最古的一種，宋朝收拾五代不統一的鹽法，
回復規制化而成立國家重要稅源。沈括「夢溪筆談」記載當時鹽的種類
至數十種之多，但大別則海鹽、井鹽、池鹽三種，前二者乃末鹽（粉末
狀），民產而受政府嚴密監督，池鹽乃顆鹽（固體形），政府官營。海
鹽產自京東、河北、淮南、兩浙、福建、廣南等沿海各路，井鹽以四川
益、梓、利、夔四州路為產地，池鹽惟陝西路生產。末鹽生產額依「宋
史」食貨志下四鹽中（海鹽）、下五鹽下（井鹽）諸鹽、場分散的記錄
合計，海鹽約三四二萬石（每石一一〇斤），內淮南鹽又獨佔二六〇石；
井鹽三二萬石，但繫年都不明。惟池鹽於食貨志下三鹽上明載產量，太
宗末年的至道二年（紀元九九六年）八七席（每席一一六石），仁宗天
聖年間（紀元一〇二三～三一年）以來六五萬餘席。末鹽產銷流程的定
式：鹽戶生式 ⟶ 政府統一收購 ⟶ 政府賣予商人（商人在京繳納鹽
價，憑政府所給鹽鈔，或稱鹽引，於產地領鹽）⟶商人在規定行鹽區
內自由運輸販賣，毋須另行納稅。鹽於政府中介專賣的利得為特巨大，
「文獻通考」征榷考三鹽鐵類宋朝東南鹽項明言：「東京鹽利，視天下
為最厚。鹽之入官，淮南、福建斤為錢四，兩浙、杭、秀為錢六，溫、
臺、明亦為錢四，廣南為錢五。其出，視去鹽道里遠近而上下，其佔利
有至十倍者」。惟其如此而鹽商必以擁有大資本為條件，卻是行鹽博得
利潤也最厚。

酒，也以愛飲形成社會上下的共通習俗，各地獨特風味的佳品競爭釀造，而謂之榷酤的酒的專賣法並其利得，與榷鹽、榷茶同列宋朝主要專賣財源。大體都市附近實行官釀官賣法，廣泛的餘外地域則民釀民賣法，徵收酒課而付以一定區域內釀造販賣的獨佔權。較茶、鹽不同處，茶乃全國性自由運銷，鹽所規定行鹽的地域範圍也廣大，惟酒麴販賣區均係小面積分割，所以一方面是嚴禁私釀，另一方面私釀也不可能。

鑛業方面，宋朝於中國前此所有朝代中，乃是最盡其力的時代。特別關於鐵鑛業的展開，秦——漢乃第一次飛躍發展期，宋朝便是第二次發展期。開採鑛物的種類，也已普遍及於金、銀、玉、銅、鐵、水銀、硃砂、鉛、錫、礬、硝石等多方面，其中銅、鐵產額，較唐朝猛增數倍以至十數倍：（如下表）

漢朝鹽、鐵專賣以來，鑛業向由官營，五代部份開放民營乃此時代特徵，宋朝蹈襲此政策。但在抽分（以抽成方式所課鑛稅，抽分率依金屬不同而有差等，大體金、銀為產額的二成，銅、鐵則一成）、和買（對允許抽分「自便貨賣」以外的產額，強制以一定價格由政府收買）規範下，民間的自由鑛業仍然不能充分發展。但鍊鐵技術，以燃料用煤而普遍登入滲炭製鋼法、酸化製鋼法階段 ❷。利用鐵片自膽水收取膽銅的濕式收銅法發明，也是技術一大進步，如「文獻通考」征榷考五坑冶條所記載：「又：信（州）之鉛山與處（州）之銅廊，皆是膽水，春夏如湯。以鐵投之，銅色立變」，原注：「浸銅以生鐵煉成薄片，置膽水槽中，浸漬數日，上生赤煤，取刮入爐，三煉成銅。大率用鐵二斤四兩，得銅一斤」。

礬乃染色原料，捺染工業因以興起的重要商品，分綠、白兩種。主要產地係河東路晉州、慈州、汾州、隰州，陝西路坊州，以及南方淮南

❷ 誠文堂新光社版「世界史大系」⑧東アジアⅡ，第五三頁。

年代		金(兩)	銀(兩)	銅(斤)	鐵(斤)	鉛(斤)	錫(斤)	水銀(斤)	朱砂(斤)
唐	憲宗元和年間(806-20)		12,000	260,000	2,070,000		50,000		
	宣宗大中年間(547-59)		25,000	655,000	532,000	114,000	17,000		
北宋	太宗至道末(997)		14,500	4,122,000	5,748,000	793,000	269,000		
	英宗天禧末(1011)	14,000	88,300	2,675,000	6,293,000	447,000	291,000	2,000	5,000
	仁宗皇祐年間(1049-53)	15,095	219,829	5,100,834	7,241,000	98,151	330,695	2,200	
	英宗治平年間(1064-67)	5,439	315,213	6,970,834	8,241,000	2,098,151	1,330,695	2,200	8,200
	神宗元豐元年(1078)	10,710	215,385	14,605,969	5,501,097	9,197,335	2,321,898	3,356	3,646

資料來源：「文獻通考」征榷考五「坑冶」項

西路無爲軍、江南東路池州，產品除慈州、池州爲綠礬外，餘均白礬。
惟其礬產地少而用途廣，所以也被置諸專賣法的統制之下，原如銅、鐵
經營的官、民營兼備，後廢官營全移爲民營，而所採礬盡由政府收買，
轉賣礬商，規定一定的行銷地域，均如鹽法。也如鹽的禁斷私採、私賣，
取締至嚴。

諸產業地方專門化的結果，各產地相互間交換生產物的需要關係發
生，也以產物的投入交換行程而各產地間相互形成市場。相對，交換發
達又對產業逆向產生反作用，促令性質多轉以市場爲目的而生產。商業
機能便因產業結構中生產物位置的變化，非只加大，且已必須，尤其當
穀物也形成市場生產物，商業化農業顯著成長之際。商品流通的環節構
成體：坐賈、客商、牙儈三者，都非宋朝才出現，但客商數字與其勢力
的增大，宋朝卻是商業史的關鍵時代。客商與坐賈，也簡稱之爲「商」
（行者）、「賈」（居者），「文獻通考」征榷考一征商類說明其性質
與納稅稅率：「行者齎貨謂之過稅，每千錢算二十；居者市鬻，謂之住
稅，每千錢算三十」。此等分則有「過稅」、「住稅」稱謂之別，分則
通名「關市之稅」的商稅，乃政府一大財源。與客商存在密接關係的牙
儈，因之並行發達而佔商業組織中重要地位，又是宋朝一大突出現象。
此等商人的機能：

——坐賈，在都市或市鎭定着開設店舖，以等待顧客來店爲販賣商
品方式，亦卽直接以消費者爲交易對象的土著商人。大都市的坐賈，擁
有大資本而經營大規模店舖者非少，特別是金銀舖、絹布舖、質舖，以
及金融業的交引舖，都是坐賈中的代表者。

——客商的名詞，客人、客旅、商客、商旅均同義異名，或單稱
「客」，指由舟車馬匹積載物品，往來於生產地與商業地之間，或商業
地相互間的旅行商人。坐爲「賈」，行爲「商」，自古乃是商人類別的

對稱，但交易的地域範圍與交易金額，兩者卻大有區分，所以商業主業向來是「商」。即使唐朝大都市與起，抑且都市中「市」制廢止，宋朝商業都市普遍化而「賈」的勢力也開始抬頭時代，「商」以交易對象便是坐賈而非一般消費者。資本與商業勢力的巨大，仍然駕凌坐賈，而且遙遠超過。客商物資運輸途中行列之盛，規模之大，隨從僕役之衆，都可想見，所以貨暢其流的機能，主要係掌握於客商，穀物商、茶商、鹽商等，都是客商中最具勢力者，織物商、香藥商、礬商等也是明示當時客商勢力的代表者。

　　但如上客商之外，也另存在一類型商人，旅行各地而只小資本經營，且係直接向消費者銷售貨物，已如今日所見的頗多所謂行商，外地而來兜售的小零蕶商。也惟今日坐賈與客商合一，都市商人直接與生產者連結，中間批發商意味的客商需要消失，「賈」轉稱「商」而商業固定化經營為主體的時代，無能力成立商店，僅流動性販賣以博微利者，才名以為「行商」。而在宋朝，此等旅行小商人「客」的意味固相同，卻非「客商」，當時一般稱之「負販人」。

　　——牙儈，即立於生產者或坐賈與客商間，受買、賣當事人委託為媒介交易的中介人，兼須協助評定貨物價格。牙儈以通曉當地商場習慣、供需景況，與憑信用博買賣雙方信任為要件，於當時商業行為乃必不可缺，今日經紀人也仍是相同的意味。古稱駔儈，唐朝而此類專門職業開始發達，以牙郎、牙人、牙儈或單稱「儈」等種種稱謂活躍於文籍中。至五代，同業組合的牙行也已發生，明朝以後，牙儈機能便轉用牙行名義接替。

　　所以，宋朝時代，商品乃生產者或商品集積者（富民、農民的攬戶、政府等）經由牙儈媒介，移入客商之手，也經由牙儈而自客商繼續轉入坐賈之手，最後由坐賈落着到消費者之手。此一經過，係當時商品

流通的代表性形式，也依此組織的運行而宋朝商業大繁榮。

外國貿易方面，陸上向對北方民族以「互市」方式進行。唐朝以縑易馬，宋朝自神宗熙寧年間（紀元一〇六八～七七年）以來，主要已轉變茶作馬匹的易貨交易，謂之茶馬市。關於海上，自八世紀初以迄十五世紀末歐洲人東洋來航，前後約八百年間，係阿拉伯人立於世界性通商貿易舞臺的活躍時代，回教商人以海上盛大通商路，從波斯灣經印度洋，迂迴馬來半島而到達今日廣東。唐朝後半的九世紀之半，阿拉伯地理學者 Ibn Khordadben 著書記錄唐朝中國以與阿拉伯人通商所開貿易港，自南向北順數，乃 Lonkin (al Wakin)、Khanfou (Khanfu)、Djanfou、Kantou (Kansu) ❷，依序分別是龍編（嶺南交州外港）、廣府（嶺南廣州）、泉府（福建泉州）、江都（江南揚州）的對音。特別是其中廣州，係當時第一大商埠，繁昌之極。諸港口徵收關稅與管理貿易事務所特設市舶司，也自八世紀前半唐朝玄宗開元初創始（「唐會要」卷六二：「開元二年十二月，嶺南＜廣州＞市舶右威衞中郎將周慶立、波斯僧及烈等，廣造奇器巧異以進」），但詳細爲不可知。

迨宋朝，阿拉伯人對中國通商愈益頻密，相關係的中國方面文獻資料也形完備，可了解其係市舶制的完成期，今日研究市舶制度與機能，便多依憑宋朝資料。交州所在的越南方面，宋初已承認其自建國家，設置市舶司，指定爲外國貿易港的，最初係廣州與兩浙路的明州(寧波)、杭州。哲宗元祐二年（紀元一〇八七年）福建路泉州增置市舶司，翌年再增京東路密州（板橋鎮，今青島市）市舶司，徽宗政和三年（紀元一一一三年），兩浙路秀州（華亭縣，今松江縣）又置市舶務。南宋時，東南沿岸的溫州、江陰、澉浦，以及秀州除華亭縣以外的青浦鎮（明朝

---

❷　轉引自平凡社版「世界歷史大系」⑥東洋中世史第三篇，第二三〇頁。

以來置縣)都已開放爲貿易港，鎮江、蘇州、漳州、福州等雖無市舶官，也是著舶的停泊口岸（散見「宋會要」記錄)。因而關於關稅收入，北宋初太宗時年凡三○萬緡（貫），其後平均年約五○萬緡，南宋時代乃激增至年約二○○萬緡。南宋初高宗紹興年間（紀元一一三一～六二年)的政府全歲入約在四千萬緡內外，內中二十分之一便由市舶貿易所得❷，此係北、南宋大變化之一。大變化之二，北宋時代關稅收入仍踏襲唐朝形勢，廣州一港獨佔十分之九。而泉州自南渡前約四○年開港，南宋時以較廣州接近行在（杭州或臨安府，阿拉伯人文獻依「行在」發音稱 Khinzai、Khanzai)的貿易地理位置，年復一年長足發展，由與廣州相頡頏，至宋末元初，終於發達駕凌廣州而迫其最大貿易港讓位。如馬哥孛羅、Ibn Batuta 等西方旅行家所見，自海外前來中國的商船皆輻輳泉州，推崇之爲當時世界無與匹敵的大貿易港❷。吳自牧「夢粱錄」：「若欲航泛外國買賣，則自泉州便可出洋」，從相對的中國商船出航說明同一事實。

　宋時，旅居中國諸開港埠的回敎世界商人，頗多與城內漢人雜居，但原則則劃定其一定的居留地，謂之蕃坊，意卽專供蕃人居住的坊市。由宋朝政府擇僑居蕃客中具德望者，任命爲都蕃長或蕃長，管理一切僑民事務，向當地市舶司負責。因蕃商被准偕眷同來，所以長住蕃坊五年、十年，甚或不再歸去，畢生永居當地的，爲數非少（與漢籍女子成婚也是原因之一)。「宋會要」記北宋徽宗政和四年（紀元一一一四年)定諸外國人居住中國已歷五世者的遺產處分法之例，可見且有蕃商世代僑居時間已近百年。

　泉州、廣州等商港，遙遠與南洋、印度、波斯、阿拉伯半島方面貿

❷　有高巖「槪觀東洋通史」第三○六頁引桑原隲藏研究之說。

❷　參閱本書第四三○頁。

易，政府所收取乃雙重利得❷，一是關稅收入，稅率隨時代而有不同，大抵收取輸入品的一成或二成，所謂抽解；二則南宋時代對外國輸入的某些香料、藥物的高貴品，以及象牙、犀角等寶貨（種類亦隨時代而不同）的和買，列爲「禁榷」專賣品的一類而擴其獨占權，由政府加以收購後再行轉賣，從中博得相當利益。「文獻通考」市糴考一市舶互市項宋高宗紹興一七年條：「上因問御史臺檢法張闡舶歲入幾何？闡奏：抽解與和買，歲計之約得二百萬緡」的數字，正與前述南宋初歲入總數比率相呼應。

市舶司管理入港蕃舶、蕃貨的另一方面，也是中國商船出海放洋的給證機關。「文獻通考」市糴考一市舶互市項紹興二年條：「召保給據，起發回日，各於發舶處抽解」，且知啓錠、返航必須同一港口。堪重視係宋朝中國往東南海與印度洋方面商船的規模：「且如海商之艦，大小不等，大者五千料（一料＝一石糧的貨物載重），可載五、六百人；中者二千料至一千料，亦可載二、三百人」（吳自牧「夢粱錄」卷一二）。航行日本、高麗方面的宋朝貿易船，則止於「可載二千斛（石）粟」，「大檣高十丈，頭檣高八丈，風正則張布帆五十幅」（徐兢「宣和奉使高麗圖經」卷三四），相當印度洋中等程度商船而無大型。出航時的形制❷：①綱首（船長）、副綱首與雜事等員的組織均已如今日商船，出港航海途中的船長權威亦如今日；②船上雜役多用黑奴；③船的上層載客（商人），下層貯貨，貨艙以堅壁分隔數區，以免一區受損不致波及全部；④船上配備武裝，防範海盜襲擊，包括人數相當多的射手、盾

❷ 雙重利得，依平凡社版「世界歷史大系」⑥東洋中世史第三篇第二三五～六頁，第一二九頁引桑原隲藏「宋末の提擧市舶西域人蒲壽庚の事跡」資料。又：蒲壽庚「蒲」姓，亦據桑原隲藏考定，乃阿拉伯名所常見Abu-Abou的音譯。
❷ 依桑原隲藏研究意見。

手，以及發射火器的弩手；⑤每一商船必隨帶若干小船，專備泊岸時輸水取燃料等用；⑥每船有八櫓至二〇櫓，櫓極大，每櫓須四人至三〇人操作；⑦航行中，測定海洋深度採下垂鉛錘法，測定方位採鉤泥法，亦卽朱彧「萍洲可談」（卷二）所記：「舟師識地理，夜則觀星，晝則觀日，陰晦觀指南針，或以十丈繩鉤取海底泥嗅之，便知所至」。

阿拉伯人關於中國貿易船舶的印象，Ibn Batuta 旅行記謂：「去中國者，多乘中國船。中國船有三種，大者曰 Junk，次曰 Zao，小者曰 Kakam。大者張三帆，至十二幅，載水手千人，其中六百爲篙師，四百爲兵勇。且有小船三隨行，爲 Half、Third、Quarter，藉以示其大小」；「船上有私人及公共房廳，以居商人」；「大船所用之櫓似桅檣，每櫓須用十人至三十人牽引」❷。與中國自身方面的記載相參照，說明堪謂極爲相似。

宋朝對海外輸出品大宗，雜色帛、瓷器之類以外，銅錢亦其一項，爲堪注目。流出數量旣多，久而形成宋錢非只於宋朝的中國域內流通，也已是南洋方面與日本的通貨❷。所以，宋朝雖然纍纍增鑄銅貨，需要量仍感顯著不足，發生錢荒。政府三申五令嚴禁銅錢輸出國外，姦巧商人仍然甘犯禁令攜出，而如今日南洋一帶與日本多見宋錢散布，抑且遠及波斯、非洲的現象❷。特別是日本各地均有宋錢被發掘，存在寺院廢墟中的尤爲多量，昭和五年，鎌倉大町第一小學校一次便曾發見古錢八五九八個，內北宋銅錢七五三一個，南宋錢二四一個❸。日本學界此一問題的研究意見，認係日本金、銀對銅錢比價偏低的緣由，當時日本多

---

❷　轉引自方豪「中西交通史」第二册第二四～五頁，H. Yule 著 Cathay and Way Thither, vol. 4, pp. 25-6 注。

❷　人物往來社版「東洋の歷史」⑥宋の新文化，第一五六頁。

❷　同上，同頁。

❸　同上，第三二一頁注。

產河中採淘而得的砂金，金價每兩三貫文，宋朝則每兩須四○貫文，金價較日本高約六倍，所以宋朝商人多量輸出銅錢，交換金銀，以博莫大利益 ③１。頗有興味的相似現象，宋朝已盛用銀，國內積極開採尙不敷支應，須自國外日本等地輸入補充。銀一兩＝一貫文的標準價，仁宗時且一度暴騰至二貫文上下。而宋朝一對五的金、銀比價，比較西亞與歐洲金一對銀一○或一三，毋寧又懸殊太鉅，所以阿拉伯商人每每大量攜銀前來中國，購金回國 ③２，形成金的日本——中國——西亞旅行狀態。

　　中國古來盛行的非金屬貨幣絹帛，中世的唐朝後半以後流通漸衰，所替代使用便是金、銀，宋朝而金、銀勢力大伸張係時代特徵，只是，通唐、宋時代，主貨幣都仍是錢貨。宋朝立國之初鑄造「宋元通寶」，質量全蹈襲唐朝「開元通寶」（每枚之重二銖四絫），每千文的鑄造成份銅三斤十兩，鉛一斤八兩，錫八兩 ③３（一斤＝十六兩）。以後歷年所鑄同一標準的銅錢，開始以「元寶」稱呼貨幣而加冠年號，謂之小平錢。又曾試鑄當十銅錢，以實質價值過份低於使用價值而私鑄頗多，乃改當三，再改當二，由於輕重得宜博民間好評，所以神宗熙寧四年（紀元一○七一年）「熙寧重寶」鑄造後，當二錢（或稱折二錢）確定與小平錢並爲鑄貨主要型式。但四川地方承五代孟蜀割據時代舊制，繼續鑄造鐵錢，通用地區也限於此（陝西、河東兩路仁宗時代以後併用銅、鐵錢）全國絕大部份仍是流通銅貨。惟其如此，銅錢需要量陪伴一般的經濟組織發達趨向，而不斷增大，鑄造額宋初太宗至道年間（紀元九九五～七年）八○萬貫，自是每年均百餘萬貫，神宗熙寧末年（紀元一○七七年）增至三七三萬貫以來，每年維持三百萬貫至五百萬貫的鑄造額，神宗元

③１　同上，第一五六頁並注。

③２　同上，第一五七頁。

③３　平凡社版「世界歷史大系」⑥東洋中世史第三篇，第一四七頁。

豐三年（紀元一○八○年）的特高額爲五六○萬貫（繫年詳數均依「宋
史」食貨志下二錢幣）。北宋一代銅錢鑄造總數推定逾二億貫㉞。然而，
儘管政府巨額增鑄銅錢，銅錢卻不斷向國外流失，南洋、日本方面已如
上述，陸上尤變態爲北方遼、金、西夏的共通貨幣。國內的情況，又是
用以熔銷改製器物，或私家大量現錢貯藏。「文獻通考」錢幣民間考二，
對此記載頗多：

「外則泄於四夷，內則縱行銷毀。鼓鑄有限，壞散無節，錢不可得，
穀帛益賤」（神宗熙寧四年條引判應天府張方平上言）。

「是中國貨寶，與四夷共用之也」（哲宗元祐六年條引言者謂）。

「北界別無錢幣，公私交易，並使本朝銅錢。沿邊禁錢條法雖極深
重，而利之所在，勢無由至。本朝每歲鑄錢以百萬計，而所在常患錢少，
蓋散入四夷，勢當爾也」（同上引戶部侍郎蘇轍言）。

南渡後的南宋，銅錢鑄造額急遽減少爲特異現象，除了少數特殊年
份爲高額之外，常年所鑄都只十萬貫至二十萬貫的小額，不足北宋十分
之一的比率。而銅錢走私出海之勢仍然猖獗，自「文獻通考」錢幣考二
孝宗淳熙二年(紀元一一七五年)條已明言：「自國家置市舶於浙、於閩、
於廣，舶商往來，錢貨所由以泄。所以自臨安出門有禁，下江有禁，入
海有禁。凡舶船之方發也，官必點視，及遣巡捕官監送放洋。然商人先
期以小舟載錢離岸，及官司之點，巡捕之送，一爲虛文」。上代高宗紹
興二九年（紀元一一五九年），朝廷解除市場錢荒的下策，發布限制私藏
現錢數額禁令：「命官之家存留見錢二萬貫，民庶半之。餘限二年，聽
變轉金銀，算請茶、鹽、香、礬鈔引之類」（「文獻通考」錢幣考二），
實行也完全失效。迫不得已，消極方面，惟有加大北宋緩和錢荒所採方
法之一的省陌比率（「省陌」係與「足錢」對稱的用詞，墊陌、除陌、

㉞　文藝春秋版「大世界史」⑧蒼き狼の國，第八七頁。

短錢等均同一意味， 指現錢未滿百文而用爲百文， 此風習起自唐朝後半）。宋朝省陌原以七十七文定制，北宋末已降低爲七十二文，南宋便只有益益跌至以五十六文爲陌的地步。南宋因應錢荒社會現象，積極方面貨幣政策的轉變，乃具重大意義的中國貨幣史一大劃期，銀與紙幣流通盛暢，塡補銅錢減少流通時的經濟‧金融機能，貨幣史從來的銅錢中心時代向銀與紙幣中心時代移行完成。銀原係西亞細亞波斯最早使用爲通貨，中國南北朝時流通於西北地方與嶺南地方（大庾嶺山脈以南的廣東、廣西兩省），五代而風習漸漸普及全國。且以中國銀產地多在南方，南宋損失漢族中國北方領土而產額無大影響，銀乃於北宋的使用習慣基盤上， 確立其自此以後中國諸朝代的法定貨幣地位。

　　金、銀自唐朝已替代絹帛的流通機能，宋朝益益發達，私經濟用於遺贈、布施、謝禮、懸賞、賭博、舉債、償回、蓄藏等，以及大價格的支付與遠方輸財時方便攜帶，公經濟則賦稅折納、專賣、上供、進獻、軍費、賞賜、紙幣回收等（錢一貫＝銀一兩，四貫＝金一兩）。但金尙限上流社會流行，銀的流通面較金愈廣，庶民層同樣盛用，特別自北宋末而入南宋的時代。銀流通的發達傾向，從國家財政銀收入的增加可明示：北宋眞宗天禧末（紀元一○二一年）八八萬餘兩，神宗熙寧八年（紀元一○七五年）三○○萬餘兩，南宋孝宗淳熙八年（紀元一一八○年）左右超過一千萬兩，已佔達錢貨收入中的半數[35]。金、銀的使用單位均以兩計，形制有錠（鋌、挺、定均同義字）餅、牌、葉子、馬蹄等。銀錠分大、中、小三種規格，各別爲五○兩、二五兩、一二兩五錢，金錠的大小重量不明。銀餅等重量亦不明，較錠爲輕則可想像，可能依十兩、五兩、一兩區別其鑄造標準。

　　宋朝紙幣普及的時期，乃南宋高宗紹興三○年（紀元一一六○年）

---

[35]　平凡社版「世界歷史大系」⑥東洋中世史第三篇，第一六○頁。

以後，但紙幣制度的完備，則年代須上推以北宋仁宗天聖元年（紀元一〇二三年）爲始，紙幣源流所由，尚再遠溯唐朝與飛錢相連結。唐朝飛錢，宋朝繼續其制而謂之便錢或便換，也蹈襲飛錢性格係匯兌制度，仍非紙幣意義。卻是，紙幣原型自宋朝四川區域性發生，全同於唐朝飛錢避免累贅，以及由民營移爲官營的軌跡。四川使用鐵錢，重量爲甚，所以開始有富戶若干合斥資本，發行名爲「交子」的私券，隨所交錢填額給券，也憑券額取錢（創設期據「宋史」食貨志下三會子項係十一世紀初眞宗時代）。後以兌換爭訟，仁宗天聖元年由當地政府收回官辦，並改不定額臨時填券爲發行固定面額的交子流通，而如同今日銀行所發行的世界最早紙幣自四川誕生❸。官交發行制度，以交子係紙質，紋樣又複雜，流通稍久易招汚損磨壞，或文字、紋樣模糊，規定三年一期（所謂「一界」），舊交子換新交子，發行額一界一、二五六、三〇〇貫，兌換準備金三六萬貫。面額單位初均大數字，自一貫至十貫分數等，神宗熙寧元年（紀元一〇六八年）後僅分一貫文與五百文兩種發行，前者佔總額六成而後者四成。同屬鐵錢流通地域的追隨一度也曾發行紙幣而名「錢引」，迨四川交子至徽宗時代無「界」限濫發，以價值暴落淪於不能兌換，大觀元年（紀元一一〇七年）被迫更張時所改名便也是「錢引」。

　　紙幣制度由四川向全國陸續普及，係喪失北方領土，銅錢益益匱乏的南宋立國以來，府（杭州）造「會子」開始，非統一性而並行發行一定流通地域的各別紙幣，仍是特徵，惟高宗紹興三〇年行在臨安府（杭州）開始印造的會子使用範圍爲最廣，「文獻通考」錢幣考二會子項紹興三二年（紀元一一六二年）條：「會子初止行於兩浙，後又詔通行於淮、浙、湖北、京西。除亭戶鹽本並用見錢外，其不通水路去處上供等錢，

❸　曉敎育圖書版「現代敎養百科事典」⑦歷史，第一九九頁「交子」條語。

許盡用會子解發；其沿流州軍，錢、會中半。民間典賣田宅、牛畜、車船等如之，或全用會子者聽」。（單位面額初分一貫、二貫、三貫等三等，後增造二百文、三百文、五百文三等小額會子）。其餘諸名目與發行地：錢引（川引）——四川、淮西關子——淮西、淮東公據——淮東、淮交——兩淮、湖會——湖廣。諸種紙幣自紹興迄理宗嘉熙年間（紀元一二三七～四〇年），約百年間的推定總發行額遙遙突破四億貫之數，每年的平均增加率約三百萬貫❸。此外，鹽鈔（亦稱鹽引）、茶引（亦稱茶鈔）、礬引、香藥鈔等專賣品繳款取貨憑證，也都在宋朝貨幣史上佔重要位置，以有價證券姿態與紙幣同時流通，以及發揮紙幣同等作用，盛行爲交換工具。抑且，紙幣發行準備金也每每以此等有價證券抵充，如會子的開辦：「（紹興）三十年，戶部侍郎錢端禮被旨造會子，椿見錢於（行在）城內外流轉。其合發官錢，並許兌會子，赴左藏庫送納。明年……，以客旅算諸茶、鹽、香、礬等，歲以一千萬貫，可以陰助稱提，不獨恃見錢以爲本」（「文獻通考」錢幣二會子項）。

宋朝諸產業開發的基盤上，以後朝代的變化：

——明朝主穀生產，北方仍是小麥爲主，但高粱、玉蜀黍等高幹深根作物，已與黍、粟等低幹淺根作物輪作，以保持土地生產力。長江以南，水稻耕作施肥普及率達頂點，明末以至清朝，糯、粳合計的各種品種及於一千種以上❸。

——江南三角洲地帶「天下穀倉」的位置，由於商工業積極發展，非農業人口大量增加，明朝中期以來漸漸移向江西、湖廣。續至明末而「湖廣熟，天下足」的形勢，與「江南熟，天下足」交替完成。

——明末，馬鈴薯、烟草，以及美洲原產的落花生等新傳入中國的

---

❸　平凡社版「世界歷史大系」⑥東洋中世史第三篇，第一七二頁。

❸　誠文堂新光社版「世界史大系」⑧東アジアⅡ，第一九六頁。

作物，栽植普遍，甘藷且發達爲農民主食作物❸。

——棉布於明朝已係一般庶民衣料，河南、山東等地供應的原料棉花，於松花府諸縣（以及其後上海市）爲中心的江南農村與都市，盛行軋綿、紡績、織布等流程分業化的商品生產，劃期性新商品向全國市場普及。

——酒的專賣制，自明初頒禁酒令又解除之後，已予開放，酒課與茶課同係商稅之一。茶除四川、陝西持續設引行茶外，餘地也便自明朝產、銷自由化，抑且栽培業（農業）、製茶業（手工業）兩者間經營的分化成立。食鹽專賣，鑛冶官開、民採兼行，則迄於淸朝如舊。

——貨幣的銀兩壓迫紙幣（明朝承元朝謂之「鈔」）態勢，明朝益益增大。洪武七年（紀元一三七六年）已全民以銀、鈔、錢、絹代輸天下稅糧（米、麥爲本色，諸折納稅糧者爲折色），自英宗正統元年（紀元一四三六年）江南田賦全行納銀（米、麥一石折銀二錢五分，糧四石折銀一兩解京）開始，而全國性普及。明——淸朝代轉換，鈔法乃完全不行，銀（銀錠、銀元）在都市、農村並行流通發達的結果，終於取代銅錢佔有正貨地位，而銅錢（制錢）退居輔助之用。被淘汰的紙幣於淸末再出現時，便已是以今日面貌發行的鈔票。

——最大變化，明朝嚴格實施海禁，禁止商人渡航海外。太祖洪武年間累頒瀕海居民私通海外諸國、私下諸番互市禁令，視「皇明世法錄」所載明文爲至嚴：「凡沿海去處，下海船隻，除有號票文引，許令出洋外，若奸豪勢要及軍民人等，擅造三桅以上違式大船，將帶違禁貨物下海，前往番國買賣，通海賊，同謀結聚，及爲嚮導刼掠良民者，正犯比照謀叛已行律處斬，仍梟首示衆，全家發邊衞充軍」，外國商船渡來也同

---

❸　同上，第一九七頁；人文書院版「世界歷史」⑨東アジア世界（第二部「中國經濟」），第二八七頁。

時禁絕。宋朝自由化重商主義全行被揚棄，回復固守儒家傳統的重農指導原理，以扶植農村安定繁榮爲國家財政基點的政策立場。成祖永樂以來，人民出海仍加嚴禁，外國船隻渡來已予變通，非全面禁止而改爲統制，通過定期朝貢關係，對諸國進貢物還賜的延長而實行朝貢貿易。開放廣東廣州、福建泉州、浙江寧波三港，各設市舶司，許可隨同朝貢船前來的附屬商船交易。輸入品均採專賣制，概由市舶司買入，再轉賣於一般商人。但十五世紀中期後，中國商人無視海禁令進出海外，菲律賓、南洋方面走私貿易猖獗，入十六世紀而民間反海禁運動推向高潮。穆宗隆慶元年（紀元一五六七年），明初以來的海禁政策廢止，海外渡航獲得准許。清初恢復海禁，聖祖康熙二三年（紀元一六八四年）海禁令一度解除，與外國通商限制也告鬆弛，指定澳門、漳州、寧波、雲臺山、廈門、定海等爲開港場所。但世宗雍正二年（紀元一七二四年）廣東（廣州）續准開港後三十多年，高宗乾隆二二年（紀元一七五七年）以來，非祇海禁令再頒，且愈嚴峻，外國貿易便被限定在廣東一港，以迄南京條約簽訂，廣東乃是清朝中國的惟一貿易港。

——國內商業方面，新安爲中心的安徽徽州商人活躍鹽業界與典當業，與經營票號，控制金融業的山西商人，自明末至清朝中期，係經濟界南北對立兩大勢力。但屆十九世紀上海開港，代之而興的，便已是今日尚留有深刻印象，被目爲浙江財閥的寧波（宋、元慶元府、路）商人。

財政與社會結構再調整

宋朝正稅，蹈襲唐朝遺制爲兩稅法，但堪注視，相同的祇是分夏稅、秋稅兩次徵收的方式，以及穀、帛、貨幣與其他物產的不同品目，本質

爲已相異。唐朝兩稅法創始，立法宗旨係整理均田制崩壞以來漸漸繁雜的稅制，一括合入，改採單一稅法。決定兩稅徵收量的基準，又置諸民戶資產多寡而區分等級賦課。然而，資產測定存有技術上困難，於當時已形成受攻擊的理由，加以唐末財政窮乏，兩稅以外的新稅目仍是不斷增加，單稅制度精神全失。宋朝承如上變化之後，所以兩稅徵收確定移轉以土地爲基準，依所擁有墾田面積多寡決定稅額，易言之，兩稅已純然回復兩稅法所合併稅目之一的地租性質。其墾田數：

宋朝墾田數表

太祖開寶末（975）	2,953,320 頃
太宗至道二年（996）	3,125,251 頃
眞宗天禧五年（1021）	5,247,584 頃
仁宗皇祐中（1051左右）	2,280,000 頃
英宗治平中（1065左右）	4,400,000 頃
神宗元豐五年（1082）	4,616,556 頃
（以後無正式統計）	內民田 4,553,163 頃　官田 63,393 頃

「文獻通考」田賦考四歷代田賦之制門條列如上統計的同時，如下幾項記載爲值得注目：

——「自祖宗承五代之亂，……田制不立，畎畝轉易，丁口隱漏，兼併僞冒者未嘗考按。故賦入之利，視古爲薄，丁謂嘗曰：二十而稅一者有之，三十而稅一者有之，蓋謂此也」（天禧統計後按語）。

——「（郭）諮首括（蔡州）一縣，得田二萬六千九百三十餘頃，均其賦於民。既而諮言州縣多逃田，未可盡括，朝廷亦重勞人，遂罷」（治平統計後按語）。

——「按前代混一之時，漢元始定墾田八百二十七萬五千餘頃，隋開皇時墾田一千九百四十萬四千餘頃，唐天寶時應受田一千四百三十萬八千餘頃。其數比之宋朝，或一倍，或三倍，或四倍有餘。雖曰宋之土宇，北不得幽薊，西不得靈夏，南不得交趾，然三方之在版圖，亦半爲邊障屯戍之地，墾田未必多，未應倍蓰於中州之地。然則其故何也？按治平會計錄，謂田數特計其賦租以知其頃畝，而賦租所不加者，十居其七」（元豐統計後按語）。

便是說，稅籍以基盤的田籍隱漏而不正確，也因係人爲隱脫而非實際增減，乃出現如前列圖表，太宗——眞宗——仁宗五十多年中三項墾田數字大幅昇降的現象，此其一。其二，隱田的嚴重程度，自國初納稅田地僅及全體二十甚或三十分之一的駭人地步，雖經括田（但也不能徹底如蔡州之例）等手段，至北宋中期稍爲緩和，卻仍僅十分之三左右田地納稅，國家於此等情況下徵起的稅糧，宋朝中期時數額：

兩稅收入稅糧額表❶

仁宗嘉祐八年（1063）	1,928 餘萬石
英宗治平二年（1065）	2,039 餘萬石
英宗治平三年（1066）	2,052 餘萬石

上表數字，係以受納米、麥與其他雜穀額，所謂「稅糧」計列，兩稅中所包含銀錢、絹布等數額在外。

稅糧之外，國家財政另一項歲入大宗的錢幣數額：

國家歲入錢額表❷

---

❶　原載平凡社版「世界歷史大系」⑥東洋中世史第三篇，第二四六頁。
❷　原載同上，第二四八頁。

太宗至道末（997）	2,220 萬貫
眞宗天禧末（1021）	2,650 萬貫
仁宗嘉祐年間（1060左右）	3,680 萬貫
神宗熙、豐間（1075左右）	6,000 萬貫
哲宗元祐初（1086左右）	4,800 萬貫
高宗南渡時（1127左右）	1,000 萬貫未滿
孝宗淳熙末（1189）	6,530 萬貫

　　以唐、宋財政收入比較，唐玄宗天寶年間（兩稅法以前）乃糧千九百八十餘萬石，錢二百餘萬貫，宋仁宗嘉祐末年稅糧之數，已與之約略相當，而錢貨收入三千六百八十餘萬貫，卻是天寶時的十八倍。此項比數所指示事實：

　　第一，天寶時田土數乃宋朝的三倍（見前引「文獻通考」資料），而宋朝稅糧額與之相等，相對意義，便是單以稅糧的穀類現物繳納爲基準，宋朝須是唐朝的三倍。視「文獻通考」田賦考四歷代田賦之制門詳載神宗熙寧十年（紀元一〇七七年）兩稅額詳數：（夏稅）銀三一、九四〇兩，錢三、八五二、八一七貫，斛斗三、四三五、七八五石，匹帛二、五四一、三四〇匹，絲絹五、八四四、八六一兩，與雜色等；（秋稅）銀二八、一九七兩，錢一、七三三、〇〇二貫，斛斗一四、四五一、四七二石，匹帛一三一、〇二三匹，綿五、四九五兩，草一六、七五四、八四四束與雜色等；農民負擔，顯然宋朝重過唐朝甚多。而宋朝農民得以承擔如此沉重稅負，相對也說明當時產業的發達景況，農民且尚有剩餘生產品轉變爲商品。

　　第二，宋朝財政上，可知兩稅法稅糧收入且非佔絕對地位，貨幣收入比重更較唐朝急激增大，特別便是北宋中期仁宗嘉祐以後的發展，如前表數字所示。南渡之初貨幣收入曾一時銳減，但孝宗淳熙末年，非祇回復抑且超過北宋神宗熙寧、元豐年間六千萬貫的巨額，而南宋係已淪

失漢族中國北半領土的時代尤堪注目。表列統計又均「錢」數，南宋貨幣制度特色的紙幣發行額尚非計列在內，金、銀貨幣收入也未在內。

　　宋朝錢貨收入主要財源的「征榷」，「榷」指專賣收益的權利，包括鹽鐵、榷酤（酒）、榷茶、坑冶（鑛產）等，尤其以鹽利與酒利爲大宗；「徵」指徵商，所謂關市之稅的商稅，課徵對象廣泛及於「布帛、什器、香藥、寶貨、羊羗，民間典賣莊田、馬牛、驢騾、橐駝」，（「文獻通考」徵榷考一徵商門），依船隻載運量另納「方勝錢」。商人販賣米、粟、錢貨歲入額增長趨勢：

　　榷利・商稅額表❸

年　　　　　　　　代	榷　　利		徵　商
	鹽　　利	酒　　利	
太宗至道末（997）	235 萬貫	326 萬貫	400 萬貫
眞宗景德年間（1005左右）	355 萬貫	482 萬貫	450 萬貫
眞宗天禧末（1021）		1,270 萬貫	1,200 萬貫
仁宗慶曆五年（1045）	715 萬貫	1,710 萬貫	1,975 萬貫
仁宗皇祐年間（1050左右）		1,498 萬貫	
英宗治平年間（1065左右）		1,280 萬貫	
神宗熙寧十年（1077）	952 萬貫	1,228 萬貫	
神宗元豐三年（1080）	892 萬貫		
（南宋）高宗紹興年間	2,100 萬貫	400 萬貫	

注：①　榷利部門，北宋熙寧以後鹽利不包括四川四路，合計當超過一千萬貫，酒利的減少也祇表象，實際以併用銀納而更形增加。則鹽、酒之利，自國初之後約八〇年間，增收約已四倍，茶利等亦可據以推算。

　　②　商稅自國初約五〇年間，成長傾向高達五倍左右（慶曆後數額不明）。

　　③　榷利歲入總額，僅遺留至道末一千一百二十三萬貫的記錄，其後均不明。則當年的歲入結構，專賣榷利佔錢貨總額（見前表）之半，鹽、酒之半又佔榷利總額之半。

　❸　依同上，第二四九～五〇附表資料並本文改製。

　　不含銀（以及錢）、絹等在內的稅糧收入與不含金、銀在內的貨幣收入，狹義的糧與錢收入對比，後者於宋朝呈現如何飛躍成長之勢可見。「文獻通考」市糴考二常平義倉租稅門記神宗熙寧二年（紀元一〇六九年）討論「以諸軍餘糧願糴入官者，計價支錢，復儲其米於倉」的「坐倉」事宜，呂惠卿發言：「諸軍糴石米止得八百，募其以一千糴之」，如果便以此拋高一千文（一貫）一石的米價爲貨幣價值作換算額，則熙、豐年間錢貨總歲入六千萬貫與熙寧十年稅糧額（均見前引）換算的不足一千八百萬貫對照，貨幣收入在國家財政上超過三分之二的比重，印象更是明晰。此一事實，毋寧正是宋朝貨幣資本資本增大人，商品・貨幣經濟發達傾向的對應，以及說明宋朝財・稅方針，已自從來土地——地租中心主義向徵收消費稅以強化財收的政策變化，稅負主體由農易爲商，現物受納的方式轉換貨幣吸收。

　　如上傾向，北宋已經鑄定。南宋財政，有關研究文獻頗不具備，但兩稅收入以領土範圍縮小祇有減少，而貨幣收入繼續增加，以及貨幣收入中專賣，商稅繼續佔絕對位置，則從殘缺資料中仍可窺知，特別是貨幣收入中的再開新稅源。「文獻通考」征榷考六山澤津渡門記載南宋立國之初便已開拓的新稅，其一係予北宋末徽宗宣和年間，對一般民間田宅、舟車、牛馬等交易所徵收牙契稅（印契稅）以及賣酒、鬻糟等的臨時附加稅經制錢，加以固定化；其二則經制錢外的再附加部份，所謂總制錢；其三月樁錢，乃補助軍事費不足而成立的攤派性新稅，名目甚多，麴引錢、納醋錢、賣紙錢、戶長甲帖錢、保正牌限錢、折納牛皮筋角錢、罰錢（敗訟時）、歡喜錢（勝訟時）等，都是。如上三種，均已包含入南渡次代孝宗便超過北宋歲入錢貨最高額的前引淳熙錢額內，不見於其中，性質也不明，適用範圍似乎與月樁錢重覆且更廣泛的是其四，板張錢。「文獻通考」征榷考六板張錢條下的說明是：「納斛斗（米穀）則增

收耗剩，交錢帛則多收靡費，……其他如罰酒、科醋、賣紙、稅醬、下
拳錢之類，殆不可以徧舉，亦不能徧知」。而屆南宋末理宗淳祐三年（紀
元一二五二年），上距孝宗淳熙祇八〇年，乃出現如「續文獻通考」征榷
考二鹽鐵門所統計，僅茶、鹽專賣收入已近淳熙時一倍的一一、八一五
萬餘貫。此數連同商稅，外加經、總制錢等，錢貨總收入當不下於二億
貫，較國初二百五十年間，係以十倍之勢增加為顯見。

　　宋朝產業儘管富裕，經濟儘管發達，平民愈到後來愈加重的稅負終
不堪支持，所以趙翼「廿二史劄記」卷二五歷歷舉證撰定的長文「南宋
取民無藝」，有「民之生於是時者，不知如何為生也」的沉痛結語。所
以然的原因，徽宗奢靡浪費的個例為無論，外侮壓迫下，北宋中期以來
益益嚴重的龐大軍事費負擔（包括累進的兵員維持數），以及歷史上官
界待遇最優厚朝代，科舉制度下不斷增長的官員養成壓力，所謂冗兵與
冗官，向被歷史界認知係宋朝豐潤財政愈向搜括、搾取泥沼陷入而不能
自拔，抑且濫發紙幣也是南宋末期有力財源之一，乃是致命絕症。但絕
症的根源，乃是軍費膨脹也須辨明，百官俸祿與宋朝特例的三年一次郊
祀百官特別賞賚等，數額雖遞增，較財政支出中最大部份兵費非堪相提
並論，祇於財政已形困難時纔產生雪上加霜的感覺。這層了解，如下兩
項統計係其前提：

　　其一，宋朝國家歲出入統計，固以係現物收入、支出加貨幣收入、
支出合計，數字按斤、兩、貫、石、匹等各別單位合算而表現為複合單
位，不能明瞭歲出入的實際價值，或者說，此等數字不能據以衡量財政
的實質增減的規準，但供為指示增減的指數，價值仍然存在，則：

眞宗天禧末 (1021)	歲入 15,085 萬	歲出 12,677 萬	入超 2,407 萬
仁宗慶曆八 (1048)	12,219 萬	11,178 萬	1,040 萬
仁宗皇祐元 (1049)	12,625 萬	「所出無餘」	
英宗治平二 (1065)	11,663 萬	13,186 萬	出超 1,522 萬

單位: 複合單位　　資料來源:「宋史」食貨志下一（會計）

　　十分明白，宋朝立國半個世紀後的眞宗時代，財政尙頗充裕，次代仁宗治世已漸漸出現破綻，再次代英宗之際便赫然呈現赤字財政。

　　其二，「文獻通考」國用考二（歷代國用）引曾鞏議經費（同書職官考一宋內外百官數同）：眞宗景德末官一萬餘員（同書宋內外百官數條引「朝野雜記」：「祖宗時：內外文武官通一萬三千餘員」），仁宗皇祐二萬餘員，英宗治平并幕職州縣官三千三百餘員總二萬四千員；又「景德郊費六百萬，皇祐一千二百萬，治平一千三十萬。以二者較之，官之衆一倍於景德，郊之費而一倍於景德」。無論官員數字（亦卽俸祿支出數字）或郊祀恩賞給付數字，可了解仁宗時代與英宗時代無何差異，英宗時代財政狀況卻已是出超。則又十分明白，造成入超現象，而且愈陷愈深，主要原因非在官員冗數的增加。

　　於此，便在國家財收上「所出無餘」後八年，「文獻通考」兵考四（兵制）仁宗末嘉祐二年（紀元一〇五七年）條的一段記載爲重要：「三司使程琳上疏，論兵在精不在衆，河北、陝西軍儲數匱，而招募不已。且住營一兵之費，可給屯駐三兵，昔養萬兵者，今三萬兵矣。河北歲費芻糧千二十萬，其賦入支十之三；陝西歲費千五百萬，其賦入支十之五，自餘悉仰給京師。自咸平（仁宗上代眞宗初）迄今，二邊所增馬步軍指揮百六十，計騎兵一指揮所給，歲約費絹錢四萬三千，步兵所給，

歲約緡錢三萬二千，他給賜不預，合新舊兵所費，不啻千萬緡。天地生財有限，而用無紀極，此國用所以日屈也」。又續記樞密院奏兵數不斷上昇之勢：開寶（太祖）時三九萬八千，內禁軍一九萬三千；至道（太宗）時六六萬六千，內禁軍三五萬八千；天禧（眞宗）時九一萬二千，內禁軍四三萬二千；慶曆（仁宗）時一二五萬九千，內禁軍八二萬六千（以後，英宗治平時一一六萬二千，內禁軍六六萬三千；神宗熙寧時禁軍五六萬八千，元豐時禁軍六一萬二千）。

募兵不已，於宋朝爲不得不然，兵弱必須由量補救。遼朝威脅未除，西夏又崛起，黑字財政以「所出無餘」過渡而向赤字財政逆轉注定不可避免。關鍵性仁宗時代的兩份參考資料：

——慶曆七年（紀元一〇四七年）三司使張方平的調查，爲防禦西夏侵寇而陝西路增置禁軍四十萬人，其平時養兵費❹：

㈠俸料		240 萬貫
㈡衣料	紬絹	240 萬匹（每匹時價約一貫）
	綿	480 萬兩
	隨意錢	120 萬貫
㈢食料	人糧	1,200 萬石（每石時價約六百文）
	馬糧	150 萬石
	飼草	1,512 萬束（每束時價約五十文）
㈣南郊賞給		600 萬貫（三年一次）

上表爲方便合算，表明絹、糧的時價緡錢換算數，則歲費需錢共約一千六、七百萬，加物資的運輸費與其他雜費，實際支出費用自爲更高。以此數除以四十萬人，則國家對當時每一兵丁所負擔，每年約爲五、六十貫。慶曆年間兵數近百二十六萬人，一兵五十貫計，養兵費總

❹ 原載同上，第二五七頁。

額須六千三百萬貫，其係財政上重擔不難想見。

——巨額的兵費經常支出壓力已令國庫喘息不止，果屆戰爭勃發，軍事行動如何更令財政膨脹，又可由慶曆之前的寶元二年（紀元一〇三九年）西夏入侵前後，三司使王堯臣所調查沿邊三路財政收支可知（統計係含貫、石、匹、斤、兩等諸單位的複合單位計準）：

寶元元年用兵前		寶元二年用兵後	
陝西路 歲入 1,978 萬・歲出 1,551 萬		歲入 3,390 萬・歲出 3,365 萬	
河北路 2,014 萬	1,823 萬	2,745 萬	2,552 萬
河東路 1,038 萬	859 萬	1,176 萬	1,303 萬

「文獻通考」國用考二記載其數後的說明：「元昊諸臣，西兵旣解，而調用無所減。卽下詔切責邊臣及轉運司，趣議蠲除科率，〇徙屯兵還內地，汰其老弱，官屬羨溢則並省之」。而其接續，卻如前引慶曆張方平、嘉祐程琳報告內容所示，兵數仍然未能裁減，至次代英宗仍然背負維持百餘萬軍隊的財政包袱，以致益益蹈入出超困境。再次代神宗時代，乃有王安石領導新法黨的斷然改革實現，其直接動機便是兵費負擔問題，自第一目標置諸富國（充實財政，求新財源以增收入）、強兵（建立民兵主義的經濟兵制，求取減少國費又同時增強戰力的方法），爲可明瞭。然而，重文輕武的社會心理，以及社會身分平等與戶籍整備的條件兩皆欠缺，民兵制度於王安石後繼者新法黨手中仍然失敗，國防仍依賴募兵，而靖康之變勃發。

南渡非祇未能改變頹勢，出現的且已是寧宗開禧元年（紀元一二〇五年）與元都統秦世輔所述：「本司……所差發出戍官占實一萬一百四十三人，點閱所部，堪披帶者僅六百四十七人」（「文獻通考」兵考六

兵制）的可悲情狀，又轉嫁平民爲被苛稅盤剝的犧牲品。所以親歷宋朝覆亡噩運的馬端臨於元初完成其名著「文獻通考」兵考六（兵制）的結論，感慨而言：「及其末也，夏貫之於漢口，賈似道之於魯迵，皆以數十萬之衆，不戰自潰。於是賣降效用者，非民也，皆宋之將也；先驅倒戈者，亦非民也，皆宋之兵也。夫兵既不出於民，故其愈多而國愈危，民未叛而國已亡」。「未有以兵多而亡者」是惟宋朝爲獨特的歷史異例，見證的馬端臨理由說明，也還是：「自募兵之法行，於是擇其願應募者。而所謂願應募者，非游手無藉之徒，則負罪亡命之輩耳，良民不爲兵也。故世之詈人者曰黥卒，曰老兵，蓋言其賤而可羞」。

宋朝冗官問題，自非財政上全非累贅之謂，趙翼「廿二史劄記」卷二五且連續撰有「宋制祿之厚」、「宋祠祿之制」、「宋恩蔭之濫」、「宋恩賞之厚」、「宋冗官冗費」等五篇之多，加以指摘。但其後果非如冗兵直接存在嚴重性，爲可理解，抑且，與其強調其財政上影響，毋寧與士大夫意識相結而正視其社會關係。也惟有注視宋朝社會組織與宋朝財源地帶確定移向南方，南方的中國全域經濟・文化心臟位置成立，「官」在宋朝財政上的負面影響如何巨大，才得正確評估，初非表象的俸祿與恩賞而已。

宋朝農村社會的構成，北宋蹈襲五代，係分鄉與里，神宗之世保甲法施行，鄉之下改編都、保。南宋鄉、里或鄉、都、保之制兼行。同時，以土地加大開墾，村落增多，張家村、李家莊等名稱上多冠姓氏的習慣，乃自唐末以來莊園佃客住居所而發生，與歐洲村落 village 之名起源於貴族別莊 villa 的附屬集團，由來正復相同。此等村或莊，便編入都、保間。

農民生活，則以商品作物自宋朝而栽培發達，貨幣經濟向農村滲透。同時，農民家族的家內工業盛行，產物出售市場，形成宋朝產業蓬

勃向上的一面。然而，農村手工業資本非必農民自身售賣剩餘農作物的蓄積，也往往出自借貸，愈增強了高利貸與商人的農村社會支配力，這是宋朝社會與生產發展堪注目現象之一。

注目現象之二，稱之「攬戶」的特殊身分者產生。攬戶顧名思義，係包攬農村內事務的中介或代理人，卻也因而於農村中擁有勢力。此等人的手段之一，結託官府中徵稅與職司出納的胥吏，迫害親赴官府輸納租稅的農民，如：稅糧以量目不足、品質不良等名義拒收，稅絹時更在丈尺不足、品質惡劣的口實下，於絹上加蓋退印，則退回後絹已不能使用，損失甚大，迫令惟有由攬戶中介轉納，乃令攬戶得藉口賄賂官府而向農民強索大額手續費，與官府經手人朋分漁利。手段之二，攬戶以由是蓄積的財富，再轉用爲高利貸，於災荒時貸放貧農或平時代繳滯納租稅，均加高利才收回限期償還，到期無力償還的農民祇有聽任利上加利，最終以田宅抵償爲結局。手段之三，商品流通量增大，農村中分散的生產品出售前，有必要先自生產者之手集中，所以，非惟貧困農民受攬戶操縱，一般農家的剩餘農作物或家內手工業產品，也須以其生產額的一部份爲手續費，由攬戶集中，由政府於租稅外另加採購，或賣予商人投入流通界。如上，都是宋朝結束五代離亂時代，社會再編成時發生的變化。而最大變化，另係唐朝兩稅法施行以來屆至宋朝，土地私有形態的莊園發展，以及佃戶制定着。

唐朝的四制崩壞，兩稅法下土地私有獲得承認，佃農發生而地主莊園經營成形。抑且，以莊園大土地擁有者須受同時期成立的藩鎮武人政治庇護，軍閥的變相地方割據也須賴大地主所代表在地勢力支持，而相互結合。通過唐末五代混亂期，宋朝回復天下統一，這些大地主的藩鎮保護傘雖然撤消，地方勢力已係根深柢固，也惟其如此而於宋朝社會名之爲形勢戶。雖其繳納租稅與履行力役義務與一般自耕農不具區別，並

無特權，但一方面，徵稅與維持治安的重心便置諸此等大戶，此等大戶
已是國家的農村支配有力一翼地位確定；另一方面，五代軍閥割據期後
遺症的嚴重隱田弊患也已確定，而隱田主體便是此等形勢戶，國家爲之
束手無策，如本節文字之初所述，影響財政收入的程度可以想見。

　　宋朝文治主義，鼓勵平民讀書通過科舉，由士而仕，士大夫特殊身
分於是在此全過程中成立。士人一登官位，其家便名之爲官戶，與一般
包括了形勢戶的民戶有別，而具免役特權。兩稅雖同於民戶加以徵收，
但變更民戶兩稅正常繳納場合與品目的所謂「支移」、「折變」，則官戶
均予免除。於此須加詮釋的——

　　關於力役，唐朝創始兩稅法時，係併合均田制稅法的租（地租，以
田計）、調（戶稅，以戶計）、庸（力役，以丁計，後服役改折絹布），
以後新稅仍然層出之際，州縣的力役也加恢復而名差役。宋朝亦然，法
令定男夫二十歲爲丁，六十歲爲老，此期間均服差役（亦謂職役，衙門
當差之意），「文獻通考」職役考一歷代鄉黨版籍職役門宋太祖建隆三
年條按語，說明差役內含係：主官物、督賦稅、逐捕盜賊、供官驅使，
「各以鄉戶等第差充」。王安石變法要目之一的募役法，改由鄉戶按等
第輸免役錢，而官給酬招雇志願者應役，免除職役的官戶也令納助役
錢，但以後助役錢法案立即被推翻，差役法也仍然恢復，而惟部份保留
募法。「宋史」食貨志上五役法上所謂：「惟該募者得募，餘悉定差」，
以及「尋以衙前不皆有値，遂改雇募爲招募」。南方且同時適用五代江
南政權原行役法，徵收丁米或丁錢（抑且有米、錢併徵者，參閱「文獻
通考」戶口考二歷代戶口丁中賦役門引神宗元豐二年劉誼之言。丁錢之
額，（廣西一路戶口二十萬，而民出役錢至十九萬緡＜貫＞）的雙重力
役。

　　關於支移與折變，實質都是兩稅的附加稅。兩稅歲賦，原則均向本

地衙門繳納，但爲了各州縣間的有餘補不足，往往以稅物移此輸彼，移近輸遠，便是「支移」，而支移時納稅人須負擔移往其他州縣的運輸費，謂之腳錢。結果，在調度遠方國境駐屯軍隊糧食的理由下，腳錢愈收愈多，而且不支移時也收腳錢成爲陋規。「文獻通考」田賦考五歷代田賦之制門宋朝部份所載：　哲宗時陝西路已令農戶輸腳錢十八而「百姓苦之」，次代徽宗時京西路更是「腳錢之費，斗爲錢五十六，比（哲宗上代神宗）元豐既當正歲之數，　而反覆紐折，　數倍於昔，　農民至鬻牛易產，　猶不能繼」。便是說，僅支移已困農民，再加折變，更是重壓。「折變」謂基於國家需要，臨時變更稅物品目，折輸與原規定稅額同等價值的其他品目。折變品目換算時，名義上以時價爲準而實際高過時價，抑且如上述「反覆紐折」。如四川方面，絹每匹值三百文，草每圍值二文，輸絹一匹的，於是初改輸草一百五十圍，後以草改估每圍一百五十文，而再令改輸錢，所輸便是錢二十二千五百文了❺，增加幾乎七十五倍。所以「文獻通考」歷代田賦之制（田賦考六）續載臣僚之言：「岳州……種一石作七畝科敷，而反覆紐折，有至幾十倍者」；「今一倍折而爲錢，再倍折而銀，銀愈貴，錢愈難得，穀愈不可售，使民賤糴而貴折，則大熟之歲，反爲民富」。

　　而如上困擾與損失，官戶均可避免。

　　值得注意是官戶的形成，　科舉之門理論上對任何人都敞開，　無論貧、富都一律。然而，現實的問題，須先經過長期苦讀的階段，科舉考試流程又非短，中途隨時可能遭受挫折而必須再接再厲。全盤言之，在幸運及第以前，始終以無間斷的安心接受教育爲必要，而這段期間，又以經濟力支持爲前提。所以，十年寒窗，一舉成名的貧家子弟具有毅力者固亦非少，但條件的有利於地主層富裕家庭子弟則無可諱言。惟其如

❺　轉引自王志瑞「宋元經濟史」，第一四四頁註①。

此，士大夫每與地主身分合一，官戶每以形勢戶爲底子，也由於此一體關係的存立，而官戶、形勢戶一般合稱之爲形勢官戶，此其一。

堪注意之二，官戶既隨官的身分而認定，世代都是官戶，也同族都是官戶，同具免役與免除支移、折變的特權，這些特權的付與又廣泛適用，對土地集積都發生引誘抑且鼓勵的作用，於原便是形勢戶者的土地集積，以及集積時脫漏田籍，逃避租稅，更是有利。則較之形勢戶，官戶對國家財政的侵蝕影響愈爲嚴重，尤可想見，以及明瞭隱田問題爲何通宋朝無從解決的原因所在。仁宗乾興元年（紀元一○二二年）曾爲防止土地再集積而頒布限田令，限制官戶、形勢戶擁有的田地以三○頃爲上限，因遭反對而不能實施，即使神宗時王安石變法所推行方田法，祇求正確測量田地以期納稅公平合理，並非限制田數，也仍是失敗。相反，可能便因政府稍微表示積極態度，而官戶勢力領導的阻力增大抗拒，即使不正確的墾田調查數，自神宗元豐以後，尤其南宋時代，已全然不見文獻資料。

與土地存有密接關係的戶口數字，調查統計的發表雖屆至南宋寧宗嘉定十六年（紀元一二二三年）始中斷，但與神宗以前墾田數的同樣不可信賴爲確實，「文獻通考」戶口考二歷代戶口丁中賦役門詳載神宗元豐三年（紀年一○八○年）天下諸路戶口細數後按語，已有「以史傳考之，則古今戶口之盛，無如崇寧、大觀之間。然觀當時諸人所言，則版籍殊欠覈實，所記似難憑」的明言。所引例證：「（徽宗）政和三年（紀元一一一三年）詳定九域圖志，蔡攸、何志同言，本所取食天下戶口數，類多不實。且以河北二州言之，德州主客戶五萬二千五百九十九，而口繞六萬九千三百八十五；霸州主客戶二萬二千四百七十七，而口繞三萬四千七百一十六，通二州之數，率三戶四口，則戶版刻隱，不待校而知之」；又引「建炎以來朝野雜記」：「唐人戶口至盛之時，率以十戶爲

五十八口有奇。……本朝元豐至紹興，戶口率以十戶爲二十一口，以一
家止於兩口，則無是理，蓋詭名子戶漏口者衆也。然今浙中戶口率以十
戶爲十五口有奇， 蜀中戶口率以十戶爲二十口弱， 蜀人生齒非盛於東
南，意者，蜀中無丁賦，於漏口少爾」。

　　然而，宋朝戶口統計雖不能代表其確數，以元豐三年東京開封府與
天下一十八路戶口詳數調查報告，對照唐朝玄宗天寶元年（紀元七四二
年）諸道戶口數（依「新唐書」地理志載府、州戶口數加計），於指示
自唐迄宋三百多年間，漢族中國地域的戶口增減傾向，仍具價值。附表
存「戶」略「口」——

北宋（元豐三年 1080）			唐（天寶元年 742）		
順位	路　　別	戶　數	順位	道　　別	戶　數
	東京開封府	171,324	1	河　南　道	1,853,539
2	京　東　路	1,370,800			
11	京　西　路	651,742			
7	河　北　路	984,195	3	河　北　道	1,487,493
14	河　東　路	450,869	6	河　東　道	615,705
8	陝　西　路	962,318	5	關　內　道 隴　右　道	880,680
4	淮　南　路	1,079,054	7	淮　南　道	390,582
1	兩　浙　路	1,830,096			
5	江　南　東　路	1,073,760			
3	江　南　西　路	1,365,533	2	江　南　道	1,756,132
6	福　建　路	992,087			
9	荊　湖　南　路	811,057			
12	荊　湖　北　路	589,302	9	山　南　東　道	324,844
10	成　都　府　路	771,533			
16	梓　州　路	261,585	4	山　南　西　道 劍　南　道	1,139,231
15	利　州　路	301,991			
18	夔　州　路	68,375			
13	廣　南　東　路	565,534	8	嶺　南　道	388,981
17	廣　南　西　路	242,109			

　　上表唐朝的河北、河東、河南、關內、隴右諸道，北宋的京東西、
河北東、陝西諸路均代表北方，餘則南方。可以發見，第一：南、北方
戶數比例，唐朝已係45％（南）對55％（北），北宋尤躍進為68％（南）
對32％（北），南方於全國戶數中呈現超過三分之二比例的壓倒態勢。
第二，北宋十八路中，戶數最多的前十位，除京東路（今日山東者）仍
佔第二位外，餘均落在南方，全已打破唐朝諸道北、南方分佔一、三位
與二、四位的均勢。尤其唐朝佔第二位的江南道，北宋分析達五路而仍
分居第一、三、五、六、九的高位，以多過唐朝戶數三、四倍的趨勢增
長，第一位的兩浙路（今日江蘇省南部與浙江省）且獨佔北宋當時全國
總戶數一、四八五萬的十分之一以上。

　　物力增大，與戶口增加同一傾向，北宋時代主要物產米、絹、茶、
鹽、布等，盡以南方為主產地。江淮地方淮南、兩浙、江南東西、荊湖
南北諸路，每年通過大運河向北方輸送的上供米，「文獻通考」國用考
三漕運門統計：太宗太平興國六年（紀元九八一年）三〇〇萬石，至道
初（紀元九九五年）五八〇萬石，眞宗景德年間（紀元一〇〇五年左右）
四五〇萬石，繼增至六〇〇萬石，大中祥符二年（紀元一〇〇九年）再
增至七〇〇萬石，仁宗慶曆以後每歲維持六〇〇萬石左右之數（同書國
用考一歷代國用門則謂：「太平興國六年制歲運三百五十萬石，景德四年
＜紀元一〇〇七年＞詔，淮南、江、浙、荊湖南北路以至道二年至景德二
年，終十年酌中之數定為年額，上供六百萬石，米綱立額始於此」）。

　　稅糧以外，地方各路向中央發送的金銀錢帛等所謂上供錢物，數字
均含貫、匹、兩等不同單位合算，僅係指數而不易測定其精確的實質價
值，但各路上供負擔力的大概仍可明瞭，提供的仍是上好資料。徽宗
宣和元年（紀元一一一九年）的調查（見「文獻通考」國用考一歷代國
用）——

8	荊 湖 南 路	42 萬	3	京 東 路	177 萬
17	利 州 路	3 萬	9	廣 南 東 路	18 萬
7	荊 湖 北 路	42 萬	11	陝 西 路	15 萬
12	夔 州 路	12 萬	4	江 南 西 路	127 萬
2	江 南 東 路	392 萬	16	成 都 路	4 萬
6	福 建 路	72 萬	15	潼 川 路	5 萬
13	京 西 路	9 萬	1	兩 浙 路	443 萬
10	河 北 路	17 萬	5	淮 南 路	111 萬
14	廣 西 路	9 萬		河 東 路	缺

路名上數字：數額多寡順位　　　單位：複合單位

　　上表的突出印象，僅京東一路爲例外，幾乎全部由南方諸路佔順次
高位，正與戶數分佈的形勢相對應。也由上供負擔力比較，推知向中央
集積的権利、商稅等貨幣數額，大部份均係自南方吸收。屆抵北宋時
代，南方已是國家主要財源地帶的歷史位置，全行鑄定。

　　立於戶口、經濟基盤上的政治、文化，現象自係相同。宋朝繼五代
後周樹立政權，然後平定江南與四川，而天下統一，所以宋初官界尚全
係北方勢力。國初大臣如趙普、曹彬等爲無論，自太祖至眞宗時代仍均
北方出身的大臣爲多，但北宋中期仁宗以後，南方出身大臣比重顯著增
大，同平章事、參知政事的執政地位者加多，神宗至徽宗時代而南方勢
力終已強大到壓倒北方，自如下執政出身表❻可見──

❻　依誠文堂新光社「世界史大系」⑧東アジアⅡ，第五五頁北宋宰相執政表
　　數字改製。

	太祖	太宗	眞宗	仁宗	英宗	神宗	哲宗	徽宗	欽宗
北 方	10	28	21	38	2	9	18	18	11
南 方		2	5	21	2	17	12	27	9
不 明									1

南方勢力伸長係政治上全新的形貌，其興起與現實的政治革新運動合一，爲尤堪注目。仁宗時代第一名臣與慶曆改革指導者范仲淹（蘇州吳縣人），便是宋朝最早開創政治‧文化新氣運的南方人，同時期大臣寇準（下邳人）、晏殊（撫州臨川人）、呂夷簡（壽州人）、歐陽修（廣陵人）等，都是南方出身的聞名人物，但北方出身者富弼、韓琦、文彥博等政界份量相埒，而且政治上兩者間爲相互攜手。神宗時代係一大轉振期。變法的最高決策人王安石是南方人（撫州臨川人），結集於其左右的大改革推行者蔡玠、呂惠卿（均泉州晉江人）、章惇（建州浦城人）、曾布（南豐人）等也都是南方人，而南方勢力急激向頂峯推進，新法黨也與舊法黨以各別代表南方——革新、北方——守舊路線姿態，政治上壁壘分明的互鬥激化。經過司馬光領導的舊法黨得志時代，北宋後期蔡京（興化仙游人）爲中心的新法黨掌握政治權力，南方勢力乃確定性佔據政界優位。南宋尤其形成南方官界天下的態勢爲愈易明瞭，北——南宋交替與南渡之初的著名大臣，便除趙鼎係北方人外，宗澤（婺州義烏人）、李綱（邵武人）、張浚（漢州綿竹人），以及秦檜（江寧人），已都是南方人。南方資源躍進式開發，社會富裕，文運昌隆，通過科舉考試進出官界，以人才輩出而政治勢力抬頭，自屬當然。抑且，學術‧文學中樞領域也自宋朝而漸漸向南方移殖完成，唐、宋八大家中北宋六家，列名的歐陽修、王安石之外，曾鞏（建州南豐人）與蘇洵父子三人（眉州人）同均南方人，蘇舜欽（梓州人）、黃庭堅（洪州人）、

周邦彥（錢塘人）等第一流詩文家也是。南宋時代，更是無待贅言。

　　所以，漢族中國經濟・文化心臟位置，由歷史上的北方向南方反傾斜轉換，其形勢自唐朝後期開始展現，宋朝已是交替的決定時期。特別關於朝廷南渡而南宋成立，意義便是終點線前的最後衝刺，於中國政治史、經濟史、文化史，都是非常大事件。

　　對於宋朝的朝代自身而言，南宋喪失北方領土，誠然是大不幸，但相對方面，毋寧也反而存在大幸的心理。主要生活資料旣已幾乎全自南方生產，政治支配圈與富庶財源地帶合一，每年鉅額上供米穀、財物的運輸費至少都已撙節，北方的行政費支出又已剔除，因之捨棄早須依賴南方與受南方補給的北方，殫盡心力確保南方，版圖雖縮小，財政反而得充裕。和平論者不吝抛卻北方，可以覺察，經濟見地未始非其主張的立腳點，另一因素，便是不能排除政治控制權已由南方出身臣僚掌握時的自私意願。

　　宋朝形勢官戶蹈襲五代地主層所凝固經濟地盤的莊園經營，地主莊園土地的耕作者係佃戶，社會身分謂佃農，宋朝有客戶、租戶、佃客、地客、莊客、浮客等稱謂。土地、居屋，以及耕作所需耕牛、農具、種子等，均由主家供給，地租繳納則分多類方式，按收穫量成數繳納者爲分益租，每年以固定數額繳納者爲定額租，定額租依時價折算錢數繳納者爲代金納，契約訂定直截便以一定錢數繳納者爲金納❼。江南水田以分益租與定額爲多，代金納亦相當普遍，惟植桑的畑地，以及山地，係採金納❽。分益租通常以收穫量的五成歸主家，佃戶自留五成，或主家六成，佃戶四成。定額租實質也以成數爲基礎而訂定，江南水田每畝大體收穫二石或三石，所以通常每畝以一石或一石半計準，而契約規定又

---

❼　同上，第五九頁。
❽　同上，同頁。

分兩種方式: 其一,「一畝租米若干」, 係按畝計算, 其二, 「田一丘, 若干畝, 租米若干」, 係總計❾。均田制崩壞後的土地私有形態, 便以莊園制與佃戶制的編成爲基本, 自唐朝後期歷五代而新社會‧新經濟胎動, 宋朝土地私有的發展加劇, 莊園擴大, 特別是朝廷播遷南方富裕地帶的南宋, 終於近代社會的新面貌轉換完成。

南宋大土地所有再發展, 最廣濶方向便是圩田、圍田、湖田的加大成長, 抑且已猖獗成患。「文獻通考」田賦考六湖田圍田門與「續文獻通考」田賦考三水利田門的若干記錄:

「(高宗) 紹興五年 (紀元一一三五年) 春二月, 寶文閣待制李光言: 明、越之境, 皆有陂湖, 大抵湖高於田, 田又高於江海, 旱則放湖水漑田, 澇則決田水入海, 故不爲堅。本朝 (仁宗) 慶曆、嘉裕間, 始有盜湖爲田者, 三司使切責僚臣甚嚴, (徽宗) 政和以來創爲應奉, 始廢湖爲田, 自是兩州之民歲被水旱之患。壬子歲嘗取會餘姚、上漢兩邑利害, 自廢湖以來, 每縣所得租課不過數千斛, 而所失民田常賦動以萬計, 遂先罷兩邑湖田。其會稽之鑑湖、鄞之廣德湖、蕭山之湘湖等處尙多, 望詔漕臣訪問」(又高宗、孝宗之際王十朋「鑑湖說」, 說明紹興府會稽、山陰兩縣之界的鑑湖, 周圍三萬里, 漑田九千頃。宋初湖田者十七戶, 慶曆時湖田之數過四頃, 治平至熙寧＜英宗至神宗時＞中八十餘戶、七百餘頃, 自政和至南宋, 權勢之家、豪強之族爭相強佔, 所謂鑑湖已空存其名, 水旱災傷無歲無之。孝宗淳熙＜紀元一一七四～八九年＞中實得湖田二千三百餘頃」❿)。

「(寧宗嘉定＜紀元一二〇八～一二二四年＞御史中丞簽書樞密院李衞涇奏曰……(孝宗) 隆興、乾道之後, 豪家大姓, 相繼迭出, 廣包

---

❾　平凡社版「世界歷史大系」⑥東洋中世史第三篇, 第三一〇頁。

❿　轉引自同上, 第二九六～七頁。

強占，無歲無之。陂湖之利，日朘月削。以臣耳目所接，三十年間，昔之曰江、曰湖、曰草蕩者，今皆田也。形勢之家，其語言氣力，足以凌駕官府，而在位者每重舉事而樂因循，上下因循，恬不知怪。議者又曰圍田既廣，則增租亦多，其於邦計，不爲無補。殊不知緣江並湖，民間良田何啻數千百頃，皆異時之無水旱者，圍田一興，修築塍岸，水所由出入之路，頓至隔絕。稍覺旱乾，則占據上流，獨攬灌溉之利，民田坐視，無從取水。逮至水溢，則順流疏決，復以民田爲壑。圍田僥倖一稔，增租有幾，而歲歲倍收之田，小有水旱，反爲荒土，常賦所提可勝計哉。……臣伏見乾道間（紀元一一六五～七三年），孝宗宣諭輔臣曰：聞浙西自有圍田，即有水患，屢有人理會，多爲權威所梗。已而令漕臣王炎相視，有張子益圍田九千餘畝，湮塞水勢，立命開掘，仍戒飭不得再犯。淳熙中（紀元一一七四～八九年）因姚述堯言，寺僧請佃明州定海縣鳳浦、沈窖兩湖八百畝，可溉田二萬六千餘畝，即令仍廢爲湖。英斷如此，誰不悚懼。乞下令戶部……」。

「（同嘉定年間）臣僚言：越之鑑湖，溉田幾半。會稽、興化之間木蘭陂，民田萬頃，歲飲其澤，官豪侵占，塡淤益狹」。

「（同嘉定年間汪綱知紹興府），屬邑諸縣瀕海，而諸暨十六鄉瀕湖蕩濼，灌溉之利甚溥。勢家巨室，率私植埂岸，圍以成田，湖流既束，水不得去，雨稍多則溢入邑室，田間寖蕩。瀕海藉塘爲固，隄岸易弛，鹹鹵害稼，歲損動數十萬畝，蠲租亦萬計」。

而嚴禁增廣圍田、嚴禁侵占水利的命令，纍纍發布，終歸無效。

形勢官戶對自耕農田地的巧取豪奪，也於南宋爲愈盛，買賣之外，流行的是放債（以其時俗稱所謂本錢，借貸而取高利）乘民之危。年息可達五分，朝廷雖禁止卻不能遵行。高利貸盤剝而無力償債的農民，典質抵押的田產、房舍便輕易被轉易。墾田也是當時土地私有的有力手

段，南宋初期受金軍侵入破壞，肥沃田地多形荒廢，兩淮地方尤盛，所以朝廷獎勵墾田，結果多由品官或形勢之家占佃。甚且便如「文獻通考」所累記「臣僚言：人戶廣占官田」（田賦考五歷代田賦之制，孝宗淳熙間）；戶部言：「官戶勢家，坐占官田」（田賦考七官田門，高宗紹興二九年）。另一形態，則「州縣賣官田」（同上，同年）。

南宋莊園土地得如上途徑不斷擴大的顯例，如名將張俊所擁有，遍佈當時浙西、江東、西、淮東等四路九府、州、軍，計：浙西路湖州烏程縣烏鎮莊、思溪莊，秀州嘉興縣百步橋莊，平江府長洲縣尹山莊、東莊，吳縣橫金莊、儒教莊，常州無錫縣新安莊，宜興縣善計莊，晉陵縣莊，武進縣石橋莊、宜黃莊，鎮江府丹徒縣樂營莊、新豐莊，江東路太平州蕪湖縣逸泰莊等十五莊，江西路江州與淮東路其州、盱眙軍亦有數莊，租入每年六〇萬石❶。非祇高官，地方的低級官人之家亦然。其例，自度宗咸淳七年（紀元一二七一年）知撫州黃震爲救濟饑民，曾命樂安縣愧仁官戶周叔可賣出其坪上莊、回背莊、竹園裏莊、上巴莊、東坑莊、陳城渡莊、黃細乙家莊、饒辰家莊、南犍莊、焦坑莊、丁陂莊、康材莊等十一莊儲米❷。此類莊園土地的分佈狀況，集中或分散不一。前者的場合，內中可以包含數村，惟仍以一莊一村爲多，後者則分散數村爲必然。

莊園管理，一般均有主家派駐的管莊、監莊、幹人、幹僕等，對佃戶又編組爲甲，而置甲頭或甲首爲佃戶的代表者。管理人便以甲頭的協助而管理莊園，向佃戶徵收佃租。佃租繳納政府租稅的剩餘部份，由管理人儲存莊園任管，供主家支用或變換貨幣，多角再投資。

官田多在專置的官莊監督下，招募佃農耕種，惟也有不置官莊，直

---

❶　引自誠文堂新光社版「世界史大系」⑧東アジアⅡ，第五七頁。

❷　引自同上，第五八頁。

接由州縣官府招佃者。官田經承佃後，佃權被確認，可永遠耕作，如同永業，祇佃權不能買賣而已。所以南宋官田常被形勢官戶占佃，由其所擁佃戶耕作，官田佃租甚低，平江府（今日蘇州）官田之例，每畝納租三斗三升六合（「文獻通考」田賦考七屯田門），豪強包攬可博厚利。

　　地主──佃戶制租佃關係下的佃戶，雖以契約束縛而無移轉自由，人格上仍是良民，法律上也是自由民。且佃戶非必全是他鄉流民，頗多喪失田地的在地農民，抑且便是土地的典賣人，隨土地變換身分爲佃戶，而繼續耕作原屬自己的土地。莊園地主既不負擔佃戶生計的責任，也不具有如對奴僕似的人身處分權利，所以，法律於佃戶對主家的犯罪與主家對佃戶的犯罪，固以主、從地位而輕重有別，佃戶的主家的隸屬關係，存在而非強烈，這是佃戶制發展的基礎了解之一。

　　基礎了解之二，文獻中強調土地兼併弊患的言論之一，理宗淳祐六年（紀元一二四六年）殿中侍御史謝方叔言：「今百姓膏腴，皆歸貴勢之家，租米有及百萬石者。小民百畝之田，頻年差充保役，官吏誅求百端，不得已則獻其產於巨室，以規免役。小民田日減，而保役不休，大家田自增，而保役不及」（「續文獻通考」田賦考一歷代田賦之制）。可以發覺，佃戶對主家的租米負擔固重，但職役已除，南方特有的丁稅（丁錢、丁米）原則雖仍須繳納，南宋每多蠲免，非無有利的一面。

　　惟其如此，南宋末浙西（江南長江三角洲），集約經營的佃制新變化發生，業主──佃主──種戶關係成立。業主指地主；佃主原係佃戶，以漸漸富裕而所佃土地轉佃予自己領有的佃戶，自己改立在地主與佃戶的中間位置，換言之，雖非地的主家，卻已是佃戶的主家，所以謂之佃主；種戶則實際耕作者的佃農，佃戶的具名[13]。便以佃主發生與介在，從來的莊園支配關係乃形複雜化。複雜化的傾向，也見於同時期的

───────────────

[13]　平凡社版「世界歷史大系」⑥東洋中世史第三篇，第三一九頁。

地主（業主）直營地。唐朝莊園制展開，直營地耕作者係部曲（賤民）與奴隸，部曲自唐末五代混亂期均已解放，奴隸的使用，宋朝也較唐朝愈為減少，莊園直營地上耕作者，謂之佃僕，一部份則雇傭人。雇傭人以勞力換取主家所負擔的生計，非奴隸而存在主僕之分，此種身分關係，與西歐自由人與農奴關係，抑或中國傳統的良民與賤民間關係，都相迥異，乃是尊卑、上下、長幼、親疏之分⑭，簡言之，良民中主家與雇傭人間個人關係的身分差別，性格與佃戶相通而隸屬性為強。雇傭勞動制於南宋益益發達，而與轉變了的新佃制，共同延續為後代大土地經營的基幹形態。

宋朝近代社會的構築，農村中自發的互助救濟，以及生活自律，陪伴便由形勢官戶指導，而強固為社會秩序的規律。具體的事例——

其一，北宋范仲淹在家鄉蘇州創設義莊，置義田十頃，「義」含公共利益的意味，所以義莊便是為同族保障而設定的莊園。收租供應宗族中貧困者衣食，支給婚嫁喪葬無力者的所需費用，「宋史」其傳記謂：「置義莊里中，以贍族人，汎愛樂善」。南宋各地多已倣行廣設，發揮強化同族結合的機能，義莊田產供為族中公共財產，且多附設子弟教育的義塾，或資助讀書膏火。

其二，鄉約乃以維護道德的善良風俗為目的，同鄉之人共同遵守的規約，北宋神宗時代呂大防於其鄉里藍田（陝西）創始。「宋史」其傳記謂：「大防與兄大忠、弟大臨，同居相切磋，論道考禮，冠婚喪祭，一本於古。關中言禮者，推呂氏。嘗為鄉約曰：德業相勸，過失相規，禮俗相交，患難相邮」。也是自此而各地一般性盛行，朱熹且曾敷演其說。

其三，南宋朱熹，非單單是偉大的思想家，孝宗時代浙東居官時，

⑭ 崛敏一「唐帝國の崩壊」（學生社版「古代史講座」第十卷「世界帝國の諸問題」，第二六六頁）。

於崇寧府崇安縣（福建）開耀鄉倡行的農民救濟法社會法，也被立為模式普及各鄉村。「文獻通考」市糴考二社倉門的說明：「熹請於府得常平米六百石，夏受粟於倉，冬則加二計息以償，自後歷年斂散。或遇少歉，即蠲其息之半，大饑即盡蠲之。凡十有四年，得息米造成倉厫，及以元數六百石還府。見管米二千一百石，以為社倉，不復收息，每石只收耗米三升。以故一鄉四十五里間，雖遇凶年，人不闕食。」

　　如上宋朝基礎上的社會組織，明、清都已只是修正而非根本變異。地主與官之間的結合關係如舊，官戶優免（免除徭役）特權也仍在，且擴大到監生以上身分（舉人、生員）也免一部份徭役。以下同樣都是對宋朝以來大土地所有的再變化：

　　——地主向地方政治的實質參畫實現，連結在鄉官人之家與舉人、生員、監生，形成地域自立性的鄉紳層社會支配身分。鄉紳勢力的發展，地方官如無視此等人意向，地方政治便無由圓滑運行，也至清朝已是政權支配的社會支持。

　　——在於南方，以佃主出現的契機，佃戶的田面權（佃權）確立為前提，一田兩主制慣行。即：所有權與用益權分離，土地的二重權益關係固定化。田面權存立，係保障不受土地處分權影響的現實機能，佃戶地位成長的表現。同時，對應貨幣經濟時代成立，從來不同的佃租繳納方式，已統一向定額地代移行。

　　——田面權被承認，也以商業資本投入土地傾向增大，土地所有的商人非在現地而居都市，所謂不在地主形成的原因。在地地主中，也多圖生活上的方便與享受，移住都市，再加大不在地主比率。土地所有者係都市中的不在地主（城居地主），而土地由佃戶經營，又是農村生產關係新貌。

　　——在地地主（鄉居地主）富農土地經營，方向係循雇傭勞動關係

發展，傭工使用盛行。傭工依長期契約（年雇、季節雇）者爲長工，臨時雇用則短工。長工須負農隙在主家供雜務使喚的義務，惟雖結主從關係而身分仍係良民。

——與鄉紳所代表的大土地所有進展相對應，農業耕作技術的進步，特別是江南爲中心，農村手工業生產廣範圍商品化，生產力再向上。自耕農的自立性也已增大，小農經營安定化，乃是近代社會基盤得以穩固的一大要因。

過程中的注目現象，係宋朝所確立江南爲基本經濟地帶的地位，明、清時代愈益強固。十五世紀前半明朝英宗正統年間邱濬「大學衍義補」之言：「韓愈謂賦出天下，而江南居十九。以今觀之，浙東西又居江南十九，而蘇、松、常、嘉、湖又居兩浙十九也。考洪武中天下夏稅秋糧，以石計者總二千九百四十三萬餘，而浙江布政司二百七十五萬二千餘，蘇州府二百八十萬九千餘，松江府一百二十萬九千餘，常州府五十五萬二千餘，是此一藩三府之地，其田租比天下爲重，其糧額比天下爲多。今國家都燕，歲漕江南米四百餘萬石，以實京師，而此五府者，幾居江西、湖廣、南直隸之半」（「續文獻通考」田賦考二歷代田賦之制）；「初，運糧京師，未有定額。至是（正統以後二十年左右的憲宗成化七年，紀元一四七一年），始定北糧七十五萬五千六百石，南糧三百二十四萬四千四百石。其內兌運者三百三十萬石，由支運改兌者七十萬石，兌運之中，湖廣、山東、河南折色十七萬七千七百石。通計兌運、改兌，加以耗米，入京通兩倉者凡五百十八萬九千七百石，而南直隸正糧獨百八十萬石，蘇州一府七十萬，加耗在外。浙賦視蘇減數萬，江西、湖廣又殺焉」（「續文獻通考」國用考二漕運），指示江南賦入所佔國家財政‧經濟比重的傾向相同。

戶口分佈形勢亦同，「明史」地理志載洪武二六年（紀元一三九三

年）的統計，北平（後改京師）、山東、山西、河南、陝西等五布政司
隸下民人數一千五百四十八萬餘，京師（後改南京）與浙江、江西、湖
廣、福建、廣東、廣西、四川、雲南等八布政司（貴州尚未建置）隸下
民人數四千五百零八萬餘，北方僅26％而南方74％的百分比分配，印
象至爲鮮明。分據第一、二位的京師與浙江人口，前者一千零七十五萬
餘，後者一千零四十八萬餘，合計已係南方的近二分之一與全國超過三
分之一。而京師的蘇州（二百三十五萬人）、松江（一百二十二萬人）、
常州（七十七萬人）三府共四百三十五萬人，又佔南京40％，與全國百
分之七的比率。

　　推翻蒙古人元朝統治的明朝初年，太祖洪武一四年（紀元一三八一
年）制定里甲法，係漢族意志與社會約束力、組織力從宋朝低潮回昇到
高峯期的表徵，明朝社會顯著的近代特色，自此以迄清朝初年約三百年
間漢族中國鄉村組織的基調。設定單位便是里與甲，由所有土地相互隣
接的地主與自耕農一一〇戶編成，內以人丁數與稅額負擔數多的富裕之
戶一〇戶爲里長戶，其餘一〇〇戶分成十甲爲甲首戶。每年由里長一
人、甲首一〇人輪番掌里甲內賦役催徵等政府諸末端事務，以及勸農、
勸學、治安、祭祀、婚喪病患扶助、里老民事訴訟裁決等自治事宜。里
內稅額不足、滯納與逃亡戶租稅，也責成里長有賠納的義務。

　　里甲制覈實戶籍，較宋朝已強烈把握戶口正確度，自半壁天下的南
宋最後戶口統計，景定五年（理宗崩而度宗已卽位）五百二十九萬餘戶、
一千三百零二萬餘口（每戶平均二・五口），轉變爲明朝軍、民戶分途制
度下，不計衞所軍戶，專以里甲制的州縣民戶爲調查對象。洪武二六年
天下戶一千零六十五萬餘戶、六千零五十四萬餘口（每戶平均五・五口）
的數字，爲可瞭然。明朝里甲制戶籍整備乃以配合租稅政策爲目的，
洪武一四年與里甲制同時設定的賦役黃册，洪武二〇年（紀元一三八七

年）編造的魚鱗圖册，都是支柱，而三位一體展開。清高宗勅撰「續文獻通考」對此兩類圖簿的說明：

　　（賦役黃册）「每里編爲一册，册之首總爲一圖。其里中鰥寡孤獨不任役者，附十甲後爲畸零戶。每十年有司更定其册，以丁、糧增減而升降之。册凡四，一上戶部，其三則布政司、府、縣各存一焉，上戶部者册面黃紙，故謂之黃册」；「如丁口有增減者，即爲收除；田地有買賣者，即令過割，務在不虧原額。其上中下三等人戶，亦依原定編類，不許更改、分丁、析戶以避差徭，庶幾無移易倚託之患」（戶口考二戶口丁中門）；「明初因賦定役，丁夫出於田畝。迨黃册成，……以上中下爲三等，五歲均役，十歲一更造。一歲中諸色雜目，應役者編第均之曰均徭，他雜役曰雜汎」。

　　（魚鱗圖册）「量度田畝方圓，次以字號，悉書主名及田之丈尺，編類爲册，狀如魚鱗，號曰魚鱗圖册。先是，詔天下編黃册，以戶爲主，詳具舊管新收，開除實在之數，爲四柱式。而魚鱗圖册以土田爲主，諸原坂墳衍下溼沃瘠沙鹵之別畢具。魚鱗册爲經，土田之訟質焉；黃册爲緯，賦役之法定焉。凡質賣田土，備書稅糧科則，官爲籍記之」（田賦考二歷代田賦之制）。

　　所以，一方面是詳載農村中每一戶的家族數、田土、房屋、租稅負擔額與應服徭役，一方面是精密的土地登錄，以地圖區畫每筆土地的地號、所在地、地目、面積、形狀、土地所有者與耕作者(佃戶)姓名，均以里甲制爲樞紐而發揮其機能。里甲制非依自然村落形勢，純粹係人爲的構成，便以國家行政力回復強力滲透社會，地方自治制回復堅實推行，一掃宋朝地籍混亂弊相，而洪武二六年明朝第一次如前引戶口數，以及田土總數八百五十萬餘頃（衞所屯田的軍田數在外）調查結果公佈。

　　對照間斷元朝的前後兩個漢族朝代戶口、田數調查態度的不同，可

以覺察，以及宋朝所以存在覈實阻拒力的緣由，非宋朝不能行，而是不肯行的成份爲大。宋朝踏襲五代背景，建國者節度使的軍閥底子，與地主利益原相一致，明太祖站立的卻是貧農、小農立場。中國有史以來均北方向南方移民，自明朝而出現反傾向，國初太祖、成祖時代所謂移徙的強制移住，均衡人口稠密度固係理由，而「續文獻通考」戶口考二所記錄「（太祖）立法多右貧抑富，令戶部籍浙江等九布政司、應天十八府州富民萬四千三百餘戶，以次召見，徙其家以實京師，謂之富戶。至成祖時，復選應天、浙江富民三千戶，附籍北京」，被遷徙者明示「富戶」，係堪注視事態之一。之二，江南特爲富庶之地而賦稅特重，「續文獻通考」田賦考二記事：「惟蘇、松、嘉、湖，（太祖）怒其爲張士誠守，乃籍諸豪族及富民田以爲官田，按私租簿爲稅額。而司農卿楊憲又以浙西地膏腴，增其賦，畝加二倍。故浙西官民田視地方倍蓰，畝稅有二、三石者。大抵蘇、松最重，嘉、湖次之，杭又次之」，以後雖減而仍重。之三，又是上節所指出，經濟政策較之宋朝抑或元朝，都已完全倒反，回復農本基準，租稅結構退回到田土賦入爲重心。商稅、鈔關稅、門攤稅、契稅、茶課、鑛課、漁課等，一槪都已是雜稅。之四，抑制地主、商人的同一意義，官吏俸給之低，明朝於史上也是罕見，最高一品月米八十石，最低僅月五石。公定米每石銀一兩，明朝中期米的市價最廉之時，八、九石纔值銀一兩，銅貨購貨時每石一二〇文。則八十石米只值銀十兩，五石不滿銅錢五百文。比較俸給最厚朝代的宋朝，最高月俸錢三百貫與米一百石，又支給冬、夏服各綾二〇匹、絹三〇匹、綿一百兩，以及莫大的職務給付與職田，此外，「茶酒厨料」、「薪蒿炭鹽」、「米麵羊口」等實物，僕役亦官給「隨（隨身）、使人衣糧」（最高額七十人，給錢五〇貫）。明朝視之，堪謂天壤之別。

　　君主專制絕對化的時代，國勢盛衰已全繫於君主個人英明抑昏庸的

關係，明朝自中期以來因是頹勢日甚，北方外侮日增。國初盡襲舊時宋朝支移、折變等痕跡的兩稅、力役簡明賦役法也漸漸變質，煩雜新稅與附加稅不斷增多，乃有明朝後期稅法的一條鞭法斷行。一條鞭法係以雜多項目之稅，連同力役亦銀納化，共同與田賦合併，以防杜各別名目下稅收因滯納、脫漏而不能控制之弊，以及賦役一元，徵稅事務簡便化爲目的的技術面改革，納付手段也劃一爲銀兩。神宗萬曆九年（紀元一五八一年）於江南實行，十六世紀末全國性普及。而里甲制在農民負擔續續加重期間，機能原已只能萎縮，一條鞭法實施，租稅任務單位由里上移至縣，里的重要性愈減。明——清交代，乃有社會組織與租稅結構的再修正。

「皇朝（清朝）文獻通考」職役考二：聖祖康熙「四七年（紀元一七〇八年）申行保甲之法。先是，順治元年卽議力行保甲，至是，以有司奉行不力，言者請加申飭，部臣議奏：弭盜良法，無如保甲」，清初踏襲明朝的里甲制社會組織，由是被保甲制替代。其十戶一牌立牌頭，十牌一甲立甲長（原稱甲頭），十甲一保立保正（原稱牌頭，改保長再改）的制度，仍以戶數爲編成單位，與里甲制同樣非自然村落而應地理條件按配。但從來里長制賦役徵收單位性格已明白除去，責任規定中已無租稅完納一項。主要機能轉移爲管轄區域內的治安維持，保甲構成員對犯罪發生負連帶責任。

一條鞭法乃唐朝兩稅法以來稅法的大改革，改革性質與改革結局卻都是兩稅法翻版，明末仍然差徭繁煩，苛稅迭出。清初釐正明末之弊時，一條鞭法下的地租稱地糧（地銀），力役稱丁銀。康熙五一年（紀元一七一二年）詔「據康熙五十年徵糧丁册，定爲常額。其新增者謂之盛世滋生人丁，永不加賦」；以及「皇朝文獻通考」戶口考一如上記錄之後，另條續載丁銀攤入地銀，合併設定地丁銀的稅制變化，自康熙末與次代

世宗雍正以後，陸續全國性施行，如「臣等謹按」所說明：「丁隨地起之例，廣東、四川等省先已行之，至雍正元年（紀元一七二三年）准撫臣之請，行於畿輔，而各省亦多效之。惟奉天府以民人入籍增減無定，仍舊分徵，而山西省至（高宗）乾隆十年始議參用攤徵、分徵之法」。而此變化，實質便是兩稅法、一條鞭法的再一次舊瓶新酒，也可明瞭。

　　地丁銀乃五口通商前清朝稅收的大宗，佔全額八成左右。其次則鹽課與常關稅（國內關稅，自通過各地諸關的商品所徵收之稅，明朝中期創設，當時稱鈔關）。此外的茶課、鑛課、漁課、蘆課、酒稅、落地稅（運入都市商品的入市稅）、契稅、牙稅、當稅等，如明朝都稱雜稅，種目甚多，但所有雜稅合計僅佔全稅收的百分之五❹。可指示歷明至清，財政・經濟政策的保守性與退回到田土基礎，國家財稅實向傳統田土賦課最終回復，屆抵如何程度。「皇朝文獻通考」（田賦考、戶口考）提供清朝盛世高宗時代的兩項參考數字：

　　──乾隆三一年（紀元一七六六年），天下土田四十一萬四千四百九十五萬五十畝有奇，賦銀二千九百九十一萬七千七百六十一兩，糧八百三十一萬七千七百三十五石。

　　──乾隆四一年（紀元一七七六年），總計直省人丁共二萬六千八百二十三萬八千一百八十一。

商品・貨幣經濟時代的都市

　　宋朝產業發達，生產力增大，商人活躍，各地產物競相流入都市，刺激都市消費生活向上。都市消費力又倒轉鼓勵商工業發展，製品回流

❹　誠文堂新光社版「世界史大系」⑧東アジアⅡ，第二九一頁統計。

農村。循環反覆影響下，物資移動率頻繁，都市立於活潑的經濟界中核位置，財富因此益益向都市集中。此一現象，和平日久的十一世紀初宋朝第三代天子眞宗時代已至爲明顯。

都市富力的代表者，便是流通經濟最前端的商人，以及農村地主寄留都市者的所謂不在地主、同具地主身分的在職或退職官界人士，與各類大工場經營者。另一方面，農村剩餘人口抑或喪失了土地的農民，同樣選擇都市爲謀生計之途。持有小資本者從事商品零售、小手工業、與都市消費生活面周延的種種職業；貧困者則以勞力換取生活資料，宋朝以來奴隸使用已漸式微到僅殘存其痕跡，所以，富貴之家維持享受生活所需備口、各行業雇工與從業員、雜工，都是糊口手段，街頭叫賣者也是自食其力；好吃懶做的無賴漢，便游手好閒而形成都市社會的寄生者，形態不同，流入都市則一。於是陪伴財富集中都市，人口集中都市的現象又堪注目，而都市形制不斷擴大，都市從來未曾有的繁榮面貌出現，都市生活者的文化水準，也隨財富與人口的增長而正比例躍昇。

都市的發展，傳統均係政治都市性質的，唐朝已在逐漸變化，但尙限若干大都市。宋朝以來，財富、人口，以及文化層面的加速向都市堆積，所有都市都已完成近代商工業都市的轉換，爲劃期的一大徵象。

中國都市，一般所指係圍以城郭，州縣之治的城市。但唐朝城郭之外，農村中臨時交易場所的定期市集也已發達，所謂草市，草草粗糙規模而流動的「市」意味。唐末五代，草市隨州縣治內「市」制破壞漸漸固定化，商人定着築房舍開設店肆而成街道，市集活動範圍也擴大，小型都市格局展現。宋朝產業躍進開發，貨幣經濟加大滲透農村而地方性物資交換流通興盛，草市與同以人口聚集而固定成立的虛市、亥市、子午市等小規模都市，愈於城郭附近、水陸要衝、寺院門前、鹽與陶瓷器等生產要地諸處成形，河川、湖泊沿岸船隻裝卸貨物場所，又稱「埠」

或「步」。惟其「草」、「虛」以及「亥」、「子午」等代表時刻的名詞，仍都遺留其係傳統的城內之「市」延長，以及臨時性的本來性格。祇是，宋朝這些小型都市分布尚多限江南地方，北方與長江流域之南的農村，須自明末、清初才普遍，與宋朝當時的經濟發達情勢正相配當。從另一方向殊途同歸，係宋朝撤廢五代鎮將駐屯制度，但原駐屯地而當交通要衝、人口眾多的商業地區，仍保留「鎮」的名詞，性格與「市」相同，所以也稱「鎮市」，以與「草市」相對，規模則較草市，亦即一般之市爲大，置有監官維持治安與徵收商稅。宋朝鎮與市的發展，堪注意係：

　　——宋初的地理書「太平寰宇記」（太宗太平興國年間完成）縣以下僅敍鄉，北宋中期之末的神宗元豐時代之書「元豐九域志」已鄉、鎮名並舉，可了解十一世紀以來，縣的下級鄉、鎮同等地位已行確立，市街地的鎮，與鄉並行爲行政上的區劃。

　　——鎮的繁榮，若干場合且駕凌縣，「宋會要」食貨一五商稅項神宗熙寧十年（紀元一〇七七年）條統計：京東路萊州州治稅額六千餘文，屬縣最高額係膠水縣五千文，州下海倉鎮卻達一萬二千餘文。同路密州信陽鎮也是超過一萬文，而屬縣最高額僅安邱縣六千餘文。

　　——同書同項同年條資料的提示，市也已自十一世紀開始加冠地名，如王家市、高店市等稱謂，雖然尚非普遍。抑且，頗多如同鎮的成立徵稅處（所謂「務」）。

　　——至南宋，鎮大於市的格局仍然不變，但「鎮」、「市」以同一性質，諸地方志中，並稱的習慣成立。「建康志」（十三世紀中理宗時代著作）卷一六便已專列鎮市目，列舉淳化鎮以下十四鎮，湯泉市以下二十餘市，湯泉市之例，注明在上元縣神泉鄉，去城六十里。

　　唐時，市集原已係鄉人經濟生活與外界的連結點，以及諸村落於鄉

間相互結合的原動力。宋朝鎮、市本格化成立，農民的剩餘農產物（抑或便是商品作物）以及家內手工業產品，其交換貨幣，以及農村日常所用必需品與家內手工業原料的供給，抑或借貸等金融關係，乃規制化通過鎮、市。另一方面，鎮、市商人背後便是城市商人，鎮、市吸收的農民生產物轉輸州縣，州縣又是鄉土資本發生的據點，而連結金融上支配關係，鎮、市的縣與村落經濟上媒介功能鑄定。今日中國最大都市上海市，原係華亭縣轄地，名華亭海，「元史」、「新元史」地理志的介紹，便以宋時商販雲集，發達為鎮市，最初以「上海」為名。以後元初世祖至元十四年（紀元一二七七年）華亭縣升府，又改松江府，上海也自至元二八年以戶口繁多置縣，屬松江府。

　　經濟基盤上，以非農業人口急增而形成的城市大都市，第一形象係牙儈（牙行）、坐賈、客商相與結合的商人層，以及工場手工業發達。客商全國性活躍，都市中住宿的旅館，宋朝稱停客之家或居停之家，儲存貨物又便利移動的倉庫設備稱邸、店、堆垜場、塌坊、樓等，且往往由居停之家附設。名詞的變化，至清朝，倉庫謂之行店、行棧、棧房、堆棧等，旅宿業謂之客棧，多已由賣者與買者間的商談中介人牙行經營。明末至清初，全國各大都市且多會館（同鄉團體）與公所（同業團體）設立，強力發揮方便外地前來同鄉或同業的排他性機能（以後會館、公所的性格混合）。

　　唐朝開始出現具有組合員保護與獨佔的意味的商人同業組合「行」，宋朝愈強化組織，向近代歐洲都市商人 guild 的形態發達，田豪為商行首、行頭而代表商人同業自治組織。比較唐朝的變化之一，城內的「市」，原指市場全體，而今稱謂由唐時所形成同業商店相聚成街（行）替代，肉市、米市等已轉化為同業商店街意味❶。之二，同業商店相「列」的

---

❶　孫懷仁譯森谷克己「中國社會經濟史」，第二三九頁。

組織形態也正在打破，一方面同一「行」的商店街允准其他營業參加設立商店，一方面自身的設店地點也向外發展，各業商店都已全都市普遍化。同時，歐洲十四世紀起源的，都市中各業手工業者基於共同利益所成立同業組合，歐洲十四世紀以後的 craft guild，宋朝也早已發生而名爲「作」。見諸宋人文獻的油作、木作、石作、竹作、漆作等都是。

也自宋朝以來，以貨幣流通加速而都市中金融機構發達爲一大特色。遺憾是有關此等研究資料，今日尚不充分。以下是僅知的部份❷——

一是質舖。質於中國起源甚早，但向係官廳、寺院、大族等貨殖手段之一，以獨立營業的姿態出現而且發達，則須中唐以後交換經濟成長與借貸關係盛行，而質業的庶民金融機構面貌益益加濃。宋朝對此類行爲的用語，「質」以外也稱「典」，因質物不單限金銀、絹帛、器物等動產，以不動產入質同樣流行，「典」字通常便用於後者的場合，而且質舖營業項目多係動產，田畑入質多見於豪民與貧農間。動產營業者均備有保管用倉庫的質庫，質舖經營者稱質（解）戶，但入質利率不明。

二是放債家。質、典的同時，存在所謂「出舉」的放債家，專門經營出貸財物以收利息的營業，又謂稱貸、出貸、舉債、放債，均同義異稱。出舉利率頗高，謂之「倍稱之息」，意指自春季播種時迄秋季收穫時的貸付期間，須加十成利息。

三是錢舖、兌房。宋人文獻中的錢舖或錢戶，組織、機能都不能明瞭，可能係中國式銀行，今日仍留有深刻印象的清朝錢莊前身。清朝錢莊業務以滙兌爲主，大資本者的金融業務經營範圍已全如銀行，宋朝錢舖的性質推測也相類似。但另外顧名思義，專門化滙兌營業的兌房也累

❷　取材自平凡社版「世界歷史大系」⑥東洋中世史第三篇，第一七五～八〇頁。

見諸記錄，且至爲發達，祇其詳情同樣不瞭解。

其四是金銀舖。宋朝金銀貨幣與金銀器飾使用盛行，所以金銀舖以及同一性質的金舖、銀舖，也佔有了社會經濟上的重要位置。所經營業務，主要乃金銀器飾的買賣、金銀器飾與地金的鑄造（所以金銀舖也附設金銀工場）與鑑定。同時，從金銀舖又名金銀交引舖或金銀鈔引交易舖，得知交引類的鹽鈔、茶引等有價證券買賣，以及紙幣與金銀貨幣間的滙兌業務，亦其經營範圍。

其五是櫃坊、寄附舖。兩者係一業異名，主要業務乃收取保管費而供儲存錢貨、金銀與其他財寶，牛、馬、絹帛也列寄附品目，且接受儲存者委託變賣貴重品換取現金，以及運用錢貨金銀轉貸他人。此業發生時代可上溯至唐朝，但唐朝尚限長安等大都市，入宋，隨商品‧貨幣經濟的發展而普及各地都市，所發行儲入憑證也似票據的與現錢同樣流通於市場。換言之，櫃坊與寄附舖於宋朝，已由保管業向金融業轉進，爲金融機構開拓一新方向。

其六是交引舖。謂設於京師，經戶部核准並在其監督之下，經營諸交引（有價證券）資本融通業務的特定坐賈。北宋時代，政府所發行交引類如糧草交引、見錢公據、見錢關子，以及茶交引、鹽交鈔、礬交引等，均以京師爲流通核心，所以交引舖於北宋係雄視財界的金融商人。南宋時代雖仍存續，勢力則大爲遜色。

宋朝近代商工業都市變化完成，從來劃關一定區域與日中爲「市」的空間、時間限制兩皆取消，商業自由化，都市全體都已是「市」的性格。依日出與日沒擊鼓開閉柵門的城內坊制陪伴崩壞，坊名漸漸向街、巷名變換，原惟高位高官者宅門得面對大街，如今一般庶民也已相同。都市衛生，也以人口密集，防範傳染病流行，而宋時頗爲講究。北宋首都開封街道敷設下水道，下水道則見於南宋首都臨安，導引城外西湖之

水，於城內開掘若干貯水池，送水設備係直接露出地面的溝式與埋入地下兩類型俱備❸。

宋朝時代的都市生活，北宋開封與南宋臨安便是代表——

汴京（也稱東京）開封，歷史上原無地位，最早係唐朝安史亂後的八世紀後半德宗建中年間，宣武軍節度使李勉經營的治所小城，唐末五代以位當大運河南北要衝，商業興盛，而急速發達爲一新興大都市，所以不論其政治性，也是宋朝全國典型充滿活力的商工業大都市。庶民層由運河以及四通八達的交通，從全國大量集中各種物資，而消費生活空前繁榮，包容豐富的庶民文化也於此繁華面的基礎上展開。此北宋都城，以皇城（宮城）爲中心而環圍三重城壁，「宋史」地理志一的記載：宮城周廻五里，外圈外城（舊城）周廻二〇里一五五步，再外圈眞宗大中祥符九年（紀元一〇一六年）增築的新城周廻五〇里一六〇步（折算公制每一邊約六公里）。人口據北宋末徽宗崇寧年間（十二世紀初）統計係戶二六萬餘而口四四萬餘（地理志），平均每戶不滿二口，顯然有誤，或口數調查不實。

開封的繁華，徽宗時代到達頂點。非祇解除了坊制與市制的城內，商店街店肆林立，也以人口增加而城外同樣發展爲市街區。夜間通行禁令取消，開封城入夜燈火明亮，照耀如白晝，夜間營業與市民夜間歡娛生活可以通宵達旦，予中國歷史添加了前所未有的新的光輝。馳名後世的張澤端描繪「清明上河圖」長篇圖卷，便是開封清明節仕女雜沓，熙熙攘攘的都城內外繁榮相最直接、最忠實寫眞。文字記錄方面，孟元老「東京夢華錄」（十卷）生動、詳盡的介紹，又令後人對北宋都城的都市生活歷歷如在眼前。更堪重視，此情此景，彷彿也是民國成立前後時代的預報，換言之，中國十一、二世紀的宋朝都市，與二十世紀初的近

❸　世界文化社「世界歷史シリーズ」⑫モンゴル帝國，第一九九頁。

代都市，已無太多差異。

「東京夢華錄」的描寫：黎明，處處寺院中木魚與梵鐘聲報曉，開始新的一天。城門齊開，店舖準備營業，街頭已有小販挽車高聲叫賣，堆積城外的魚肉蔬菜紛紛由車馬運入市場。自此，都市的嘈雜由清晨至深夜不絕。如下，乃是報導中授人深刻印象的若干片斷——

第一是夜市：「以東街北潘樓酒店，其下每日自五更市合，買賣衣服、書畫、珍玩、犀玉」（卷二東角樓街巷條）；「又東十字大街，曰從行裏角茶坊，每五更點燈，博易賣買衣服、圖畫、花環、領抹之類，至曉即散，謂之鬼市子」；「其南抵太廟街高陽正店，夜市尤盛」（均卷二潘樓東街巷條）；「夜市，北州橋又盛百倍，車馬闐擁，不可駐足，都人謂之裏頭」；「北食則礬樓前李四家、歐家、物石逢巴子，南食則寺橋金家、九曲子周家，最爲屈指。夜市直至三更盡，纔五更又開張，要鬧去處，通曉不絕。尋常四梢遠靜去夜市，亦有煠酸㿷、猪胰、胡餅」（均卷三馬行街條）。夜間茶室亦行開業，殊爲出乎想像：「街北山子茶坊，內有仙洞、仙橋，士女往往夜遊喫茶」（卷二潘樓東街巷條）。

城內外飯館充斥，飲食業興盛，又係矚目景象，供應僅果子品目之繁多，已如下引：「又有小兒子着白虔布衫，青花手巾，挾白磁缸子，賣辣菜。又有托小盤賣果子，乃旋炒銀杏、栗子、河北鴨梨、梨條、梨乾、梨肉、膠棗、棗圈、梨圈、桃圈、核桃、肉牙棗、海紅嘉慶子、林擒旋、烏李、李子旋櫻桃、煎西京雪梨、火梨、甘棠梨、鳳栖梨、鎭府濁梨、河陰石榴、河陽查子、查條、沙苑溫桲、回馬孛萄、西川乳糖、獅子糖、霜蜂兒、橄欖、溫柑、綿根金橘、龍眼、荔枝、召白藕、甘蔗、漉梨、林擒乾、枝頭乾、芭蕉乾、人面子、巴欖子、榛子、榧子、蝦具之類；諸般蜜煎香藥、菓子罐子、黨梅、柿膏兒、香藥、小元兒、小臈茶、鵬沙元之類」（卷二飲食果子條）。

　　大衆化遊興娛樂場所蓬勃興起，又自開封時代可以見出。當時集合
多彩多姿各類演藝的遊樂場所，通稱瓦子，又名瓦市、瓦肆、瓦舍，或
單稱「瓦」，名詞的由來，「東京夢華錄」的解說是：「瓦者，謂其來時
瓦合，出時瓦解之義，易聚易散也」（卷一九瓦舍條）。演出種類有嘌唱
帥、傀儡子、懸絲傀儡、藥發傀儡、踏索上竿、倒喫冷淘、吞鐵劍、吐
五色水、燒煉藥方、弄蟲蟻、影戲、商謎、說諢話、講史、小說、小兒
相撲等。桑家瓦子、新門瓦子、朱家橋瓦子、州西瓦子、保家門瓦子、
州北瓦子等，均爲有名。其中最大者桑家瓦子，又分中瓦、裏瓦，「桑家
瓦子，近北則中瓦，次則裏瓦，其中大小勾欄（又名拘欄，劇場之意）
五十餘座。內中瓦子蓮花棚、牡丹棚；裏瓦子夜叉棚、象棚，最大，可
容數千人。自丁先現、天圓子、張七聖輩，後來可有人於此作場。瓦中
多有貨藥、賣卦、喝故衣、探搏、飲食、剃剪、紙畫、令曲之類。終日
居此，不覺抵暮」（卷二東角樓街巷條）。遊人之盛，遊興之濃，以及衆
多藝人社會聲譽之隆，均可概見。
　　享樂另一面的酒樓（亦名酒店）、妓館：「土市北去，乃馬行街也，
人煙浩鬧，先至十字街，曰鵓兒市，向東曰東雞兒巷，向西曰西雞兒
巷，皆妓館所居。近北街曰楊樓，街東曰花樓，今改作和樂樓，近北曰
住店，今改作欣樂樓，對面馬鐺家羹店。北去楊樓以北，穿馬行街，東
西兩邑，謂之大小貨行，皆工作伎巧所居。小貨行通鷄兒是妓館，大貨
行通棧約店。白礬樓後改爲豐樂樓，宣和間重修，三層相高，五樓相
向，各有飛橋欄檻，明暗相通，珠簾繡額，燈燭晃耀」；「朱家橋瓦子，
下橋南斜街、北斜街，內有泰山廟，兩街有妓館，橋頭人煙市井，不下
州南。以東牛行街，下馬劉家藥舖，看牛樓酒店，亦有妓館，一直抵新
城。自土市子南去，鐵屑樓酒店，皇建院街，鄭家油餅店，動二十餘
爐」（卷二潘樓東街巷條，潘樓，亦酒店名）。有名的一、二流酒樓，

豐樂樓之外，仁和酒店等列名至七十二家之數。

南宋首都臨安府（杭州，南宋名義上所謂「京師」的首都仍是東京開封府，所以臨安祇稱「行在所」而不冠「京」名），人口的殷盛程度與庶民物質生活水準，都較開封府尤爲超過。「宋史」地理志四記其戶二○萬餘而口二九萬餘，平均每戶一口餘的比例，較前述開封口數愈不堪信憑爲可想見，抑且，「宋史」地理志府州戶口數，均北宋末崇寧時統計，並非南宋首都時代的調查結果。馬哥孛羅遊記稱杭州人戶有一百六十萬家之數，又嫌誇張，惟其驚嘆杭州爲全世界最大又最名貴的都市，與另一西方旅行家 Ibn Batuta 慨乎言之的用詞相同，則被蒙古人破壞後的杭州人口數尚比擬今日大都市，也可肯定。描述南宋臨安繁華的自由都市生活，吳自牧「夢粱錄」（二十卷）、周密「武林舊事」（十卷），所具高價值與「東京夢華錄」反映北宋開封面影相埒。而前一書便謂：「駐蹕或近二百餘軍，戶口蕃息，近百萬餘家」（卷一九塌房條），後一書又總言其紙醉金迷之狀：「黃瑠要地，大賈豪民，買笑千金，呼盧百萬，以至癡兒騃子，密約幽期，靡不在焉。日糜千金，靡有紀極，故杭諺有『銷金鍋兒』之號」（序言）。

臨安瓦子、勾欄的豪華、雜多目迷五色的演藝種類與賣藝名人、酒樓、妓館的奢靡，以及社會百業眾生相「夢粱錄」卷二○妓樂、百戲伎藝、角觝等條，「武林舊事」卷六酒樓、瓦子勾欄、驕民、游手、諸色酒名、諸色伎藝人等條，均多趣味性記事。諸色伎藝人題下，所見南宋末一流藝人姓名且達數百之數，瓦子也發達至二十四、五處。富裕與閒暇爲基調的南宋都市消費生活記載中，值得注意部份係飲食業：

──酒樓於南宋已非僅民間經營，也特多官營。官營的中和樓、春風樓、豐樂樓等，民營中沈家的武林園與其支店嘉慶樓、賢景樓，王家的熙春樓等，均係飲食業中第一流，而且佼佼者不少，可見社交、宴會

風氣的熾熱，支店經營也自南宋而興。

——第二流的分茶，非藉酒色而以正宗菜肴號召，規模較酒樓雖小，卻於餐館為最大，當時此類知名的分茶頗多。對應葷食，專門的精美素分茶同時出現。三、四流以下，一般性餐館的川飯店、羴羊麵、白肉、胡餅等的瓠羹店等，營業皆隆。

——腳店也屬二、三流，售賣藥酒、銘酒、葡萄酒等美酒為主，佐以菜肴，而分隔各個客室，由濃妝佳麗伴座，媚客勸飲，唱流行歌，來客餘興可攜女同宿，已全如今日臺灣「美女如雲，親切接待」的酒家情調。花茶坊同一風情，又似於今日的花茶室。

——厨係供今日用語的外燴，也以備富貴之家市人宅內宴會，有專門的帳設司、茶酒司、臺盤司、菓子局、油燭局等供應所需。

類似帳設司等社會小商人分業，「武林舊事」卷六小經紀條（經紀係唐朝以來對商人的總稱，今日才專用為舊時牙儈的稱呼），曾列舉班朝錄、寫牌額、裁板尺、紙畫兒、帽兒、牙梳、膠紙、膏藥等百七十種名稱，雙陸局、棊局等賭博性營業在外。「夢粱錄」的行、作題名，又是明瞭十三世紀社會史的上好資料——

「市肆謂之團行者，蓋因官府回買而立此名。不以物之大小，皆置為團行，雖醫卜工役，亦有差使，則與當行同也。其中亦有不當行者，如酒行、食飯行，而借此名。有名為團者，如城西花團、泥路青菜團、後市街柑子團、渾水閘鮝團。又有名為行者，如官巷方梳行、銷金行、冠子行、城行魚行、城東蟹行、薑行、菱行、北猪行、候潮門外南猪行、南上北土門菜行、壩子橋鮮魚行、橫河頭布行、雞鵝行。更有名為市者，如炭橋藥市、官巷花市、融和西坊珠子市、修義坊肉市、城北米市」；「又有異名行者，如買賣七寶者謂之骨董行，鑽珠子者謂之散兒行，做靴鞋者名雙線行，開浴堂者名曰香水行」。

「或名爲作分者，如碾玉作、鑽捲作、篦刀作、腰帶作、金銀打鈒作、裹貼作、舖翠作、裱褙作、裝鑾作、油作、木作、甋瓦作、泥水作、石作、竹作、漆作、釘鉸作、箍桶作、裁縫作、修香澆燭作、打紙作、冥器等作分」。

民間種種結社團體的發達爲社會風氣，係南宋都市一大注目現象。西湖等詩社乃縉紳之士與文人的雅集，其他多方面廣泛伸展的，一類是如同詩社的同好社集：緋綠社（雜劇）、齊雲社（蹴毬）、射弓踏弩社（武藝）、靈寶會（奉道者）；另兩類是所謂「諸棄建立聖殿者，俱有社會；諸行亦有獻供之社」（「夢粱錄」社會條），前者具有社區意味，後者係行業別的共同生活組織，如清音社（清樂業）、雄辯社（小說業）淨髮社（梳剃業）等，且均帶祭祀性質。「夢粱錄」敍述：「諸行市戶俱有社會，迎獻不一。如府第內官以馬爲社，七寶行獻七寶玩具爲社，又有錦繡社、臺閣社、豪富賭錢社、退雲社、女童清音社、蘇家巷傀儡社、青果行獻時果社、東西馬塍獻異松怪檜奇花社」，可知各業的祖師供奉意識，南宋時代也已形成。

臨安的社會救濟事業，唐朝原係委由寺院辦理，宋朝已係地方官廳業務。病坊改爲養濟院安置老疾孤寡；慈功局收容棄嬰與失母乳兒，養育至成人聽自理生計，民間願予收養，三年內官府給錢、米津貼；貧病由施藥局義診給藥，米場儲米、錢備火警時賑濟災民。

詫異係社會風氣的女子纏足，向來相信五代時南唐已發端，卻自前引北、南宋三著作中，均無流行印象。則纏足的五代起源說可以接受，推定立卽傳染病似蔓延便非適切。於此，清朝俞正燮「癸巳類稿」書舊唐書輿服志後篇之語可供參考：「輟耕錄云：元豐以前猶少裹足，宋末遂以大足爲恥，此南宋時事。而嶺外代答云：安南國婦人足加鞋襪，遊於衢路，與吾人無異，所謂吾人，今廣西人，是宋時嶺外皆不弓足。輟

耕錄云：程鵬舉宋末被擄，配一宦家女，以所穿鞋易程一履，是其時宦家亦有不弓足者。……而元時南人亦有不弓足者，湛淵靜語云：伊川先生後人居池陽，其族婦人不纏足，蓋言其族女子不肯隨流俗纏足也」。抑且，即使纏足風氣最盛時代的清朝與最烈地區之一的蘇州，流行仍限城內，鄉間農婦以田間操作的不適宜而未染此俗。換言之，不能一概而論。

儒家倫理的婦人貞操觀念，以守節與守志相提並論，敢視再嫁，所謂忠臣不事二主，烈女不嫁二夫，衆所週知係起自宋朝理學家提倡。但至少此在北宋當時，尚未賦有道德律的絕對性。范仲淹以母改嫁朱氏而少時隨從姓朱，以後才復原姓，其媳亦改嫁王陶，固可解釋爲理學興起以前之事，但高唱「餓死事小，失節事大」乃理學大家明道先生程顥，其媳卻同樣改嫁王某，另一理學大家邵雍，其母也是先嫁江鄰幾後再嫁邵氏。所以，風氣之扇，社會習俗的養成，不能早過南宋時代。

居處椅坐，出行乘輿（轎）的近代風習，均已自宋朝轉變完成。關於前者，趙翼「陔餘叢考」的說明：「古人席地而坐（同書引朱子跪坐拜說，謂古者坐與跪相類，所謂坐，皆跪也。蓋以膝隱地，伸腰及股，危而不安者，跪也；以膝隱地，以尻著蹠，而體便安者，坐也。又：伸兩腳而坐，謂之箕坐；佛家盤膝而坐，謂之趺坐），其憑則有几，寢則有牀。趙武靈王好胡服，作胡牀，此爲後世高坐之始。然漢時猶皆席地，至東漢末始斲木爲坐具，其名仍謂之牀，又謂之榻。其名之曰椅子，則自宋初始」。關於後者，俞正燮「癸巳類稿」引「卻掃篇云：汴京皆乘馬，建炎初駐蹕揚州，特詔百官悉用肩輿出入；朝野雜記：故事，百官乘馬，建炎初，以維揚磚滑，特許乘轎；演繁露云：廞京乘轎，自揚州始，其後不復乘馬」，也知移風易俗均自都城始。

都市生活習俗與繁華面，宋朝自首都向各府州波及，平江府、紹興

府、慶元府（明州，明朝寧波府）、嘉興府（秀州）、湖州、常州、揚州
等，都已同一面貌。這些南宋的代表性大都市，明清時代愈發達爲結合
形成的全國最精華地區，特別是宋朝平江府的明、清蘇州府。

　　蘇州瀕太湖之東，當大運河之衝貫通南北，南抵杭州，北由鎮江隔
長江連接揚州，東自蘇州河經黃埔江出海。江蘇省、浙江省的長江三角
洲物資多數集中蘇州，而循水路向四方販賣，其繁榮，宋朝已有「天上
天堂，地下蘇、杭」（范成大「吳郡志」、「上界有天堂，下界有蘇、
杭」（曹勛「松隱文集」）的諺語。明朝稱「上說天堂，下說蘇、杭」
清朝稱「上有天堂，下有蘇、杭」。北宋崇寧官方戶口報告，蘇州（平
江府）戶一五萬餘，口近四五萬（戶少於杭州五萬而口多過杭州一五
萬），僅依此數字，已係東南人口第一密集之地。元朝（「元史」地理
志）的統計，蘇州（平江路）戶四六萬餘，口二四三萬餘。尤其遙遙壓
倒杭州（路）的戶二六萬餘，口一八三萬餘。通明朝以迄清朝晚期的蘇
州，今日的東洋史界介紹語乃「最大之都，奢侈之都」❹。對照當時歐
洲都市大者以十萬人口爲限度，而蘇州人口城內加速接掠城郭外的市街
地，推定不下一百萬人，非只於中國爲最大，同時也是世界最大都市的
意味❺。其人文淵藪的地位，又展現文化程度斷然的壓倒性差別，清朝
俗以狀元、美女、乞丐，舉爲蘇州三大特產，所說明正是蘇州的都市性
格。乞丐之多，又指示蘇州人口增長非全因自然繁殖，也是外部移住民
不斷受入，其中頗多斷絕生計者試試機運而選擇此繁華之都的結果。

　　蘇州富裕大都市形成背景，係其雄厚的產業背景。明太祖朱元璋開
國基礎的穩固建立，關鍵在於明朝前身吳國時代壓制另一吳國張士誠政
權成功，而張政權所以於羣雄割據形勢中勢力最爲強大，便以據有長江

---

❹　人物往來社版「東洋の歷史」⑨清帝國の繁榮所用章節題。

❺　上書，第三一〇頁。

三角洲富庶地帶，由中心都市蘇州的大地主、大商人支持的理由。因之，朱元璋、張士誠之戰，性質乃是樸素而勤勉的農村與奢侈而驕惰的都市間矛盾相剋，後者落敗的歷史意義，也等於古代項羽、劉邦楚漢相爭。明初嚴厲處分江南（尤其蘇州）張政權協力者，所有大土地一概視同敵產沒收，賦稅又特重，初非太祖憎惡當時反抗的個人心理因素而已，也是警惕成敗一髮，防範反抗再起的政策上懲罰。但遭受大打擊的蘇州，其經濟潛力終非政治手段可以抑阻而仍迅速復活，成祖以後國都移往北京，北京係政治的、軍事的都市，經濟的、文化的中心，則仍然是蘇州此一大產業都市。至清朝，蘇州且隨人口佔全國都市第一位的態勢，而於全國獨吳府城內三縣治分立。宋朝平江府時代的蘇州，府城內（所謂倚郭或附郭）原設吳縣與長洲兩縣治（南宋國都臨安府亦分錢塘、仁和兩縣），明、清國都北京的順天府城內，同樣依東、西半分為大興、宛平兩縣，蘇州倚郭於明朝仍蹈襲兩縣行政制度，清朝雍正二年（紀元一七二四年）以來，卻以元和縣的增設（析長洲縣置），形成一城三縣僅見異例。

　　密集如此龐大人口的蘇州，最著名產業乃絲織業，原料除治下直接所產生絲外，西南方湖州（今吳興）產絲也是供應來源，十七世紀明末蘇州的專業機織工人與專業染色工人，各達數千人之數。清朝蘇州絲織業機房林立之勢繼續加大，再增棉布工業大資本經營，原棉主產地係東南方松江，加工則在蘇州，十八世紀初雍正時，集中蘇州城西閶門外的棉布作業場踹布坊至四五〇家，合計一萬九千餘人參加勞動❻。生產棉布的採購行商，南由福建，北自陝西、山西，均有前來❼，蘇州為中心的販賣網之廣可見。蘇州的繁華與奢侈，特徵係情趣的高級，美食、優

❻　同上，第三一三頁。
❼　同上，同頁。

雅生活、學問發達均其代表。考證學便以蘇州為大據點，學者、藝術家輩出，自然的湖光山色之外，人工構築的衆多名園馳譽天下。明朝蘇州府下崑山縣發源的新音曲崑曲，也隨蘇州文化影響力而傳播各地，清朝乾隆時代達全盛期的崑曲，一時盡佔劇壇主流位置，以後才受新興的京戲（平劇）壓迫，漸漸衰退，但平劇中仍包容了崑腔唱詞。

　　十八世紀乾隆時代揚州，繁華以另一型態的鹽商背景大放異彩。其時最盛大鹽產地乃江蘇省自北部淮河口以至南部長江口的淮南海岸，淮南鹽長江大平野全體的行鹽區也於所有行鹽區中為最廣大，而產鹽一應須在位置當長江北岸的大運河連結點揚州，接受檢查與捆包，才自長江向內地運送。此一形勢，以及身份非普通商人，專賣制度下受政府保護，代代相續具此權利博有巨利的鹽商雲集揚州，揚州乃於鹽商雄厚富力的基盤上而發達，揚州鹽商多出身於安徽省徽州，掌握淮南鹽業大半勢力，也以大資本徽州商人為中心，鹽業本業外，各別的當舖、藥店、貿易、鑛業等多角經營。所以，乾隆時代財力達千萬兩的鹽商，已非罕見，數百萬兩的富豪之家尤多❽。鹽商的多種面貌，又表現為文化人、藏書家、書畫骨董收藏家，文化生活與私邸園林之勝彷彿蘇州。抑且，乾隆之世，正值考證學最盛期，堪注意學者多受揚州鹽商資助，人物迎送頻繁。揚州的繁榮，乾隆時因之寖寖乎駕凌蘇州。

　　然而，乾隆之後的十八世紀末以來，徽州商人隨其投資中心的淮鹽衰微，商業界支配地位動搖，揚州的繁華也走向下坡。十九世紀中期上海開港，蘇州商工業地位又被上海新都市替代。現代化潮流下都市的新興起，已迥非宋朝所塑定模式，歷史的再一次大轉變發生。

　　　　　　　＊　　　　　　　　＊　　　　　　　　＊

　　宋朝社會‧經濟型態，如前各節所述，可見明白已具十八世紀歐洲

----

❽　文藝春秋版「大世界史」⑪紫禁城的榮光，第三〇六頁。

產業革命發生的條件，今日所了解產業近代化的要素均行成立。諸如：

①貨幣已非中世社會的集中於特定富豪收藏，而圓滑流通；

②分業發達與科學·技術進步的基礎上，刺激產業界景氣，各地域間以相互產品競爭而品質向上，生產力強化；

③燃料革命煤的使用普及，金屬品生產急增；

④交通網開拓，商品廣範圍自由流通。國內貿易盛行，物資大量輸出實現；

⑤經濟都市抬頭，都市中商工業活潑；

如上，莫不立於歐洲產業革命前夕的同一狀態。然而，產業革命不能於宋朝或其以後的中國發生，爲什麼？乃是值得探討，而且頗有興味的問題。宋朝以來君主權力集中化與絕對化，向被評估爲妨碍中國現代化的阻力，但十八世紀歐洲正復相同，所以原因不能從政治的理由推斷，而仍在社會·經濟本體。換言之，宋朝所形成如此的中國近代社會與其文化，存有其自身的限界，才是再發展的阻碍力。加以鑑別，便是：

第一：工業機械化以勞動節約與具有其必要的感覺爲前提，中國卻是低廉的勞動力綽然有餘。工業雖具低度勞動力充分提供的有利環境，自無庸追求機械化的再進步科學理論，追求的需要也從基本上不成立。

第二：社會·文化前導者的士大夫，自成學優則仕的君主權力烘託者專業層面，而游離了立腳所自，包括農、工、商的「民」，滿足於其政治·經濟優位，本質已係保守的。也以士、民相通又對立的意識矛盾，士之於民，只是消極的保護，失卻了積極的一體進取立場，抑且，倒反形成反動力量。

第三：較之近代初期歐洲諸都市，市民強烈的政治要求，不惜對封建諸侯或專制君主訴之武力的情態，宋朝儘管都市發達，市民自身的政

治慾望便低，於政治上呈現爲無力，乃大相逕庭。爲何有此差別的原因
不易確切判明，或者傳統強固的重農卑商社會觀念，即使宋朝商工業自
由化時代仍然牢不可破， 爲具有關係。 所以商工業資本家雖持經濟勢
力，也僅求生活上享受優裕，政治上缺乏自覺，「行」、「作」從未組
織，也從未設想組織自己的政治權力，因之也不易領導市民發展爲獨立
的、推動社會轉變的巨大力量。

第四：中國法律，保障人民權利的私法從不發達，也從未被重視，
對市民社會層面的不易育成，又是一大原因。法源的以唐律爲典範，以
後朝代且已固定化。宋朝迎接近代新社會而仍尊重法律舊習慣，其保守
性抑且停滯性，終於扼殺市民層的成長。明律是中國法制史一劃期，以
後清律所蹈襲，仍只形式的對應六部修正爲六律，加名例律爲七律。雖
其規定官吏利用職權，不法逮捕、監禁的行爲治罪，對個人身體自由權
多少加以保障，爲近代特色，但也僅此而已，餘外的實質內容多是唐律
的承繼而無改定。

尤其重要的，宋朝覆亡，歷元朝而明朝經濟政策一百八十度轉變，
政治因素於此階段產生決定性作用，正面回復抑末（商）厚本（農）中
世以前立場，重建儒家傳統思想「不患寡而患不均」的政治道德權威。
限制大資本過份累積，自由經濟的發展蒙受大打擊，停滯性明朗化，而
再經清朝蹈襲此一軌跡，歐洲產業革命乃永無機會移來中國實現。

新文化的展開

士人・庶民文化結合

　　唐末五代分裂時代告終而宋朝統一，國內和平來臨，思想・學藝諸分野莫不盛開文化之光，以社會與經濟的新展開爲基盤，打破古來文化傳統的文化新生面形成。

　　文體變化是最容易覺察的一面。早自南朝完成而至唐朝一貫流行，由四字、六字對句構成，講究彫琢，注重文章形式美，所謂騈麗體的韻文或散文「騈文」，以太過偏向技巧與修飾，眞實感的達意能力喪失，唐朝中期以後，已有韓愈、柳宗元提倡古文復興運動，鼓吹回復漢朝古文的明快簡素。但唐末五代文章界風尙，仍然是華麗韻文。宋朝新時代展現之初的柳開爲先驅，歐陽修再立文體復古大旗，曾鞏、王安石、蘇洵、蘇軾、蘇轍諸名文家繼起響應，共同保固古文大道，扭轉頹風的成果乃得自宋朝而穩定，垂及後世的明意通達文章標準確立。明朝以來，韓、柳加歐陽、曾、王、三蘇而合爲唐宋八大家的稱呼，也因而被認定並受崇敬。

　　文體航道向自由化古文調整成功，動力係新興士大夫層成立憑藉的個性自覺，由於自我個性發見與自覺的同一理由，藝術面也發生變化。

書法於唐朝以前與宋朝以後便存在甚大差異，唐以前尊重傳統，所以雖多楷、行、草各體名手，卻幾乎槪以王羲之、顏真卿墨蹟爲範式，千篇一律，缺乏律動變化。宋朝傾向一變，書法融入了個人性向愛好，志趣已全在流露個性，代表作家蘇軾、黃庭堅、米芾，前兩人乃當代一流詩人，後者則水墨山水畫名家，書法均表現了各自詩、畫的藝術意識。出自供練習的需要，收集古今名家墨蹟，摹刻上石、木而拓印爲範本的「法帖」也已盛行，然後破殼開創自己的新筆意。書法由「法」入而終脫「法」，注重自由的、靈活的、自我的意境，其法則便自宋朝樹立。至明末，一度流行狂草，清朝康熙以來則均整的行書爲中心。

與書法相彷彿，宋朝於中國繪畫史形成一大分水嶺❶：其一，唐朝繪畫類別，乃釋道畫以及人物畫、美人畫、名馬或樓閣山水畫，五代時已出現花鳥畫名手後蜀黃筌與南唐徐熙，前者乃鈎勒畫法（用線條勾劃輪廓），後者則沒骨法（不用線條）。宋朝著名的宮廷畫院，徽宗時代發達至頂點，濃厚華麗彩色而多樣化的寫實花鳥畫已代表畫院精粹，而宮廷畫風的院體成立。徽宗勒輯「宣和畫譜」，含畫院所蒐集六朝以迄宋朝畫家二三一人的珍品六三九六件，係繪畫藝術一大貢獻。其道釋、人物、宮室、蕃族、龍魚、山水、鳥獸、花木、墨竹、蔬果的十門分類，又指示決定性的繪畫題材範疇。徽宗自身藝術造詣便達極品，花鳥畫固堪譽獨步當時畫壇，書法的瘦金體也是一絕而爲後世愛好模摹。其二，院體畫的畫院專門畫家之外，宋朝士大夫層同多擅長繪畫，卻也因而擺脫專門的職業畫家構圖技術傳統，立於其學問敎養根柢，講求畫面

❶ 宋、元、明、清書法與繪畫解說，取材自小學館版「世界の文化」（「原色世界百科事典」別冊）第一〇四～一四六頁；小學館版「世界の美術」（古典篇），第三二八～三三二頁；曉敎育圖書版「現代敎養百科事典」⑦歷史，第二〇〇、二二六頁院體畫、水墨畫等有關各條。

氣韻，　所謂文人畫或士大夫畫的水墨山水畫自宋朝勃興，也續擴及人物、花鳥爲題材。單色而以墨色濃淡顯其立體感，寫意爲主旨的水墨畫，隨興作畫，也率意作畫，強烈發揮個性，表現自由開放的自然觀照豐富詩情，「胸中邱壑」之意，乃是自己心中映出水山景緻，注入了自己精神的描繪。簡言之，水墨畫係主觀的、個性的、抽象的，與畫院爲中心的寫實主義恰成對照。其三，禪僧活躍於宋朝書、畫界爲堪注目，此等僧人以澄明心境與洗鍊筆墨所作禪畫，充分表現了自然主體的水墨畫神髓。

　　元朝蒙古人支配下畫風不衰，書畫雙絕的趙孟頫撐住大傘係功勞者，江南士大夫層潔身自好者拒仕異於元廷，以繪畫自娛，也是元朝繪畫發達的原因，而且爲明朝文人畫開拓了新的坦途。至明朝，轉變以雄渾筆緻爲特徵的新的文人畫，因之以蘇州爲中心，沈周與其門下文徵明等爲巨子，而波瀾洶湧展開。同係沈周門下的唐寅，予無束縛的自由化山水畫，精神注入院體畫，係在野畫家革新院派的代表者。十五～六世紀之交與唐寅同時期享大名的仇英，集正統院體畫大成，而開風俗人物畫新生面，創立清朝一貫踏襲的仕女、色彩本位人物畫規範。沈周系譜文人畫屆萬曆以後達空前盛況，指導大家董世昌聲望一世，其南、北畫論確立南、北畫名稱與區別，以及南畫正統藝術之基，但南畫經此全盛期，漸漸導向空疏的形式主義，也已不可否認。惟明末徐渭獨特的奔放畫風，清初傑出天才八大山人石濤的印象表現，以及繼起鄭燮等作品，博得高評價。與書法傳統相關聯的「四君子」（梅、蘭、竹、菊）構成基本畫法，也便在明一清時代。

　　書、畫、詩、文所用文具，通稱「文房四寶」的由單純實用轉向注重雅緻，也自唐末五代風氣已盛，而宋朝開始生產湖州的筆、徽州的墨，至今尙係名品。硯於唐朝以歙州所產爲有名，宋朝廣東高要縣的東

南爛河山西麓深處端溪所採挖硯石，呈現紫色的端硯，爲士大夫愛好的風氣，也起於宋朝。惟其文具乃士大夫生活所不可缺，且愈向普遍與高級發展，有關文具的著述，如蘇易簡「文房四譜」，米芾「硯史」、晁說之「墨經」等，都已自宋朝出現。

士大夫日常生活所需的文房四寶已呈珍玩傾向，愛好古物之習愈著。蒐集古玉、古銅器等以飾書齋，從事研究爲樂，目的都非限趣味面，同時也具學問意味。宋朝呂大防「考古圖」、徽宗勅撰「博古圖」等，乃是中國考古學、金石學的發端。

關於庭園，自六朝隱逸山水之間的自然主義流行，唐朝中期，大詩人白居易自江南採集名石運往洛陽造園，創始文人學士邸宅的自然主義庭園設計❷。風氣之開，迄於唐朝仍是庭石施加華麗彩色盡人工之美的庭園佈置習慣，宋朝已全向庭園求取原野情趣變化❸。北宋招致傾覆於北方金朝的悲運，導因又便是徽宗無休止搜羅江南巨險太湖石，徵發人民自運河輸送開封經營龐大宮廷庭園，引發「花石綱」江浙大騷亂所予北宋政權決定性打擊，爲衆所週知。但此大逆流所反映，正是宋朝王公貴戚與士大夫間的造園風尙。江南饒富自然景觀，尤其便利取得珍木奇石，蘇州與揚州因之以多私宅名園名聞天下。

造園藝術發達的反面，造形藝術自宋朝以來，卻始終平庸無起色，無論彫刻與塑像，施工均呈表面的、平板的，欠缺量感，尤其是個性感。卽使以刻梵、漢、吐蕃、蒙古、西夏六體文字而中外聞名，元朝末年至正三年（紀元一三四三年）建築的北平北方八達嶺居庸關過街樓刻畫亦然，門廣二四尺，深四九尺，壁面高三一尺，中央龍女捉金翅鳥圖加繊巧唐草，左右壁面乃喇嘛敎手法的坐佛、四天王與曼陀羅浮彫，彫刻技

---

❷　小學舘版「世界の文化」（「原色世界百科事典」別册），第一四六頁。

❸　人物往來社版「東洋の歷史」⑥宋の新文化，第三八〇頁。

術便公認卑俗❹。惟其如此，近代中國藝術史上，彫刻於藝術諸分野爲獨落寞。

建築技術於宋朝也是一大整理時代。北宋李誠奉勅撰「營造法式」（三〇卷，包括圖樣六卷），係現存中國最古建築書，自此書了解東亞特色的楣式木造式樣，其時已精密完成❺。元朝「經世大典」工典分別工藝門類爲宮苑、官府、倉庫、城郭、橋樑、河渠、郊廟、僧寺、道宮、廬帳、兵器、鹵簿、玉工、金工、木工、塼埴之工、石工、絲巢之工、皮工、氈罽之工、畫塑之工、諸匠等二二目，專業的精細也從而可見。

宋朝文化與唐朝文化對照，已全然相異，唐朝文化乃國際化的，宋朝非世界性格的國家與朝代，其文化所以是內縮的、國粹的。另一方面，也因適應士大夫層勃興，以及產業・流通發達，社會經濟繁榮，商工業勢力爲中核而富力向都市集中，都市中庶民的文化水準上昇，蓬勃成長的新文化特徵，乃以士人層的文化與庶民文化爲代表。而士人層基盤便是一般人民的構築形態，也明瞭兩者間文化非分散的，而是協同的。同一事象的說明，又了解庶民文化勃興，非全任人民浸沐於此文化之謂，而係與都市發達具有關係的一部份人民，這部份人民於歷史的中國社會・都市形態下，稱之「市民」，可能與西洋準則的今日印象中市民相混，以「庶民」名詞指與都市消費生活急速發展關係密切，而未賦有西洋史上市民權利的此類人民，似較妥當。宋朝新興庶民的文化，與新興士人的文化相通，十一世紀北宋哲宗年間金陵或今日南京詩社多於當舖、酒家等處結成❻的現象，可以說明。市井的劇場係士、庶共同娛

---

❹　平凡社版「世界歷史大系」⑦東洋中世史第四篇，第一六一頁。

❺　誠文堂新光社版「世界史大系」⑧東アジアⅡ，第七七頁。

❻　人物往來社版「東洋の歷史」⑥宋の新文化，第三八七頁。

樂場所，可以說明。士大夫的詞，普遍流傳民間而爲庶民所愛唱，更可
以說明。

　　漢文、唐詩、宋詞、元曲，並列爲中國代表性文學。詞自唐朝中期以
原歌謠性質，平俗爲本旨的民間文藝，漸漸被知識份子愛好而興起❼，
延長詩的創作興趣，調子抑揚緩急均有各種一定的譜式，按譜塡字。所
謂「長短其句以就曲折者，爲塡詞」（「全唐詩」注），所以詞也名之
「詩餘」或「長短句」，而作詞謂之塡詞。五代十國時代已「家工戶習」
（「全唐詩」注），帝王自唐朝亡國之君昭宗（作品見「全唐詩」）以
來，如後唐莊宗、前蜀後主（王衍）、後蜀主（孟昶）、南唐二主（中主
李璟、後主李煜）也均詞的名家，詞乃特以蜀與南唐爲中心地大流行，
後蜀趙崇祚編集「花間集」，係屆至當時詞家作品的拔萃，中國第一部
詞集。入宋，詞續呈飛躍發展（南唐後主的中國文學史登峯造極詞作亦
降宋後完成），上自皇室、士大夫，下逮匹夫、釋道、市儈、優伶、妓
女，莫不朗朗上口，歌唱文學的詞發達至頂點。而其作家，已全屬自我
感情外鑠的最高知識人，因之詞的俗語盡被驅逐，婉麗流暢的艷句，又
富音樂聲韻之美，惟其如此，回饋庶民時博熱烈歡迎，社會上下同聲一
唱，仍然不脫庶民文化性格，宴席間尤係侍酒女所必歌。無數大詞人、
小詞人的最有名者，晏殊父子、歐陽修、柳永、蘇軾、秦觀、黃庭堅、
周邦彥、徽宗、李清照等都是。「四庫提要」說明宋詞流變：「詞自晚
唐五代以來，以清切婉麗爲宗，至柳永而一變，如詩家之有白居易；至
軾而又一變，如詩家之有韓愈，遂開南宋辛棄疾等一派。尋源溯流，不
能不謂之別格，然謂之不工，則不可，故至今日尙與『花間』一派，並
行不能偏廢」❽。南宋於金朝壓迫下，詩（詞）人多慷慨豪放之作，辛

----

❼　參閱拙著「中國世界的全盛」學問、科學與文學平民化節。
❽　轉引自平凡社版「世界歷史大系」⑥東洋中世史第三篇，第三九四頁。

棄疾與陸游，乃此時代中喚起愛國精神呼聲最熾熱的兩位代表者。但南宋詞壇一般傾向，卻已以過份偏重音律美辭句彫琢，生氣漸漸喪失而呈現衰微走向。民間文藝的主流，至元朝不得不由戲曲（元曲）取代。詩在宋朝抑或其後，雖已不具備時代性格，卻始終穩定延縣以迄今日，宋詩意境的清新，較之唐詩且是獨自的特色，詩人也多便是詞人。

　　唐朝宮廷與王公貴戚層娛樂，人形扮演的傀儡戲與伶優演出的滑稽劇、參軍戲、管絃舞蹈、歌曲，宋朝已總名之爲「雜劇」而向民間開放完成，都市中出現「勾欄」名詞的舞臺面遊樂場所，扮裝上演的且已非單純的調笑諷刺或音樂歌舞，而係內容充實，脚色複雜的故事，琵琶、琴、三絃、鑼鼓等樂器，爲士、庶共同激賞。北宋末汴京陷落，伶官、樂器被金朝北移，而雜劇於中國南、北並行大流行。直接都已是中國眞正戲劇的濫觴。南宋雜劇劇名與演出盛況，於「武林舊事」、「夢粱錄」等當時人的著作中多有記載，但脚本迄今無一殘存。雜劇於金朝治下稱「院本」，其中以唐朝文豪元稹敍說體「會眞記」的材料，加以變化而成的董解元「西廂搊彈詞」幸獨流傳後世特享大名，又構成元曲「西廂記」的藍本。

　　元曲便是元朝雜劇脚本，以詞多俚語，向被認係卑俗，今日賦予的卻已是文學價值最高位置，典型的白話文學，士大夫文化與庶民文化調和的另一表現。元曲立於金朝院本雜劇基礎上發展成形，曲（唱）、白（述）、科（演）的體裁完備，伶優以大都（北京）一帶語言發音，乃是音樂、唱詞與自由化庶民日常語的進步性大結合。現今尚能得見的此等曲、白交互脚本，據王國維統計有一百十六種，明朝臧晉叔編集「元曲選」，所收未超過百種，卻都是元朝文學的精粹，研究者正愈益增多。一時輩出的元曲作家中著名人物，元初關漢卿、馬致遠、王實甫、白仁甫四人，與元朝中期的鄭光祖、喬吉甫，合稱六大家，關之「竇娥冤」、

馬之「漢宮秋」、白之「梧桐雨」、鄭之「倩女離魂」等，均代表性傑
作，特別是元曲中最大長篇王實甫「西廂記」爲家喩戶曉。元朝中期以
後，江南地方以南方音演出的南宋系統雜劇抬頭，與北方發音雜劇相抗
衡，而對稱北曲、南曲。兩者的歧異發音與相關聯，南音比之北音的豪
快爲呈嬌嫵態之外，北曲定有嚴格規則：①一本四折，卽由四幕而成；
②一折用一調一韻；③加入楔子；④僅一人獨唱；⑤一本之末有題目正
名。相對的南曲則自由化無此等規則，每本幕數無限制，有楔子，登場
伶優皆可唱曲，一齣不限一調且換韻，又無題目正名❾。南曲另一特
徵，於元朝係以溫州（永嘉）雜劇崛起，以後也保持各別的地方腔。南
曲系統中，元末高明「琵琶記」係代表作品，匹配「西廂記」爲南、北
曲雙璧，但「元曲選」所錄入仍皆北曲。明朝替代元朝，至中期南曲因
採用崑腔（崑曲，江蘇省崑山地方發音）而最盛期出現，明初尚呈壓倒
之勢的北曲至是決定性衰微。「玉茗堂四夢」（別名「牡丹亭」的「還
魂記」與「紫釵記」、「南柯記」、「邯鄲記」）的作者湯顯祖，其天才
橫溢，不拘泥於韻律固遭非難，今日的戲曲史位置卻是明朝第一人，後
世且也無人堪與比肩❿。

　　文章明朗化趨向言、文一致的白話文體，便是宋朝新文化一大標
誌，古文回復之道的延長，以及庶民文化巨潮興起的表徵，與通俗文學
抑或民間文藝爲同義字。這些民間文藝原自唐末五代已盛行，敦煌發見
的豐富文獻中，俗曲、俚謠、俗文等形跡均見殘存，堪注目係「俗文」
與今日尤所著名的「變文」。「俗文」起源於佛敎敎團向民衆宣傳佛理
的需要，文體由詩歌與散文合組而成，予艱深難懂的佛敎經文以通俗化

---

❾　南、北曲歧異，依誠文堂新光社版「世界史大系」⑧東アジアⅡ，第一五
　　七頁說明。
❿　誠文堂新光社版「世界史大系」⑧東アジアⅡ，第二三一頁。

解說，適應民間知識程度爲淺的一般對象，因是而產生新形式的文學作品，如「佛本行集經俗文」、「維摩詰所說經俗文」、「釋迦八相成道經俗文」等，都是。「變文」便是「俗文」，同係介乎散文與韻文間的文體，同由佛教影響而產生，但所講述則轉向佛典中的故事。大變化便發生於此「變文」系譜，自「大目犍連冥間救母變文」等到「舜子至孝變文」、「明妃曲」等，已轉向以說民間故事、傳說爲題材，而且唐末便見其端倪，再一轉，至宋朝而發展爲民間娛樂性演藝種類之一，所謂「平話」、「評話」或「小說講經史」脚本的「話本」，自元至明，再進一步與唐朝「傳奇」系統合流，中國最早的長篇小說成立。

　　五代與宋朝，「傳奇」的志怪小說繼承唐朝方向仍受歡迎，作品也仍多，但具有歷史價值的，已非此唐朝引續的傳統，而係上述的「評話」話本。宋朝民富物阜，遊樂日盛，講說故事風氣自天子宮廷帶頭，瀰漫井市間以所謂「瓦子」爲演藝場所，便以講說故事維生的專業發達，自見於吳自牧「夢粱錄」與周密「武林舊事」大同小異的業者細密分類可知❶：

　　①「說話」──又謂「舌辯」，逞言詞之巧，分四家數，各有門庭。

　　②「小說」──演說流行故事，分「銀字兒」、「說公案」、「說鐵騎兒」。

　　③「談經」──演說佛書，分「說參請」、「說諢經」。

　　④「講史書」──講說故事（「夢粱錄」卷二〇原文：「講史書者，謂講說通鑑、漢、唐歷代書史文傳，興廢爭戰之事，有戴書生、周進士、張小娘子、宋小娘子、邱機山、徐宣教。又有王六大夫，係御前供話，爲幕士講給，講話諸史俱通，於咸淳間，敷演復華篇及中興名將

────────────

❶　依平凡社版「世界歷史大系」⑥東洋中世史第三篇，第三九八～九頁；鈴木俊「唐宋時代の支那」第一二三頁。

傳，聽者紛紛，蓋講得字眞不俗，記問淵源甚廣耳」❶❷，可了解非僅講古，且亦說南宋當朝事）。

「評話」所使用脚本「話本」，遺留今日均成無名氏作品，有名者有❶❸：

——「大宋宣和遺事」，全卷四集，自堯舜說起，先略述歷代興亡後入正史，而以徽宗、欽宗時代爲中心，述至高宗定都臨安爲止。文體非純粹口語，係文言、白話混合，現存本以發見文中加入元朝語言，推測可能是南宋舊本而元人所增筆。此書衆所週知便是「水滸傳」藍本。

——「京本通俗小說」，原書卷數不明，今所遺存，乃第十卷「碾玉觀音」、第十一卷「菩薩蠻」、第十二卷「西山一窟鬼」、第十三卷「志誠張主管」、第十四卷「拗相公」、第十五卷「錯斬崔寧」、第十六卷「馮玉梅團圓」與第二一卷「金虜海陵王荒淫」等八卷。體裁乃本文前多以詩詞爲冒頭，本文也隨時插入詩詞於說話中，以盛用當時流行的略字、俗字爲特色。

——「新編五代史平話」，或單稱「五代史平話」，自開天闢地說起而以五代興亡爲主體，正史俗說，荒唐無稽處甚少，全十卷，但今本梁、晉、漢史已多缺失部份。體裁乃各卷每以詩詞始，也以詩詞終，平易的敍述中往往附加具滑稽味的語句。此爲其後歷史小說的先驅。

——「大唐三藏取經詩話」，分上、中、下三卷，全部十七回，但現在第一回與第八回的部份已缺。著作年代約在宋末，抑或元初的南宋遺民所作，現行本已係元人擬作的可能性也大，文中雜入詩句，所以謂之詩話。此書便是後日「西遊記」種本，但豬八戒尙未見，沙悟淨亦係

---

❶❷　轉引自柳詒徵「中國文化史」（中），第三〇一頁。

❶❸　說明依平凡社版「世界歷史大系」⑥東洋中世史第三篇，第三九九～四〇一頁；鈴木俊「唐宋時代の支那」第一二四～五頁。

另一面目。

同係演出於「瓦子」，北宋盛世自評話業分出的通俗文學「陶眞」（又名「淘眞」），如「堯山堂外記」所說明：「杭州瞽女，唱古今小說評話之陶眞」⓮。是爲七字一句的唱本，又分「唱賺」、「小唱」、「彈唱因緣」、「唱京調」等類⓯，祇是內容上如何分類，以底本現無一存在而已不容易想像。不論如何，時至今日仍是江南民間日常娛樂的彈詞（或名「小書」，單人或雙人演藝，帶唱詞，唱時單人用三弦，雙人加琵琶）與「說書」（或名「大書」，單人演藝，不帶唱詞，不用樂器），便各別以宋朝陶眞與評話爲起源。

口語化「話本」爲母胎，融合唐人傳奇流暢的文章筆調，與元曲相續成長，而名之「章回小說」的長篇小說自元朝最早出現，明、清愈形蓬勃，而發展過程中前後成立的作品，迄今仍在廣大流行。這些小說，均以「回」分段落，每回由「話說」開頭，「且聽下回分解」結尾，與定場詩的固定化，明白的都殘存評話痕跡。「水滸傳」係特殊著名的一部，作者施耐庵，完成乃在元朝，最初刊本則出自明初，小說以北宋末爲寫實時代背景，而暴露元朝當時政治腐敗，對統治者橫暴持極度的反抗精神。結構雄大，文辭豪宕，氣氛悲壯，不單是中國口語文學中，長篇小說的最大傑作，也馳世界性隆盛名聲。元朝的另一部名著「演義三國志」，傳爲羅貫中之作，正史「三國志」的小說化，卻已一反「三國志」著作精神，正統朝代由魏變易爲蜀漢，曹操被描寫成奸雄，又顯然是宋儒正統論排外思想的反映，與「水滸傳」同係元朝統治下漢族人民不滿情緒的發洩。「水滸傳」與此屆至明朝特爲盛行的歷史小說代表作「演義三國志」，再加戲曲的「西廂記」、「琵琶記」，中國文學史上

⓮　轉引自平凡社版「世界歷史大系」⑥東洋中世史第三篇，第四〇一頁。
⓯　同上，同頁。

係合稱元朝四大奇書。

「四大奇書」另一稱謂專指小說，對象係「演義三國志」、「水滸傳」、「西遊記」、「金瓶梅」，後兩書均明朝著作。嘉靖年間吳承恩以元末作品改作而成今本的「西遊記」，由濃厚的佛、道思想織成，雖係遠離史實的架空創作，相對也是民間特感興味的神魔小說，明朝另一有名小說許仲琳的「封神演義」也屬同一性質。「金瓶梅」於萬曆中成書，作者不明，割取「水滸傳」一部份材料擴大衍化，表面描寫主人公西門慶色慾的官能享樂主義日常生活，裏面痛切批判權勢寄生者社會的腐化與人間醜惡，以開中國文學的新分野，而今日於國際間博高評價，推爲人情小說傑作。明末所成立短篇小說集「今古奇觀」，也是篇篇精鍊，係署名抱甕老人者予馮夢龍編「喻世明言」、「警世通言」、「醒世恆言」，凌濛初編「拍案驚奇」、「二刻拍案驚奇」等諸書，拔萃四〇篇而再編定，各篇年代與作者都不明，通含宋、元時代爲可推想。

清朝小說，乾隆年間曹雪芹原作而最後三分之一部份由高鶚續成的「紅樓夢」特享盛譽，發展爲國際性研究焦點的「紅學」，並非偶然。描寫沒落的名門大家青年男女間哀、樂、離、合，特別關於女性複雜微妙心理的表達，非祇單純的一大悲戀小說，也是通過圓熟的寫實手法，對十八世紀中國保守思想社會的反抗表現。乾隆時完成的另兩部清朝代表性名著；吳敬梓「儒林外史」是長篇的社會諷刺小說，強烈刻劃人間社會潛在的矛盾，批判科舉制度，所謂「儒林」的讀書人，與官吏們僞善、腐敗生態，書中登場甚多當時風俗、習慣下實在人物的面影，所以小說的時代背景由作者推前，假借明朝名義作掩護。蒲松齡「聊齋誌異」係短篇的怪異小說集，對觀察社會矛盾特殊敏感的作者，站於民眾心意代言人立場，借妖精以現人間百態，令讀者深具親近之感。

宋朝興起的新文化潮流中，再兩種新形式的文體發生又堪注目：其

一是「語錄」大盛，儒學者弟子記錄師門教誨之言，多哲理意味而以口語表現為特色，但此係受佛教禪宗語錄直接影響的模倣，非特創。其二則小品隨筆文或所謂筆記體，宋朝筆記體的短文發達之極，甚多文豪均喜愛此隨興落筆，輕鬆而自由，毋須講求格局的文式，不能無視係為文體改革史闢一新時代，也以多傳當時社會風俗、制度文物，所以裨益後世學問界之處非淺。此等作品，周必大「玉堂雜記」、司馬光「涑水紀聞」、宋敏求「春明退朝錄」、朱彧「萍州可談」、李心傳「建炎以來朝野雜記」、周密「齊東野語」、洪邁「容齋隨筆」、王應麟「困學紀聞」、沈括「夢溪筆談」、陸游「老學庵筆記」等，都是宋人隨筆文的著例。孟元老「東京夢華錄」（南宋之初追記北宋），與前引吳自牧「夢粱錄」（南宋末記事）、周密「武林舊事」（宋亡之初追記），性質亦屬此類，但係專述都城之事，了解宋朝汴京以及繁華尤為超過的南宋臨安，兩大都市的盛況，乃不可忽略的資料。

如許眾多新文體自宋朝以來出現，可以明瞭，口語化的白話文普及，庶民文化發達，都具推動作用，也刺激著作數量的較以前朝代驚人增加。中國圖書分類標準「經」（儒家經典）、「史」（歷史・地理）、「子」（思想・技術）、「集」（文學諸分野）中，僅以「集」部衡量，兩項統計的差距為堪注意：

　　——「唐書」經籍志，通以前朝代總列八百九十二部，一萬二千零二十八卷。

　　——「宋史」藝文志，僅宋朝三百年已是二千二百六十九部，三萬四千九百六十五卷。

　　便是說，前後數字呈一比二・五的倍數。

　　促成宋朝文化如此進步，其擔當滑潤劑功能的印刷術與印刷業突飛猛進，應不能忽視。印刷術於唐朝已具相當發展的程度，佛經、曆本、

字書等都已出自印刷，入五代，刊書範疇尤已昂然登向經書、文學部門，後唐馮道國子監官版「九經」（明宗長興三年，紀元九三二年）係一里程碑。宋朝成立，印刷文化愈呈階段性大躍進，一方面，學問興隆，科舉制度也已確立，書籍需要量自必不斷上昇；另一方面，手工業發達，書籍材料的紙、墨、板木等又能充分供應，適應商業活潑的一般經濟界傾向，書籍出版業固獨立爲行業或企業之一，也由是鑄定宋朝出版界的空前盛況，以及印刷技術的進步性。

　　宋朝印刷・出版界，畢昇固於北宋仁宗慶曆年間（紀元一〇四一～四八年）使用膠泥製作活字成功，但流行仍是木刻版。官版區分中央與地方，中央出版物統一由國子監監刻經書、正史、醫書等，所謂監本；地方則各地方官署自行刊行，特別以江浙地方爲盛。私刻本也分家刻本與坊刻本，前書乃非營利的自費刊行，後者便是營業性的書籍出版業。於北宋，坊刻本除汴京外，踏襲五代以來文化展布形勢，南方的四川（蜀）、江浙(吳越)、福建（南唐）均爲中心，特別是四川成都，漢朝便以染織、漆工、製紙等工藝文化聞名，宋初又特以紙的生產與印刷工業名冠全國。南宋時代，首都臨安（杭州）書棚本品質最高，出版量以福建建寧府（今建甌縣）數第一❻。福建與四川，刊書版本利用柔木，彫版容易，所以得大量生產與連賣，販售對象多係準備參加科舉考試而購讀的士人。雖然大量連賣，誤刻或草率亦不可避免，錯疏非少，福建建陽縣麻沙鎮出版的書籍（麻沙本）係週知的劣本代表❼。但不論如何，其影響的鉅大，其一：卽印刷術的普及應用，全變原古書依賴繕寫流傳的傳統，以及唐朝尚然的寫本卷軸形式改易爲裝訂成册，面目一新，都自宋朝而完成。其二：大量藏書已非政府專利，私人藏書家因書籍普及

───────────

❻　誠文堂新光社版「世界史大系」⑧東アジアⅡ，第六七頁。

❼　同上，同頁。

而開始頗多出現。藏書之富，又如宋敏求的三萬卷，周密的四萬餘卷，以至葉夢得的逾十萬卷[18]，對文化事業發展循環的發生互為因果關係。其三：大部書的大量出版也因之成為可能，宋太祖開寶四年（紀元九七一年）在蜀開版的「大藏經」刊行，版木便達十三萬版之多[19]。

　　一千卷以上百科事典意味的大類書編纂，也自宋朝獎勵文化製定為國策以來，由歷朝朝廷所踏襲，象徵太平盛世。宋太宗太平興國年間，李昉奉勅編定「太平御覽」時，採用迄於唐朝的經、史、子、集諸書，數字已至一千六百九十餘種，同時以野史、傳說、小說諸家另編「太平廣記」，前者一千卷，後者五百卷，各分五十五部門，係中國最早的大規模類書編集事業。其後──

　　（明朝）「永樂大典」目錄六〇卷，本文二千二百八十七卷，成祖永樂五年（紀元一〇四七年）完成，係中國最大卷帙類書。特色係依韻順排列，且非全如前此類書，以所集典籍割裂其原形的一部份，或以一字一句分韻，或析取一篇全文以篇分韻，或全錄一書而以書名分韻，所以配列標準與內容詳略殊不統一。相對而言，也因搜錄範圍廣泛，頗多元朝以前佚文或私家秘藏的貴重文獻，得全書、全篇收入與保有（清朝「四庫全書」編纂時頗多輯入）。惟其大典篇幅太過浩繁，當初僅作成寫本一部，世宗嘉靖四一年（紀元一五六二年）始增繕正、副本兩部，連原本共三部，明亡之際，南京所藏原本與北京正、副本中的副本，全數被燼於兵燹，正本亦餘幸祇殘缺二千四百二十二卷（據「四庫全書總目提要」說明）。但近代續因戰災與盜取，此僅存的珍貴寫本又已損失甚多，今日估計，分散世界各國的總數已不及原數三分之一[20]，另一統

[18]　據柳詒徵「中國文化史」（中）第二〇一～二頁，宋朝藏書家統計記錄。

[19]　小學舘版「世界の文化」（原色世界百科事典」別冊），第一四〇頁。

[20]　曉教育圖書版「現代教養百科事典」⑦歷史，第二六六頁，永樂大典條。

計，大典原分製一萬一千零九十五冊，中國今所殘存尤落到不過四百餘冊之數㉑。

（清朝）「古今圖書集成」一萬卷，區分曆象、方輿、明倫、博物、理學、經濟六編，三十二典，六千一百零九部門，分裝五千冊，另目錄四十卷，二十冊。聖祖康熙中着手編纂，世宗雍正四年（紀元一七二六年）完成，以銅活版刊行，印刷部數不明。

清高宗治世，始自類書編纂再邁出一步，展開書籍部數爲單位的「四庫全書」大編纂事業，乾隆四七年（紀元一七八二年）完成，依經、史、子、集四部區分，容納書籍三千四百五十八種，共七萬九千二百二十四卷，先後成立寫本七套，每套裝訂三萬六千三百八十三冊。（但也選出其中一百三十餘種，以木活字版印行三百部，便是有名的武英殿聚珍本），另撰「四庫全書總目提要」，介紹所有經收錄（所謂「著錄」）之書的「存書」，加附未著錄而「存目」（僅錄書名）的另外六千七百六十六種，九萬三千五百五十六卷，兩共一萬餘部，十七萬餘卷。如此偉觀的數字，堪謂自古以來圖書的集大成，海內書籍空前大蒐集的成果。然而，也須了解，此已非單純的粉飾太平意味，大蒐集便是澈底的大搜索(禁書)，網羅全國學者長年耗磨精力於書堆，與文字獄乃是表裏輔成的手段。「四庫全書」編成，本質已係思想箝制至最高峯的產物。

理學──儒家思想再出發

宋朝自由思想下發達的新文化表現，尤堪特筆，係儒家哲學的大改革。漢朝以來已呈停滯狀態的儒家思想，新興士大夫層精神活動活潑

㉑　小學館版「世界の文化」（原色世界百科事典」別冊），第一四三頁。

化，性理學思辨的宇宙觀儒家新哲學成立於中國精神文化面劃定一新紀元。惟其如此，儒家思想發展的階段性，孔子的最早儒家思想，於漢朝獨專儒術時一變，宋朝理學成立而再變，理學巨潮興起，乃是儒家哲學史劃期的新出發意味。

漢朝以來儒學，向謂訓詁之學，乃對儒家經典文學意義加以詮釋的學問，政治也以此等學問下的儒學原理爲指導理念。經過魏晉南北朝儒學低潮期而至唐朝，儒學著述更以解釋經典注釋的義疏爲中心，原已嫌支離破碎的傾向愈形細割，讀書人對之既苦繁瑣，又感覺枯燥無味。宋朝的儒學改革與新儒學成立意義，便是斷然揚棄以往一千多年經典的字義注釋原則，擺脫訓詁學者刻板而無自己學說提出的傳統束縛，直接上承漢朝以前的古代儒家，以予知識合理化新闡演。換言之，古代儒學屆至宋朝，已否定也拭抹其中間層的意識，還原到古代而展開宋朝學者自己的時代，加築學理的新層面。復古思想下的儒學振興精神，惟堪比擬歐洲文藝復興譬喩❶。新儒學以儒學根本義置於形而上的立腳點，由哲學的、心理學的方向，究明宇宙原理與人間本性爲標的，自天理而明人性，所以稱之性理學或理學；又以此時代學者遵循漢朝訓詁學者以前本體論關係者曾子─子思─孟子系譜的傳承，所謂道統，而謂之道學❷，而蔚爲巨潮。

理學從起源、成立、發展，到集大成，「宋史」道學傳序的記錄是：「道學之名，古無是也。三代盛時，天子以是道爲政教，大臣、百官、有司以是道爲職業，黨庠術序師弟子以是道爲講習。四方百姓，日用是道而不知，是故盈覆載之，間無一民一物，不被是道之澤，以遂其性。於斯時也，道學之名，何自而立哉？文王、周公既沒，孔子有德無位，

---

❶　人物往來社版⑥「東洋の歷史」，第三七六頁。

❷　理學、道學名詞說明，依有高巖「概說東洋通史」，第二八三頁。

既不能使是道之用漸被斯世，退而與其徒定禮樂，明憲章，刪詩，修春秋，讚易象，討論墳典，期使三五聖人之道昭明於無象。故曰：夫子賢於堯舜遠矣。孔子沒，曾子獨得其傳，傳之子思，以及孟子，孟子沒而無傳。兩漢而下，儒者之論大道，察焉而弗精，語焉而弗詳。異端邪說，起而乘之，幾至大壞。千有餘載，至宋中葉周敦頤出於舂陵，乃得聖賢不傳之學，作太極圖說、通書，推明陰陽五行之理，命於天而性諭人者，瞭若指掌。張載作西銘，又極言理一分殊之情，然後道之大原出於天者，灼然而無疑焉。仁宗明道初年，程顥及其弟頤，實生及長，受業周氏，已乃擴大其所聞，表章大學、中庸二篇，與語、孟並行。於是上自帝王傳心之奧，下至初學入德之門，融會貫通，無復餘蘊。迄宋南渡，新安朱熹得程氏正傳，其學加親切焉。大抵以格物致知爲先，明善誠身爲要。凡詩書六藝之文與夫孔孟之遺言，顚錯於秦火，支離於漢儒，幽沉於魏晉六朝者，至是皆煥然而大明，秩然而各得其所。此宋儒之學，所以度越諸子而上接孟子者歟？其於世代之汚隆，氣化之榮悴，有所關係也甚大。道學盛於宋，宋弗究於用，甚至有屬禁焉。後之時君世王，欲復天德王道之治，必來此取法矣」。可概知理學家如何自負，與理學由展開而發揚光大的重心人物所在。

所謂理學或道學的儒學新展開，不可能於宋朝中期突然發生，定必存有其淵源，也存有其展開與成長係在宋朝中期的背景。關於起因，一方面固以前代訓詁學的反動，另一方面，也由於儒、佛、道三教思想衝突又趨融合的刺激，而源流須溯及唐朝。唐朝中期以來，儒、佛、道論爭激化，爲了論破對方，研究對方教義乃屬必要，此尤以注重實踐，原便欠缺宗教性理論面，又於訓詁學下學理固定無彈性而淪入僵硬化的儒家與儒學爲然，攝取宗教長處，於論爭圈外自我更生立場的契機乃也漸漸成熟。「宋史」道學傳序所提示道學始祖周敦頤之前約二百年時，中

國最偉大文學家之一韓愈激烈排斥老莊與佛的名文「原道」發表，以文化主義對抗棄絕仁義禮法，謂聖人不死，大盜不止的道家理論，以政治主義、人倫主義對抗佛教棄君臣、去父子，逃避政治與家族相生相養之道而求個人寂滅的教義，係佛、道二教影響下，進步儒家最早的覺醒，與其躍出儒學舊規範的第一聲號角。

「原道」之文：「古之時，人之害多矣。有聖人者立，然後教之以相生相養之道。為之君、為之師，驅其蟲蛇禽獸而處之中土。寒然後為之衣，饑然後為之食，木處而顛，土處而病也，然後為之宮室，為之工以贍其器用，為之賈以通其有無，為之醫藥以濟其夭死，為之葬埋祭祀以長其恩愛，為之禮以次其先後，為之樂以宣其湮鬱，為之政以率其怠倦，為之刑以鋤其強梗。相欺也，為之符璽、斗斛、權衡以信之，相奪也，為之城郭、甲兵以守之，害至而為之備，患生而為之防」；「然則古之所謂正心而誠意者，將以有為也。今也，欲治其心而外天下國家，滅其天常，子焉而不父其父，臣焉而不君其君」；「夫所謂先王之教者何也？博愛之謂仁，行而宜之之謂義，由是而之焉之謂道，足乎己無待於外之謂德。其文詩書易春秋，其法禮樂刑政，其民士農工賈，其位君臣、父子、師友、賓主、昆弟、夫婦，其服麻絲，其居宮室，其食粟米、果蔬、魚肉，其為道易明，而其為教易行也。是故以之為己則順而祥，以之為人則愛而公，以之為心則和而平，以之為天下國家，無所處而不當」；「斯道也，何道也？曰：斯吾所謂道也，非向所謂老與佛之道也。堯以是傳之舜，舜以是傳之禹，禹以是傳之湯，湯以是傳之文武周公，文武周公傳之孔子，孔子傳之孟軻，軻之死，不得其傳焉」。學術界重視，此文推崇孟子，恪遵「禮記」中一篇「大學」的「明明德」、「正心」、「誠意」信念，提倡「道」（提出的道統，且便錄入「明史」道學傳序為前段），另一篇名作「原性」，又自「禮記」另一篇「中庸」

「天命之謂性，率性之謂道」發意闡演「性」說，都已係宋學或新儒學的理學中心學說，與所秉持展開的古典❸文章內涵的正統主義（對佛、道）、道德主義（從誠意、正心而達修、齊、治、平的階梯）、思辨主義（恃深度思索＝實踐求取知識），也全與宋朝理學三大特徵符合❹。所以，韓愈「原道」，實質已係理學的出發點，儒學史最具深長意義的宣言❺，而確立韓愈的理學導師地位。其說續由高弟李翱發揚，「復性書」增加立腳於「易經」，而理氣說、復性說原型初現，理學的形成基盤乃已完全設定。

　　新儒學胚胎初結的同時，也值三教融合的傾向漸漸明朗，韓愈「原性」末尾便已明白警告：「今之言性者，雜佛、老而言也」。隋、唐煥發異彩的佛學，會昌廢佛後諸宗派多已凋零，而惟禪宗歷唐、宋獨盛，其存心養性、指心見性的「頓悟」、「無念」修行方法，李翱「復性書」論修養成聖的方法：「方靜之時，知心無思者，是齋戒也。知本無有思，動靜皆離，寂然不動者，是至誠也」，正復相似。九世紀會昌廢佛前圓寂的名僧宗密所著「原人論」，其會通本末章第四，且特筆自注「此下方是儒、道二教亦同所說」的部份，謂：「然所稟之氣，展轉推本，即混一之元氣也；所起之心，展轉窮源，即眞一之靈心也。……據此，則心識所變之境，乃成二分，一分與心識和合成人，一分不與心識和合，即是天地、山河、域邑，三才中惟人靈者，由與心神合一」❻，語調也是儒、道口吻。道教則其成立原便是道家思想加方士修鍊方法，再加佛教教理與教團形貌的複合體性格，又以「三玄」中「易經」的溝通而與

❸　參閱馮著「中國哲學史」下冊，第八〇二～八〇四頁。
❹　參閱平凡社版「思想の歷史」⑥東洋封建社會のモラル，第二三～二七頁。
❺　同上，第一六頁。
❻　轉引自馮著「中國哲學史」下冊，第七九八頁。

儒家思想相互進出，隋朝焚毀儒家的緯書，陰陽五行之說又流入道敎。十世紀五代之末宋初，正面的三敎融和思想宇宙觀也已提出，倡導者又是道士的華山（陝西）隱逸修鍊者陳摶（希夷先生）❼。（「宋史」隱逸傳上第一、二、三人，卽范仲淹之師戚同文、陳摶、與陳摶門人种放）儒家以不斷與佛、道衝突又調和而產生新活力、新生面，對於儒家新哲學體系胎動醞釀誕生，無殊原動力的累積加注，爲可瞭然。

　　新儒學呱呱墜地的時機，終於收拾唐末五代離亂期的宋朝來臨。唐末以來亂世，書院一肩擔當敎育之任，也以此民間學校興起的機緣，得掙脫舊傳統囚枷，繼承韓愈一派學風，直接對古典加以主觀的、批判的究明傾向擴大也着力。迨宋朝文治主義下獎勵學術方針斷行，科舉整備，人人勉學，開國約八十年而人材輩出達無比盛況的仁宗慶曆之治展現。清朝全祖望（謝山）「慶曆五先生書院記」的記述：「有宋眞、仁二宗之際，儒林之草昧也。當時濂、洛之徒方萌芽而未出，而睢陽戚氏在宋，泰山孫氏在齊，安定胡氏在吳，相與講明正學，自拔於塵俗之中，亦會值賢者在朝，安陽韓忠獻公，高平范文正公，樂安歐陽文忠公，皆卓然有見於道之大概，左提右挈。於是學校偏於四方，師儒之道以立」❽。文獻公韓琦、文正公范仲淹、文忠公歐陽修，都是鑄定宋朝士大夫典型的慶曆士風首倡人，特別是主導者范仲淹。戚氏謂戚同文，孫氏謂孫復，胡氏謂胡瑗，均譽滿天下的書院主講大儒，范仲淹係戚同文（堅素先生）門人而孫復、胡瑗的知遇者，提拔掌國家最高學府國子監，以范仲淹爲中心，師友四人與其中胡瑗（安定先生）所創安定學派，同一以

❼　陳摶於其「木巖」文集中，明言三敎調和的見解，參閱劉侃元譯渡邊秀方「中國哲學史概論」近世哲學編，第四頁。

❽　轉引自平凡社版「世界歷史大系」⑥東洋中世史第三篇，第三三七～三三八頁。

「易」與「十庸」爲根本❾的思想潮流奔放發揚，已予革新儒學內容，思辨主義理學開花結果提供了堅實的地盤與背景，此其了解之一。

　　了解之二，「書院記」所言「濂」，指理學之祖周敦頤（湖南人），以世稱濂溪先生而名此學派，「洛」指理學的展開者二程兄弟，以係河南洛陽人而名此學派，加范仲俺弟子張載（陝西＝關中人）的關派，南宋朱熹（福建人）的閩派，是爲著名的理學四派，以及前引「宋史」道學傳序列名的五子。五子的四學派區分，也代表理學哲學體系成長的階段意味，濂派、關派均係成立期，洛派代表發展期，閩派以已集大成而最後出，朱熹之卒，距離周敦頤去世已間隔近百三十年。

理學關係人卒年表

一〇五二年	范 仲 俺 （64歲）	一〇八五年	程　　顥 （54歲）
一〇五九年	胡　　瑗 （66歲）	一〇八六年	司 馬 光 （68歲）
一〇七二年	歐 陽 修 （66歲）		王 安 石 （66歲）
一〇七三年	周 敦 頤 （57歲）	一一〇七年	程　　頤 （75歲）
一〇七七年	張　　載 （58歲）	一一九二年	陸 九 淵 （54歲）
	邵　　雍 （67歲）	一二〇〇年	朱　　熹 （71歲）

　　理學通過準備期而登場，周敦頤文僅二五〇字左右的「太極圖說」：「無極而太極。太極動而生陽，動極而盡，靜而生陰，靜極復動。一動一靜，互爲其根；分陰分陽，兩儀生焉。陽變陰合，而生水、火、木、金、土，五氣順布，四時生焉。五行一陰陽也，陰陽一太極也，太極本無極也。五行之生也，各一其性，無極之眞，二、五之精，妙合而凝，乾道成男，坤道成女。二氣交合，化生萬物，萬物生生，而變化無窮

---

❾　同上，第三三八頁。

焉，惟人也，得其秀而最靈。形既生矣，神發知矣，五性感動，而善惡分，萬事出矣。聖人定之以中、正、仁、義（自注：聖人之道，仁、義、中、正而矣）而主靜（自注：無欲故靜），立人極焉。故聖人與天地合其德，日月合其明，四時合其序，神鬼合其吉凶，君子修之吉，小人悖之凶。故曰：立天之道，曰陰與陽，立地之道，曰柔與剛；立人之道，曰仁與義。又曰：原始反終，故知死生之說。大哉『易』也，斯其至矣」（全文），係學理全體系的樞軸，剖析宇宙生成的原理，說明惟萬物（無極）乃爲萬物的根源（太極）。宇宙本體根源的太極，以與無極一體而無始無終，也以不停活動又靜止的陰、陽二原則（二儀、「通書」謂二氣），而生水、火、木、金、土五元素（五氣或五行）。二（陰陽）五（五行）的妙合，便在「男」、「女」兩性（乾道、坤道）形成，萬物乃生生不息，變化無窮了。

　　如上組織化宇宙本體論的嚴密展開，雖然說明尚多直覺與曖昧處，但於中國思想史已係空前。而也可發見，「太極」固係儒家古典「易」的本來思想，但繫辭傳：「易有太極，是生兩儀，兩儀生四象，四象生八卦，八卦定吉凶，吉凶生大業」的後段「八卦」理論，已被漢朝以來儒家纖緯俗說而隋、唐滲入了道教的五行之說替代。「無極」由來尤其明顯導源於道家思想，老子「玄」的靜寂無象思想移用，於如許思想系統的調和之上，而周敦頤的宇宙論成立。探索周敦頤學統淵源，因之是個頗有興味，卻也是個嚴肅的問題，於此，第一：如下官方史書或相同說明的私人著作所記錄，所有中國哲學史、思想史幾乎均加引述：「（朱）震經學深醇，有「漢上易解」云：陳搏以先天圖傳种放，放傳穆修，穆修傳李之才，之才傳邵雍；放以河圖洛書傳李溉，溉傳許堅，堅傳范諤昌，諤昌傳劉牧；穆修以太極圖傳周敦頤」（「宋史」儒林傳朱震條），強調周敦頤受繼陳搏太極圖的加以再組織與新解釋，乃開啓

理學大門。第二，後世私家著作中同多說明，周敦頤曾就學於潤州鶴林寺僧壽涯，以及如同張載的受東林寺僧常總性理論之敎。清朝毛奇齡「太極圖說遺議」的考證，且謂周敦頤「太極圖說」含有依據宗密「原人論」的文句❿。雖然多數學者意見，周敦頤學說中禪的影響仍爲輕微，但其儒學基盤上，道、佛要素或多或少都曾攝入，則已是定論。

　　周敦頤的中國思想史上功績，非祇「無極──太極」的宇宙觀，也在連結宇宙原理與人間原理，成立其心性論與道德論。依其「太極」學說，宇宙中男、女二氣交合的結果，所生一切現象與萬物中，人類最得氣的秀靈而獨具形與精神。便以持有宇宙本體（太極）精粹（精神或「神」），人類本性因之也是「純粹至善，與太極之理相合」的，其準則：中、正、仁、義，其表率：聖人。而歸結到天道→陰、陽，地道→柔、剛，人道→仁、義的「易經」繫辭傳學理。周敦頤對仁、義爲根本的人間道德，也依循宇宙間調和原理推衍其說，由「太極圖說」的「五性感動而善、惡分，萬事出矣。聖人定之以中、正、仁、義而主靜，立人極矣」，以及自注「無欲故靜」，而過渡爲另一具有重大份量，卻也是小書的「通書」（原名「易通」）主要理論。闡明人性本善而所以爲惡的源由，以及續自道德論延伸爲其修養論。「通書」中心學說所在的資料：

　　「誠無爲，幾善、惡（自注：幾者，動之微，善、惡之所由分也）。德愛曰仁、宜曰義、理曰禮、通曰智、守曰信。性焉安焉之謂聖，復焉執焉之謂賢，發微不可見、充同不可窮之謂神」（誠幾德第三）（按：「太極圖說」所言五性感動的五性，卽謂仁、義、禮、智、信，亦卽五常）；

───────────

❿　見范壽康「中國哲學史綱要」，第三〇九頁。

「性者，剛柔、善惡，中而已矣。……惟中也者，和也，中節也，天下之達道也，聖人之事也。故聖人主教，俾人自易其惡，自至其中而止矣」（師第七）；

「寂然不動者，誠也；感而遂通者，神也；動而未形有無之間者，幾也。誠精故明，神應故妙，幾微故幽。誠神幾曰聖人」（誠幾德第三）；

「聖可學乎？曰：可。曰：有要乎？曰：有。請問焉，曰：一為要。一者，無欲也，無欲則靜虛動直。靜虛則明，明則通；動直則公，公則溥，明通公溥，庶矣乎」（聖學第二十）；

「誠者，聖人之本。大哉乾元，資萬物之始，誠之源也。乾道變化，各正性命，誠斯立矣，純粹至善者也。故曰一陰一陽之謂道，繼之者善也，成之者性也」（誠第一）。

——「五性感動」而不合乎「中」（五常調和失協）乃生惡，與仁、義密着的中、正便具槓桿作用。後天性相軋道把持的「聖人學」因之為必要。聖人學的基礎修養是「靜」，靜而能「誠」，誠則道德與聖人之道的根底。如此的系統理論，學界認知係周敦頤的思想史一大貢獻，從來儒學中無說❶。而學說樞紐意味的「靜」觀，尤其所明言的「無欲故靜」，其原型係自「禮記」樂記篇脫胎又堪注目。樂記：「人生而靜，天之性也；感於物而動，性之欲也。物至知知，然後好惡形焉。好惡無節於內，知誘於外，不能反躬，天理滅矣。夫物之感人無窮，而人之好惡無節，即是物至而人化物也。人化物也者，滅天理而窮人欲者也」。學界的意見，「動・靜」與「本・末」、「內・外」，雖同係中國哲學獨特的範疇❷，但周敦頤「靜」的理論導源於「內・靜・性・天理」、「外・動・欲・物・人欲」整然序列的樂記之說，而樂記此部份卻正又

❶　誠文堂新光社版「世界史大系」⑧東アッンアⅡ，第八〇頁。

❷　平凡社版「思想の歷史」⑥東洋封建社會のモラル，第三四頁。

是道家思想的混入❸。

較周敦頤稍年輕的張載（橫渠先生）與稍年長而非四派五子中的邵雍（堯夫先生），都是繼周敦頤而同自「易」的原理發源，卻成立不同學說體系的主唱巨子——

對照周敦頤以重點置諸「易」的兩儀，由陰陽五行化生萬物之說，邵雍重視「易」的四象，於宇宙全現象與世間萬事均以四數說明。「宋史」道學傳一邵雍條記：「乃事（李）之才，學河圖洛書宓羲八卦、六十四卦圖象」，傳承傳說同出自陳摶系統的學者。周子以太極圖爲學說根本，邵雍則先天圖（圖書先天象數圖）。其由先天圖展開的先天學，乃「易」的圖象方法解釋學，一種數理哲學，以數學原理建立其宇宙論爲特色，依六十四卦圓圖公式，設定三十年爲一世，十二世爲一運，三十運爲一會，十二會十二萬九千六百年爲一元，天地一元一圓周一單元變化，循環無窮。著作的代表作品係「皇極經世書」十二篇，另觀物外篇二篇（含於「經世書」的觀物篇稱內篇）則門人手錄。其學說的再一特色純粹的唯心論，所謂「道爲太極」、「心爲太極」（觀物外篇）；所謂「先天學，心法也。圖皆從中起，萬化萬物生於心」（先天卦位圖說），認爲一切現象、法則，包括宇宙本體，均出自我心。

范仲俺弟子，以「中庸」開導精湛學問聞名的張載，「氣」的哲學係其思想中軸，倡說萬物生成乃「氣」，聚則有，散則無，氣的本體則宇宙「太虛」，乃較周敦頤之說進一步的一元論宇宙觀。說明：一氣兩性（陰、陽）形成萬物，均係太虛所變化的客形，而萬物變化又須回復歸入本體的太虛，分散——復凝變化中間存有陰陽屈伸相感的活動性，此無限絕對的活動空間謂之「太和」（道），此活動謂之性，所遵循一定規律謂之「理」，研究這段中間道理的，乃是「易」（「正蒙」太和篇：

---

❸　同上，同頁。

「學『易』者見此，謂之見『易』」）。因之天、物、人爲合一，而「人本無心，因物爲心」；「其視天下，非一物非我」（「正蒙」大心篇），也惟其純一虛明的氣，聚散變化時，原便存在一而二（陰、陽）、二而一的本質上矛盾，具有正、偏、淸、濁之差，而虛明的「本然之性」也產生人「氣質之性」的善、惡、賢、不肖之別，所以，人的氣質之性非不可回復與天地之性合致的本性，（本然之性），所謂「反本」。反本的修養法，第一須守「禮」（合乎天秩、天序「理」的人間尊卑長幼規律），乃得「虛心」由誠入門。

　　張載著作中最有名係「西蒙」十篇，以及其後南宋朱子自「西蒙」抽出加以註釋，而獨立的「東銘」、「西銘」各一篇。「西蒙」的部份重要原文：

　　「太虛，氣之體。氣有陰陽，屈伸相感之無窮，故神之用也無窮，其散無數，故神之應也無數。雖無窮，其實湛然；雖無數，其實一而已」（乾道篇）。

　　「神者，天德；化者，天道。德者其體，道者其用，一氣而已矣」（神化篇）。

　　「太虛無形，氣之本體，其聚其散，變化之客形爾。至靜無感，性之淵源，有識有知，物交之客感爾。客感、客形與無感、無形，惟盡性者能一之」（太和篇）。

　　「太和所謂道，中涵浮沉升降之性」（太和篇）。

　　「由太虛有天之名，由氣化有道之名，合虛與氣有性之名，合性與知覺有心之名」（太和篇）。

　　「凡有，皆象也；凡象，皆氣也。氣之性本虛而神，則神與性皆氣所固有」（乾稱篇）。

　　「形而後有氣質之性，善反之，則天地之性存焉」（誠明篇）。

「以乾稱父，坤稱母，予玆藐焉，乃渾然中處。故天地之塞，吾其體；天地之帥，吾其性；民，吾同胞；物，吾與也」開端的「西銘」，全文章二五三字，又予儒家最高倫理「仁愛」精神的發揮至極點。我與宇宙同其體、性，宇宙間萬民（不論貴賤）、萬物（不論動植物）亦然，與我同一大父母，皆須存同胞之愛。指向如此我──民──物同一水平的平等主義，最足表現「萬物一體之仁」（程顥之語，「宋史」道學傳序「理一分殊」則程頤澄清弟子誤解「西銘」主張同於墨子兼愛之語）的宇宙家族主義，宜乎後世學問界重視「西銘」如教科書意味，「民胞物與」也引爲代表崇高仁道的慣用語。「爲天地立心，爲生民立命，爲往聖繼絕學，爲萬世開太平」（「論語說」）又是張載另一膾炙人口表達儒學聖潔、豪邁胸襟與志向的名言。

　　十一世紀中期理學初展的三大家中，惟張載哲學立腳於感覺、存在與經驗，非形而上的與唯心論的。今日思想史學界的評價，張載「氣」的哲學，尤已係立於中國唯物論哲學的最高峯❶。張載哲學中的「氣」，也被認知非單純剖析物質與物質原理，且說明生命原理與生命原體，今日生氣論的學理也已具被包括的意味❶。然而，展開理學的三大家中，邵雍獨斷論傾向的學說於當時廻響最弱，須南宋朱子學成立而採納爲「易」說基底，張載宇宙的一元解釋與其性論等儘管遙遙領先周敦頤，又不幸門下欠缺高弟，未能於當時光大其學說，實係理學發展的遺憾之事。惟獨周敦頤系統立即有二大高弟，程顥、程頤兄弟繼承師說再開展，而周敦頤的理學之祖地位確立。相對而言，周敦頤系統學理由三分鼎足的主流地位，係建立自二程，以及「程門立雪」故事所說明浩大再傳高弟陣容分佈全國的形勢。二程思想於師門的基盤上，又以與邵雍爲

----

❶　同上，第八一頁。

❶　同上，第六一頁。

友，與張載爲親戚，不可能不受影響（相互間的），則理學成長，二程的關鍵意味，又爲顯見。

程顥（明道先生）、程頤（伊川先生）師承相同，學問的出發點相同，闡明問題的形式也似弟補充其兄，結論卻大幅度相殊。分歧緣由，向來的說明是以兄弟性格不同，弟（頤）較兄（顥）僅年少一歲，去世卻遲二十多年，換言之，增多二十餘年研究功夫，應該才是差異形成的主要原因。弟頤其後入學太學，接受思想家與宋朝最著名大敎育家胡瑗薰陶，又是獨有的經歷。抑且，兄弟兩人學問、思想的態度也存有判然區別：程顥是渾一的、直覺的、心理的，程頤則分析的、思辨的、論理的，已係定評。

二程的著述，詩與雜文之外，多數係與弟子們問答記錄的「語錄」，代表其思想的作品也在於此。卻便以過去向認兄弟同一學說，而「二程遺書」所收錄語錄，註明兄弟中何人所語與「二先生語」沉混，今日此困惑部份大體已經整理與判別，是研究者長期努力的結果。「理」（天理、義理）的思想乃完成期理學體系支柱，其構成思索中核，便由二程兄弟。他們的宇宙論純粹立於「易」的哲學範疇，特徵已是言「理」，「二程遺書」中「天者，理也」（卷一一）、「萬物只是一個天理」（卷二上）、「天理云者，這一個道理，更有甚窮已，不爲堯存，不爲桀亡」（卷二上）等語，都是前儒所未道及，意味了眞正的理學成立。但兩人間思想區別或者說進步，也自下述引文而知（均見「二程遺書」）：

（程顥）「形而上爲道，形而下爲器，須著如此說。器亦道，道亦器」（卷一）。

「一陰一陽謂之道，（「易」繫辭語），陰陽亦形而下也」（卷一一）。

「萬物莫不有對，一陰一陽、一善一惡，陽長則陰消，善增則惡減，斯理也，推之其遠乎」（卷一一）。

「事有善有惡，皆天理也，天理中，物須有美惡。蓋物之不齊，物之情也」（卷二上）。

「蓋上天之載，無聲無臭。其體則謂之易，其理則謂之道，其用則謂之神。其命於人則謂之性。率性則謂之道，修道則謂之敎」（卷一）。

「天地之大德曰生。天地絪縕，萬物純化，生之謂性」（卷一一）。

「生之謂性，性卽氣，氣卽性，生之謂也。人生氣稟，理有善惡，然不是性中元有此兩物相對而生也。有自動而善，有自動而惡，是氣稟自然也。善固性也，然惡亦不可不謂之性也。蓋生之謂性，人生而靜以上不容說，才說性時，便已不是性也。凡人說性，只是說繼之者善也，孟子言人性善，是也」（卷一）。

（程頤）「一陰一陽之謂道，道非陰陽也，所以一陰一陽者，道也」（卷三）。

「離了陰陽便無道，所以陰陽者，是道也。陰陽，氣也。氣是形而下者，道是形而上者。形而上者，則是密也」（卷一五）。

「寂然不動，感而遂通，此已言人分上半。若論道則萬事理皆具，更不說感與未感」（卷一五）。

「天下物皆可以理照，有物必有照，一物須有一理」（卷一八）。

「一人之心，卽天地之心；一物之理，卽萬物之理」（卷二上）。

「在天爲命，在義爲理，在人爲性，主於身爲心，其實一也。心本善，發於思慮，則有善有不善。若旣發，則可謂之情，不可謂之心」（卷一八）。

「孟子言人性善，是也，雖荀、楊亦不知性也。孟子所以獨出諸儒者，以能明性也。性無不善，而有不善者，才也。性卽是理，理則自堯舜至於塗人一也。才稟於氣，氣有清濁，稟其清者爲賢，稟其濁者爲愚」（卷一八）。

「性出於天，才出於氣。才則有善不善，性則無不善」（卷一九）。

——兄弟二人解釋宇宙❿：程顥「道」、「器」一元＝陰陽的理論；程頤已明白區別相互關係，「道」非「陰陽」而係「所成陰陽者」，乃特堪注目的新定義，「理」（道）、「氣」（器）具有多次元的區分。現象均起自「理」的作用，因之形成程頤哲學的根本。「理」的哲學與張載「氣」的哲學，兩大範疇由是分別成立。

思想史的程頤進一步功績，係開「性卽理」端緒。「性」的孟子「性善」、荀子「性惡」、告子「性無善惡」不同學說，自古持續是個討論的課題，後兩說通宋朝非儒家所接受，根本前提均果斷的孟子性善說。程顥於此基點上，認氣自己運動變化時，原係善的人間之性已善、惡相對存在，乃「理有善惡」以判別。程頤一方面對氣禀之性，修正其兄判別善、惡由「理」的理論一方面又提出「性出於天」的先天之性，卽「中庸」「天命之謂性」的天命之性，與氣禀之性（才）須加區別也相對立的新解釋。程頤「天——性」、「生——性」的思想固與張載本然（天地）之氣與氣質之性的對立相通，先天「性無不善」而「理則自堯舜至於塗人一也」，「性卽理」的劃期性學理唱出。

倫理觀「仁」的定義再闡明與相關聯的修養法，又是二程重要的學說領域。儒家的中心概念「仁」，自程顥「仁與天地一物也」（「二程遺書」卷一一）、「仁者，以天地萬物爲一體，莫非己也」（「遺書」卷二上）的新解釋提出，與「易」繫辭「天地之大德曰全」之意相呼應，以貫通天地——萬物——人爲定義特徵，乃是思想史的道德原理一大突破。由此的理論延伸，「義、禮、智、信皆仁」，又是理學的論理形式重要契機之一創立。仁、義、禮、智、信「五常」，古來向係並列的人間

---

❿　二程思想解說，主要取材自平凡社「思想の歷史」⑥東洋封建社會のモラル，第三六～五九頁。

德目，如今義、禮、智、信與仁之間已存次元之異，仁非與四者同格，以加入天地生生、萬物一體意味，而單獨提昇爲根本之德，道德的最本標準。仁乃仁之仁，義乃仁之義，禮乃仁之禮，智乃仁之智，信乃仁之信，「五常」由仁總括的定義立定。

「識仁篇」與「定性書」係程顥思想的代表文章，也是文字較長的作品。前者便是「仁」概括五常之說所出，約二四〇字，語錄之一而收入「二程遺書」（「二程全書」則錄於卷二），後者較長，也僅約四八〇字，乃與張載應答的書信，載「全書」卷五六，均係由道德之本「仁」說展開的修養方法論。其言：

「學者須先識仁。仁者，渾然與物同體；義、禮、智、信皆仁也。識得此理，以誠、敬存之而已，不須防檢，不須窮索」；「蓋良知良能，元不喪失，以昔日習心未除卻，須存習此心，久則可奪舊習。此理至約，惟患不能守。既能體之而樂，亦不患不能守也」──「識仁篇」。

「所謂定者，動亦定，靜亦定，無將迎，無內外」；「夫天地之常，以其心普萬物而無心，聖人之常，以其情順萬事而無情，故君子之學，莫若廓然而大公，物來而順應」──「定性書」。

程顥以前提置諸人人都能啓發潛在的良知良能（先天人人具有的知、能泉源），所以「誠」、「敬」而守，係其信念，而不主張思索研究。也惟其如此，其思想態度係主觀唯心論。其弟程頤於兄輕視的經驗性知識追求，倒反特加重視，法則是「格物致知」，要求是專一的集中精神下「窮理」。其言：

「或問進修之術何先？曰：莫先於正心誠意，誠意在致知，致知在格物。格，至也，如祖考來格之格。凡一物上有一理，須是窮致其理。窮理亦多端，或讀書講明義理，或論古今人物，別其是非，或應事接物而處，其當皆窮理也」──「遺書」卷一八。

「知至則當至之，知終亦當遂終之，須以知爲本。知之深，則行之必至，無有知而不能行者。知而不能行，只是知得淺」──「遺書」卷一五。

「涵養須用敬，進學則在致知」──「遺書」卷一八。

「敬」的內面原理之外，分析的、理論的學問研究同等重要，此於程頤的理念中如同車之兩輪。

從如上二程哲學的內涵，可以了解，弟補充兄或學說異同，實質都是宏大的意味。則宋朝理學五子四學派，代表發展期的大小程子洛派或洛學，眞正的完成者須是小程子程頤。

十一世紀係北宋學術全盛期，理學欣欣向榮成長的同時，另一發達方向，歐陽修倡導興起與周──程學派哲學思索的、道德根本的解明古聖賢精神相異，予儒學經典以文獻學的研究批判，企盼由歷史意識革新政治道德的學風，周敦頤以下是哲學的，此派則歷史的。歐陽修「易童子問」否定「易」十翼學術價值是有名的代表例，其問答：「曰：繫辭非聖人之作乎？曰：何獨繫辭焉，文言說卦而下，皆非聖人之作。而衆說淆亂，亦非一人之言也」。對「中庸」與「周禮」的作者同樣加以懷疑，對「左傳」等「春秋」三傳批判尤爲嚴屬，指責多失孔子作「春秋」的正名分，別是非，明善惡本旨（「春秋論」）。其「新唐書」、「新五代史」的撰述，又是正確基於「春秋」褒貶之義立場的表率作用發揮。歐陽修經書批判的一面由弟子蘇軾、蘇轍兄弟、劉敞、劉攽兄弟繼承（但如蘇轍批評司馬遷「淺陋不學，疏略輕信」，亦未免過份）；歷史家一面的延續，非門下的司馬光編纂「資治通鑑」最堪代表，此一名著顧名思義便是供政治參考的實用主義史書，做「春秋」編年史體裁，記事下限斷於五代末而上承孔子「春秋」絕筆之年，貫通「春秋」思想依精神所寄可知，強烈表明其正統論與名分論的君臣之義立場。經

書批評與歷史著述兩面，也以劉攽等都從事「資治通鑑」的編集而接觸，所以今日名之爲歷史學派，又是宋朝儒學革新運動一潮流。

　　經典注釋，也已加以更新而與漢、唐相異，由是唐以前稱古注，宋朝則新注，胡瑗的「易傳」、「周易口義」、「中庸義」，孫復的「易說」、「春秋尊王發微」等，都堪代表。尤爲有名係王安石「三經新義」（「周禮新義」、「毛詩義」、「尚書義」），新法推行而學制、科舉制變革期頒布爲經義統一解釋的研讀標準本，司馬光等雖猛烈抨擊其以一家之言盡掩先儒，但「新義」的新注中佼佼者地位，以及更新古注的立場，則予肯定❼。出自文章一代宗師歐陽修門下的政治家、文章家王安石，也是出類拔萃的思想家之一，性、情一致的性論係其倡說。性論於當時學界，理論上與實際上都是大問題，宇宙論以之爲預備概念，修養論由而推論實行方法，性論便立於研究的中心位置。佛敎禪宗直指人心，見性成佛的影響，學界已得由直接的心出發而解決一切問題的關鍵❽，把握了性的內觀方向，周敦頤以下與王安石都在同一坦途上競走。王安石批判從來所有的性說，強調不能直以善惡論性，性原無分善惡，善惡係性觸外物，發而爲情時才生（「原性論」）。由而成立其性與情關係的立論：「性者情之本，情者性之用，故曰：性、情一也」（「性情論」）。喜、怒、哀、樂、好、惡、欲七情盡人皆有，只於接物而動時，當於理或不當於理，才區別係聖賢抑小人。所以，性善情惡論（李翱）以性求諸聖賢而情求諸小人乃片面的議論，廢情而徒言性之善、惡（孟子、荀子），猶如以人比之無情的木石。如此超越性理論與人物，卻未被列入理學發展的序列。

　　理學或道學代表宋朝學問，「宋史」道學傳四篇，所指名卻只是周

---

❼　參閱錢穆「國史大綱」下册，第四一二～四一三頁。

❽　平凡社版「世界歷史大系」⑥東洋中世史第三篇，第三五一頁。

敦頤、程顥、程頤、張載、邵雍，程氏門人，朱熹與朱氏門人。惟其如此，其後清朝的考證學界賦予與理學同義字的「宋學」名詞，毋寧爲具彈性，其涵義的「義理之學」，也堪與「漢學」之爲「訓詁之學」相對，而各別代表漢朝以來、宋朝以來的儒學特質。儒學發展兩階段的明顯區別，一份教科書資料的分析可資參考❶：

漢　學	宋　學
①最著者十四博士，鄭康成集其大成	最著者宋五子，朱晦庵集其大成
②有今、古文兩派	有朱、陸兩派
③篤守家法，守規律以治經	事憑己見，合規律而論學
④漢儒言理，主於分析	宋儒言理，以爲渾然之物
⑤漢儒說經，但云去欲	宋儒說經，謂理欲不並立
⑥漢儒言仁，爲相人偶之仁	朱儒言仁，云心之理，愛之理
⑦趙岐言無形而生有形	周子言無極而生太極
⑧漢儒言敬，皆就威儀容貌而言	程門言敬，則以爲寂然不動
⑨漢儒兼言體用，由下學而進上達	宋儒舍用而言體，言上達鮮言下學
⑩以讖緯之說，與六經糅雜	以道家之說，與周易混合
⑪漢儒以通讖緯者爲內學，兼言災異五行	宋儒以通圖、書者爲道學，兼言皇極經世
⑫漢儒之學，好含理言數，多荒渺不經之談，如公玉帶獻明堂之圖，欒大進封禪之說是	宋儒之學，則理、數並崇，多明言至論，如朱子有天有四游之言，程子有月受日光之說是
⑬漢尚考據，其弊也破碎，如秦近君說堯典篇目兩字之義，至十數萬言之類是	宋尚義理，其弊也空疏，如司馬光謂新進後生，讀春秋未知十二公，已謂三傳可束諸高閣之類是
⑭輕信而寡疑，譸詐者好作僞經，如張霸僞作百兩篇，劉歆增益周官經，王肅作僞孔傳等皆是	輕疑而寡信，諸名家每多武斷，如歐陽修之排繫辭，蘇軾之改洪範，司馬光之疑孟子等皆是

宋學大盛，與宋朝士人政治的鼓吹，互存因果關係。學術密接政

❶　開明版羅元鯤「高中本國史」第二冊，第五五～五六頁。

治，學問界人士進出政界，自都必然。宋朝政治附着黨爭不斷的現象，學界因之不可避免便是鬥爭圈內人物。新法黨、舊法黨之爭啓端，王安石、司馬光係各別集團的領袖，衆所週知。錯綜於此最大與最長時間政爭中，又是分由程顥兄弟與蘇軾兄弟爲代表的洛黨、蜀黨，以及司馬光弟子主導的朔黨，相互間尖銳衝突。因人論事態度變質人身攻擊，恣意汚辱人格如蘇軾的疏指程頤爲姦邪，係君子之學的矛盾。黨爭與漫無標準的攻訐，非僅北宋，南宋且向學術壓迫的高層次發展，理學二大劃期標誌，程頤之學高宗時遭禁，朱熹之學寧宗時遭禁。朱熹列名理學或道學被指僞學期的黨錮，也如同北宋徽宗時程頤列名元祐黨人碑，又是自由學風宋學發達之極的矛盾。

宋學蹈襲中唐之後儒學，一方面猛烈的、不斷的抨擊佛、道，一方面又於學問上始終不脫佛、道思想影響的特徵。特別是宋學正統的理學，其形而上的、思辨的性格，累積佛敎、道敎要素。初未僅起源期而已，歷開展期二程學說至南宋朱熹成立理學龐大理論體系，均相一貫。「無極」、「無欲」、「虛」、「靜」等表面字句，原均道敎用語固一望而知，「天道」、「造化」等思想也是，至朱熹「人人有一太極，物物有一太極」（「語錄」卷九四），仍是借用的道敎人心一小宇宙（天地）之理。關於佛敎影響，「本然之性」與「氣質之性」對立，「首楞嚴經」已明言本然性、和合性，道統意識與禪宗「嫡嫡相承，以心傳心」理念也符合❷。宋儒修養方法的靜坐，儘管朱熹辯稱非坐禪入定，實質上並無區別。思辨範疇的體、用理論，儒家本無，佛敎書籍卻多其例❷，又是佛敎哲學由來而宋儒攝取加以消化運用。自胡瑗首唱「明體達用」之學，懸爲士大夫大理想，至朱熹「中庸章句」第一章：「大本者，道之體；達

---

❷　平凡社版「思想の歷史」⑥東洋封建社會のモラル，第三頁。

❷　參閱同上，第四～七頁。

道者，道之用」，「大學章句」（補格物篇）又提出有名的「全體大用」
之說，已係哲學——政治相接的體、用理論完成階段意味。

　　理學由中心概念「理」而成立「理」的哲學，其佛教關係尤堪注
目。華嚴宗的理、事法界觀，認現象世界每一事物皆心所現，每一事物
皆是理，每一事物卻只是每一事物而各別存在。因此，心統萬物，一物
統萬物又統每一事物所統萬物，再還入一心「全理」，心係客觀世界一
切現象的根本。此項客觀唯心論的教說：「一即一切，一切即一」；「理
不礙事，純恒雜也，事恒全理，雜恒純也，由理事自在，純雜無礙也」
（「華嚴義格百門」）；「一一毛中，皆有無邊師子，又復一一毛，帶
此無邊師子，還入一毛中」；「金與師子，或隱或顯，或一或多，各無
自性，由心廻轉」（「金師子章」勒十玄門），前引程頤之語：「一物
須有一理」、「一萬之理，即萬物之理」，可印證明白與之相通。朱熹
的補充解說更清晰：

　　「無極而太極，只是說無形而有理」；「無極而太極，不是說有個
物事，光輝輝地在那裏，只是說，當初皆無一物，只有此理而已」；「惟
其理有許多，故物有許多」（「語類」卷九四）。

　　「未有天地之先，畢竟也只是理，有此理便有此天地。若無此理，
便亦無天地，無人無物，都無該載了。有理便有氣，流行發育萬物」
（「語類」卷一）。

　　「未有這事，先有這理。如未有君臣，已先有君臣之理，未有父子，
已先有父子之理。不成元無此理，直待有君臣父子，卻旋將道理入在裏
面」（「語類」卷九五）。

　　「做出那事，便是這裏有那理；凡天地生出那物，便是那裏有那理」
（「語類」卷一〇一）。

　　「事事物物，皆有個極，是道理極至。蔣元進曰：如君之仁，臣之

敬，便是極？先生曰：此是一事一物之極，總天地萬物之理，便是太極」
（「語類」卷九四）。

　　朱熹（晦庵）於宋朝遷都南方的十二世紀南宋，以程頤四傳弟子集
前儒諸學說大成，建設理學首尾一貫的大體系，而成立中國思想史空前
壯舉的朱子學。其意義，已不單是中國的，也是東亞世界的共同大事件。
朱子學廣博內容，自朱熹著述的分類可以了解：①注釋書：最重要的
「四書集注」（大學、中庸章句，論語、孟子集注）外，於儒家古典有
「周易本義」、「易學啓蒙」、「儀禮經傳通解」、「詩集傳」、「論、孟集
義」、「大學、中庸惑問」等，另外「太極圖說解」、「通書解」、「西銘
解」等。②編纂書有「程氏遺書」（又「外書」）、「伊洛淵源錄」、「近
思錄」、「上蔡語錄」、「延平問答」等。③歷史書有「資治通鑑綱目」、
「名臣言行錄」（前、後）。④文學有「楚辭集注」（又「後語」）、「韓文
考異」、「家禮」等。⑤篇幅最浩大乃門人編集的「語類」（一四〇卷）、
「文集」（一二一卷）（「朱子全集」六四卷，則清朝予此兩者的輯集）。

　　朱子學的思想概要❷，大體可區分三方面，第一是存在論→理、氣
說；第二是倫理學或人間學→性卽理之說（朱子學的中心）；第三是方
法論→居敬、窮理之說——

　　朱熹存在論的理、氣說與「理」的思辨根本，均自程頤學說導源，
而加以論理化追求，前引「語類」之文以前，如下都是：「凡有形有象
者，卽器也。所以爲是器之理者，道也」（「文集」與陸子靜書）；「人
之所以生，理與氣合而已。天理固浩浩不窮，然非是氣，則雖有是理而
無所湊泊。故必二氣交盛，凝結生聚，然後是理有所附者。凡人之能言
語、動作、思慮、營爲，皆氣也，而理存焉」（語類」卷四）；「太極，

❷　朱熹學說解說，主要取材自上書第七一～九四頁「中國最大の思想家、朱
　　熹」節。

只是天地萬物之理。在天地言，則天地中有太極；在萬物言，則萬物中各有太極，未有天地之先，畢竟是先有此理」（「語類」卷一）；「『萬一各正，小大有定』，言萬物是一個，一個是萬物。蓋統體是一太極，然又一物各具一太極」（「語類」卷九四）等，又都是「理」是什麼？以及道──理──太極與「氣」間關係的再解明。

具體的「氣」如何構成存在界？「語類」中的說明是：「有這動之理，便能動而生陽；有這靜之理，便能靜而生陰。既動，則理又在動之中；既靜，則理又在靜之中。曰：動、靜是氣也，有此理爲氣之主，氣便能如此否？曰：是也」（卷九四）；「一動一靜，互爲其根。動而靜，靜而動，開闔往來，更無休息。分陰分陽，兩儀立焉。……陽變陰合，而生水、火、木、金、土。陰陽，氣也，生此五行之質，天地生物，五行獨先，地卽是土，土便包含許多金、木之類。天地之間，何事而非五行？五行陰陽七者滀合，便是生物的材料。五行順布，四時行焉，金、木、水、火分屬春、夏、秋、多，土則寄旺四季」（卷九四）；「陰陽是氣，五行是質。有這質，所以做得事物出來」（卷一）。上述理論，可了解立於周敦頤「太極圖說」源由而展開，其補充部份：一氣→陰陽、陰陽→五行，各具次元的相異，五行之係「質」又已與「氣」區別。氣、質原理的陰陽五行七者，以動、靜間不停旋轉的自己運動而凝集組合，變化關係又無限複雜。世界由是生成，萬物由是發生。氣的哲學係張載唯物論哲學，「理」爲本體的朱子學體系中也加以充分吸收，爲堪注目。

朱熹倫理學的原理，基礎立於程頤「性卽理」之說，而構成朱子學最爲重心所在。「語類」之言，卷五：「問：靈處是心抑是性？曰：靈處只是心，不是性。性只是理」；「性、情、心，惟孟子說得好，仁是性，惻隱是情，須從心上發出來。心，統性、情者也。心只是合如此底，非有個事物。若是有底物事，則既有善，必有惡。惟其無此物，只有理，

故無不善」；「理者天之體，命者理之用，性是人之所受，情是性之用也」；（卷六：「仁、義、禮、智、信、性也。性無形象可以摸索，只是有這理耳。惟情乃可得而見，惻隱、羞惡、辭讓、是非是也」。「孟子」公孫丑篇上，以惻隱等各別為仁、義、禮、智之端，所謂「四端」）；「性者，心之理；情者，心之動，才便是那情之會恁地者」；「才是心之力，是有氣力去做底。心，譬水也，性，水之理也，才者，水之氣力，所以能流者。只有性是一定，情與心與才，便合着氣了」。由是啣接其辨別「本然之性」與「氣質之性」對立，所繼承另一面的張載學說，以及向如何使氣質之性與本然之性合致，人間的倫理課題歸結。

　　於此，朱熹對「性」的內容已予明快的理論化與體系化，心於理「體」未發時為絕對靜止狀態，也無不善的性。既發（喜、怒、哀、樂）便是情，已以含着氣而分善、惡，已係動的範疇的「用」。從而引申兩段文字，其一：「夫謂人心之危者，人欲之蔽也；道心之微者，天理之奧也。心則一也，以正不正而異其名耳」（「文集」觀心記）；其二：「孔子之所謂『克己復禮』，『中庸』所謂『致中和，尊德性，道學問』；『大學』所謂『明明德』，『書』曰：『人心惟危，道心惟微，惟精惟一，允執厥中』。聖人千言萬語，只是教人存天理，滅人欲」（「語類」卷一二）。則朱子學特有諸概念，可整理以其體、用一致的兩範疇表示，雖然祇是權宜，不能十分恰切[23]：

```
體　理（道）——未發——靜——————性┌—本然之性——道心（天理）
                          心　才└—氣質之性
用　氣（器）——已發——動——————情——欲————————人心（人欲）
```

　　存天理、滅人欲的方法，朱子學踏襲主觀（內面）方法與客觀（外

---

[23]　下表依上書第八七頁附表改製。

面）方法兼備的程頤定式，居敬與窮理。「語類」卷一二：「人性本明，如寶珠沉溷水中，明不可見，去了溷人則寶珠依舊自明。自家若得知是被人欲蔽了，便是明處。只是這上使緊着力主定，一面格物，今日格一物，明日格一物，正如游兵攻圍拔守，人欲自銷鑠去。所以程先生說敬字，只是謂我自有一個明底物事在這裏，把個敬字抵敵，常常存個敬字在這裏，則人欲自然來不得」，是「敬」與「知」的關係最簡賅說明。「窮理」學問研究態度的「格物致知」之語，出自「大學」。「大學」與「中庸」原各係「禮記」的一篇，程頤予以抽出，整理爲單行本後，由朱熹續加再整理。定本的「大學」全體分「經」一章，解釋部的「傳」十章，「傳」第五章原係經文「致知在格物，物格而後知至」的解釋文，但已散佚，經朱熹個人起稿補入，便是今日有名的「補格物傳」，因而此傳代表的是朱熹思想。

也惟其如此，朱子學的特徵，與當時論敵陸九淵德性主義的學問對照，顯著帶有主知主義傾向爲不可否定。而其居敬支柱下，循「大學」之義由格物致知出發，誠其意，正其心，而修、齊、治、平的理想主義，以及「理」係宇宙本體的哲學體系，視陸九淵之學相同的站於形而上學觀點。祇是，朱子學予理體的現象世界中一事一物，客觀的均認定爲實在，所以今日學界，對朱熹的哲學謂之「客觀的觀念論」，或者說，客觀的唯心論。

陸九淵（象山）較朱熹年少九歲而早八年去世，殆完全同一時代。其思想特徵係慣用古書的「宇宙」名詞，「道塞宇宙」、「此理塞宇宙」等語，習見於其著述「遺書」、「語錄」中。「年譜」（與前兩書合爲「象山全集」三六卷）謂「宇宙便是吾心，吾心便是宇宙」與「此心同也，此理同也」（「全集」卷三六），乃陸九淵思想根本，由而唱出「心卽理」的學說，便在此延長線上──「與曾宅之書」的內容係其全思想概

要:「蓋心一心也，理一理也。至當歸一，精義無二，此心此理，實不容有二。故夫子曰: 吾道一以貫之，孟子曰: 夫道，一而已矣，又曰: 道，仁與不仁而已矣。如是則爲仁，反是則爲不仁，仁卽此心也，此理也。求則得之，得此理也; 先知者，知此理也; 先覺者，覺此理也。愛其親者，此理也; 敬其兄者，此理也; 見孺子將入井而有怵惕惻隱之心者，此理也」（「全集」卷一）。

陸九淵學說系譜，與朱熹同出二程門下，卻可辨認直接導源於大程子程顥。程顥是天理之說的最初提出者，由是分兩方面分歧，一係程頤——朱熹的「性卽理」，另一便是陸九淵的「心卽理」。所以，朱子乃程頤系統，陸九淵則程顥系統的思想家，而朱、陸的思想分野差異鑄定。「心卽理」的學說，否定本然之性與氣質之性、性與情、人心——人欲與道心——天理等一切區分與對立。總括的、單純的主張理是惟一的，人心便是這惟一的理，而心不論聖人或凡人也祇是一個。所以，理是宇宙本體，個人的心與本體同一，存在界全現象均由於心的作用，因心而產生現象，離開了心便無任何事物存在。如此渾一的理——心概念，今日學界認係「主觀唯心論」的典型，唯心論中的唯心論❷❹。

程頤——朱熹系統窮理主知的教養法，因之也被陸九淵反對。其自「愚不肖者，不及焉，則蔽於物欲而失其本心; 賢者、知者過之，則蔽於意見而失其本心」（「全集」卷一，與趙監第一書）立論，主張「本心」自覺，啓發人間固有的良知良能，便利排除蒙蔽，但能明理，便能達到性的至善（仁）境界，便能一切人間事順乎自然的豁然開通，而成立其「學苟知本，六經皆我注脚」（「全集」卷三四·語錄）的名言。自己良心爲本的道德法則，也便是陸九淵倫理學第一義，「收拾精神，自作主宰，萬物皆備於我，有何見闕? 當惻隱時自然惻隱，當羞惡時自

❷❹　同上，第一〇四頁。

然羞惡，當寬裕溫柔時自然寬裕溫柔，當發強剛毅時自然發強剛毅」
(「全集」卷三五‧語錄)，是透澈的說明。著名道德中心的、直感的、
實踐的主觀唯心論的陸九淵學問「心學」，由是展開。

　　朱子學廣博，陸學簡約，兩大思想潮流，論理的特徵呈現強烈對
比，風靡學問界之勢也呈現強烈對抗。但自元朝至明朝，思想界幾乎已
係清一色朱子學天下，陸九淵卒後約三個世紀的明朝中期，才以王守仁
(陽明，一五二八年卒，年五七歲)陽明學一新思想界耳目，而復興陸九
淵學問意味的「陸——王心學」再掀巨波。王守仁「心即理」的學說基
盤，其遺書「王文成公全書」(三八卷)，特別是前三卷「傳習錄」，說
理甚明：「心之體，理也，物即理也。故有孝親之心，即有孝之理，無
孝親之心，即無孝之理矣；有忠君之心，即有忠之理，無忠君之心，即
無忠之理矣。理豈外於吾心耶？晦庵(朱熹)謂人之所以謂學者，心與
理而已。心雖主乎一身，而實管乎天下之理；理雖散在萬事，而實不外
乎人之一心。是其一分一合之間，而未免已啓學者(指朱熹)心、理為
二之弊」(「全書」卷二，傳習錄中「答顧東橋書」)。

　　王守仁的「心即理」便是陸九淵的「心即理」為固然，但其正當朱
子學一面倒時代，也自朱子學出發而最初非陸學系統，為堪注目。「年
譜」載其一八歲時：「過廣信謁婁一齋諒，語格物之學，先生甚喜，以
為聖人必可學而至也。後遍讀考亭(朱熹)遺書，思諸儒謂眾物有表裏
粗細，一草一木，皆具至理。因見竹，取而格之，沈思不得，遂被疾」
三七歲謫貴州龍場驛，忽中夜大悟格物致知之旨，「始知聖人之道，吾
性自足，向之求理於事物者，誤也」(「陽明集要」)。「明史」王守仁
傳的後段記事尤詳：「謫龍場，窮荒無書，日繹舊聞，忽悟格物致知，當
自求諸心，不當求諸事物。喟然曰：道在是矣，遂篤信不疑。其為學，
專以致良知為主，謂宋周、程二子後，惟象山陸氏簡易直捷，有以接孟

氏之傳，而朱子集注、或問之題，乃中年未定之說。學者翕然從之，世
遂有陽明學云」。可了解其思想轉變的原因，係由格竹而親身體驗朱子
學「窮理主知」徒唱高調，無由現實化。陽明學創出，所以也便是對朱
熹窮眞理所殘存的實踐問題加以補正，而從方法上完成向陸九淵「心卽
理」原理的回歸。

　　格物致知，從而形成王守仁思想發展的動力。當時學界通用，具壓
倒權威的「大學章句」，也於多已滲入朱熹自已學說而失「大學」本義
的理由，被王守仁捨棄，退回到「禮記」所存，所謂「去分章而復舊」
的原型，刊行「大學古本」與其「旁釋」。「大學古本」序一則謂：「故
至善也者，心之本體也，動而後有不善，而本體之知，未嘗不知也。意
者，其動也，物者，其事也，致其本體之知，而動無不善。然非卽其事
而格之，則亦無以致其知」；二則謂：「舊本析而聖人之意亡矣，是故不
務於誠意而徒以格物者謂之支，不事於格物而徒以誠意者謂之虛，不本
於致知而徒以格物、誠意者謂之妄。支與虛與妄，其於至善也，遠矣。
合之以敬，而益綴補之以傳，而益離」（「全書」卷七），明白都是對新
本「大學章句」補格物傳，尤其「欲致吾之知，在卽物而窮其理也」之
文，以及新注以「大學」全體解釋由「敬」的概念導入，表示反感。格
物的「格」字，朱熹「大學章句」作「格，至也」的解釋，係「窮至事
物之理，欲其極處無不到也」，王守仁的新解釋是「格者，正也，正其
不正以歸於正也。正其不正者，去惡之謂也；歸於正者，爲善之謂也」
（「全集」卷二六・大學問）。差異的更具體說明由王守仁自身所提出：
「朱子所謂格物云者，在卽物而窮其理也。卽物窮理，是就事事物物上
求其所謂定理者也，是以吾心而求理於事事物物之中，析心於理而爲二
矣」；「若敝人所謂致知格物者，致吾心之良知於事事物物也，吾心之
良知，卽所謂天理也。致吾心良知之天理於事事物物，則事事物物皆得

其理矣。致吾心之良知者，致知也；事事物物皆得其理者，格物也，是合心與理而爲一者也」（「全書」卷二・傳習錄中・答顧東橋書）。

「良知」、「良能」係「孟子」之語，王守仁以與「大學」的「致知在格物」相結，而唱「致良知」學說。「大學古本」便以「大學」學理基盤置諸致良知，致良知也是陽明學根本「心卽理」的中心思想，人間固有的道德直觀力。如以闡明：「人的良知，就是草木瓦石的良知，若草木瓦石無人的良知，不可以爲草木瓦石矣。豈惟草木瓦石爲然，天地無人的良知，亦不可爲天地矣。蓋天地萬物與人原是一體，其發竅之最精處，是人心一點靈明」（「全書」卷三・傳習錄下）。「大學之道，在明明德，在親民，在止於至善」的「大學」三綱領，王守仁「大學問」解釋：「明明德者，立其天地萬物一體之體也；親民者，達其天地萬物一體之用也。故明明德必在於親民（包括君臣、夫婦、朋友、山川神鬼草木鳥獸），而親民乃所以明其明德也」；「至善者，明德、親民之極則也。天命之性，粹然至善，其靈昭不昧者，此其至善之發見。是乃明德之本體，而卽所謂良知者也（「全書」卷二六）。良知＝天理＝至善，又係王守仁獨創之說。

「大學問」係王守仁答門人「『大學』者，昔儒以爲『大人之學』矣」之問，去此前一年的記錄，堪謂其全思想的決定版。其解釋所以爲「大人」之學：「大人者，以天地萬物爲一體者也，其視天下猶一家，中國猶一人焉。若夫間形骸而分爾我者，小人矣。大人之能以天地萬物爲一體也，非意之也，其心之仁本若是，其與天地萬物而爲一也。豈猶大人，雖小人之心，亦莫不然，彼顧自小之耳。是故見孺子之入井而必有怵惕惻隱之心焉，是其仁與孺子而爲一體也。孺子猶同類者也，見鳥獸之哀鳴觳觫而必有不忍之心焉，是其仁之與鳥獸而爲一體也。鳥獸猶有知覺者也，見草木之摧折而必有憫恤之心者，是其仁之與草木而爲一

體也。見瓦石之毀壞而必有顧惜之心焉，是其仁之與瓦石而爲一體也。是其一體之仁也，雖小人之心亦必有之，是乃根於天命之性，而自然靈昭不昧者也。……是故苟無私欲之蔽，則雖小人之心，而其一體之仁猶大人也；一有私欲之蔽，則雖大人之心，而其分隔隘陋猶小人矣。故夫爲大人之學者，亦惟去其私欲之蔽，以自明其明德，復其天地萬物一體之本然而已耳」（「全書」卷二六），聖人純天理不雜人欲，凡人（大人、小人）存天理、去人欲的修養，實踐原則又是「致良知」（前引「致吾心良知之天理於事事物物」）──萬物一體之仁係程顥學說復活，天理‧人欲思想同於朱熹而與否定兩者區別的陸九淵異，仍可發見陽明學最早自朱子學出發的痕跡，但敬、知也恃他律的道德觀，結局已是陸學內面主義的道德自律性，澈底的、主觀的唯心論轉向。

　　王守仁聞名的「知行合一」學說，最早已由程頤創意，朱熹修正爲「先知後行」後，由王守仁再提出並完成其理論：「知是行的主意，行是知的工夫；知是行之始，行是知之成。若會得時，只說一個知，已自有行在；只說一個行，已自有知在」；「未有知而不行者，知而不行，只是未知」（「全書」卷一‧傳習錄上）。知、行的統一，發揮了推動致良知向天地萬物一體之仁境界合體的燃料作用，反過來說，思索簡單，惟憑良知直覺物理的陽明學必須的滑潤劑。

　　近代中國哲學三大潮流，便是如上程頤─朱熹「性卽理」的哲學→客觀唯心論（客觀的觀念論）、陸九淵─王守仁「心卽理」的哲學→主觀唯心論（主觀的觀念論），以及張載與繼承其思想的明末清初王夫之「氣」的哲學→唯物論❷⁵。王夫之（船山，一六九三年卒，年七五歲），其自撰墓誌銘「希張橫渠之正學」（見「船山先生傳」，載「船山遺書」）之語，可見其志向與學統。其「蓋言心、言性、言天、言理，俱必在氣

❷⁵　同上，第六一頁。

上說。若無氣處，則俱無也」（「讀四書大全」）；以「洪荒無揖讓之道，唐虞無吊伐之道」引證「無其器，則無其道」，強調「天下惟器而已矣。道者，器之道；器者，不可謂之道之器也」（「周易外傳」，上文均載「船山遺書」），以及強力批判陸—王心學，都是立場說明。

　　三大哲學系譜中，朱子學的後世影響為特大，「四書」的儒家經典比重，南宋以來已壓倒「五經」。歷元至明，成祖永樂時代結合多數學者編集科舉、學校教科書意味的「四書大全」、「五經大全」、「性理大全」，基本方針均朱子學立場，朱子學獲得官學待遇。以迄清朝的七、八百年間，教育幾乎由朱子學統一。朱熹集大成的理學，天道與人道（秩序）原理相通的天人合一思想，絕對遵從君臣、父子、長幼等社會道德，以及大義名份論的強烈忠臣意識，激發宋、明亡國之際士大夫「威武不能屈、富貴不能淫」志節而殉國者特多，固然向被傳統歷史界重視，然而，相對也對絕對君主專制政治禁下深厚的思想根柢，抑且，倒反便由征服朝代利用壓迫被征服漢族服從的理論依憑。清朝文字獄高潮期，世宗雍正七年（紀元一七二九年）「大義覺迷錄」頒示全國，卷首御製上諭：「我朝既仰承天命，為中外臣民之主，則所以蒙撫綏愛育者，何得以華夷而有殊視？而中外臣民既奉我朝以為君，則所以歸誠效順，盡臣民之道者，尤不得以華夷而有異心。此揆之天道，驗之人理，海隅日出之鄉，普天率土之眾，莫不知大一統之在我朝，悉子悉臣，罔敢越志者也」[26]，可注意其主張漢族中國支配的正統性、正當性，箝制反抗思想的藉口，正也是理學家所強調「天命」與君臣大義。

　　理學是紀元前二世紀末漢武帝獨尊儒術，卻意味儒家思想發展從此自我禁錮長達十二個世紀後，惟一次的自停滯中脫出的思想躍進。但至清朝，早已泉源枯竭而空殘性理之學形骸。外在原因，征服朝廷慘酷文

[26]　引文摘自但燾譯稻葉岩吉「清朝全史」上卷四，第三九頁所錄長文。

字獄下思想抑壓的迫害，固屬顯然，內面沒落因素早自興起時期便已同在，為尤堪重視。十二世紀末朱熹在世前朱子學遭禁，「道學」被指偽學之際，南宋周密撰「齊東野語」的記述，當時假道學之風已盛行：「世又有一種淺陋之士，自視無堪以為進取之地，輒亦自附於道學之名。裒衣博帶，危坐闊步，或抄節語錄，以資高談；或閉目合眼，號為默識。而扣擊其所學，則於古今無所聞知；考驗其所行，則於義利無所分別。此聖門之大罪人，吾道之大不幸，而遂使小人得以藉口為偽學之目，而君子受玉石俱焚之禍也」。陽明學閃耀理學壓軸之光，原以彌補朱子學空理空論的缺陷而興，風靡一時的結果，所產生是兩種現象：其一，十六世紀後半明末李贄（卓吾）激烈的專制制度批判，唱「童心」之說，尊重個性，主張人欲乃出自天性，贊同男女平等與自由戀愛，而於惑亂人心風俗，侮辱聖人的罪名下，自殺獄中。其人於今日固被推為左派陽明學最大人物**❷**，當時其說卻視同洪水猛獸，而正是陽明學流風的一支。其二，陽明學本質乃是心學，實踐仍然流入空談，或吾言行愈向畸形變態，清朝張武承撰「王學質疑」筆下的明末偽君子面目：「高者脫略職業，歇睡名庵；卑者沉迷於酒色名利。案有楞嚴、南華者為名士，挾妓呼盧，裸而夜飲者為高致；抗官犯上，羣噪而不遜者為氣節；矯詐嗜殺，僥倖苟利者為真經濟；謹綱常、重廉隅者為宋頭巾。舉天下庠序之士，如沸如狂，入則訛於家，出則譁於朝，闖、獻之形日積於學士大夫之心術，而天下不可為」**❷**。情感內、外交熬的清朝儒者，學問方向便只有還返「去聖賢最近」的漢學基礎上，從事資料整理專門研究的考證學，已非哲學範疇。中國哲學・思想屆此階段，呼吸全行窒息。自此迄於今日的中國，僅已是西洋新的文化與學問輸入後，**對西洋哲**

❷　曉教育圖書版「現代教養百科事典」⑦歷史，第二六六頁「李贄」條。

❷　轉引自范壽康「中國哲學史綱要」，第三七三頁。

學・思想亦步亦趨的時代。

　　中國哲學・思想發展的再度停滯，乃是中國文化全面停滯一分野，而且還是中國固有文化最後脈搏停止跳動的意義。理學發達的全過程，係漢族創造力從長期領導世界文明，開始向衰退曲線下降，而近代西洋文明自長期停滯中漸漸蘇甦，東、西文明決定性呈現起伏反走向時期的一次東方文明最後衝刺，由是力竭癱瘓的意味。理學代表學問的朱子學，原如陸九淵詩句批判的「支離事業竟浮沉」，繁駁的缺陷下精神注定萎縮，朱子學官學統一教科書的實質卻與秦始皇統一思想無異。中國文化以漢族素質停止再更新而活力衰退，變質僵硬的朱子學意識支配又強化了民族保守性格，等於對已形停滯的中國文化加大其發展阻碍，全行剝奪再發展可能性，包括自身。

　　然而，朱子學的另一方面意義，其結局固已係「保守」的代名詞，但成立時期的十三世紀當時，卻是世界的進步思想，後世對東亞抑或世界諸影響均為莫大。輸出東方，朝鮮李朝憑以為政權的思想支柱。於日本，又已係其近代史不可缺少的一頁，十六世紀末開啓的江戶幕府，其絕對王政與「德川國家」為表徵的統制原理，也便是朱子學思想，明亡後朱舜水自中國流亡日本所展開水戶學的動力作用，於日本史為週知的關鍵大事。明治維新前朱子學官學地位，大學、藩學概用四書教讀，支配思想界與道德律都彷彿中國。對於西方，十八世紀西洋人又係以朱子學傳入的鼓舞作用，而歐洲以法王路易十四 (Louis XIV) 宣言：「朕卽國家」所鑄定專制政治弊害的改革，得以實現㉙。十八世紀歐洲的廣泛中國研究便以法國為中心，西洋史以此時代設定為啓蒙思想期，福耳特耳 (Voltaire)、孟德斯鳩 (Montesquieu) 等啓蒙思想家的反宗教思想，

㉙　人物往來社版「東洋の歷史」⑥宋の新文化，第三七八頁。

係憑恃自中國所傳入天的觀念與朱子學❸，今日學界都已貫通其脈絡。
則朱子學於西方發揮了與東方倒反的效果，卻是頗有興味之事。日本著
作愛用「孔子以來最大思想家」或「中國最大的思想家」稱譽朱熹，雖
係基於自國立場，謂朱熹的學問乃繼孔子儒學傳入後第二次儒學沖擊日
本而發，以視朱子學影響的廣大與深遠，則也堪承認爲相當，非是偶
然。

宗教思想・學問的進展與停滯

　　宋朝已非唐朝國際化的時代，唐朝傳來諸外教，景教僅能在北方邊
緣地區維持其傳統，摩尼教吸收佛、道二教民間迷信成份而變質殘存，
所以宋朝漢族國家的宗教已惟佛、道。元朝世界大帝國回復國際宗教橱
窗壯觀，又隨蒙古人退出漢族中國立卽結束其展示，天主教因之須待十
六世紀末再傳入，回教自唐末歷宋至元雖已在漢族民間生根，卻純係外
來信仰，對中國思想無何影響。明朝以來宗教思想的依附體，仍然只是
佛、道二教。

　　隋一唐百家爭鳴的佛教奔放思潮，隨諸宗派分立態勢鑄定而漸漸平
息之際，經過唐武宗廢佛大打擊又次代憲宗復佛，斲喪的元氣復甦究已
不易。教理由是進入衰頹期，從來理論的傾向轉往實修方面，不立文
字、敎（經義）外別傳的禪宗乃於此機運中決定性盛行。十世紀續經五
代後周世宗（佛教史所謂「三武一宗」之禍的「一宗」）原因不明的佛
敎彈壓，墮壞寺院，摧毀經典，再陷低潮的佛教幸以接續便是宋朝成

---

❸　曉教育圖書版「現代教養百科事典」⑦歷史，第三四三頁「中國文化の西
　　漸」條。

立，自開國的太祖後代代帝室加以保護與獎勵，而佛敎復興的新生機展現。

隋—唐大乘八宗中，其言宗密敎自別於所有諸宗派的顯敎，顯敎中律宗、禪宗均大、小乘共通基礎上的獨特實踐發展，淨土宗念佛修行方法另是特殊的實踐宗派，三論宗（印度系空宗）、法相宗、（印度系相宗）、天臺宗、華嚴宗（中國系），是澎湃深邃哲學理論的淵源。

三論宗與天臺宗，各別係隋—唐佛敎敎理前導二大巨匠的吉藏（嘉祥大師）與智顗（天臺大師、智者大師）所開創：

——三論宗依憑「中論」、「十二門論」、「百論」的三論，闡明般若部諸經「空」觀，由「眞理是空」思想，達成發見眞正自己的「中道」。

——天臺宗以「法華經」爲根本經典（以及「涅槃經」），所以也稱法華宗。智顗主要著作天臺三大部「法華玄義」、「法華文句」、「摩訶止觀」，推展四論（三論加「大智度論」）「空」的理論。建立「一心三觀」（空、假、中）、「三諦」（即空＝眞諦、即假＝俗諦、即中＝中諦。眞諦、俗諦＜世諦＞亦吉藏「二諦章」主旨）「圓融」的哲學體系。

玄奘弟子窺基（慈恩大師）成立法相宗，又與法藏（賢首大師）的完成華嚴宗約略同時期：

——法相宗傳唯識論敎說以明諸法相體，中心思想一切唯識，識外無物，所以也名唯識宗。眼、耳、鼻、舌、身、意係前六識，第七識末那識，第八識阿賴耶識（意譯「藏經」，含藏萬法的無量種子），玄奘「成唯識論」說明：「第八名『心』，集諸法種，起諸法故；第七名『意』，緣藏識等，恆審思量爲我等故；餘六名『識』，於六別境，麤動間斷，了別轉故」。

——華嚴宗以「華嚴經」爲本經，基本教義係「一卽一切，一切卽
一」，一一事理皆爲眞心全體所現。其事事無礙法界觀的理論，謂本體
之理與現象之事係不可分的一體兩面，任何事物又包攝一切事物，由
於一心法界緣起而圓融無礙。法藏「金師子章」係此絕對唯心論的代表
作，也於中國佛敎敎理發達史上，與智顗並稱承先啓後的兩大師❶。

三論、天臺兩宗自隋至唐初大流行，但當唐朝政治、文化北方中心
形勢成立，天臺宗以浙江天臺山本據遠離長安、洛陽，自太宗以來已形
不振，所以當其他宗派光輝奇麗的黃金時代展現，天臺宗却相對正是黑
暗期。八世紀後半奇才傑僧湛然（荊溪大師）復興臺門，敎學大盛，一
時且具概括諸宗敎義大成而與佛敎統一運動姿態。唐朝中期已衰頹的三
論宗，便以敎理接近，確定併入天臺宗，太宗時代以來風靡的法相宗，
也自唐朝中期後沒落。華嚴宗則以高僧澄觀（清涼大師）繼起，光大宗
學，與天臺宗抗衡。澄觀高弟宗密（主峯大師），又是一位中國佛敎史
著名學僧，但已值禪風蒸蒸日上，與共通的敎義宗派，所謂敎界，對稱
「禪」、「敎」或「宗」、「敎」之勢開始形成，而以禪、敎雙修馳譽，
圓寂未幾，會昌廢佛一幕便行上演。

自是歷唐亡後五代至宋朝，佛敎復興，通宋朝三百年間，官版與私
版的「大藏經」五度開版，譯經事業續開，「釋氏要覽」、「釋門正統」、
「景德傳燈錄」、「僧史錄」等，以及有名的「佛祖統記」（南宋天臺僧宗
磐撰），均於其時著作。北宋中期仁宗景祐元年（紀元一〇三四年）天
下出家人統計，回復僧三八萬五千餘人，尼四萬八千餘人的盛況，南渡
後臨安與附近天臺、四明等地尤其寺院密集，僧侶衆多。敎團自宗敎本
務而唐朝經濟團體化的形貌也已復現，擁有廣大的花園、礦碾、倉庫、

❶　佛敎諸宗派敎理，參閱拙著「南方的奮起」佛敎‧譯經‧中國佛敎敎義節、
　　「中國世界的全盛」外來宗敎與佛敎思想的百花齊放節。

店舖、園林，所謂「叢林」制發達。敎團專職役僧管理寺產、佃戶、寺庫，司掌錢穀出入歲計，以及商業資本、高利貸資本的蓄積，由長生庫（局）、無盡財之名可知❷。然而，敎理卻只是唐朝敎界的維持與繼承，再無何高價值創新。注目傾向惟在禪宗浸浸乎駕凌所有宗派的獨盛聲勢繼續發展。

```
唐朝中期高僧圓寂年（據「宋高僧傳」）
  慧能（禪宗）      玄宗先天二年（713）
  神會（禪宗）      肅宗上元元年（760）
  湛然（天臺宗）    德宗建中三年（782）
  澄觀（華嚴宗）    憲宗元和年間（806-820）
  宗密（雙修）      武宗會昌元年（841）
```

與天臺、華嚴等敎理研究宗派特徵相異，專念於解脫實踐，「頓悟成佛」的禪宗，自達磨以迄六祖慧能（大鑒大師）而大成，以胡適研究而聞名，敦煌所發見「神會語錄」的作者神會（荷澤大師）便是慧能高弟，神會又是雙修的宗密所隸禪門系統❸。以發展迅速，禪風互異發生的派別，唐末、五代（紀元九〇七年唐亡，九六〇年宋朝成立）已確定性成立臨濟宗、曹洞宗、潙仰宗（唐末）、法服宗、雲門宗（五代）的所謂「禪宗五家」。宋初，潙仰、法服二宗盛極而衰，甚或中絕，雲門宗大繁榮，北宋中期的仁宗時代以來，臨濟宗接踵抬頭，再分派爲黃龍派與楊岐派（所以也被稱「五家七宗」）。屆於南宋，臨濟宗發達至壓倒性極盛期。但南宋末期，原屬微弱的曹洞宗奇峯突起，取代抗衡臨濟宗的雲門宗式微形勢。宋朝之後，代表禪宗因之惟是臨濟、曹洞兩宗。禪宗於宋朝傳入日本，介紹的因之便是臨濟、曹洞兩宗，以鎌倉武士爭相皈依

❷　參閱平凡社版「世界歷史大系」⑥東洋中世史第三篇，第三六四～五頁。
❸　見范壽康「中國哲學史綱要」，第二八四頁附表。

而建立爲鎌倉精神文化基礎❹（禪宗流行高麗的則係稍早的法服宗）。近代中國的佛教界，也便以禪宗發達爲樞軸而再編成——

其一：融合佛教成立。唐朝中期以來至宋初，教、禪一致方向不斷開朗，禪宗爲中心而諸宗派融合・調和之風濃厚。從來以觀心實踐爲旨的禪宗名僧，多修習、研學他宗思想，宋初圓寂的延壽倡導「祖佛同銓、禪教一致」，主張以惟一眞心折衷融合一切經教，集一切佛法於一身，而建立宋朝佛教界諸宗習合的基礎。天臺禪、華嚴禪盛行，以及兼參念佛淨業的念佛禪，都蔚爲風潮。佛教各宗派融合之勢漸漸形成，歷史的絢爛之光卻也漸漸平淡。

其二：文字禪與居士禪勃興。從來禪宗非賴經文的文字以求精深理論爲必要，以文字不可能透澈無遺表達所須說明的本旨。但也非完全拋棄文字之謂，經如「楞嚴」、「維摩」，論如「起信」等，仍都研讀。抑且，錄頌師門古人參禪話頭爲公案，供於諷詠咀嚼中領悟禪機，所謂「待悟見性」爲目的的所謂「頌古」（「看話」），唐末已發生，至宋朝而大盛，北一南宋之交臨濟宗克勤「碧巖集」（載公案百則），係禪門頌古特爲有名之作。頌古、語錄等此類文學意味的禪書愛讀之風高漲，巧逢宗師一語，可以參透心要得大自在。然而，文字禪簡捷登入禪門之道，漸漸流於浮華冗漫的複雜化，問答間知見、思量、情識喪失，互爭機鋒，徒然玩弄空疏抽象的文字與理論，弊風也便自北宋末與南宋而起。儘管文字禪僧俗共賞，特別被愛好理論的士大夫所喜，禪學或禪的知識因之得在知識人間普及，參禪於俗界形成學者、名士敎養之一，居士禪又因之而自宋朝發達，對於禪的本旨，禪宗的本來面目，卻都正漸漸離背而喪失❺。

---

❹　社會思想社版「敎養人の東洋史（上）」，第二一三頁。
❺　佛敎融合傾向，文字禪、居士禪，主要取材自平凡社版「世界歷史大系」
　　⑥東洋中世史第三篇，第三六二～三六三、三七二～三七六頁。

　　淨土宗與禪宗，各別係各宗派間共通所實行念佛與參禪基盤上的獨立成宗，其經說對應現實社會而加反省爲出發點的末法佛敎主張，阿彌陀佛一佛專修的念佛特徵，也與禪同樣離開理論而流傳，惟以敎化力的適應通俗化民間，社會普及方向係與禪宗一知識人相反的一般民衆。宋朝禪宗中心的諸宗融合傾向下，禪、淨習合自亦一大潮流，尤其北宋傾覆前後社會上下瀰漫厭世感，淨土思想的念佛宗獲得機緣愈益盛行，迄南宋而此風不衰。也便以彌勒佛來生救世主淨土信仰爲基礎，佛敎別派的白蓮宗自南宋初期興起。宗派發生當初，係一種嚴守禁慾主義的淨業團體，具半僧半俗性質，由於被一般佛敎界視爲異端，官吏心目中的邪敎，被迫轉變形成特殊化秘密敎團組織。見於「佛祖統記」（卷四七）的此等敎徒行徑是：不殺生、不飲酒、避葱乳，依念佛功德求自現世污土直向極樂淨土往生，詿誘愚夫愚婦盤據田里，風紀敗壞，姦穢淫亂。類似的白雲宗，同係起自宋朝的半僧半俗通俗化宗敎團體，禁葷酒肉食，喫菜（素食之意）。殘存長江中、下游與東南沿海民間已變質的摩尼敎，與白蓮宗、白雲宗也具有親密關係，「佛祖統記」記其名爲摩尼、末尼、明敎，喫菜事魔，卷四八引「夷堅志」：「喫菜事魔，三山（福州）尤熾。爲首者紫帽寬衫（卷四一：「其徒白衣白冠」），婦人黑冠白服，稱爲明敎會，所事佛衣白，引經中所謂白佛」；注引宗鑑語：「良渚曰：此三者（摩尼、白蓮、白雲）皆假名佛敎以詿愚俗，猶五行之有沴氣也，今摩尼尙扇於三山」；卷四二：「其（末尼）徒以不茹葷飲酒，夜聚淫穢」。可明瞭三而一的性格合流，邪敎惡名下遭禁的際遇也相同，導源於反抗心理，糾合不平份子盆盆脫線的行動，乃不可避免。自宋入元，末年翻天覆地紅巾農民暴動指導者，便是自稱彌勒佛化身的，被彈壓秘密結社份子韓山童，繼承之子韓林兒稱號又是摩尼敎色調的小明王（「明史」韓林兒傳）。但待黨徒一支朱元璋收取推翻元朝

果實建立明朝，洪武三年（紀元一三七○年），仍如太祖實錄❻所載：「及白蓮社、明尊敎、白雲宗、巫覡、扶鸞、禱聖、書符、咒水諸術，並加禁止」。

另一方面，佛敎的一般敎團，自南北朝以至隋唐一貫存在的寺僧結託權貴現象，宋朝以來非祇如舊，且以居士尊信，功德院的名目發生，士人止宿寺院讀書風習也引爲美談，以及寺院經濟發達，而僧侶世俗的名利惑溺愈益熱衷。加以政府濫發度牒，僧尼素質日趨低下，佛敎界固自別於邪敎，自身的墮落大勢同樣注定。

與佛敎並行發展的道敎，北宗末一度以政治奧援氣燄猛昇，風流天子徽宗自稱道君皇帝，天下佛寺均改道觀，佛、菩薩、僧尼稱謂也一概變換道敎名詞，敎理卻是停滯狀態。僅仁宗前代眞宗時，王欽若集結道書四三五九卷爲「寶文統錄」，張君房輯錄道書四五六○卷，主要內容爲「雲笈七籤」，成立道敎思想總滙一切經「道藏」原型。堪注目的道敎革新運動，係起自南宋時代的金朝版圖內，全眞敎（去妄幻而全其眞爲要諦）、眞大敎（苦節危行，儉素不受施與爲主旨）、太一敎（以傳太一三元法籙之術而命名）三派分立。其中奉宋初呂洞賓（純陽）爲始祖，十一世紀在山東開宗全眞敎的王重陽，與朱熹同時代，著作頗多，攝取儒、佛實踐道德，傳道指導先讀「孝經」與老子「道德經」，再授「般若心經」與「常清淨經」，又循打坐（靜坐＝禪定）求定心。提倡鍊心繕性以證道，排除不老長生的現世昇仙幻想，淵靜絕慮、見性得眞爲本旨，所以全眞敎新道敎的出現，堪譽已到達道敎史登峯造極境界。其後應成吉思汗邀，以於中亞細亞戰場爲這位世界最大征服者講養生之道馳名的長春眞人丘處機，便是王重陽四位 相續掌敎的 大弟子中最少者，第一次「道藏」正式開版，也追隨便在蒙古滅金後的紀元一二三七

---

❻ 轉引自牟潤蓀「摩尼敎入中國考」（「國學季刊」一卷二號）。

年，以及由丘處機弟子主持。全眞教一刷道教舊口道士素質低落如同佛教的腐化積弊，領導完成宗教改革，奠定了道教史的不朽地位。

元朝滅宋以前的蒙古帝國時代，係道教發展的隆盛期，初非祇全眞教得志而已，但迄統治漢族中國全域的元朝，眞大教、太一教均已沒落，全眞教獨盛於北方中國，而與舊南宋治下南方中國，漢朝五斗米道＝天師道張道陵子孫在江西龍虎山所發展的正一教，暨所代表符咒（符籙禁咒）、科教（經文諷誦）的舊傳統，成立二分道教天下之勢。然而，全眞教勢力急速伸張的結果是道士驕恣，教團墮落，金丹道思想復活，不老長生、鍊丹成仙的要素仍然吸收入全眞教教理，與正一教已無差別，革新精神與實質的獨立性既都萎退，風靡一時的全眞教，乃不得不向歷史悠久的正一教低頭合流。

所以，明朝以來的道教，大勢上反而係全國性，也惟一僅張道陵自洪武元年（紀元一三六八年）受封正一嗣教眞人，以及代代承襲，如「明史」方伎傳張正常條所載：「顧代相傳襲，閱世既久，卒莫廢去云」。佛教自明朝以來，也是各宗派褪脫獨立色調，禪、淨土二宗爲中心而融合性形成統合佛教傾向，愈益增大。圖畫總繪佛陀所化身而加以人格化的諸佛、諸菩薩、諸金剛、諸天以表達曼荼羅境界膜拜，喇嘛教所隸系統的密教儀式規範，也於此佛教宗派統合階段供爲顯教法事範式。密教根本教義「卽事而眞，卽事成佛」❼，指佛陀外向衆生波及的作用爲應身佛（釋迦如來＝釋迦牟尼佛），其內證境界則法身佛（大日如來＝毗盧遮那佛），前者所說種種經典稱顯教，後者所傳秘奧眞言便是密教（所以也謂眞言宗），大日如來所表現，又便是相卽相入，「輪圓具足」之義的曼荼羅。曼荼羅由自我的精神（心），主觀的漸次擴大爲宇宙全體，謂金剛界；從宇宙全體，客觀的漸次內縮爲自我肉圓心，謂胎藏界，一

❼　參閱拙著「中國世界的全盛」外來宗教與佛教思想的百化肯放節。

體兩面互爲表裏的兩境界中，物、心一切現象統歸佛陀爲本體，爲眞理。舊時已以實踐特徵的注重設壇，供養與誦咒等儀式，適合民間渡亡、祈禳迷信意識獨自存在中國佛敎發展的最後階段，終也加入了融合序列，如今日所見。

也惟其如此，明朝以來，無論佛敎或道敎，分派都自思想的融合，續於形式上合一。其傾向，則是大衆的、普及的，卻也是平淡的、庸俗的「大藏經、「道藏」儘管續刊，佛、道著作儘管增出，已無何高深哲理可言，如同儒家思想的確定停滯，此其一。其二，儒、佛、道一面調和，一面論爭的矛盾也完全化解。士大夫儒者固已轉變態度，承認宗敎信仰無碍於聖賢之道，佛、道傳敎的加味儒家化爲尤堪注目，以視廣泛流行民間，民衆普遍多有閱讀的「陰隲文」、「功過格」等（「太上感應篇」則書名始見「宗史」藝文志）道敎通俗文獻，性質毋寧都是儒家的倫理讀本，而以宗敎的因果報應說加強說服力。三敎和平融合的結局是儒家最蒙其惠，當係原先猛烈排斥佛、道時代始料所未及。

思想·宗敎·學術的精神文化面各分野，自宋朝以來，均須劃定一新紀元。理學思辨的宇宙觀由佛、道哲學的刺激而成立，對後世東亞文化圈諸國授以絕大影響，係十七世紀淸朝而繼佛、道二敎思想呈現發展的停滯狀態，已如前述，其他學術研究方面，歷史學·地理學的發達尤須特筆。歐陽修所主持編纂與五代劉昫「唐書」（稱「舊唐書」）對稱的「新唐書」，與前出薛居正「五代史」（稱「舊五代史」）對稱的「新五代史」等正史，（元末官修「遼史」、「金史」、「宋史」，明初官修「元史」，柯維騏又撰「宋史新編」），以及編年史的「資治通鑑」（司馬光）、「續資治通鑑長編」（李燾）、「通鑑外紀」（劉恕）、「大事記」（呂祖謙）、「建炎以來繫年要錄」（李心傳）之外，記事本末體的「通鑑記事本末」（袁樞）、「三朝北盟會編」（徐夢莘）、「左

傳事類始末」（章冲），乃是宋朝創意，依旣已成立的紀傳、編年史書，避免記事分散割裂而敍述首尾一貫的新體例（明朝陳邦瞻宋史、元史的紀事本末亦然，惟清初順治年間，谷應泰「明史紀事本末」完成於乾隆時「明史」成立之前爲例外），朱熹「資治通鑑綱目」亦此類傑作。導引後代更多著作的宋朝地理書。

　　制度書一類別的會要書也始自宋朝，王溥「唐會要」、「五代會要」，徐天麟「西漢會要」、「東漢會要」，都是其例。鄭樵「通志」、馬端臨「文獻通考」尤係有名的制度書，「文獻通考」上續唐朝杜佑「通典」迄於玄宗的記載年代，下以南宋寧宗嘉定時代爲斷。南宋末年與遼、金、元、明四朝代沿革，須待清朝高宗勅撰「續文獻通考」一括補足，又另編集「皇朝文獻通考」。

　　導引後代更多著作的宋朝地理書「太平寰宇記」（樂史）、「元豐九域志」（王存等）、「輿地廣記」（歐陽忞）、「方輿勝覽」（祝穆）等，乃廣域的地誌。「長安志」（宋敏求）、景定「建康志」（周應合）、吳郡志（范成大）、乾道「臨安志」（周淙）、咸淳「臨安志」（潛說友）等均單一地域的地方志。「宣和奉使高麗圖經」（徐兢）、「松漠紀聞」（洪皓）、「嶺外代答」（周去非）、「諸蕃志」（趙汝适）等，又是博學界高評價的漢族中國周圍地方介紹。

　　元朝滅宋後至元一七年(紀元一二八〇年)，派遣都實深入青海腹地，探求黃河河源，歸朝後提出的實地位置勘測報告書，由翰林學士潘昂霄據以撰定「河源志」，又是科學調查黃河源流的最早正確記錄遺留。

　　十七世紀中，明朝轉換爲清朝的中國支配，也開啓學問新的轉振時代，最早的代表人物黃宗羲（梨洲）、顧炎武（亭林）、王夫之（船山）三大家，都是明亡舉義兵失敗而誓死不屈的遺臣。三大家中黃宗羲年最長，生於明神宗萬曆三七年（紀元一六〇九年），卒於清聖祖康熙三四

年（紀元一六九五年），顧炎武較之晚四年生而早十三年卒，王夫之較
黃宗羲晚十年生而早三年卒。黃宗羲之父係明末以反權臣、反宦官聞名
的東林黨有力人士，「東林黨」乃由東林學派而起的名詞。東林學派由
江蘇省無錫東林書院講學導源，覺醒風靡的陽明學空談無用，主張學問
必須關心現實社會的政治、經濟問題，而提倡「經世實學」，重視名教
節義，轟然代表厭惡當時權臣、宦官橫暴的一般士大夫輿論。其節義修
養的實踐，便是強烈的政治活動，不畏權勢，奮身與之對抗搏鬥，雖然
效果祇是破壞面，對挽回明朝腐敗的覆亡命運無所裨益。黃宗羲繼父濃
厚的東林黨遺風，其「明夷待訪錄」名著，痛擊三千年來君主專制的弊
害，以個人豐富的歷史知識爲根柢，對政治、財政、土地制度、教育等
一應問題，逐項提出意見，全然東林學派經世之學展開，於其批判明
朝缺失的背後鮮明表達漢族民族意識，進行反清鬥爭。「明儒學案」又
是其不朽著作，中國第一部學術史與哲學史，另一未完成大作「宋元
學案」，由弟子全祖望續成（經學家萬斯大與史學家萬斯同兄弟亦其門
人）。顧炎武「天下郡國利病書」與「日知錄」、「亭林遺書」中文集等
諸篇，王夫之「黃書」、「宋論」、「讀通鑑論」（均包括於今已殘缺的
「船山遺書」中），也均同類經世致用學問的著述，以史論方式抒發與
清朝政治不相容的政治思想。顧、黃兩家通清朝均具影響力，王夫之比
較孤立；其思想至十九世紀中的道光、咸豐年間始受注目，特別至今日
而其哲學思想的獲得高評價。

　　清朝征服統治確立，文字獄的嚴厲大彈壓，漢族士人反抗意識瓦解，
乾隆時又頒禁書令，前後二十四次銷燬犯禁書籍，書籍總數五百三十八
種，一萬三千八百六十二部❽，於編纂「四庫全書」時，編入副產物的
「禁書總目」，一概銷燬禁止刊行。經世實學被清朝猙獰扼殺，已屈服

❽　稻葉岩吉「清朝全史」（第四七章）下卷一，第一二頁。

而又唾棄空疏宋學的漢族儒者惴惴不安於異族統治下文字之禍，被迫惟有回到與思想無涉的漢學基礎上再出發，依循顧炎武所另闢的大道，如「禁書總目」中「亭林遺書」條所註明：「查此書係崑山顧炎武所撰，以所著十書合爲一篇。內除亭林文集、亭林詩集二種中，均有偏謬詞句，應行銷燬，又昌平山水記一種，亦有乖謬處，應行抽燬外，其左傳杜解補正、九經誤字、石經考、金石文字記、韻補正、譎觚十事、顧氏譜系考等七種，均係辨正經史之書，有裨考證，查無干碍，應請毋庸銷燬」❾，而「日知錄」爲基礎，考證學發達爲清朝代表性學問，顧炎武也被推定爲清朝考證學之父。

考證學由顧炎武而確立其獨自的學術精神，開拓其學間領域，關係三大家的兩位康熙時代晚輩：

——閻若璩，所著「古文尙書疏證」的大膽、細心、廣博立證，予朱熹以來已懷疑是否固有，而未敢肯定的柬言所出現「尙書」古文部份公案，經由自由、理性的解剖，斷然裁決其係僞作（以及同出以孔安國「尙書序」）。從來被盲信的帝王學敎科書，至是權威於當頭棒喝下粉碎，而前儒卻對此僞書經文鄭重訓詁、義疏以加徵引、思量之餘，未免令人興滑稽之感。

——胡渭，所著「易圖明辨」對學術界的衝擊尤劇。「河圖」、「洛書」——伏羲、文王、周公、孔子——「易經」的關係，乃宋儒組織理學的中核，「河圖」、「洛書」在胡渭之書無情批判下知係全然無涉的著作，成立過程與出處也經暴露（謂卽出自五代初、宋初的道士陳搏）法衣剝脫，理學哲學體系被發覺乃根據架空說而完成，可謂尷尬之至。同樣，其另一著述「洪範正論」，予漢儒五行災異說的矯誣以論破，而

❿　錦白誠文堂新光社版「世界史大系」⑧東アジアⅡ第二二八頁附「禁書總目」樣頁圖版內文。

「陰陽五行」又正是宋儒理學的構成要素。

　　另一同時代的聞名學者顏元（習齋），則被評估爲直承孔、孟學說而揚棄理想主義的篤行派，與考證學無關。

　　考證學自康熙時代興起，可以了解，其自漢學立腳，卻非漢學盲從者；與漢學同係思想停滯期產物，本質僅是文獻學、資料學，治學的精密、實證、客觀、正確，卻已是今日科學的方法與態度。

　　前述清朝考證學諸代表人物，出生年代至遲均尚在明末崇禎間，迨乾隆——嘉慶之世考證學全盛期展開，代表者的生、長時代便都已係清朝，以及都已在考證學風中育成其學問。此一階段，考證學明白分化兩潮流發展，惠士奇、惠棟父子家學爲典範的反動風潮，回歸傳統漢學路線的旗下學者，堅守訓詁學（以及相關聯的校勘學）基準不踰。踏襲清初精神努力加以發揚光大，係築於戴震（東原）與後起段玉裁、王念孫、王引之父子（所謂「戴、段、二王」）學問磐石上的考證學正統，「實事求是，無徵不信」的科學研究方法，從經學廣泛的，也專門的向史學、文學、語文學、地理學、金石學（考古學）、目錄學，以及輯佚等各方面擴散，考證學的成果於此時期最爲豐碩。

　　以考證方法應用到歷史學，清初顧祖禹「讀史方輿紀要」、馬驌「繹史」已係名著，乾嘉時代高價值著作尤多，王鳴盛「十七史商榷」、錢大昕「廿二史考異」、趙翼「廿二史劄記」等都是。廿二史乃清朝官頒「明史」與加列「舊五代史」，合爲「廿四史」前的中國正史總稱（「廿五史」乃民國再加「新元史」而成，「十七史」則依宋朝標準，廿二史中減宋、遼、金、元四史與「舊唐書」），予全正史龐大史料中提示相互間的矛盾、錯誤，以及發爲議論，係此等著作的共同點。重要發見的一例：唐朝記事中突厥族稱謂「特勒」的名詞，從來歷史家向未注意其是否有誤，錢大昕比較考證其他資料斷案，判定須是「特勤」，此由今日

研究所了解便是突厥語 Tegin 音譯，證明完全正確❿。崔述「考信錄」
衡量史料價值等級，自再現正確的古代史着眼，係另一方面的功績。唐
朝劉知幾系統的史論家章學誠「文史通義」，也是此時代作品。

　　考證學是思想被箝制時代，無可奈何下的學問變形，極度發達的蔚
然成風，相對也對原已停滯的中國思想愈益增加窒息作用。然而，具批
鬪、鑑別精神，辨正從來學術誤傳後世的妄說與錯失，貢獻為不可抹煞，
對後學者學問研究的助力尤為莫大，正意味迎接西洋現代思潮前舊時代
學問的一次大反省、大整理與大澄清，此其一。其二，考證學儘管外延
廣泛，本質的文獻學已是限界，自由活動受掣肘，而套上無由階段性自
我飛躍的足枷。思想・學術停滯，注定考證學盛極必衰，而以清末淪向
無力感的末梢研究結束，換言之，與起與退潮與清朝全歷史相當。卻是，
堪注意係考證學根柢在於合理主義為無疑，而適時輸入的西洋思想・科
學同由合理主義育成。清末吸收西洋文明的漢族知識青年所領導排滿革
命運動，考證學與其學者固都無關聯，但合理主義意識以考證學風流布
而普及社會，刺激年輕一代理解西洋思想・科學，則應非猜測。於此，
考證學母胎清初三大家，特別是黃宗羲公開主張天下乃萬民的天下而歸
君主一人所有論點，以及「凡天下之無地而得安寧者，為君也。是以，
其未得之也，屠毒天下之肝腦，離散天下之子女，以博我一人之產業，
曾不慘然，曰：我固為子孫創業也。其既得之也，敲剝天下之骨髓，離
散天下之子女，以奉我一人之淫樂，視為當然，曰：此我產業之花息也。
然則，為天下之大富者，君而已矣」（「明夷待訪錄」原君篇）的激烈攻
擊言辭，對於革命期革命思想鼓吹的絕對影響力，從「明夷待訪錄」由
革命志士大量印發傳播，為可瞭然。

---

❿　人物往來社版「東洋の歷史」⑨清帝國の繁榮，第二一八頁。

高峯科學・技術的終頁

　　西羅馬帝國於第五世紀覆亡以來，被歷史界稱之黑暗時代的漫長歐洲中世，自十五世紀中文藝復興運動而蘇甦，脫出黑暗時代，十六世紀確定躍入充滿活氣的新時代。使用火藥的火器一變歐洲戰爭技術，貴族與騎士身份崩壞，封建制度瓦解，義大利爲中心的廣大歐洲市民階級開始抬頭，歐洲社會發生根本的大變貌。原由一部份貴族與僧侶獨佔的學問，也以廉價的紙大量生產與印刷術流行，中世時代昂貴而須手抄的羊皮紙被淘汰，多種多樣書籍出版，知識與教育向一般大衆普及。紀元一五〇〇年地理上大發見，環航世界成功，敞開歐洲人海外進出與世界制霸之門，無限財富獲得之夢實現，又藉助於羅盤。所以，迎接歷史上歐洲最大的變革，持續十個世紀的中世歐洲一躍爲近代，也帶動全面變換世界歷史，中國起源的紙與印刷、羅盤、火藥四大發明係其原動力，於西洋歷史界久爲定評。也惟其如此，歐洲近代史開幕與歐洲近代文明發生，以及現代文明得由此基盤上再昇進，均係拜中國人智慧之惠，乃是中國與中國人對歐洲、對世界文明的絕大貢獻，又於東洋歷史界已爲定評。

　　中國紙的發明，現知係紀元前一世紀左右前漢時代，自二世紀後漢蔡倫時代以後，經過改良的廉價而良質紙大規模生產而普及。製造原料於麻屑、樹皮、敝布等以外，四世紀東晉時代江南地方爲始，又盛用濕潤的暖地生育的竹製造紙。至唐朝，玄宗天寶十年（紀元七五一年）怛羅斯之役對阿拉伯人戰爭爲契機，中國製紙技術先已流傳西方爲今日所確認❶。

---

❶　參閱拙著「黃河文明之光」紀元前二〇〇─後二〇〇年間的科學與技術節；「中國世界的全盛」有容乃大・東─西吞吐節。

　　紙的發明，中國已開啓通往印刷術之道，木版印刷自六、七世紀隋一唐之際起源❷，八世紀唐朝已相當程度盛行，自穆宗長慶四年（紀元八二四年）元稹「白氏長慶集」序：「繕寫模勒，炫賣於市井」之句自注：「揚越間多作書，模勒樂天及予雜詩，賣於市肆之中」等當時記錄可知。近年新省吐魯番發見「妙法蓮華經」分別品斷片，推定乃則天武后時代之物❸，又是七世紀末遺留印刷物的實證。但木版印刷本格化展開，由政府與民間普遍利用於書籍，寫本完全轉換入印刷時代，則續須經歷三個世紀而至十世紀以後的宋朝，自紙的最早出現，中間相隔已一千年以上。

　　也便在木質彫版印刷實用化且已商業化的宋朝，活字印刷也經發明，十一世紀末的著作沈括「夢溪筆談」（卷一八）記有民間技術家畢昇所發明活字印刷的方法：「慶曆中（十一世紀中）有布衣畢昇，又爲活版。其法用膠泥刻字，薄如錢唇，每字爲一印，火燒令堅。先設一鐵板，其上以松脂臘和紙灰冒之，欲印則以一鐵範置鐵板上，乃密布字印滿鐵範爲一板待就火煬之，藥稍熔，則以平板按其面，而字平如砥」。十三世紀末元朝續有王楨操作木製活字成功，且創一個月利用六萬餘活字印書一百部的紀錄，所製活字預經整理分類，配置旋轉式大盤中以便利撿排的方法同時成立❹，金屬活字（用錫塊）追隨也已試驗出現。然而，便因漢字一字係一義一音，多種多樣活字量需用太多，木活字或錫活字的高磨損率同於木版而方便反不如現彫，因而迄於明、清，中國印刷術主流仍係應用木版彫字技術。

　　印刷術由中國流傳域外，東方向朝鮮與日本，西方也及於中亞細亞，

---

❷　參閱拙著「中國世界的全盛」學問、科學與文學平民化節。

❸　藪內清「中國古代の科學」，第一六一頁。

❹　世界文化社版「世界歷史シリーズ」⑫モンゴル帝國，第二○七頁。

但信奉回敎的阿拉伯人支配者以聖典「可蘭經」而出之印刷爲冒瀆神聖的理由，持拒絕態度❺。所以中國印刷術輸入歐洲，非立於中國與歐洲間中介位置的回敎徒，而須十三世紀元朝世界帝國建立，馬哥孛羅與其他抵達中國的西方旅行家，注意到中國流行的木版印刷與已普遍流通的紙幣，才以其技術攜返歐洲，乃以義大利爲中心，十四世紀末而歐洲開始木版印刷。歐洲活字刊行的印刷物，通說以紀元一四五四年（中國明朝景泰五年）德國人 Gutenberg 完成的「三十一行贖宥狀」爲最早，較畢昇遲約四個世紀。此項歐洲的活字印刷術與中國間關係如何？現在固尚不明，但其木版印刷爲受中國影響，則已係研究者一致的見解❻。

磁石吸鐵的事實，自紀元前數世紀間，無論東、西洋均行知曉，但磁石指南性的發見，仍以東洋的中國爲最早，漢朝文獻已有明確的「司南之杓」（紀元八三年王充「論衡」之言）記載，以及用磁石作爲測定方位裝置的說明❼，現代歐洲人須經漫長的歲月始向中國學習得此項知識❽。但在中國，由「司南之杓（匙）」，通過六朝磁石磨製磁針開始實用化的階段，而發明人工磁針，過程也非短，其完成時代，約略便在宋朝初年。十一世紀成立的兩部有名著作記述：

——北宋仁宗慶曆三年（紀元一〇四三年）曾公亮、丁度等奉勅編纂的「武經總要」卷一五御導：「若遇天景曀霾，夜色瞑黑，又不能辨方向，則當縱老馬前行，令識道路。或出指南車及指南盤，以辨方向。指南車法世不傳，實法用薄鐵葉剪裁，長二寸，濶五分，首尾銳如魚形，

❺　藪內淸「中國古代の科學」，第一六二頁。
❻　藪內淸、山田慶兒「中國固有の科學技術」（人文書院版「世界歷史」④東アジア世界，第二部第三二二頁）。
❼　參閱拙著「黃河文明之光」紀元前 二〇〇一 後 二〇〇 年間的科學與技術節。
❽　採用藪內淸「中國古代の科學」第一六八頁之語。

置炭火中燒之，候通赤，以鐵鈐鈐魚首出火，以尾正對子位，蘸水盆中，浸尾數分則止，以密器收之。用時，置水椀於無風處平放，魚在水面令浮，其首常南向午也」。其人工製造所應用，便是近代磁化方法❾堪注目，鐵針燒至赤熱，固定南、北方向時會急速冷卻，對應地球磁場而磁化的今日科學原理，十一世紀中國人的理解全與相同❿，尤令人驚嘆。

——十一世紀後半神宗時代，參與王安石新法改革協力者沈括所著「夢溪筆談」卷二四：「方家以磁石磨針鋒，則能指南，然常微偏東，不全南也。水浮多蕩搖，指爪及盌唇上，皆可為之，轉運尤速，但堅滑易墜，不若縷懸為最善。其法，取新纊中獨璽縷，以芥子榨蠟，綴於針腰，無風所懸之，則針常指南。其中有磨而指北者，予家指南、北者皆有之」。所介紹安置磁針以定方位（沈括係分四方為三十二方位）的三種方法；浮於水面，指甲上或碗緣，絲線懸空之外，值得重視處，係天文學所決定南・北，與磁針南・北非全一致，兩者間存有物理學、磁氣學上謂之偏角（declination）的偏差，簡言之，磁針非完全正向南・北，而中國人十一世紀時已確知其原理，所謂「不全南也」。歐洲知曉同一原理的時期，議論未定，但不能早過十五世紀，則較之沈括的偏角發見，又至少須落後四個世紀⓫。

從上引兩書記載，可明瞭屆至十一世紀，磁針指南用途尚均在陸上，軍事上辨認方位，或者，所謂「方家」（今日的占師、地理師、陰陽師）觀測風水之用。但接續，指南針由中國船舶利用之於航海的記載，也已出現於十二世紀初的文獻，北宋徽宗宣和元年（紀元一一一九年）朱彧「萍洲可談」（卷二），記述其父朱服於一一〇〇年前後任官廣州時見

---

❾　人物往來社版「東洋の歷史」⑥宋の新文化，第一六一頁。

❿　藪內淸「中國古代の科學」，第一六八頁。

⓫　偏角發見，取材自藪內淸「中國古代の科學」，第一七二～三頁。

聞:「舟師識地理,夜則觀星,晝則觀日,陰晦觀指南針」,以及約略同一時期,宣和四年(紀元一一二二年)徐兢從海道出使高麗,歸來所著「宣和奉使高麗圖經」:「若晦冥,則用指南針以揆南北」,都頗明晰。當時船上所使用,都是沈括所述第一種方法而加改良的指南魚,十三世紀元朝初年至元年間陳元靚「事林廣記」(癸集)詳記其製法:「以木刻魚子一個,如母子大,開腹一竅,陷好磁石一塊子,卻以蠟塡滿。用針一半,僉從魚子口中鉤入,令浸放水中,自然指南,以手撥轉,又復如初」(另指南龜製法亦同,惟針通入尾部而指北),南宋末吳自牧「夢粱錄」中則稱「針盤」,通謂之水鍼盤。今日所習用羅盤,也因之對稱爲旱鍼盤。

　　十三世紀的阿拉伯文件中,航行印度洋上船隻尚不見指南魚記錄,十四世紀才學得中國浮針方法的水鍼盤⑫。由阿拉伯人轉輸歐洲後,同係十四世紀,旱鍼盤開始在歐洲出現,十六世紀而中國也已普遍使用今日羅盤的旱鍼盤⑬。所以,旱鍼盤雖非中國起源而爲歐洲,歐洲人係以水鍼盤加以改良而成進步的旱鍼盤,抑或自行發明,也未可斷定,但磁針指南性根本原理的發見, 羅盤最早利用之於航海, 而海上交通得以劃期的發展,仍都是中國人的世界性貢獻⑭。

　　火藥於中國的發明時代甚早,七世紀藥物學家孫思邈已注意硝石與硫黃混合物的可燃性,所以混合硝石、硫黃、木炭三者的黑色火藥便自唐朝製成,此一推論大致已無誤⑮。但作爲兵器用於實戰,則須至十世紀初唐朝末年,以後逐漸推廣使用。見諸十一世紀中述武器、戰術、攻

⑫　人物往來社版「東洋の歷史」⑥宋の新文化,第一六一頁。
⑬　藪內淸「中國古代の科學」,第一七一頁。
⑭　人物往來社版「東洋の歷史」⑥宋の新文化,第一六一~二頁。
⑮　藪內淸「中國古代の科學」,第一六四頁。

防等的軍事技術專著「武經總要」，其製造法已頗詳備，區分毒藥烟毬（卷一一）、蒺藜火毬火藥（卷一二）、火砲火藥（卷一二）等三種類，主要都在使目的物燃燒之用。火箭同一性質，係矢鏃加火藥，點火由弩發射飛出。屆此階段，仍不過初期的火藥發展，硝石含有量為少，主成份調合比率與今日黑色火藥相較，當時是硝石 50%，硫黃 25%，現在則硝石 75%，硫黃 10%[⑯]。

「武經總要」成書之後，宋朝受金侵略激化期間，才發展完成爆破性火藥的爆彈，北宋傾仆，南宋賴以化解金軍傾國南犯下覆巢之危，穩固政權基礎的高宗紹興三一年（紀元一一六一年）今日南京附近采石磯之戰，最初由宋軍使用成功。稍後楊萬里「海䲡船賦竹」追記：「紹興辛巳，逆亮至江北，掠民船欲濟。虞允文伏舟七寶山後，舟中發一霹靂礮，蓋以紙為之，而實以石灰硫黃，礮自空而下，墜水中，磺黃得水，而火自跳出，其聲如雷，紙裂而石灰散為煙霧，眯其人馬之目。遂壓虜舟，人馬皆溺，大敗之」[⑰]。霹靂礮（砲、炮）係紙製容器而盛火藥，點火後利用拋物線原理投向敵陣時，雖然黑烟、烈火、巨響足以驚憚敵軍，實質的爆炸威力尚不能太大也為可知。拋擲火藥爆炸物，或以手，如今日的手榴彈，或利用拋石機。拋石機均呈大型，於當代中國已應用為攻擊武器，自「後漢書」（如袁紹傳）可了解二世紀末的漢末已出現，底座置輪供移動，亦名拋車，木製機械而強勁發射大石塊落向敵陣，其形式，唐朝「通典」兵一三「攻城戰具」拋車條有說明，「武經總要」且多圖示。宋朝霹靂礮製法為金軍所知，倣製的震天雷又被蒙古軍所知時，以改良為鐵製容器盛火藥而爆破力增大。蒙古軍恃以制勝各地戰場，用投石機投擲爆發，謂之鐵砲。

⑯　同上，第一六四～五頁。
⑰　文轉引自柳詒徵「中國文化史」（中），第三一九頁。

　　火藥歷史一大重要突破，係戰鬥的場合，揚棄舊有投擲方法而發明用管形器械發射。采石磯之役以前，南宋朝廷建立未久時的紹興二年（紀元一一三二年）陳規堅守德安府（今湖北省境）抗拒金軍，「宋史」本傳記其「以六千人持火槍自西門出」，湯濤「德安守禦錄」補充說明：「又以火砲（同『爆』字）藥造下長竹竿火槍二十餘條，撞槍、鈎鐮各幾條，皆用兩人共持一條，準備天橋近城於戰棚上下使用」[18]。巨竹管內置火藥包點火射擊，雖係較近距離使用，命中率卻高，待蒙古人崛起而對此加以改良，由竹筒進步到銅、鐵質地製品，筒中火藥紙包也如同鐵砲向金屬外殼的子彈變換，由是火槍更富使用耐久力與殺傷力，已係今日「銃」或步槍的原型，火器革命成功。近年，銘年至正十一年（紀元一三五一年）的元朝末年青銅製銃發見[19]又是研究上寶貴的實證。

　　中國火藥在何等情況下傳向西方，議論頗多，但十三世紀的年代設定，則研究者意見已共同一致。從十三世紀中期，阿拉伯語藥物書寫本的最早知曉硝石，而付以「中國雪」名詞的事實，又成立為火藥知識自中國傳入原全不存在火藥的西方世界，係經由回教諸國再轉輸歐洲此一過程設定的有力資料。然後，同一世紀乃有歐洲最早的火藥處方於英國寫本中見出，但歐洲人實際製造火藥，尚須續延至十四世紀前半德國開始[20]，遲於中國已三百多年。

　　「礮」或「砲」，中國原意與「拋」字通，指的便是器械拋石或投石機，與現在的字義存有區別。中國投石機原理輸入西方，約略與火藥知識同係十三世紀，卻在西方已加變化，增置了大型平衡，所以十四世紀中期的歐洲投石機，據說已能投擲一・五噸重的巨大石塊[21]。也惟其

[18]　文轉引自方豪「中西交通史」第二冊，第一七三頁。
[19]　世界文化社版「世界歷史シリーズ」⑫モンゴル帝國，第二〇一頁。
[20]　人物往來社版「東洋の歷史」⑥宋の新文化，第一六一頁。
[21]　世界文化社版「世界歷史シリーズ」⑫モンゴル帝國，第二〇二頁。

如此而對中國發生技術倒流反影響，元世祖至元十年（南宋度宗咸淳九年，紀元一二七三年）元軍攻陷襄陽，利用的便是回教技術家所設計監製的襄陽砲，一名回回砲。「元史」工藝傳的記述：「阿喇卜丹，回回氏，西域茂薩里人也。至元八年，世祖遣使徵礮匠於宗王額呀布格，王以阿喇卜丹、伊斯瑪音應詔。二人舉家馳驛至京師，給以官舍，首造大礮」；「伊斯瑪音，回回氏，西域實喇人也，善造礮。至元八年，與阿喇卜丹至京師，十年，從國兵攻襄陽。未下，伊斯瑪音相地勢，置礮於城東南隅，重一百五十斤，機發，聲震天地，所擊無不摧陷，入地七尺。宋安撫呂文煥懼，以城降」，可見改良型已用平衡錘的新式大投石機的威力。歐洲最初的火器，便是利用投石機投射震天雷式爆炸物的蒙古人鐵砲。蒙古人火槍也自紀元一三〇〇年左右最早出現於繪有阿拉伯人肖像的古圖，但形式變化為金屬製較短的筒身後部呈管形長柄，一人可持[22]，回教世界介紹入歐洲的乃是此項自身形式的「銃」。歐洲便在此等火器與投石機製法的基礎上，經過文藝復興運動推動力，科學文明急速發達，火藥與火器不斷進步而發明如今日形態的槍砲，也自此結合船艦製造技術，憑以為征服非洲、美洲、亞洲的有力武器。

在於中國，迄蒙古旋風席捲歐亞大陸抑或元朝，火器擔當的仍祇弓、弩補助任務。火器發展為重要武器與編成獨立部隊，須待明朝。十五世紀初成祖時代，安南征伐與蒙古遠征等諸重要戰役，火器部隊都已是單獨作戰。然而，屆至其時，中國火器性能卻始終停滯在傳統階段，全無進步，明朝中期葡萄牙人領先，西洋人開始渡來中國時所攜帶火器威力，比較之下，中國明顯已落後甚遠。也惟其如此而自明朝以來，火藥·火器最早發明者的中國，倒反必須向後來居上的歐洲，輸入與學習當時西洋已特殊發達的小型銃與大砲。這是中國文化自近代後半全面停

[22]　同上，同頁並次頁附圖。

滯所形成事象的一面。

紙與印刷係生產技術，羅盤航海術係測定技術，火藥與火器係軍事技術，諸技術範疇的其餘方面，中國於明朝以前，層面續在叠高。衡量全盤生產技術的水準，基準須在金屬精鍊技術，而此於中國乃成果驚人的一分野[23]：

——製鐵用燃料，主要原為木炭，宋朝已盛用煤；製鹽燃料的利用天然瓦斯尤自漢朝以來均然。

——關於銅，乾式精鍊之外，濕式精鍊法也已發見，而宋朝對此大規模工業化實現。

——特堪注目係眞鍮、亞鉛與鎳的生產，六世紀波斯用合金鍮時，中國已製成眞鍮器具；精鍊亞鉛中國始自明朝，十六世紀而傳向歐洲；最足驚人的，歐洲十九世紀才行得知的鎳，中國於四世紀晉朝的墓中早便存在。

世界聞名的高嶺土[24]製中國陶瓷技術，至宋朝而達最高境界，硬質薄緻而白輝的今日瓷器，已於此時中國發明。燒成時透明的釉之下，浮現以鑛物質顏料知識成立為前提，預付繪染的鮮艷色彩紋樣，乃是全新的、光澤潔潤的美。釉的圓熟利用技術也自宋朝而大發展，釉中不含鐵質者呈無色透明，又了解區分含鐵量多寡而成橘色、黑色、黃色[25]。惟

---

[23]　金屬精鍊技術說明，依藪內淸、山田慶兒「中國固有の科學技術」（人文書院版「世界歷史」④東アジア世界，第二部第三二一～二頁）。

[24]　依「辭海」亥集第四〇頁高嶺土條、午集第四六頁瓷土條、午集第一七四頁矽酸鋁條解說，高嶺土、瓷土係同一地質學名詞 Kaolin，係黏土的純粹者，化學名詞矽酸鋁，柔軟而不溶於水，具可塑性，加強熱則愈收縮愈硬，色白質細。以江西浮梁縣高嶺所產最佳而名，又以特供製造瓷器而名瓷土，俗稱白土。

[25]　人物往來社版「東洋の歷史」⑥宋の新文化，第一五二頁注。

其此項中國特產品瓷器爲西洋人狂熱歡迎，所以宋朝瓷器已是對外貿易
的重要輸出品，以後仍受繼其勢。今日東南亞、西亞細亞遺跡中多宋、
元瓷器碎片發見的事實，與元朝汪大淵「島夷誌略」記述可相對照。

　　觀測與測定的技術分野，觀測天體位置器械的水運渾天儀，係中國
人特爲知名的機械發明。張衡之後經過若干技術者之手改良製作，宋朝
哲宗時代蘇頌「新儀象法要」（紀元一〇九二年）渾天儀、天球儀、水
時計的三組合裝置，利用水力，精巧的廻轉機械推動，報告時間，乃是
劃期的脫進原理與裝置的發明，已與現時鐘錶構造的脫進機相同。機械
時計或今日鐘錶在中國跨出發明第一步[26]，待中國水運渾天儀脫進機技
術由阿拉伯世界傳入歐洲，乃有十四世紀歐洲的開始機械時計（鐘錶）
的製作。

　　豐富的高度技術支持，中國多方面的科學分野，較之歐洲的水準，
均具數世紀以至十數世紀的駕凌[27]。代數方程式解法於宋末、元初再呈
飛躍發展，最爲顯見。宋朝秦九韶「數書九章」（紀元一二四七年）論
及大衍求之術（不定方程式一種的一次同余式），蒙古（元朝）滅金後
李治「測圓海鏡」（紀元一二四八年），又完成「天元術」[28]一元多次方
程式解法。多次方程式計算法於六、七世紀的中國便了解，十三世紀的
近一步研究成果，已是今日代數學確立意味[29]，續至元朝滅宋後朱世傑
「四元玉鑑」（紀元一三〇三年），「四元術」四個未知數的代數方程式

<hr>

[26]　藪內淸、山田慶兒「中國固有の科學技術」（人文書院版「世界歷史」④
　　　東アジア世界，第二部第三二五頁）。

[27]　同上，第三二六頁之語。

[28]　「天元術」名詞解說，據李人言「中國算學史」第八四頁：「天元術者，
　　　以天元一之『元』字代未知數，或以太極之『太』字記絕對項，書於係數
　　　之旁，因而說明多次方程式各項之地位」。

[29]　藪內淸、山田慶兒「中國固有の科學技術」（人文書院版「世界歷史」④
　　　東アジア世界，第二部第三二七頁）。

解法也行成立。凡此，都已與西方十九世紀始知的一元多次方程式近代
演算方法相同❸。

　　數學於中國高度發達的理由之一，在於重視記數法，而此又歸功於
計算器的發明，第一步是算木（算、算策、算籌、算子等名詞互稱），代
數方程式的優異成績爲此，第二步則優秀而實用的計算器算盤出現。宋
朝以來都市爲中心的商工業發達，民間數學發展顯著，算盤乃與日常生
活相結而盛行，形成宋、元時代特色。算盤何時起源已不可知，可能便
自宋朝，算盤計算術也因之成立，而且不斷進步，元初朱世傑「算學啓
蒙」（紀元一二九九年）載「九歸除法」，五字一句的「二一添作五」、
「三一三十一」等文字，已與今日珠算口訣一致❸。日本算盤的廣泛一
般化使用如同中國，係自明朝導入開始❸。

　　天文・曆學方面，郭守敬應用近似球面三角法計算法製定元朝的授
時曆，被日本學界推崇爲中國曆法登峯造極之作❸，主要係因傳入日本
而江戶時代所成立貞亨曆（貞亨二年，紀元一六八五年），迄於明治之
初尙在使用❸的理由。

　　宇宙構造論，自漢至晉的六種學說中，天動說的渾天說勝利，主張
中央乃方形之地，球形實體的天於其外側廻轉，西方希臘也同持實體的
天球說。十一世紀以來宋朝理學家，都已否定天的實體性，於天爲氣的
立場上，成立氣的廻轉運動爲學說基盤的天體構造論❸，特別是大哲學

---

❸　同上，同頁。

❸　參閱李人言「中國算學史」，第一七二頁朱世傑「九歸除法」表。

❸　世界文化社版「世界歷史シリーズ」⑫モンゴル帝國，第一九八頁。

❸　藪內淸、山田慶兒「中國固有の科學技術」（人文書院版「世界歷史」④
　　東アジア世界，第二部第三二七頁的意見）。

❸　人物往來社版「東洋の歷史」⑦大モンゴル帝國，第三〇八頁注。

❸　理學家宇宙論，參閱本書「理學巨潮──儒家思想的再出發」篇。

家張載，研究者重視其學說已觸及他的自轉，非祇天球說被推翻，相對，大地爲球的觀念也於中國明確成立❸。

　　宋朝時代醫學的進步，宋慈「洗冤錄」（紀元一二四七年）法醫學書爲堪特筆，以後同類書續出，驗屍者所必讀。其基礎，立於北宋盛行利用處決死刑犯遺下生體進行的人體解剖，著例係慶曆五年（紀元一〇四五年）廣西被捕反逆者歐希範，合同黨五十六人處死後開腹檢視，所製題爲「歐希範五臟圖」的解剖圖。其後崇寧年間（紀元一一〇二～〇六年）泗州賊人屍體續付解剖等，同樣的機會頗多，乃有醫術上便利爲目的，政和三年（紀元一一一三年）楊介的「存眞環中圖」專門解剖書編集。而在歐洲，人體解剖記錄的最早出現，必須待至十四世紀初以後，解剖學的勃興尤在十六世紀❸。

　　藥物學於中國名本草學，宋朝唐愼微集前此的本草書所編「經史證類備急本草」（紀元一〇八三年），收入一千七百四十四種藥物與數達二千九百種的處方，係記載七百三十種藥物的陶弘景「神農本草經」以來一大發展。

　　開啓近代中國之頁的宋朝，也是近代中國學術・文化最繁榮期，其國家性格儘管已是內省的、收縮的，於世界文明史的影響卻倒反超過以前所有朝代，中國科學・技術歷史上長期領導世界的步伐於宋——元之際加大也加速。學界注視，此期間中國傳入西方的文物，具有直接對歐洲近代世界形成提供強力契機的意義，自十六—七世紀之交英國培根（Francis Bacon）開始的西洋科學者與思想家，多已有深切認識❸。學

　　❸　藪內清、山田慶兒「中國固有の科學技術」（人文書院版「世界歷史」④
　　　　東アジア世界，第二部第三二八頁）。
　　❸　小川鼎三「醫學の歷史」，第六一頁。
　　❸　藪內清、山田慶兒「中國固有の科學技術」（人文書院版「世界歷史」④
　　　　東アジア世界，第二部第三三三頁）。

界也指出， 宋朝與薩拉遜的東哈里發領土相接， 東一西文化交流的動態，於當時卻如水之向低處流，幾乎都是中國單向輸往中亞細亞轉入近東、歐洲[39]。蒙古一元朝世界大帝國再建，東一西文化雙線溝通形態雖然調整，進步的中國科學・技術傳向文明水準偏低的西方或歐洲，仍然是主流，抑且愈爲汹湧。然而，中國文明的世界貢獻，元朝興起巨大波濤也是總結意味，浪潮漸漸平息而屆明朝，中國的科學・技術已退到創造限界，下述兩部明末鉅著已係壓軸：

——李自珍「本草綱目」（紀元一五九二年）， 本草學知識的集大成。也是突破傳統，親身旅行國內調查採集，經二十七年始完成實證的藥物學，中國藥學最大的百科全書，記載一八九二種動、植、礦藥物。

——宋應星「天工開物」（紀元一六三七年），傳統技術成果的集大成。書名便寓人間之力開發自然之力之意，內容網羅當時產業與技術一一一種，各各附圖解說其製造源流與方法。著作態度的以觀察、經驗而貫實證，與今日科學原則相符合爲堪注目。

中國文明優勢，十七世紀明末明顯停滯，終被文藝復興以來新興的歐洲文明取代，抑且壓倒，東、西文明成長曲線呈現交叉昇降。續待十八世紀中， 歐洲以產業革命爲指標迎向現代， 科學・技術發達一日千里，停留低潮的中國相與對照，差距注定祇有愈拉愈大。

＊　　　　　　＊　　　　　　＊

偉大的文明成立，科學・技術係其中核，科學・技術也是文明的代表。十六世紀以東方新航路發見而歐洲人中國渡來潮興起之初，所攜來初起期歐洲近代文明，接觸已在停滯中的中國文明，彼此水準的距離尙爲未遠，三個世紀間因而無何扞格，相反還是歐洲人對中國文明感覺新鮮而加讚美、學習，抑且如哲學家培根等理性的中國文明認識。但十八

[39]　小川鼎三「醫學の歷史」，第五九頁。

世紀後半科學革命含義的產業革命後，歐洲資本主義社會形成時代續來
中國而已登入現代科學、現代文明境域的歐洲人，便全非舊日觀感，中
國人是野蠻的落後民族，中國從無文明歷史的帝國主義驕橫與惡霸式批
評由是發生，迄於二十世紀之初仍然。或者，基於現代文明的產生係以
歐洲為座標軸，中國文明發展歷史的過程與之性格相異，而予漠視。如
上兩種態度，均須今日才加修正，重建中國科學‧技術業績的世界文明
史位置。雖然此項正確評價現尚續在進行階段，但如前所引述，學界多
已斷言，西洋基準的近代以前諸社會中，中國文明無論任何分野，均係
世界最高水準，一般水準均遠較歐洲為高，此其一。其二，也了解中國
科學與技術歷史的特徵，係持續性。希臘科學自紀元前四世紀急激發展
與經過體系化的高揚期，紀元二世紀以後又急激退潮，以至斷絕。中國
則殷朝以來，始終是直線上昇的歷史，無間斷一步一步登上最高水準，
以及保持此一水準。

　　卻是，研究上也留給學界一大迷惑，中國科學與技術、中國文明、
中國文化的各層面，為何突然停止再昇進？一般探索的方向，係從中國
科學與技術持續發展的特性同時並在，另一性格特徵的獨自性估測。獨
自性的最大表現，秦‧漢大帝國形成以來，中國科學‧技術始終成立為
國家機構一部門而制度化，科學‧技術的研究與管理也形成國家機能一
要素。國家科學的中心天文學（太史局）、醫學與藥學（太醫署），以
及相關聯的觀測術、測量術與數學，技術部門主管官署六部業績所包含
廣域統一政治所必需的地理學、地圖學等全面發達，都是說明。其重大
意義：第一，科學與技術研究者得有安定環境與充分自由的時間從事本
位學術，刺激發展；第二，知識得確實的蓄積，養成人材以相繼承；第
三，大規模事業的展開與實現，都得成為可能。然而，無可避免也內蘊
了缺陷：第一，科學‧技術的重心置之國家的目的，因之發展偏重於實

用面，數學的代數學特殊發達而幾何學幾乎全無，是其顯證；第二，層次不斷昇高的持續性限制在傳統類型，欠缺突破限界的革命性變革可能性。中國科學・技術（以及以此爲表徵的中國文明）盛極而衰，今日的說明，所把握大體均循此一方向。著名的七大卷「中國科學與文明」著者，中國科學・技術史權威李約瑟，也持相同觀點，親爲其另一重要著作「大滴定」（"Great titration"）范庭育中譯本所作序言中，便曾坦言：「中國的官僚制度，在開始時曾促進科學進步，但終於阻礙了科學的發展」。

　　國家（「官僚制度」係同一意義）過份干預，誠然對科學・技術發展的終點發生負面作用，卻似乎尚非觸及原因的主體。中國科學・技術係呈國家、民間雙線發展之點亦須注視，與國家科學相對，知識人與農民、工人間亦多實踐者羣的技術發明，特別是宗教團體道敎方士係礦物與化學變化原理、蒸溜裝置、鍊金術等多方面淵藪，爲所週知。中國四大發明紙、印刷術、火藥、羅盤，尤均起源於民間，發明者且都是無名氏，此其一。其二，民間的技術開發，也往往吸收爲國家技術，火藥知識實用化而製爲武器乃代表例，或自民間轉入國家之手而加改良普及，蔡侯（蔡倫）紙又其顯例。所以，中國科學・技術的研究發展，範疇並非狹窄，國家、民間對極兩系統的溝通，突破國家科學的傳統也非十分困難。嚴密的國家制度，所予中國歷史演進決定性的終點打擊，毋寧解說之於資本主義社會爲何無緣自中國誕生，而惟能在歐洲，爲最恰當：第一是儒家指導原理的均富，關閉了許可財富大量集中之門，第二又是秦・漢集權國家成立以來，二個多年間公法權威壓倒私法，西洋標準的個人主義與人權意識，特別是自由權，於中國都脆弱到無建立基礎。

　　然則，歐洲科學革命與近代─現代文明是否決不可能在中國發生，原未可必，須是中國先行科學與自身文明的停滯，扼殺了此一機會。而

中國科學與文明的停滯，國家強力控制科學‧技術，抑或技術立腳點的偏倚經驗，缺乏歐洲近代文明成立基礎分析的、論理的法則，固相關聯，卻都是副因。歷史擔當者是「人」，文明昇進與停滯的原因，因之也須自主體的「人」探求才是主線。立於此一基點，可以判定，中國科學與文明停滯，便是中國人或歷史上所指漢族創造力停頓的外面表現。十一一十三世紀的宋朝為界線，漢族性格已存在前、後期的區別，前期的開放性，民族自身既不斷注入新生命力而不斷提昇創造力，所鑄定其國家形態又為世界帝國，又不斷容納外來文化要素，對文明的再創造加大其刺激作用，中國文明乃得長久站立世界文明水準巔峯而不墜。後期漢族與所成立朝代向排外的、保守的性格內縮之初，宋、元時代中國文明仍然光芒四射，係由前期蓄儲豐沛生命力所推動，卻也已開始湮塞再成長的泉源。排外的國粹主義又拒斥外來文化激素，由是漢族創造力祇有聽任漸漸萎退，以至停止。其時，便是十四一十七世紀明朝。

　　而中國文明成長已是停止期的十六世紀，科學革命正在歐洲蓬勃開展。此一交換期間，眾所週知，曾以東來歐洲傳教士的媒介，展現中一西文化交流的美好期，向來的中國物質文明之外，精神文明與藝術面都經介紹往歐洲，興起歐洲一時風行的中國熱。相對方面，初起期歐洲近代科學也自其時傳入中國，填補了中國自身已停滯的科學‧技術領域，引導轉向啣接歐洲文明。卻自明朝變換清朝，十八世紀初確立禁教，交涉橋樑中斷，舊中國也確定喪失接受最後刺激的振興機會。從此，對飛躍進步的歐洲文明，如同氣球斷線似的再難追及。待清末西洋人渡來潮再起，歐洲的中國口碑，便全非禮讚而係憎惡與敵視了。

後　　　語

常言道，歷史是一面鏡子。然而，如果鏡面模糊或破碎，反映的已是不明顯或不週全的我；如果任令厚積塵埃不加拭抹，便任何面貌都不能反映；再如果鏡面乃是變形的哈哈鏡，則尤係歪曲歷史。

於此，如下立場須得站穩：

第一，歷史的立腳點是今日，須以今日立場說明歷史（什麼？）與解釋歷史（爲什麼？）換言之，今日爲樞紐而回顧過去，展望未來，否則歷史懸空的，不切實際的——有現實的我，才反映鏡中的我。

第二，相對方面，不能以今日基準批判歷史，或以今日敎條規範歷史，否則將全無是處。時代永遠在進步，過去畢竟非由今日複製，今日也必不能比擬未來——現實的我，究與鏡中的我有別。

人不能十全十美爲衆所週知，事也兼具其正面、負面因子，歷史事件與措置必有需要才存立。祇是，任何主義不隨時代修正，定必僵化；任何良法美意不能適應時潮，抑且阻擋時潮，定必被淘汰或倒轉形成反動。人類歷史之初，如無階級成立，由胼手胝足的勞力者飼養坐享其成的勞心者，文明決無由提昇。科舉以鑽八股死胡同終幕，揭幕時卻是敞開平民參與政治大門的高姿態，象徵開明與前進。幫會是近代史一大社會力量，不能以今日已代表罪惡與黑暗而抹殺其歷史貢獻，反過來說，也不能因之曲予原宥而任憑存在，倒退回舊日道路。同一事件的「是」與「非」，必須分別辨明與衡量，混淆與偏頗都是不公平的，猶如鏡面的被污損或扭曲，不論有意或無意。

中國歷史是偉大的，但沒落的世家子而儘緬懷昔日榮華，表示的惟

是懦弱。知恥庶近乎勇。忘懷歷史的民族注定滅亡，顧影自憐或自怨自
艾，又或祇會自打嘴巴，同樣為沒出息。這又是後語的贅言。

主要参考書

平凡社：「世界歴史大系」⑥東洋中世史第三篇、⑦東洋中世史第四篇、⑧東洋近世史第一篇・昭和一一年

筑摩書房：「世界の歴史」⑥東アジアの變貌・一九六八年

誠文堂新光社：「世界史大系」⑧東アジアⅡ・昭和三二年

人物往來社：「東洋の歴史」⑥宋の新文化、⑦大モンコル帝國、⑧明帝國と倭寇、⑨清帝國の繁華・昭和四二年

ソヒエト科學アカデミー版「世界史」（東京圖書株式會社日譯本）中世②、③、④・一九六二～三年

和田清：「中國史概說」（岩波全書）上、下卷・一九六六年

平凡社：「思想の歴史」⑥東洋封建社會のモラル・昭和四三年

山川出版社：「世界各國史」ⅩⅡ北アジア史・昭和三二年

白揚社：「支那歴史地理大系」⑥支那周邊史上、下卷・昭和一八年

誠文堂新光社：「玉川百科辭典」⑭世界歴史・昭和三八年

曉教育圖書株式會社：「現代教養百科事典」⑦歴史・昭和四三年

小學舘：「世界原色百科事典」（別冊「原色世界の文化」）・昭和四二年

小學舘：「日本百科大事典」（別冊「世界の美術」）・昭和三九年

松田壽男、森鹿三：「アジア歴史地圖」（平凡社）・一九六八年

三民大學用書 (一)

書　　　　　名	著　作　人	任　教　學　校
比　較　主　義	張　亞　澐	政　治　大　學
國　父　思　想　新　論	周　世　輔	政　治　大　學
國　父　思　想　要　義	周　世　輔	政　治　大　學
國　父　思　想	周　世　輔	政　治　大　學
國　父　思　想	涂　子　麟	師　範　大　學
中　國　憲　法　新　論	薩　孟　武	臺　灣　大　學
中　華　民　國　憲　法　論	管　　歐	東　吳　大　學
中華民國憲法逐條釋義(一)(二)(三)(四)	林　紀　東	臺　灣　大　學
比　較　憲　法	郁　文　海	前政治大學
比　較　憲　法	曾　繁　康	臺　灣　大　學
比　較　監　察　制　度	陶　百　川	
國　家　賠　償　法	劉　春　堂	輔　仁　大　學
中　國　法　制　史	戴　炎　輝	臺　灣　大　學
法　學　緒　論	鄭　玉　波	臺　灣　大　學
法　學　緒　論	蔡　蔭　恩	前中興大學
法　學　緒　論	孫　致　中	各　大　專　院　校
民　法　概　要	董　世　芳	實　踐　家　專
民　法　概　要	鄭　玉　波	臺　灣　大　學
民　法　總　則	鄭　玉　波	臺　灣　大　學
民　法　總　則	何　孝　元	前中興大學
民　法　債　編　總　論	鄭　玉　波	臺　灣　大　學
民　法　債　編　總　論	何　孝　元	前中興大學
民　法　物　權	鄭　玉　波	臺　灣　大　學
判　解　民　法　物　權	劉　春　堂	輔　仁　大　學
判　解　民　法　總　則	劉　春　堂	輔　仁　大　學
判　解　民　法　債　篇　通　則	劉　春　堂	輔　仁　大　學
民　法　親　屬	陳　棋　炎	臺　灣　大　學
民　法　繼　承	陳　棋　炎	臺　灣　大　學
公　　司　　法	鄭　玉　波	臺　灣　大　學
公　　司　　法	柯　芳　枝	臺　灣　大　學
公　司　法　論	梁　宇　賢	中　興　大　學
土　地　法　釋　論	焦　祖　涵	東　吳　大　學
土　地　登　記　之　理　論　與　實　務	焦　祖　涵	東　吳　大　學
票　　據　　法	鄭　玉　波	臺　灣　大　學
海　　商　　法	鄭　玉　波	臺　灣　大　學
保　險　法　論	鄭　玉　波	臺　灣　大　學

三民大學用書 ㈡

書　　　　名	著　作　人	任　教　學　校
商　事　法　論	張　國　健	臺　灣　大　學
商　事　法　要　論	梁　宇　賢	中　興　大　學
合　作　社　法　論	李　錫　勛	政　治　大　學
刑　法　總　論	蔡　墩　銘	臺　灣　大　學
刑　法　各　論	蔡　墩　銘	臺　灣　大　學
刑　法　特　論	林　山　田	政　治　大　學
刑　事　訴　訟　法　論	胡　開　誠	臺　灣　大　學
刑　事　政　策	張　甘　妹	臺　灣　大　學
民　事　訴　訟　法　釋　義	石　志　泉 楊　建　華	輔　仁　大　學
強　制　執　行　法　實　用	汪　禕　成	前　臺　灣　大　學
監　　獄　　學	林　紀　東	臺　灣　大　學
現　代　國　際　法	丘　宏　達	美　國　馬　利　蘭　大　學
平　時　國　際　法	蘇　義　雄	中　興　大　學
國　際　私　法	劉　甲　一	臺　灣　大　學
破　產　法　論	陳　計　男	東　吳　大　學
破　　產　　法	陳　榮　宗	臺　灣　大　學
國　際　私　法　新　論	梅　仲　協	前　臺　灣　大　學
中　國　政　治　思　想　史	薩　孟　武	臺　灣　大　學
西　洋　政　治　思　想　史	薩　孟　武	臺　灣　大　學
西　洋　政　治　思　想　史	張　金　鑑	政　治　大　學
中　國　政　治　制　度　史	張　金　鑑	政　治　大　學
政　　治　　學	曹　伯　森	陸　軍　官　校
政　　治　　學	鄒　文　海	前　政　治　大　學
政　　治　　學	薩　孟　武	臺　灣　大　學
政　治　學　概　論	張　金　鑑	政　治　大　學
政　治　學　方　法　論	呂　亞　力	臺　灣　大　學
公　共　政　策　概　論	朱　志　宏	臺　灣　大　學
中　國　社　會　政　治　史	薩　孟　武	臺　灣　大　學
政　治　社　會　學	陳　秉　璋	政　治　大　學
醫　療　社　會　學	藍　采　風 廖　榮　利	臺　灣　大　學 印　第　安　那　中　央　大　學
歐　洲　各　國　政　府	張　金　鑑	政　治　大　學
美　國　政　府	張　金　鑑	政　治　大　學
各　國　人　事　制　度	傅　肅　良	中　興　大　學
行　　政　　學	左　潞　生	中　興　大　學
行　　政　　學	張　潤　書	政　治　大　學
行　政　學　新　論	張　金　鑑	政　治　大　學
行　　政　　法	林　紀　東	臺　灣　大　學